Boston et la Nouvelle-Angleterre

Providence, dans l'État de Rhode Island.
J. Arnold Images/hemis.fr

W0267335

Les régions du guide :
(voir la carte à l'intérieur de la couverture ci-contre)

SOMMAIRE

Ch. Murray/Getty Images

NOS INCONTOURNABLES

NOS COUPS DE CŒUR

NOS ITINÉRAIRES

DÉCOUVRIR BOSTON ET LA NOUVELLE-ANGLETERRE

1 MASSACHUSETTS

2 RHODE ISLAND

3 CONNECTICUT

4 VERMONT

5 NEW HAMPSHIRE

6 MAINE

COMPRENDRE BOSTON ET LA NOUVELLE-ANGLETERRE

LA NOUVELLE-ANGLETERRE AUJOURD'HUI

NATURE ET PAYSAGES

HISTOIRE

ART ET CULTURE

ORGANISER SON VOYAGE

ALLER EN NOUVELLE-ANGLETERRRE

AVANT DE PARTIR

SUR PLACE DE A À Z

EN FAMILLE

MÉMO

POUR CHAQUE SITE, RETROUVEZ NOS ADRESSES

NOS INCONTOURNABLES

★★★ Vaut le voyage ★★ Mérite un détour ★ Intéressant

★★★

Boston

Berceau de l'indépendance américaine, la capitale du Massachusetts est une métropole cosmopolite à taille humaine qui séduit par son atmosphère élégante, la richesse de ses musées et ses beaux espaces verts. **Voir p. 28.**

SunnyXplorer/iStock

Ph. Renault/hemis.fr

★★★

Cape Cod

Villégiature prisée, cette péninsule jalonnée de villages de pêcheurs a su préserver son aspect sauvage et offre une succession de plages, de dunes, de marais salants… et d'excellents fruits de mer ! **Voir p. 121.**

KenWiedemann/iStock

★★★

Nantucket

Ancien centre baleinier, cette île proche de Cape Cod dévoile une nature préservée et de longues plages de sable. **Voir p. 144.**

★★★

Mystic Seaport

Plongez dans l'atmosphère d'un port maritime américain du 19e s. en visitant ce musée-village bordé par la rivière Mystic. **Voir p. 226.**

DenisTangneyJr/iStock

ThomHartwick/iStock

★★★

Newport

Capitale mondiale de la voile et siège d'un prestigieux festival de musique classique, la 2e ville de Rhode Island vous invite à goûter au luxe de ses anciennes demeures de milliardaires du 19e s. **Voir p. 186.**

★★★

Acadia National Park

Sommets de granit rose, sombres forêts et lacs d'eau douce… Les paysages sauvages et grandioses de ce parc national étendu sur deux îles se découvrent idéalement à pied le long des nombreux sentiers de randonnée. **Voir p. 360**

Ch. Murray/Getty Images

★★★

Sterling and Francine Clark Art Institute

Bain de culture et de nature assuré ! Cet exceptionnel musée d'art s'entoure d'une campagne magnifique, où des sentiers invitent à une déambulation contemplative. **Voir p. 167**

Massimo Pacifico/AGF RM/age fotostock

W. Bibikow/age fotostock

Mahaux Charles/AGF RM/age fotostock

★★★

Mount Washington

Pour atteindre le sommet de la Nouvelle-Angleterre et profiter d'une vue à couper le souffle sur les White Mountains, embarquez à bord du train à crémaillère ou chaussez vos crampons ! **Voir p. 316.**

★★★

Hancock Shaker Village

Bienvenue chez les Shakers, cette communauté religieuse et utopique, aujourd'hui presque disparue, dont on visite l'ancien village. **Voir p. 165.**

AGF/Universal Images Group/Getty Images

★★★

Old Sturbridge Village

Petit voyage dans le passé à la découverte d'un village rural du début du 19e s. Une reconstitution remarquable, animée par des artisans costumés. Prenez garde toutefois à la diligence ! **Voir p. 154.**

NOS COUPS DE CŒUR

The Isabella Stewart Gardner Museum, Boston.
Allentown Morning Call/Tribune News Service/Getty Images

TOP 5 Nature en majesté

1. Cadillac Mountain (p. 365)
2. Kancamagus Highway (p. 317)
3. Mount Washington (p. 316)
4. Cape Cod National Seashore (p. 129)
5. Mohegan Bluffs, Block Island (p. 206)

Vue depuis Cadillac Montain.
Blaine Harrington III/Getty Images

❤ Pousser les portes d'un palais vénitien en plein cœur de Boston pour découvrir les œuvres d'art raffinées glanées à travers le monde par Isabella Stewart Gardner, mécène et collectionneuse passionnée. Aménagé à sa demande à la fin du 19e s., l'ensemble compose aujourd'hui l'Isabella Stewart Gardner Museum. **Voir p. 62.**

❤ Approcher les élans, orignaux et autres cervidés au nord du Maine, dans la région des North Woods, qui se prête si bien aux randonnées et aux promenades en canoë. Ils sont partout dans cet État qui a choisi l'élan *(moose)* comme animal officiel. **Voir p. 371.**

❤ Rendre visite à Mark Twain dans sa maison à Hartford (Connecticut). C'est dans cette demeure à la silhouette inattendue que l'écrivain rédigea *Les Aventures de Tom Sawyer* et *Les aventures de Huckleberry Finn*. **Voir p. 215.**

❤ Faire une orgie de fruits de mer au Cape Cod. Huîtres, coques, palourdes, praires, homards… les restaurants préparent ces petites merveilles de l'océan sous différentes formes : *clam chowder* (soupe aux palourdes), *lobster roll* (sandwich au homard), *steamed oysters* (huîtres vapeur), etc. Une adresse incontournable : Mac's Shack à Wellfleet. **Voir p. 133.**

Elan femelle.
S. Suriano/Getty Images

North End, Boston.
Panoramic Images/Getty Images

❤ **Rester baba** devant les gigantesques installations du MASS MoCA (Massachusetts), le plus grand musée du pays dédié à l'art contemporain et aux arts visuels. Aménagées dans une ancienne usine, ses salles peuvent atteindre la taille d'un terrain de football ! **Voir p. 169.**

❤ **Se régaler dans une trattoria** de North End à Boston. Certaines rues de ce quartier, où se sont intallés les immigrants d'Italie du Sud, distillent une atmosphère méditerranéenne avec leurs traiteurs, leurs terrasses de café et leurs excellentes pâtisseries. **Voir p. 49.**

Une exposition au MASS MoCA.
Barry Winiker/Getty Images/ADAGP, Paris 2019

TOP 5 Avec des enfants

1. New England Aquarium, Boston (p. 51)
2. Whaling Museum, Nantucket (p. 145)
3. Dinosaur State Park, Rocky Hill (p. 219)
4. Mashantucket Pequot Museum (p. 229)
5. Billings Farm & Museum, Woodstock (p. 268)

Nantucket Whaling Museum.
Jon Hicks/Getty Images

❤ **Se prendre pour un nabab** à Newport (Rhode Island) en visitant les *mansions* des richissimes industriels du Golden Age de la fin du 19e s., inspirées de châteaux français et de temples grecs. **Voir p. 186.**

❤ **S'offrir un road trip** sur la Route 100 qui s'étire de Stamford (Vermont) à la frontière canadienne. Une étape incontournable pour les « chasseurs de feuilles » à l'automne, quand les forêts se parent de mille couleurs. **Voir p. 283.**

❤ **Piquer une tête dans l'océan** sur la côte du New Hampshire. L'État a beau compter le littoral le plus court du pays (29 km), il n'en offre pas moins de nombreuses possibilités de baignade sur ses belles plages, comme à Hampton Beach, et d'activités nautiques, à commencer par le surf ! **Voir p. 300.**

❤ **Se balader au fond d'une gorge de granit** dans les White Mountains. Étroite et profonde, Flume Gorge s'étire sur 250 m au pied du mont Liberty. Sentier, passerelles et escaliers invitent à une balade rafraîchissante le long du torrent et des cascades, avant de gagner le fond de la gorge, d'où l'on profite de vues très impressionnantes ! **Voir p. 323.**

Route 100 dans le Vermont.
J. Sohm/Visions of America, LLC/age fotostock

Observation des baleines.
J. Kirkikis/age fotostock

❤ **S'offrir un voyage dans le temps** au Shelburne Museum (Vermont), qui couvre 300 ans de vie quotidienne, d'histoire et d'art de l'Amérique, sur les rives du lac Champlain. **Voir p. 277.**

Le fleuve Housatonic à Litchfield Hills.
DenisTangneyJr/iStock

❤ **Voir s'ébattre les baleines** au nord de Cape Cod, entre mai et octobre, lorsqu'elles reviennent dans ces eaux clémentes pour nourrir leurs petits. Le spectacle des cétacés émergeant de l'eau et s'ébrouant à proximité des bateaux est tout simplement grandiose ! **Voir p. 133 et 135.**

❤ **Suivre un bout de l'Appalachian Trail**, par exemple dans les Litchfield Hills (Connecticut). Ce sentier de randonnée, qui offre des portions de difficulté variable et relie en 3 510 km le mont Springer en Géorgie (Sud) au mont Katahdin dans le Maine (Nord), est sans conteste le plus célèbre de l'Est américain. **Voir p. 245.**

TOP 5 **Histoire américaine**

1. **Freedom Trail, Boston** (p. 43)
2. **Mayflower II** (p. 118)
3. **Plimoth Plantation** (p. 119)
4. **Fort Ticonderoga** (p. 274)
5. **Lexington** (p. 96)

Automne à Concord.
sphraner/iStock

❤ **Saluer les Quatre Filles du docteur March** à Concord (Massachusetts). C'est dans cette charmante petite ville aux maisons coloniales que Louisa May Alcott a planté le décor de son célèbre roman inspiré de sa propre vie, sur fond de guerre de Sécession. **Voir p. 93.**

❤ **Visiter l'usine de crème glacée** Ben & Jerry's à Waterbury (Vermont), où sont fabriquées ces excellentes glaces à la renommée internationale. **Voir p. 279.**

❤ **Encourager les coureurs du marathon** de Boston – voire se joindre à eux –, le 3e lundi d'avril, à l'occasion du Patriot's Day, qui commémore la première grande bataille de la guerre d'Indépendance, le 19 avril 1775. **Voir p. 81 et 390.**

Le Marathon de Boston.
FreezeFrameStudio/iStock

Portland.
traveler1116/Getty Images

S'aventurer dans une maison chinoise à Salem (Massachusetts). Inattendue dans cette « ville de sorcières », cette demeure du début du 19e s. provenant de la province chinoise de Anhui a été remontée pièce par pièce au Peabody Essex Museum. **Voir p. 100.**

Revivre l'épopée des « Pères Pélerins » à Plymouth (Massachusetts), en embarquant à bord du *Mayflower II*, réplique du navire à bord duquel ils arrivèrent d'Angleterre en 1620 (actuellement inaccessible car en rénovation), ou en visitant la Plimoth Plantation, reconstitution du premier village de Plymouth établi par ces 102 passagers souvent considérés comme les fondateurs des États-Unis. **Voir p. 117.**

Filer à vélo, cheveux au vent, sur les routes de Martha's Vineyard, la petite île chic à la beauté sauvage située non loin de Cape Cod, où fut en partie tourné le film *Les Dents de la mer*. **Voir p. 138.**

Aller de phare en phare sur la côte du Maine, à la découverte de ces nombreuses sentinelles qui veillent sur le littoral déchiqueté et font la fierté des résidents de l'État, comme le phare de Whaleback Ledge à Kittery ou celui de Pemaquid Point. **Voir p. 358.**

TOP 5 **Musées d'art**

1. Museum of Fine Art, Boston (p. 59)
2. Isabella Stewart Gardner Museum, Boston (p. 62)
3. Sterling and Francine Clark Art Institute, Williamstown (p. 167)
4. Yale University Art Gallery (p. 234)
5. Harvard Art Museums (p. 87)

Stone Hill Center, Sterling and Francine Clark Art Institute, Williamstown, Berkshires.
B. Winiker/Getty Images

Martha's Vineyard.
KenWiedemann/iStock

*Préparez votre voyage en retrouvant tous nos coups de cœur sur notre site internet **voyages.michelin.fr***

Retrouvez-nous également sur Facebook®
Facebook.com/MichelinVoyage

De Boston à Cape Cod
en 8 jours

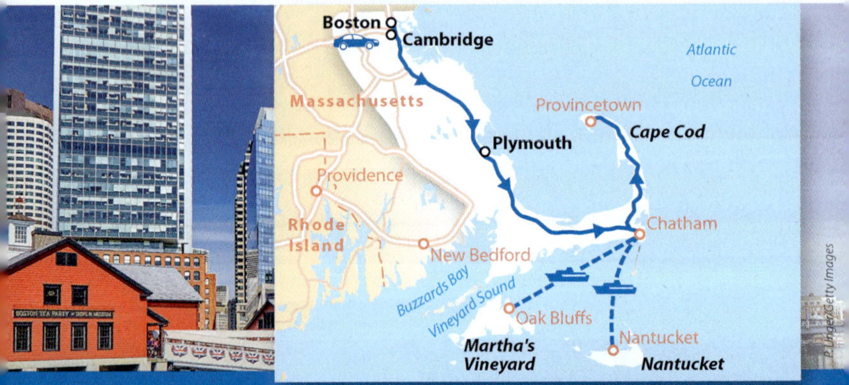

P. Unger/Getty Images

En bref : 389 km, la quintessence de la Nouvelle-Angleterre.

• J-1 & 2 Boston

Consacrez une journée à la découverte de la Freedom Trail et du centre (**p. 43**), une autre à flâner dans Beacon Hill (**p. 38**) ou Back Bay (**p. 53**), puis visitez le Museum of Fine Arts (**p. 59**) ou l'Isabella Stewart Gardner Museum (**p. 62**).

• J-3 Cambridge

Face à Boston, cette ville doit sa renommée à l'université de Harvard et au Massachusetts Institute of Technology (MIT), deux visites passionnantes (**p. 88**).

• J-4 Plymouth

Partez sur les traces des « Pères Pèlerins » dans le Plymouth historique et à la Plimoth Plantation, reconstitution d'un campement indien et du premier village européen de Plymouth (**p. 117**).

• J-5 & 6 Cape Cod

Sillonnez la côte Nord et la côte Est (Cape Cod National Seashore) de cette splendide péninsule (**p. 121**). Visitez Provincetown, la « grande ville » du Cape (**p. 134**).

• J-7 & 8 Martha's Vineyard et Nantucket

Ces deux îles proches de Cape Cod méritent chacune une journée pour leur nature préservée et leur charme très Nouvelle-Angleterre (**p. 138 et 144**).

Conseils : Boston et Cambridge se visitent en transports en commun, un véhicule est indispensable pour la suite du voyage (sauf sur les îles, où l'on optera pour le vélo, la marche à pied ou les transports en commun). En haute saison, pensez à réserver vos traversées sur les ferries. Pour ne pas multiplier les hébergements, faites étape à Boston et Cape Cod (Provincetown et/ou Chatham).

Boston et la côte du Maine
en 8 jours

DANITA DELIMONT STOCK/Danita Delimont Agency/age fotostock

En bref : 1 051 km, un littoral à l'authenticité préservée.

• J-1 & 2 Boston

Voir ci-contre.

• J-3 Cape Ann

Longez cette péninsule rocheuse en découvrant les petits ports de pêche de Gloucester et Rockport (**p. 105**).

• J-4 La côte du Maine

Suivez le littoral ponctué de phares en faisant étape, par exemple, à Kennebunkport (**p. 343 et 347**).

• J-5 Portland

La ville la plus peuplée du Maine est une agréable cité dotée d'un beau front de mer et d'un intéressant musée d'art (**p. 336**).

• J-6 La côte du Maine

Poursuivez le long de cette côte à la géographie tourmentée et arrêtez-vous à Rockland et Camden (**p. 343**).

• J-7 Monhegan Island

Accessible toute l'année, cette île à la beauté austère est parcourue de nombreux sentiers (**p. 358**).

• J-8 Retour à Boston

Conseils : vous ferez chaque soir étape dans une ville différente. Pensez à réserver vos hébergements en été.

Petit port sur Monhegan Island.
Dorling Kindersley/Getty Images

De Boston au Connecticut
en 10 jours

FOTOSEARCH RM/age fotostock

En bref : 584 km, entre villes et campagne.

• J-1 & 2 Boston

Voir p. 16.

• J-3 Providence

Découvrez cette prestigieuse cité universitaire en plein renouveau et sa vie culturelle intense (**p. 178**).

• J-4 Newport

Goûtez à l'effervescence de la capitale mondiale de la voile, villégiature renommée aux fastueuses demeures 19e s. (**p. 186**).

Paysage du Connecticut.
DenisTangneyJr/iStock

• J-5 Mystic Seaport

Arpentez les quais de ce musée-village où a été recréé un port maritime du 19e s. (**p. 226**).

• J-6 New Haven

Pour la prestigieuse université de Yale, son campus et ses musées (**p. 232**).

• J-7 & 8 Litchfield Hills

Ponctuée de villages de l'époque coloniale, cette région au charme bucolique (**p. 243**) offre de multiples possibilités de randonnée et de baignade : Appalachian Trail, Housatonic Valley, etc.

Conseil : Faites étape à Woodbury et/ou à Litchfield.

• J-9 Hartford

Voir ci-contre.

• J-10 Boston

Dernière balade sur le Waterfront et dans le North End (**p. 28**).

Boston et le Massachusetts
en 8 jours

FOTOSEARCH RM/age fotostock

En bref : 601 km, entre nature et culture.

• J-1 & 2 Boston
Voir p. 16.

• J-3 Deerfield
Une petite ville baignée d'histoire (**p. 155**) au cœur de l'une des plus belles régions du Massachusetts.

• J-4 Mass MoCA
Une journée ne sera pas de trop pour prendre la mesure du plus grand musée d'Art contemporain des États-Unis (**p. 169**) à North Adams. Sur place, entre deux expériences artistiques, vous trouverez de quoi vous restaurer.

• J-5 Williamstown
Sur les contreforts des Berkshires, cette petite cité universitaire mérite un arrêt pour le remarquable Sterling and Francine Clark Art Institute (**p. 167**).

• J-6-7 Les Berkshires
Une région rurale et valonnée (**p. 160**), touristique quelle que soit la saison, mais particulièrement jolie à l'automne, lorsque les feuilles changent de couleur. Arrêtez-vous à Stockbridge, Great Barrington et au passionnant Hancock Shaker Village (Pittsfield, **p. 165**).

• J-8 Hartford
La capitale du Connecticut possède quelques remarquables musées, dont celui consacré à Mark Twain (**p. 212**).

• J-8 Boston
Voir ci-contre, J-10.

The Mohawk.
AMassimo Pacifico/AGF Foto/Photononstop

Le Vermont
en 7 jours

J.-P. Lescourret/Getty Images

En bref : 346 km, une balade au charme bucolique.

J-1 Manchester

Une villégiature estivale et hivernale cotée et pleine de charme (**p. 259**).

J-2 Les villages du Sud

À Weston, Chester, Grafton, Newfane, le temps semble s'être arrêté. Possibilité de randonner dans les environs (**p. 260**).

J-3 Woodstock

Une autre localité au charme préservé. Ne manquez pas Billings Farm & Museum et Marsh-Billings-Rockefeller National Historical Park (**p. 267**).

Burlington.
FOTOSEARCH RM/age fotostock

J-4 Middlebury

Cette petite ville typique du Vermont se révèle très agréable et possède un musée d'art intéressant (**p. 271**). Allez aussi vous baigner à Branbury State Park et découvrez l'intéressant Lake Champlain Maritime Museum.

J-5 & 7 Burlington et le lac Champlain

Située sur les bords du lac Champlain, cette ville universitaire est une bonne base pour visiter la région et sillonner les rives du lac (**p. 276**). Incontournables : les collections d'arts populaires et de peinture du Shelburne Museum et l'usine de crème glacée Ben & Jerry's.

Conseils : Vous pouvez arriver en avion à Manchester et repartir de Burlington. L'hiver dans la région, le climat est rigoureux et on fait du ski.

Plein Nord
en 8 jours

P. Unger/Getty Images

En bref : 959 km, en pleine nature.

● J-1 Portland

La ville la plus peuplée du Maine, est une agréable cité dotée d'un beau front de mer et d'un intéressant musée d'art (**p. 336**).

● J-2 & 3 White Mountains

Entre New Hampshire et Maine (**p. 316**), les possibilités de randonnées et de *road trips* sont nombreuses : ne manquez pas le Mount Washington, Kancamagus Highway et Flume Gorge.

Conseil : Faites étape à North Conway et Franconia.

● J-4 & 5 The North Woods

Cette région de lacs et de forêts entre le lac Moosehead et le mont Katahdin fera le bonheur des amateurs de nature authentique (**p. 371**).

Conseil : Faites étape à Greenville.

● J-6 Acadia National Park

« L'endroit où les montagnes touchent la mer » est sauvage et se découvre en voiture, en canoë, à pied… Les must : Cadillac Mountain et Precipice Trailhead (**p. 360**).

Conseil : Faites étape à Bar Harbor.

● J-7 & 8 La côte du Maine

Retour à Portland via les jolis ports de Camden et de Rockland (**p. 343**).

White Mountains.
Cappi Thompson/Getty Images

DÉCOUVRIR BOSTON ET LA NOUVELLE-ANGLETERRE

Le phare de Brant Point à Nantucket.
grantreig/iStock

Massachusetts

1

Carte Michelin New England 581

Frank Gehry's Stata Center, MIT, Cambridge, Massachusetts.
B. Fanton/age fotostock

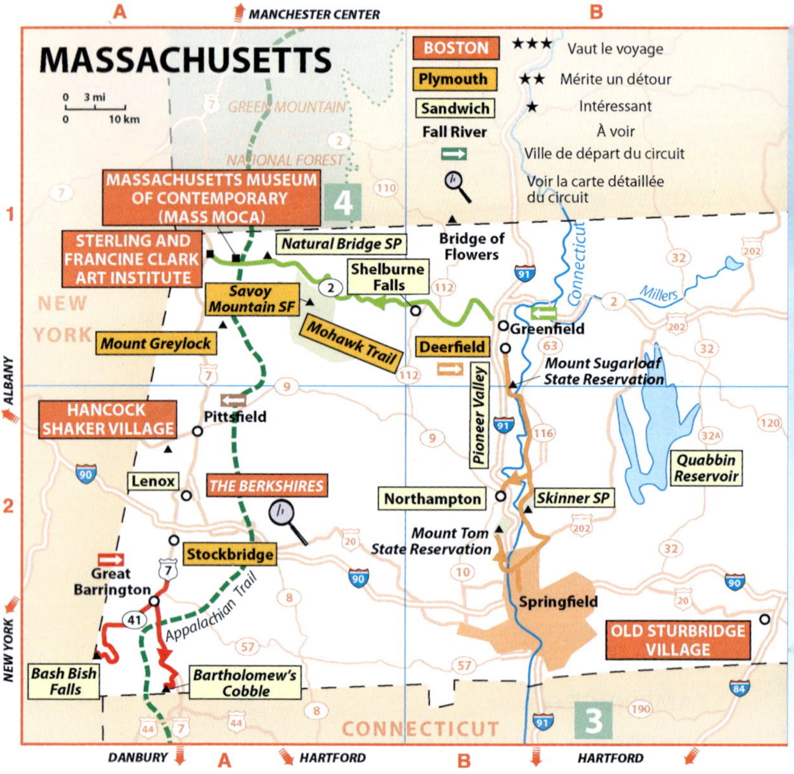
MANCHESTER CENTER
A
B
MASSACHUSETTS
0 3 mi
0 10 km
BOSTON
★★★ Vaut le voyage
Plymouth
★★ Mérite un détour
Sandwich
★ Intéressant
Fall River
À voir
Ville de départ du circuit
Voir la carte détaillée du circuit
GREEN MOUNTAIN
NATIONAL FOREST
MASSACHUSETTS MUSEUM OF CONTEMPORARY (MASS MOCA)
STERLING AND FRANCINE CLARK ART INSTITUTE
Natural Bridge SP
Bridge of Flowers
Shelburne Falls
Savoy Mountain SF
Mohawk Trail
NEW YORK
Mount Greylock
Deerfield
Greenfield
Connecticut
Millers
Mount Sugarloaf State Reservation
Pioneer Valley
ALBANY
HANCOCK SHAKER VILLAGE
Pittsfield
Quabbin Reservoir
Lenox
THE BERKSHIRES
Northampton
Skinner SP
Mount Tom State Reservation
Stockbridge
Great Barrington
Appalachian Trail
Springfield
OLD STURBRIDGE VILLAGE
NEW YORK
Bash Bish Falls
Bartholomew's Cobble
CONNECTICUT
DANBURY
HARTFORD
HARTFORD

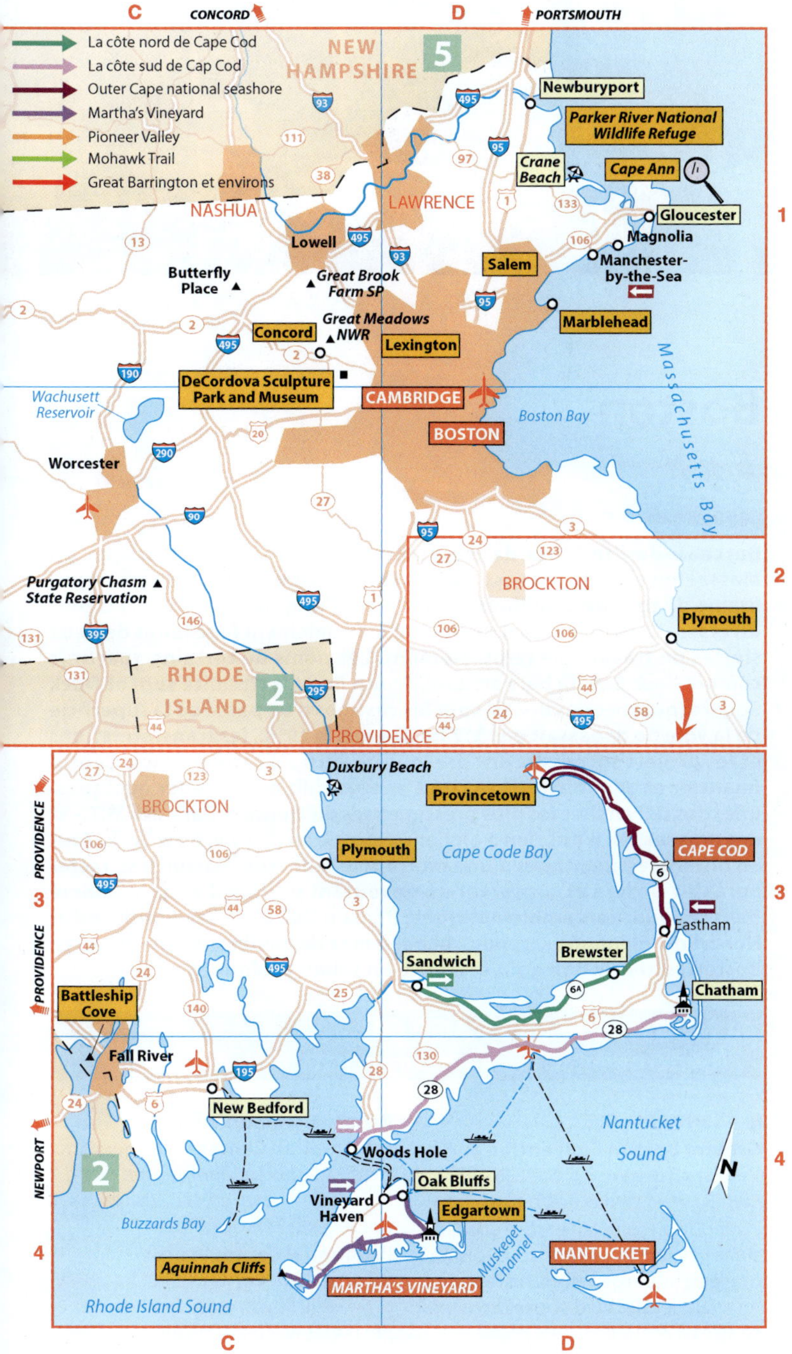
C
CONCORD
D
PORTSMOUTH
La côte nord de Cape Cod
La côte sud de Cap Cod
Outer Cape national seashore
Martha's Vineyard
Pioneer Valley
Mohawk Trail
Great Barrington et environs
NEW HAMPSHIRE
5
Newburyport
Parker River National Wildlife Refuge
Crane Beach
Cape Ann
Gloucester
Magnolia
Manchester-by-the-Sea
NASHUA
LAWRENCE
Lowell
Butterfly Place
Great Brook Farm SP
Salem
Marblehead
Great Meadows NWR
Concord
Lexington
DeCordova Sculpture Park and Museum
CAMBRIDGE
BOSTON
Boston Bay
Massachusetts Bay
Wachusett Reservoir
Worcester
Purgatory Chasm State Reservation
BROCKTON
Plymouth
RHODE ISLAND
2
PROVIDENCE
1
2
3
4
Duxbury Beach
Provincetown
CAPE COD
Cape Code Bay
Eastham
Brewster
Sandwich
Chatham
Battleship Cove
Fall River
New Bedford
Woods Hole
Oak Bluffs
Vineyard Haven
Edgartown
Nantucket Sound
N
Buzzards Bay
Muskeget Channel
NANTUCKET
Aquinnah Cliffs
MARTHA'S VINEYARD
Rhode Island Sound
NEWPORT
C
D

Boston

★★★

645 966 hab.

Berceau de l'Indépendance américaine, capitale historique du Massachusetts, Boston est aujourd'hui au cœur d'une aire métropolitaine de près de 6 millions d'habitants d'origines ethniques les plus diverses. Le visage actuel de Boston est également le résultat de deux siècles de travaux de remblaiement. Les noms de certains quartiers comme Back Bay (la baie arrière), South End (l'extrémité sud) et Dock Square (quartier des docks) sont les vestiges d'un passé où la superficie de la ville ne dépassait pas 317 ha. Depuis le 19e s., les transformations et les projets successifs ont presque quadruplé cette surface. Centre financier et administratif, la cité s'enorgueillit de posséder quelques-unes des universités les plus prestigieuses du monde – Harvard, MIT – et des musées qui n'ont rien à envier à ceux de sa voisine, New York. Tout en offrant les avantages d'une métropole moderne, Boston a su rester agréable à vivre et conserver un envoûtant parfum d'Histoire, ancré dans ses quartiers emblématiques : Beacon Hill, Back Bay/South End et North End. Élégante, « trendy » et parsemée de nombreux espaces verts, Boston cultive le bon goût et mérite un séjour prolongé.

NOS ADRESSES PAGE 69
Hébergement, restauration, achats, activités, etc.

S'INFORMER

Greater Boston Convention and Visitors Bureau – *617 536 4100 ou 888 733 2678 - www.bostonusa.com.* Pour obtenir un plan et tout savoir sur la ville et ses environs, les loisirs, musées, hébergements, restaurants, festivals, le GBCVB dispose de deux centres d'accueil :

Boston Common Visitor Information Center – Plan Beacon Hill p. 40 - *139 Tremont St. - lun.-vend. 8h30-17h, w.-end. 9h-17h.* Visites guidées du Freedom Trail.

Prudential Center Visitor Information Center – Plan Back Bay p. 54 - *800 Boylston St. - lun.-vend. 9h-17h30, w.-end. 10h-18h.*

Louisburg Square dans Beacon Hill.
Robert Lamacq/USPhotoGroup

National Park Service – ✆ *617 242 5601 - www.nps.gov/bost - 9h-17h - fermé 1er janv., Thanksgiving Day et 25 déc.* Le service des parcs nationaux propose des visites gratuites de plusieurs bâtiments le long du Freedom Trail. Il dispose de deux centres d'accueil dans le Downtown, à Faneuil Hall, et au Navy Yard de Charlestown.

SE REPÉRER

Carte de région CD1-2 (p. 26-27).
Les bureaux du Financial District et les enseignes commerciales de Downtown Crossing sont réunis dans un quartier communément nommé Downtown, entouré, au sud, par Chinatown, le Theater District et South Station, au nord, par Faneuil Hall, à l'ouest, par le Boston Common et, à l'est, par le Waterfront (front de mer). Au sud-ouest s'étendent Back Bay et South End, gagnées sur les eaux.

SE GARER

Se garer à Boston n'est pas un problème, les parkings étant nombreux (au Waterfront, à Government Center/Quincy Market, à Post Office Square). En revanche, les tarifs sont souvent prohibitifs… Il vous faudra compter près de 20 $ la demi-journée. Le Boston Common Garage (Plan Beacon Hill p. 40 - *Charles St., au cœur du Boston Common*) pratique des tarifs attractifs la nuit et les week-ends.

À NE PAS MANQUER

L'Isabella Stewart Gardner Museum, étonnant palais vénitien au cœur de la ville, et l'exceptionnel Museum of Fine Arts ; Beacon Hill est l'un de ces quartiers-villages magnifiquement préservés ; Back Bay et South End distillent un peu moins de charme, mais sont plus vivants (on trouve les meilleurs cafés et restaurants de Boston dans South End) ; une visite du Fenway Park, chéri par les Bostoniens, s'impose si vous êtes accro au sport.

ORGANISER SON TEMPS

Boston est une ville à taille humaine qui se visite facilement à pied, en alternant avec de courtes liaisons en métro *(voir plan p. 70)*. Comptez trois jours pour profiter pleinement de ce que la ville à offrir.

AVEC LES ENFANTS

Le Children's Museum propose des expositions ludiques et pédagogiques, tout comme le Boston Museum of Science, qui rencontre toujours un franc succès ; le New England Aquarium et l'USS Constitution sont aussi incontournables ; le Tea Party Ship and Museum, les bateaux-cygnes du Public Garden et le Duck Tours *(voir « Nos adresses »)* les amuseront !

Boston ou les débuts de l'Indépendance

LA NAISSANCE DE BOSTON

En 1630, un millier de puritains conduits par **John Winthrop** débarquèrent sur cette côte à la recherche d'un emplacement où installer le siège de la Compagnie de la baie du Massachusetts. Déçus par les conditions de vie de Salem et de Charlestown, ils jetèrent leur dévolu sur une petite presqu'île appelée Shawmut par les Indiens Massachusetts (« le peuple des Grandes Collines »), et qu'habitait alors un ermite anglican, le révérend **William Blackstone**, débarqué en Amérique du Nord en 1623 à Weymouth. Celui-ci leur fit bon accueil, et ils fondèrent une colonie sur ses terres.

Après avoir été baptisée **Trimountain** (ou Tremont) en raison de sa topographie, la colonie adopta rapidement le nom de **Boston**, en souvenir de la ville du Lincolnshire (Angleterre) dont plusieurs puritains étaient originaires. Une société théocratique s'organisa sous la houlette du gouverneur John Winthrop, qui fit observer une morale extrêmement stricte, et un pilori fut érigé sur le Common : sa première victime fut son constructeur, qui en avait demandé un prix trop élevé. Grâce à son commerce maritime et à ses chantiers navals, Boston se développa rapidement et devint la ville la plus importante des colonies d'Amérique – un rang qu'elle conserva jusque dans les années 1850.

LE BERCEAU DE L'INDÉPENDANCE AMÉRICAINE

À la fin du 18e s., les colonies américaines étaient accablées par les impôts de plus en plus lourds que le Parlement anglais leur réclamait pour renflouer les caisses de la Couronne, vidées après les guerres coûteuses engagées contre les Français et les Indiens. Cette politique fiscale était perçue comme injuste par les colons qui, en tant que citoyens britanniques, revendiquaient des droits de représentation. Après la proclamation du **Stamp Act** en 1765, loi sur le droit de timbre consistant à taxer tout document officiel, le peuple réagit par la violence. Des attroupements se formèrent, la foule mit le feu à la maison du gouverneur et organisa un blocus.

Malgré l'annulation de la loi par le Parlement anglais l'année suivante, des manifestations éclatèrent à nouveau en 1767, suite à l'adoption de nouveaux droits de douane réglementés par les **Townshend Acts**. L'Angleterre réagit aussitôt par l'envoi de troupes pour faire appliquer et respecter la loi de la Couronne. L'hostilité des colons, particulièrement ceux à qui l'on imposa de loger et nourrir les soldats britanniques, grandit de jour en jour. Des incidents finirent par éclater, opposant les Bostoniens aux Anglais.

Le **massacre de Boston** fut le premier de cette série d'affrontements. Le 5 mars 1770, un groupe de Bostoniens se réunit devant la State House pour protester contre les récents événements. Un officier anglais répondit aux insultes lancées par la foule en déchargeant son mousquet. Il fut conspué, et, face aux provocations des civils, plusieurs soldats firent feu, tuant cinq personnes. L'activiste **Samuel Adams** se saisit de l'occasion pour rallier une bonne partie de la population à sa cause.

Trois ans plus tard, la **Boston Tea Party** devait encore aggraver la situation. Le Parlement anglais avait annulé toutes les dispositions des Townshend Acts, hormis la taxe sur le thé conférant à la Compagnie des Indes l'exclusivité du commerce de cette plante avec l'Amérique. Cette taxe exaspéra tellement les

Bostoniens qu'en novembre 1773, ils interdirent aux capitaines de trois navires de la Compagnie de décharger leur cargaison. Le 16 décembre de la même année, plusieurs colons se réunirent dans la Old South Meeting House pour tenter de résoudre la question. Les Anglais refusant tout compromis, Samuel Adams prononça une phrase restée célèbre : « Cette réunion ne peut plus contribuer à sauver le pays. » 90 Bostoniens déguisés en Indiens gagnèrent le port, investirent les vaisseaux anglais et jetèrent leur cargaison de thé à la mer. En représailles, les Anglais fermèrent le port de Boston (1774) et prirent des mesures punitives – surnommées **« Intolerable Acts »** par les colons – renforçant le sentiment d'exaspération éprouvé envers la Couronne. Dès lors, des milices s'organisèrent et commencèrent à s'entraîner sur les *greens* des villages.

LA CHEVAUCHÉE DE PAUL REVERE

En avril 1775, le général anglais Thomas Gage envoya 800 soldats dans les villes isolées de Concord et de Lexington pour se saisir des armes et des munitions dissimulées par les colons, et arrêter les meneurs **John Hancock** et Samuel Adams. Mais avertis par leur réseau d'espionnage, les patriotes avaient pu s'organiser et mettre en place un fameux stratagème : la nuit de l'attaque, le sacristain de l'église d'Old North *(voir p. 49)* signalerait à l'aide de lanternes accrochées au clocher la voie choisie par les Anglais. Le signal fut donné, et **Paul Revere** partit aussitôt au grand galop prévenir Samuel Adams et John Hancock, réfugiés à Lexington, avant de rejoindre Concord. Grâce à cette chevauchée légendaire, suivie par celles de William Dawes et Samuel Prescott, les miliciens purent se préparer à temps à l'attaque anglaise.

LE SIÈGE DE BOSTON ET LA BATAILLE DE BUNKER HILL

Après l'escarmouche de Lexington et la bataille de Concord, les Anglais se retranchèrent dans Boston tandis que les « Américains » les assiégeaient. Voulant asseoir leur position stratégique, les Britanniques décidèrent de s'emparer des hauteurs de la ville et choisirent, pour l'aménager, l'éminence de Bunker Hill (colline fortifiée), à Charlestown. Prévenus des plans de l'ennemi, les chefs rebelles se hâtèrent d'occuper les collines voisines (Breed's Hill).

Le 17 juin 1775, alors qu'ils allaient prendre position sur Bunker Hill, les Anglais tombèrent sur une redoute, érigée par les Américains durant la nuit. 5 000 soldats furent envoyés pour prendre d'assaut ce retranchement. Bien que les positions des colons ne fussent défendues que par 1 500 miliciens, les deux premières tentatives anglaises échouèrent. Mais les colons manquèrent bientôt de munitions, et quand les Anglais lancèrent la troisième et dernière offensive contre Charlestown, le colonel américain Prescott prononça une phrase devenue historique : « Ne tirez que quand vous verrez l'ennemi dans le blanc des yeux ! »

Les Anglais finirent par se saisir du retranchement, mais à quel prix ! Plus de 10 % de la totalité des officiers anglais tués pendant la guerre d'Indépendance perdirent la vie au cours de cet assaut. Malgré son nom – bataille de Bunker Hill – cet affrontement eut bien lieu sur les hauteurs de Breed's Hill.

LA RETRAITE DES ANGLAIS

Durant les premiers mois de 1776, les armes et les munitions prises par les miliciens au Fort Ticonderoga *(voir p. 274)* furent convoyées à travers toute la Nouvelle-Angleterre jusqu'à Boston. Le 2 mars, l'artillerie rebelle commença à bombarder la ville ; le 5 mars, voyant l'arsenal des patriotes renforcé sur les hauteurs de Dorchester Heights, les Anglais durent accepter un compromis : s'ils abandonnaient Boston aux « Américains », le général anglais Howe et ses troupes pourraient quitter la ville librement. **Washington** y fit une entrée triomphale, et la cité portuaire ne fut plus jamais le théâtre d'hostilités ; elle servit de point de départ à des expéditions militaires vers New York, la Pennsylvanie et les États du Sud.

« METTRE LES COLLINES À BAS POUR REMBLAYER LES BAIES »

La presqu'île de Shawmut, où s'étaient installés les puritains, avait la forme d'une poire reliée à la terre par un mince cordon parallèle à l'actuelle Washington St. À l'ouest se dressaient les trois sommets de Trimountain dominés par Beacon Hill. Au sud de cette colline, achetée au révérend Blackstone, se trouve encore aujourd'hui le **Boston Common**. La rive orientale située face au port présentait une anfractuosité appelée Town ou East Cove, qui séparait le quartier résidentiel de North End des quartiers commerciaux et populaires florissant aux abords du port, baptisés South End à l'origine. Au cours du 19e s., Boston connut une véritable explosion démographique, passant de 18 000 habitants en 1790 à 54 000 en 1825. Au début du 20e s., la ville dénombrait plus de 500 000 âmes. Un urgent besoin d'espace fit naître toute une série de projets de remblaiement qui transformèrent à jamais sa topographie.
La grande transformation de Boston fut entamée au début du 19e s. avec le développement de **Beacon Hill** *(voir p. 38)*. Les décennies suivantes virent le remblaiement des rives est et sud de la presqu'île, et la création du quartier résidentiel de **South End**. Le projet le plus spectaculaire du siècle fut réalisé dans la zone insalubre de **Back Bay**, au nord du goulet. Après 40 années de travaux *(voir encadré p. 54)*, la ville s'était agrandie de quelque 182 ha et se targuait de posséder un des plus beaux quartiers résidentiels planifiés de tous les États-Unis. Après le **Grand Incendie** de 1872, qui ravagea 776 bâtiments du centre-ville, de nombreuses résidences et églises furent reconstruites dans Back Bay, accélérant la transformation du noyau historique en un quartier commerçant. Des programmes de remblaiement n'ont cessé d'étendre la superficie de Boston tout au long des 19e et 20e s., notamment autour de Charlestown et d'East Boston, où se trouve désormais le Logan International Airport.
Le premier architecte-paysagiste américain, **Frederick Law Olmsted**, aménagea un ensemble de parcs publics, d'allées et de places ombragées qui, autour de la ville, dessine encore aujourd'hui une ceinture verte pratiquement ininterrompue : l'**Emerald Necklace** (Collier d'Émeraude). Partant du Common, cette ceinture s'étend en direction du sud-ouest et relie le Public Garden, le Mall de Commonwealth Avenue, le parc des Fenways, Jamaica Pond, l'Arnold Arboretum et le Franklin Park, où se trouve notamment le zoo.

LE NOUVEAU BOSTON

Vers le milieu du 20e s., Boston connut une régression démographique et une récession urbaine et économique. Face à cette situation, les autorités de la ville décidèrent de prendre le problème en main, et établirent, en 1957, le **Boston Redevelopment Authority** (BRA). Dirigé par **Edward Logue**, cet organisme se chargea du réaménagement d'un quart du territoire de Boston, mais demeura très controversé, son programme prévoyant de raser plusieurs secteurs tels que Scollay Square et les quartiers juifs et italiens du West End.
Dans les années 1960, on fit appel à l'architecte **I.M. Pei**, ancien étudiant de l'école d'architecture du Massachusetts Institute of Technology (MIT), pour

élaborer les plans du nouveau **Government Center**, et ce fut le site de Scollay Square, un ancien quartier chaud de Boston, qui fut pressenti pour accueillir le complexe. Ce projet de 260 millions de dollars donna naissance au City Hall – l'hôtel de ville *(voir p. 47)* –, édifié sur un énorme socle de brique, ainsi qu'à plusieurs bâtiments de qualité architecturale inégale, et permit de rénover un grand magasin du 19e s., le Sears Crescent. Au cours des décennies suivantes, I.M. Pei contribua à remodeler le visage de la ville en réalisant plusieurs commandes importantes : la 200 Clarendon St. (anciennement John Hancock Tower – *voir p. 55)*, la Kennedy Library *(voir p. 68)* et l'aile ouest du Museum of Fine Arts *(voir p. 59)*.

Autre grand chantier des années 1960, le Prudential Center *(voir p. 57)* souleva une vive controverse, son gigantisme brisant l'unité architecturale des quartiers voisins de Back Bay. Plus heureuse, la rénovation du Faneuil Hall Marketplace *(voir p. 48)* dans les années 1970 a redonné vie au centre-ville.

Dans les années 1980, le **Financial District**, depuis longtemps établi aux abords de Federal St. et Congress St., commença à s'étendre en direction du quartier du port, nouvellement réaménagé. La réhabilitation du Waterfront – le front de mer *(voir p. 50)* –, accélérée par le développement du Faneuil Hall Marketplace, a ainsi permis au centre historique de la ville de retrouver son lien privilégié, originel, avec la mer.

Des embellissements ont, depuis, été apportés à ce secteur. Artère urbaine, l'inélégante Central Artery (portion de l'Interstate 93), qui séparait le front de mer et le North End du centre-ville, a été remplacée par une voie express souterraine. Lancé au début des années 1990, ce vaste chantier baptisé **Central Artery/Tunnel Project** (ou « Big Dig »), aura finalement été le projet autoroutier le plus coûteux des États-Unis, plus de 24 milliards de dollars, dépassant de loin le budget initial. Malgré des délais de réalisation et un prix pharaonique, son enfouissement a permis la création en surface de la **Rose Kennedy Greenway** : une bande de terre de 1,5 mile (2,4 km) de long, depuis le North End jusqu'à la South Station, où alternent art contemporain, manège, *food trucks* et jardins bio, au milieu des hauts immeubles du Downtown.

Boston aujourd'hui

LES BOSTONIENS

Le « proper Bostonian » ou **Brahmin**, descendant des anciennes familles anglo-saxonnes de colons puritains, forme une caste assez repliée sur elle-même, comme l'illustre une maxime locale : « Boston est la ville où les Lowell ne s'adressent qu'aux Cabot et les Cabot à Dieu. » Conservateur, cultivé, il a étudié à Harvard, mais ne représente aujourd'hui qu'une minorité.

Arrivés par milliers après la famine des années 1840, les **Irlandais**, désargentés mais travailleurs, se sont très vite intégrés au mode de vie américain et nombre d'entre eux ont, par la suite, accédé à de hautes fonctions locales et fédérales. Leur représentant le plus célèbre fut **John F. Kennedy**.

Vers la fin du 19e s., les **Italiens**, originaires essentiellement du sud de leur pays, remplacèrent peu à peu les Irlandais et les juifs dans les vieilles maisons de North End et dans le quartier de West End, aujourd'hui détruit.

Les **Afro-Américains**, autrefois concentrés sur le versant nord de Beacon Hill, habitent désormais en grande partie à Roxbury et dans les banlieues proches de Dorchester et Mattapan. Cette communauté noire, l'une des plus anciennes des États-Unis, fut formée à l'origine par des esclaves antillais arrivés à Boston en 1638, huit ans après la création de la première colonie. Un nombre croissant d'esclaves libres s'installèrent dans le North End où ils devinrent coiffeurs, marins, ouvriers ou chauffeurs, luttant pour l'Indépendance, à l'instar de **Crispus Attucks**, célèbre victime du massacre de Boston *(voir p. 30)*. En 1780, l'esclavage fut officiellement aboli dans le Massachusetts, consacrant logiquement la politique abolitionniste menée par cet État. Après l'inauguration de leur église, l'African Meeting House (1806), les Noirs vinrent s'installer à Beacon Hill. Plus tard, ce sont les quartiers de Cambridge, Back Bay et South End qui eurent leur préférence, en raison de meilleurs logements, des écoles, et des emplois qu'ils proposaient.

La population **latino-américaine**, qui augmente d'année en année, s'est installée dans des îlots de South End, Jamaica Plain et East Boston. Avec d'autres minorités comme les **Asiatiques** (le quartier chinois s'encastre dans le centre), ces groupes constituent aujourd'hui près d'un tiers de la population de la ville.

Chaque année, les collèges et universités de la région attirent une nouvelle vague d'étudiants et de professeurs venus de toute l'Amérique, et même de l'étranger. Les **étudiants**, dont le nombre a été estimé à plus de 250 000, ajoutent à la diversité sociale et culturelle de Boston. Ils résident autour des nombreux campus disséminés dans la ville et ses banlieues. Leur présence est particulièrement manifeste à Cambridge, Brookline et Allston-Brighton.

ÉCONOMIE

Le commerce maritime fut à l'origine de la fortune de Boston. Après une période de marasme économique au début du 20e s., la modernisation dans les années 1950 et 1960 des services portuaires et des quelque 40 km de quais a augmenté la capacité du fret. Néanmoins, Boston ne figure pas aujourd'hui parmi les 20 premiers ports américains.

Le secteur tertiaire a suivi la même évolution. Deux grandes compagnies d'assurances, Prudential et John Hancock, ont fait construire les deux plus hauts gratte-ciel de la ville dans le quartier de Back Bay. Les financiers qui contrôlent les fortunes générées par le commerce maritime et l'industrie sont établis dans Financial District. Ils exercent plus que jamais un rôle clé dans l'économie de la Nouvelle-Angleterre.

Vue aérienne du quartier financier de Boston.
Iren_Key/iStock

L'industrie a connu une ère nouvelle avec l'ouverture de la route 128, dans les années 1950, et l'installation le long de ce périphérique de quelque 700 firmes spécialisées dans la recherche et le développement électronique et informatique. Boston est considérée comme la capitale mondiale dans ces domaines, et ses universités sont des pépinières de chercheurs et de savants. La santé représente aussi un secteur de pointe pour la ville : ses hôpitaux sont de grands centres de recherche et de traitement, comme le Dana Farber Cancer Institute et le **Massachusetts General Hospital**, l'un des plus importants du monde. La récession qui a frappé toute l'Amérique dans les années 1980 n'a pas épargné Boston. Après quelques signes de relance au début des années 1990, la finance, les entreprises pharmaceutiques et la haute technologie, en pleine expansion, redonnent un second souffle à la cité : en 2004, l'inauguration du Boston Convention and Exhibition Center (BCEC) concrétise ce renouveau économique ; avec 16 ha, la ville s'enorgueillit de posséder l'un des plus prestigieux palais des congrès du pays. Ce sont désormais les secteurs hôtelier et immobilier qui tiennent la tête d'affiche : la Millenium Tower culmine à 208 m dans le Downtown, où hôtels et résidences de luxe s'accumulent, tout comme sur le front de mer, redessinant la sociologie et l'apparence de ces quartiers autrefois délaissés.

UN CENTRE CULTUREL

Au 19e s., Boston fut surnommée « l'Athènes de l'Amérique », car de nombreux intellectuels et écrivains y vivaient et s'y réunissaient. Cultivés et férus d'art, ses habitants voyageaient avec curiosité et rapportaient de leurs pérégrinations d'innombrables merveilles qui constituèrent le fonds des magnifiques collections du Museum of Fine Arts *(voir p. 59)*, de l'Isabella Stewart Gardner Museum *(voir p. 62)* et des musées de Harvard *(voir p. 87)*.
Un mécène, Henry Lee Higginson, créa en 1881 le **Boston Symphony Orchestra**, qui se produit toujours dans le Symphony Hall, en alternance avec le répertoire plus populaire des **Boston Pops**. En été, ce dernier donne des concerts de plein air gratuits sur la Charles River Esplanade *(voir p. 53)*. Les salles du **Theater District** se concentrent autour de Tremont St. et Stuart St. Les productions de Broadway y sont fréquemment présentées en avant-première. Le Shubert Theater et le Wilbur Theater affichent surtout des comédies musicales et des pièces de boulevard. La Charles Playhouse joue des spectacles grand public, comme les percussionnistes du Blue Man Group. Les amateurs de pièces dramatiques se rendent dans les nombreux théâtres rattachés aux universités, tels que le Huntington Theater (Université de Boston) et l'American Repertory Theater, à Harvard. La **Boston Ballet Company** se produit pendant la saison musicale au Wang Center.

ÉDUCATION

Boston fut créée par des puritains cultivés, soucieux d'établir un système d'éducation solide. C'est ainsi que furent fondés la Boston Public Latin School (vers 1630), puis **Harvard** (1636), respectivement première école publique et première université des colonies d'Amérique. Depuis, Boston a gardé sa suprématie dans ce domaine, et l'on compte dans la ville et ses environs 68 établissements réputés, dont Harvard, le Massachusetts Institute of Technology (MIT), Radcliffe, la Boston University, le New England Conservatory of Music, le Boston College, la Bradeis University, la Tufts University et le Wellesley College.

MASSACHUSETTS

"Voir aussi les plans détaillés de Beacon Hill, Back Bay, Freedom Trail, Waterfront pour les hôtels et restaurants situés dans ces quartiers".

SE LOGER

- Eliot Hotel 5
- Gryphon House 8
- Hostelling International 10
- Hotel Commonwealth 12
- The Verb Hotel 1

SE RESTAURER

- Area Four 1
- Asta 5
- Coppa 2
- Eastern Stantard Kitchen 4
- Myers+Chang 9
- O Ya 12
- Shojo 8
- Sweet Cheeks Q 3
- Tasty Burger 14
- Toro 17
- Warren Tavern 20

BOSTON

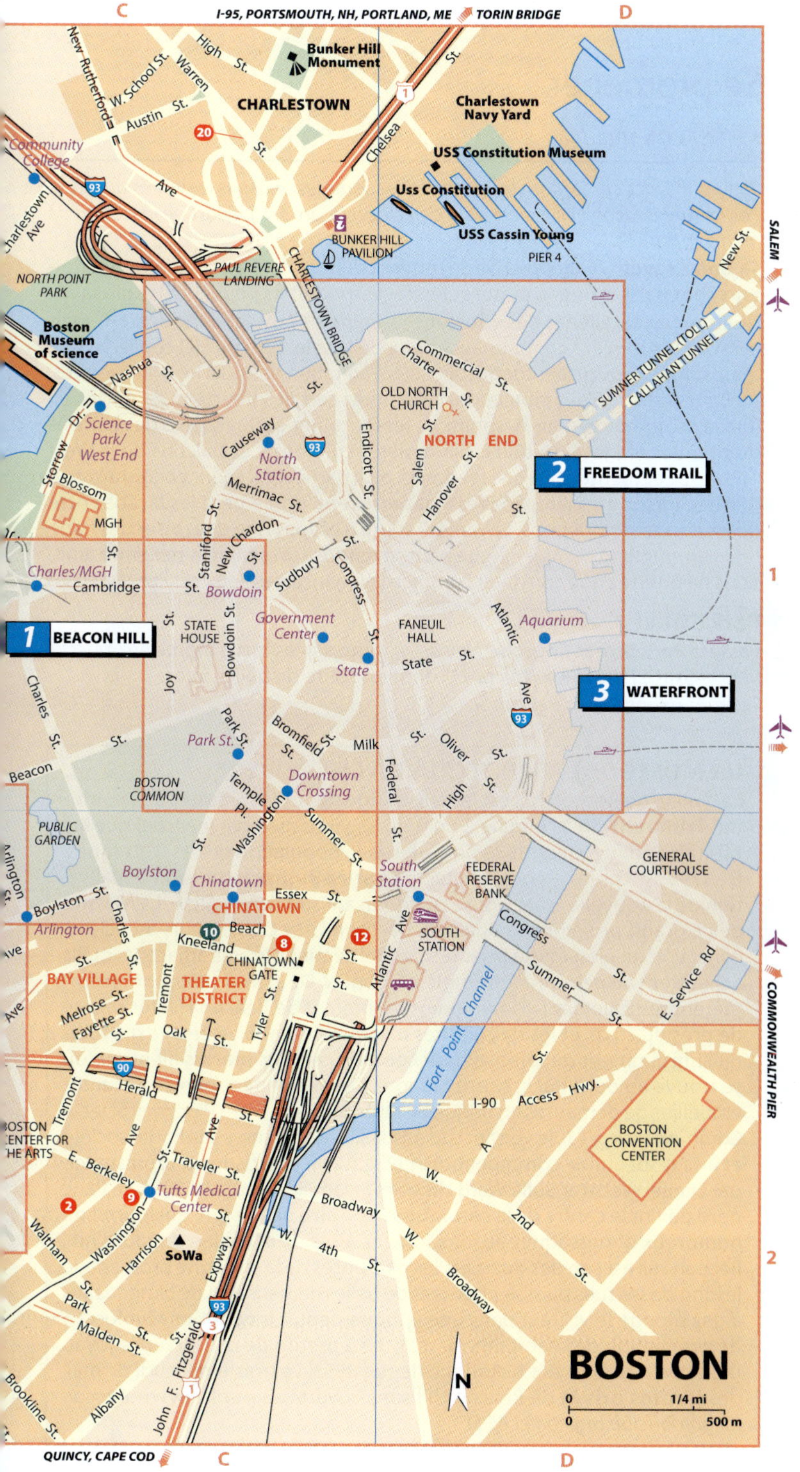
C
D
I-95, PORTSMOUTH, NH, PORTLAND, ME
TORIN BRIDGE
Bunker Hill Monument
CHARLESTOWN
Charlestown Navy Yard
USS Constitution Museum
Uss Constitution
USS Cassin Young
PIER 4
BUNKER HILL PAVILION
PAUL REVERE LANDING
CHARLESTOWN BRIDGE
Community College
NORTH POINT PARK
Boston Museum of science
Science Park/ West End
North Station
MGH
Charles/MGH
Bowdoin
Government Center
State
Park St.
Downtown Crossing
Aquarium
OLD NORTH CHURCH
NORTH END
FANEUIL HALL
STATE HOUSE
BOSTON COMMON
PUBLIC GARDEN
Boylston
Chinatown
CHINATOWN
Arlington
South Station
SOUTH STATION
FEDERAL RESERVE BANK
GENERAL COURTHOUSE
BAY VILLAGE
THEATER DISTRICT
CHINATOWN GATE
BOSTON CENTER FOR THE ARTS
Tufts Medical Center
SoWa
BOSTON CONVENTION CENTER
Fort Point Channel
SUMMER TUNNEL (TOLL)
CALLAHAN TUNNEL
1 BEACON HILL
2 FREEDOM TRAIL
3 WATERFRONT
SALEM
COMMONWEALTH PIER
QUINCY, CAPE COD
1
2
BOSTON
0
1/4 mi
0
500 m
N

Se promener

★★ BEACON HILL Plan p. 40

Circuit tracé sur le plan de Beacon Hill – Comptez 2h (sans les visites guidées). Pour situer Beacon Hill, voir le plan de Boston (p. 36-37). Départ de la station de métro Ⓣ Park St.

Bon à savoir – Faites preuve de prudence en cas de mauvais temps : les trottoirs sont parfois très en pente et les pavés irréguliers peuvent être glissants.

Quartier par excellence des « Boston Brahmins » (brahmanes de Boston), mais aussi de la première communauté noire de la ville, Beacon Hill conserve une atmosphère provinciale contrastant avec l'agitation des quartiers limitrophes. Au cours de votre déambulation, remarquez certains heurtoirs de portes en forme de homards, glands, sphinx..., les ferronneries ouvragées des balcons du premier étage, ainsi que les jardinières colorées. Les balcons de la West Cedar Street méritent qu'on les admire, plus particulièrement encore à la nuit tombée lorsque les lampadaires à gaz éclairent fébrilement les façades ocre des maisons victoriennes. Le samedi soir, il n'est pas rare de croiser des habitants en smoking et robe longue pour se rendre à un simple dîner entre amis. Vous ne pourrez que constater combien l'élégance des lieux est contagieuse !

Park Street

Passé la **Park Street Church★** *(voir p. 44)*, cette agréable rue monte en douceur vers la **State House★★** *(voir p. 43)*, dont elle offre de belles vues.

Tournez à droite dans Beacon St.

UN MUSÉE DE L'ARCHITECTURE À CIEL OUVERT

La colline de Beacon Hill est le seul vestige des trois sommets que comptait **Trimountain** à l'origine. Son nom lui vient du fanal *(beacon)* que les puritains édifièrent en 1634 pour alerter la population en cas d'attaques. De 1795 à 1798, le célèbre architecte **Charles Bulfinch** surveilla la réalisation de la nouvelle State House sur le versant sud de la colline. La réussite de ce grand projet incita Bulfinch, Harrison Gray Otis et leurs associés à concevoir un élégant quartier résidentiel sur des terrains adjacents qu'ils achetèrent au peintre John Singleton Copley. De 1799 à 1850, ils transformèrent radicalement Trimountain : le sommet de Beacon Hill fut raboté de près de 20 m, et les deux autres hauteurs furent nivelées, ce qui fournit suffisamment de remblai pour combler certains **marais** alentour (où se trouve aujourd'hui la North Station). Des rues furent percées, bientôt embellies de demeures en brique de **style anglais**. Entre Pinckney St. et le Common *(voir p. 43)*, le versant sud ensoleillé était réservé à la haute société et à sa respectable communauté intellectuelle et artistique, représentée par Daniel Webster, Julia Ward Howe et la famille Alcott. Au 19e s., le flanc nord devint le centre de la **communauté noire** de Boston, qui fournit de nombreux domestiques aux Bostoniens aisés de la colline. Aujourd'hui, Beacon Hill est l'un des quartiers les plus prisés de la ville. Une promenade le long de ses rues paisibles bordées de belles demeures et de lampadaires à gaz plonge le visiteur dans une époque depuis longtemps révolue. La détermination des habitants du quartier a permis de conserver ce joyau urbain, classé Quartier historique depuis 1955. Le troisième jeudi de mai, des **jardins privés** de Beacon Hill sont ouverts au public *(www.beaconhillgardenclub.org - billet 45 $)*.

3 JOURS À BOSTON	
Jour 1	Freedom Trail avec déjeuner dans le North End (quartier italien), puis Beacon Hill et dîner dans Charles St.
Jour 2	Back Bay le matin, Fenway/Kenmore l'après-midi (visite du stade de Fenway Park ou du MFA/Isabella Steward Gardner Museum selon vos centres d'intérêt), puis dîner dans South End.
Jour 3	Waterfront, déjeuner au Barking Crab, puis sortie en mer pour voir les îles de Boston (ou les baleines !).

★ Boston Athenaeum

10½ Beacon St. - ☎ 617 227 0270 - www.bostonathenaeum.org - ♿ - lun., mar. et merc. 9h-18h, jeu. et vend. 9h-17h30, sam. 9h-16h, fermé dim. et j. fériés - 5 $.

Lors de sa fondation en 1807, cette vénérable institution bostonienne était l'une des premières bibliothèques de prêt des États-Unis. Au cours du 19e s., un grand nombre de chefs-d'œuvre appartenant aux réserves de l'Athenaeum constituèrent le fonds de l'éminente collection du Museum of Fine Arts *(voir p. 59)*. Le bâtiment actuel fut construit dans les années 1840 pour abriter le patrimoine sans cesse plus volumineux de la bibliothèque, qui regroupe aujourd'hui 600 000 ouvrages et œuvres d'art. En parcourant les augustes salles de lecture regorgeant de livres aux reliures de cuir et ornées de magnifiques statues, tableaux et gravures, les membres de l'institution sont plongés dans une atmosphère unique alliant tradition à érudition. Quant aux visiteurs d'un jour, ils profitent des pièces majeures de la collection, signées Gilbert Stuart, Thomas Sully et Jean-Antoine Houdon. La galerie d'art *(1er étage)* expose des œuvres du fonds présentées par roulement. Plusieurs salles et terrasses offrent de belles **vues** sur l'ancien cimetière, Old Granary Burying Ground.

Revenez vers le parc et descendez Beacon St.

★ Beacon Street

L'écrivain Oliver Wendell Holmes la décrivait comme « une rue ensoleillée où réside la crème de la crème ». Avec son alignement de somptueux édifices sur le versant sud de la colline, elle offre des vues très convoitées sur le Common *(voir p. 43)*. À l'ouest, elle se prolonge dans le quartier de Back Bay *(voir p. 53)*, et au-delà.

Remarquez, au **n° 42-43**, le bâtiment de granit abritant le très sélect Somerset Club, dont la section droite est attribuée à Alexander Parris (1819), et, au **n° 45**, la dernière des trois maisons que Bulfinch conçut pour Harrison Gray Otis sur Beacon Hill (1806).

Dépassez Spruce St.

Aux **nos 54** et **55**, ces élégantes demeures néoclassiques seraient dues à Asher Benjamin, architecte de la Charles Street Meeting House et de l'Old West Church *(voir p. 43)*. Le n° 55 accueille la National Society of Colonial Dames, dont les membres, en vrais « proper Bostonian », attestent d'une ascendance remontant parfois au *Mayflower*.

Revenez à l'angle de Beacon St. et de Spruce St., engagez-vous dans Spruce St. et tournez à droite dans Chestnut St.

À hauteur de l'étroite Branch Street se dressent, sur la gauche, les modestes bâtiments où habitaient autrefois les domestiques.

1

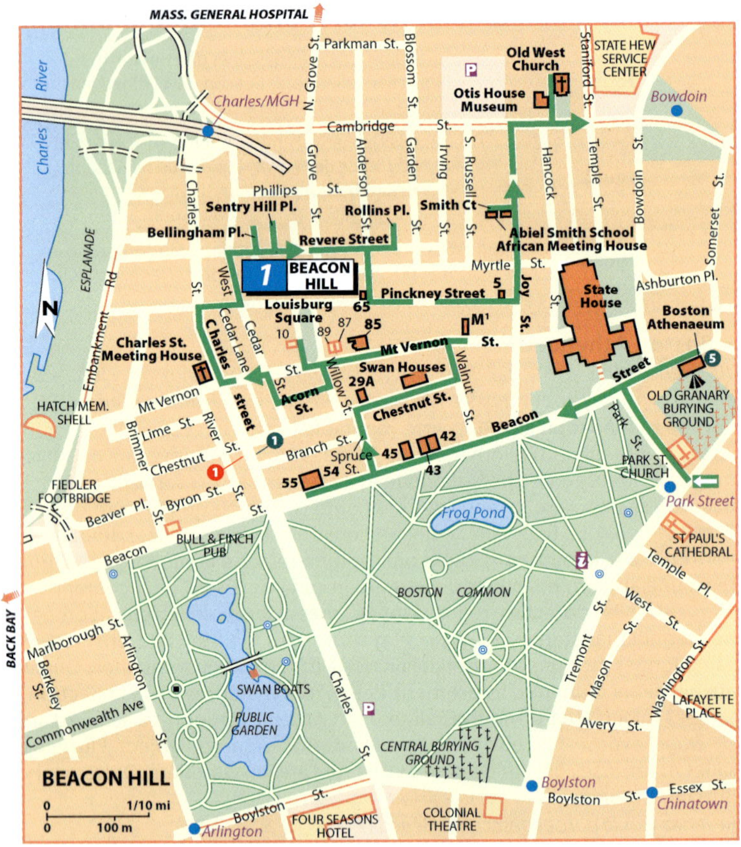

SE LOGER		SE RESTAURER	
Beacon Hill Hotel and Bistro	1	Bin 26 Enoteca	1
XV Beacon	5		

★ Chestnut Street

Cette rue présente un intéressant ensemble architectural illustrant plusieurs styles en vogue entre 1800 et 1830. Au **n° 29A** (1800, Charles Bulfinch), remarquez les vitres mauves de la façade, surnommées « lavandes ». On peut voir d'autres exemples de cette coloration due à l'utilisation de dioxyde de manganèse dans la composition du verre, aux n°s 63 et 64 de Beacon Street. Du n° 13 au n° 17 se trouvent trois gracieuses maisons identiques, appelées **Swan Houses** (vers 1805), qui furent offertes aux trois filles de Mrs Swan. Elles représentent un bel exemple du style fédéral développé par Bulfinch, et qui servirent de modèle par la suite pour ce type de rangée de maison.

Tournez à gauche dans Walnut St. pour gagner Mount Vernon St., que vous prenez à droite.

★★ Mount Vernon Street

Qualifiée par Henry James de « seule rue respectable dans toute l'Amérique », Mount Vernon Street se targue de posséder les plus élégantes résidences de Beacon Hill.

Nichols House Museum (M[1]) – *55 Mount Vermont St. - ✆ 617 227 6993 - www.nicholshousemuseum.org - visite guidée (30-45mn) - avr.-oct. : mar.-sam. 11h-16h ; reste de l'année : jeu.-sam. 11h-16h - fermé j. fériés - 10 $.* C'est la seule maison du quartier accessible au public. Conçue en 1804 par Bulfinch, elle appartenait à une Bostonienne haute en couleur, Miss Rose Standish Nichols. Cette féministe, militante pour la paix, paysagiste spécialiste des jardins européens, y réunissait l'élite du quartier. Le mobilier et les collections (tapisseries flamandes, broderies, peintures, sculptures…) donnent le cadre de ces rencontres.

Faites demi-tour et descendez Mount Vernon Street.

Arrêtez-vous à hauteur du **n° 85**, l'une des seules maisons à être isolée dans un jardin ; elle se situe 10 m en retrait de l'alignement de la rue. Avec sa façade rythmée de pilastres légers et couronnée d'une balustrade de bois et d'une tour octogonale, cette belle résidence (1802) fut la deuxième des trois que construisit Bulfinch pour Harrison Gray Otis. Il signa aussi les n°s 87 et 89.

★★ Louisburg Square

À l'angle de Mount Vernon St. et Willow St.

Baptisée en l'honneur de la victoire des miliciens du Massachusetts sur les Français à Louisbourg (Nouvelle-Écosse, Canada) en 1745, cette place est l'un des endroits les plus huppés de Boston. Ses façades néoclassiques et son parc privatif ont très peu changé depuis leur création dans les années 1830 et 1840. Au n° 10 vécut l'écrivain Louisa May Alcott, de 1880 jusqu'à sa mort en 1888. *Quittez Louisburg Square par Willow St. et tournez à droite dans Acorn St.*

★★ Acorn Street

Cette ruelle romantique, grossièrement pavée de gros galets, est la rue la plus photographiée de Beacon Hill.

Au bout d'Acorn St., tournez à droite dans West Cedar St., puis à gauche dans Mount Vernon St., et continuez jusqu'à Charles St.

★ Charles Street

C'est la rue commerçante et animée de Beacon Hill, où voisinent antiquaires, galeries d'art et cafés. À l'angle formé avec Mount Vernon Street se trouve la **Charles Street Meeting House**, due à Asher Benjamin (1807). Cette église servit de cadre aux réunions des célèbres abolitionnistes William Lloyd Garrison, Frederick Douglass et Sojourner Truth ; elle a été convertie en bureaux au cours des années 1980 et abrite aujourd'hui un café animé et des commerces.

Continuez sur Charles St. et tournez à droite dans Pinckney St.

RASSEMBLEMENT À LOUISBURG SQUARE

Le soir d'**Halloween,** des hordes de familles venues de tout Boston et de sa périphérie se retrouvent à Beacon Hill. Déguisées et équipées de larges paniers, elles convergent vers Louisburg Square où les riverains, assis sur les marches de leurs maisons, les attendent avec des chaudrons remplis de bonbons. Sur les façades et dans les jardins, c'est une débauche de toiles d'araignée balayées par des sorcières et de revenants de tous poils. À la veille de Noël, un autre genre de foule se réunit là dans la plus pure tradition pour chanter des *Christmas Carols* à la lueur des lanternes.

Pinckney Street

Cette jolie rue délimitait le quartier élégant (côté sud) et le quartier populaire des domestiques (côté nord). Il est intéressant d'observer le contraste architectural des deux versants.

Tournez à gauche dans West Cedar St., puis à droite dans Revere St.

Revere Street

Sur la gauche se succèdent de pittoresques impasses où travaillaient autrefois les artisans : **Bellingham Place**, **Sentry Hill Place** et **Rollins Place**. Au bout de cette dernière se dresse une façade blanche que l'on pourrait prendre pour une maison du Sud des États-Unis… Mais qui n'est qu'un décor.

Revenez vers Anderson St. et tournez à gauche.

Au **nº 65**, l'imposant édifice de brique (1824) qui surplombe l'intersection de Anderson Street et Pinckney Street abrita de 1844 à 1861 la Phillips Grammar School, première école de Boston à accueillir des élèves noirs.

Remontez Pinckney St.

Au **nº 5**, la petite maison en bardeaux construite pour deux Bostoniens de couleur dans les années 1790 est l'une des plus anciennes de Beacon Hill.

Tournez à gauche dans Joy St.

Joy Street

Cette longue rue qui descend le long du versant nord fut le centre historique de la communauté noire de Boston de la fin du 18e au 19e s. *(voir l'encadré sur le Black Heritage Trail, ci-contre).*

Smith Court

Après l'Indépendance, ce cul-de-sac devint le cœur de la communauté noire bostonienne. Nombre de ses habitants travaillaient pour les familles aisées de l'autre versant.

★ **Abiel Smith School** – *46 Smith Court - ✆ 617 742 5415 - www.nps.gov/boaf - ♿ - lun.-sam. 10h-16h - fermé 1er janv., Thanksgiving Day et 25 déc. - 5 $ pour les 3 sites décrits.* La première école pour les élèves noirs de la ville (1834) conserve une salle de classe d'époque et accueille des expositions sur l'histoire afro-américaine.

★ **African Meeting House** – *8 Smith Court - mêmes horaires que l'Abiel Smith School.* À l'arrière de l'école se trouve la plus ancienne église de la communauté noire du pays. Construit en 1806 par des Noirs de confession baptiste las de la discrimination rencontrée dans les églises fréquentées par les Blancs, cet élégant édifice de brique fut un grand centre de la lutte antiesclavagiste. Pendant presque tout le 20e s., le sanctuaire servit de synagogue. Aujourd'hui classé Bâtiment historique, il est administré par le National Park Service. Le niveau supérieur est réservé à la Meeting House tandis que le niveau inférieur abrite le **Museum of Afro-American History** qui propose des expositions sur la communauté noire de la Nouvelle-Angleterre..

Au bout de Joy St., traversez Cambridge St.

★ Otis House Museum

141 Cambridge St. - ✆ 617 227 3957 - www.historicnewengland.org/historic-properties/homes/otis-house - visite guidée (30mn) - merc.-dim. 11h-17h - fermé j. fériés - 10 $.

Cette maison construite en 1796 est l'œuvre de deux hommes qui influencèrent considérablement l'architecture de Boston : Bulfinch, l'architecte, et Harrison Gray Otis, le promoteur immobilier, avocat et homme politique. Première des trois maisons que Bulfinch conçut pour Otis à Beacon Hill, ce bâtiment de style fédéral témoigne du goût pour l'élégance dont les Bostoniens firent preuve au lendemain de l'Indépendance. Au 1er étage, des fenêtres d'influence palladienne adoucissent la façade. À l'intérieur, remarquez le mobilier d'époque, les moulures ouvragées, les décorations au pochoir et l'escalier sans mur de cage. La maison abrite à la fois un **musée** et le siège de la Society for the Preservation of New England Antiquities, fondée en 1910, et qui administre 36 maisons-musées dans cinq États.

Old West Church

Conçu par Asher Benjamin en 1806, cet élégant édifice aux lignes verticales se marie parfaitement avec le style fédéral de l'Otis House voisine. En 1775, les troupes anglaises avaient rasé l'église qui s'y élevait primitivement parce qu'ils soupçonnaient les patriotes d'utiliser son clocher pour communiquer avec les troupes américaines.

★★★ THE FREEDOM TRAIL Plan p. 46

Circuit tracé sur le plan de Freedom Trail – Comptez d'une demi-journée (arrêts rapides et rythme soutenu) à une journée. Pour situer le Freedom Trail, voir le plan de Boston (p. 36-37). Départ du Visitor Center situé sur le Common - Ⓣ Park St.

Informations complémentaires sur le Freedom Trail : ✆ 617 242 5642 - www.nps.gov/bost.

Bon à savoir – L'itinéraire est matérialisé au sol par un pavement de briques ou une ligne peinte en rouge.

Ce « chemin de la Liberté » (Freedom Trail) passe par différents lieux et monuments liés à l'histoire de l'Indépendance, mais également par d'autres sites relevant du **Boston National Historical Park**. Il se prolonge jusqu'à Charlestown *(voir p. 66)*.

★ Boston Common

Depuis qu'il fut vendu aux puritains en 1630 par le révérend Blackstone, et rendu public, ce parc paysager de 20 ha occupe une place de choix dans le cœur des Bostoniens. L'endroit servit tour à tour de pâturage (des vaches y ont déambulé jusqu'en 1830), de terrain de manœuvres pour l'armée, de site aux exécutions publiques, de lieu de rassemblements et de concerts. Aujourd'hui en plein cœur de la ville, il est parcouru d'innombrables sentiers ombragés qui relient Downtown, Beacon Hill et Back Bay.

Le long de Boylston Street, le **Central Burying Ground** (1756) abrite la tombe du peintre américain Gilbert Stuart (1755-1828), célèbre pour ses portraits.

Remontez le parc pour rejoindre l'intersection menant à Beacon Hill.

★★ State House

24 Beacon St. - ✆ 617 727 3676 - malegislature.gov/StateHouse/Visit- ♿ ✕ - entrée libre et possibilité de visite guidée 30/45mn) sur réserv. - lun.-vend. 10h-15h30 - fermé j. fériés - gratuit.

BLACK HERITAGE TRAIL

Le Black Heritage Trail est un itinéraire de 2,6 km révélant 14 sites majeurs de l'histoire afro-américaine, dont l'African Meeting House, la plus ancienne église bâtie pour des Noirs aux États-Unis.

Pour plus de détails, contactez le Boston African-American National Historic Site (*✆ 617 742 5415 - www.nps.gov/boaf - plan du circuit sur le site Internet*), qui propose des visites guidées gratuites en anglais.

1

Le dôme doré du siège du gouvernement du Massachusetts est chéri par les Bostoniens depuis près de deux siècles. Construit en 1798 par Charles Bulfinch, le bâtiment d'origine au portique très saillant fut agrandi de plusieurs ailes en 1895 et 1916. La plupart des ornements et décors intérieurs voulus par Bulfinch ont été préservés.

Les statues placées devant la State House représentent Anne Hutchinson *(aile ouest)*, bannie de la colonie au 17e s. pour ses conceptions théologiques, Mary Dyer *(aile est)*, pendue pour son appartenance aux quakers, l'orateur Daniel Webster *(à gauche)* et Horace Mann *(à droite)*, pionnier de l'éducation américaine.

L'entrée principale ouvre sur le **hall dorique**, qui doit son nom à ses colonnes. Tout en marbre, l'**escalier du Sénat** a été ajouté au 19e s. Il est orné d'œuvres représentant la chevauchée de Paul Revere, le discours de James Otis et la Boston Tea Party. Dans le **hall des Drapeaux**, construit pour abriter les drapeaux de la guerre de Sécession, on reconnaît le *Mayflower*, John Eliot évangélisant les Indiens et la bataille de Concord, le 19 avril 1775.

L'escalier principal mène au **hall du 2nd étage** que domine la statue de Roger Wolcott, gouverneur du Massachusetts durant la guerre hispano-américaine (25 avril-10 décembre 1898), signée Daniel Chester French. À ce niveau se trouvent également la chambre du Sénat, la salle de réception du Sénat, le bureau du gouverneur et la Chambre des représentants. Avant de quitter cette dernière salle, remarquez la **Sacred Cod**, une morue en bois sculpté, symbole de l'État : la pêche à la morue fut l'une des principales sources de revenus du Massachusetts. La Sacred Cod fut « kidnappée » (on a alors parlé de *cod-napping*) en 1933 par des étudiants farceurs de Harvard.

En face de la State House, le **Shaw Civil War Monument★** (A) est un bas-relief en bronze sculpté par Augustus Saint-Gaudens et dédié à la gloire du colonel Robert Gould Shaw et de son régiment, le 54e d'infanterie, qui fut le premier à être composé de volontaires noirs engagés dans la guerre de Sécession. Shaw fut tué en 1863 pendant l'attaque de Fort Wagner en Caroline du Sud. Leur histoire est raconté dans le film *Glory* (1989) d'Edward Zwick, avec Matthew Broderick dans le rôle de Shaw.

Revenez sur vos pas et rendez-vous à l'angle de Tremont St. et de Park St. Suivez la ligne rouge/pavée jusqu'à la fin de l'itinéraire.

★ Park Street Church

1 Park St. - ☏ 617 523 3383 - www.parkstreet.org - ♿ - visite guidée de mi-juin à fin août : mar.-sam. 9h30-15h - fermé 4 juil.

Son ravissant clocher de bois, haut de plus de 60 m, abrite un carillon électronique qui égrène toutes les heures les notes d'hymnes connus.

C'est dans cette église de brique construite en 1809, nettement influencée par l'architecte anglais Christopher Wren, que William Lloyd Garrison fit son premier discours antiesclavagiste en 1829. L'hymne *America* y fut chanté pour la première fois le 4 juillet 1831.

★ Old Granary Burying Ground

Ce cimetière occupe l'ancien emplacement d'un grenier à grains *(granary)* du 17e s. La plupart des grands révolutionnaires y sont enterrés : **James Otis**, **Samuel Adams**, **Paul Revere** et **John Hancock**.

L'obélisque situé en son centre est dédié aux parents de Benjamin Franklin.

★ King's Chapel

À l'angle de Tremont St. et School St. - ☏ 617 227 2155 ou 617 523 1749 - www.kings-chapel.org - ♿ - en été : lun.-sam. 10h-17h, dim. 13h30-17h ; de Labor Day (1er lun.

Old State House.
L. Decoudin/Michelin

1

de sept.) à Memorial Day (dernier lun. de mai) : sam. 10h-16h, dim. 13h30-16h - fermé durant les offices - contribution demandée (3 $) - concert (1h) mar. 12h15.
Première église anglicane de la Nouvelle-Angleterre, cet édifice en granit conçu par **Peter Harrison** en 1749 remplaça la chapelle en bois construite sur ce site dans les années 1680. Neuf ans seulement après l'évacuation anglaise de Boston, l'édifice fut converti pour devenir la première église unitarienne des États-Unis. Son **intérieur** georgien est très élégant.

Le petit **cimetière**★ qui jouxte l'église est le plus ancien de Boston (1630) ; John Winthrop, le premier gouverneur de la colonie du Massachusetts, John Alden, passager du *Mayflower* et fondateur de la colonie de Plymouth, ainsi qu'Elizabeth Pain, qui aurait inspiré le personnage littéraire de Esther Prynne, héroïne malheureuse de *La Lettre écarlate* de Nathaniel Hawthorne, y sont enterrés.

Old City Hall (B)

45 School St. Ce majestueux édifice de granit (1865) a été construit à l'emplacement de la première école publique d'Amérique (Boston Public Latin School, vers 1630). C'est le plus bel exemple d'architecture de style Second Empire de Boston. Son concepteur, Arthur Gilman, a également contribué à l'urbanisme de Back Bay *(voir p. 53)*. Après la construction du nouveau City Hall en 1968, le bâtiment a été affecté à un usage commercial.

Des statues ornent l'esplanade : l'une représente Benjamin Franklin, né à proximité, tandis que l'autre, un âne en bronze, symbolise le parti démocrate.

★★ Old South Meeting House

310 Washington St. - ✆ 617 482 6439 - www.oldsouthmeetinghouse.org - ♿ - avr.-oct. : 9h30-17h ; reste de l'année : 10h-16h - fermé j. fériés - 6 $.
Les grands orateurs de la révolution, Samuel Adams et James Otis, se succédèrent à la chaire de cette église pour inciter leurs compatriotes à les suivre, et c'est d'ici que partirent les faux Indiens de la *Boston Tea Party (voir p. 30)*, le 16 décembre 1773. C'est aujourd'hui un musée retraçant ces événements pré-révolutionnaires.

Inspiré des œuvres de Christopher Wren, l'édifice présente une modeste façade de brique et une tour coiffée d'un clocher de bois. L'intérieur fut transformé en écurie par les Anglais pendant le siège de Boston.

Old Corner Bookstore building

À l'angle de School St. et Washington St., remarquez un élégant bâtiment de l'époque colonial, bâti en 1718, et qui fut un centre littéraire important à Boston au 19e s. Aujourd'hui c'est un fast-food, mais la façade a été préservée.

★★ Old State House

206 Washington St. (à l'angle de State St.) - ✆ 617 720 1713 - www.bostonhistory.org - juil.-août : 9h-18h ; reste de l'année : 9h-17h - fermé j. fériés et 1re sem. de fév. - 10 $ (étudiants et seniors 8,50 $, gratuit -18 ans).

Le plus ancien bâtiment public de Boston (1713) servit de quartier général au gouvernement anglais jusqu'à l'Indépendance, et fut le cadre de plusieurs événements clés de l'histoire des États-Unis. En 1770 se déroula sous ses fenêtres l'épisode du massacre de Boston *(voir p. 30)*. Après que les colonies américaines se furent affranchies de la Couronne à Philadelphie le 4 juillet

SE LOGER	SE RESTAURER	
Omni Parker House........ 1	Boston Public Market.... 2	Quincy Market.............. 7
	Bricco.......................... 1	Trattoria Il Panino........ 9
	Daily Catch.................. 3	

1776, la déclaration d'Indépendance fut lue pour la première fois en public depuis son balcon, deux semaines plus tard. La foule en délire brûla alors le lion et la licorne, symboles de la Couronne, qui ornaient le pignon du bâtiment (les figures actuelles sont des copies). Salle de réunion du gouvernement du Massachusetts jusqu'à la construction de la nouvelle State House en 1798, l'Old State House servit ensuite de magasin, puis de City Hall (hôtel de ville). En 1881 fut fondée la Bostonian Society afin de convertir l'édifice en un musée consacré à l'histoire de la ville. À l'intérieur, un ravissant escalier en spirale mène aux salles des étages supérieurs relatant le passé et le présent de Boston. Depuis la chambre du Conseil, on peut apercevoir le balcon où fut prononcée la déclaration historique.

Derrière la State House, à l'angle de Congress Street et de State Street, se trouve un îlot où un cercle de pavés commémore le **massacre de Boston** (1). Plus bas dans State Street se dresse la **Custom House** : sa base date des années 1840 (A.B. Young), et la tour, haute de 151 m, date des années 1910 (Peabody et Stearns) : elle est considérée comme le premier gratte-ciel de Boston.

Après l'intersection de Congress Street et de State Street, retournez-vous pour admirer la façade orientale de l'Old State House qui contraste avec celle d'une grande tour en verre noir de 40 étages (Exchange Place).

City Hall

Congress St. (face au Faneuil Hall).

Émergeant de son socle de brique, cette pyramide de béton renversée, au gris-beige délavé par le poids des ans, reste l'une des réalisations architecturales les plus controversées de Boston depuis son achèvement en 1968. Elle est l'œuvre de trois architectes : Kallman, McKinnell et Knowles, qui se sont inspirés du modernisme de Le Corbusier et ont contribué à faire reconnaître le « brutalisme » (terme employé par les architectes anglais) aux États-Unis. Depuis les galeries du 4e étage, on peut observer les réunions du conseil municipal *(merc. 16h).*

La ville tente de rendre sa *plaza*, à l'arrière du bâtiment, plus vivante et agréable : des festivals ont lieu au fil de l'année, un *beer garden* ouvre en été et une patinoire et un village de Noël sont installés en décembre.

★★ Faneuil Hall

Dock Square (entrée principale face au Quincy Market) - ✆ 617 242 5675 - www.nps.gov/bost/historyculture/fh.htm - ♿ - 9h-17h - fermé 1er janv., Thanksgiving Day, 25 déc. et durant certaines manifestations municipales - gratuit.

Légué à la ville de Boston par le riche négociant d'origine française Peter Faneuil en 1742, ce vénérable bâtiment servit de salle de réunion pendant toute la guerre d'Indépendance.

À sa tribune se sont succédé de grandes figures de l'histoire américaine : Samuel Adams, Wendell Philips, Susan B. Anthony et, plus récemment, John F. Kennedy et Hillary Clinton. Partiellement détruit par un incendie en 1762, le Faneuil Hall fut reconstruit en respectant les plans originaux dessinés par John Smibert. En 1806, l'édifice fut agrandi par Charles Bulfinch qui doubla sa largeur. Son dôme est surmonté de la fameuse girouette représentant une sauterelle, commandée par Peter Faneuil en 1742. Inspirée du bronze qui orne le Royal Stock Exchange de Londres, la sauterelle est l'emblème du port de Boston depuis le 18e s. Devant l'entrée se dresse une statue de Samuel Adams, dans une attitude résolue à s'opposer à la présence des Anglais à Boston.

Un escalier conduit à la grande salle de réunion où se tiennent régulièrement les cérémonies de naturalisation d'Américains. Un tableau de George P.A. Healy, *Daniel Webster's Second Reply to Hayne*, représente le sénateur du

Massachusetts, Daniel Webster, s'adressant à son homologue de Caroline du Sud, Robert Y. Hayne, dans l'enceinte du Sénat. À l'étage supérieur se trouve un musée militaire regroupant des armes, des uniformes, des drapeaux et des tableaux. Il est administré par la plus ancienne organisation militaire américaine, **The Ancient and Honorable Artillery Company** *(✆ 617 227 1638 - ♿ - lun.-vend. 9h-15h30 - fermé j. fériés).*

★★ Quincy Market

Derrière Faneuil Hall - ✆ 617 523 1300 - www.faneuilhallmarketplace.com - ♿ - lun.-sam. 10h-21h, dim. 11h-18h - fermé Thanksgiving Day et 25 déc. - location gratuite sur place de jeux de société en été.

Le centre commerçant animé de **Faneuil Hall Marketplace**, plus connu sous le nom de son édifice principal, Quincy Market, illustre une **rénovation urbaine** réussie. Quelques années ont suffi pour transformer ce quartier d'entrepôts désaffectés en grand lieu de rendez-vous des Bostoniens et des touristes, attirés par les restaurants, les terrasses de cafés, les boutiques d'artisanat et les magasins spécialisés. Tout cela respire l'**esprit Disneyland** et on y goûte une ambiance familiale à défaut d'authenticité… et de qualité gastronomique. L'ensemble se compose de trois bâtiments en granit construits en 1825 par Alexander Parris. Au centre, le Quincy Market, une longue galerie de style néoclassique flanquée de verrières ajoutées dans les années 1970, abrite des douzaines d'échoppes et de restaurants. Dans les deux autres bâtiments sont installés des magasins plus luxueux. Un restaurant familial très populaire, **Durgin Park** (E), occupe le North Market.

Avant d'arriver à Union St., remarquez les 6 colonnes de verre du **New England Holocaust Memorial** qui commémorent les disparus de la Shoah.

Union Street

À la fin du 18e s., cette rue était bordée de tavernes et de pubs. Le duc d'Orléans, futur roi de France sous le nom de Louis-Philippe, habita plusieurs mois au premier étage de **Ye Olde Union Oyster House** (F), une véritable institution de Boston : le restaurant fonctionne encore aujourd'hui ! Il y donnait alors des leçons de français pour assurer sa subsistance. Daniel Webster, lui aussi, était un habitué de la maison.

Traversez Blackstone St. pour gagner Haymarket.

Un **marché en plein** air très animé se tient ici *(vend. et sam.).* Vous pouvez également profiter d'une pause gourmande dans le **Boston Public Market** *(lun.-sam. 8h-20h, dim. 10h-18h)* : des halles de produits locaux (*fudge* et chocolat, bières, fromages et charcuterie, fruits et légumes, etc.).

Poursuivez dans Hanover St., artère principale du quartier de North End.

★ Paul Revere House

19 North Square - ✆ 617 523 2338 - www.paulreverehouse.org - de mi-avr. à fin oct. : 9h30-17h15 ; reste de l'année : 9h30-16h15 - fermé lun. de janv. à mars, pdt les vac. scolaires, 1er janv., Thanksgiving Day et 25 déc. - 3,50 $.

Cette maison en bois, l'une des seules du 17e s. qui subsiste à Boston, était déjà vieille de 90 ans lorsque **Paul Revere** l'acheta en 1770. C'est d'ici que cet orfèvre, de souche française huguenote, partit pour sa fameuse chevauchée vers Lexington *(voir p. 31)*. L'intérieur est équipé du mobilier ayant appartenu à sa famille.

★ St Stephen's Church

À l'angle de Hanover St. et de Clark St. - de 7h au coucher du soleil.

Des cinq églises de Boston conçues par Bulfinch, c'est la seule qui subsiste.

L'intérieur est bien conservé, flanqué d'une gracieuse colonnade supportant un balcon.

★ Paul Revere Mall

Cette petite place relie les églises St Stephen et Old North. La **statue équestre** (2), représentant Paul Revere est de Cyrus Dallin et se détache sur la silhouette de l'Old North Church. Des plaques de bronze évoquent le rôle exercé par les habitants de North End dans l'histoire de la ville.

★★★ Old North Church (Christ Church)

193 Salem St. - ✆ 617 523 6676 - oldnorth.com - ♿ - d'avr. à mi-nov. : 9h-18h ; de mi-nov. à fin mars : 10h-16h - fermé Thanksgiving Day et 25 déc. (sf pour le service) - donation suggérée 3 $.

Les Américains éprouvent un attachement tout particulier pour cette église à laquelle Longfellow dédia un poème *(Paul Revere's Ride)* évoquant les deux lanternes, suspendues au clocher, qui donnèrent l'alarme le 18 avril 1775 à Paul Revere. Construite en 1723, Old North Church était coiffée d'une flèche par deux fois démolie par des tempêtes ; la flèche actuelle date de 1954. À l'intérieur, les bancs fermés, les larges baies et la chaire d'où le président Gerald Ford inaugura le bicentenaire des États-Unis, sont caractéristiques des églises coloniales de la Nouvelle-Angleterre. Les quatre anges de bois placés près de l'orgue font partie d'un butin provenant d'un vaisseau français. Dans le **musée** (M^2) attenant sont présentées des répliques des fameuses lanternes.

1

Copp's Hill Burying Ground

Bordé par Hull St. et Charter St. - ✆ 617 536 4100 - de l'aube au crépuscule.

Ce cimetière renferme les sépultures de grandes familles bostoniennes, notamment les Mather *(section nord-est près de la porte ouvrant sur Charter St.)* : Increase Mather (1639-1723), ministre et président d'Harvard, Cotton Mather (1663-1728), homme d'église et écrivain, et son fils, le révérend Samuel Mather (1706-1785). Il est également la dernière demeure de centaines de Noirs qui habitaient le quartier de North End au 18e s.

LE NORTH END

Ce quartier isolé du reste de la ville par la voie express a été habité dès 1630. Il fut le principal quartier résidentiel de Boston tout au long des 17e et 18e s., accueillant notamment une communauté d'esclaves noirs affranchis. Au 19e s. vinrent s'installer des Irlandais et des juifs, bientôt remplacés par des immigrants du Sud de l'Italie dont la communauté est toujours très présente. Les rues principales, **Hanover Street★** et **Salem Street**, dégagent une ambiance toute méditerranéenne avec leurs toits en terrasse, leurs magasins fraîchement achalandés, leurs fleuristes, leurs restaurants et cafés aux bonnes odeurs de pâtes, de pizzas et d'expressos. Malgré les nombreux touristes qui parcourent ses rues, le quartier a su conserver sa **singularité**, attirant depuis quelques années de jeunes chefs créatifs qui tentent d'en faire un **pôle gastronomique** au cœur de la ville. Attachée à ses traditions, la communauté italienne continue de célébrer ses nombreux saints patrons tout au long de l'année *(le calendrier des fêtes est affiché sur la porte des magasins et des églises)* en organisant des **processions religieuses** et des manifestations qu'accompagnent des plats traditionnels vendus à même la rue. L'allée « **All Saints Way** », accessible à l'entrée de Battery St., doit son surnom à une accumulation curieuse et kitsch de saints accrochés aux murs et aux portes.

En sortant du cimetière, remarquez une maison étroite en bois gris sombre, qu'on surnomme la « plus petite maison de Boston » (44 Hull St.) Revenez dans Hanover St. pour goûter quelques spécialités italiennes ou simplement vous plonger dans l'ambiance locale. La ligne rouge du Freedom Trail se poursuit vers Charlestown.

★ **LE WATERFRONT** Plan ci-dessous

Circuit tracé sur le plan du Waterfront – Comptez une 1/2 journée. Pour situer le Waterfront, voir le plan de Boston (p. 36-37). Départ du Quincy Market - Ⓣ Aquarium.

Bon à savoir – Afin de tirer parti au mieux de votre journée, consultez à l'avance tous les horaires des manifestations organisées par l'aquarium, des excursions en bateau et des musées.

C'est au départ du Waterfront que s'effectuent les croisières et excursions vers les îles du port de Boston *(voir « Nos adresses »).*

Prenez Atlantic Ave. jusqu'aux quais, que vous longez en direction du sud.

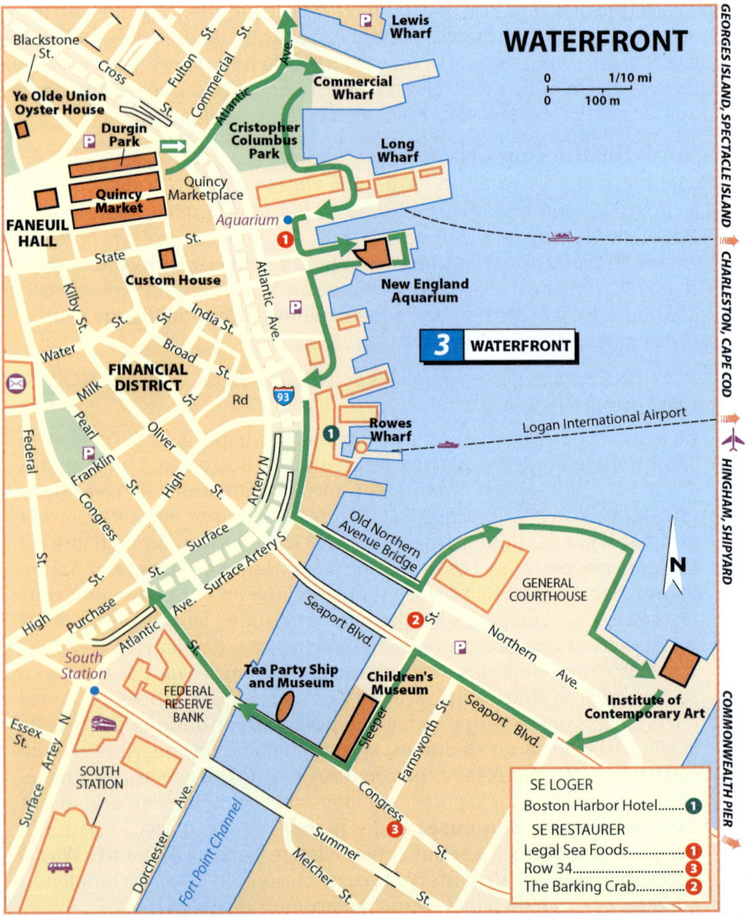

QUELQUES CHANGEMENTS

Durant la prospérité maritime de Boston, les grands voiliers, chargés de leurs cargaisons exotiques, venaient accoster à ces quais animés. Pour favoriser le développement des chantiers navals, la superficie du port fut agrandie de 40 ha par un programme de remblaiement conduit dans la première moitié du 19e s. Vers 1900, la construction navale connut une grande régression et les quais commencèrent à se dégrader. Le tracé de deux nouvelles voies de circulation (Atlantic Avenue dans les années 1860 et la voie express dans les années 1950) isola le quartier du centre de Boston. Des efforts de rénovation ne furent véritablement entrepris que dans les années 1960. Plusieurs entrepôts furent alors reconvertis en magasins et en logements, mais ce n'est qu'après la réhabilitation de Quincy Market dans les années 1970 qu'une communication fut rétablie entre le centre-ville *(Downtown)* et le **Christopher Columbus Park**. Cette promenade, située le long des quais reliant Commercial Wharf et Long Wharf, est aujourd'hui bordée de résidences et d'hôtels de luxe, rehaussant le Waterfront. Depuis, les aménagements continuent de se poursuivre au sud du Fort Point Channel, avec notamment la **Federal Courthouse** (1998), le **Boston Convention Center** (2004) – le plus important du nord-est des États-Unis –, et l'**Institute of Contemporary Art** (2006).

Commercial Wharf et Lewis Wharf

Construits dans les années 1830, ces entrepôts en granit ont été restaurés dans les années 1960 et abritent des bureaux et des appartements de luxe.

Long Wharf

Autrefois, cet embarcadère (1710) ressemblait à une avenue monumentale de plus de 600 m de long, entre la Custom House Tower et le port, et accueillait les navires de trop fort tonnage pour s'amarrer aux autres quais. Au cours des siècles, Long Wharf diminua de moitié et perdit peu à peu ses boutiques et ses entrepôts.

La basse et longue silhouette du **Marriott Hotel Long Wharf** (1982, Cossutta et associés) s'est harmonieusement intégrée à l'architecture traditionnelle du port et l'ancien bureau des douanes, le **Custom House Block** (1837, Isaiah Rogers), a été transformé en ensemble commercial et résidentiel. Long Wharf est l'embarcadère des bateaux visitant le port et les îles, ainsi que de la navette reliant Charlestown et l'aéroport.

★★ New England Aquarium

Central Wharf - ✆ 617 973 5200 - www.neaq.org - ♿ - juil.-août : dim.-jeu. 9h-18h, vend.-sam. 9h-19h ; reste de l'année : lun.-vend. 9h-17h, w.-end 9h-18h - fermé Thanksgiving Day et 25 déc. - 27,95 $ (3-11 ans 18,95 $).

Une semi-pénombre donne l'illusion d'un monde sous-marin. Poissons, invertébrés, amphibiens et autres animaux aquatiques sont répartis selon leur environnement naturel, en enfilade sur quatre étages, autour d'un **réservoir central** de 700 000 litres qui reconstitue un fond corallien de la mer des Antilles où évoluent des requins, des tortues géantes et d'autres espèces de poissons habitant cette mer chaude. Expositions, panneaux d'interprétation et démonstrations (ne manquez pas celles qui concernent les otaries) permettent de mieux comprendre la vie des espèces représentées. Parmi les spécimens les plus étonnants, on voit des hippocampes, un poisson flash, des manchots du Cap (dans un grand bassin au rez-de-chaussée) et une anguille

électrique. Au bord du Sea Tide pool, les jeunes visiteurs peuvent manipuler crabes, étoiles et oursins de mer.
À voir aussi : le laboratoire de soins, les films du **cinéma Imax** *(9,95 $; 3-11 ans 7,95 $)* et les **sorties en mer d'observation des baleines** *(53 $; 3-11 ans 33 $).*

★ Rowes Wharf

Cette immense structure en brique (1987, Skidmore, Owings et Merrill), abritant le luxueux **Boston Harbor Hotel** *(voir « Nos adresses »)* ainsi que des résidences de grand standing et des bureaux, fait harmonieusement le lien entre les quartiers du centre et le Waterfront. Son entrée en arche monumentale offre une belle vue sur le port et le pavillon coiffé d'un dôme qui lui fait face. Rowes Wharf est encadré au nord et à l'est par deux ensembles dont le format et le style rompent avec l'architecture traditionnelle des quais : les **Harbor Towers** (1971, I.M. Pei), deux blocs de béton de 40 étages, et l'**International Place** (1987, Burgee et Johnson), structure de 10 000 m² que domine une tour cylindrique disgracieuse.
Prenez l'Old Northern Ave. Bridge et continuez en longeant les quais.

★ Institute of Contemporary Art (ICA)

100 Northern Ave - ✆ 617 478 3100 - www.icaboston.org - ♿ ✕ - mar.-merc. et w.-end 10h-17h, jeu.-vend. 10h-21h - 15 $ (jeu. 17h-21h : gratuit pour tous ; dernier sam. du mois : gratuit pour les familles).
Revêtue de verre et de métal, la base de cet audacieux édifice, conçu par l'agence Diller Scofidio + Renfro (2006), supporte une imposante structure en porte-à-faux sous laquelle le visiteur peut profiter, à l'extérieur mais abrité, du panorama sur le port de Boston. Sur 6 000 m², peintures, vidéos, photographies et installations composent la collection permanente, où se côtoient artistes américains (Kelly Sherman, Nan Goldin, Philip-Lorca diCorcia) et internationaux (Louise Bourgeois, Paul Chan, Rineke Dijkstra). Les expositions temporaires changent tous les trois à quatre mois. Au rez-de-chaussée, cafétéria et boutique attrayante.
Bon à savoir – En juillet 2018, l'ICA a ouvert **ICA Watershed**. Située dans East Boston et accessible en ferry, cette extension présente des expositions temporaires.
Suivez le Seaport Blvd à droite et tournez à gauche dans Sleeper St.

★★ Children's Museum

300 Congress St. - ✆ 617 426 8855 - www.bostonkids.org - ♿ ✕ - 10h-17h (vend. jusqu'à 21h) - fermé Thanksgiving Day et 25 déc. - 17 $ (vend. 17h-21h : 1 $).
Instructif, ludique, ce terrain de jeu conçu pour les enfants ravira aussi les adultes ! Voué à l'apprentissage de la différence culturelle, il invite les plus jeunes à découvrir l'intérieur d'une maison japonaise, à décorer un char de carnaval antillais, à danser sur un rythme cap-verdien et, dans un salon de beauté, à comprendre la technique des tresses africaines. Ils pourront ensuite se perdre dans un labyrinthe et jouer à un jeu d'échec géant, faire d'immenses bulles avant de participer à une visite virtuelle du port de Boston. Un régal ! Des espaces de jeux accueillent les tout-petits.

Tea Party Ship and Museum

306 Congress St. - ✆ 866 955 0667 - www.bostonteapartyship.com - ♿ ✕ - visite guidée (1h30) - 10h-17h (dép. ttes les 30mn) - 29,95 $ (seniors et étudiants 26,95 $, enf. 23 $), réduction si achat en ligne.
Pour revivre un tournant de l'histoire américaine, vous êtes invité à monter à bord du *Beaver*, l'un des trois bateaux sur lesquels se déroula la *Tea Party*

Christian Science Church Plaza, Back Bay.
L. Decoudin/Michelin

1

(voir p. 30). Plus que la découverte d'un musée, c'est à une expérience que les visiteurs sont conviés : acteurs en costume d'époque (qui ne ménagent pas leur énergie), hologrammes (très bien faits) et projection d'un film permettent de revivre l'événement de façon plutôt ludique et instructive (à condition de bien maîtriser l'anglais !). Boutique de souvenirs en tout genre et salon de thé *(Abigail's Tea Room)*.

★★ BACK BAY Plan p. 54

Circuit tracé sur le plan de Back Bay – Comptez une 1/2 journée. Pour situer Back Bay, voir le plan de Boston (p. 36-37). Départ de la station de métro Ⓣ Prudential ; suivez Huntington Ave. vers le sud.

Considéré par le critique et historien Lewis Mumford comme la réalisation marquante de l'**urbanisme américain du 19e s.**, ce quartier élégant recèle une architecture très variée qui voit des rangées de maisons victoriennes merveilleusement conservées, ombragées par des rangées d'arbres, voisiner avec des gratte-ciel modernes à l'esthétique inégale. Le style des premières résidences construites à Back Bay s'inspirait de l'architecture française contemporaine : toit à la Mansard, élévation modérée et uniformité architecturale. À partir de 1870, les bâtiments affichèrent un style plus éclectique (néogothique, néoroman, néo-Renaissance italienne, néogeorgien) que l'on rencontre surtout à l'ouest de Dartmouth Street

À l'est, Back Bay côtoie le **Public Garden** ; au nord, l'**esplanade** qui borde la **Charles River** est un lieu privilégié de détente et la plus importante scène de concert en plein-air. Au sud, le quartier se prolonge par South End, quartier résidentiel chic aux nombreux cafés et restaurants *(voir encadré p. 57)*.

★★ Christian Science Center

175 Huntington Ave. - ✆ 617 450 2000 - www.christianscience.com - ♿ ✕ - visite guidée de l'église (dép. ttes les h.) - de mi-juin à fin août : 10h-17h, merc. 13h-17h, dim. 11h-16h30 ; reste de l'année : mar. 12h-16h, merc. 13h-16h, jeu.-sam. 12h-17h, dim. 11h-15h - fermé lun. et j. fériés - gratuit.

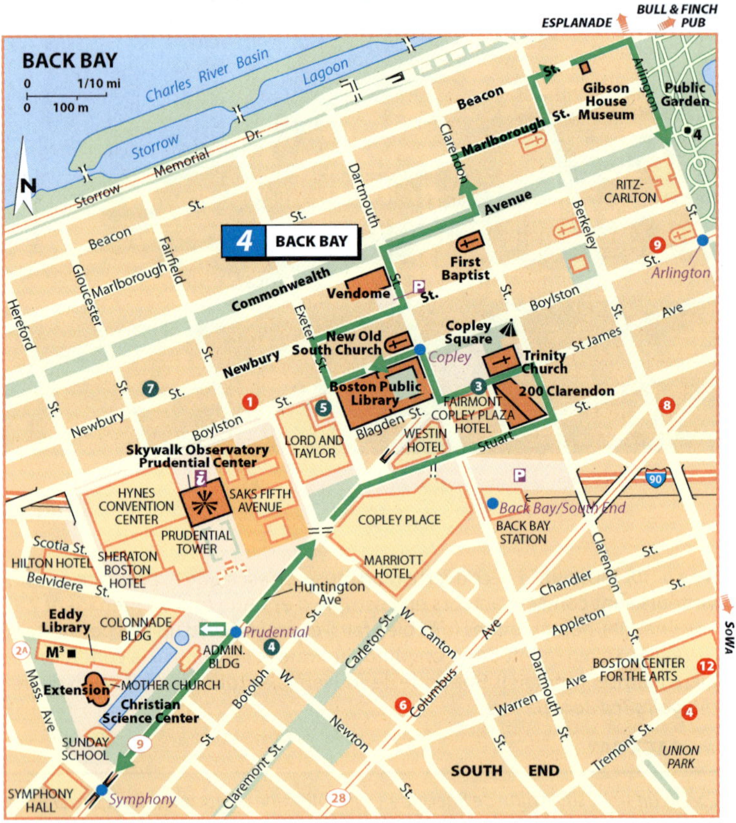

SE LOGER	SE RESTAURER	
Fairmont Copley Plaza.......... 3	Atlantic Fish.......... 1	Parish Cafe.......... 9
Inn at St. Botolph.......... 4	B and G Oysters.......... 4	Picco.......... 12
Lenox Hotel.......... 5	Charlie's Sandwich Shoppe.......... 6	
Newbury Guest House.......... 7	Grill 23 and Bar.......... 8	

DES MARAIS AUX RÉSIDENCES HUPPÉES

À l'origine, Back Bay était une étendue de vase recouverte à marée haute par les eaux de la Charles River. Au début du 19e s., une digue de 1,5 mile (2,4 km) fut construite le long de l'actuelle Beacon Street pour utiliser la force marémotrice. Cet ouvrage mit fin au drainage naturel de la zone, donnant naissance à des hectares de **marécages** malsains. Vers le milieu du siècle, la nuisance s'était aggravée. Poussés par la nécessité de construire de nouvelles habitations, les autorités décidèrent de lancer un projet de **remblaiement** très ambitieux. De 1857 jusque dans les années 1890, plus de 180 ha – délimités aujourd'hui par la Charles River, le Public Garden et les avenues Huntington et Massachusetts – furent gagnés sur la mer. Et c'est ainsi qu'on put ériger, là où passait autrefois la rivière, de longues rangées de **maisons victoriennes**, hautes de trois à quatre étages.

Ce bel ensemble abrite le siège mondial de l'Église de la science chrétienne, la *Christian Science*, fondée en 1866 par Mary Baker Eddy, originaire du New Hampshire. Alors gravement blessée, elle avait rapidement guéri après avoir médité un évangile. Mary Baker Eddy pensa alors avoir découvert la science d'une véritable relation de l'homme à Dieu. Grâce à la science chrétienne, l'individu peut apprendre à surmonter la maladie, défi permanent auquel l'être humain est confronté. Après une étude intensive de la Bible, elle publia la première édition de *Science and Health with Key to the Scriptures*. En 1879, elle créa The Church of Christ, Scientist qui devint The First Church of Christ, Scientist en 1892. Aujourd'hui, durant le service qui a lieu une fois par semaine, les membres de la congrégation assistent à l'office où leur est faite la lecture de la Bible et des textes de Mary Baker Eddy.

Face à Massachusetts Avenue, la monumentale **Mother Church Extension** (1906) se caractérise par des détails d'inspiration Renaissance, comme le vaste portique d'entrée et le dôme central qui s'élève à 68 m du sol. Elle abrite un des dix plus grands orgues du pays, avec plus de 13 000 tuyaux! Derrière cet édifice se trouve la première église, **Mother Church** (1894), de style néoroman, que l'on reconnaît à sa façade de granit brut et à son clocher. L'intérieur est décoré de mosaïques et fresques au pochoir.

Dans les années 1970, un groupe d'architectes placés sous la direction de **I.M. Pei** a agrandi le Christian Science Center, avec trois bâtiments de béton : l'Administration Building, haut de 26 étages, le Colonnade Building à portique, et la Sunday School. L'ensemble évoque un groupe de sculptures abstraites disposées autour d'un vaste **miroir d'eau** (204 m sur 30 m). Le jeu gracieux de l'eau s'écoulant à même les bords en granit du bassin crée une impression d'infini.

1

Dans la **Mary Baker Eddy Library for the Betterment of Humanity** se trouve le **Mapparium** (M3), un globe terrestre de 9 m de diamètre réalisé tout en vitraux, en 1935, que l'on visite de l'intérieur en suivant une travée *(www.marybakereddylibrary.org - visite guidée 15mn mar.-dim. 10h20-16h - 6 $).*

Remontez Huntington Ave. vers le nord et tournez à droite dans Stuart St., puis à gauche dans Clarendon St.

★★ 200 Clarendon (anciennement John Hancock Tower)

Entrée dans St. James Ave. Pas d'ascenseur publique pour monter aux étages.

I.M. Pei fut le concepteur de cette tour de 60 étages revêtue de 10 344 plaquettes de verre trempé de 10 cm d'épaisseur. Élevé en 1975, ce gratte-ciel est le plus haut de toute la Nouvelle-Angleterre. Sa forme rhomboïdale insolite crée une variété de profils selon l'endroit d'où l'on observe la tour. Depuis Boylston Street, elle apparaît comme une pointe qui s'avance sur la place; vue sous d'autres angles, elle semble un immense miroir où se reflètent le ciel et les bâtiments voisins, dont la Trinity Church.

★★ Trinity Church

Copley Sq. - ✆ 617 536 0944 - www.trinitychurchboston.org - ♿ - horaires variables, consultez le site - fermé lun. - audioguide 10 $ (seniors et étudiants 8 $, -12 ans gratuit); visite guidée gratuite dim. après l'office.

Édifiée en 1877, cette église néoromane de granit et de grès est l'œuvre maîtresse de l'architecte Henry Hobson Richardson. Celui-ci avait fait ses études aux Beaux-Arts de Paris où il avait été très marqué par l'architecture romane. Sa Trinity Church renouvela le débat architectural aux États-Unis et popularisa son style très personnel, connu ici sous le nom de « roman richardsonien ». L'ancienne cathédrale de Salamanque l'inspira pour le clocher, tandis que le cloître St-Trophime à Arles est à l'origine du tracé du porche ouest décoré de statues bibliques. Richardson chargea John La Farge du programme décoratif intérieur, un condisciple des Beaux-Arts de Paris, dont les fresques sont considérées comme l'une de ses plus belles réalisations.

Suivez St James Ave., tournez à droite dans Dartmouth St. et continuez jusqu'à Boylston St.

★★ Copley Square

Au cours des années 1870 et 1880, la municipalité décida de construire plusieurs bâtiments publics à proximité d'un ancien dépôt ferroviaire. Le site fut dédié au peintre John Singleton Copley. Principale place publique de Back Bay, Copley Square recèle quelques trésors architecturaux parmi les plus célèbres de Boston et offre un curieux contraste entre la silhouette de la Trinity Church et l'immense 200 Clarendon. Au sud se dresse la sobre façade calcaire du luxueux **Fairmont Copley Plaza Hotel** (1912), pastiche de Renaissance italienne conçu par Henry J. Hardenbergh, l'architecte qui réalisa le Plaza Hotel de New York. À l'ouest se trouve la belle façade de la **Boston Public Library** (19e s.), au nord-ouest l'étonnante **New Old South Church**.

★★ Boston Public Library

700 Boylston St. (entrée par Copley Square) - ✆ 617 536 5400 - www.bpl.org - ♿ ✕ - lun.-jeu. 9h-21h, vend.-sam. 9h-17h, dim. 13h-17h - fermé j. fériés.

Considérée aux États-Unis comme le bâtiment le plus représentatif du style néo-Renaissance italienne, cette bibliothèque a influencé l'architecture civile américaine pendant plus d'un demi-siècle. Les architectes McKim, Mead et White (1895) se sont appropriés les principes développés par Henri Labrouste à la bibliothèque Sainte-Geneviève (1850, place du Panthéon à Paris). Un grand quadrilatère rectangle obéit à une organisation spatiale rationnelle : un premier étage où sont répertoriés les ouvrages (près de 15 millions de volumes), un second posé au-dessus qui accueille une haute et lumineuse salle de lecture en arcades mêlant le fer à la pierre, desservi par un escalier monumental décoré des peintures murales de Pierre Puvis de Chavannes, l'artiste qui décora aussi La Sorbonne de ses fresques. La façade est ponctuée de lanternes en fer forgé, de reliefs signés Augustus Saint-Gaudens, d'une élégante rangée de fenêtres arquées et d'une liste de noms d'illustres personnages issus du monde des sciences, des arts et des lettres qui courent tout le long du bâtiment. Les portes de bronze ont été sculptées par Daniel Chester French, auteur de la statue de Lincoln devant le Capitole de Washington et de la statue de John Harvard sur le Yard *(voir p. 85)*.

Au premier niveau, la salle de lecture (Bates Hall) impressionne par sa hauteur et les nombreuses tables où travaillent les étudiants. L'ancienne salle de distribution adjacente, peu éclairée, est ornée des **peintures murales** de Edwin Abbey (*Quest of the Holy Grail*). Au dernier étage, les fresques de John Singer Sargent représentent le judaïsme et la chrétienté à travers des figures chaotiques et presque effrayantes.

Sur Boylston Street, l'**annexe** moderne contiguë a été conçue par Philip Johnson, un architecte renommé dont la volonté fut de créer une certaine unité avec le bâtiment principal en utilisant du granit sombre.

Le célèbre marathon de Boston s'achève à hauteur de cet édifice ; une ligne bleu et jaune sur le bitume le rappelle.

De l'autre côté de Boylston Street se dresse la pittoresque **New Old South Church** (1874, Cummings et Sears) que coiffent un clocher élevé et un dôme de style vénitien, et que décore une profusion de détails néogothiques.

Continuez dans Boylston St.

Boston, Copley Square.
Atlantide Phototravel/Getty Images

Skywalk Observatory - Prudential Center
800 Boylston St. - ✆ 617 859 0648 - www.prudentialcenter.com/shop - ♿ P - mars-oct. : 10h-22h ; reste de l'année : 10h-20h ; dép. du dernier ascenseur 30mn av. fermeture - fermé Thanksgiving Day et 25 déc. - 20 $ (seniors 16 $, -12 ans 14 $) ; billetterie au kiosque de Prudential Arcade et à l'entrée du Skywalk.
Au 50ᵉ étage de la Prudential Tower (52 étages), une plate-forme d'observation, le Skywalk, offre une **vue** imprenable et à 360° sur les environs : par beau temps, on aperçoit Cape Cod ! Un audiotour décrit les sites majeurs de la ville. Au même étage, le **Dreams of Freedom Museum** *(mêmes horaires)* propose des animations interactives sur l'histoire de l'immigration en Nouvelle-Angleterre. Vous pourrez participer à un quizz de 10 questions pour devenir

A SOUTH END : BALADE CHIC ET GOURMANDE

De West Newton Street, rejoignez **Tremont Street**, puis arpentez les rues du quartier, notamment **Shawmut Avenue**. Vous y verrez des alignements de jolies maisons victoriennes, des habitants bon chic bon genre, une boisson à la main, qui promènent leurs chiens, et de nombreux cafés et restaurants qui stimulent la scène gastronomique de Boston. Ne ratez pas le **SoWa★** (Plan p. 37 C2 - South Washington), dont l'entrée se situe au n° 450-460 Harrison Avenue. Galeristes, ateliers d'artistes, et marchés alimentaires ont investi d'anciens bâtiments industriels, créant ainsi un pôle d'attraction pour les Bostoniens qui se pressent au **Vintage Market** *(www.sowavintagemarket.com - dim. 10h-16h)*, une énorme brocante-friperie, se restaurent auprès des *food trucks (poursuivez une centaine de mètres sur Harrison Ave.)* ou viennent au **marché bio** *(mai-oct. : dim. 10h-16h)* faire le plein de produits sains en provenance de petites fermes de la Nouvelle-Angleterre (produits laitiers, légumes, herbes, œufs, pain, miel). Une visite vraiment sympathique. Sachez que le dimanche les galeristes et la plupart des artistes ferment leurs portes… Vous reviendrez donc, un autre jour.

citoyen américain ou découvrir quel Bostonien célèbre se cache derrière telle ou telle définition. Cet espace muséal, modeste mais bien conçu et animé, offre une première approche de la cité, comme la vue panoramique qui l'entoure...
Revenez sur vos pas dans Boylston St. Au niveau de la Boston Public Library, tournez à gauche dans Exeter St., puis à droite dans Newbury St.

★ Newbury Street

Cette artère résidentielle, paisible à l'origine, est devenue la rue commerçante la plus chic de Boston (surtout à l'approche du parc, le début de la rue côté Mass. Ave. étant plus populaire). Ses anciennes demeures ont été transformées en boutiques de luxe et abritent des antiquaires ou des cafés. Exeter Street et Dartmouth Street délimitent une section, animée par un flot incessant de passants, où sont concentrées les galeries d'art.
Tournez à gauche dans Dartmouth St. et continuez jusqu'à Commonwealth Ave.

★★ Commonwealth Avenue

Inspirée des grands boulevards parisiens percés sous Napoléon III, cette artère large de plus de 60 m fut un temps l'adresse obligée de la nouvelle classe aisée de Boston. Surnommée aujourd'hui « Comm'Ave », cet axe a su préserver un peu de sa grandeur et de son élégance passées.
Sur votre gauche (*n° 160*) se trouve le bâtiment **Vendome** (1871, W.G. Preston), autrefois le plus luxueux hôtel de Back Bay, où descendirent des célébrités comme Oscar Wilde, Mark Twain, Sarah Bernhardt et le président Ulysses Grant.
Engagez-vous sur le mall et dirigez-vous vers la droite.
Bordé d'ormes et de statues, l'agréable **mall** de Commonwealth Avenue offre une belle perspective sur les maisons victoriennes qui flanquent le boulevard. Avant de parvenir au prochain carrefour, on aperçoit sur la droite la **First Baptist Church★** (1872), à la façade étonnamment recouverte de lierre, une œuvre clé de H.H. Richardson. La **frise** qui orne la partie supérieure du clocher est attribuée à Frédéric Auguste Bartholdi, le créateur de la célèbre statue de la Liberté.
Tournez à gauche dans Clarendon St. et à droite dans Marlborough St.

★ Marlborough Street

Cette rue résidentielle généreusement ombragée, bordée de trottoirs pavés et de lampadaires à gaz, replonge le visiteur dans l'ambiance romantique du siècle dernier.
Tournez à gauche dans Berkeley St. et à droite dans Beacon St.

★ Beacon Street

Cette autre adresse privilégiée des Bostoniens aisés du 19ᵉ s. est bordée de grandes demeures dont un certain nombre ont été converties en collèges et institutions culturelles. Les résidences du côté nord sont prisées pour leurs vues sur la Charles River.

★ **Gibson House Museum** – *137 Beacon St. - ✆ 617 267 6338 - www.thegibsonhouse.org - visite guidée (45mn) - merc.-dim. à 13h, 14h et 15h - fermé j. fériés - 10 $ (seniors 8 $, -12 ans 3 $).* Cette maison (1859) a conservé son décor d'origine, au charme victorien. Son intérieur témoigne des goûts et des moyens d'une famille opulente de Back Bay : hauts plafonds, tapisseries et boiseries nobles, tapis importés...
Continuez jusqu'à l'angle de Beacon St. et d'Arlington St.
Les amateurs de séries télévisées poursuivront Beacon Street jusqu'au **Bull and Finch Pub** *(84 Beacon St.)* : cette maison en pierre et en brique a été popularisée par le feuilleton américain des années 1980, *Cheers*. Les autres

emprunteront, au niveau du carrefour, le pont piétonnier *Fiedler Footbridge*, qui permet d'accéder à l'**esplanade de la Charles River**.

★ Charles River Esplanade

Aménagé au début des années 1930, ce parc délicieux qui s'étire sur plus de 15 km attire les amateurs de jogging ou de rollers, mais aussi les cyclistes, les pique-niqueurs et les adeptes du canotage. Un endroit idéal pour sentir le pouls de la ville, s'offrir un peu de fraîcheur lors des grandes chaleurs estivales et profiter des manifestations qui animent le mois de juillet : feux d'artifices (notamment celui du 4 Juillet) et concerts… *(d'autres accès permettent d'entrer dans le parc, notamment au bout d'Exeter St.).*

Retournez à l'angle de Beacon St. et d'Arlington St., et prenez Arlington St.

★★ Public Garden

Ce parc de 10 ha au charme anglais indémodable, entouré d'une élégante grille en fer forgée, fut gagné sur les marécages de Back Bay dans les années 1830 dans le but d'y aménager un jardin botanique. Aujourd'hui, cet écrin de verdure, où alternent parterres de fleurs, sentiers ombragés et statues commémoratives, est célèbre pour ses **bateaux-cygnes**. Depuis 1870, ces embarcations légères glissent sur les eaux du lac artificiel et passent sous un pont suspendu encadré de saules pleureurs. Près de l'entrée, située sur Arlington Street, s'élève la **statue équestre** (4) de George Washington (1878, Thomas Ball), dont le regard semble porter loin dans la Commonwealth Avenue. Au nord-est, en file indienne, des canards en bronze emblématiques du livre illustré de Robert McCloskey, *Make Way For Ducklings*.

1

★★ KENMORE ET FENWAY Plan p. 36-37 A2

Quartiers prisés des étudiants (on y trouve la Boston University et de nombreuses écoles d'enseignement supérieur), Kenmore et Fenway brillent en priorité pour leurs **musées**, les plus beaux de la ville, et pour le mythique **Fenway Park**, l'antre des Boston Red Sox, qui draîne une foule de supporters dans le quartier les jours de match.

Kenmore et Fenway sont traversés par les **Back Bay Fens**, un agréable réseau de parcs qui s'insère dans l'Emerald Necklace (« collier d'émeraude »), une succession d'espaces verts reliés entre eux, dessinés par le paysagiste Frederick Law Olmstead à la fin du 19e s. Le créateur de Central Park (New York) a consacré 20 ans de sa vie à ces parcs qui s'étirent sur 11 km. Ne manquez pas le **jardin de roses** James P. Kelleher, enclave romantique au cœur de la cité, délicieuse en été. À côté, des jardins communautaires ont pour toile de fond les gratte-ciel de Back Bay.

★★★ Museum of Fine Arts (MFA)

465 Huntington Ave. - Ⓣ Museum of Fine Arts - ✆ 617 267 9300 - www.mfa.org - ♿ ✕ - lun.-mar. et w.-end 10h-17h, merc.-vend. 10h-22h - fermé j. fériés - collections permanentes et expositions temporaires 25 $ (gratuit merc. après 16h, contribution souhaitée).

Bon à savoir – Consultez le menu du restaurant Bravo, qui s'accorde, occasionnellement, au thème de l'exposition en cours. Les budgets moyens opteront pour la carte du New American Café, tandis que les plus petits budgets s'orienteront vers Taste Café and Wine Bar et Garden Cafeteria.

Si vous devez aller à l'essentiel dans ce musée, qui compte parmi les plus grands des États-Unis, dirigez-vous vers les collections des Amériques pour les peintures de **John Singleton Copley**. Il a portraituré les personnalités qui ont œuvré pour l'indépendance des États-Unis et qui sont évoquées tout au long du **Freedom Trail** *(voir p. 43)*. Vous pourrez ainsi mettre un visage sur les noms de Samuel Adams et Paul Revere. Arrêtez-vous également dans la salle consacrée aux tableaux de **John Singer Sargent** (1856-1925). Ce portraitiste mondain, ami d'Isabella Stewart Gardner, a décoré de fresques les murs de la Boston Public Library *(voir p. 56)* ainsi que ceux du grand escalier et de la rotonde du MFA. Ami de Claude Monet, il sut mettre en relation les collectionneurs américains avec ses amis impressionnistes. Soyez attentif au portrait *Daughters of Edward Darley* où transparaît la virtuosité et l'élégance du peintre.

Le **bâtiment néoclassique** (1909) et l'**extension** signée I.M. Pei and Partners (1981) comprennent les espaces d'exposition, un restaurant, deux cafés-brasseries, une librairie, une boutique et un auditorium dans lequel se tiennent au fil de l'année des festivals de cinéma *(voir programmation sur le site)*. Certaines des œuvres mentionnées ci-dessous sont susceptibles de ne pas être visibles, car le musée pratique une politique d'exposition par roulement. Aux beaux jours, les trois délicieux **jardins**, propices au repos et à la réflexion, servent de cadres à des dîners et des concerts en plein air.

Joaillerie – Des ornements funéraires égyptiens aux créations contemporaines, en passant par les œuvres de Lalique et Fabergé, cette collection peu fournie séduit immédiatement. Remarquez *Butterfly of Peace* (1994-2006) d'Alan Bronstein et Harry Rodman : 240 diamants (116,94 carats) colorés qui scintillent et attirent irrémédiablement l'œil. Notez aussi un superbe coffret en ambre et bois conçu par Fritz Von Miller (v. 1880-1885) pour un collectionneur bostonien, William A. Buffum, féru d'ambre.

Instruments de musique – Cette collection regroupe de nombreux instruments, pour certains très anciens, provenant du monde entier : Europe, Afrique, Proche-Orient, Asie (Chine et Japon essentiellement), Amérique.

Gravures, dessins, photographies – Créée en 1887, cette collection concerne les travaux sur papier tels que la gravure, le dessin, les encres, la photographie, les livres illustrés et les affiches d'origines américaine ou européenne, du 15e s. à nos jours.

Textile et art de la mode – Le musée possède plus de 27 000 tissus, tapisseries et vêtements provenant d'Europe, d'Amérique et d'Afrique, ainsi que des créations pour la haute couture.

★★ **Art antique (Égypte, Nubie et Proche-Orient)** – Grâce aux fouilles entreprises par le musée et par l'Université Harvard dès 1905, on voit ici une admirable collection d'art égyptien couvrant quatre millénaires. Les fouilles menées à Gizeh permirent de ramener des trésors datant de l'**Ancien Empire** (2778-2360 av. J.-C.), que seul le musée d'Égyptologie du Caire peut égaler. Parmi les pièces mises au jour dans les tombes et temples de la IVe dynastie, on voit des statues du pharaon **Mykerinos** et de la reine Khamerernebti II, qui comptent parmi les plus anciennes représentations d'un couple. Comparativement, le buste du prince **Ankh Haf** est d'un réalisme surprenant.

Une expédition conduite à Deir-el-Berchah et au Soudan permit de découvrir des œuvres datant de la xiie dynastie : très beaux cercueils peints du **prince Djehoutihotep** et de son **épouse**, superbe statue en granit noir représentant **Sennoui** et statuettes de serviteurs en bois peint destinées à servir dans l'au-delà.

Des poteries du premier royaume de Nubie (3100-2800 av. J.-C.) et des bijoux en faïence et en ivoire du royaume de Kerma (2000-150 av. J.-C.) illustrent l'art de l'ancienne Nubie, région comprenant le Sud de l'Égypte et le Nord du Soudan.

Museum of Fine Arts à Boston.
Education Images/UIG/Getty Images

1

★★ **Art antique (Grèce et Rome)** – Camées, bronzes, vases grecs et romains, et sculptures, dont une tête d'Aphrodite inspirée par le style de Praxytèle, composent la collection d'art classique du MFA, reconnue pour sa richesse. À voir aussi, le bas-relief à trois côtés provenant de l'île de Thasos.

★★★ **Arts d'Asie, d'Océanie et d'Afrique** – Depuis un siècle, cette collection est considérée comme le plus bel ensemble d'art oriental du monde ! Le **sous-continent indien** est représenté par des sculptures (2e s. av. J.-C.-5e s. apr. J.-C.), des miniatures provenant de palais moghols (16e-19e s.) et par différentes œuvres de métal, de jade et d'ivoire.

Les collections japonaises et chinoises sont exceptionnelles. Dès 1879, Edward Morse, Ernest Fenollosa et Sturgis Bigelow firent de longs séjours au Japon. Ils en rapportèrent des collections d'œuvres d'art dont ils firent don au musée, et qui constituèrent la base de ce département.

L'**art japonais** commença à se développer au 6e s., quand la culture shinto et le bouddhisme parvinrent au Japon *via* la Corée. La peinture fut l'un de ses moyens d'expression favoris. Le musée en possède de très beaux exemples, notamment sur paravents et parchemins. La collection recèle également de précieuses céramiques, des bois laqués, des pièces d'orfèvrerie, des estampes sur bois *(Ukiyo-e)* et de nombreux objets chers à la tradition japonaise : sabres, *netsuke* (sculpture miniature servant d'attache à la ceinture des kimonos), *inrô* (petites boîtes contenant des médicaments, suspendues aux *netsuke*)…

L'**art chinois** se signale par une belle collection de céramiques, depuis le Néolithique (3e millénaire av. J.-C.) jusqu'aux dynasties Yuan.

L'**art coréen**, rarement aussi valorisé dans les musées occidentaux, se dévoile à travers des poteries, des laques et des céladons des dynasties Koryŏ et Yi, des peintures et des sculptures bouddhistes, et divers objets d'art funéraire de l'âge du bronze.

★★ **Arts des Amériques** – La collection américaine se compose principalement de peinture, de mobilier et d'argenterie. En peinture, le 18e s. fut dominé par deux grands portraitistes : **Gilbert Stuart**, dont les deux portraits les plus fameux, représentant George et Martha Washington (dits *Athenaeum Portraits*), sont exposés en alternance ici et à la National Portrait Gallery de Washington, et **John Singleton Copley**, qui fut le peintre des marchands opulents de Boston et de leurs familles. Au 19e s., les peintres représentèrent davantage les paysages, surtout des marines, la mode étant aux voyages et à la découverte des océans, ce qu'illustrent les œuvres de **Fitz Hugh Lane** *(Boston Harbor; Owl's Head, Penobscot Bay, Maine)*, d'**Albert Pinkham** et de **Winslow Homer** *(Fog Warning; Lookout - « All's Well »)*.

★★ **Art de l'Europe** – La plupart des écoles européennes du Moyen Âge à nos jours sont représentées dans ce musée. Une chapelle catalane, décorée de fresques du 12e s. et de tableaux du 15e s., évoque la peinture romane. L'**école flamande** est admirablement représentée avec *Saint Luc peignant la Vierge* de Rogier Van der Weyden (15e s.). Dans la magnifique **Koch Gallery**, dont les œuvres des 16e s. et 17e s. sont ornées de dorures, se côtoient Rosso Fiorentino *(Le Christ mort et les anges)*, Greco *(Fray Hortensio Felix Paravicino)*, Velázquez *(Le Prince Baltasar Carlos et son nain)*, mais aussi Le Tintoret, Poussin et Rubens. La **galerie hollandaise** expose notamment *Le Temps dévoilant la Vérité* de Tiepolo, l'une des plus belles allégories de cet artiste, ainsi que des portraits de Rembrandt. Parmi les **maîtres français du 19e s.** figurent Renoir *(Bal à Bougival)*, Monet *(Rue de la Bavolle à Honfleur; Bateaux dans un port)*, Degas *(Chevaux de course à Longchamp)*, Manet *(Le Chanteur de rue; L'Exécution de Maximilien; Portrait de Victorine Meurent)*, et Cézanne *(Madame Cézanne dans un fauteuil rouge)*.

Art contemporain – Présent surtout aux niveaux 1 et 2, il profite des expositions temporaires pour trouver sa véritable place.

★★★ Isabella Stewart Gardner Museum

280 The Fenway - Ⓣ Museum - ✆ 617 566 1401 - www.gardnermuseum.org - ♿ ✕ - merc.-lun. 11h-17h, jeu. 11h-21h - fermé mar. et j. fériés - 15 $ (gratuit à vie pour toutes les Isabelle !).

Isabella Stewart Gardner (1840-1924), New-Yorkaise devenue Bostonienne par

ALLEZ LES SOX !

Pour ses fidèles, le **Fenway Park** *(4 Yawkey Way)* est une terre bénie. Ouvert en 1912, l'enceinte sportive des **Boston Red Sox** (les « chaussettes rouges ») est le plus vieux stade de la Ligue majeure *(Major League)*. Souvent menacé de destruction mais régulièrement agrandi, il peut accueillir aujourd'hui 37 500 spectateurs (les 820 matchs joués entre mai 2003 et avril 2013 l'ont été à guichets fermés !). Avec trois victoires aux Séries mondiales *(World Series)* en 2004, 2007 et 2013, les Red Sox, qui n'avaient plus gagné cette compétition depuis 1918, ni celle de la Ligue américaine depuis 1986, ont retrouvé une partie de leur prestige d'antan.

Des visites guidées sont proposées *(billetterie située à côté de la porte A - ✆ 617 226 6666 - redsox.mlb.com - 9h-17h - dernier dép. 3h avant le match les jours de rencontres - 20 $, 3-12 ans 14 $)* : vous pourrez notamment fouler le terrain (sauf par mauvais temps), trôner sur le banc de touche et poser devant le Green Monster, célèbre mur vert de 11 m sur lequel, aujourd'hui encore, les scores sont affichés manuellement ! La boutique officielle est située en face du stade, dans Yawkey Way.

Non loin du stade, sur Kenmore Square, l'énorme enseigne lumineuse **Citgo**, du nom de la compagnie pétrolière, est le lieu de rassemblement des supporters avant les matchs.

son mariage avec Jack Lowell Gardner, devait toute sa vie défrayer la chronique mondaine de la vieille ville puritaine par ses excentricités à la Sarah Bernhardt. Outre la musique, sa passion était de rassembler des œuvres d'art. Elle fit de nombreux voyages en Europe d'où elle rapporta des merveilles, et en acquit d'autres par l'intermédiaire de ses agents américains. En 1899, elle fit édifier ce **palais de style vénitien** du 15e s., baptisé **Fenway Court**, pour présenter ses trésors. Mobilier, tissus, peintures, sculptures : c'est elle-même qui se chargea de l'aménagement des galeries, dont le charme désuet continue de se diffuser depuis sa mort. Des bas-côtés fleuris entourent ce palais dont l'accumulation des œuvres en tous genres donne l'impression d'entrer chez un marchand de biens.

Rez-de-chaussée – Dans le **cloître espagnol**, des carreaux de céramique provenant d'une église mexicaine du 17e s. recouvrent les murs et servent de cadre au tableau de John Singer Sargent, *El Jaleo*, qui illustre de façon magnifique la ferveur du flamenco. Les êtres semblent possédés et la lumière sert à illustrer le mouvement, à travers la robe plissée par les pas incessants de la danseuse.

Des sculptures classiques et un superbe pavement de mosaïques romaines (2e s.) provenant de la villa Livia ornent la **cour intérieure**. Avec son jardin et ses fenêtres vénitiennes, celle-ci est un merveilleux havre de paix, assez insolite en pleine ville. Dans les **petites galeries** entourant la cour sont présentées des toiles françaises et américaines des 19e et 20e s. On y verra des portraits de Degas et Manet, des paysages de Whistler, Sargent et Matisse, dont la première œuvre introduite aux États-Unis, *La Terrasse de St-Tropez*, est exposée dans la salle jaune.

1

1er étage – La **salle des primitifs italiens** abrite un retable de Simone Martini *(Madone avec quatre saints)*, deux panneaux allégoriques du Pesellino, une œuvre de Fra Angelico *(Dormition de la Vierge)*, une très belle miniature de Gentile Bellini *(Portrait d'un artiste turc)* et un fragment de fresque de Piero della Francesca (15e s.) représentant Hercule.

La **salle Raphaël** doit son nom à deux œuvres de l'artiste : le portrait du *Comte Tommaso Inghirami* et une *Pietà*. En face, une *Annonciation* d'un auteur inconnu illustre les recherches menées sur la perspective par les peintres du 15e s. On verra également *La Tragédie de Lucrèce* de Sandro Botticelli, et une *Vierge à l'Enfant* de Giovanni Bellini.

Traversez le petit salon décoré de boiseries vénitiennes du 18e s. et de tapisseries du 17e s. pour gagner la salle des tapisseries.

La **salle des tapisseries** sert de cadre aux concerts. Sur un chevalet a été placé *Santa Engracia* de l'artiste espagnol Bermejo (15e s.). Admirez également les belles tapisseries françaises et flamandes du 16e s.

Le fameux *Thomas Howard, comte d'Arundel* par Rubens, ainsi que des œuvres de Hans Holbein et Antoon Van Dyck *(Femme à la rose)*, sont exposés dans la **salle hollandaise**. Remarquez les cadres sans toiles : celles-ci ont été volées en 1990 (dont un Rembrandt) et n'ont jamais été retrouvées…

2e étage – Après la **salle Véronèse**, dont les murs sont tendus de cuirs repoussés espagnols et vénitiens, on entre dans la **salle Titien** qui contient un chef-d'œuvre, *L'Enlèvement d'Europe*, commandé par Philippe II d'Espagne. Dans la **longue galerie**, la sculpture en pied représentant une *Adoration de l'Enfant* (terre cuite) et attribuée à Matteo Civitali, est considérée comme l'un des plus beaux exemples de la sculpture Renaissance. Au-dessus est accroché un tableau de Botticelli, une *Madone à l'Eucharistie* (env. 1410), qui orna le palais Chigi à Rome jusqu'au 19e s. La **salle gothique** présente le portrait en pied d'Isabella Steward Gardner par son ami John Singer Sargent.

BOSTON ET SES ENVIRONS
MANCHESTER (NH)
CONCORD (NH)
LOWELL
CONCORD
LINCOLN
WESTON, SOUTH SUDBURY
ALBANY
SPRINGFIELD
WORCESTER
PROVIDENCE (RI)
NEWPORT (RI)
BURLINGTON
BEDFORD
READING
WAKEFIELD
STONEHAM
WOBURN
WINCHESTER
MEDFORD
MALDEN
ARLINGTON
LEXINGTON
Minute Man Natl. Historical Park
WALTHAM
BELMONT
SOMERVILLE
CAMBRIDGE
WATERTOWN
Cambridge Reservoir
Spot Pond
MIDDLESEX FELLS RESERVATION
NEWTON
BOSTON COLLEGE
J.F. KENNEDY NHS
BOSTON
BROOKLINE
ROXBURY
SAVIN HILL
FRANKLIN PARK ZOO
ARNOLD ARBORETUM
DORCHESTER
MATTAPAN
WELLESLEY
NEEDHAM
W. ROXBURY
ROSLINDALE
MILTON
STONY BROOK RESERVATION
DEDHAM
WESTWOOD
BLUE HILLS RESERVATION
Charles
Mystic
Mother Brook
Neponset

PORTSMOUTH (NH), NEWBURYPORT
GLOUCESTER
C
D
LYNNFIELD
PEABODY
SALEM
MARBLEHEAD
LEE MANSION
FORT SEWALL
Washington St.
Pleasant St.
Lafayette St.
Marblehead Neck
Devereux Beach
Summer St.
Lynnfield St.
Highland Ave
Loring Ave
Atlantic Ave
Water St.
Walden Pond
LYNN WOODS RESERVATION
Breeds Pond
BREAKHEART RESERVATION
Broadway
Eastern Ave
Paradise St.
Central St.
SAUGUS IRON WORKS
Walnut St.
Western Ave
LYNN
Humphrey St.
SWAMPSCOTT
Fells Pkwy.
Main St.
Saugus
SAUGUS
MELROSE
Bennett Hwy.
Nahant Bay
Salem Tpk.
North Shore Rd
Pines
Eastern Ave
Broadway
Expwy.
NAHANT
REVERE
Squire Rd
EVERETT
BROAD SOUND
Revere Beach Pkwy.
CHELSEA
Northeast
Lee Burbank Hwy.
MASSACHUSETTS BAY
Boston Expwy.
WINTHROP
LOGAN INTERNATIONAL
Inner Harbor
TED WILLIAMS TUNNEL
Harbor Islands
GALLOP'S ISLAND
Lovells Island
Spectacle Island
Georges Island
Dorchester Bay
UNIVERSITY OF MASS. (BOSTON)
J.F.K. Library And Museum
BOSTON HARBOR ISLANDS NATIONAL RECREATION AREA
HINGHAM BAY
Nantasket Ave
Nantasket Beach
Southeast
Peddocks Island
BUMPKIN ISLAND
HULL
QUINCY BAY
Hancock St.
GRAPE ISLAND
Worlds End
Granite Ave
HINGHAM SHIPYARD
G. Washington Blvd.
ADAMS NHP
Southern Artery
Adams St.
Weymouth Fore River
Broad Cove Rd
Rockland St.
Hull St.
QUINCY
Washington St.
Lincoln St.
Otis St.
Summer St.
Expwy.
Bridge St.
HINGHAM
Main St.
East St.
Chief Justice Cushing Hwy.
Quincy Ave
BRAINTREE
WEYMOUTH
Union St.
Washington St.
Whitmans Pond
N
0
2 mi
0
3 km
PLYMOUTH
CAPE COD
1
2
3
1
95
128
114
1A
107
129
3A
228
93
53
99
37
3
18

★ CHARLESTOWN Plan p. 36-37 CD1

Bac au départ de Long Wharf à Boston, arrivée au Pier 4 de Charleston Navy Yard - ✆ 877 733 9425 - www.mbta.com - ♿ - lun.-vend. 6h30-20h, w.-end 10h-18h - 3,50 $ (aller simple).
De l'autre côté de la Charles River, le Freedom Trail se prolonge à Charlestown, repérable grâce à son **obélisque** : le Bunker Hill Monument. Durant la bataille de Bunker Hill (1775), les bâtiments coloniaux furent brûlés par les Anglais et remplacés par les maisons de style fédéral qui bordent les rues montant vers le Monument *(Main St. et Warren St.)*. En 1800, la création du chantier de la Navy Yard fit de la ville un centre de construction navale réputé.

Bunker Hill Monument C1

À côté du Navy Yard, sur Constitution Rd - ✆ 617 242 5641 - 9h-17h - dernière entrée 16h30 - fermé 1er janv., Thanksgiving Day et 25 déc. - gratuit.
Cet obélisque en granit de 73 m, créé par Solomon Willard, commémore la bataille de Bunker Hill, le 17 juin 1775. Depuis l'observatoire *(294 marches)*, belle **vue** sur Charlestown et le port de Boston. À côté, une bâtisse en marbre de Carrare abrite une **exposition** et une maquette illustrant la bataille.

Charlestown Navy Yard D1

Visitor Center – *55 Constitution Rd - ✆ 617 242 5601 - www.nps.gov/bost/history culture/cny.htm - ♿ P - 9h30-17h (juil.-août 18h) - fermé 1er janv., Thanksgiving Day et 25 déc. Visite guidée du chantier (gratuit) assurée par des Rangers.*
Plus de 200 navires de guerre furent construits ici – et des milliers d'autres entretenus – depuis la création du chantier en 1800 jusqu'à sa fermeture en 1974. Douze des 50 ha du site furent alors classés Parc national historique. Témoin de la grandeur passée de la Navy Yard, le *USS Constitution* y est, aujourd'hui, amarré en permanence.

★★ USS Constitution D1

✆ 617 242 5641 - www.history.navy.mil/ussconstitution/- visite guidée (30mn) : dép. ttes les 30mn - mai-sept. : mar.-dim. 10h-17h30 (dernier dép.) ; oct. : mar.-dim. 10h-16h (dernier dép.) ; reste de l'année : jeu.-dim. 10h-15h30 (dernier dép.) - fermé lun., 1er janv., Thanksgiving Day et 25 déc. - gratuit.
Le *USS Constitution* est la fierté de la flotte nationale : c'est le plus ancien vaisseau de guerre américain en mer. « **Le vieil invincible** » représente une page d'histoire dont la visite s'impose. Cette frégate de 44 canons fut construite en 1794, quand les 13 nouveaux États américains décidèrent d'avoir leur propre flotte. Pendant la seconde guerre anglo-américaine de 1812, la frégate s'illustra en s'emparant de l'*HMS Guerrière* et du *Java*, ainsi que du *Cyane* et du *Levante* trois ans plus tard. C'est au cours de ce conflit que ce vaisseau acquit son surnom, lorsque la *Guerrière* tenta vainement de l'éventrer. *« Old Ironsides »* fut immortalisé en 1830 par le poète Oliver Wendell Holmes dans une sorte de pamphlet destiné à le sauver de la destruction. Sensibilisés, les Américains envoyèrent de l'argent et le bâtiment, rénové, repartit pour une nouvelle carrière. Il fut presque complètement remis à neuf en 1905, 1913 et 1973. Grâce à de récentes réparations s'élevant à 12 millions de dollars, la frégate a été remise à flot en juillet 1997, pour son 200e anniversaire : c'était son premier voyage par la seule puissance de ses voiles depuis 1881.
L'**USS Cassin Young**, un destroyer de la Seconde Guerre mondiale typique des navires conçus dans les années 1930-1940, est amarré à proximité.

La Charles River.
Ph. Renault/hemis.fr

USS Constitution Museum D1

Pier 1 - ✆ 617 426 1812 - www.ussconstitutionmuseum.org - ♿ - avr.-oct. : 9h-18h ; reste de l'année : 10h-17h - fermé 1er janv., Thanksgiving Day et 25 déc. - donation suggérée 10-15 $.

Des expositions commémorent l'histoire de l'*USS Constitution* de 1794 à nos jours. La collection (quelque 3 000 objets) comprend des journaux de bord, des cartes et des peintures. Les enfants pourront hisser une voile, barrer et combattre les Britanniques sur ordinateur !

À voir aussi

★★ **Boston Museum of Science** Plan p. 36-37 C1

Route 28 - Ⓣ Science Park - ✆ 617 723 2500 - www.mos.org - ♿ ✕ - juil.-Labor Day (1er lun. de sept.) : 9h-19h (vend. nocturne jusqu'à 21h) ; reste de l'année : 9h-17h (vend. nocturne jusqu'à 21h) - fermé Thanksgiving Day et 25 déc. - 28 $ (enf. 23 $) ; Mugar Omni Theater 10 $; Charles Hayden Planetarium 10 $.

Installé au bord de la Charles River, ce musée invite parents et enfants à découvrir le monde de la science et de la technologie à travers des expositions d'avant-garde ludiques et pédagogiques. Fondé au 19e s. par la Société d'histoire naturelle de Boston, il embrasse aujourd'hui toutes les disciplines scientifiques, incluant les technologies informatiques : ces dernières, jusqu'à sa fermeture en 1999, étaient développées par le Computer Museum, à l'emplacement de l'actuel Children's Museum *(voir p. 52)*. Boutons par centaines, bruitages, jeux de lumières, bornes interactives : la plupart des présentations incitent le visiteur à participer. On peut générer la foudre au moyen d'un générateur Van de Graaff, simuler un vol dans l'espace ou encore entendre le rugissement des dinosaures (*Tyrannosaurus rex* grandeur nature). Au total, ce sont plus de 600 objets qui sont exposés dans ce musée, qui abrite également un planétarium, un observatoire et un cinéma Imax dont l'écran atteint la taille d'un immeuble de cinq étages. Ne manquez pas le **Butterfly Garden**, serre tropicale où évoluent d'innombrables papillons du monde entier. Les programmes du **Charles Hayden Planetarium** présentent les phénomènes du cosmos : étoiles, galaxies, pulsars, quasars… Les deux séances quotidiennes (parfois davantage) alternent avec des démonstrations de laser *(renseignements sur le site Internet).*

★ John F. Kennedy Presidential Library and Museum

Plan p. 64-65 C2

Columbia Point, à Dorchester (près de l'University of Massachusetts) - Ⓣ JFK/UMass (à 800 m du musée ; navette gratuite) - ✆ 866 535 1960 - www.jfklibrary.org - ♿ ✕ - 9h-17h - fermé 1er janv., Thanksgiving Day et 25 déc. - 14 $ (seniors 12 $, 13-17 ans 10 $, -12 ans gratuit).

De cette structure de béton et de verre, réalisée par I.M. Pei, se détache sur le front de mer le **Contemplation Pavilion**, excroissance lumineuse et spectaculaire de neuf étages.

La visite *(sous-sol et rez-de-chaussée)* reprend les épisodes marquants de la carrière de celui qui fut le plus jeune président élu des États-Unis, alias « JFK » : premier débat électoral télévisé, crises des missiles de Cuba, création des Peace Corps, conquête spatiale, le tout sur fond de guerre froide, de guerre du Vietnam, de mur de Berlin et de lutte contre la ségrégation raciale. Des souvenirs personnels, des retransmissions de discours célèbres et des objets emblématiques plantent le décor. Les étages supérieurs sont réservés aux chercheurs. Ce musée pourrait se réduire à un panégyrique *people*, il n'en est rien pour qui prendra le temps de regarder et écouter les nombreux documents, instructifs, qui jalonnent la visite.

★ Boston Harbor Islands National Park Area Plan p. 64-65 CD2-3

▶ Départs en ferry rapide de Long Wharf vers Spectacle Island (20mn) ou Georges Island (45mn) ; la liaison avec les quatre autres îles du parc ouvertes au public est assurée par des navettes - www.bostonharborislands.org - de mi-juin à déb. sept.

Le port de Boston comprend 34 îles constituant le Boston Harbor Islands National Park Area. Très peu aménagées, elles offrent des sentiers de promenade, des vestiges du passé et de spectaculaires vues sur la ville. Quelques-unes disposent de places de camping en été. Les croisières et excursions au départ du Waterfront *(voir « Nos adresses »)* constituent par ailleurs une merveilleuse façon de visiter le port et d'approcher Boston.

Georges Island (D2) – Habitée à l'époque coloniale, puis fortifiée en raison de sa position stratégique, cette île de 11 ha est devenue un site de loisirs avec des aires de pique-nique au bord de l'eau. **Fort Warren**, utilisé comme prison militaire pour quelque 2 000 confédérés pendant la guerre de Sécession, est resté en bon état. Parmi les détenus célèbres que compta le fort figuraient James Mason et John Sidell, personnages clés de l'affaire Trent qui faillit déboucher sur l'entrée des Anglais dans la guerre de Sécession aux côtés des confédérés. La légende de la « Dame en noir » *(lady in black)* vous sera contée par les rangers de Georges Island. Depuis la tour d'observation, on a de belles **vues** sur Boston et les nombreux îlots et îles qui composent le parc.

Spectacle Island (C2) – Cette île (42 ha), ainsi nommée en raison de deux *drumlins* (collines allongées d'origine glaciaire) dessinant une paire de lunettes (*spectacles* désignant des lunettes), jouit d'un riche passé. En 1717, elle servit de poste de quarantaine aux personnes contaminées par la variole. Dans les années 1840, deux stations de villégiature durent fermer, condamnées pour avoir organisé des jeux d'argent et d'autres activités illégales. Plus tard, une usine de réutilisation des déchets agroalimentaires (farines animales), fut construite. À partir de 1920, la ville de Boston s'en servit comme décharge :

plus de 12 ha de déchets la recouvraient en 1959. Dans les années 1990, ce furent finalement quelque 2,3 millions de mètres cube de terre, d'argile et de gravier provenant du chantier du Big Dig *(voir p. 33)* qui y furent déposés : cette épaisse couche de terre arable, sans qu'on l'eût prévu, permit le développement d'un manteau végétal. Arbres et arbustes devinrent l'écrin (entièrement recyclé !) d'une petite station balnéaire : marina, bureau d'information, cafétéria, plage et sentiers de marche *(5 miles/8 km)*.

Parmi les autres îles à découvrir, **Peddocks** (C3) abrite les vestiges d'un vieux fort et **Lovells** (D2) est recommandée pour le camping *(permis obligatoire)*.

NOS ADRESSES À BOSTON

INFORMATIONS UTILES

Poste

N° unique – *✆ 800 275-8777.*
Freedom Trail (North End) – *217 Hanover St. - lun.-vend. 8h-18h, sam. 8h-14h* ; **Beacon Hill** – *24 Beacon St. - lun.-vend. 9h30-17h* ; **Back Bay** – *133 Clarendon St. - lun.-vend. 7h30-17h30, sam. 7h30-16h.*

Change

Travelex Currency Services – *Logan International Airport (terminal E) - ✆ 617 569-6740 - 7h-22h. Agence en ville : 745 Boylston St. - ✆ 617-266-7560 - lun.-vend. 9h-17h.*
Currency Exchange – *100 Huntington Ave. (niveau 2, Copley Place) - ✆ 617 266 3300 - lun.-sam. 10h-20h, dim. 12h-18h.*

Consulat

Consulat de France – *Park Sq. Building - 31 St James Ave. (Suite 750) - ✆ 617 832 4400 - http://boston.consulfrance.org - lun.-jeu. 9h-12h sur rdv.*

Internet

Boston Public Library – *700 Boylston St. - ✆ 617 536 5400 - www.bpl.org - lun.-jeu. 9h-21h, vend.-sam. 9h-17h, dim. 13h-17h.* Une trentaine de postes en accès libre, dont dix réservés aux sessions rapides *(15mn max.)*. Wifi disponible, ainsi que dans toutes les annexes de la BPL.

Médecins

Massachusetts General Hospital – *55 Fruit St. - ✆ 617 726 2000.*

Pharmacie

CVS Pharmacy – *587 Boylston St. - ✆ 617 437 8414 - 24h/24.*

Police

✆ 617 343 4240.

Presse

Presse quotidienne – *Boston Globe* (cahier consacré aux loisirs et sorties chaque jeudi) ; *Boston Herald*.

TRANSPORTS

Se rendre à Boston

Avion – Desservi par des vols nationaux et internationaux, le **Logan International Airport** *(✆ 800 235 6426 - www.massport.com/logan-airport)* est situé à 5 km au nord-est du centre-ville. Service de taxis *(comptez 30/40 $)*, de bus (transfert direct avec la *Silver Line*) et de métro (arrêt « *Airport* », sur la ligne bleue, accessible depuis les terminaux par navette gratuite).

La plupart des agences de location de voitures ont un bureau à l'aéroport *(voir la partie « Organiser son voyage »)*.

Des navettes maritimes, disponibles sur appel, relient l'aéroport à Rowes Wharf en moins de 10mn (**Rowes Wharf Water Taxi** - *✆ 617 406 8584 - mai-oct. : 7h-22h, dim. 7h-20h ; nov.-mars : lun.-vend. 7h-20h)*, à Quincy et à Hull (**Harbor Express** - *✆ 617 222 6999 - www.harbor-express.com)*.

Le **ferry de Salem** *(✆ 978 741 0220 -www.bostonharborcruises.com/salem-ferry - de fin mai à déb. nov.)* fait la liaison entre Boston (Central Wharf) et Salem (45mn - 45 $ AR).

Train – Les trains de la compagnie **Amtrak** *(✆ 800 872 7245 - www.amtrak.com)* qui assurent les trajets longue distance arrivent à **South Station** *(angle Atlantic Ave. et Summer St.)*.

Pour la banlieue et les environs proches, renseignez-vous auprès de **Massachusetts Bay Transportation Authority** *(voir « Sur place » ci-après)*, dont les trains partent de **South Station** ou de **North Station** *(150 Causeway St.)*.

Bus – Si vous optez pour le bus, vous arriverez à **South Station**. Plusieurs compagnies desservent la ville : **Greyhound** *(✆ 800 231 2222 - www.greyhound.com)* ; **Peter Pan Bus Line** *(✆ 800 343 9999 - www.peterpanbus.com)* ; **Megabus** *(✆ 877 462 6342 - http://us.megabus.com)* ; **Lucky Star** *(✆ 888 881 0887 - www.luckystarbus.com)* : ces bus arrivent et partent du Chinatown de New York.

Sur place

Le réseau des transports en commun (bus, métro et ferry) est géré par la Massachusetts Bay

Ce plan montre les principales stations de métro de la MBTA

Transportation Authority (MBTA).
Massachusetts Bay Transportation Authority (MBTA) – ✆ *617 222 3200 - www.mbta.com.*

Bon à savoir – Le bureau d'information de la station Park Street, les guichets de South Station et North Station, ainsi que la plupart des hôtels disposent de plans gratuits du réseau.

Bus et métro – Les 5 lignes de métro (Rouge, Bleue, Orange, Verte et Argent), qui desservent la ville et ses environs, passent au moins par l'une de ces quatre stations centrales : Downtown Crossing, Park Street, State et Government Center. Les stations sont signalées par le symbole Ⓣ, visible à l'entrée des bouches de métro.

Le métro circule en général du lun. au sam. de 5h à 0h45, le dim. de 6h à 0h45. Les **horaires** sont affichés à la station Park Street. Pour les **tarifs**, prévoyez 2,75 $ pour un ticket de métro ou de bus ; 2,25 $ si vous utilisez une **CharlieCard**, rechargeable. Ces cartes permettent aussi d'acheter des « pass » : pour un montant fixe, l'accès au réseau est illimité (bus, métros, ferries et trains circulant dans la zone 1A) pendant un jour (One-Day Link Pass - 12 $) ou une semaine (One-Week Link Pass - 21,25 $). Les CharlieCards sont disponibles sur le site Internet de la MBTA, aux stations de métro, à l'aéroport Logan et aux kiosques d'information du Boston Common et du Quincy Market.

Voiture – Les déplacements en voiture sont peu recommandés car les embouteillages sont fréquents et le stationnement est cher. Préférez la marche ou les transports en commun.

Pour les parkings, voir « Se garer », p. 29.

Ferry – Les liaisons Long Wharf-Charlestown et Long Wharf-aéroport Logan sont assurées par la **Massachusetts Bay Transportation Authority** *(voir ci-contre).*

Taxi – **Town Taxi** *(✆ 617 536 5000)* ; **Boston Cab** *(617 536 5010)* ; **Green & Yellow Cab** *(✆ 617 625 5000).*

VISITES

Carte de réduction

Le **CityPassBoston** *(http://fr.citypass.com/boston - valable 9 j. : 59 $, 3-11 ans 47 $)* est disponible aux bureaux d'information, dans la plupart des hôtels et auprès des sites concernés. Il permet l'accès au New England Aquarium, au Museum of Science, au Skywalk Observatory et, au choix, au Harvard Museum of Natural History ou à une croisière en ferry dans le port.

Visites guidées en français

Boston le nez en l'air– *www.bostonlenezenlair.com - env. 50 $/pers.* - 3h de visite de Boston à pied et en français, en petits groupes.

Croisières

Boston Harbor Cruises – *✆ (617) 227-4321 - www.bostonharborcruises.com - à partir de 27 $.* Au départ de Long Wharf, croisières quotidiennes dans le port de Boston et ferries rapides pour Provincetown, Cape Cod (mai-oct. seult - trajet 90mn - 58 $ AS).

Spirit of Boston Cruises – *✆ (866) 310-2469 - www.spiritcruises.com - nombreuses formules de 50 à 145 $.* Repas-croisières commentés au départ du Commonwealth Pier (World Trade Center) ou du Rowe's Wharf. Consultez également les

1

prestations d'Odyssey ([Tél. : 866 307 2469 - www.odysseycruises.com), gérée par la même compagnie.

Liberty Fleet – ✆ *(617) 742-0333 - www.libertyfleet.com - juin-sept. - 30/35 $.* Croisières de 1h30 à 2h en voilier au départ de Central Wharf, et des offres spéciales coucher du soleil, 4 Juillet, et même une nuit sur un voilier.

Enfants

/Duck Tours – ✆ *(617) 267-3825 - www.bostonducktours.com - 41 $, 12-18 ans 33,99 $, -12 ans 27,99 $, 0-3 ans 10,50 $.* Ce circuit ravira les enfants : découverte de la ville à bord d'un bus amphibie qui parcourt les artères principales et navigue le long de la Charles River. Départs de Prudential Center (durée 1h20), Museum of Science (durée 1h20) et New England Aquarium (durée 1h05).

HÉBERGEMENT

L'hébergement à Boston est cher. Les tarifs varient selon la saison (avec une baisse en janv.-mars) et le jour de la semaine ; notez que de nombreux établissements du centre-ville, pour la plupart très onéreux, proposent des réductions le week-end. La plupart des B & B sont excentrés, regroupés dans les quartiers résidentiels. Attention, ils exigent généralement un séjour de 2 nuits minimum). Une taxe de 12,45 % est à ajouter au prix de la chambre.

Centrales de réservation

Elles permettent, sur Internet ou par téléphone, de réserver une chambre d'hôtel, un B & B, un studio ou un appartement.

Bed and Breakfast Agency of Boston – ✆ *(617) 720-3540 - www.boston-bnbagency.com.*

Bed and Breakfast Associates Bay Colony – ✆ *(781) 449-5302 - www.bnbboston.com.*

Airbnb – *www.airbnb.fr.*

Chinatown

PREMIER PRIX

10 Hostelling International – Plan p. 37 C2 - *19 Stuart St. - ✆ (617) 536-9455 - www.bostonhostel.org - 434 lits 60/280 $.* Fidèle à la réputation de son enseigne, une auberge accueillante, propre et sûre, à deux pas de Boston Common et du Freedom Trail.

Back Bay

POUR SE FAIRE PLAISIR

7 Newbury Guest House – Plan p. 54 - *61 Newbury St. - ✆ (617) 670-6000 - www.newburyguesthouse.com - P 20 $/nuit - - 32 ch. 259/349 $ -* . Une guest house élégante dans trois brownstone des années 1880, près du shopping ! Les plus belles chambres, avec meubles de style victorien, parquet et baies vitrées, suscitent la convoitise : réservez au moins un mois à l'avance !

The Bertram Inn – Hors plan - *92 Sewall Ave. - ✆ (617) 566-2234 - www.bertraminn.com - P 15 $/nuit - - 14 ch. 199/319 $* . Dans un quartier paisible élu par bien des familles, une bâtisse de 1907 aux charmes inchangés : lambris de chêne, fenêtres à petits carreaux, véranda colorée inondée de lumière. L'été, le jardin luxuriant invite au repos. Proche du métro (ë Kent St.).

UNE FOLIE

5 Lenox Hotel – Plan p. 54 - *61 Exeter St. - ✆ (617) 536-5300 - ✆ (800) 225-7676 - www.lenoxhotel.com - 214 ch. 295/549 $ -* . La restauration de sa façade, tout comme ses efforts en matière d'écotourisme, ont valu à cet hôtel de charme construit en 1901 de nombreuses récompenses. À deux pas des boutiques de Newbury Street et Copley Square, l'adresse séduit particulièrement les femmes d'affaires. Chambres tout confort, restaurant, et deux bars très populaires auprès des Bostoniens aisés : le City-Bar, lounge, et le pub irlandais Solas. Proche du métro.

5 **Eliot Hotel** – Plan p. 36 A2 - *370 Commonwealth Ave. - (617) 267-1607 - www.eliothotel.com - P 48 $/24h - - 95 ch. 275/595 $ -* . Dans cette luxueuse résidence de 1925 dominant la Commonwealth Avenue, la plupart des chambres - en réalité des suites - sont habillées de soie claire et de marbre. L'Eliot Hotel est élégant, feutré, et l'on goûte dans son restaurant, Uni, une cuisine japonaise qui fait la part belle aux sashimis : c'est frais, raffiné et délicieux.

3 **Fairmont Copley Plaza** – Plan p. 54 - *138 St James Ave. - (617) 267-5300 - (800) 257-7544 - www.fairmont.com - 383 ch. 452/699 $ -* . Plafonds à dorures, lustres de cristal, mobilier de style Renaissance et Louis XIV, motifs floraux et carreaux écossais : c'est LE palace classique de Back Bay, qui, depuis 1912, a vu défiler présidents américains et hauts dignitaires étrangers. En 1975, Elizabeth Taylor et Richard Burton y passèrent leur seconde lune de miel : une institution ! Restaurant Oak Bar + Kitchen : pour une cuisine traditionnelle américaine.

Beacon Hill

POUR SE FAIRE PLAISIR

1 **Beacon Hill Hotel and Bistro** – Plan p. 40 - *25 Charles St. - (617) 723-1133 - www.beaconhillhotel.com - - 13 ch. 269/499 $ -* . Aux beaux jours, glissez-vous sur le toit-terrasse de cet hôtel-boutique chic de la rue principale de Beacon Hill pour y déguster un verre de vin. Huppé, élégant, le lieu sied bien au quartier (antiquaires, restaurants haut de gamme). Chambres contemporaines, épurées. Le petit-déjeuner, copieux, est compris dans le tarif et servi dans la salle de restaurant, aménagée façon bistrot parisien : naturellement, la carte y est d'inspiration française.

Freedom Trail - Waterfront

POUR SE FAIRE PLAISIR

1 **Omni Parker House** – Plan p. 46 - *60 School St. - (617) 227-8600 - (888) 444-6664 - www.omniparkerhouse.com - P 51 $/nuit - - 551 ch. 269/417 $ -* . Charles Dickens y lut pour la première fois son Chant de Noël en public, John F. Kennedy le choisit pour demander Jackie en mariage et Boston lui doit encore son célèbre cream pie : un établissement légendaire ! Ouvert en 1855, c'est aussi, sous ses plafonds à moulures, le plus vieil hôtel en fonctionnement des États-Unis.

UNE FOLIE

1 **Boston Harbor Hotel** – Plan p. 50 - *70 Rowes Wharf - (617) 439-7000 - www.bhh.com - P payant - - 230 ch. 401/645 $ -* . Son charme classique – chandeliers, marbres, tapisseries, mobilier ancien – ferait presque oublier sa jeunesse : bâti en 1987, cet hôtel jouit de belles vues sur le port. Dans ses murs, le restaurant Meritage sert une cuisine régionale contemporaine de haut rang. Concerts de jazz en été.

5 **XV Beacon** – Plan p. 40 - *15 Beacon St. - (617) 670-1500 - www.xvbeacon.com - P 46 $/j - - 63 ch. 395/2 500 $ -* . Dans un édifice Beaux-Arts de 1903,

1

l'hôtel de tous les fastes : lits à baldaquin, cheminées et meubles en acajou. Essayez son restaurant, Moo, une steakhouse revisitée par Jamie Mammano.

Fenway Park - Kenmore

POUR SE FAIRE PLAISIR

8 Gryphon House – Plan p. 36 A2 - *9 Bay State Rd - ✆ (617) 375-9003 - www.innboston.com - ▤ P 20 $/nuit - wifi - 8 suites 260/400 $* ☕. Tapisseries anciennes, boiseries, trompe-l'œil : il ne manque dans le hall de ce brownstone du 19e s. que la lady chic d'un Whistler regagnant, les mains gantées, sa suite spacieuse et claire. Chacune est bien équipée et nommée selon le thème : Riverview, Victoria, Garden, ou Tuscany, plus rustique.

12 Hotel Commonwealth – Plan p. 36 A2 - *500 Commonwealth Ave. - ✆ (617) 933-5000 - www.hotelcommonwealth.com - ▤ ♿ wifi - 245 ch. 260/500 $ - ✕.* De hautes fenêtres laissent s'infiltrer la lumière dans ses chambres avec vue : demandez la Commonwealth Avenue ou le Fenway Park. À l'intérieur, des oreillers délicats, du linge italien satiné… Le service est irréprochable, au point que l'on peine à quitter ce lieu sophistiqué, aménagé avec goût. Son bar, The Hawthorne, propose d'excellents cocktails (voir « Boire un verre »).

UNE FOLIE

1 The Verb Hotel – Plan p. 36 A2 - *1271 Boylston St. - ✆ (617) 566-4500 - www.theverbhotel.com - 93 ch. 320 $ - ✕.* Près du stade de base-ball, cet hôtel à l'allure rock'n'roll à la déco colorée s'organise, comme un motel, autour de la piscine intérieure. Chambres modernes, et très bon restaurant japonais (Hojoko) accessible par le hall.

South End

BUDGET MOYEN

4 Inn at St. Botolph – Plan p. 54 - *99 Saint Botolph St. - ✆ (617) 236-8099 - www.innatstbotolph.com - P - 16 ch. 139/409 $.* Ce boutique-hôtel combine le charme d'une petite adresse dans une maison de style victorien en briquettes rouges, et le positionnement idéal, à l'intersection de deux quartiers centraux : Back Bay et le South End. La décoration est moderne et élégante, et toutes les chambres sont équipées d'une kitchenette.

RESTAURATION

Voir aussi « Petite pause », en particulier pour un bon petit-déjeuner.

Back Bay

PREMIER PRIX

9 Parish Cafe – Plan p. 54 - *361 Boylston St. - ✆ (617) 247-4777 - www.parishcafe.com - 11h30-2h, dim. 12h-2h - plat 12/20 $.* Un café-bistrot qui fait la différence avec sa large terrasse ouverte sur Boylston Street et sa carte de sandwichs conçue par les grands chefs de Boston. Vous n'aurez que l'embarras du choix… Vous pouvez aussi vous contenter d'un cocktail.

BUDGET MOYEN

1 Atlantic Fish – Plan p. 54 - *761 Boylston St. - ✆ (617) 267-4000 - www.atlanticfishco.com - 11h30-23h, vend.-sam. 11h30-0h - plat 15/38 $.* Une brasserie tendance chic, aux belles boiseries, et dont les nombreux et virevoltants serveurs assurent un service efficace. Point d'esbroufe : la carte, centrée sur la mer, déploie toutes les variétés des poissons et crustacés de l'Atlantique, d'une fraîcheur absolue. Des huîtres au homard en passant par les poissons et les palourdes, la symphonie est sans fausse note.

5 **Asta** – Plan p. 36 A2 - *47 Massachusetts Ave. - ✆ (617) 585-9575 - www.astaboston.com - mar.-sam. 18h-21h30.* Un restaurant qui propose 2 menus dégustation imposés (à choisir entre 5 ou 8 plats) et de très jolis vins à la carte. Cuisine fine, originale et audacieuse (beau souvenir de tagliatelles aux noix et cœurs de canard, et d'un agneau magnifiquement cuit accompagné d'une confiture d'oignons aux olives). Cuisine ouverte sur la salle, ambiance relax et discrètement chic, déco brute mais chaleureuse (briquettes rouges). Une belle expérience pour une très belle adresse.

South End

PREMIER PRIX

6 **Charlie's Sandwich Shoppe** – Plan p. 54 - *429 Columbus Ave. - ✆ (617) 536-7669 - 7h-14h - fermé lun.* La cantine des jazzmen noirs durant la ségrégation - Sammy Davis Jr, qui jouait pour quelques pièces devant la porte, y avait ses habitudes - devenue une institution du quartier. Entre coffee shop et diner, résolument authentique avec ses carreaux et ses tabourets en Skaï, il sert le meilleur turkey hash and eggs de la ville ! Mais aussi : blueberry griddle cakes and bacon, scrambled eggs and cheese, et Cape Cod toasts, pour le petit-déjeuner ou le brunch. Certains clients interloqués ont pu y croiser Barack Obama en 2013 !

17 **Toro** – Plan p. 36 B2 - *1704 Washington St. - ✆ (617) 536-4300 - www.toro-restaurant.com - 12h-22h15, vend. 12h-23h45 - sam. 17h-23h45 - plat 10/23 $.* L'autre création de Ken Oringer, également propriétaire du Coppa (voir ci-après). Il propose, dans un grand espace aéré, un bar à tapas barcelonais où une clientèle de gourmands se délecte notamment d'excellents bocadillos (sandwichs). Point d'imitation tapageuse et surfaite : la carte tient ses promesses grâce aux produits frais (provenant de fermes locales) et au talent du chef.

12 **Picco** – Plan p. 54 - *513 Tremont St. - ✆ (617) 927-0046 - www.piccorestaurant.com - 11h-22h, merc.-sam. 11h-23h - plat 9/24 $.* Une pizzeria de quartier qui connaît, à juste titre, un franc succès. Les pizzas, à la pâte croustillante, sont généreusement garnies, notamment de pulpe de tomate fraîche. Décor impersonnel, mais vaste terrasse. Service efficace.

BUDGET MOYEN

2 **Coppa** – Plan p. 37 C2 - *253 Shawmut Ave. - ✆ (617) 391-0902 - www.coppaboston.com - 12h-22h, vend. 12h-23h, sam. 11h-23h, dim. 11h-22h - plat 14/29 $.* Dans ce bistrot italien du très branché-bobo South End, laissez-vous tenter par l'alléchante carte ; vous ne serez pas déçu. Signes qui ne trompent pas, le jambon de Parme et l'huile d'olive sont de très bonne qualité. En passe de devenir un classique du quartier.

9 **Myers+ Chang** – Plan p. 36 C2 - *1145 Washington St. - ✆ (617) 542-5200 - www.myersandchang.com - 11h30-22h, vend.-sam. 11h30-23h.* Les talents réunis de Christophe Myers et Joanne Chang, propriétaires de plusieurs autres établissements, ont été réunis pour concocter une cuisine d'Asie du Sud-Est revisitée et assez réussie. La salade de papaye verte,

les moules sautées au wok avec sauce citron et coriandre, ou les noodles s'y dégustent dans une salle design. Une adresse fiable.

4 B and G Oysters – Plan p. 54 - *550 Tremont St. - ✆ (617) 423-0550 - www.bandgoysters.com - 11h30-22h, sam. 12h-23h, dim. 12h-23h - plat 22/33 $.* Rappelant la nacre d'une coquille d'huître, une lumière argentée baigne le restaurant épuré de Barbara Lynch : comptoir de marbre blanc et tabourets noirs. Les huîtres, crues ou frites (avec une sauce tartare maison) sont à tomber, mais la carte réserve d'autres surprises : la mousse au chocolat (servie dans une conserve en verre et arrosée d'huile d'olive) tient parfaitement la route… Très jolie terrasse surplombée par les brownstone couverts de lierre.

POUR SE FAIRE PLAISIR

8 Grill 23 and Bar – Plan p. 54 - *161 Berkeley St. - ✆ (617) 542-2255 - www.grill23.com - 17h30-22h30, vend.-sam. 17h30-23h, dim. 22h - plat 29/57 $.* Ce bar-restaurant a bâti sa réputation sur ses superbes pièces de viandes : filet mignon, bifteck d'aloyau, entrecôte. Mais ses habitués - cols-blancs-un-verre-de-martini-à-la-main - viennent aussi pour ses poissons et fruits de mer.

Beacon Hill

POUR SE FAIRE PLAISIR

1 Bin 26 Enoteca – Plan p. 40 - *26 Charles St. - ✆ (617) 723-5939 - www.bin26.com - 12h-22h, vend.-sam. 12h-23h, dim. 10h-22h.* Une table claire et épurée qu'habillent des cloisons de bouteilles et des photographies abstraites. Chic et branché (comme beaucoup de ses confrères de Charles St.), ce bistrot à vin délivre une cuisine italienne sophistiquée et goûteuse : raviolis au homard, tagliatelles cacao aux cèpes, palourdes marinées. Une jolie adresse.

Charlestown

PREMIER PRIX

20 Warren Tavern – Plan p. 37 C1 - *2 Pleasant St. - 02129 Charlestown - ✆ (617) 241-8142 - 11h-1h, w.-end 10h-1h.* Paul Revere y avait ses habitudes et George Washington la fréquenta plus d'une fois : bienvenue dans la plus ancienne taverne du Massachusetts (1780). Pour un sandwich, un sheperd's pie (spécialité de la maison) ou une simple bière, servie au comptoir en acajou, sous la charpente apparente. Un point de chute idéal après une longue journée sur le Freedom Trail.

Fenway Park - Kenmore

PREMIER PRIX

14 Tasty Burger – Plan p. 36 A2 - *1301 Boylston St. - ✆ (617) 425-4444 - www.tastyburger.com - 11h-2h.* Juste derrière le stade de Fenway Park, une ancienne station-service reconvertie en restaurant à burgers. Au-delà du décor, amusant, les sandwichs sont vraiment bons et ravissent notamment les supporters des Red Sox qui y viennent en masse les jours de match.

BUDGET MOYEN

3 Sweet Cheeks Q – Plan p. 36 A2 - *1381 Boylston St. - ✆ (617) 266-1300 - www.sweetcheeksq.com - lun.-jeu. 11h30-22h, vend.-sam. 11h30-23h, dim. 11h30-22h.* Ce restaurant sert du barbecue texan : les ribs, porc effiloché et autres saucisses sont fumées puis cuites. Servis directement dans des plateaux (le tray) avec des salades froides et des légumes (dont les fameux collards greens) ou des pâtes, les plats sont roboratifs et font plonger un instant au cœur de la

Allée All Saints Way.
Elijah-Lovkoff/iStock

culture américaine du Sud. Goûtez au biscuit : un muffin sablé beurré, servi avec les plats salés.

POUR SE FAIRE PLAISIR

4 **Eastern Stantard Kitchen** – Plan p. 36 A2 - *528 Commonweath Ave. - ✆ (617) 532-9100 - www.easternstandardboston.com - 7h-2h - à la carte 41/62 $.* Cette grande brasserie à l'ambiance hall de gare propose des spécialités locales à base de crustacés et des standards de la cuisine américaine bien élaborés. On peut aussi se contenter d'un passage au bar pour déguster d'excellents cocktails, parmi les meilleurs de la ville.

Freedom Trail - Waterfront - North End

PREMIER PRIX

7 **Quincy Market** – Plan p. 46 - *Faneuil Hall Marketplace - South Market Building - ✆ (617) 523-1300 - www.faneuilhallmarketplace.com - 10h-21h, dim. 12h-18h.* Burgers, hot dogs, sushis, enchiladas, pretzels, poulets curry, lobster rolls… Vous trouverez tout ce que vous voulez dans ce vaste food court abritant plus de 40 enseignes. Ultratouristique mais incontournable ! Autant le dire, l'endroit amusera plus les enfants qu'il ne réjouira les gastronomes, car tout ceci est franchement moyen. Si vous désirez un lobster roll, essayez celui de The Boston Chowda Co. (www.bostonchowda.com), certainement le plus correct que l'on puisse trouver au Quincy Market. Les amateurs de pizzas se rendront au stand Regine. Si vous recherchez quelque chose de plus authentique, rendez-vous au Boston Public Market, situé à quelques pas de là.

2 **Ă Boston Public Market** – Plan p. 46 - *100 Hanover St. - lun.-sam. 8h-20h, dim. 10h-18h.* Dans la mouvance locale et bio, c'est une halle qui accueille des producteurs locaux : donuts à la pomme, fudge, mais aussi fromage, charcuterie et bières de la région. Une belle halte pour une pause sucrée ou salée.

BUDGET MOYEN

3 Daily Catch – Plan p. 46 - *323 Hanover St. - ✆ (617) 523-8567 - ⊠ - 11h30-21h30.* Rustique, une cabane de pêcheurs parmi les pizzerias du quartier italien : clam chowder, fish and chips et spécialités de calamars, comme ceux, superbes, aux pâtes à l'encre de seiches.

2 The Barking Crab – Plan p. 50 - *88 Sleeper St. - ✆ (617) 426-2722 - www.barkingcrab.com - 11h30-21h, vend.-sam. 11h30-22h - plat 18/32 $ - plat crabe 29/96 $.* Ambiance de fête foraine animée (ou bruyante selon les goûts) pour cette cabane en bois posée au bord de l'eau, dressant fièrement sa toile aux couleurs éclatantes (jaune et rouge). Elle propose une vue magique sur les gratte-ciel et ses fruits de mer ultra frais (excellent lobster roll) sont servis dans des corbeilles en plastique. Joli choix de bières locales.

1 Legal Sea Foods – Plan p. 50 - *255 State St. - ✆ (617) 742-5300 - www.legalseafoods.com - 11h-22h, vend.-sam. 11h-23h - plat 15/31 $.* Impossible de manquer cette chaîne régionale de restaurants de fruits de mer qui compte une dizaine d'établissements hors de Nouvelle-Angleterre. Décor assez impersonnel, mais les plats proposés, avec en vedette clams et homard, font vite oublier ce petit bémol.

9 Trattoria Il Panino – Plan p. 46 - *11 Parmenter St. - ✆ (617) 720-1336 - www.trattoriailpanino.com - 11h-22h, vend.-sam. 11h-23h, dim. 12h-23h - plat 16/30 $.* La plus ancienne trattoria de Boston ! Saumon prosciutto, thon in Padella, penne et autres pâtes continuent, dans ce décor toujours authentique, de récolter tous les suffrages.

POUR SE FAIRE PLAISIR

1 Bricco – Plan p. 46 - *241 Hanover St. - ✆ (617) 248-6800 - www.bricco.com - 16h-23h, vend.-sam. 16h-2h - plat 22/59 $.* Une trattoria lounge et sophistiquée. Recommandé dans le quartier - car il sait aussi rester simple - Bricco séduit avec son osso buco et risotto au safran, ses tortelli au miel, truffes et ricotta, sa pièce de sanglier aux cèpes. La très belle carte des vins fait honneur aux crus italiens.

3 Row 34 – Plan p. 50 - *383 Congress St. - ✆ (617) 553-5900 - http://row34.com - midi et soir - plat 14/30 $.* Un restaurant aux allures de grand entrepôt qui illustre le renouveau de ce quartier de bord de mer. Le concept est simple : un large choix de bières et d'huîtres. À la carte également terrines de poisson, le fameux lobster roll, et des poissons cuisinés simplement. Un beau restaurant de fruits de mer contemporain dans un quartier qui monte.

UNE FOLIE

12 O Ya – Plan p. 37 C2 - *9 East St. - ✆ (617) 654-9900 - www.oyarestaurantboston.com - 17-21h30, vend.-sam. 17h-22h - fermé lun. et dim. - plat 16/33 $ - réserv. recommandée.* Dissimulé dans une petite rue près de South Station, O Ya offre la preuve qu'une grande table peut effacer son handicap géographique : les amateurs de cuisine japonaise s'y pressent sans retenue. Tim Cushman, copropriétaire et chef passé par le célébrissime Nobu, y concocte de divins sushis (aux oursins, au bœuf de Kobé…) que sa femme, Nancy, vous proposera d'accompagner d'un vin de sa sélection.

Chinatown

BUDGET MOYEN

8 Shojo – Plan p. 37 C2 - *9A Tyler St. - ✆ (617) 423-7888 - www.shojoboston.com - lun.-merc. 17h30-23h, jeu. 11h-23h, vend.-sam. 11h-2h.* Une grande fresque murale sur la façade, musique de fond et ambiance tamisée dès l'entrée : Shojo fait figure d'ovni hipster au milieu de Chinatown. Cocktails audacieux, petites assiettes de cuisine asiatique fusion ou plats plus classiques de nouilles : le restaurant attire une clientèle plus branchée et plus jeune que les autres restaurants du quartier.

Allston

Le quartier des étudiants de Boston University abrite de nombreuses adresses de cuisine coréenne (ramen, barbecue coréen, poke bowl, etc.) ainsi que des bars à des prix abordables.

PETITE PAUSE

Back Bay

Georgetown Cupcakes – *83 Newbury St. - 10h-21h, dim. 10h-20h.* On fait la queue quelques minutes avant de découvrir la vitrine remplie de cupcakes, ces petits gâteaux individuels recouverts de crème. Parfums classiques, le red velvet, ou plus originaux selon la saison : sirop d'érable, noisette ou coco. C'est joli et gourmand. Par beau temps, prenez un café sur la terrasse du café voisin, Thinking Cup.

South End

South End Buttery – *312-314 Shawnut Ave. - ✆ (617) 482-1015 - www.southendbuttery.com - 6h-22h, vend.-sam. 6h-23h - plat 15/30 $.* Au cœur de South End, un café populaire qui fédère les habitants du quartier. L'ambiance y est tranquille, la terrasse agréable et le choix des mets très large (soupes, salades, burgers, pâtisseries). Idéal pour le petit-déjeuner (excellents muffins, notamment ceux aux cerises et aux noix, et délicieuses tartines à l'avocat, pour les amateurs de salé).

North End

Modern Pastry Shop – *257 Hanover St. - ✆ (617) 523-3783 - www.modernpastry.com - 8h-22h, vend. 8h-23h, sam. 8h-0h.* Des effluves de cannelle s'échappent de cette petite échoppe italienne, où l'on prépare en famille des viennoiseries et des pâtisseries colorées et gargantuesques. C'est aussi l'occasion de s'attabler pour boire un bon espresso. On peut également y acheter des pâtes et de l'huile d'olive. Si l'endroit est plein, continuez le long de la rue jusqu'à Mike's Pastry (300 Hanover St. Tél. : 617 742 3050), une institution du quartier, qui, dans un décor plutôt pompeux et une salle bien plus grande, propose les mêmes réjouissances. Interminables files d'attente le week-end.

BOIRE UN VERRE

Back Bay

Sonsie – *327 Newbury St. - ✆ (617) 351-2500 - www.sonsieboston.com - 8h-23h, vend.-sam. 8h-0h.* Lumières (très) tamisées dans ce bar-restaurant fréquenté par une clientèle plutôt trendy. Très beau comptoir en bois, où déguster vin, bière ou cocktail. Carte des mets sans surprise, dominée par les inévitables pizzas, salades et steaks.

Lolita Cocina and Tequila Bar – *271 Dartmouth St. - ✆ (617) 369-5609 - www.lolitatequilabars.com - 17h-2h.* Dans un sous-sol aux murs en briquettes et ambiance froufrou rouge et noir, on vient danser, boire des margaritas en grignotant des chips accompagnées de guacamole. Festif!

Beacon Hill

The Seven's – *77 Charles St. - ✆ (617) 523-9074 - 11h30-1h, dim. 12h-1h.* L'un des seuls endroits où prendre un verre à Beacon Hill. Depuis 1933, ce pub assez classique réunit, dans une ambiance bruyante et animée, habitants de Beacon Hill et touristes. Salle tout en longueur, envahie d'écrans TV diffusant clips et matchs. Musique pop/rock en fond sonore et petite restauration.

Fenway Park - Kenmore

The Hawthorne – *500A Commonwealth Ave. - ✆ (617) 532-9150 - 16h-1h.* Le bar de l'hôtel Commonwealth déploie une carte variée, mais spécialisée dans les cocktails : des plus traditionnels aux créations d'un jour (aux noms des artistes se produisant le soir même au Fenway Park voisin). Barmen souriants et compétents. Ambiance calme et chic. Tenue correcte recommandée.

Freedom Trail - Waterfront

Drink – *348 Congress St. - ✆ (617) 695-1806 - 16h-1h.* Au sous-sol d'un restaurant italien (Sportello), un bar branché qui privilégie les matériaux bruts (brique et bois). Les cocktails sont élaborés en fonction des envies de chacun. Ambiance décontractée et service impeccable.

ACHATS

Downtown

Downtown Crossing – *Washington St. et Summer St. - www.downtownboston.org.* Avec plus de 500 boutiques, grands magasins (Macy's), restaurants, bars et hôtels, le Downtown Crossing est le plus important quartier commerçant de Boston.

Faneuil Hall Marketplace – *Dock Sq. - ✆ (617) 523-1300 - www.faneuilhallmarketplace.com - 10h-21h, dim. 12h-18h.* Derrière le City Hall, il concentre plus de 70 restaurants, traiteurs et bars.

Haymarket – *Blackstone St. - entre Hanover St. et North St - vend.-sam. 6h-19h.* C'est un marché populaire auprès des Bostoniens : produits fermiers et pêche du jour.

Back Bay

Copley Place – *100 Huntington Ave - 02116 Boston - ✆ (617) 262-6600 - 10h-20h, dim. 12h-18h.* Ce centre commercial accueille restaurants et boutiques sur deux niveaux. Parmi celles-ci : Neiman-Marcus, Tiffany, Gucci et Barney's. Une passerelle donne accès à l'immense Prudential Center (800 Boylston St., entre Gloucester St. et Exeter St. - www.prudentialcenter.com), où l'on trouve Lord and Taylor, Saks Fifth Avenue, Legal Sea Foods. Percée le long de Back Bay, Newbury Street (www.newburyst.com), la plus chic des artères commerçantes de Boston, est bordée de galeries d'art, de magasins d'antiquaires, de boutiques de design et de restaurants haut de gamme.

Beacon Hill

Le long de **Charles Street** se trouve la plus forte concentration d'antiquaires de la ville. Préparez-vous à casser votre tirelire dans ce quartier très huppé.

EN SOIRÉE

Les pages arts et loisirs des journaux et magazines locaux répertorient les événements et listent les théâtres. Programme des concerts et soirées à Boston sur www.thebostoncalendar.com.

Billets de spectacle

BosTix Ticket Booths – *31 St. James Av. - Faneuil Hall Marketplace et Copley Sq - ✆ (617) 262-8632 - www. artsboston.org - ✉ - 10h-16h, dim. 10h-14h - fermé lun.-merc.* Billets demi-tarif le jour des représentations.

Ticketmaster – *3 City Hall Square - 01901 Lynn - ✆ (781) 593-2816 - www.ticketmaster.com.*

Clubs

Scullers Jazz Club – *400 Soldiers Field Rd - ✆ (617) 562-4111 - www. scullersjazz.com.* L'une des scènes jazz les plus renommées de Boston. Restaurant.

Middlesex Lounge – *315 Massachusetts Ave. - 02139 Cambridge - Cambridge - ✆ (617) 868-6739 - http:// middlesexlounge.us/- 17h-2h - fermé dim.-merc.* House, techno et disco tiennent la vedette dans cette salle à la playlist consensuelle. -

SPORTS

Plusieurs équipes s'illustrent dans les sports américains. Les tickets s'achètent directement dans les enceintes sportives ou auprès de Ticketmaster *(voir ci-dessus).*

Baseball – *✆ (617) 267-1700 - http://boston.redsox.mlb.com.* Saison : avr.-oct. ; enceinte : Fenway Park ; équipe : Red Sox (MLB).

Basket-ball – *✆ (617) 523-6050 - www.nba.com/celtics* Saison : oct.-avr. ; enceinte : TD Banknorth Garden ; équipe : Celtics (NBA).

Football – *02035 Foxboro - ✆ (508) 543-8200 - www.patriots. com.* Saison : sept.-déc. ; enceinte : Gillette Stadium équipe : New England Patriots (NFL).

Hockey – *100 Legends Way - TD Garden - ✆ (617) 624-1900 - www.bostonbruins.com.* Saison : sept.-avr. ; enceinte : TD Banknorth Garden ; équipe : Bruins (NHL).

ACTIVITÉS

Observation des baleines

Boston Harbor Cruises – *1 Long Wharf - ✆ (617) 227-4321 - www.bostonharborcruises.com.* Observation des baleines avec un naturaliste à bord. Durée : 3 à 4h. Env. 50 $

AGENDA

Voir l'agenda des manifestations sur www.bostonusa.com.

Chinese New Year Parade – Fin janv.-déb. fév.

Boston Marathon – *www.baa. org.* 3e lun. d'avr.

The Lawn on D – *http:// signatureboston.com/lawn-on-d.* Mai-sept. Un espace en plein air avec concerts, rencontres artistiques et *food trucks* près du Waterfront.

Harborfest – *www. bostonharborfest.com.* En juillet, 4 jours de festivités.

Restaurant Week – *www. restaurantweekboston.com.* En août.

Boston Film Festival – *www. bostonfilmfestival.org.* 1 semaine fin sept.

First Night/Day Boston – Le 31 décembre.

1

Cambridge

★★★

110 651 hab.

Envie de changer d'atmosphère ? Rendez-vous de l'autre côté de la Charles River où s'étend la cité universitaire de Cambridge, à laquelle l'Université d'Harvard et l'Institut de technologie du Massachusetts (MIT) ont conféré une renommée mondiale. Ici flotte un air de décontraction, sans doute dû à l'animation estudiantine qui règne dans les squares le long de Massachusetts Avenue, alias Mass'Ave. Au bord de la Charles River, en face du MIT, Memorial Drive offre l'une des plus belles vues sur le centre-ville de Boston et Back Bay. Côté Harvard, la balade est encore plus agréable le dimanche, quand Memorial Drive est fermée à la circulation : les promeneurs peuvent profiter des bords de la rivière tout en s'arrêtant à l'un des « food trucks » stationnés le long de la route.

NOS ADRESSES PAGE 91
Hébergement, restauration, achats, activités, etc.

S'INFORMER

Cambridge Visitor Center – Plan de ville p. 84 - *Harvard Square - 617 441 2884 ou 800 862 5678 - www.cambridgeusa.org - lun.-vend. 9h-17h, w.-end 9h-13h.*

SE REPÉRER

Carte de région D2 (p. 26-27).

Du centre de Boston, Cambridge est accessible en métro *(ligne rouge, voir plan p. 70)* : la station Harvard permet d'accéder au Yard de Harvard University, et la station Kendall/MIT au campus du MIT. En voiture, prenez l'I-90 vers le centre de Boston, puis Cambridge St., ou encore la Route 2, qui dessert le nord de la ville *(voir plan p. 36-37)*.

SE GARER

Comptez environ 25 $/jour. Parking de rue limité à 2h (appli à télécharger pour payer en ligne).

À NE PAS MANQUER

Harvard University est un incontournable !

ORGANISER SON TEMPS

Prévoyez une journée complète : le matin, rendez-vous au MIT *(comptez 1h)* sans rater la vue sur Boston depuis la Killian Court, puis rendez-vous à Harvard Square pour visiter l'université *(comptez 1h30)*. Choisissez votre option pour le reste de la journée : visitez l'un des musées de Harvard, ou promenez-vous sur Brattle St., voire jusqu'au cimetière du Mont Auburn. Passez la soirée à Somerville *(voir encadré p. 90)*.

AVEC LES ENFANTS

Harvard Museum of Natural History.

Se promener

★★★ HARVARD UNIVERSITY Plan p. 84

Le campus historique borde la Charles River au nord de Memorial Drive - Ⓣ Harvard.
Harvard Information Center – *Smith Campus Center - 1350 Massachusetts Ave. - 617 495 1573 - www.harvard.edu - lun.-sam. 9h-17h.* Visites guidées du campus conduites par des étudiants *(se rens. sur le site Internet)*.

Le campus d'Harvard.
janniswerner/iStock

Circuit tracé sur le plan de Harvard University – Comptez 1h sans les visites. Départ de Johnston Gate, métro Ⓣ Harvard ; suivez Massachusetts Ave. vers le nord.

Bon à savoir – Le campus est ouvert toute l'année, sauf en cas de célébrations de début et fin d'année universitaire. Il est ouvert au public gratuitement. Il est cependant interdit d'entrer dans les bâtiments à moins d'avoir un badge.

Fondée en 1636, la première université créée sur le sol américain est l'un des fleurons de l'enseignement aux États-Unis et dans le monde. Elle devint une université moderne au 19e s. lorsqu'elle ouvrit de nouvelles facultés : médecine (1782), théologie (1816), droit (1817), médecine dentaire (1867), arts et techniques (1872). Les femmes y furent admises pour la première fois en 1879 dans un campus voisin : Radcliffe, surnommé l'Annexe. Avec 37 milliards de dollars, Harvard bénéficie de la dotation la plus élevée du monde. La liste des personnalités qui y ont étudié est longue : douze présidents, dont Barack Obama (et sa fille aînée à partir de 2017) et George W. Bush, des prix Nobel, des écrivains, comme Norman Mailer, et des artistes, dont les musiciens Yo-Yo Ma et Leonard Bernstein, et plus récemment le créateur de Facebook, Mark Zuckerberg.

Les 500 bâtiments du **campus** en font une véritable ville dans la ville. Tous les styles architecturaux y sont représentés, du style colonial des débuts, aux

DE NEW TOWNE À CAMBRIDGE

En 1630, ce site fut choisi pour y établir la capitale de la colonie de la Baie. On éleva des fortifications autour de la cité, qu'on baptisa New Towne. Six ans plus tard, les puritains décidèrent d'y fonder un collège pour former les jeunes hommes destinés aux plus hautes fonctions. Le gouvernement de la colonie lui affecta une somme égale à la recette fiscale qu'il percevait. En 1638, afin de souligner l'importance de l'université pour la colonie, New Towne fut rebaptisée Cambridge, d'après la célèbre ville universitaire anglaise. Le collège doit son nom au pasteur **John Harvard** qui légua à l'institution la moitié de sa fortune et sa bibliothèque.

réalisations modernes de Gropius (1950, Harkness Commons et Graduate Center) (G) et Le Corbusier (Carpenter Center of Visual Arts).

Johnston Gate

1465-1483 Massachusetts Av. Ce grand portail en fer forgé (1890) est l'une des 25 portes qui entourent le « Yard » de Harvard, et l'entrée principale de l'université. Remarquez sur les colonnes à gauche le sceau du Massachusetts représentant un Amérindien, et à droite la devise de l'université, en latin : « Veritas » écrite sur 3 livres ouverts.

Avant d'entrer sur le Yard, remarquez à votre droite, Massachusetts Hall, et sa belle horloge bleue en haut du bâtiment.

★★ Old Yard

Bordé par Massachusetts Ave., Quincy St. et Cambridge St.

C'est la partie la plus ancienne du campus, le cœur de l'université, qui rassemble des bâtiments administratifs, des salles de cours, les dortoirs des étudiants de première année, et la première chapelle de Harvard (Holden Chapel).

À l'ouest se trouve le **Massachusetts Hall** (A), le plus ancien bâtiment de Harvard (1720). En face, s'élève le **Harvard Hall** (B) (1766) et, derrière, au calme, la ravissante **Holden Chapel** (C) qui servit aussi bien de chapelle, que de

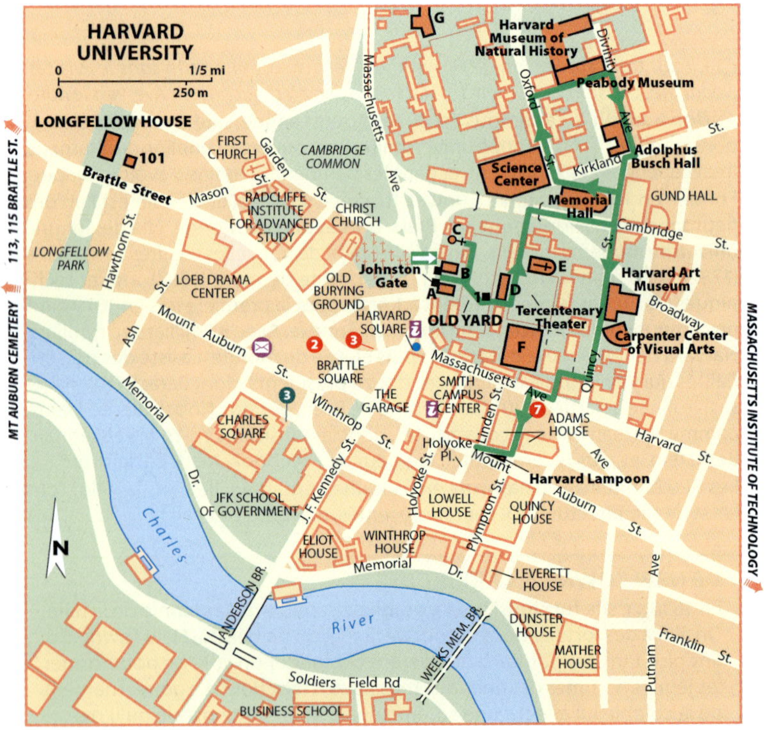

SE LOGER	SE RESTAURER	
Charles Hotel 3	Alden and Harlow 2	Crema Café 3
		Mr. Bartley's 7

caserne de pompiers, de salle de dissection puis aujourd'hui de salle pour la chorale de Harvard. De l'autre côté du Yard se dresse un édifice de granit blanc, **University Hall** (D), réalisé en 1815 par Charles Bulfinch. Devant, la **statue de John Harvard** (1), une œuvre de Daniel Chester French, est appelée « la statue des trois mensonges », car sa plaque précise que John Harvard fut le fondateur du collège en 1638. Or, le collège fut fondé en 1636, J. Harvard n'en fut « que le donateur », et la statue représente en réalité un étudiant de l'université qui posa près de 250 ans (en 1882) après la mort du célèbre pasteur. Frotter sa chaussure droite porterait chance aux examens…
Passez entre University Hall et le Weld Building.

★ Tercentenary Theatre

Les bâtiments autour de cette deuxième cour sont plus récents. C'est ici que se tiennent les fêtes de fin d'année, appelées « Commencement » qui ont lieu fin mai. L'imposante **Widener Memorial Library** (F) est la plus importante bibliothèque universitaire du monde ; elle doit son nom à un étudiant de Harvard passionné de livres rares, disparu dans le naufrage du *Titanic*. Elle fait face à la **Memorial Church** (E), dédiée aux anciens de Harvard tombés au cours des différentes guerres du 20e s.
Sortez du Yard par le nord, en passant sur le côté ouest de Memorial Church. Vous passez à côté de Canaday Buildings, des dortoirs d'étudiants de première année, et vous arrivez sur The Plaza, une place aménagée avec des tables de pique-nique et où, par beau temps, s'installent des « food trucks ».

Science Center

1 Oxford St. Ce bâtiment en béton aux volumes cubiques surprend par son allure moderne, à l'opposé de la briquette et de la pierre du Yard : construit en 1973 (Sert) pendant la « Période Blanche » de Harvard, il abrite des salles de classe de sciences et des laboratoires, ainsi qu'une large collection historique d'instruments scientifiques. Remarquez l'observatoire astronomique sur le toit.

★ Memorial Hall

45 Quincy St. Cet édifice singulier, à la toiture colorée, haute tour, contreforts et nombreux vitraux n'est pas, malgré son allure gothique, une cathédrale. Il a été érigé entre 1872 et 1878 en souvenir des étudiants de Harvard ayant péri pendant la guerre de Sécession. À cela s'ajoute un double usage : d'un côté,

DES LIVRES ET DES LETTRES

Au 17e s., Cambridge devint un centre de l'édition. Avec ses assistants, les frères Daye, la veuve d'un pasteur anglais y installa la première imprimerie des colonies américaines. Parmi les premiers ouvrages imprimés figuraient une bible en indien, un almanach et le *Bay Psalm Book*.

Le Harvard College attira un grand nombre de professeurs éminents et de chercheurs érudits qui vinrent s'établir à Cambridge. Vers le milieu du 19e s., la ville était devenue un pôle de la pensée progressiste où vivaient, étudiaient et enseignaient de distingués écrivains, des réformateurs et des intellectuels.

Aujourd'hui, la cité s'enorgueillit de posséder le plus grand nombre de librairies par habitant : 30 enseignes pour quelque 100 000 Cambridgiens ! La plus fameuse d'entre elles est le **Harvard Book Store** *(1265 Massachusetts Ave. - ✆ 617 661 1515)*. **MIT Coop** *(3 Cambridge Center - Main St. - ✆ 617 499 3200)* s'est quant à elle spécialisée dans la littérature scientifique. Vous y trouverez également des jeux pédagogiques pour les enfants.

Annenberg Hall, le réfectoire grandiose des étudiants de première année, une immense salle à manger façon Harry Potter, et de l'autre, le **théâtre Sanders**, qui peut accueillir mille personnes.
Continuez vers le nord sur Oxford St.

★★ Harvard Museum of Natural History

26 Oxford St. - ✆ 617 495 3045 - www.hmnh.harvard.edu - ♿ - 9h-17h - fermé 1er janv., Thanksgiving Day et 24-25 déc. - 12 $ (gratuit dim. mat. pour les résidents du Massachusetts) ; billet combiné avec le Peabody Museum of Archeology and Ethnology, situé dans le même bâtiment.

Un charme désuet émane des galeries dotées d'anciennes vitrines en bois. Les galeries sont éclectiques : remarquez notamment celle consacrée aux **minéraux**, pierres précieuses et météorites. On y voit entre autres des cristaux de gypse géants provenant du Mexique et une sublime améthyste du Brésil.

La surprenante galerie des **Glass Flowers** est consacrée à une collection unique au monde : les fleurs en verre de Blashka. Réalisées en Allemagne par Léopold Blashka et son fils Rudolph entre 1886 et 1936, ce sont de véritables chefs-d'œuvre tant artistiques que scientifiques : plus de 830 sortes de plantes sont exposées, présentées comme sur une planche de botanique.

Une aile du musée rassemble une collection de **fossiles**, dont quelques spécimens rares, notamment un mastodonte de 25 000 ans mis au jour dans le New Jersey, un *Paleosaurus* comptant parmi les plus vieux dinosaures (180 millions d'années), et un *Kronosaurus* (120 millions d'années) considéré comme le plus grand reptile marin.

Dans les galeries adjacentes, de nombreuses vitrines contiennent des animaux du monde entier, dont une magnifique collection d'oiseaux (650 espèces) d'Amérique du Nord.

La salle sur la forêt de Nouvelle-Angleterre vous familiarisera avec la faune et la flore locales : orignal, lynx, ours noir, et même le loup gris !

Vous pouvez accéder au musée Peabody en traversant le Musée d'histoire naturelle.

★ Peabody Museum of Archaeology and Ethnology

11 Divinity Ave. - ✆ 617 496 1027 - www.peabody.harvard.edu - 9h-17h - fermé 1er janv., Thanksgiving Day et 24-25 déc. - 12 $ (gratuit dim. mat. pour les résidents du Massachusetts) ; billet combiné avec le Harvard Museum of Natural History, situé dans le même bâtiment.

Fondé en 1866 par George Peabody, ce musée abrite les multiples objets et œuvres d'art rapportés, au début du 20e s., par les expéditions archéologiques et ethnologiques financées par l'Université de Harvard.

Au rez-de-chaussée se trouve une exposition sur l'évolution des diverses cultures indiennes nord-américaines. Remarquez notamment des coiffes amérindiennes ayant appartenu aux plus vaillants guerriers des tribus.

On découvre aussi l'histoire intéressante et méconnue de *l'Indian College* : la tentative de l'université de Harvard de christianiser les Indiens locaux, au 17e s.

De style victorien, le 3e étage abrite une collection d'**art océanien**, aux superbes pièces : canoës et marionnettes d'Indonésie (seuls les hommes étaient admis lors des spectacles, les femmes ne pouvant regarder que l'ombre derrière l'écran où les marionnettes étaient manipulées), artisanat de Hawaï et cartes de l'Amérique du 16e s.

Sortez du musée Peabody par l'entrée principale, sur Divinity Ave. Prenez à gauche jusqu'au croisement avec Kirkland St.

Adolphus Busch Hall

27 Kirkland St. - merc. 13h-17h, sam. 10h-14h ; jardins, en été lun.-vend. 10h-17h.
De style moderne Munich, voici encore un exemple d'expérimentation architecturale sur le campus. Cet édifice particulier, construit en 1917, abrita à l'origine la première collection germanique du pays. À l'intérieur, la jolie cour est un oasis de fraîcheur. C'est aujourd'hui un centre d'études européennes.
Continuez le long de Quincy St., remarquez le grand bâtiment en béton sur la gauche, Gund Hall (1972), qui abrite l'école d'architecture et de design. De l'autre côté de la rue, sur un îlot, se trouve la caserne de pompiers de la ville, de style néo-georgien.

★★ Harvard Art Museums

32 Quincy St. - www.harvardartmuseums.org - 10h-17h - fermé j. fériés - 15 $.
Situées à l'origine dans trois bâtiments différents, les collections d'art d'Harvard ont été réunies dans un bâtiment rénové et agrandi par l'architecte italien **Renzo Piano** en 2014. La façade du bâtiment est longue et sobre, mais dès qu'on pousse la porte de ce musée, la cour intérieure lumineuse a des allures italianisantes, tandis que la verrière en pyramide aère l'espace. Les galeries sont variées et offrent une expérience de visite unique en trois thèmes : le **Fogg Museum**, la plus ancienne des trois collections (1895), présente un panorama de l'art occidental du Moyen Âge à nos jours. Parmi les pièces maîtresses du **Sackler Museum** : céramiques et sculptures d'Asie, estampes japonaises et remarquable collection de **bronzes** et de **jades** chinois. Enfin, le **Busch-Reisinger Museum** est le seul musée aux États-Unis dédié à l'art des pays germanophones des 18e et 19e s. 1
En sortant du musée, continuez le long de Quincy St.

Carpenter Center of Visual Arts

24 Quincy St. - ccva.fas.harvard.edu - merc.-dim. 12h-19h - gratuit.
Cet édifice, achevé en 1963, fait figure d'OVNI : il s'agit de la seule réalisation de l'architecte **Le Corbusier** en Amérique du Nord. Selon une boutade devenue célèbre, l'architecte se serait exclamé en voyant l'ouvrage : « Ils l'ont construit à l'envers ! » Dans ce qui se veut être un bâtiment hommage à la créativité, on trouve aujourd'hui des archives de films et un centre des arts visuels ouvert au public.
Rejoignez Massachusetts Ave. en traversant le Yard vers le sud.
Sur cette portion de la longue avenue du Massachusetts, quelques boutiques remarquables : le **Harvard Book Store** *(voir encadré p. 85)*,la façade Art Nouveau d'un cordonnier (au n° 1304), et **Levitt & Pierce**, un magasin de souvenirs et de tabac où une sirène sort de la façade : l'intérieur a des airs d'antan.
Descendez ensuite le long de Linden Street jusqu'à l'intersection avec Bow St.

IVY LEAGUE

Harvard fait partie de la très sélect *Ivy League*, au départ une ligue de sports, qui regroupe huit universités situées dans le Nord-Est des États-Unis. Synonyme de prestige social et d'élitisme intellectuel, leur nom provient du lierre (*ivy* en anglais) qui pousse sur leurs murs. Quatre d'entre elles sont en Nouvelle-Angleterre : **Harvard** à Cambridge, **Brown** à Providence (Rhode Island – *p. 178*), **Dartmouth** à Hanover (New Hampshire – *p. 329*), et **Yale** à New Haven (Connecticut – *p. 232*). Les quatre autres sont : **Columbia** à New York, **Cornell** à Ithaca (New York), **Princeton** (New Jersey) et l'**University of Pennsylvania** à Philadelphie (Pennsylvanie).

★ Harvard Lampoon

44 Bow St. Érigée en 1909, cette tour miniature d'inspiration flamande est le siège du journal satirique de Harvard (fondé en 1876), qui parait sporadiquement : le *Lampoon* (qui signifie parodie en français). En y regardant de plus près, un visage semble se dessiner sur la façade. De nombreux auteurs de la série *Les Simpsons* ont fait leurs armes dans les rangs de ce journal humoristique. *Remarquez au loin, derrière le Lampoon, l'élégant clocher de l'église St. Paul.*

★ LE CAMBRIDGE HISTORIQUE Plan p. 84

À l'ouest de l'Université de Harvard.

★ Brattle Street

À proximité de Harvard Square, Brattle Street foisonne de commerces et de restaurants avant de devenir plus calme et cossue : bien qu'elle soit bordée essentiellement de maisons du 19e s., on y voit encore quelques-unes des belles demeures que s'étaient fait construire les aristocrates loyalistes du 18e s. (les colons américains restés fidèles à la monarchie britannique pendant la guerre d'Indépendance), d'où son surnom de « Tory Row ».
Au **nº 101**, remarquez l'élégante Hastings House, et aux **nºs 113** et **115**, deux édifices ayant appartenu aux filles du poète Longfellow.
L'Université de **Lesley** possède de nombreux bâtiments dans cette rue. Fondée en 1909, c'était alors une institution de formation pour les enseignants d'école maternelle.

★ Longfellow House - Washington's Headquarters

105 Brattle St. - ✆ 617 876 4491 - www.nps.gov/long - visite guidée (1h) - juin-oct. : merc.-dim. 9h30-16h30 - fermé j. fériés - gratuit.
Cette maison construite en 1759 servit, pendant le siège de Boston (1775-1776), de quartier général à George Washington, futur premier président des États-Unis. Le poète **Henry Wadsworth Longfellow**, professeur à Harvard, y habita de 1837 à sa mort en 1882. Il y écrivit notamment *Evangeline* (1847) et *The Song of Hiawatha* (1855). Aujourd'hui, la maison rassemble la plupart de ses souvenirs, dont une bibliothèque de 10 000 ouvrages et de précieuses peintures de Gilbert Stuart et Albert Bierstadt. Petit jardin à l'arrière de la maison.

★ MASSACHUSETTS INSTITUTE OF TECHNOLOGY (MIT) Plan p. 36 A1

Au bord de Charles River, le long de Memorial Dr. et Massachusetts Ave. - Ⓣ Kendall Center/MIT.

Bon à savoir – Informations sur les visites guidées gratuites en anglais par les étudiants dans le Building 7 de l'East Campus *(voir ci-contre).*

« HACKING » OU LA TRADITION DU PIRATE POTACHE

9 mai 1994 : une voiture de police est retrouvée perchée en haut du dôme du MIT. Cet événement incongru fait partie d'une longue tradition de « hackings » : des blagues anonymes grandeur nature qui illustrent le sens de l'humour et l'ingéniosité des étudiants. Parmi les derniers « hacks » en date, en 2016, le campus s'est vu envahir de drones transportant les lettres d'admission des nouveaux reçus à l'université. On ne peut pas douter du sérieux de cette université... Qui délivre néanmoins un diplôme de pirate aux étudiants qui ont suivi des cours de voile, de tirs à l'arme à feu, de tirs à l'arc et d'escrime.

Harvard, musée d'histoire Naturelle.
Olaf Broders Nature Photography/Getty Images

Cet institut, l'un des plus prestigieux au monde, fut fondé à Boston en 1861 par le géologue et physicien **William Barton Rogers**, dont l'idée était d'insister sur la finalité pratique à donner aux études. À l'avant-garde de la technologie, le MIT est réputé dans le domaine de la recherche appliquée et se compose de cinq écoles : ingénierie, sciences pures, sciences humaines et sociales, gestion *(management)*, architecture et urbanisme. Celles-ci accueillent près de 10 000 étudiants, originaires de 50 États différents et de 100 pays étrangers. Parsemé de bâtiments de styles variés, allant du néoclassicisme au postmodernisme, aéré, pour le plus grand confort des étudiants, de vastes esplanades et espaces verts, le campus du MIT est moins homogène architecturalement que celui de sa voisine, la Harvard University, mais offre de belles surprises.

East Campus (Campus Est)
À droite de Massachusetts Ave. en arrivant de Harvard Bridge.
Un dôme surbaissé coiffe le **Rogers Building** ou **Building 7** *(77 Massachusetts Ave.)*, dont le bureau touristique dispose de plans gratuits du campus.

Hart Nautical Gallery – *Building 5 - 55 Massachusetts Ave. - ✆ 617 253 5942 - mitmuseum.mit.edu - ♿ - 9h-17h - fermé j. fériés - gratuit.* Dépendant du MIT Museum, elle rassemble une quarantaine de maquettes de bateaux illustrant l'évolution de la construction navale de la fin du 19e s. au 20e s.

List Visual Arts Center – *20 Ames St. - ✆ 617 253 4680 - listart.mit.edu - ♿ ✕ - mar.-dim. 12h-18h (jeu. 20h) - fermé j. fériés - gratuit.* Les amateurs d'art contemporain ne manqueront pas ses expositions audacieuses, présentées dans un immeuble post-moderne – le Wiesner Building – dû à l'ancien étudiant du MIT, I.M. Pei.

Entre la Hayden Memorial Library et la haute tour du Science Center se déploie *La Grande Voile,* stabile d'Alexander Calder ; non loin se dresse la sculpture en acier noir de Louise Nevelson, *Transparent Horizon.*

Stata Center – *32 Vassar St. - fermé au public.* Le laboratoire d'informatique et d'intelligence artificielle est, depuis 2004, l'un des bâtiments les plus

SORTIR À SOMERVILLE

Les loyers très élevés de Boston et Cambridge ont poussé les villes voisines à se « gentrifier ». Somerville, au nord de Cambridge, est l'exemple le plus récent de gentrification rapide. Le « suburbs » mal famé est devenu en quelques années une ville « hip », autrefois connue uniquement pour être le lieu de création du « Fluff », une pâte de marshmallow. Rendez-vous au **farmers market** à Union square le samedi midi, passez la soirée dans une microbrasserie locale à **Aeronaut Brewery Company** *(14 Tyler St.)*, qui abrite également dans son grand entrepôt des jeux, une scène pour des groupes locaux, et des boutiques « pop-up » pour des artisans. On peut aussi visiter l'usine qui fabrique le chocolat **Taza** *(561 Windsor St.)*, très tendance. Plus au nord, les bars et boutiques branchés animent Davis Square. On joue au bowling typique de Nouvelle-Angleterre chez **Sacco's Bowl Haven** *(45 Day St.)* tandis que le **Somerville Theater** *(55 Davis Sq.)* propose une programmation indépendante de cinéma et des festivals.

reconnaissables du MIT. Conçu par l'architecte **Frank Gehry**, l'édifice de style déconstructiviste semble n'être qu'un assemblage précaire de formes géométriques géantes : pour l'architecte, c'est une ode à l'audace et à la créativité de l'institut !

MIT Museum – *265 Massachusetts Ave. - ✆ 617 253 4444 - mitmuseum.mit.edu - ♿ - 10h-17h (10h-18h en juil.-août) - fermé j. fériés - 10 $ (- 18 ans, étudiants et seniors 5 $, - 5 ans gratuit) ; gratuit le dernier dim. de chaque mois de sept. à juin.* Les expositions du musée démontrent, par des sculptures cinétiques, des hologrammes et d'autres réalisations se nourrissant de technologies modernes, que l'art et la science peuvent ne faire qu'un.

West Campus (Campus Ouest)

À gauche de Massachusetts Ave. en arrivant de Harvard Bridge.

La partie ouest du campus est principalement le lieu de vie étudiant avec résidences, salles et terrains de sport. Le **Kresge Auditorium★** et la **MIT Chapel★** furent dessinés par **Eero Saarinen** en 1956. Structure cylindrique en brique, la chapelle œcuménique présente une sculpture en aluminium de Théodore Roszak en guise de clocher.

Avant de quitter le campus, posez devant **l'Alchimiste** (2010), une statue du Catalan Jaume Plensa, composée de chiffres et symboles mathématiques.

À voir aussi Plan p. 84 en dir.

★ Mt Auburn Cemetery

580 Mt Auburn St. - ✆ 617 547 7105 - mai-sept. : 8h-19h ; oct.-avr. : 8h-17h.

Le premier cimetière paysager des États-Unis (1831), inspiré par le Père-Lachaise de Paris, offre une promenade romantique au milieu des sépultures et d'arbres majestueux. La haute société bostonienne repose ici : procurez-vous un plan *(1 $)* à l'entrée pour les retrouver, ainsi que quelques curiosités, comme une belle statue de sphinx, face à la Bigelow Chapel. On peut monter en haut de la **Mountain Tower**, au centre du parc : superbe vue panoramique sur Boston et les environs, particulièrement en automne et au printemps.

NOS ADRESSES À CAMBRIDGE

HÉBERGEMENT

POUR SE FAIRE PLAISIR

Irving House – Hors plan - *24 Irving St. - ✆ (617) 547-4600 - www.irvinghouse.com - 44 ch. 200/350 $*. À 200 m du Harvard Yard, des petites chambres aux couleurs chaudes. À votre disposition, les journaux locaux du jour.

UNE FOLIE

3 **Charles Hotel** – Plan p. 84 - *1 Bennett St. - ✆ (617) 864-1200 - www.charleshotel.com - 55 $/nuit - 295 ch. 500/800 $ -* . Le mobilier de style shaker, connu pour sa sobriété, et les courtepointes colorées, tout aussi emblématiques de la Nouvelle-Angleterre, se marient allégrement aux aménagements modernes de cet hôtel contemporain. Situé au cœur d'Harvard, il abrite le restaurant Henrietta's Table, traditionnel, ainsi qu'un bar à concerts, le Regattabar jazz club.

RESTAURATION

Harvard Square

PREMIER PRIX

7 **Mr. Bartley's** – Plan p. 84 - *1246 Massachusetts Ave. - ✆ (617) 354-6559 - www.mrbartley.com - - 11h-21h - fermé dim.-lun. - plat 11/20 $*. Une institution ! Ses burgers, juteux et bien garnis, accompagnés au choix d'onion rings ou de frites, justifient l'attente. Les végétariens ne seront pas en reste, avec l'excellent veggie burger. Jus de fruits frais et milk-shakes sont à tomber !

3 **Crema Café** – Plan p. 84 - *27 Brattle St. - ✆ (617) 876-2700.* Un café animé très sympa, à deux pas de Harvard square : pour un sandwich (le chicken salad est délicieux), un café allongé ou une pâtisserie, les whoopies (un sandwich de cookies) sont faits sur place.

POUR SE FAIRE PLAISIR

2 **Alden and Harlow** – Plan p. 84 - *40 Brattle St. - ✆ (617) 864-2100 - http://aldenharlow.com - lun.-vend. 17h-0h (bar 1h), sam.-dim. brunch et dîner 10h30-1h.* Au sous-sol d'un cinéma, ce restaurant propose des petits plats à partager : la carte s'organise du plus léger au plus gourmand… On aime les légumes grillés accompagnés d'une assiette de pork belly. Les cocktails sont divins et le burger, en édition limitée, mérite le détour.

Central et Kendall Squares

PREMIER PRIX

Life Alive – Hors plan - *765 Massachusetts Ave. - ✆ (617) 354-5433 - www.lifealive.com - 8h-23h, dim. 10h-22h - plat moins de 10 $*. Ce restaurant aux allures hippies propose de délicieuses salades et des wraps. Tout est frais et bio. Goûtez aux smoothies et « juices », créatifs et gourmands.

BUDGET MOYEN

Area Four – Hors plan - *500 Technologie Sq. - ✆ (617) 758-4444 - www.areafour.com - 11h30-22h, w.-end 10h30-22h - plat 15/27 $*. Situé au beau milieu du MIT, ce lieu abrite d'un côté un café, avec de délicieuses pâtisseries, de l'autre une pizzeria, qui propose aussi des brunchs le week-end. Ambiance universitaire et déco sobre, compensée par la présence chaleureuse du feu de bois, où les pizzas sont cuites.

1

Alive and Kicking Lobsters – Hors plan - *269 Putnam Ave. - ✆ (617) 876-0451 - http://aliveandkickinglobsters.com - lun.-sam. 11h-18h, dim. 11h-16h, fermé j. fériés.* On ne s'attend pas à trouver une baraque à homard au fond d'un parking dans une zone résidentielle de Cambridge… Cet endroit improbable sert des lobster rolls, clam chowder et autres spécialités de fruits de mer en fonction de la pêche. C'est informel – il y a quelques tables de pique-nique dans une cour – et l'adresse se transmet comme un bon plan secret. Vous êtes prévenus, c'est une adresse originale !

ACHATS

The Coop – *Au croisement de Palmer et Brattle St. - ✆ (617) 499-2000 - http://store.thecoop.com - lun.-sam. 9h-21h, dim. 10h-19h.* Vous trouverez tee-shirts, tasses, porte-clés et une multitude d'objets dérivés aux couleurs d'Harvard.

Black Ink – *5 Brattle St. - ✆ (617) 497-1221 - www.harvardsquare.com/black-ink - lun.-sam. 10h-20h, dim. 11h-19h.* Cette boutique est une mine de petits trésors à s'offrir ou à offrir : cartes postales, posters, vaisselle…

EN SOIRÉE

Harvard Square

Shay's – *58 John F. Kennedy St. - ✆ (617) 864-9161 - www.shayspubwinebar.com/index.php - 11h-1h, dim. 12h-1h.* Authentique, convivial et simple, le pub favori des étudiants d'Harvard. Aux beaux jours, l'agréable petite terrasse ne désemplit pas.

Beat Brasserie – *13 Brattle St. - ✆ (617) 499-0001 - www.beatbrasserie.com - lun.-jeu. 16h-1h, vend. 16h-2h, sam. 10h-2h, dim. 10h-0h.* En sous-sol, cette grande salle décorée façon beatnik avec un grand signe Peace and Love est à la fois un restaurant aux bons petits plats, un bar à cocktails mais surtout une salle de concerts en fin de semaine où jazz, funk et rythmes blues se suivent. Chic et sympa !

Central et Kendall Squares

Cantab Lounge – *738 Massachusetts Ave. - ✆ (617) 354-2685 - www.cantab-lounge.com - ▭ - lun.-merc. 8h-1h, jeu.-sam. 8h-2h, dim. 16h-2h, sam. 10h-2h, dim. 12h-1h.* Ne vous fiez pas au nom, ce bar a plus l'air d'un rade local qu'un lounge contemporain épuré. On vient surtout ici pour la musique et les soirées bluegrass du mardi soir ; le reste de la semaine : funk, jazz, blues ou même soirée poésie. Un endroit simple et festif.

Brick and Mortar – *567 Massachusetts Ave. - ✆ (617) 491-0016 - www.brickmortarltd.com - jeu.-sam. 17h-2h, dim.-merc. 17h-1h.* Ce bar passe inaperçu depuis la rue, mais il serait dommage de passer à côté : montez à l'étage et savourez, dans une ambiance tamisée, des cocktails parmi les meilleurs de la ville. Quelques assiettes salées complètent la carte.

Concord et Lexington

★★

Concord : 17 668 hab., Lexington : 31 394 hab.

Concord est une paisible et élégante petite ville aux belles propriétés coloniales dont le nom célèbre un traité de paix conclu entre les Indiens et les colons au début du 17e s. Elle est souvent considérée comme l'un des berceaux intellectuels américains : le philosophe Ralph Waldo Emerson y vécut et développa le mouvement transcendantaliste avec les philosophes Henry David Thoreau et Amos Bronson Alcott. Lexington, à quelques kilomètres de là, est elle aussi une ville tranquille et cossue. Ces deux localités sont liées à jamais depuis l'historique bataille de Concord et Lexington, qui commença le 19 avril 1775 et marqua le début de la révolution américaine. Cet événement est commémoré le jour de Patriots's Day (troisième lundi d'avril), avec des reconstitutions grandeur nature.

NOS ADRESSES PAGE 97
Hébergement, restauration, achats, activités, etc.

S'INFORMER

Concord Visitor Center – Plan p. 94 - *58 Main St. - 978 371 0803 - www.concord chamberofcommerce.org.*

Lexington Visitor Center – Plan p. 96 - *1875 Massachusetts Ave. - 781 862 1450 - www.lexingtonchamber.org.*

SE REPÉRER

Carte de région CD1 (p. 26-27).

Concord et Lexington sont reliées par la Route 2A, où se trouve la plupart des sites touristiques.

SE GARER

Les sites disposent tous d'un parc de stationnement. À Lexington, parking sur Massachusetts Avenue.

À NE PAS MANQUER

Les *greens* des deux villes et les petites rues alentour, pour l'ambiance Nouvelle-Angleterre.

ORGANISER SON TEMPS

Au Visitor Center de Lexington, prenez une carte, puis promenez-vous sur le *green*. Rejoignez ensuite le parc du Minuteman en suivant la Battle Road. Appréciez la fin d'après-midi au bord des Great Meadows pour observer la vie sauvage dans un cadre tranquille.

AVEC LES ENFANTS

Concord Museum, une baignade à Walden Pond en été et une promenade le long de Battle Road.

Se promener

★★ **CONCORD** Plan p. 94

★ Concord Museum

200 Lexington Rd - 978 369 9763 - www.concordmuseum.org - - avr.-déc. : lun.-sam. 9h-17h, dim. 12h-17h (9h-17h de juin à août) ; janv.-mars : lun.-sam. 11h-16h, dim. 13h-16h - fermé j. fériés - 10 $.

Cette très riche collection offre un excellent aperçu des **arts décoratifs américains** des 17e, 18e et 19e s. Elle a été rassemblée dans les années 1850

LE TRANSCENDANTALISME OU LE ROMANTISME AMÉRICAIN

Natif de Concord, **Ralph Waldo Emerson** (1803-1882) rendit populaire le transcendantalisme, un système philosophique fondé sur la présence de Dieu dans l'homme et dans la nature. D'autres penseurs et écrivains, attirés par les idées libérales de cette philosophie qui s'opposait au puritanisme traditionnel de la Nouvelle-Angleterre, vinrent se fixer à Concord pour se rapprocher d'Emerson. Parmi eux, **Henry David Thoreau** (1817-1862), le Jean-Jacques Rousseau américain, se construisit une cabane en plein bois près du lac Walden et y vécut de 1845 à 1847. Il relate cette expérience dans *Walden*. **Nathaniel Hawthorne**, **Margaret Fuller** et quelques autres écrivains tentèrent une expérience communautaire à travers la Brook Farm, près de West Roxbury, où l'on prônait le retour à la simplicité, le pacifisme et le végétarianisme. Des décennies plus tard, les poètes de la Beat Generation – Jack Kerouac, Allan Ginsberg – se réclamèrent de ce courant.

par Cummings E. Davis, un important négociant de la ville. Dix-neuf salles sont meublées et décorées de pièces authentiques illustrant la prospérité de Concord pendant la période coloniale. On y voit l'une des lanternes suspendues par Paul Revere au clocher de l'Old North Church à Boston, pendant la nuit du 18 avril 1775, mais aussi un diorama reconstituant la bataille de North Bridge, et des objets utilisés par Thoreau dans sa cabane de Walden Pond.

★ Orchard House

399 Lexington Rd - ✆ 978 369 4118 - www.louisamayalcott.org - visite guidée (1h) - avr.-oct. : lun.-sam. 10h-16h30, dim. 13h-16h30 ; nov.-mars : lun.-vend. 11h-15h, sam. 10h-16h30, dim. 13h-16h30 - fermé 1er janv. et j. fériés - 10 $.

C'est dans cette charmante maison qu'habita la famille Alcott pendant près de vingt ans (1858-1877). **Louisa May Alcott** y rédigea son célèbre roman inspiré de sa propre vie, *Les Quatre Filles du docteur March* (1868) en trois mois à peine. La visite débute par un film (15mn) présentant les membres de la famille au complet et leur engagement dans l'éducation, le féminisme et l'abolition de

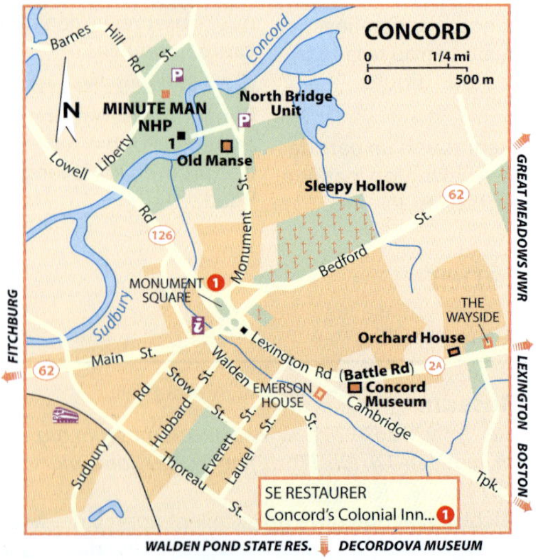

l'esclavage. L'école de philosophie fondée par Amos Branson Alcott (le père de famille) accueillait les intellectuels de l'époque. L'intérieur de la maison reflète l'intérêt pour les arts des quatre sœurs : piano, croquis dessinés aux murs, bibliothèques, ainsi que le coffre à costumes de la pièce de théâtre présentée dans le roman, comme dans la vraie vie sous le nom de *Rodriguo*.

★ Walden Pond State Reservation

À 1,5 mile au sud du centre de Concord par la Route 126 (Walden St.) - parking 5 $.
C'est au bord de ce lac, au milieu de la forêt, que **Henry Thoreau** vécut son expérience d'homme des bois. On peut visiter une réplique de sa minuscule cabane *(sur le parking, près de l'entrée principale)*. Walden Pond est devenu un site paisible de baignade et de pêche en été, de ski et de raquettes en hiver.

Sleepy Hollow Cemetery

Bedford St., à hauteur de Partridge Lane (du centre de Concord, tournez à droite dans la Route 62, entrez dans le cimetière par la 2e porte à gauche et suivez les panneaux signalant Author's Ridge) - de 7h au coucher du soleil.
Construit en 1855 selon les principes du transcendantalisme, c'est l'archétype du cimetière simple et lugubre, à proximité de marais. Du parking, une petite montée conduit à **Author's Ridge** où reposent de nombreuses célébrités : Bronson et Louisa Alcott, Hawthorne, Emerson, Thoreau, Margaret Sydney…

★ MINUTE MAN NATIONAL HISTORICAL PARK

Créé pour commémorer les différents épisodes et affrontements qui se déroulèrent le 19 avril 1775, ce parc se compose de plusieurs parties, facilement accessibles en voiture : le **North Bridge**, au nord de Concord, la **Battle Road** (la Route A2), qui relie Concord et Lexington, puis le **Green**, à Lexington.

★★ North Bridge Unit

North Bridge Visitor Center : 174 Liberty St. - ✆ 978 369 6993 - www.nps.gov/mima - ♿ - avr.-oct. : 9h30-17h ; nov.-mars : 11h-15h - fermé Thanksgiving. Il présente

LE DÉBUT DE LA RÉVOLUTION AMÉRICAINE

Alerté par les lanternes accrochées à l'Old North Church (Boston) de l'arrivée des troupes britanniques, Paul Revere s'élança au galop vers Lexington pour prévenir les chefs de la milice, Hancock et Adams. Après une nuit dans la Buckman Tavern, 77 **minutemen** (des patriotes prêts à prendre les armes à la minute où l'ordre leur serait donné), sous les ordres du capitaine Parker, se réunirent sur le *green* pour attendre les Anglais. Les troupes anglaises apparurent vers 5h du matin. Parker, impressionné par leur nombre, donna l'ordre à ses miliciens de se retirer. Ils réagirent trop tard, un coup de feu retentit bientôt et les Anglais chargèrent. Huit miliciens furent tués. Les Anglais poursuivirent vers Concord où s'étaient rassemblées, sur une colline, d'autres troupes de miliciens venus des villages voisins. Les « Tuniques rouges » (les Anglais), ayant pénétré dans le village, cherchaient des armes. N'en trouvant pas, ils mirent le feu à la localité. Alarmés, les miliciens descendirent vers Concord et se trouvèrent face aux troupes anglaises sur **Old North Bridge**. La bataille fit rage. Au bout de quelques heures, les Anglais amorcèrent leur retraite sur Boston. D'autres miliciens, accourus de villages plus éloignés, les attendaient le long de leur chemin (Battle Road). Une escarmouche particulièrement meurtrière eut lieu à **Meriam's Corner**. Cet affrontement d'Old North Bridge, qui eut lieu le 19 avril 1775, fut la première bataille de la **guerre d'Indépendance**.

quelques expositions et propose des visites guidées. De fin mai à fin octobre, les rangers proposent des explications sur la bataille (20mn), près des bancs à côté du pont, ou dans le Visitor Center s'il pleut.

La réplique du pont où s'est déroulé le fameux affrontement s'inscrit dans un beau cadre verdoyant. Site emblématique de l'histoire américaine, North Bridge fut immortalisé par Ralph Waldo Emerson dans son célèbre poème *Concord Hymn*. Au bout du pont se dresse la statue du **Minute Man** (1).

Old Manse – En s'éloignant du pont, vers la droite, se trouve cette grande maison construite en 1770, où vécurent successivement Ralph Waldo Emerson et Nathaniel Hawthorne *(269 Monument St. - ✆ 978 369 3909 - www.thetrustees.org - juin : merc.-dim. 12h-17h ; juil.-sept. : merc.-dim. 11h-17h ; de mi-avr. à fin mai et oct. : merc.-dim. 12h-16h ; de déc. à mi-avr. : w.-end 12h-16h - 10 $).*

★★ **Battle Road** – *Visitor Center : 250 North Great Rd - Lincoln (à 7,5 miles/12 km à l'est de Concord par la Route 2A) - ✆ 978 369 6993 - www.nps.gov/mima - ♿ - avr.-oct. : 9h-17h ; nov. : 9h-16h).* C'est la route que suivirent les soldats anglais pour saisir les armes des miliciens, et le long de laquelle s'élèvent de nombreux bâtiments bien préservés, comme la **Hartwell Tavern** (1732) ou la **Meriam House**, qui virent passer les troupes. C'est aujourd'hui un agréable sentier forestier. Au Visitor Center, une exposition et un film *(25mn)* évoquent les épisodes du 19 avril 1775 qui se déroulèrent dans les environs.

★★ LEXINGTON Plan ci-dessous

★★ Lexington Green

C'est sur ce triangle que se déroula le premier affrontement entre les troupes anglaises et les miliciens. La statue du **Minute Man** (1), œuvre de Henry Kitson, représente leur leader, le capitaine Parker. Sept d'entre eux reposent sous le **Revolutionary Monument** (2).

Des reconstitutions grandeur nature ont lieu la semaine de Patriots'Day (la 3e semaine d'avril).

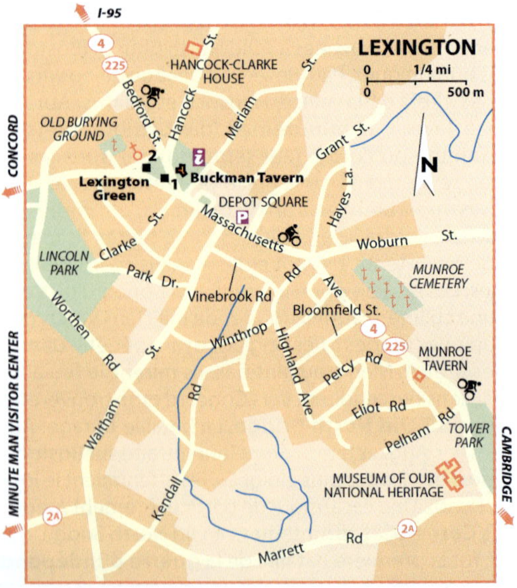

★ Buckman Tavern

1 Bedford St. - ✆ 781 862 5598 - www.lexingtonhistory.org - visite guidée (30mn) - mars.-nov. : 9h30-16h - 8 $; billet combiné avec Hancock-Clarke House et Munroe Tavern 12 $.

C'est ici que les miliciens attendirent l'arrivée des troupes anglaises, le soir du 18 avril 1775. Après l'affrontement sur le *green*, les miliciens blessés furent transportés dans la taverne transformée en hôpital de campagne. La visite de ce bâtiment du 18e s. permet de voir l'estaminet, les chambres, le grenier où l'on pouvait dormir moyennant une somme modique, la salle de bal et les salons où se réunissaient les femmes, pendant que les hommes trinquaient.

À proximité Carte de région p. 26-27

★★ DeCordova Sculpture Park and Museum C1

À Lincoln, à 4 miles (6,4 km) de Concord.

51 Sandy Pond Rd - ✆ 781 259 8355 - www.decordova.org - ♿ ✕ - fin mai à déb. sept. : tlj 10h-17h ; sept.-fin mai : merc.-vend. 10h-16h, w.-end 10h-17h - fermé j. fériés - 14 $ (-12 ans gratuit).

Ouvert en 1950 dans un très beau cadre de verdure par l'homme d'affaires bostonien Julian de Cordova, ce musée se consacre à la promotion de l'art américain contemporain, et plus particulièrement aux artistes de la Nouvelle-Angleterre. Le fonds inclut plus de 2 000 œuvres, auxquelles s'ajoutent les pièces prêtées lors d'expositions temporaires.

Dans le parc boisé de 14 ha sont exposées en alternance 75 œuvres monumentales de sculpteurs. Dans le Art Experience Center sont expliquées les théories et la création de l'art abstrait. Le festival annuel qui se tient dans le parc, début juin, montre le travail de plus d'une centaine d'artistes de Nouvelle-Angleterre.

Great Meadows National Wildlife Refuge C1

À Sudbury. De Concord, suivez la Route 126 vers le sud sur 3 miles (4,8 km), prenez à gauche sur Lincoln Rd, puis à droite vers le Refuge.

73 Weir Hill Road - ✆ 978 443 4661 - www.fws.gov/refuge/great_meadows - de l'aube au coucher du soleil - centre : lun.-vend. 8h-16h.

Cette prairie humide *(wetland)* est un refuge naturel pour la vie sauvage et offre une promenade contemplative, très agréable le matin ou en fin de journée. Du ponton qui traverse l'étendue d'eau ou depuis le poste d'observation, en hauteur sur la rive, on peut voir hérons, merles bleus, rats musqués, biches, etc.

NOS ADRESSES À CONCORD

SE RESTAURER

1 Concord's Colonial Inn – *48 Monument Sq. - ✆ (978) 369-9200 - www.concordscolonialinn.com - fermé dim.* Cette belle auberge abrite trois restaurants classiques, dont un bar avec cheminée, idéale en hiver. Spécialités régionales comme le chicken pot pie ou le pot roast (sorte de bœuf bourguignon).

PETITE PAUSE

Sally Ann Food Shop – *73 Main St. - ✆ (978) 369-4558 - www.sallyannsbakery.com - 6h30-16h30 - fermé dim.* Ce café-boulangerie réjouira les gourmands avec ses cookies au chocolat, ses buns aux noix de pécan et ses muffins. Les bouches salées ne sont pas oubliées avec de très bons sandwichs.

Salem

★★

43 132 hab.

Au 17e s., la chasse aux sorcières déchira Salem. Ce sombre passé alimente aujourd'hui le folklore local et la ville compte nombre de maisons de sorcières, de musées et de boutiques dédiés à la sorcellerie. L'engouement est encore plus intense au mois d'octobre, quand les gens affluent en masse, déguisés et prêts à célébrer la fête de l'année : Halloween, bien évidemment ! Mais ce folklore ne doit pas éclipser le glorieux passé maritime et commercial de Salem, dont témoignent le port et le très beau Peabody Essex Museum.

NOS ADRESSES PAGE 104
Hébergement, restauration, achats, activités, etc.

S'INFORMER

Salem Maritime Visitor Center – Plan p. 101 - *2 New Liberty St. - ✆ 978 740 1650 - www.nps.gov/sama. - ♿ - de mi-mai à fin oct. : 10h-17h ; de nov. à mi-mai : merc.-dim. 10h-16h.*

Destination Salem – *✆ 978 741 7539 - www.salem.org.*

SE REPÉRER

Carte de région D1 (p. 26-27).

Salem, accessible par la Route 128, se situe à 20 miles (32 km) au nord de Boston, sur la côte atlantique.

SE GARER

Vous trouverez de nombreuses places de stationnement autour du Common et deux parkings dans St Peter Street et Derby Street. De Boston, Salem est accessible en train *(Commuter Rail - www.mbta.com - durée : 25mn ; AR 15 $)*, et en ferry *(www.bostonharborcruises.com/salem-ferry - durée : 45 m. - AR 45 $)*.

À NE PAS MANQUER

Si vous n'êtes pas là pour « les sorcières », visitez le Peabody Essex Museum, en particulier sa maison chinoise.

ORGANISER SON TEMPS

Comptez une demi-journée pour découvrir le centre-ville et le port et plus si vous flânez dans les musées ; le « Heritage Trail » est signalisé par une ligne rouge tracée au sol qui vous aidera à vous repérer facilement. En été, passez par Marblehead : la ville voisine de Salem possède une belle plage.

AVEC LES ENFANTS

Salem Maritime National Historic Site, Peabody Essex Museum, outre les boutiques de sorcellerie qui récolteront tous les suffrages !

Se promener Plan de ville p. 101

Circuit tracé sur le plan de ville. Départ du Pickering Wharf.

Le vieux port de Salem, longtemps endormi, a repris vie depuis l'édification d'une vaste marina, **Pickering Wharf**, qu'ont investie boutiques et restaurants.

★ Salem Maritime National Historic Site

2 New Liberty St. - ✆ 978 740 1660 - www.nps.gov/sama - de mi-mai à fin oct. : 10h-17h ; de nov. à mi-mai : merc.-dim. 10h-16h - fermé 1er janv., Thanksgiving Day et 25 déc.

La « House of the Seven Gables ».
The House of the Seven Gables

Le Service des parcs nationaux administre la partie historique du port de Salem. Des 40 embarcadères originaux, seul subsiste **Derby Wharf**, long de 650 m. Il appartenait aux plus riches armateurs de la ville : les Derby. Au bout de ce quai se trouve le **Derby Wharf Light**, un tout petit phare blanc construit en 1871 et toujours en activité.

Le **Salem Maritime Orientation Center** présente un film *(17mn - 5 $; enf. 3 $)* sur l'histoire maritime de Salem. On peut ensuite visiter trois maisons historiques et un superbe trois-mâts, le *Friendship of Salem*.

★ **Custom House** (A) – *176 Derby St. - lun. 13h-16h, mar.-dim. 10h-16h - gratuit.* Construit en 1819 pour abriter les services des douanes, ce bâtiment en briques est un bel exemple du style fédéral. Les bureaux du 19e s. ont été reconstitués ; on peut voir celui où travaillait Nathaniel Hawthorne comme employé fédéral. Expositions sur l'aigle, symbole de la nation américaine, et sur la monnaie.

Derby House (C) – *Derby St. - visite guidée seult sur réserv. au Visitor Center - gratuit.* De cette maison construite en 1761, le richissime armateur Elias Derby pouvait surveiller le port et l'arrivée de ses bateaux. Remarquez la décoration de la cage d'escalier et des balustres : on y reconnaît du cordage enroulé, un motif idéal pour un homme qui avait bâti sa fortune sur le commerce maritime.

Narbonne House (D) – *71 Essex St. - visite guidée seult - lun. et jeu.-vend. à 14h30, w.-end à 11h15 - gratuit.* Construite en 1675, cette maison appartint durant près de deux siècles à la même famille. Elle n'est pas meublée, mais on peut y voir une petite exposition archéologique.

★ **Friendship of Salem** – *Derby Wharf - sur réserv. au Visitor Center - gratuit.* Ce beau trois-mâts qui domine le port est la réplique d'un navire construit à Salem en 1797. Le bateau original a voyagé autour du monde pour le commerce d'épices, de café et de sucre.

Continuez dans Derby St., puis tournez à droite dans Turner St.

★ House of the Seven Gables

115 Derby St. - ✆ 978 744 0991 - www.7gables.org - visite guidée (45mn) - juil.-oct. : 10h-19h (dernier dép.) ; reste de l'année : 10h-17h - fermé 2 premières sem. de janv., Thanksgiving Day et 25 déc. - 15 $ (seniors 14 $, 13-18 ans 12 $).

SALEM DANS LA CULTURE POPULAIRE

Les sorcières de Salem ont inspiré nombre de romans, de films et de séries télévisées. Vous souvenez-vous des aventures de Samantha qui invoquait ses pouvoirs magiques en remuant le bout de son nez ? Ne ratez pas à l'intersection d'Essex St. et Washington St., la **statue** de *Ma sorcière bien-aimée* (B). Quelques épisodes de la série ont été tournés à Salem. D'autres films ont enrichi la légende de Salem, comme *Hocus Pocus* (1993), de Kenny Ortega : le soir d'Halloween, un groupe de jeunes gens libèrent par magie trois sœurs, les plus célèbres sorcières de Salem, jusque-là emprisonnées par un sortilège. Stephen King, originaire de l'État voisin du Maine, a aussi écrit un roman, *Salem*, qui ne traite pas de sorcières… mais de vampires !

Cette maison austère, dont la toiture se compose de plusieurs versants à pente raide, est immortalisée dans le roman de Nathaniel Hawthorne : *La Maison aux sept pignons*. De style colonial (1668), restaurée 300 ans plus tard, elle a conservé le mobilier d'époque décrit par l'auteur.
Dans le parc, on peut visiter d'autres bâtiments : la maison (vers 1750) où naquit Nathaniel Hawthorne, qui a été déplacée ici (elle se situait dans Union Street), la Retire Becket House (1655), où se trouve la boutique du musée, la Hooper-Hathaway House (1682) et un ancien bureau de comptabilité (vers 1830).
Remontez Turner St., tournez à gauche dans Essex St., puis à droite dans Pleasant St.

Salem Common

Au 19e s., le parc du Common (Washington Square) fut bordé d'une série de belles demeures fédérales construites pour des armateurs et des capitaines au long cours. Remarquez surtout celles qui se dressent du côté nord du square.

Salem Witch Museum (M1)

19 Washington Sq. - ✆ 978 744 1692 - www.salemwitchmuseum.com - ♿ - juil.-août : 10h-19h ; reste de l'année : 10h-17h - fermé 1er janv., Thanksgiving Day et 25 déc. - 12 $ (seniors 10 $, 6-14 ans 9 $), brochure en français.
Ce musée est en fait un spectacle multimédia *(30mn)* : le spectateur est assis au milieu d'une ancienne église, des mannequins mis en scène dans des saynètes sont tour à tour illuminés, racontant chronologiquement, avec un certain sens du drame, les deux mois d'hystérie collective qui s'empara des habitants de Salem, en 1692 et 1693. Une exposition permanente présente en outre les différentes interprétations de la sorcellerie à travers les âges. Un musée qui a un peu vieilli, mais qui fait office d'attraction amusante, à défaut d'une précision historique exigeante.
En face du musée se trouve la statue de **Roger Conant**, fondateur de la ville.
Suivez Congress St. et tournez à droite dans Essex St.

★★★ Peabody Essex Museum

161 Essex St. - ✆ 978 745 9500 ou 866 745 1876 - www.pem.org - mar.-dim. 10h-17h (21h le 3e jeu. du mois) - fermé lun. (sf j. fériés), 1er janv., Thanksgiving Day et 25 déc. - 20 $ (seniors 18 $, étudiants 12 $, -16 ans gratuit), + 6 $ pour la maison chinoise.
Bon à savoir – Le musée, en cours d'agrandissement, reste ouvert à la visite.
Ce musée est consacré à l'art et la culture autour de l'histoire maritime de Salem du 17e s. à nos jours, et notamment les objets importés lors de ces échanges, rapportés par les capitaines au long cours qui sillonnèrent les mers baignant l'Extrême-Orient, l'Inde, l'Afrique et les îles du Pacifique. Plusieurs *historic houses* font partie intégrante du complexe muséographique *(hors du musée, billets supplémentaires)*. Le musée organise régulièrement de belles

expositions temporaires.

Art maritime – Réparti dans plusieurs pièces, il s'illustre par des toiles de grands peintres, comme Antoine Roux et Fitz Henry Lane, qui évoquent la vie portuaire et le commerce avec l'Orient, mais aussi par une spectaculaire collection de figures de proue et des instruments de navigation.

Art américain – Il est représenté par des artistes de premier ordre tels John Singleton Copley et Gilbert Stuart.

Art asiatique d'exportation – Considérée comme l'une des plus importantes du genre, cette collection rassemble des porcelaines, de l'argenterie, des tissus et des objets précieux fabriqués en Asie aux 19e et 20e s.

Art amérindien – Ce département présente des objets fabriqués par des tribus indiennes d'Amériques.

★ **Yin Yu Tang : une maison chinoise** – Deux fois centenaire, cette maison de marchand, venue de la province chinoise rurale et montagneuse de Anhui, a été remontée ici pièce par pièce. On s'y promène librement, avec un audioguide *(brochure en français)*, c'est inattendu de pénétrer dans cet endroit intime, rempli d'objets du quotidien d'une famille chinoise. De 20 à 30 personnes vivaient dans cette grande maison, et ce sur huit générations, soit 200 ans !

Poursuivez tout droit dans Essex St. Puis prenez à droite dans Derby Sq.

Old Town Hall

12 Derby Sq. Ce sobre bâtiment en briques rouges, de style fédéral (1816), au milieu d'une place elle aussi en briques rouges, est l'ancienne mairie, qui abrite aujourd'hui un petit musée sur l'histoire de la ville, et une salle de spectacles.

Revenez dans Essex St.

SE LOGER	SE RESTAURER	
Amelia Payson B & B 1	Gulu Gulu Café 1	The Lobster Shanty 7
Hawthorne Hotel 3	Red's Sandwich Shop 5	

En traversant Washington St., remarquez la statue de Elizabeth Montgomery, sur son balai : c'est l'héroïne de la série *Ma sorcière Bien-Aimée*.

★ The Witch House

310 Essex St. - ✆ 978 744 8815 - www.witchhouse.info - mi-mars-mi-nov. : 10h-17h - 10,25 $ (seniors 8,25 $, 6-14 ans 6,25 $).
Cette lugubre maison où vivait Jonathan Corwin, l'un des juges des « sorcières » en 1692, fait pénétrer dans la vie quotidienne d'une famille à l'époque coloniale, à travers les reconstitutions de la chambre, de la cuisine et du salon. Une visite rapide et intéressante pour les passionnés d'histoire.
Tournez à droite dans Washington St., puis à gauche dans Lynde St.

★★ Chestnut Street

Cette belle et large rue illustre la richesse de Salem au début du 19e s. Ses maisons de style fédéral, bâties entre 1800 et 1820, arborent des façades à l'ornementation très riche. Au nº 9, **Hamilton Hall** fut édifié par Samuel MacIntire.
Phillips House – *34 Chestnut St. - ✆ 978 744 0440 - www.historicnewengland.org - visite guidée (45mn) - mai-oct. : mar.-dim. 11h-16h (dernier dép.) ; nov.-mai : w.-end 11h-16h (dernier dép.) - 8 $ (seniors 7 $, étudiants 4 $).* Cette belle demeure de 1821, la seule qui se visite, est meublée et décorée d'objets du monde entier.

À proximité Carte de région p. 26-27

★★ Marblehead D1

À 4 miles (6,4 km) au sud-est de Salem plan p. 65 D1.
De l'autre côté de la baie, Marblehead est particulièrement agréable en été. Grâce à son très beau port, c'est un centre nautique et une station balnéaire prospères, mais également l'un des plus importants centres de navigation de plaisance de la côte Est. Les petites rues, autour de la Jeremiah Lee Mansion, au charme propret et désuet, ressemblent à un décor de film : les maisons aux couleurs pastel arborent des balcons fleuris et drapeaux américains.
Jeremiah Lee Mansion – *161 Washington St. - ✆ 781 631 1768 - www.marbleheadmuseum.org - visite guidée (50mn) - juin-oct. : mar.-sam. 10h-16h - 10 $.* Jeremiah Lee, l'un des plus riches marchands de la ville, fit construire cette maison de 16 pièces en 1768. Son hall et son immense cage d'escalier en acajou présentent des proportions inhabituelles. Une banque a acheté la maison pour en faire ses bureaux, avant que la société historique de la ville ne l'acquiert pour lui redonner son lustre passé. Les pièces sont décorées avec des objets du monde entier, dont des papiers peints réalisés à la main dans le style de Giovanni Pannini et représentant des ruines ou des scènes de pêche. Mobilier, argenterie, et tissus datent des 18e et 19e s.
Devereux Beach – *Ocean Avenue - 8h-22h - P 10 $ lun.-jeu., 15 $ vend.-dim.* Situé sur le Neck, le long de Ocean Avenue, cette belle plage est propice à la baignade et propose aussi des activités de canoë, planches, etc.

MARBLEHEAD ET LES BATEAUX

À la veille de l'Indépendance, Marblehead était un port de pêche enrichi grâce à l'exportation de poisson séché vers les Antilles. La guerre d'Indépendance, la concurrence des autres ports et la terrible tempête de 1846, qui détruisit 10 bateaux, incitèrent les habitants à se reconvertir dans l'industrie. La mer devint de nouveau source de prospérité lorsque fin 19e s.-début 20e s. la ville se transforma en une station balnéaire.

Salem, une ville au passé mouvementé

LA VILLE DE LA PAIX

Première ville de la colonie de la baie du Massachusetts, Salem tire son nom du mot hébreu *Shalom*, qui signifie paix. Elle fut fondée en 1626 par Roger Conant. Puritaine, la « ville de la paix » se signala surtout par son intolérance. Après avoir persécuté les disciples de Roger Williams qui s'enfuit vers le Rhode Island en 1636, les Salemites se déchaînèrent lors du triste épisode de la chasse aux sorcières.

En 1692 venaient de s'installer dans Salem Village (l'actuel Danvers) le pasteur Samuel Paris, accompagné de sa femme, sa fille, sa nièce et deux serviteurs, John et **Tituba**, ramenés des Barbades. Tituba, pour distraire les petites filles, leur racontait des histoires de vaudou. Des jeunes femmes vinrent rapidement se joindre à l'auditoire. Impressionnées par ces récits, elles présentèrent bientôt de curieux symptômes : regard fixe, gestes incontrôlés, cris. Le médecin venu les examiner les déclara ensorcelées. Elles dénoncèrent aussitôt Tituba et deux autres femmes qui furent immédiatement arrêtées et jugées. Dès lors, accusations et arrestations se succédèrent, et un climat de suspicion se répandit sur la ville. La rivalité qu'entretenaient quelques familles influentes tourna à l'hystérie lorsque la femme du gouverneur William Phips fut accusée de sorcellerie. Plus de 200 personnes furent accusées, 150 furent jetées en prison, 19 furent pendues.

LA SPLENDEUR MARITIME

Au 17e s., la flotte de Salem était déjà importante, mais c'est à partir de la guerre d'Indépendance qu'elle prit son réel essor. Les ports de New York et de Boston étaient occupés par les Anglais. Libres de tout mouvement, les navires de Salem se battirent comme *privateers,* et leurs exploits ne se comptèrent bientôt plus : 158 vaisseaux salemites capturèrent plus de 400 bateaux anglais. Après la guerre d'Indépendance, en 1786, un bâtiment de Salem, le *Grand Turk*, partit pour la Chine. Il en revint un an plus tard chargé d'une cargaison extraordinaire. Aussitôt, ce fut une ruée vers l'Extrême-Orient. Deux ans plus tard, le *Peggy* ouvrit une voie commerciale avec l'Inde. En 1790, les taxes perçues à Salem sur les marchandises importées représentaient 8 % des revenus des États-Unis. Ce commerce engendra des fortunes considérables. Elias Derby, Joseph Peabody, Jacob Crowninshield et bien d'autres firent construire de vastes demeures, somptueusement garnies de merveilles rapportées de ces lointaines expéditions. Les domestiques étaient des Chinois ou des Hindous enturbannés. L'heure de gloire de Salem prit fin avec l'embargo décidé par Jefferson en 1807 et, surtout, avec la construction de navires plus importants que le port de Salem ne pouvait plus accueillir.

SALEM AUJOURD'HUI

Autour d'**Essex Street**, le centre a été aménagé en larges allées piétonnes où chaussées et bâtiments se fondent en une chaude harmonie due à la couleur de la brique. De nombreuses boutiques spécialisées dans les sciences occultes proposent les services de médiums et d'astrologues, et vendent des articles de spiritisme et « New Age ».

NOS ADRESSES À SALEM

HÉBERGEMENT

POUR SE FAIRE PLAISIR

3 **Hawthorne Hotel** – *18 Washington Sq. - (978) 744-4080 - www.hawthornehotel.com - - 93 ch. 189/299 $ -*. Face au Common, un grand hôtel à l'atmosphère surannée (1925). Vastes chambres garnies de reproductions du 18ᵉ s.

1 **Amelia Payson House B & B** – *16 Winter St. - (978) 744-8304 - www.ameliapaysonhouse.com - - 3 ch. 200/375 $*. Accueil chaleureux et personnel aux petits soins entretiennent l'atmosphère conviviale de cette auberge réputée, aménagée dans une fière demeure néoclassique.

Marblehead

BUDGET MOYEN

The Seagull Inn B & B – *106 Harbor Ave. - (781) 631-1893 - www.seagullinn.com - 3 ch. 165/195 $.* Les chambres de cette belle maison bleue au jardin fleuri située sur le Neck de Marblehead, près de la plage, sont confortables et cosy. Les hôtes servent le petit déjeuner le matin dans leur salle à manger. Une belle adresse familiale.

RESTAURATION

PREMIER PRIX

1 **Gulu Gulu Café** – *247 Essex St. - (978) 740-8882 - www.gulugulucafe.com - 8h-1h.* Un endroit agréable pour déguster de copieux sandwichs avec une bonne bière, face à la place où se trouve la statue de Ma Sorcière Bien aimée.

5 **Red's Sandwich Shop** – *15 Central St. - (978) 745-3527 - www.redssandwichshop.com - 5h-15h, dim. 6h-13h - plat 9/20 $.* Sandwichs, crêpes et omelettes dans un décor d'un autre temps : une institution depuis plus d'un demi-siècle !

BUDGET MOYEN

7 **The Lobster Shanty** – *25 Front St. - (978) 745-5449 - www.lobstershantysalem.com - 12h-1h.* Une petite baraque où règne une ambiance conviviale. On aperçoit, au fond, les aquariums où nagent quelques homards… Essayez le lobster roll dans le style du Connecticut : les morceaux de homard ont été trempés dans le beurre fondu au lieu d'être mélangés à de la mayonnaise.

Marblehead

The Muffin Shop – *126 Washington St. - (781) 631-8223 - 6h-17h.* Dans le centre de Marblehead, cette petite échoppe à l'ancienne – peu chère pour la région – est spécialisée dans les muffins, mais propose aussi des sandwichs frais au homard ou au crabe. À emporter sur la plage

ACTIVITÉS

Croisière en voilier

Sail Fame – *Pickering Wharf - (888) 284-1993 - www.schoonerfame.com - de mi-mai à fin oct. - 35 $/adulte.* Naviguez sur la réplique d'un voilier de 1826. Le capitaine laisse parfois la barre…

Cape Ann

★★

Dans la région de Boston, quand on parle du « Cape » c'est presque toujours pour faire référence au Cape Cod, au sud de Boston. Mais ce serait dommage de faire l'impasse sur le Cape Ann, côté nord, facilement accessible, où se nichent de petits ports de pêche, des plages de sable fin et de charmants villages. Cette péninsule rocheuse est balayée par des brises marines particulièrement vivifiantes. Baignade tonique assurée ! Une route panoramique en fait le tour, offrant de superbes points de vue sur les plages, les falaises et les bourgades. C'est une destination idéale pour supporter les chaleurs estivales de la Nouvelle-Angleterre !

NOS ADRESSES PAGE 110
Hébergement, restauration, achats, activités, etc.

S'INFORMER

Cape Ann Chamber of Commerce – *33 Commercial St. - Gloucester - ✆ 978 283 1601 - capeannchamber.com. - lun.-vend. 9h-17h.*

SE REPÉRER

Carte de région D1 (p. 26-27).
Les villes de Manchester-by-the-Sea, Magnolia, Gloucester et Rockport se trouvent sur ce cap situé à 39 km au nord de Boston.

SE GARER

Il est difficile de se garer dans les villages du Cape Ann en été. Aux abords des plages, grands parkings *(15-30 $/j)*. Sachez que la gare, desservie par les trains de la MBTA *(www.mbta.com)* depuis Boston, n'est qu'à 1 mile de la Singing Beach, à Manchester-by-the-Sea.

À NE PAS MANQUER

La vue du Motif n° 1 à Rockport, une baignade à la fraîche à Wingaersheek Beach, un *lobster roll* sur le port de Gloucester.

ORGANISER SON TEMPS

Prenez une journée pour faire le tour du cap, par les Routes 127 et 127A, vous arrêtant à votre gré le temps d'une glace, d'un *clam roll* ou d'une soupe locale *(chowder)*. C'est une destination idéale pour un week-end estival prolongé, à combiner avec Newburyport.

AVEC LES ENFANTS

Hammond Castle Museum et plages.

Circuit conseillé Carte p. 108

★★ LE TOUR DU CAPE ANN

Circuit de 22,2 miles (35,8 km) au départ de Manchester-by-the-Sea, tracé sur la carte Cape Ann – Comptez une 1/2 journée. Il emprunte les Routes 127 et 127A qui longent la côte du Cape Ann, jalonnée de paisibles villages de pêcheurs.

Manchester-by-the-Sea

Cette petite ville de bord de mer est la porte d'entrée du Cape Ann. La ville abrite aussi des résidents toute l'année, ce qui donne à ces lieux une saveur authentique. Le film *Manchester by The Sea*, de Kenneth Lonergan sorti en 2016 y a été tourné dans les rues de Manchester et dans d'autres endroits du Cap : il raconte, de façon bouleversante, le retour d'un Bostonien dans sa ville natale. *Suivez Beach St.*

Singing Beach, coincée entre deux rochers, est une plage très agréable l'été.
Reprenez la Route 127 à l'intersection de Beach St. (Masconomot St.).

Magnolia

Cet ancien port de pêche devint une station balnéaire réputée à la fin du 19e s. Shore Road suit le tracé de la côte.

Du centre de Magnolia, prenez Hesperus Ave. en direction de Gloucester. Après 1 mile, suivez les panneaux indiquant le Hammond Castle Museum.

★ Hammond Castle Museum

80 Hesperus Ave. - ✆ 978 283 2080 - www.hammondcastle.org - mai : w.-end 10h-16h ; de juin à déb. oct. : mar.-dim. 10h-16h ; fermé j. fériés - 12 $ (seniors 9 $, 6-12 ans 9 $).

Ce château en pierre, inspiré d'une forteresse médiévale, se dresse au-dessus de la côte rocheuse, face à la baie de Gloucester. Le premier aperçu, en descendant du parking, est très surprenant ! Ce chateau fut construit par l'inventeur facétieux John Hammond Jr. en 1929 pour abriter sa collection de mobilier médiéval, de peinture et de sculpture. La **grande salle★** abrite un orgue gigantesque comptant 8 200 tuyaux. C'est Hammond lui-même qui le réalisa, y consacrant vingt ans de sa vie. La cour intérieure, avec en son centre une piscine ressemblant à un étang, a été créée pour figurer un village médiéval. On voit dans un coin une statue grandeur nature du propriétaire… nu. De quoi surprendre ses invités à l'époque. Comptez environ 1h de visite.

Reprenez Hesperus Ave., puis la Route 127 (Western Ave.) en direction de Gloucester.

Vous passez près du **Stage Fort Park** (où fut installé, en 1623, le premier comptoir de la colonie de la baie du Massachusetts), puis traversez le pont mobile qui relie le cap au continent. À droite, face à la mer, se dresse la statue du **Gloucester Fisherman★** (A), dédiée aux marins disparus en mer.

★ Gloucester

Le plus vieux port de l'Amérique est toujours un port de pêche très important, bien abrité au fond de sa baie. Ses fameux *schooners*, les goélettes décrites par **Rudyard Kipling** dans *Capitaines courageux* (1897), ont été remplacés par des bateaux à moteur. Les marins, pour beaucoup d'origine portugaise ou italienne, sont très attachés aux traditions, surtout à la **bénédiction de la flotte** qui a lieu le dernier week-end de juin, lors de la fête de la Saint-Pierre. En 1912, **Edward Hopper** vint à Gloucester, à la recherche d'inspiration ; il y réalisa ses premières peintures en extérieur. Il revint y passer de nombreux étés, dans les années 1920, peignant surtout des maisons. Il disait alors de la ville : « *C'est une ville aux constructions massives. Les toits sont saillants et les corniches plus proéminentes encore. Les lucarnes forment des ombres très dessinées. L'influence des capitaines je pense. L'extravagance baroque des bateaux.* »

Entrez dans Gloucester par la Route 127 (Rogers St.).

UN GRAND CENTRE DE PÊCHE INDUSTRIELLE

Exploré en 1604 par Champlain, qui l'appela « Cap aux Isles », puis dessiné par le capitaine John Smith qui en dressa la carte en 1614, le cap fut baptisé en l'honneur de la reine Anne, épouse de Jacques Ier d'Angleterre. Une petite colonie fut établie à Gloucester en 1623 par un groupe d'Anglais qui vivaient de la pêche. Leurs descendants ont fait de la région l'un des centres mondiaux de la pêche industrielle. En été, les baleines migrent au large du cap et des **croisières d'observation** sont proposées aux touristes.

Port de Manchester-by-the-Sea.
DenisTangneyJr/iStock

1

En haut d'une butte se dresse la sobre maison de pierre du peintre Fitz Henry Lane (1804-1865), connu pour ses marines *(jardins ouverts au public de l'aube au coucher du soleil)*. On jouit de là d'une belle vue sur le port.

Tournez à gauche dans Manuel E. Lewis St., puis à nouveau à gauche dans Main St., et à droite dans Pleasant St.

★ **Cape Ann Museum** (B) – *27 Pleasant St. - ✆ 978 283 0455 - www.capeannmuseum.org - ♿ - mar.-sam. 10h-17h, dim. 13h-16h - fermé lun. et fév. - 12 $ (seniors 10 $, -18 ans gratuit)*. Ce musée est consacré aux traditions maritimes et artistiques du Cape Ann. Ses galeries retracent l'histoire des conserveries et de la pêche industrielle, et abritent de nombreuses toiles des 19e et 20e s. La collection de marines de **Fitz Hugh Lane** (1804-1865) est la plus riche de tous les États-Unis. Ses représentations du port de Gloucester et de ses environs sont appréciées pour leur chaleur et leur luminosité, ainsi que pour l'attention que l'artiste portait aux détails.

Prenez Prospect St. pour rejoindre la Route 127 (Rogers St.).

Vous passez devant **Our Lady of Good Voyage Church**, église d'inspiration portugaise surmontée de deux dômes bleus.

Suivez la Route 127 vers le nord, et tournez à droite dans East Main St.

East Gloucester

Le long de East Main St. se succèdent boutiques d'antiquaires et galeries d'art, dont la **North Shore Arts Association** (C) *(11 Pirates Lane - www.nsarts.org)*. En face, la petite presqu'île de **Rocky Neck** abrite une colonie d'artistes depuis le 19e s. : centre culturel, galeries ou ateliers d'artistes ouverts à l'occasion, c'est agréable de se promener dans ce bric-à-brac créatif.

Poursuivez sur Eastern Point Rd. Bien que cette route, qui mène à Eastern Point, soit privée, les visiteurs pour Beauport peuvent l'emprunter.

★ Beauport, the Sleeper-McCann House

75 Eastern Point Blvd - ✆ 978 283 0800 - www.historicnewengland.org - visite guidée (1h) - de fin mai à mi-oct. : mar.-sam. 10h-17h (dernier dép. 16h) - fermé j. fériés - 15 $.

Surplombant le port de Gloucester, cette résidence d'été (1907), d'où l'on aperçoit Boston, est l'œuvre de l'architecte décorateur Henry Davis Sleeper (1878-1934), qui s'amusa à donner un style particulier à chacune des 40 pièces.

Revenez à l'entrée d'Eastern Point Blvd, tournez à droite dans Farrington Ave., puis à gauche dans Atlantic Rd.

De cette route, belle **vue** sur la côte et sur les deux phares, les **Twin Lights**, de Thacher Island.

Rejoignez la Route 127A (Thatcher Rd) qui longe les plages et quelques marais salants, puis traverse un paysage rocheux et une forêt. À l'entrée de Rockport, Thatcher Rd devient South St.

★ Rockport

Durant la saison touristique, des parkings gratuits sont aménagés à l'écart de la station et reliés au centre ttes les 15mn par des navettes (1 $/pers.).

Ce port de pêche tranquille, devenu une colonie d'artistes dans les années 1920, connut une prospérité économique importante au 19e s., quand son granit était exporté jusqu'en Amérique du Sud. Aujourd'hui, ce sont ses galeries d'art, les boutiques de Main Street et son charmant petit port qui attirent de nombreux visiteurs. Vous l'apprécierez d'autant plus en fin d'après-midi, lorsqu'une lumière dorée éclaire la mer, les rochers, les bateaux au large et

LES PLAGES DU CAPE ANN

Le littoral américain n'est pas public, et les plages ne sont pas toujours accessibles. Voici une sélection des plus belles plages du Cape Ann :

Singing Beach : une des plus belles plages de sable, coincées entre des rochers *(5 $/pers.)* ; le stationnement est interdit aux véhicules non munis d'un autocollant ; c'est la plage la plus facile d'accès depuis la gare de Manchester-by-the Sea.

Half Moon Beach : une toute petite plage dans une crique, accessible à pied depuis depuis Stage Fort Park à Gloucester.

Good Harbor Beach : une autre belle plage bien préservée, près de marais *(20 $/voiture en été).*

Wingaersheek Beach : une longue plage de sable blanc de près de 1 km de long, au nord du Cape Ann, d'où l'on aperçoit un petit phare *(25-30 $/ voiture en été).*

le fameux hangar rouge, **Motif n° 1★**, ainsi surnommé parce que représenté par d'innombrables paysagistes. Il est accessible depuis la pointe de **Bearskin Neck★**, couverte d'anciennes maisons de pêcheurs grises aménagées en boutiques. D'étroits chemins mènent au bout de la pointe, d'où l'on aperçoit la côte rocheuse et le port.

Au n° 12 de Main Street, la **Rockport Art Association & Museum** expose des œuvres d'artistes régionaux. Un sentier public traverse des propriétés privées et, longeant l'océan, conduit à des plages : **Garden Beach**, **North Beach** et **South Beach**.

Sortez de Rockport par Mt Pleasant St., qui se prolonge par Main St., puis par la Route 127 (Railroad Ave.). Juste avant Pigeon Cove, tournez à gauche dans Curtis St., puis dans Pigeon Hill St.

Paper House

52 Pigeon Hill St. - www.paperhouserockport.com - d'avr. à mi-oct. : 10h-17h - 2 $.

Une attraction originale anecdotique : les meubles et les murs de cette maison ont été entièrement fabriqués avec du papier journal, une réalisation à laquelle Elis Stenman et sa famille consacrèrent deux décennies.

Rejoignez la Route 127 et parcourez 1 mile vers le nord avant de tourner à droite dans Gott Ave.

Halibut Point State Park

Gott Ave. - ✆ 978 546 2997 - www.mass.gov/dcr/parks - ♿ - de fin mai à déb. sept. : 8h-20h ; reste de l'année : de l'aube au coucher de soleil - visite guidée des carrières du Memorial Day au Columbus Day : sam. à 10h - 10 $/voiture.

Du parc de stationnement s'amorcent de nombreux sentiers qui sillonnent les bois et les anciennes carrières de granit de la pointe nord. De la côte rocheuse, de vastes **vues★** s'étendent vers le sud à travers la baie de Ipswich, et vers le nord jusqu'au Maine. Les bureaux de l'administration du parc sont installés dans une tour d'observation datant de la Seconde Guerre mondiale.

NOS ADRESSES AU CAPE ANN

HÉBERGEMENT

Rockport

BUDGET MOYEN

Captain Bounty Motor Inn – *1 Beach St. - ✆ (978) 546-9557 - www.captainsbountymotorinn.com* - 24 ch. 158/269 $. Un motel amélioré aux tarifs « plus doux » que ceux pratiqués par les auberges voisines. Vue sur l'océan.

RESTAURATION

Manchester-by-the-Sea

BUDGET MOYEN

Cala's – *7 Beach St. - ✆ (978) 525-3304 - http://calasrestaurant.com.* Près du train et de la plage, un bistro sans chichi fréquenté par les locaux. Les calamars frits relevés au gingembre et aux graines de sésame font un apéro délicieux, suivis d'un poisson ou d'un burger.

Gloucester

BUDGET MOYEN

The Gloucester House – *63 Rogers St. - ✆ (978) 283-1812 - http://thegloucesterhouse.com - 11h30-21h.* Un restaurant familial à la déco très simple, près du port, où l'on sert les spécialités de la mer : soupe de palourdes et homard dans tous ses états.

Short and Main – *36 Main St. - ✆ (978) 281-0044 - http://shortandmain.com - le soir seult.* Plus trendy que les restaurants de bord de mer. Bonnes pizzas à pâte fine et salades créatives.

Essex

BUDGET MOYEN

Woodman's – *121 Main St. - ✆ (978) 768-6057 - www.woodmans.com - 11h-21h, vend.-sam. 11h-22h.* Woodman's sert les fameuses fried clams de Nouvelle-Angleterre... mais le restaurant, ouvert en 1914 par Lawrence « Chubby » Woodman, prétend aussi et surtout les avoir inventées ! Gare à l'attente !

Rockport

PREMIER PRIX

Bean & Leaf Café – *12 Bearskin Neck - ✆ (978) 546-7500 - www.beanandleafcafe.net - 7h-17h (de mi-juin à mi sept. 7h-22h).* Excellents wraps (miel et jambon, câpres et pesto, poulet curry) à savourer les pieds (presque !) dans l'eau. Mais aussi : clam chowder, salades, pâtisseries maison, thés et cafés.

Roy Moore Lobster Company – *39 Bearskin Neck - ✆ (978) 546-6696 - 8h-18h.* Un banc d'écailler et sa discrète terrasse, dissimulée derrière les aquariums bien garnis. Parmi les meilleurs lobster rolls de Rockport.

ACTIVITÉS

Observation des baleines

Plusieurs bateaux partent du port de **Gloucester**, voir le long de Rogers St. (env. 48 $/pers.) :

Cape Ann Whale Watch – *415 Main St. - ✆ (800) 877-5110 - www.seethewhales.com.*

Captain Bill & Sons – *24 Harbor Loop - Gloucester - ✆ (800) 339-4253 - www.captbillandsons.com - 8h-19h.*

Seven Seas Whale Watching – *63 Rogers St. - Gloucester - ✆ (978) 283-1776 - www.7seaswhalewatch.com - 7h-19h.*

Excursions de pêche en mer

Yankee Whale Watch – *1 Parker St. - Gloucester - ✆ (800) 942-5464 - www.yankeefleet.com.*

Newburyport

★

17 987 hab.

Cette petite ville située à l'embouchure de la Merrimack était le port d'attache d'une grande flotte de navires marchands aux 18e et 19e s. Les élégantes demeures fédérales construites dans High Street par les riches capitaines au long cours et les rues pittoresques autour de Market Square sont les témoins de l'époque glorieuse où Newburyport était un centre très important de la construction navale et du commerce maritime. Aujourd'hui, le front de mer est le point de départ des bateaux d'observation des baleines. On y découvre les bâtiments des chantiers navals qui, au siècle dernier, produisirent de magnifiques clippers.

NOS ADRESSES PAGE 113
Hébergement, restauration, achats, activités, etc.

S'INFORMER

Greater Newburyport Chamber of Commerce – *38R Merrimac St. - ✆ 978 462 6680 - www.newburyportchamber.org.*

SE REPÉRER

Carte de région D1 (p. 26-27).

Newburyport est située à 40 miles (64 km) au nord de Boston, près de la frontière du New Hampshire. La ville est accessible en train depuis Boston, comptez 1h depuis North Station *(www.mbta.com).*

SE GARER

Parking dans Green Street et dans Merrimac Street.

ORGANISER SON TEMPS

Faites une escapade en train depuis Boston pour la journée, découvrez le centre-ville et le port puis louez des kayaks ou des vélos et allez jusqu'à la belle plage de Plum Island.

AVEC LES ENFANTS

La réserve de Plum Island et la plage de Crane Beach.

Se promener

★ High Street

Ornées de porches et de colonnes, ses maisons témoignent de la plupart des styles architecturaux que connut la jeune Amérique indépendante, c'est-à-dire la fin du style georgien, le style fédéral et le style néoclassique.

La **Court House** (palais de justice), dessinée par Charles Bulfinch en 1800, fait face au **Bartlett Mall**, un bel espace vert qui entoure un étang, **Frog Pond**.

Cushing House Museum & Garden – *98 High St. - ✆ 978 462 2681 - www.newburyhist.org - visite guidée (1h) - mai-nov. : mar.-vend. 10h-16h (dernier dép.), w.-end 12h-16h - 5 $.* Cette maison en brique construite en 1808 vit se succéder trois générations de la famille Cushing. Le plus connu, Caleb Cushing, fut le premier Américain envoyé officiellement en Chine, en 1842. Les pièces exposées comprennent le mobilier qu'il ramena d'Asie, un petit groupe de primitifs américains et une collection d'argenterie, d'horloges et d'ouvrages réalisés à l'aiguille.

Custom House Maritime Museum

25 Water St. - ✆ 978 462 8681 - www.customhousemaritimemuseum.org - mai-déc. : mar.-sam. 10h-16h, dim. et j. fériés 12h-16h ; reste de l'année : w.-end - 7 $.
Conçue par Robert Mills, architecte du Washington Monument érigé dans la capitale américaine, cette belle construction de granit accueille désormais les visiteurs intéressés par la grande époque. Elle abrite le **Custom House Maritime Museum** qui évoque les chantiers navals et la brigade côtière.

À proximité Carte de région p. 26-27

★★ Plum Island - Parker River National Wildlife Refuge D1

À 3 miles (4,8 km) au sud-est de Newburyport par Water St. et Plum Island Turnpike (une route jalonnée de parkings longe toute l'île). ✆ 978 465 5753 - www.fws.gov/northeast/parker-river - tte l'année, de l'aube au coucher du soleil (plage fermée d'avr. à mi-août) - réserve fermée lorsque le parking est plein - 2 $ par piéton ou cycliste (5 $ par voiture) - camping interdit.
Bon à savoir – En été, méfiez-vous des nombreux moustiques et taons, ainsi que du *Poison ivy*, une plante rampante toxique qui pousse sur le bord des routes.
La partie sud de l'île est une **réserve naturelle**, véritable paradis pour les ornithologues, notamment au moment des migrations (printemps et automne) : plus de 350 espèces y ont été aperçues. Depuis les tours d'observation, belles **vues** sur les dunes, les marécages et les plages.

★ Crane Beach D1

À 17 miles (27,3 km) au sud-est de Newburyport. De la Route 1A, prenez la 133 East vers Essex ; tournez à gauche dans Northgate Rd et, à l'extrémité de celle-ci, prenez Argilla Rd à droite : au bout se trouve Crane Beach. ✆ 978 356 4354 - www.thetrustees.org - ✕ - de 8h au coucher du soleil - 25/30 $/voiture du Memorial Day au Labor Day (demi-tarif après 17h).
Cette longue **plage** de 3,7 miles (6 km), bordée de pins et d'érables rouges, est l'une des plus belles du Massachusetts (attention aux taons, les *green heads*, en juin-juillet). En été, des concerts sont organisés au **Castle Hill**, ancienne résidence de la famille Crane, dont le parc se visite toute l'année.

NOS ADRESSES À NEWBURYPORT

ACHATS

Tender Crop Farm – *108 High Rd - ✆ (978) 462-6972 - www.tendercropfarm.com - 9h-19h.* Petit supermarché local d'une ferme, de quoi faire un pique-nique.

ACTIVITÉS

Plum Island Kayak – *92 Merrimac St., 1 Parker St. - ✆ (978) 462-4410 - http://plumislandkayak.com.* Location de kayak et sorties guidées thématiques.

Observation des baleines
Newburyport Whale Watch – *The Boardwalk - ✆ (800) 848-1111 - www.newburyportwhalewatch.com - de mi-mai à mi-juin et de déb. sept. à déb. oct. : w.-end 10h ; de mi-juin à déb. sept. : lun.-jeu. 10h, vend.-dim. 8h30 et 13h30 - 48 $ (enf. 33 $).* Sortie de 4h.

Parker River National Wildlife Refuge.
MyLoupe/UIG/Universal Images Group/age fotostock

Lowell

110 558 hab.

Cette ville industrielle, l'une des plus grandes du Massachusetts, fut la première cité manufacturière (« mill town ») planifiée de toutes pièces. Fondée en 1820, Lowell devint, grâce à la proximité de la rivière Merrimack, le chef de file de la production américaine de textile au 19e s. Deux grandes personnalités des arts et de la culture y virent le jour : l'écrivain Jack Kerouac (1922-1969) et l'actrice Bette Davis (1908-1989). Aujourd'hui, la ville vit du tourisme et attire, par ses faibles loyers, des artistes en résidence.

NOS ADRESSES PAGE 116
Hébergement, restauration, achats, activités, etc.

S'INFORMER

Greater Merrimack Valley Convention and Visitors Bureau – *978 459 6150 - www.merrimackvalley.org.*

SE REPÉRER

Carte de région C1 (p. 26-27).

Lowell se trouve à 40mn de voiture au nord-ouest de Boston.

À NE PAS MANQUER

Les fans de tourisme industriel seront fascinés par les anciennes usines textiles de Lowell.

ORGANISER SON TEMPS

Commencez par le Visitor Center du Parc où vous organiserez votre visite en fonction des horaires des tours des canaux, ou des tours en train proposés par les rangers du parc.

AVEC LES ENFANTS

Offrez-leur le spectacle enchanteur des papillons de Butterfly Place.

Se promener

★★ Lowell National Historical Park

Visitor Center – *246 Market St. - 978 970 5000 - www.nps.gov/lowe - 9h-17h (16h de déc. à mars) - fermé 1er janv., Thanksgiving Day et 25 déc.* Vous y trouverez des cartes gratuites, ainsi que les horaires des visites guidées et des tours en bateau et en trolley.

En 1978, certains secteurs de Lowell furent classés Quartiers historiques dans le but de préserver et de faire connaître le patrimoine architectural et sociologique d'un exemple type de *mill town*. Aménagé dans une usine rénovée, le **Visitor Center** présente une projection vidéo de 20mn retraçant l'histoire de la ville : *Lowell : The Industrial Revolution*.

D'anciens **tramways** *(gratuits)* circulent dans le centre pour permettre aux touristes de se déplacer facilement parmi les curiosités, qui restent faciles à rejoindre à pied, tandis qu'une visite guidée, **Canal Tours** *(de fin mai à Labor Day, en sept. - 12 $ - réserv. recommandée)* permet de comprendre le fonctionnement et l'utilité de ce réseau de canaux très élaboré, destiné à régulariser l'énergie hydraulique utilisée par les usines. Un tour guidé en tramway *(1h30 - gratuit)* permet de découvrir le fonctionnement des turbines.

★★ **Boott Cotton Mills Museum** – *115 John St. - de fin mai à fin nov. : 9h30-17h - 6 $ (6-16 ans 3 $).* Situé entre l'Eastern Canal et la Merrimack River, ce monumental complexe industriel agrémenté d'un beffroi central abrite l'exposition principale du parc. Au rez-de-chaussée, l'**atelier de tissage** compte

88 métiers à tisser mécaniques en activité et recrée l'atmosphère assourdissante d'une usine textile des années 1920. Il faut imaginer qu'à l'époque, quand les machines fonctionnaient à plein régime, les murs tremblaient, et l'atmosphère humide et chaude, qui permettait de préserver le fil, rendait les conditions de travail extrêmement pénibles. Au 1er étage, les expositions sont consacrées à la révolution industrielle en Amérique, à l'histoire de Lowell, à la production textile et à la vie quotidienne dans une *mill town*. Un film *(25mn)* et des enregistrements sonores font entendre les voix d'anciens ouvriers : un témoignage poignant des difficultés de leur vie quotidienne.

Mills Girls and Immigrant Exhibit – *40 French St. - ♿ - juin-sept. : 11h-17h ; reste de l'année 13h30-17h - gratuit.* Cette ancienne pension présente les conditions de vie des jeunes femmes venues des fermes de Nouvelle-Angleterre pour travailler à l'usine. Pour préserver des « mœurs respectables », elles vivaient dans cette pension. Quelques pièces de vie commune ont été reconstituées : la chambre de la logeuse, la cuisine et la salle à manger, et une chambre partagée. Le reste de la maison est dédié à l'histoire des populations immigrées à Lowell.

Longeant les Massachusetts Mills, **Eastern Canal Park** abrite un élégant groupe de monolithes de marbre portant des extraits d'œuvres de **Jack Kerouac** (1922-1969), natif de Lowell et auteur-culte de la génération hippie *(le Visitor Center fournit un plan indiquant tous les sites liés à Jack Kerouac)*.

LA PREMIÈRE « MILL TOWN »

Au 19e s., après avoir visité des manufactures de textile anglaises, **Francis Cabot Lowell** (1775-1817), marchand de Boston, inaugura le premier métier à tisser mécanique américain : version modifiée du métier à tisser mécanique anglais, il permettait d'optimiser l'industrie textile américaine. En 1813, il obtint 300 000 $ d'investisseurs pour construire sa première manufacture de coton à Waltham, sur les rives de Charles River, à l'ouest de Boston. Francis Lowell révolutionna le processus industriel de fabrication du textile en intégrant toutes les phases de la production dans une seule fabrique. À sa mort, les investisseurs, désireux de s'agrandir, choisirent le site actuel proche d'un puissant cours d'eau, les **Pawtucket Falls**, qui font partie de la Merrimack et ont un dénivelé de 97 m sur 1,5 km. La nouvelle ville manufacturière *(mill town)*, bâtie selon les plans de Kirk Boott, un ancien officier de l'armée anglaise, fut baptisée Lowell. Elle compta bientôt un grand nombre d'usines en brique, de dépôts, de magasins, d'églises et des canaux longs de 9 km acheminant l'eau des chutes jusqu'aux turbines. Lowell reçut le statut de ville en 1826 et devint rapidement la plus importante cité productrice de coton des États-Unis. Les premières ouvrières de la filature *(mill girls)* étaient recrutées parmi la population agricole de la Nouvelle-Angleterre. Vers 1850, elles furent peu à peu remplacées par des immigrants irlandais et canadiens français qui acceptaient de travailler pour un salaire moins élevé. Plusieurs vagues d'immigrants se succédèrent ainsi, altérant le climat social et entraînant les premières grèves de l'histoire américaine. Le déclin de Lowell s'amorça dès la fin du 19e s. avec le développement des machines à vapeur et la concurrence des États du Sud, et fut définitivement scellé par la crise de 1929.

Dans les années 1970, Lowell redevint un centre industriel dynamique grâce à la sauvegarde de son patrimoine et à l'installation d'entreprises, comme les laboratoires Wang. Servant de modèles à des chantiers de rénovation à travers tout le pays, de nombreux bâtiments, ainsi que le canal, furent restaurés de façon exemplaire, favorisant ainsi le tourisme.

New England Quilt Museum

18 Shattuck St. - ✆ 978 452 4207 - www.nequiltmuseum.org - ♿ - mai-déc. : mar.-dim. 10h-16h ; janv.-avr. : mar.-sam. 10h-16h - fermé j. fériés et 2 sem. en janv. - 9 $ (- 12 ans gratuit).

Les galeries ensoleillées de ce musée, situé dans une jolie rue piétonne et aménagé sur deux étages présentent une intéressante collection de courtepointes traditionnelles et contemporaines.

À proximité Carte de région p. 26-27

Butterfly Place C1

À Westford, 9 miles (14,5 km) à l'ouest de Lowell.

120 Tyngsboro Rd - ✆ 978 392 0955 - www.butterflyplace-ma.com - ♿ - de mi-fév. à fin oct. : 10h-16h - fermé j. fériés et de déb. nov. à mi-fév. - 13 $ (seniors 11 $, 3-12 ans 9 $).

Plus de 500 papillons représentant une cinquantaine d'espèces du monde entier inondent ce vaste atrium de 290 m^2. Vous pourrez vous déplacer parmi eux ou les observer à travers une baie vitrée.

Great Brook Farm State Park C1

À Carlisle, 10 miles (16 km) au sud de Lowell. 165 North Rd - ✆ 978 369 6312 - www.mass.gov/dcr - de l'aube au coucher du soleil - 3 $/voiture.

Une ferme plusieurs fois centenaire agrémentée de sentiers, pour randonner à pied, en skis ou en raquettes. Des promenades à la lanterne en ski de fond sont organisées pendant les soirées d'hiver !

NOS ADRESSES À LOWELL

ACTIVITÉS

Rafting

Zoar Outdoors – *50 Warren St. - ✆ (888) 532-7483 - www.zoaroutdoor.com.* Du rafting en ville ? À Lowell, c'est possible ! Les rapides de la Concord River, qui ont donné à la cité son industrie, accueillent les amateurs de sensations fortes, les week-ends d'avril et mai seulement (env. 90 $/pers.).

Autres activités

Si vous n'êtes pas assez téméraire pour une descente en eaux vives, il existe d'autres options :

Harold Parker State Forest – *01845 North Andover - à 20,5 miles (33 km) à l'est de Lowell - ✆ (978) 686-3391 - www.mass.gov.* 1 400 ha de bois sauvages parsemés d'étangs où nager, marcher, faire du vélo…

Weir Hill – *01845 North Andover - à 16,9 miles (27 km) au nord-est de Lowell - ✆ (978) 682-3580 - www.thetrustees.org.* Un site propice aux randonnées.

Station de ski de Bradford – *01835 Bradford - à 24,2 miles (39 km) au nord-est de Lowell - ✆ (978) 373-0071 - www.skibradford.com.*
À Haverhill, la station de ski ravira les petits.

Cabanes de pêcheurs et excursions, sur le port.
R. Forbes/age fotostock

1

Plymouth

★★

59 303 hab.

Plymouth est une ville côtière agréable, dominant une vaste baie. Ses rues en pente descendent des collines vers le port où accostèrent les premiers colons qui s'établirent en Nouvelle-Angleterre : les Pères Pèlerins du « Mayflower ». Le centre, jalonné de nombreuses statues et de bâtiments historiques bien préservés, rend hommage à cet héritage. C'est, tout naturellement, en véritable pèlerinage que s'y rendent les Américains.

S'INFORMER

Plymouth Visitor Center – Plan de ville p. 118 - *130 Water St. - ✆ 508 747 7525 - www.seeplymouth.com.*

SE REPÉRER

Carte de région D2 (p. 26-27).

Plymouth, accessible par la Route 3, se situe à 40 miles (64,3 km) au sud-est de Boston. La Plimoth Plantation se trouve à 3 miles (4,8 km) au sud du centre-ville. Depuis la South Station de Boston, un bus *(www.p-b.com - 50mn - 35 $ AR)* dessert Plymouth, puis une navette rejoint le centre *(1 $/pers.)*

SE GARER

Vous trouverez plusieurs parkings, gratuits ou payants dont un à proximité du Visitor Center, sur Water Street.

À NE PAS MANQUER

La Plimoth Plantation.

ORGANISER SON TEMPS

Commencez par visiter la Plimoth Plantation *(comptez 2h)*, puis rendez-vous à Plymouth pour découvrir le centre historique.

AVEC LES ENFANTS

La Plimoth Plantation.

Se promener Plan de ville ci-dessous

LE PLYMOUTH HISTORIQUE

Circuit au départ du Visitor Center – Comptez une 1/2 journée.

Bon à savoir – Le Visitor Center fournit des brochures pour suivre un circuit autoguidé du centre historique. Le Jenney Museum *(48 Summer St. - ✆ 508 747 4544 - www.jenneymuseum.org)* propose quant à lui des visites guidées en anglais de la ville *(1h - 15 $)*.

★★ Mayflower II

State Pier - ✆ 508 746 1622 - www.plimoth.org - Depuis 2016, le bateau a quitté son port d'attache et se trouve aujourd'hui à Mystic Seaport pour une rénovation complète, prévue jusqu'à fin 2019…

Ce bateau qui surprend par sa petite taille est la réplique de celui qui transporta les pèlerins en 1620. Il fut construit en Angleterre et refit le trajet Plymouth-Plymouth en 1957.

★ Plymouth Rock

Sur la plage qui borde Water St.

C'est sur ce rocher, dit-on, que débarquèrent les Pères Pèlerins. Sa taille a considérablement diminué, car, pendant des années, les visiteurs repartaient en en emportant un petit morceau. Il est désormais abrité sous une construction en granit. En face, une fontaine, **The Pilgrim Mother** (1), est dédiée aux courageuses femmes de ces pionniers.

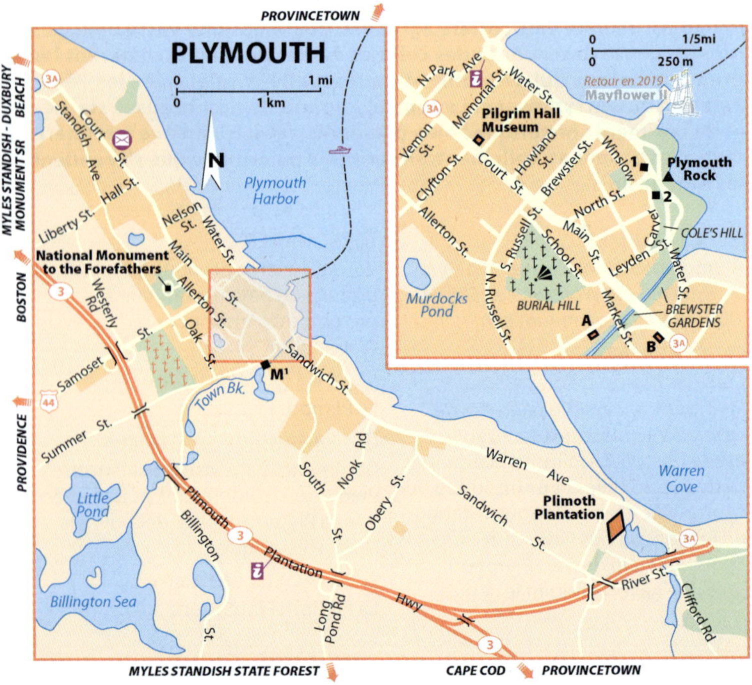

LES DESCENDANTS DES PÈLERINS DU MAYFLOWER
Des 102 passagers du *Mayflower*, on estime que seuls 29 d'entre eux auraient eu des descendants, ce qui représente tout de même aujourd'hui 11 % de la population américaine, soit 35 millions de personnes ! Seules 25 000 ont pu justifier leurs origines et sont inscrites à la Mayflower Society *(4 Winslow St. - Plymouth)*. Parmi celles-ci, on trouve Winston Churchill, le poète Longfellow, les anciens présidents Bush, et même Marylin Monroe.

Massasoit Statue (2)
Carver St. Massasoit était le chef (ou *sachem*) de la tribu des Wampanoags, qui aida les Pères Pèlerins lors de leur arrivée à Plymouth. Sa statue est bien plus grande que celle du gouverneur **William Bradford**, l'un des leaders de la colonie de Plymouth, située en contrebas.

Sparrow House (A)
42 Summer St. - ✆ 508 747 1240 - www.sparrowhouse.com - 10h-17h - 2 $.
Cette maison historique, la plus ancienne de Plymouth (1640), renferme du mobilier du 18e s. On peut y voir travailler un potier.

Jabez Howland House (B)
33 Sandwich St. - ✆ 508 746 9590 - www.pilgrimjohnhowlandsociety.org - visite guidée (1h) - de fin mai à mi-oct. : 10h-16h30 - 6 $.
Cette maison est le seul vestige des cottages habités par les Pères Pèlerins.

1

★ Pilgrim Hall Museum
75 Court St. - ✆ 508 746 1620 - www.pilgrimhall.org - fév.-déc. : 9h30-16h30 - fermé janv. - 12 $ (seniors 10 $, 6-15 ans 8 $).
Cet austère bâtiment de granit, conçu en 1824 par Alexander Parris, abrite un musée consacré à la colonie de Plymouth. Il contient des meubles et des objets ayant appartenu aux pèlerins, notamment le berceau de Peregine White, née à bord du *Mayflower*, et la bible du gouverneur William Bradford.

Plimoth Grist Mill (M1)
6 Spring Lane - ✆ 508 747 4544 - www.plimoth.org/mill - de fin mars à fin nov. : 9h-17h - 6,95 $ - Heritage Pass (donnant accès à la Plimoth Plantation) 36 $.
Bâti au bord du Town Brook, qui continue d'alimenter sa roue, ce musée recrée le moulin à eau bâti par John Jenney en 1636, le premier moulin du pays, qui épargna aux colons la tâche laborieuse de broyer le maïs à l'aide d'un mortier.

National Monument to the Forefathers
Allerton St. (accès par la Route 44).
Ce monument en granit de 25 m, érigé en 1888, commémore les Pères Pèlerins : le nom des passagers du *Mayflower* sont gravés dans le socle. Il honore les valeurs fondatrices des États-Unis : le personnage central, au doigt pointé vers le ciel, représente la Foi, les quatre autres étant la Liberté, la Moralité, la Loi et l'Éducation.

L'ÉCOMUSÉE SUR LES PÈLERINS ET LES INDIENS

★★ Plimoth Plantation Plan de ville ci-contre
À 3 miles (4,8 km) au sud-est de Plymouth par la Route 3 (sortie 4). ✆ 508 746 1622 - www.plimoth.org - ♿ ✕ - de fin mars à fin nov. : 9h-17h - 28 $; Heritage Pass (donnant accès au Plimoth Grist Mill) 36 $.

DE PLYMOUTH… À PLYMOUTH

En Angleterre, au 16e s., des groupes de dissidents, les **séparatistes**, désireux de réformer l'Église anglicane dont ils trouvaient les règles et la morale trop relâchées, furent persécutés. Ils émigrèrent vers des terres plus tolérantes et se rendirent d'abord en Hollande en 1607.

En 1620, 102 passagers (dont 35 séparatistes) embarquèrent à bord du **Mayflower** pour les terres lointaines de la Virginie, de l'autre côté de l'Atlantique. Ils appareillèrent de Plymouth, en Angleterre. Après deux mois de navigation difficile, ils aperçurent enfin la terre, mais les côtes étaient celles du Cape Cod et non celles de Virginie. Pendant plus d'un mois, ils explorèrent cette région et s'installèrent finalement dans la baie de Plymouth, baptisée ainsi par le capitaine John Smith six ans plus tôt.

Les pèlerins se trouvèrent confrontés à un hiver terrible. Ils s'étaient construit de petites chaumières qui ne les protégeaient pas suffisamment du froid. La nourriture manquait et, bientôt, la moitié des effectifs de la colonie disparurent. Les morts étaient enterrés secrètement la nuit sur **Cole's Hill**, et aucun signe ne marquait leur tombe afin que les Indiens ne puissent dénombrer leurs pertes. Après quelques mois, des Indiens de la tribu des Wampanoag vinrent à leur rencontre et se montrèrent fort amicaux : ils apprirent aux Anglais comment cultiver la terre, pêcher et chasser. À l'automne suivant, la récolte fut si abondante qu'une grande fête fut organisée pour bénir les moissons : ce fut le premier **Thanksgiving**.

Bon à savoir – Comptez au moins 2h de visite, et hormis le musée, tout est en plein air.

La visite commence par un film *(15mn)* de présentation du site. On se dirige ensuite au **Hobbamock's Wampanoag Indian Homesite**, reconstitution d'un campement indien du 17e s. Le personnel, en vêtements traditionnels, montre les diverses activités qui occupaient les Wampanoags (culture de céréales, tissage, etc.). On peut entrer dans les *wetus*, abris que construisait cette tribu.

En continuant le long du sentier, on arrive à la reconstruction du village de Plymouth, tel qu'il apparaissait en 1627 ; l'orthographe Plimoth vient des journaux de bord du **gouverneur Bradford**. Ce village était alors situé à l'emplacement de la ville actuelle. Des personnages en costume animent le village et permettent aux visiteurs d'assister aux tâches quotidiennes (jardinage, cuisine, récolte, etc.) qui occupaient les premiers colons. Pour obtenir des informations, posez leur des questions ! Du **fort**, qui servait également de **meeting-house**, s'offre une vue d'ensemble, notamment sur les maisons en bois couvertes de chaumes.

À la sortie du village, le **Craft Center** permet d'assister au travail des artisans qui fabriquent le mobilier et la vaisselle utilisés dans le village.

À proximité Carte de région p. 26-27

Duxbury Beach D2

À Duxbury, 11 miles (17,7 km) au nord de Plymouth. Traversez le pont de bois.
Cette langue de terre longue de 5 miles (8 km) abrite une jolie plage protégée. On peut voir au loin le **Myles Standish Monument**, qui domine la baie. Les huîtres de Duxbury sont réputées dans la région.

Cape Cod

★★★

Le Cape Cod, ou simplement « le Cape », rappelle les vacances d'été à de nombreux Américains de la côte Est et d'ailleurs, qui viennent profiter des longues plages sauvages et de la douceur de vivre de cette péninsule entourée par l'océan. Le Cape Cod fait rêver : on idéalise les grandes maisons de bord de mer à Chatham, les petits phares romantiques le long de la côte atlantique, les cabanes d'artistes perdues dans les dunes de Provincetown et le soleil couchant sur les marais salants.Le Cape Cod est aussi habité toute l'année, notamment dans sa partie sud, par des chercheurs en biologie maritime, des pêcheurs et des agriculteurs.

NOS ADRESSES PAGE 131
Hébergement, restauration, achats, activités, etc.

S'INFORMER

Cape Cod Welcome Center – *5 Patti Page Way (au carrefour des Routes 6 et 132) - ☏ 508 362 3225 ou 888 332 2732 - www.capecodchamber.org.*

SE REPÉRER

Carte de région CD3-4 (p. 26-27).

Le cap se divise en quatre secteurs : **l'Upper Cape**, le plus proche du Sagamore Bridge ; le **Mid-Cape**, au centre (Hyannis, Barnstable, Yarmouth, Dennis) ; le **Lower Cape** (Harwich, Brewster, Chatham, Orleans) ; l'**Outer Cape** (Eastham, Wellfleet, Truro et Provincetown). Le service de train CapeFlyer *(capeflyer.com)* relie Boston et Hyannis, en été uniquement. Les bus **Plymouth & Brockton** *(www.p-b.com)* relient Boston au Cape Cod.

SE GARER

Prises d'assaut en été, les places manquent à Cape Cod, aussi vaut-il mieux (une fois votre voiture garée) vous déplacer en deux-roues. Dans l'Upper Cape, utilisez le Whoosh Trolley, qui relie Falmouth à Woods Hole.

À NE PAS MANQUER

Parmi les incontournables du Cape Cod : savourer du homard dans un « shack » et des huîtres de Wellfleet, monter en haut d'un phare, se promener sur une des longues plages (et se baigner pour les moins frileux), voir un film dans sa voiture au drive-in de Wellfleet, faire la fête à Provincetown, partir une journée dans l'une des îles voisines.

ORGANISER SON TEMPS

Si vous n'avez qu'une seule journée, choisissez l'un des circuits proposés et partez en *road trip* pour la journée. L'idéal est de passerau moins deux jours au Cape Cod ; prévoyez une journée supplémentaire par île (Martha's Vineyard et/ou Nantucket).

AVEC LES ENFANTS

The Adventure Park à Sandwich ; Cape Cod Museum of Natural History, à Brewster ; observation des baleines *(voir « Nos adresses »)*.

Circuits conseillés Carte Cape Cod p. 122-123

★★ LA CÔTE NORD : LES PETITS VILLAGES CHAMPÊTRES

Circuit d'environ 30 miles (48,2 km) tracé sur la carte Cape Cod p. 122-123 – Comptez une journée. Au carrefour des Routes 6 et 6A, suivez cette dernière vers l'est et continuez pendant 0,5 mile (800 m).

La fameuse Route 6A, qui suit la côte nord, est appelée Old King's Road ou **Bay Side**, car elle donne sur la baie du Cape Cod. Elle traverse de nombreux villages qui furent des ports prospères au 19e s.

Après avoir traversé le Cape Code Canal par le Sagamore ou le Bourne Bridge *(voir encadré p. 126)*, vous arrivez dans la première petite ville de la région.

Bon à savoir – Une piste cyclable a été aménagée : 8 *miles (12,8 km)* entre les deux ponts.

★ Sandwich

Cape Cod Canal Visitor Center– *60 Ed Moffit Dr. - ✆ 508 833 9678 - www.capecodcanal.us - mai-oct. : 10h-17h - gratuit.* Procurez-vous brochures et cartes de la région dans cet office de tourisme, doublé d'un petit musée, intéressant pour les amateurs d'ingénierie : profitez-en pour en apprendre plus sur le canal qui fit du Cape Cod une île en 1914.

Au bord d'un charmant étang, **Shawme Pound**, le moulin Dexter et la maison Hoxie, tous deux construits au 17e s., évoquent l'atmosphère coloniale de Sandwich, fondée en 1637.

★ **Sandwich Glass Museum** – *129 Main St. - ✆ 508 888 0251 - www.sandwichglassmuseum.org - ♿ - avr.-déc. : lun.-sam. 9h30-17h ; fév.-mars : merc.-dim. 9h30-16h - fermé Pâques, Thanksgiving Day, 24-25 et 31 déc. - 10 $.* Installé dans une

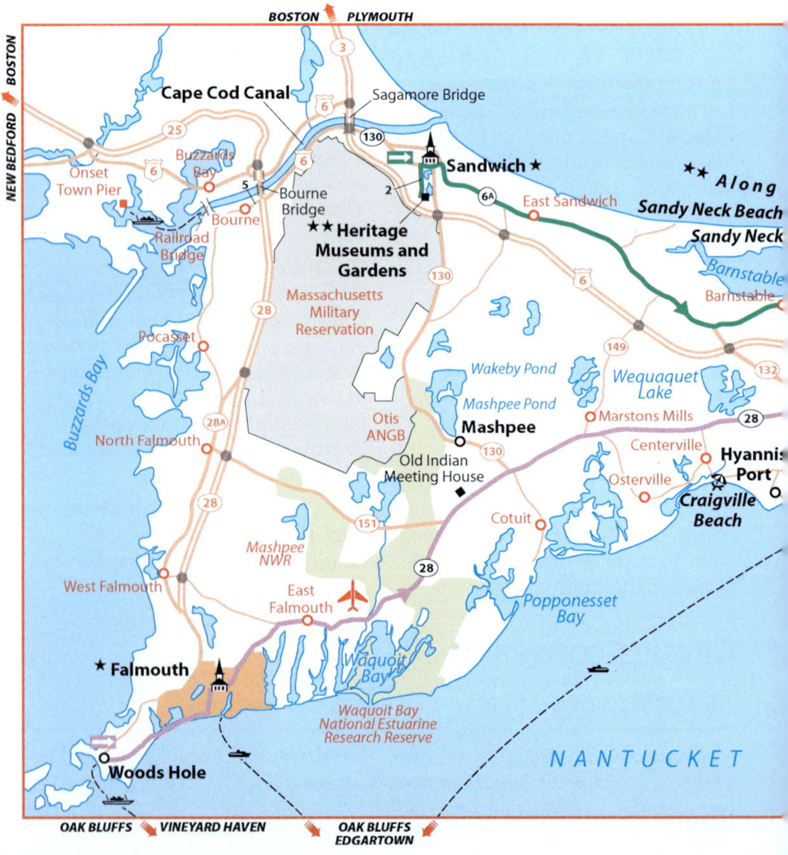

CAPE COD
Provincetown ★★
Pilgrim Lake
Pilgrim Heights
Head of the Meadow Beach
Highland Light
Herring Cove Beach
Pilgrim Spring Trail
North Truro
Long Point
ATLANTIC OCEAN
★★★CAPE COD NATIONAL SEASHORE
Truro
Wellfleet
South Wellfleet
Wellfleet Harbor
Atlantic White Cedar Swamp Trail
Marconi Station
Marconi Beach
Great Island
Nauset Light
Nauset Light Beach
North Eastham
Eastham
Fort Hill Trail
CAPE COD BAY
Orleans
Nauset Beach
Brewster
Nickerson SP
the Bay
Dennis
Scargo Hill Tower
Harbor
Yarmouth Port
Yarmouth
South Dennis
Long Pond
Hawk's Nest SP
East Harwich
Pleasant Bay
Chatham
Harwich
Harwich Port
Wychmere Harbor
South Yarmouth
Dennis Port
Bass
Hyannis
Along Nantucket Sound
Monomoy Island
Monomoy NWR
SOUND
NANTUCKET
0 5mi
0 5 km
N
Gov. Prince Rd.........1
Grove St. 2
Scargo Hill Rd.........3
Shore Rd...................4
Trowbridge Rd........5
A
Race Point Beach
Province Lands Visitor Center
Race Point Rd
Beech Forest Trail
Great Pond
Hatches Harbor
Province Lands Rd
Clapps Pond
Herring Cove Beach
★★ Provincetown
0 1/2 mi
0 1 km
B
Doane Rd
Nauset Rd
Eastham
Nauset Bay
Coast Guard Beach
Salt Pond Visitor Center ★
Nauset Marsh Trail
Salt Pond Bay

Morues, baleines et canneberges

LE CAP DE LA MORUE

Le Cape Cod fut baptisé par l'explorateur anglais **Bartholomew Gosnold** qui y accosta en 1602. Il avait été très impressionné par les bancs de morues – *cod* en anglais – qui pullulaient dans ces eaux. Dix-huit ans plus tard, les Pères Pèlerins du **Mayflower**, en route pour la Virginie, accostèrent à l'emplacement de l'actuelle Provincetown. Ce fut leur premier contact avec la terre américaine, mais ils préférèrent s'installer quelques semaines plus tard à Plymouth, et ce ne fut que vers 1630 que des colons s'implantèrent sur le Cape Cod.

Ils vivaient de l'agriculture et de la pêche, et harponnaient de temps en temps une baleine. Cette dernière occupation devint leur principale activité au 18e s. Aussi vit-on les ports de Barnstable, Truro, Wellfleet et Provincetown se constituer une flotte baleinière. Les récifs représentaient un danger redoutable pour les marins, même pour les plus expérimentés d'entre eux, et les naufrages furent très fréquents jusqu'à la construction du canal. Selon le coefficient de la marée basse, la mer découvre parfois les épaves de ces navires échoués.

CAP COD AUJOURD'HUI

Malgré un grand nombre de motels, de comptoirs de restauration rapide, de boutiques de souvenirs et d'immeubles, Cape Cod a su préserver sa beauté naturelle et son charme maritime. De petits villages traditionnels s'éparpillent le long de la côte nord, *the Bay Side*; à l'est, d'immenses étendues de dunes sont protégées par le Cape Cod National Seashore (CCNS).

Cette péninsule recèle des tourbières où poussent les canneberges *(cranberries)*, des lagunes enfermées par des cordons littoraux d'où émergent de grandes herbes jaunes, des forêts de pins et de chênes, des marais salants, des dizaines de lacs, des baies abritant des ports de plaisance, ainsi que ces petites maisons couvertes de bardeaux gris, typiques du cap.

Des centaines d'antiquaires et d'artisans, installés le long des routes, produisent et vendent de la verrerie, des bougies, des oiseaux sculptés, de la poterie, du cuir travaillé et des tissus *(www.capecodchamber.org/artsapp)*.

Les îles du Cape Cod sont au nombre de trois : **Martha's Vineyard** *(voir p. 138)*, **Nantucket** *(voir p. 144)* et **Elizabeth** (en fait un chapelet d'îles). Achetées par l'Anglais Thomas Mayhew en 1642, les îles devinrent des centres baleiniers aux 18e et 19e s., et ont été épargnées par l'ère industrielle. Leurs magnifiques plages, arrosées par le Gulf Stream, en font des sites touristiques très prisés.

LES CANNEBERGES (OU CRANBERRIES)

Le sud du Massachusetts produit la moitié de la récolte américaine de **canneberges**, sorte d'airelles au goût acide qui, servies sous forme de gelée, sont devenues l'accompagnement indispensable de la dinde traditionnelle du Thanksgiving Day. Avec ses marais, ses tourbières et ses sols sablonneux, Cape Cod se prête à merveille à cette culture. Celle-ci était difficile jusqu'à ce qu'Henry Hall, un habitant de Dennis, eût observé qu'aux endroits où du sable recouvrait ces plantes, elles fleurissaient mieux. Il en fit une méthode de culture : au printemps, on répandait donc du sable sur les plantes. Aujourd'hui, cette culture s'est mécanisée, et la récolte des fruits donne lieu chaque automne à de grandes fêtes qui réunissent toute la population de la péninsule.

Cape Cod.
J. Greim/age fotostock

belle maison coloniale, ce musée abrite une collection très complète de verres de Sandwich réalisés entre 1825 et 1888. L'économie de la ville reposait alors sur une fabrique de verre, la **Boston and Sandwich Glass Company**, créée en 1825 par Deming Jarves. Le choix du site n'était pas lié à la présence des étendues sablonneuses voisines, mais à celle de forêts, dont le bois devait fournir le combustible nécessaire aux fours. Vers 1850, le nombre d'ouvriers s'élevait à 500, les objets étaient innovants en termes de formes et de couleurs et les séries limitées annonçaient le marketing. En 1888, l'usine dut fermer ses portes et les bâtiments furent démolis Ces objets, bon marché à l'époque, sont aujourd'hui très recherchés. Les verres exposés sont de toutes les formes (compotiers, tasses, lampes, vases, bougeoirs…) et de toutes les nuances (améthyste, opalescent, ambre, vert…). Remarquez les effets de loupe, les motifs et les modèles des différents moules, les boules presse-papiers fleuries et les pièces commémoratives. Sont également exposées des créations contemporaines.

Un souffleur de verre réalise des démonstrations sur place et un film de 18mn retrace l'histoire de la ville par le prisme du verre.

★★ **Heritage Museums & Gardens** – *67 Grove St. (de l'hôtel de ville, tournez à droite dans Grove St.) - ✆ 508 888 3300 - www.heritagemuseumsandgardens.org - ♿ ✕ - de mi-avr. à mi-oct. : 9h-17h - 18 $ (3-11 ans 8 $).* Dans les années 1920 et 1930, cette propriété appartenait à un horticulteur, Charles Dexter, passionné de rhododendrons. Aujourd'hui, ce grand parc fleuri et verdoyant se parcourt le long de sentiers ponctués de trois galeries d'expositions et d'une aire de jeux pour enfants. Visite conseillée à l'époque de la floraison *(mai et juin)*.

L'**Auto Gallery**, reproduction fidèle d'une célèbre étable ronde des Shakers de Hancock, abrite une trentaine de voitures de 1899 aux années 1930.

Réplique de la Publick House de New Windsor (dans l'État de New York), qui servit de cantonnement pendant la guerre d'Indépendance, le bâtiment en bois de l'**American History Museum** abrite des expositions temporaires.

Une rotonde occupée par un très beau manège (1912) qui ravira les enfants sert d'entrée à l'**Art Museum**. Les autres salles sont consacrées aux arts et traditions populaires : portraits naïfs, sculpture sur bois, objets en métal, *scrimshaws*, estampes.

The Adventure Park – *67 Grove St. - ✆ 617 866 0199 - heritageadventurepark. org - avr.-nov. (horaires variables, voir sur le site) - 49 $ (10-11 ans 43 $, 7-9 ans 38 $), billet combiné avec Heritage Museums and Gardens.* Cinq parcours dans les arbres (tyrolienne, obstacles, ponts…) au cours desquels petits et grands testeront leur courage et leur équilibre.

Retournez à Sandwich et poursuivez vers l'est par la Route 6A.

Près de Barnstable, la Route 6A longe quelques champs de canneberges *(cranberries)* et suit la lagune partiellement fermée par le cordon littoral de **Sandy Neck**. Autrefois, sur ce long banc de sable, les pêcheurs de baleines faisaient fondre dans de grands chaudrons la graisse des cétacés. En été, **Sandy Neck Beach** attire des multitudes de baigneurs.

Yarmouth Port

Les belles maisons que les capitaines au long cours se firent construire le long de Main Street rappellent que Yarmouth fut un port important.

★ **Edward Gorey House** – *8 Strawberry Lane - ✆ 508 362 3909 - www.edwardgoreyhouse.org - de mi-avr. à fin juin : jeu.-sam. 11h-16h, dim. 12h-16h ; de juil. à déb. oct. : merc.-sam. 11h-16h, dim. 12h-16h ; de mi-oct. à fin déc. : vend.-sam. 11h-16h, dim. 12h-16h - 8 $ (seniors 5 $, 6-12 ans 2 $).* Illustrateur prolifique de talent, formé à Chicago, Edward Gorey (1925-2000) a travaillé toute sa vie pour l'édition, le théâtre et la télévision. Ses dessins humoristiques et souvent morbides en font l'un des illustrateurs américains les plus reconnaissables et qui a inspiré, entre autres, Tim Burton. En 1979, il achète une ancienne maison de capitaine, à Yarmouth Port, aujourd'hui transformée en musée. Demandez au guichet la fiche « carte aux trésors » à compléter en retrouvant, dans la maison, la représentation des enfants de la comptine *Les Enfants fichus*. Grinçant !

Dennis

Cape Cod Museum of Art – *60 Hope Lane - ✆ 508 385 4477 - www.ccmoa. org - mar.-sam. 10h-17h, dim. 12h-17h (jeu. 17h-20h gratuit) - 9 $ (gratuit -12 ans et jeu. 17h-20h).* Installé au cœur d'un espace culturel regroupant une salle de cinéma, **Cape Cinema**, et un théâtre, **Cape Playhouse,** ce petit musée d'art met en lumière les artistes inspirés par la beauté du Cape Cod et des îles avoisinantes. Aquarelles marines, photographies et œuvres contemporaines sont exposées dans les sept galeries. Un jardin de sculptures entoure la maison de bardeaux gris.

De la tour de **Scargo Hill** *(de la Route 6A, tournez à droite après le cimetière, puis à gauche dans Scargo Hill Rd)*, la **vue** s'étend de Plymouth à Provincetown.

CAPE COD CANAL

Lorsque le canal fut creusé, entre 1909 et 1914, afin de permettre aux bateaux d'éviter les terribles bancs de sable qui entourent l'île de Nantucket, Cape Cod devint une île, reliée au continent par le **Sagamore Bridge** et le **Bourne Bridge**, ainsi que par le pont de chemin de fer, dont la silhouette fait inévitablement penser au Tower Bridge de Londres (plan p. 122-123). La partie centrale (187 m) du pont s'abaisse en moins de 3mn afin de permettre aux trains de traverser le canal.

★ Brewster

Cette charmante station balnéaire, qui s'étend sur près de 8 miles (13 km) le long de la baie du Cape Cod, fut fondée vers 1750. Elle a su préserver bon nombre des somptueuses demeures que se faisaient construire les riches capitaines au long cours du 19e s. Les huit plages publiques de la ville *(toutes accessibles par Main St., c'est-à-dire la Route 6A)* présentent un phénomène intéressant : une longue barrière de rochers grenat découverte à marée basse.

Cape Cod Museum of Natural History (B) – *869 Main St. - ✆ 508 896 3867 - www.ccmnh.org - de juin à déb. sept. : 9h30-16h ; sept. : 11h-15h ; reste de l'année : merc.-dim. 11h-15h - fermé j. fériés - 15 $ (seniors 10 $, 3-12 ans 6 $).* Petits et grands se passionneront pour les expositions interactives expliquant la faune et la géologie du Cape Cod. Trois **sentiers de nature** sillonnant le parc (32 ha) permettent de découvrir les paysages typiques de la région : marais salants, cultures de canneberges et côte sauvage. Les guides du musée proposent également des excursions sur la Monomoy River.

Nickerson State Park – *Route 6A - ✆ 508 896 3491 - www.mass.gov/dcr - ♿ - avr.-sept. : 8h-20h ; oct.-mars : de l'aube au crépuscule - 8 $/véhicule.* Ancienne propriété du pionnier du rail Roland Nickerson, le parc dispose de plusieurs aires de pique-nique, d'un comptoir de location de vélos et d'un petit magasin. On peut camper (420 empl.), se baigner dans l'étang de Flax Pond et louer des bateaux.

1

Orleans

C'est à partir de cette ville que l'on découvre les plages qui se succèdent face à l'océan Atlantique. Une longue plage de 10 miles (16 km), **Nauset Beach**, protège Nauset Harbor, Pleasant Bay, Orleans et Chatham des violentes tempêtes qui s'abattent sur cette partie de la côte.

LA CÔTE SUD : DE LA BIOLOGIE MARINE AUX PORTS DE PÊCHE

Circuit d'environ 45 miles (72,4 km), tracé sur la carte Cape Cod p. 122-123 – Comptez une journée.

Plus développée dans le domaine touristique que la côte nord, cette partie du Cape Cod est desservie par la Route 28. Extrêmement commerçante par endroits, elle recèle aussi de charmants villages comme Chatham, Harwich et Falmouth.

Woods Hole

Bon à savoir – Les bacs pour Martha's Vineyard partent du Steamship Authority Pier.

Cet ancien port baleinier est devenu l'un des grands centres mondiaux de la recherche océanographique. Il accueille notamment le plus important laboratoire privé spécialisé des États-Unis.

Woods Hole Oceanographic Institution – *15 School St. - ✆ 508 289 2663 - www.whoi.edu - ♿ - avr. : sur RV, pour les groupes seult ; mai-oct. : lun.-sam. 10h-16h30 ; nov.-déc. : mar.-vend. 10h-16h30 - fermé janv.-mars, Pâques, 4 juil., Thanksgiving Day et 25 déc. - 2 $.* Les services de ce laboratoire, dont dépend l'**Ocean Science Exhibit Center**, s'intéressent à tous les aspects du milieu marin, des hauts fonds jusqu'à la surface. En septembre 1985, c'est un géologue de l'institut à la tête d'une équipe franco-américaine, le Dr Robert Ballard, qui découvrit l'épave du *Titanic* au large de Terre-Neuve.

Woods Hole Science Aquarium – *166 Water St. - ✆ 508 495 2001 - aquarium.nefsc.noaa.gov - mar.-sam. 11h-16h - gratuit.* Il sert aux recherches du National Marine Fisheries Service et abrite des espèces autochtones.

★ Falmouth

Malgré son développement touristique, Falmouth a gardé le charme d'une ville du siècle dernier. Autour de son *green* s'élèvent de belles maisons du 19e s. C'est l'une des seules villes qui reste animée hors saison (sept.-mai).

Mashpee

Les Indiens wampanoags vivaient déjà sur le Cape Cod lorsque les colons arrivèrent. Au 17e s., le pasteur anglais Richard Bourne intervint auprès du gouvernement du Massachusetts pour qu'on leur accordât des territoires. C'est ainsi que quelques centaines d'hectares devinrent Mashpee Plantation, qui elle-même donna naissance à la ville au 19e s.

La **Old Indian Meeting House**, construite en 1684, est la plus ancienne maison commune du Cape Cod *(Meetinghouse Rd, accès par la Route 28).*

Le 1er week-end de juillet a lieu le **Pow Wow des Wampanoag** : vous y découvrirez la cuisine, l'artisanat, les danses et les chants traditionnels indiens *(www.mashpeewampanoagtribe.com).*

Hyannis Port

Élégante station balnéaire, Hyannis Port est connue pour être la résidence d'été de la famille Kennedy *(inaccessible au public).*

Dans Ocean Street se trouve le **John F. Kennedy Memorial**, un médaillon de bronze scellé dans un mur en pierres brutes.

À proximité, la plage de **Craigville Beach** *(accès par la Route 28)* est un lieu de baignade agréable.

Hyannis

Située au milieu de la côte sud, cette ville est le centre commerçant du Cape Cod ; son aérodrome est desservi régulièrement et des bacs mènent aux îles alentour.

John F. Kennedy Museum - *397 Main St. - ☏ 508 790 3077 - jfkhyannismuseum.org - lun.-sam. : 10h-17h, dim. 12h-17h - 12 $ (8-17 ans 6 $).* Pour se consoler de ne pas pouvoir visiter la maison de la famille Kennedy à Hyannis Port, poussez la porte de ce musée. Il présente des expositions temporaires sur la vie du président et sa famille. Photos d'archives, souvenirs de campagne politique et films d'époque raviront les fans.

Harwich Port

De la Route 28, on voit le joli port de plaisance de **Wychmere Harbor**.

Avant d'arriver à Chatham, remarquez sur le côté gauche de la Route 28 la toute petite boutique **Marion's Pie Shop** *(2022 Main st.)*, où on peut déguster des *pies* (tourtes) sucrées et salées faites sur place depuis 1947.

★ Chatham

Protégé par le cordon littoral de Nauset Beach, Chatham est à la fois un port de pêche actif et une petite ville très élégante. Du **Fish Pier**, le long de Shore Road, on voit les bateaux décharger le produit de leurs pêches. C'est un excellent endroit où acheter de quoi se concocter un pique-nique à base de produits de la mer.

Parcourez à pied Main Street, une charmante rue bordée de cafés, restaurants et galeries d'arts.

Shore Road conduit au **phare de Chatham** *(à 1 mile/1,6 km au sud)* qui offre une belle vue sur Pleasant Bay et Nauset Beach.

Stage Harbor Lighthouse - Ce petit phare est privé, mais la promenade pour s'y rendre est très agréable : à partir de Hardings Beach, empruntez le

Le phare de Lewis Bay.
deebrowning/iStock

sentier de sable *(15mn environ)*, et revenez par la plage en profitant de belles vues sur la baie.

Monomoy National Wildlife Refuge – *508 945 0594 - www.fws.gov/northeast/monomoy - tte l'année, de l'aube au coucher du soleil - certaines zones sont fermées pendant la nidification. L'île, que l'on rejoint au départ du port de Chatham, se visite à pied.* Une violente tempête est à l'origine de **Monomoy Island**, une île sortie de terre en 1956 pour finalement être rattachée au continent en 2006 : les phares de Chatham et de Monomoy sont désormais reliés par 15 miles (24 km) de **plages** de sable. Étape importante pour les oiseaux migrateurs qui passent l'été au Canada et l'hiver en Floride, « l'île » a été déclarée réserve naturelle. On peut aussi y voir des phoques.

★★★ « OUTER CAPE » : PHARES ET PLAGES SAUVAGES

Circuit d'environ 24 miles (38,6 km) tracé sur la carte Cape Cod p. 122-123 – Comptez une journée. Départ d'Eastham, sur la Route 6.

En 1961, la côte est du Cape Cod, couverte de dunes, de lagunes, de bois et bordées de falaises, devint, en raison d'un écosystème fragile et grâce à l'appui du président J.-F. Kennedy, une zone protégée : la **Cape Cod National Seashore** (10 927 ha). Ceci a permis de la préserver des constructions immobilières.

Depuis lors, des pistes cyclables, des sentiers et des pistes pour les véhicules à quatre roues motrices ont été tracés pour permettre aux visiteurs de profiter des diverses ressources qu'offre ce site. C'est sublime !

Bon à savoir – Deux centres d'information, situés chacun à une extrémité du parc, ont été ouverts *(voir ci-après)*.

Il existe par ailleurs plusieurs plages surveillées *(de fin juin à fin août)* : **Coast Guard Beach**, **Nauset Light Beach**, **Marconi Beach**, **Head of the Meadow Beach**, **Race Point Beach** et **Herring Cove Beach** *(parking payant de juin à sept. : 15 $/j)*. On aperçoit parfois des phoques *(seals)* depuis le rivage !

Fort Hill Trail

Ce sentier de 2 miles (3,2 km) part de la Penniman House *(Fort Hill Rd, Eastham)* et traverse des prairies, le long de marais qui s'étendent à l'infini.

Bon à savoir – Attention aux tiues, qui pullulent dans les zones boisées, elles sont porteuses de la maladie de Lyme. Vérifiez tous les soirs qu'aucune n'est accrochée, auquel cas il faut l'enlever correctement au plus vite.

Revenez sur la Route 6 et tournez à droite, vers le nord. Sortez à droite sur Nauset Rd.

★ Salt Pond Visitor Center

50 Nauset Rd - Eastham - 508 255 3421 - www.nps.gov/caco - - 9h-16h30 (fermeture plus tardive en été) - fermé Thanksgiving Day et 25 déc.

Des *rangers* donnent des conseils pour visiter la région et proposent des visites guidées de maisons historiques comme celle du Captain Penniman, un pêcheur de baleine, ainsi que des promenades dans la nature. Une exposition retrace l'histoire des populations du Cape Cod : les Wampanoags, les marins, les capitaines, ainsi que les pêcheurs et les agriculteurs. Un film *(15mn)* raconte l'histoire et la géologie de la côte du Cape Cod.

Nauset Marsh Trail – *Accès près du bureau d'accueil.* Ce sentier de 1 mile (1,6 km) offre de belles vues sur la lagune.

Prenez la Route 6 vers le sud et tournez à gauche dans Governor Prince Rd.

Wellfleet Bay Wildlife Sanctuary

291 State Hwy - South Wellfleet - 508 349 2615 - www.massaudubon.org - Nature Center : de fin mai à mi-oct. : 8h-17h ; reste de l'année : fermé lun. ; chemins : 8h-coucher du soleil - 8 $.

1h. A partir du Nature Center (qui propose des expositions sur la faune et la flore locales), suivez les sentiers qui traversent différents écosystèmes préservés - rivières, étangs, marais.

Nauset Light

Ce joli phare de près de 15 m de haut, blanc et rouge est devenu l'emblème des chips Cape Cod… Et de la côte de Nouvelle-Angleterre.

Revenez sur la Route 6.

Marconi Station

En 1901, le physicien italien **Guglielmo Marconi** établit ici une station de télégraphie sans fil qui permit la première communication transatlantique, le 19 janvier 1903. Les interlocuteurs étaient le président des États-Unis, Theodore Roosevelt, et le roi d'Angleterre, Edouard VII. Cette station cessa de fonctionner en 1917. Les antennes et les bâtiments n'ont pas résisté à l'érosion, dont on peut observer l'action sur les falaises.

Atlantic White Cedar Swamp Trail – *Sentier de 1,24 miles (2 km) au départ du parking de Marconi Station.*

Ce sentier permet de découvrir la richesse de la flore du Cape Cod. Des plantes grasses qui fixent le sable, on passe à une sorte de maquis avant de s'enfoncer dans une forêt de pins et de chênes. On découvre ensuite un marécage peuplé de cèdres blancs. On regagne le parking par l'ancienne route de la station de télégraphie.

Poursuivez sur la Route 6 vers le nord ; passez South Wellfleet et Wellfleet. Après Truro, tournez à droite sur Highland Rd.

Highland Light

27 Highland Light Rd, North Truro - 508 487 1121 - www.highlandlighthouse.org - de mi-avr. à fin mai : 12h-16h ; de fin mai à fin oct. : 10h-17h30 - 6 $.

Bâti d'abord en bois en 1797 puis reconstruit en 1857, ce phare blanc domine les flots du haut de ses 20 m. Un escalier étroit mène en haut offrant, par temps dégagé, une vue à 360°.

Pilgrim Spring Trail

Sentier de 0,5 mile (800 m) à partir du refuge situé près du parking de Pilgrim Heights. Ce sentier mène, à travers une végétation de buissons et de pins, à la source que découvrirent les Pères Pèlerins du *Mayflower* en 1620.

Continuez sur la Route 6 vers le nord, et prenez Race Point Rd à droite.

★ Province Lands Visitor Center

171 Race Point Rd (à la sortie de Provincetown) - 508 487 1256 - www.nps.gov/caco - - de fin mai à fin oct. : 9h-17h.

Ce centre propose un programme varié d'exposés et de visites guidées thématiques. Du haut du bâtiment, beau **panorama★** sur les dunes.

Depuis le centre, la route conduit à **Race Point Beach**, grande étendue de sable d'où un sentier de 2 miles (3,2 km) mène au **phare de Race Point**.

Beech Forest Trail

Ce sentier de 1,55 mile (2,5 km) au départ du parking de Beech Forest traverse une forêt de hêtres menacée par la progression des dunes.

Province Lands Rd vous ramènera à la Route 6A, qui conduit à Provincetown.

★★ Provincetown

Voir p. 134.

1

NOS ADRESSES AU CAPE COD

Voir aussi « Nos adresses à Provincetown » (p. 137).

HÉBERGEMENT

Centrales de réservation

Book Cape Cod – *508 255 3824 - www.bookcapecod.com.*

Sandwich

BUDGET MOYEN

Spring Garden Inn Motel – *578 Rte 6A - East Sandwich - (508) 888-0710 - - 11 ch. 99/149 $* . Des tarifs plutôt doux pour quatre petites chambres assez simples, mais l'essentiel est ailleurs : à l'arrière, la vue porte au loin sur des hectares de lagunes et de marais. Superbe !

Belfry Inn & Bistro – *6 Jarves St. - (508) 888-8550 - www.belfryinn.com - - 20 ch. 165/345 $* - . Non loin de Main Street, aménagées dans une ancienne église (1902) et son presbytère, les chambres, toutes différentes, sont décorées avec goût : mobilier ancien ou plus récent, couleurs pastel ou vives… Dans certaines, on a mis en valeur des éléments de l'église primitive.

Eastham

PREMIER PRIX

Hostel International Eastham – *75 Goody Hallet Dr. - (508) 255-2785 - www.hiusa.org/eastham - - de mi-juin à mi sept. - 42 lits 34/37 $ et 10 chalets 99/129 $* . À 0,62 mile (1 km) des plages et 1,24 mile (2 km) du Cape Cod National Seashore, cette auberge de jeunesse est entretenue par le très compétent réseau Hostelling International. Petit-déjeuner inclus, cuisine partagée, activités…

Harwich

POUR SE FAIRE PLAISIR

The Platinium Pebble Boutique Inn – *186 Belmont Rd - ✆ (800) 321-3155 - www.platinumpebble.com - 8 ch. 249/449 $.* Ce bed and breakfast situé dans une belle rue ombragée et calme, proche de la plage, est tenu par un couple enthousiaste qui partage volontiers ses bons plans pour découvrir la région. Les chambres, simples et modernes, s'organisent tout autour de la piscine où le petit déjeuner est servi (également dans la chambre). Une belle adresse, adaptée pour explorer tout le Cape Cod.

Chatham

UNE FOLIE

Wequassett Resort – *2173 Orleans Rd (Rte 28) - ✆ (508) 432-5400 - www.wequassett.com - 24 $/nuit - - 120 ch. 700/1600 $ - .* À l'écart de l'agitation, ce luxueux resort compte plusieurs cottages du 18e et 19e s., avec plage privée, golf et tennis. Depuis la salle de restaurant, vue imprenable sur Pleasant Bay.

Truro

PREMIER PRIX

Hostel International Truro – *111 North Pamet Rd - ✆ (508) 349-3889 - www.hiusa.org/truro - - de fin juin à déb. sept. - 42 lits 46/48 $ et 3 ch. 149/169 $.* Installée dans une ancienne station de garde-côtes, l'autre auberge de jeunesse du Cape Cod, bien tenue, est à 5mn de marche de la plage.

Woods Hole

BUDGET MOYEN

Sands of Time Motor Inn – *549 Woods Hole Rd - ✆ (508) 548-6300 - www.sandsoftime.com - - nov.-avr. - 35 ch. 229/369 $.* Ce motel avec sa petite piscine chauffée à l'extérieur est très accueillant. Le café est servi dans les chambres, dont certaines ont vue sur la mer. Bon emplacement à proximité du ferry pour Martha's Vineyard.

Falmouth

BUDGET MOYEN

The Coonamessett – *311 Gifford St. - ✆ (508) 548-2300 - www.thecoonamessett.com - 29 ch. et suites 139/409 $.* Ce motel a été entièrement restauré en 2018 et ses chambres ont désormais un décor moderne et chaleureux, tout droit sorti d'un décor « instagram » boho-chic. Le petit déjeuner, inclus, est servi dans une grande pièce lumineuse ou sur la terrasse qui surplombe un étang. C'est une adresse, qui plus est pratique pour arriver tôt au ferry de Woods Hole.

RESTAURATION

Dennis

PREMIER PRIX

Captain Frosty's – *219 Main St. (Rte 6A) - ✆ (508) 385-8548 - www.captainfrosty.com - 11h-20h (11h-21h été) - fermé de Labor Day à fin mars.* Passez commande au comptoir, puis dirigez-vous vers l'une des tables en Formica pour déguster la savoureuse spécialité maison : le fish & chips. Mais aussi, clams, saint-jacques et choix de poissons, glaces et sundaes pour le dessert.

Harwich Port

POUR SE FAIRE PLAISIR

Cape Sea Grille – *31 Sea St. - ✆ (508) 432-4745 - www.capeseagrille.com - 17h-21h - fermé mar. - à la carte 47,5/68,5 $.* Dans une maison de capitaine au long cours meublée de tables à nappes blanches : paella aux clams, crevettes et chorizo, piccatas de fruits de mer aux câpres et olives et flétan sauce coco. Le gâteau au chocolat est à se damner !

Wellfleet

BUDGET MOYEN

Mac's Shack – *91 Commercial St. - ✆ (508) 349-6333 - www.macsseafood.com - 11h30-21h, vend.-sam. 11h30-22h - plat 19/34 $.* Reconnaissable par son homard géant sur la façade, c'est une adresse incontournable du Cape : poissons, coquillages et fruits de mer frais, cuisinés selon des recettes traditionnelles ou plus originales et contemporaines.

Woods Hole

PREMIER PRIX

The Captain Kidd – *77 Water St. - ✆ (508) 548-8563 - www.thecaptainkidd.com - 11h30-21h, vend.-sam. 11h30-22h - plat 12/29 $.* Ce bar-restaurant pittoresque où se retrouvent chercheurs, étudiants et ouvriers est l'incontournable de Woods Hole. Autour du long comptoir en marbre, l'ambiance est chaleureuse. Au fond de l'immense salle on accède à une salle à manger aménagée au-dessus de l'eau. Au menu on trouve la clam chowder et les spécialités maison à base de produits de la mer, mais aussi un fameux hamburger…

Coffee Obsession – *38 Water St. - ✆ (508) 540-8130 - www.coffeeobsession.com - 6h-17h30, dim. 7h-17h.* En hiver, ce café est apprécié par nombre d'étudiants et de chercheurs pour son calme et son accès wifi. On s'y retrouve le matin pour prendre son café, et l'été on apprécie l'ambiance de la salle et la fraîcheur de la terrasse.

PETITE PAUSE

Falmouth

PREMIER PRIX

Maison Villatte – *267 Main St. - ✆ (774) 255-1855 - 7h-17h, vend.-sam. 7h-19h - fermé lun.* Croissants, fougasses, sandwichs… Une boulangerie-pâtisserie aussi bonne qu'en France. On adore ici.

ACHATS

Mashpee

Mashpee Commons – Une agréable zone commerciale organisée par thèmes architecturaux en lien avec la Nouvelle-Angleterre : on se croirait presque dans un décor de films. Vêtements, livres, coffee shop, marché bio. Cafés et restaurants autour de plazas.

Brewster

General Store – *1935 Main St. - ✆ (508) 896-3744 - www.brewsterstore.com - 6h-22h.* Un magasin fourre-tout, aménagé dans une ancienne église (1852) : produits alimentaires, souvenirs, vêtements, poteries, articles de pharmacie, parfums…

ACTIVITÉS

Hyannis Whale Watcher Cruises – *269 Millway - Hyannis - ✆ (508) 362-6088 - www.whales.net - 9h-19h.* Observation des baleines.

Well Fleet Drive in Theater – *51 State Highway - Wellfleet - Route 6 - ✆ (508) 249-7176 - www.wellfleetcinemas.com.* Un drive in comme dans les films américains !

Provincetown

★★

2985 hab.

Provincetown, surnommée « P-town », est un petit village reculé, situé à l'extrémité du bras du Cape Cod. C'est pourtant tout à la fois un port de pêche, une colonie d'artistes et une station balnéaire très fréquentée l'été… alors qu'elle est presque déserte hors saison, de fin septembre à fin mai. La population de la ville, très prisée de la communauté gay, passe alors de 3000 à 60000 âmes.

NOS ADRESSES PAGE 137
Hébergement, restauration, achats, activités, etc.

S'INFORMER

Provincetown Chamber of Commerce – Plan de ville p. 135 - *330 Commercial St. - ✆ 508 487 3298 - www.ptownchamber.com.*

SE REPÉRER

Carte de région D3 (p. 26-27).

Provincetown se situe à 120 miles (193 km) environ au sud-est de Boston, à l'extrémité nord de Cape Cod. La ville est accessible par la Route 6. Un ferry relie Boston et P-town de mi-mai à mi-oct. *(88 $ AR).*

SE GARER

Très compliqué l'été. Parking devant l'embarcadère *(wharf)* MacMillan.

À NE PAS MANQUER

Une tournée en 4x4 dans les dunes de Provincetown.

ORGANISER SON TEMPS

Montez tout en haut du Pilgrim Monument pour découvrir un beau panorama sur Provincetown. Passez la journée dans les dunes ou à la plage, ou faites une excursion en mer pour aller voir les baleines. Profitez ensuite d'une soirée dans la très animée Commercial Street.

AVEC LES ENFANTS

Avec une mer plus clémente, Herring Cove Beach conviendra mieux que Race Point Beach aux familles avec de jeunes enfants.

Se promener Plan de ville ci-contre

En saison (à partir de fin mai), restaurants, boutiques et galeries d'art contribuent à l'animation de **Commercial Street**. Ne manquez pas la **Provincetown Public Library** *(356 Commercial St.)* : cet imposant édifice surmonté d'un clocher blanc est un point de repère dans la ville. Au premier étage se trouve la reproduction d'une goélette, la *Rosa Dorothea*.

★ Pilgrim Monument et Provincetown Museum

High Pole Hill Rd - ✆ 508 487 1310 - www.pilgrim-monument.org - de fin mai à déb. sept. : 9h-19h ; avr. et sept.-nov. : 9h-17h - 12 $.

Cette tour (77 m) érigée en 1910 fut inaugurée en grande pompe par le président Roosevelt : elle commémore l'arrivée des pèlerins du *Mayflower*, qui vécurent cinq semaines à Provincetown avant de s'installer à Plymouth *(voir encadré p. 120)*. Montez ses 116 marches afin d'admirer le **panorama★** sur la ville, l'océan et les dunes. Une fois redescendu, vous pourrez réclamer votre autocollant « *I made it to the top* » (« Je suis allé en haut ! »).

PÈLERINS ET « MOONCUSSERS »

Au 18e s., moins de cent ans après l'arrivée des pèlerins, Provincetown était le troisième centre baleinier après Nantucket et New Bedford. Au milieu du 19e s., on y dénombrait 75 quais, et la côte environnante était couverte de salines et de claies pour faire sécher le poisson. Les bateaux de Provincetown partaient recruter leurs équipages aux Açores et aux îles du Cap-Vert, ce qui explique l'importance de la communauté portugaise et le maintien de ses traditions dans cette ville.

D'autres *Provincetowners* trouvèrent l'aventure et la fortune à portée de main. Des pirates, connus sous le nom de « Mooncussers », allumaient des feux pour attirer les bateaux de passage sur les hauts-fonds et s'emparaient de leur chargement. Ils n'épargnaient personne. On ne tarda pas à appeler « Hell Town », la ville de l'enfer, le quartier où ils se réunissaient.

La base de la tour abrite un petit **musée** éclectique et ludique sur l'histoire de Provincetown (vidéos, maquettes, objets d'époque). On y voit notamment la reconstitution d'une cabine de capitaine de baleinier.

MacMillan Wharf

Les bateaux de pêche s'arriment le soir à cet embarcadère. Le dernier dimanche de juin se déroule la **bénédiction de la flotte**, une fête d'origine portugaise. MacMillan Wharf est aussi le point d'embarquement des **croisières d'observation des baleines**.

SE LOGER		SE RESTAURER	
Crowne Pointe Historic Inn & Shui Spa	2	Front Street	1
Somerset House Inn	7	Ross'Grill	5
		The Canteen	6
		The Lobster Pot	7
		The Squealing Pig	9

Rue de Princetown.
Loop Images/Universal Images Group/Getty Images

Provincetown Art Association and Museum (PAAM)

460 Commercial St. - 508 487 1750 - www.paam.org - juin-sept. : lun.-jeu. 11h-20h, vend. 11h-22h, sam.-dim. 11h-17h ; oct.-mai : jeu.-dim. : 12h-17h - 10 $.

Au début du 20e s., Provincetown devint une colonie d'artistes en été, réunissant bientôt des écrivains aussi célèbres que John Dos Passos, Sinclair Lewis, Eugene O'Neill ou Tennessee Williams. La ville accueillit des peintres de renommée internationale comme Robert Motherwell et Mark Rothko. Cette tradition culturelle et artistique s'est maintenue, comme en témoigne ce musée d'art contemporain.

Pilgrims'First Landing Park

Situé à l'extrémité ouest de Commercial Street, il commémore l'arrivée des premiers pèlerins. De là, on aperçoit deux des petits phares posés sur une langue de terre sableuse battue par l'océan.

Plages

Voisines, **Herring Cove Beach** et **Race Point Beach**, sont agréables *(en été, des bus relient toutes les heures Bradford St. à Herring Cove Beach).*

★ Beach Shacks

Province Lands Visitor center - 171 Race Point Rd - 508 487 1256.

On accède au sentier des « Beach Shacks » au croisement de la Route 6 et de Snail Rd (parking limité). Possibilité de visite guidée en Jeep.

Après avoir gravi la première haute dune, le sentier de 2,4 mile (3,8 km) s'enfonce dans le sable. A éviter aux heures les plus chaudes de l'été, cette marche de niveau modéré à difficile n'offre aucune ombre, et la signalétique limitée est propice à s'égarer. C'est une victoire d'arriver à l'océan et d'apercevoir quelques-unes de ces cabanes *(shacks)* posées dans le creux des dunes. Usées par le temps et les éléments, sans eau ni électricité, elles gardent le souvenir de grands artistes et écrivains qui y séjournèrent. Aujourd'hui squattées, seules 19 d'entre elles ont subsisté.

NOS ADRESSES À PROVINCETOWN

HÉBERGEMENT

POUR SE FAIRE PLAISIR

7 **Somerset House Inn** – *378 Commercial St. - (800) 575-1850 - www.somersethouseinn.com - 14 ch. 189/319 $.* L'atmosphère feutrée de cette maison doit beaucoup à l'accueil du propriétaire. Les chambres, dont quatre avec vue sur mer, sont décorées avec goût. Petit-déjeuner et cocktail compris dans le prix.

UNE FOLIE

Surfside Hotel and Suites – Hors plan *543 Commercial St. - (508) 487-1726 - www.surfsideinn.cc - 83 ch. 399/399 $ -* Cet hôtel aux allures de motel de charme possède des chambres avec vue sur la baie. Plage privée.

2 **Crowne Pointe Historic Inn & Shui Spa** – *82 Bradford St. - (508) 487-6767 - www.crownepointe.com - 35 ch. 299/699 $ -* Jacuzzi, restaurant, hammam, navettes pour la plage : le bonheur a un prix. Les chambres sont réparties dans cinq bâtiments restaurés.

RESTAURATION

PREMIER PRIX

7 **The Lobster Pot** – *321 Commercial St. - (508) 487-0842 - www.ptownlobsterpot.com - 11h30-21h30 - plat 10/34 $.* Une institution, qui a fait du homard sa spécialité ; on peut admirer la bête dans les aquariums en attendant une table face au port.

BUDGET MOYEN

6 **The Canteen** – *225 Commercial St. - (508) 487-3800 - www.thecanteenptown.com - 8h-21h.* Choisissez votre spot : au bar face à la vitrine pour regarder les gens passer, à l'une des grandes tables communales ou à l'arrière, dans un transat, face à la plage. Le soir, on peut siroter un frosé, du rosé glace. Le menu reprend les classiques régionaux, avec parfois un twist à la vietnamienne. Ambiance relax.

9 **The Squealing Pig** – *335 Commercial St. - (508) 487-5804 - www.squealingpigptown.com - 11h-1h - fermé en janv.* Un bistrot sympa qui organise concerts et « trivia nights ». Les burgers, sandwichs et salades sont copieux. Huîtres en apéro.

1 **Front Street** – *230 Commercial St. - (508) 487-9715 - www.frontstreetrestaurant.com - à partir de 17h30 - fermé lun. et mar. et janv.-mai - plat 14/39 $.* Murs de brique, boiseries et tables laquées donnent à ce restaurant sa touche romantique. Savoureux, le menu aux influences italiennes change chaque semaine.

5 **Ross'Grill** – *237 Commercial St. - (508) 487-8878 - www.rossgrillptown.com - 12h-21h - fermé mar.-merc. - plat 14/36 $.* Au 1er étage, à l'intérieur de la galerie circulaire, la vue s'ouvre sur la mer. L'une des meilleures clam chowder de Provincetown.

ACTIVITÉS

Dunes Tour – *4 Standish St. - (800) 894-1951 - www.artsdunetours.com - visite commentée (1h) - de mi-avr. à mi-nov. : tlj de 10h au coucher du soleil - réserv. recommandée - env. 30 $.* Les excursions en 4x4 dans les dunes sont idéales pour découvrir ce paysage remodelé en continu par les vents. Aussi tours en kayak ou voilier et tour photo.

Martha's Vineyard

★★★

15 000 hab.

La légende dit que quand l'explorateur Bartholomew Gosnold débarqua sur cette île en 1602, il y trouva des raisins sauvages et la baptisa Martha's Vineyard d'après le prénom de sa fille. « The Vineyard », comme on la surnomme familièrement, ne possède toutefois plus de vignes. Cette île triangulaire, la plus grande de la Nouvelle-Angleterre, conserve un aspect sauvage par ses forêts de pins et de chênes, ses falaises colorées et ses immenses plages de sable ou de galets, stations balnéaires et ports de pêche. À la belle saison, il y règne une ambiance de vacances idylliques : la famille Obama, ainsi que toute une population privilégiée de la Côte Est, prennent ici leurs quartiers d'été. Les locaux préfèrent en profiter à l'automne, quand les couleurs de l'été indien sont sublimes.

NOS ADRESSES PAGE 141
Hébergement, restauration, achats, activités, etc.

S'INFORMER

Martha's Vineyard Chamber of Commerce – *24 Beach Rd - Vineyard Haven - ✆ 508 693 0085 - www.mvy.com.*

SE REPÉRER

Carte de région CD4 (p. 26-27).

Aucun pont ne permet d'accéder à cette île en voiture. Elle n'est reliée au continent que par voie aérienne ou maritime *(voir « Nos adresses »)*.

SE GARER

Seuls les ferries provenant de Woods Hole (Cape Cod) acceptent les voitures *(réserv. recommandée en haute saison)*. Un conseil : sur l'île, circulez à vélo ou à bord des bus de la Vineyard Transit Authority (VTA).

À NE PAS MANQUER

Les charmantes *gingerbread houses* d'Oak Bluffs ; le centre d'Edgartown et les falaises d'Aquinnah.

ORGANISER SON TEMPS

Si vous n'avez qu'une journée sur l'île, passez du temps à Oak Bluffs puis dans le centre d'Edgartown et dirigez-vous vers les falaises d'Aquinnah.

AVEC LES ENFANTS

Flying Horses Carousel à Oak Bluffs.

Circuit conseillé Carte Martha's Vineyard p. 140

Circuit de 40 miles (65 km), tracé sur la carte Martha's Vineyard – Comptez 4h. Départ de Vineyard Haven. Vous pouvez louer des vélos ou des scooters (mopeds en anglais) pour vous déplacer, ou utiliser le système de bus (8 $/pass pour 1 j.) qui dessert toute l'île.

Bon à savoir – Au cours de vos déplacements, gardez en mémoire qu'*up island* désigne la pointe sud-ouest de l'île et *down island*, sa côte orientale.

Vineyard Haven

Vineyard Haven est le port d'arrivée de la plupart des ferries. Sa grande rue, Main Street, a beaucoup de charme avec ses boutiques dont une librairie indépendante, Bunch of Grapes, et ses cafés. C'est le seul village de l'île qui reste animé toute l'année.

Maison de luxe de la Nouvelle-Angleterre, Oak Bluffs, Martha's Vineyard.
OlegAlbinsky/iStock

TITVLVS GLORIOSVS LATINE
Ελληνιζειν μαθων τουτο

★ Oak Bluffs

Dans les années 1830, les méthodistes d'Edgartown se réunissaient au nord de leur ville sous un chêne. Le rassemblement attira de plus en plus d'adeptes, qui s'installaient pour l'été dans un campement de toile situé à proximité du chapiteau où se déroulaient les offices religieux. Vingt ans plus tard, plus de 12 000 personnes assistaient aux services de Cottage City, surnom de cette ville improvisée. Elle ne devint Oak Bluffs qu'à la fin du 19e s. Des constructions en dur remplacèrent à cette époque le village de toile. Plus d'un millier de petits cottages furent édifiés autour du temple, appelé « Tabernacle ».

Sur Oak Bluffs Avenue se dresse le **Flying Horses Carousel** (1876), le plus vieux manège des États-Unis.

Laissez votre véhicule près du port et prenez Central Ave. jusqu'à Cottage City.

★★ **Trinity Park et Gingerbread Cottages** – Les *gingerbread houses*, de pittoresques maisons victoriennes aux coloris variés et aux multiples détails décoratifs, entourent le **Tabernacle** des méthodistes, l'un des plus beaux exemples de construction métallique aux États-Unis.

Ne ratez pas non plus le **Summercamp Hotel** *(70 Lake Avenue)* et sa grande façade victorienne de la fin du 19è s. digne d'un film de Wes Anderson.

★★ Edgartown

Bon à savoir – Le film *Les Dents de la Mer* (*Jaws* en anglais), sorti en 1975, a été en partie tourné sur Martha's Vineyard, notamment à Edgartown. On peut suivre une visite thématique du village afin de retourner sur les lieux du tournage *(rens. www.edgartowntours.com)*.

De son passé de grand port baleinier, Edgartown a conservé de très belles maisons néoclassiques, construites pour la plupart entre 1820 et 1840. Nombre

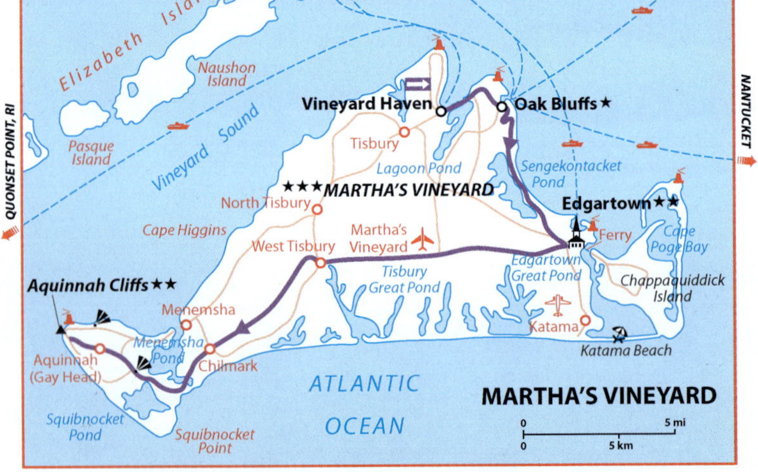

d'entre elles se trouvent sur North Water Street, en face du port. Il se dégage de cette petite ville de bord de mer une atmosphère élégante d'antan. Parcourez cette rue jusqu'au **Harbor View Hotel**, grand hôtel historique de style victorien dont l'ouverture, en 1891, lança le tourisme sur l'île. Sirotez un cocktail ou un jus sur l'une des chaises à bascule sur le grand deck, face au Edgartown Harbor Light, petit phare blanc.

Face à Edgartown, l'île de **Chappaquiddick** abrite de grandes propriétés discrètement masquées par la végétation de leurs parcs. Le bac, qui n'a pas d'horaire régulier, a été surnommé avec humour *On time* (à l'heure).

West Tisbury

Au cœur de l'île, au milieu des forêts, ce petit village est l'occasion d'une agréable pause. Le long de State Rd, flânez au General Store, achetez de quoi pique-niquer à 7a Foods et parcourez la Field Gallery et son jardin de sculptures.

★★ Aquinnah Cliffs

Situées à la pointe occidentale de Martha's Vineyard, ces falaises de près de 20 m de haut sont constituées de couches d'argile zébrées de bleu, de brun, de gris, de blanc, d'orange et de rouge. Vieilles de 100 millions d'années, elles cachaient des fossiles de plusieurs espèces d'animaux, dont des chameaux, des chevaux et des baleines. Les Amérindiens d'Aquinnah emploient aujourd'hui cette argile pour façonner des objets de poterie décorative et des bijoux, appelés des *Wampun*.

Le phare **Gay Head** surplombe les falaises.

Menemsha

On vient jusque dans ce petit village de bord de mer pour acheter du poisson dans l'une des poissonneries de Basin Rd. Juste derrière s'étendent les quais où les bateaux déchargent leur pêche du jour. Fraîcheur garantie.

NOS ADRESSES À MARTHA'S VINEYARD

TRANSPORTS

En avion

Cape Air *(www.flycapeair.com)* relie Boston et l'île, **Jet Blue** part de New York et Boston, **Delta** de New York et **American Airlines** de Washington DC.

En bus

Deux compagnies relient toute l'année Boston aux embarcadères de New Bedford, Hyannis et Woods Hole.

Peter Pan Bus Lines – *✆ 800 343 9999 - www.peterpanbus.com.*

P & B – *✆ 508 746 0378 - www.p-b.com.*

En ferry

Les ferries pour Martha's Vineyard partent de New Bedford *(1h)*, Falmouth *(35mn)*, Woods Hole *(45mn)*, Hyannis *(1h)* et Nantucket *(Massachusetts, 1h20)*. Il est aussi possible de venir de New York *(5h)*. En haute saison, il faut réserver.

Les ferries de Woods Hole circulent toute l'année et transportent véhicules et passagers, tandis qu'au départ des autres ports, ouverts du printemps à l'automne, seuls les piétons sont admis.

Steamship Authority – *✆ 508 693 9130 - www.steamshipauthority.com.* Service (véhicules et piétons) de Woods Hole vers

Vineyard Haven et Oak Bluffs.
Hy-Line Cruises – *800 492 8082 - www.hylinecruises.com.* Liaisons Hyannis-Oak Bluffs et Nantucket-Oak Bluffs en ferry rapide ou régulier.

HÉBERGEMENT

Vineyard Haven

PREMIER PRIX

Hostel International – *525 West-Tisbury Rd - (508) 693-2665 - www.hiusa.org - P - de mi-mai à mi-oct. - 67 lits en dortoir 35/42 $, ch. 110/171 $.* Des dortoirs bien tenus sous la houlette du réseau Hostelling International.

Edgartown

POUR SE FAIRE PLAISIR

Harbor View Hotel – *131 N Water St. - (508) 627-7000 - www.harborviewhotel.com - 130 ch. 229/759 $.* C'est l'hôtel historique d'Edgartown. L'emplacement est idéal, et il est très agréable de siroter un verre sur un des rocking-chair du patio, avec vue sur le phare et la mer. Les chambres sont confortables, installées dans le bâtiment principal et des annexes. Profitez en été de la grande piscine.

UNE FOLIE

Winnetu Oceanside Resort – *31 Dunes Rd - (508) 310-1733 - www.winnetu.com - P - 54 ch. 395/675 $ -.* Vous trouverez forcément votre bonheur dans ce village de vacances luxueux situé à 15mn de marche de South Beach.

Charlotte Inn – *27 South Summer St. - (508) 627-4751 - www.thecharlotteinn.com - P - 17 ch. et 1 suite 397/1 200 $ -.* Architecture typique de la région, et décor du Vieux Continent : dorures, antiquités et chandeliers.

RESTAURATION

Oak Bluffs

BUDGET MOYEN

The Red Cat Kitchen – *14 Kennebec Ave. - (508) 696-6040 - www.redcatkitchen.com - à partir de 18h - réserv. recommandée.* À deux pas du carrousel d'Oak Bluffs, ce petit restaurant passe presque inaperçu depuis la rue malgré sa façade rouge. L'intérieur est funky et a un côté cabinet de curiosités ; malgré les tables un peu bancales, la cuisine est précise. Les fruits de mer sont à l'honneur : le menu change tous les jours en fonction du marché. On a aimé le risotto aux saint-jacques de la baie et le saumon du Maine façon sushi. Une belle adresse.

Edgartown

BUDGET MOYEN

Seafood Shanty – *31 Dock St. - (508) 627-8622 - www.theseafoodshanty.com - 11h-22h - fermé mai-oct. - plat 23/39 $.* Le port, la vue, les assiettes copieuses (les moules en entrée suffisent pour un repas !) et les prix raisonnables en font une adresse recherchée de l'île.

Alchemy – *71 Main St. - (508) 627-9999 - 17h30-0h30.* Tout de blanc vêtu, un bistrot à la française au menu éclectique : risotto de homard, bavette au fromage, poulet au citron vert et à la tequila, gâteaux de saumon, sandwichs cubains…

West Tisbury

PREMIER PRIX

7A Foods – *1045 State Rd - (508) 693-4336 - 7h-17h.* Une épicerie fine au beau milieu de l'île : parfait pour dépanner. Copieux sandwichs à emporter, également café et pour la touche sucrée : glaces et cookies.

Vineyard Haven

PREMIER PRIX

Art Cliff Diner – *39 Beach Rd - ✆ (508) 693-1224 - mai-oct. - 7h-14h - fermé merc.* Un diner ordinaire (nappes à carreaux, burgers et traditionnel bacon and eggs) qui sait se faire original : salade d'asperges, gaufres à la citrouille…

Menemsha

PREMIER PRIX

Larsens Fish Market – *56 Basin Rd - 02535 Chilmark - ✆ (508) 645-2680 - été 9h-18h.* Un shack où acheter fruits de mer frais à manger en pique-nique sur la plage voisine.

Oak Bluffs

BUDGET MOYEN

Offshore Ale Co – *30 Kennebec Ave. - 02557 Oak Bluffs - ✆ (508) 693-2626 - www.offshoreale.com - 11h30-20h30.* Une brasserie très sympa : pizza, moules et autres fruits de mer au menu. Belle carte de bières.

ACHATS

Edgartown

Portobello Road – *4 Dock St. - ✆ (508) 627-4276 - 9h-22h.* Papeteries, posters, livres, souvenirs originaux : un bazar contemporain où se faire plaisir avec des babioles mignonnes.

Vineyard Haven

Tuck & Holland – *275 State Road - www.tuckandholand.com - lun.-vend. 10h-17h.* Poussez la porte de ce studio de sculpteurs du métal spécialisés dans les girouettes. À défaut d'acheter une sculpture – elles sont très onéreuses et le carnet de commandes est rempli pour plusieurs années –, vous pourrez admirer les œuvres et discuter avec un artisan passionné.

ACTIVITÉS

Les amateurs de surf préféreront les **plages** du sud, et les familles recherchant des eaux calmes celles du nord.

L'île propose de nombreuses activités : **kayak de mer**, **voile**, **vélo**, **baignade**, **windsurf** et **golf**. Pour une randonnée guidée, contactez le **Felix Neck Wildlife Sanctuary** – *01773 Lincoln - ✆ (508) 627-4850 - www.massaudubon.org.*

AGENDA

Vineyard Haven

Martha's Vineyard Film – http://tmvff.org - fin mars.

Nantucket

★★★

10 399 hab. (île)

Nantucket, dont le nom indien signifie « l'île lointaine », dessine son triangle de 22 km de long sur 6 à 48 km de large au sud de Cape Cod. L'écrivain Herman Melville la décrivit dans son roman « Moby Dick » comme « une butte isolée et un coude de sable ». Elle conserve un aspect très sauvage, que l'on peut découvrir à l'occasion d'une promenade à vélo à travers marais, étangs, landes et dunes de sable. Mais l'île, qui fut le plus célèbre centre baleinier du monde au 19e s., est aussi devenue une destination touristique très sélecte et les jolies ruelles pavées de Nantucket Town sont bordées de boutiques et de restaurants tendance. Plus chic que sa voisine Martha's Vineyard, on dit aussi que les préférences politiques de ses habitants penchent du côté républicain.

NOS ADRESSES PAGE 148
Hébergement, restauration, achats, activités, etc.

S'INFORMER

Nantucket Visitor Services – Plan de ville p. 146 - *25 Federal St. - 508 228 0925 - lun.-sam. 9h-17h.*

SE REPÉRER

Carte de région D4 (p. 26-27).

À 30 miles (48,2 km) du continent, Nantucket est accessible par avion ou ferry *(voir « Nos adresses »).*

SE GARER

Un conseil : évitez d'amener votre véhicule. Louez un vélo ou un scooter ou utilisez les bus.

À NE PAS MANQUER

Un pique-nique devant le coucher du soleil, à Madaket Beach ; une promenade le long de la falaise, à Siasconset.

ORGANISER SON TEMPS

La meilleure époque pour visiter l'île est probablement fin juin, quand les rosiers sont en fleurs. Évitez l'hiver de janv. à mars où l'île est endormie. Si vous ne passez qu'une seule journée sur l'île, découvrez le centre-ville de Nantucket Town puis partez jusqu'à Siasconset. Vous disposez de plus de temps ? L'île est petite, mais riche en activités, et offre une réelle douceur de vivre pour des vacances.

Se promener Plan de ville p. 146

Bon à savoir – L'Association historique de Nantucket gère les visites des bâtiments historiques de la ville, dont la **Quaker Meeting House**, et propose un laissez-passer *(20 $)* pour la visite du **Whaling Museum** et de cinq édifices : **Fire Hose Cart House**, une maison de pompiers du 19e s. ; **Greater Light**, une grange reconvertie en maison d'artistes dans les années 1930 ; **Old Mill**, le plus vieux moulin du pays toujours en activité ; **The Oldest House** (1686), la plus ancienne maison de Nantucket, et la **Old Goal**. L'association propose aussi deux visites guidées *(10 $/visite)* : une découverte du centre historique à pied, émaillée d'anecdotes, et une visite guidée de trois maisons historiques : **Hawden House** (1845), la maison d'un riche marchand d'huile de baleine ; **Thomas Macy House** et **Greater Light**, une ancienne grange transformée en studio d'artistes dans les années 1930. *Rens. Whaling Museum (voir ci-après).*

Village de Nantucket.
Atlantide Phototravel/Getty Images

★★★ Whaling Museum

13 Broad St. - ✆ 508 228 1894 - www.nha.org - avr.-déc. : 10h-17h - fermé janv.-mars, Thanksgiving, 25 déc. - 20 $ (billet combiné).

Ce très beau musée, installé dans une ancienne usine où l'on fabriquait autrefois des bougies, rassemble une importante collection d'objets ayant trait à la pêche à la baleine : *scrimshaws* (des gravures dans des dents de cachalot), *lightship baskets* (des paniers fabriqués en mer par les marins), harpons, maquettes, marines et un squelette de cachalot de 14 m. Ne manquez pas la vue sur le port, depuis la terrasse d'observation sur le toit. Des activités sont proposées : film, conférence sur la chasse à la baleine, conte animé…

APOGÉE ET DÉCLIN DE LA PÊCHE À LA BALEINE

Comment une si petite île est-elle devenue la capitale mondiale de la pêche à la baleine ? Les Indiens étaient passés maîtres dans l'art de tuer la baleine échouée sur les rivages. Dès la fin du 17e s., ils apprirent aux colons à harponner les cétacés à partir des côtes. Avec le développement de la marine, les pêcheurs partirent chasser au large, où abondaient les baleines. Les explorations se firent plus périlleuses et plus longues : trois voire cinq ans à parcourir le monde, jusque dans les eaux peu exploitées de l'océan Pacifique. Les baleiniers revenaient chargés de quelque 30 000 barils de graisse par an, qu'ils revendaient dans d'autres ports européens. C'était l'époque des splendides demeures édifiées sur Main Street par les capitaines au long cours. Par sa richesse, l'île se situait au troisième rang après Boston et Salem. Puis ce fut le déclin. Le port n'était pas assez profond pour accueillir les nouveaux bateaux, et New Bedford prit la relève. En 1846, un terrible incendie ravagea la ville. En outre, la découverte de pétrole en Pennsylvanie permit d'obtenir une source d'énergie moins coûteuse à exploiter et mit un terme à l'époque faste de Nantucket. Celle-ci s'endormit pour quelques décennies, puis se réveilla avec l'essor du tourisme.

★★★ Main Street

Ombragée par des ormes centenaires, pavée de gros galets ronds, bordée de maisons de capitaines au long cours, Main Street est d'un autre siècle. Arrêtez-vous devant le très bel édifice en brique du **Pacific Club** (1772). C'est l'un des rares bâtiments à avoir résisté au terrible incendie de 1846 qui ravagea la ville. Pour entrer dans ce club très sélect, il fallait avoir passé le Cap Horn !

Quaker Meeting House

7 Fair St. - lun. et jeu.-vend. 10h-16h, mar. 11h-16h - gratuit.

Ce sobre bâtiment blanc construit en 1838 est l'un des vestiges de la communauté Quaker, très importante à Nantucket jusqu'au début du 19e s., et qui fit de l'île un lieu de tolérance et d'égalité entre les hommes et les femmes.

★ Straight Wharf

Au bas de Main Street, ce quai fait partie d'un ensemble de marinas modernes construites sur pilotis dans le style des anciennes maisons de pêcheurs.

Nantucket Lightship Basket Museum

49 Union St. - ✆ 508 228 1177 - www.nantucketlightshipbasketmuseum.org - fin mai-fin oct. : mar.-sam. 10h-16h30 - 7 $.

SE LOGER		SE RESTAURER			
Cliff Lodge	1	American Seasons	1	Fog Island Cafe	7
Greydon House	2	Black-Eyed Susan's	3	Queequeg's	9
21 Broad	6	Center Street Bistro	5	The Pearl	12

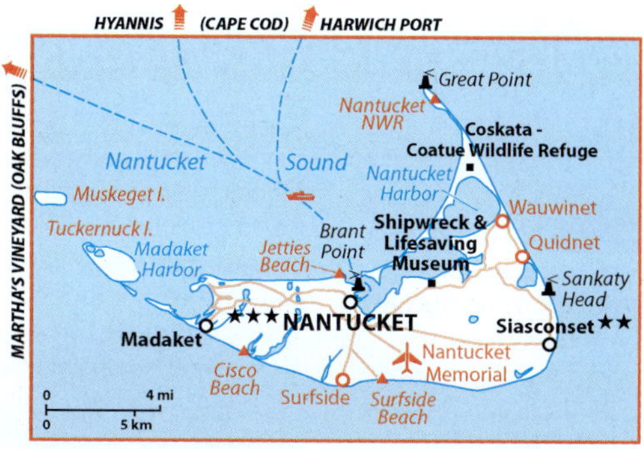

Bon à savoir – Marchez jusqu'à ce musée en passant par Orange St., une des plus belles rues historiques de la ville.

Ce petit musée présente le seul artisanat de l'île : la confection de paniers aux fermoirs en ivoire. Sur place, un artisan, une courte vidéo et plusieurs vitrines mettent en scène ces paniers dont le prix atteint plusieurs centaines, voire milliers de dollars.

1

À proximité Carte de l'île ci-dessus

Shipwreck and Lifesaving Museum

À 3,5 miles (5,6 km) à l'est de Nantucket Town. 158 Polpis Road - ✆ 508 228 2505 - www.nantucketshipwreck.org - de fin mai à mi-oct. : lun.-sam. 10h-17h, dim. 12h-17h - 10 $.

Nantucket est entourée de nombreux bancs de sable sur lesquels des centaines de bateaux se sont échoués, avant que les outils modernes de navigation n'existent. Ce très agréable musée raconte comment la vie locale s'est organisée pour sauver les marins en péril. Remarquez notamment la bouée-maillot de bain qui permettait de tirer les marins depuis le bateau sur la plage.

★★ Siasconset

À 7,5 miles (12 km) à l'est de Nantucket Town.

Les habitants de l'île l'ont abrégé en « Sconset ». Au 17ᵉ s., les pêcheurs de morue construisirent des abris, les **shanties★**, le long des rues centrales. Découvert à la fin du 19ᵉ s. par quelques artistes new-yorkais venus y passer leurs vacances, Siasconset devint un endroit très prisé.

La promenade du **Bluff Walk★★** est sublime : dans le prolongement de Front Street (non pavée), elle longe la falaise et traverse les jardins de riches propriétés. De là, on aperçoit la plage en contrebas et parfois même des phoques.

Coskata-Coatue Wildlife Refuge

À 8,2 miles (13,2 km) à l'est de Nantucket Town. 107 Wauwinet Rd - ✆ 508 228 0006 -www.thetrustees.org/places-to-visit/cape-cod-islands/coskata-coatue.html - 10h-17h -gratuit. Tour en 4x4 (2h) 60 $.

Cette langue de terre abrite un refuge pour la faune et la flore locales. Elle se parcourt à pied ou avec un guide en 4x4. Comptez 3h minimum.

Madaket

À 5,7 miles (9 km) à l'ouest de Nantucket Town.

Une piste cyclable traverse les marais et conduit à Madaket Beach, sur la côte ouest de l'île. Au coucher de soleil, les couleurs de la plage s'embrasent.

NOS ADRESSES À NANTUCKET TOWN

TRANSPORTS

En avion

Cape Air – ✆ *800 352 0714 - www.flycapeair.com.* La compagnie assure la liaison entre Nantucket et Boston, Hyannis et New Bedford.

Jetblue – ✆ *800 538 2583 - www.jetblue.com.* Relie Nantucket à Boston.

En bus

Deux compagnies relient toute l'année Boston aux embarcadères de New Bedford, Hyannis et Woods Hole (Cape Cod).

Peter Pan Bus Lines – ✆ *800 343 9999 - www.peterpanbus.com.*

P & B – ✆ *508 746 0378 - www.p-b.com.*

En ferry

Les ferries à destination de Nantucket partent de **Hyannis**. Trois compagnies rallient Nantucket (les ferries rapides ne prennent en général que les passagers). Horaires et tarifs varient selon la saison. En haute saison, réservez votre voyage longtemps à l'avance.

Steamship Authority – ✆ *508 495 3278 - www.steamshipauthority.com.*

Hy-Line Cruises – ✆ *800 492 8082 - www.hy-linecruises.com.* C'est la seule compagnie en été qui propose des trajets aller-retour pour Martha's Vineyard dans la journée.

Freedom Cruise Line – ✆ *508 432 8999 - www.nantucketislandferry.com - de fin mai à fin oct.*

Sur l'île

Nantucket Regional Transit Authority – *« The Wave » - 22 Federal St. - ✆ 508 228 7025 - nrtawave.com - de fin mai à déb. oct. : 7h-23h30.* Elle gère un réseau de navettes desservant de nombreux points de l'île, dont Madaket, Sconset et l'aéroport. Prévoir des billets de 1 $ et 5 $.

Location de vélo – Les loueurs se concentrent sur Broad St. comme **Young's Bicycle Shop** *(✆ 508 228 1151 - www.youngsbicycleshop.com).* Env. 35 $/24h.

VISITES

Des visites guidées d'une demi-journée en **minibus** sont organisées par plusieurs compagnies privées. C'est une bonne formule si vous ne passez qu'une journée sur l'île. Renseignements au Nantucket Visitor Services *(voir p. 144).*

HÉBERGEMENT

Bon à savoir – Que ce soit pour se loger ou se restaurer, Nantucket est une destination très coûteuse, surtout en été. Attention, le camping est interdit sur l'île.

Centrales de réservation

Nantucket Accommodations – ✆ *(866) 743-3330 - www.nantucketaccommodation.com.*

PREMIER PRIX

Hostelling International – Hors plan *31 Western Ave. - ✆ (508) 228-0433 - www.hiusa.org - P ♿ Wi-Fi - de mi-mai à mi-oct. - 49 lits 42/45 $ et 2 ch. (5 lits) 200 $.* À 3,5 miles (5,6 km) du débarcadère de Nantucket, cette auberge de jeunesse située dans un ancien poste de secours en mer est accueillante et bien tenue.

BUDGET MOYEN

1 Cliff Lodge – *9 Cliff Rd - ✆ (508) 228-9480 - www.clifflodgenantucket.com - P Wi-Fi - 12 ch. 155/360 $ ☕.* Des chambres simples égayées de couleurs pastel et de courtepointes caractérisent cette maison érigée en 1771. Les plus petites sont aussi cosy que les plus grandes ; certaines ont vue sur le port.

6 **21 Broad** – *21 Broad St. - ✆ (508) 228-4749 - www.21broadhotel.com - 27 ch. 139/689 $* ☕. Un beau petit hôtel aux chambres lumineuses et modernes dans une maison victorienne d'une rue centrale.

POUR SE FAIRE PLAISIR

2 **Greydon House** – *17 Broad St. - ✆ (508) 228-2468 - http://greydonhouse.com - 20 ch. 269-649 $.* Greydon house a du cachet sans être tape à l'œil. Installé dans l'ancienne maison d'un médecin, le luxe de cet hôtel réside dans ses nombreux détails. Les chambres, certes petites, ont un mobilier choisi avec soin, les salles de bains, spectaculaires, sont carrelées d'azulejos. Le restaurant est un régal : le chef venu de New York propose une cuisine inventive et raffinée, avec des produits locaux. Si cette adresse est trop coûteuse, venez faire un tour au bar où les mixologues vous prépareront un breuvage unique.

RESTAURATION

PREMIER PRIX

7 **Fog Island Cafe** – *7 South Water St. - ✆ (508) 228-1818 - www.fogisland.com - 7h-14h, dim. 7h-13h.* Sous la houlette de Mark et Anne Dawson, diplômés du Culinary Institute of America, ce café-restaurant est doublé d'un take-away de qualité : savoureux roll-ups, salades, burgers et plats plus recherchés (thon au sésame, coquilles saint-jacques). On peut y prendre le petit-déjeuner.

BUDGET MOYEN

5 **Centre Street Bistro** – *29 Centre St. - ✆ (508) 228-8470 - www.nantucketbistro.com - 11h30-14h, 17h30-21h, dim. 8h-13h, 17h30-21h - fermé lun. et mar.* Atmosphère décontractée et prix modérés font de ce bistrot fusion, où le saumon est servi avec des wontons (raviolis chinois) et le canard avec un chutney, une étape appréciée. Le coffee shop voisin, The Bean, propose d'excellents cafés et pâtisseries.

3 **Black-Eyed Susan's** – *10 India St. - ✆ (508) 325-0308 - http://black-eyedsusans.com/- ▭̸ - 7h-13h, 18h-22h, dim. 7h-13h - fermé nov.-mars.* Les meilleurs petits-déjeuners de l'île ! Essayez le French toast avec ses noix de pécan à la cannelle, ou le copieux scramble portugais (tomates, ail et épinards).

9 **Queequeg's** – *6 Oak St. - ✆ (508) 325-0992 - www.queequegsnantucket.com - 17h30-21h, vend.-sam. 21h30.* Cette adresse très centrale se cache dans une rue calme. À midi, bonne cuisine de bistrot et agréable terrasse. Ambiance et plats plus chics le soir.

POUR SE FAIRE PLAISIR

1 **American Seasons** – *80 Centre St. - ✆ (508) 228-7111 - www.americanseasons.com - le soir seult.* Cuisine délicate dans une ambiance élégante mais détendue. Les produits sont locaux, les plats originaux, comme le surprenant canard à la noisette ou le porc confit aux kumquats. Les desserts sont plus classiques mais savoureux (banana-split, tarte au citron, cheesecake).

12 **The Pearl** – *12 Federal St. - ✆ (508) 228-9701 - www.thepearlnantucket.com - à partir de 18h.* Exotique, sensuelle, inventive et généreuse, la cuisine fusion du Pearl attire le Tout-Nantucket.

New Bedford

★

95 032 hab.

À une heure au sud de Boston, New Bedford, qui surclassa Nantucket comme capitale de la pêche à la baleine au cours du 19e s., est devenue une ville paisible vivant de l'industrie et de la pêche. Des rues pavées de gros galets ronds descendent jusqu'au port où foisonnent les antiquaires et les magasins d'équipement pour la navigation. Les bassins, autrefois fréquentés par les plus majestueux baleiniers, accueillent aujourd'hui des chalutiers modernes. On a un aperçu du passé prestigieux de New Bedford dans le petit quartier historique bien préservé près du port, aux maisons en briquettes rouges. Le musée de la baleine, le Whaling Museum, et Seamen's Bethel, la chapelle décrite dans « Moby Dick », sont une entrée dans le monde maritime grandiose de l'époque.

S'INFORMER

Destination New Bedford – *33 William St. - ✆ 508 979 1745 - www.destinationnewbedford.org.*

SE REPÉRER

Carte de région C4 (p. 26-27).

New Bedford se trouve à environ 60 miles (96,5 km) au sud de Boston.

SE GARER

Vous pourrez vous garer au Elm Street Garage, situé à un block au nord du Visitor Center du New Bedford Whaling National Historic Park, et à deux blocks du Whaling Museum.

À NE PAS MANQUER

Admirez les collections du Whaling Museum ; assistez à un concert ou une représentation au Zeiterion Theatre (le « Z »), qui a conservé son décor années 1920 *(684 Purchase St. - ✆ 508 994 2900 - www.zeiterion.org).*

ORGANISER SON TEMPS

Le matin, visitez le Whaling Museum, puis passez voir la chapelle décrite par Herman Melville dans *Moby Dick* (The Seamen's Bethel) avant de déjeuner dans l'un des bons restaurants portugais de la ville.

AVEC LES ENFANTS

Grimpez à bord de la réplique du baleinier Lagoda au New Bedford Whaling Museum ; visitez les bateaux de Battleship Cove, à Fall River.

L'ÂGE D'OR DE LA PÊCHE À LA BALEINE

C'est en 1765 que Joseph Rotch, qui avait établi l'industrie de la pêche à la baleine à Nantucket, quitta son île pour développer son savoir-faire à New Bedford : dix ans plus tard, une cinquantaine de bateaux parcouraient les mers à la recherche des cétacés. Dans les années 1830, la ville dépassa Nantucket ; en 1857, la flotte baleinière de New Bedford comptait 329 bateaux et plus de 10 000 marins, soit la moitié de la population de la ville. Dans le port, c'était un éternel va-et-vient de baleiniers partant pour plusieurs années vers les mers lointaines ou revenant chargés de tonneaux de graisse. Les fabriques transformant le blanc de baleine en chandelles fonctionnaient sans cesse, tandis que les fanons étaient mis à sécher pour équiper les corsets ou les parapluies. Les quais retentissaient des coups de marteau des constructeurs de bateaux, des tonneliers et des forgerons.

The Seamen's Bethel.
D. Lyons/age fotostock

Se promener

NEW BEDFORD WHALING NATIONAL HISTORIC PARK

Visitor Center – *33 William St. - ✆ 508 996 4095 - www.nps.gov./nebe - 9h-17h - fermé 1er janv., Thanksgiving Day et 25 déc.* Il propose des plans et des visites guidées de certaines de ces structures.

Créé en 1996, ce secteur, qui comprend 13 blocks le long du Waterfront, conserve quelque 70 bâtiments (la plupart privés) ayant joué un rôle dans l'histoire maritime de la ville.

★★ New Bedford Whaling Museum

18 Johnny Cake Hill (de l'I-195, prenez la sortie 15 et suivez les panneaux signalant Downtown New Bedford. Tournez à droite dans Elm St., puis à gauche dans Bethel St.) - ✆ 508 997 0046 - www.whalingmuseum.org - ♿ - avr.-déc. : 9h-17h ; janv.-mars : mar.-sam. 9h-16h, dim. 11h-16h - ouvert jusqu'à 21h le 2e jeu. du mois - fermé 1er janv., Thanksgiving Day et 25 déc. - 17 $ (seniors 15 $, étudiants 10 $). Le billet inclut la visite de la Mariner's House.

Marines, *scrimshaws*, tissus, verreries, photographies : les collections de ce musée consacré à la baleine figurent parmi les plus prestigieuses au monde. Dans ce musée très riche, le visiteur est invité à découvrir aussi bien la baleine à travers la pêche, ses techniques selon les peuples, que l'aspect biologique et environnemental de la préservation du cétacé. D'autres salles historiques, artistiques et culturelles présentent aussi bien le rôle de la marine marchande dans les colonies britanniques que les films et livres sur les baleines, ainsi que des œuvres inspirées de l'univers de la baleine.

L'exposition la plus impressionnante se trouve dans l'immense salle qui comporte la maquette (modèle réduit de moitié) du **Lagoda**, un baleinier qui fut en service à New Bedford jusqu'en 1925. On peut y monter et voir comment était équipé ce type de navire. Autour du bateau, des photos et objets racontent le métier de baleinier partout dans le monde, des Açores à la Polynésie.

Seamen's Bethel et Mariner's House

15 Johnny Cake Hill - ✆ 508 996 4095 - seamensbethel.org - de Memorial Day à fin oct. : 10h-16h - contribution demandée.

Cette chapelle (1832), évoquée par Melville dans *Moby Dick*, contient de nombreux souvenirs des hommes qui vécurent de la pêche à la baleine. Les marins en partance pour un voyage long et périlleux ne manquaient pas de venir y prier. À l'intérieur, remarquez la chaire en forme de proue. Le mot Bethel est la contraction de deux mot hébreu signifiant la maison de Dieu.

Juste à côté se trouve la Mariner's House, qui servit à partir de 1830 de pension pour les marins.

AU NORD DE LA VILLE

Rotch-Jones-Duff House & Garden Museum

396 County St. - ✆ 508 997 1401 - rjdmuseum.org - lun.-sam. 10h-16h, dim. 12h-16h - 6 $ - fermé j. fériés.

Cette grande maison victorienne plantée sur les hauteurs de la ville a appartenu successivement à trois familles, qui ont fait fortune dans la marine marchande. L'intérieur est bien conservé : on découvre des détails de la vie quotidienne dans la cuisine au rez-de-chaussée et dans les chambres à l'étage.

À proximité Carte de région p. 26-27

Fall River C4

▶ *À 22 miles (35,5 km) à l'ouest de New Bedford et 50 miles (80,4 km) au sud-ouest de Boston. L'arrivée depuis New Bedford (I-195) offre de belles vues sur Fall River.*

Au tournant du 20e s., sa célèbre ligne de bateaux à vapeur, la Fall River Line, qui reliait New York à Boston et débarquait au passage les milliardaires de Newport, illustrait la prospérité de Fall River : elle était alors l'un des principaux centres textiles du monde. Bien que frappée de plein fouet par la grande crise de 1929, puis par la migration des manufactures vers le sud et l'émergence des fibres synthétiques, la ville resta attachée à sa longue tradition textile. Depuis 1960, son musée naval attire de nombreux visiteurs.

★★ **Battleship Cove** – *5 Water St. - ✆ 508 678 1100 - www.battleshipcove.com - P - avr.-oct. : 9h-17h ; nov.-mars : vend.-dim. 9h-16h - fermé 1er janv., Thanksgiving et 25 déc. - 25 $ (seniors 23 $, 4-12 ans 15 $).* En 1965, le cuirassé **USS Massachusetts**★ effectua son dernier voyage pour s'immobiliser à Fall River, où il devint un monument commémoratif dédié aux 13 000 habitants du Massachusetts tombés au cours de la Seconde Guerre mondiale. Plusieurs bâtiments sont venus le rejoindre : l'**USS Massachusetts**, surnommée « Big Mamie », le **PT Boat 796**, un navire patrouilleur, le sous-marin **Lionfish** et le contre-torpilleur **USS Joseph P. Kennedy**, et d'autres encore. Tous sont ouverts à la visite.

LIZZIE BORDEN PRIT UNE HACHE ET...

La plus célèbre habitante de Fall River fut aussi... la plus impopulaire ! Accusée en 1892 d'avoir tué son père et sa belle-mère à coups de hache, elle fut finalement acquittée. La scène eut lieu au 92 Second St., où se trouve aujourd'hui un petit musée dédié à son histoire doublé d'un B & B de 8 chambres : les crimes furent commis dans deux d'entre elles !

Worcester

184 508 hab.

Située à 43 miles (70 km) à l'ouest de Boston, Worcester (prononcez Wooster), la deuxième ville de la Nouvelle-Angleterre, est un centre industriel important. L'intérêt de la ville se concentre autour du beau musée d'art et des universités qui dynamisent la ville. Mais surtout, la cité s'enorgueillit de la proximité de l'un des sites historiques les mieux conservés de Nouvelle-Angleterre, et c'est une bonne raison pour y aller : the Old Sturbridge Village, un village grandeur nature qui reproduit la vie rurale en 1830.

S'INFORMER
Discover Central Massachusetts – *446 Main St. - ✆ 508 753 1550 - www.destinationworcester.org.*

SE REPÉRER
Carte de région C2 (p. 26-27).
Worcester est à 1h de route à l'ouest de Boston par l'I-90 et la Route 9.

SE GARER
La ville compte plusieurs parkings. Prévoyez des *quarters* (pièces de 25 cts) pour les horodateurs.

À NE PAS MANQUER
L'incontournable Old Sturbridge Village.

ORGANISER SON TEMPS
Consacrez une journée à Old Sturbridge Village. Passez une heure en fin de journée au Purgatory Chasm, quand la lumière dorée effleure les pierres. Revenez pour le musée d'art.

AVEC LES ENFANTS
Les activités de Old Sturbridge Village.

Découvrir

★★ Worcester Art Museum
55 Salisbury St. - ✆ 508 799 4406 - www.worcesterart.org - merc.-dim. 10h-16h (3e jeu. du mois 20h) - fermé j. fériés - 16 $.

Présentées dans un bâtiment inspiré de la Renaissance italienne, à deux pas du quartier étudiant de la ville, les collections sont réparties dans des galeries entourant une cour intérieure décorée d'une magnifique mosaïque d'Antioche représentant des scènes de chasse (2e-6e s.). Une photographie contemporaine, telle une immense fresque, contraste avec la mosaïque au sol, créant un choc culturel et visuel. Des galeries sont consacrées aux gravures et aux dessins, à l'art contemporain et aux expositions temporaires. À l'extérieur, le jardin est embelli de sculptures, et l'on voit des étudiants de l'école d'art au travail.

Le **rez-de-chaussée** est dédié à l'Antiquité, au Moyen Âge et à l'art asiatique (superbes estampes japonaises de la période Edo). Remarquez la **salle capitulaire** du 12e s. provenant d'un couvent bénédictin du Poitou, et *La Cène*, l'une des fresques du 13e s. transportées depuis Spoleto en Italie.

Au 1er étage, la muséographie a été revue, donnant un coup de jeune à ce musée où il est plaisant de flâner. la peinture européenne s'étend de la Renaissance au 20e s. On y admire notamment une *Madeleine repentante* du Greco, un charmant tableau de Gainsborough représentant ses filles, *Femme rêvant* de Gauguin, et *La Vocation de saint Matthieu*, spectaculaire composition de Bernardo Strozzi. Au 3e étage se trouve une superbe **collection précolombienne**.

À proximité Carte de région p. 26-27

★★★ Old Sturbridge Village B2

À Sturbridge, 22 miles (35,4 km) au sud-ouest de Worcester, à l'intersection de Mass. Tpk (I-90) et de l'I-84. 508 347 3362 - www.osv.org - - de mai. à déb. sept. : merc.-dim. 9h30-17h ; sept.-nov. et janv.-mars : merc.-dim. 9h30-16h ; déc. : vend.-dim. 15h-20h (Lumières de Noël) - ouvert les lundis fériés et 4 Juillet, fermé Noël, 31 Déc. et 1er Janv. - 28 $, 3-17 ans 14 $.

Bon à savoir – Prenez le temps de vous informer sur les animations au fil de la journée : toutes les maisons du village se visitent mais dans certaines, des acteurs en costumes reproduisent des activités d'antan.

Old Sturbridge Village est la reconstitution d'une communauté rurale telle qu'elle pouvait se présenter entre 1790 et 1840. Fruit d'un travail de recherche considérable, cette réalisation est remarquable pour l'exactitude des détails, la beauté du site et des bâtiments. Les frères Albert et Joel Cheney en sont à l'origine. Collectionneurs d'objets rustiques, ils se mirent en quête de maisons, de fermes et de boutiques datant du début du 19e s. pour pouvoir les exposer au public. Déplacés et reconstruits à Sturbridge, ces bâtiments furent ouverts aux premiers visiteurs en 1946.

En se dirigeant vers le Common, les visiteurs passent devant la **Friends Meetinghouse** (1796) qui traduit, par sa sobriété, la rigueur et la piété des quakers. À l'ouest du Common se trouvent la **Center Meetinghouse**, une église de style néoclassique, bordée par un cimetière, et, au sud, le **Knight Store**, une épicerie typique où l'on s'approvisionnait et écoulait sa production. Ne ratez pas cette belle échoppe ! On peut aussi entrer dans le **Law Office**, petit bureau du juge, le **Richardson Parsonage** (1748), presbytère de type « boîte à sel », et le **Tin Shop** où un ferblantier fabrique toujours des ustensiles de ménage qu'on utilisait au 19e s. Face à l'église, de l'autre côté du Common, la **Towne House** (1796), de style fédéral, est représentative des maisons bourgeoises que l'on rencontrait dans les villages : on s'y promène librement, des chambres à l'étage jusqu'aux cuisines du sous-sol. Au printemps, de jeunes animaux vivent dans la cour. Faites attention à la diligence qui traverse la place, direction l'auberge (où il est possible de se restaurer selon un menu type colonial, comme pour un Thanksgiving). Derrière la banque se situe le **Printing Office**, une imprimerie du début du 19e s.

Plus loin, au fil d'une promenade dans les bois et par un pont couvert au bord d'un petit lac, la **Freeman Farm** est animée par des figurants qui cuisinent, s'occupent des animaux et travaillent aux champs. Non loin apparaît le **Blacksmith Shop**, atelier du forgeron, ainsi que trois **moulins**. Un musée, le **Samson's Children's Museum**, s'adresse aux plus jeunes.

Purgatory Chasm State Reservation C2

À Sutton, 12 miles (19,3 km) au sud de Worcester. 198 Purgatory Rd - 508 234 3733 - www.mass.gov/dcr - carte et info sur les sentiers au Visitor Center, sur le parking (10 $/voiture). Comptez de 45mn à 1h de randonnée de niveau moyen.

Appelée parfois très exagérément « le Grand Canyon de Nouvelle-Angleterre » cette curiosité naturelle est une gorge *(chasm)* très étroite entre des parois de granit de 20 m de haut. La randonnée au milieu des rochers est amusante, et très fréquentée aux beaux jours. Descendez la gorge puis remontez par le côté pour longer la falaise d'en haut, où se trouvent une série de curiosités naturelles aux noms amusants : une petite caverne a été surnommée le « coffin » (cercueil) et une anfractuosité entre deux rochers, large de 30 cm et profonde de 3 m, porte bien son nom : « The Fat's Man Misery » (le malheur du gros).

Deerfield

★★

4 992 hab.

Baignée par la Deerfield River, à l'ombre de la crête de Pocumtuck, la région de Deerfield est l'une des plus belles du Massachusetts. La petite ville, très agréable et paisible, est aujourd'hui connue pour son bel ensemble de bâtiments figés dans le temps (Historic Deerfield), alignés le long de la rue principale communément appelée « The Street ». Si vous disposez d'un peu de temps, n'hésitez pas à explorer la douce et boisée Pioneer Valley.

NOS ADRESSES PAGE 159
Hébergement, restauration, achats, activités, etc.

S'INFORMER

Historic Deerfield – *413 775 7214 - www.historic-deerfield.org - de mi-avr. à fin déc. : 9h30-16h30 ; reste de l'année : w.-end 9h30-16h.* Le Visitor Center est installé dans le Hall Tavern, un beau bâtiment de 1760.

Greater Springfield Convention and Visitors Bureau – *1441 Main St. - Springfield - 413 787 1548 - www.valleyvisitor.com*

SE REPÉRER

Carte de région B1 (p. 26-27).

Deerfield est à environ 81 miles (130 km) au nord-ouest de Worcester et à 35 miles (56,3 km) au nord de Springfield.

À NE PAS MANQUER

Les maisons du centre historique.

ORGANISER SON TEMPS

Achetez vos billets au Visitor Center de Hall Tavern, puis visitez quelques-unes des maisons historiques et profitez des diverses activités qui y sont proposées. Comptez une demi-journée au moins pour la ville.

AVEC LES ENFANTS

Basketball Hall of Fame à Springfield, The Amazing World of Dr Seuss et Six Flags New England, parc d'attractions au sud de Springfield.

Se promener

Sur le **green**, les bâtiments de la prestigieuse **Deerfield Academy** (1797), voisinent avec l'église, **Brick Church** (1824), et la poste. On peut voir l'ancienne auberge, **Deerfield Inn** (1884), en continuant en contrebas. Sur les 60 bâtiments des 18e et 19e s. que compte Deerfield, 13 peuvent être visités.

Le **Channing Blake Trail** serpente sur 0,6 mile (1 km) à travers pâtures et fermes jusqu'au cimetière, l'**Old Burying Ground**.

★★ Historic Deerfield

Old Main St. - 413 775 7214 - www.historic-deerfield.org - - de *mi-avr. à fin déc. : 9h30-16h30- fermé Thanksgiving Day et 24-25 déc. - 18 $ (6-17 ans 5 $). Pendant l'hiver, seul le Flint Center est ouvert le w.-end 9h-16h30, 7 $.*

Bon à savoir – Commencez votre visite au Visitor Center *(voir « S'informer »)* qui propose diverses visites guidées ou auto-guidées.

À l'origine de ce **musée en plein air**, deux collectionneurs, Henry et Helen Flynt, qui se sont passionnés pour cette petite ville et l'ont entièrement rénovée. Le long de *The Street,* douze maisons historiques se découvrent en visite libre ou guidée. Elles renferment des collections de différentes époques (18e et 19e s.) et de différents styles (fédéral, colonial), reflétant la vie quotidienne des villageois : pasteur, fermiers, riches propriétaires.

Ashley House (1734) – C'était la maison du pasteur, un Tory resté fidèle au roi anglais après la Révolution. Superbe porte en bois sculpté et belle collection de céramiques dans la cuisine, reconstituée sans tenir compte des réalités de la cuisson au feu de bois. Elle n'a jamais servi !

Sheldon House (1810) – Cette modeste mais ravissante maison appartenait à des fermiers. Les poutres ont été cachées derrière des plafonds : marque d'élégance pour l'époque.

Williams House (1817) – Cette grande maison blanche de style fédéral était la résidence de riches propriétaires. Beaux papiers peints français.

History Workshop – Dans cette maison, les enfants peuvent se déguiser avec des costumes d'époque et se prêter à une séance photo amusante. On peut aussi y jouer à des jeux anciens.

Stebbins House (1799) – Avec son entrée voûtée, cette maison fut la première de la ville à posséder une salle à manger. De superbes papiers peints français y représentent les voyages du capitaine Cook dans le Pacifique.

Frary House et Barnard Tavern (1760) – Agrandie, cette demeure servit ensuite de taverne. Elle comprend une salle de bal avec une tribune d'orchestre, et des pièces où l'on peut apprécier de nombreuses antiquités.

Dwight House (1750) – La façade de cette maison possède une très belle entrée dont le décor sculpté est typique de la vallée du Connecticut.

À proximité Carte de région p. 26-27

★ Quabbin Reservoir B2

Comptez 27 miles (43 km) de Deerfield à Belchertown par les routes 10 et 9. Le Quabbin Reservoir se trouve à 2 miles de Belchertown par la Route 9 (prenez Windsor Dam, puis suivez les panneaux indiquant Quabbin Hill Tower) - ☏ 413 323 7221 - www.mass.gov/dcr.

Cet immense réservoir (72 km^2 ; capacité de 1,6 milliard de m^3), dont le nom indien signifie « beaucoup d'eau », fut créé entre 1930 et 1939 pour alimenter Boston et son agglomération. Quatre villages de la vallée disparurent sous la retenue, et les nombreuses îles qui parsèment ce grand lac de barrage sont en fait les sommets de collines submergées par les eaux.

Depuis **Enfield Lookout** et la **tour d'observation** de Quabbin Hill, on bénéficie de magnifiques **vues★★**. Les loisirs sont multiples : pêche, randonnée, pique-nique, etc. *(la baignade et la chasse sont interdites).*

DES DINOSAURES AUX PIONNIERS

Des empreintes de dinosaures, formées dans la boue, furent cuites par le soleil quand l'eau s'évapora. Au fil des siècles, cette boue séchée se transforma en schistes, véritables documents d'histoire géologique concernant la vie des dinosaures qui vivaient ici voici quelque 200 millions d'années. Le **Pratt Museum** de l'Amherst College conserve des empreintes.

Au 17e s., la vallée devint l'un des grands axes de colonisation, d'où son surnom de Pioneer Valley. Les colons étaient attirés par ses sols riches et ses ressources en eau. Jusqu'au 18e s., elle fut la limite occidentale de la Nouvelle-Angleterre, que les colons ne franchissaient pas, car au-delà des Berkshires, vers la vallée de l'Hudson, se situait le domaine des Hollandais.

Pendant l'été indien.
B. Brillion/Michelin

1

Circuit conseillé Carte de région p. 26-27

★ PIONEER VALLEY B1-2

Circuit de 35,6 miles (57 km) au départ de Deerfield tracé sur la carte de région. Comptez une journée. Après avoir passé la matinée à Deerfield, descendez la vallée du nord au sud (par la Route 5) et passez la soirée à Northampton. Attention, durant la période de remise des diplômes et lors des Parents'Weekends (automne), les hôtels sont pris d'assaut : pensez à réserver suffisamment à l'avance.

Autrefois, la vallée du Connecticut était le repaire des dinosaures. Aujourd'hui cette région boisée est surtout renommée pour ses nombreux établissements d'enseignement supérieur et sa douceur de vivre champêtre.

Mt Sugarloaf State Reservation B1

Suivez les panneaux à partir de la Route 116 - ✆ 413 665 2928 - www.mass.gov/dcr. 10 $/voiture.

Le sommet de ce piton de basalte, dont le nom signifie « pain de sucre », offre une **vue** très étendue sur les méandres du fleuve Connecticut et les villages disséminés dans la vallée.

★ Northampton B2

Cette *College Town* abrite le **Smith College** : la présence des étudiants crée une animation sympathique, concentrée autour de Main Street (programmation culturelle étoffée, vie nocturne, pléiade de restaurants…).

C'est ici, dans les studios de *comic books* Mirage, que sont nées les *Tortues Ninja*.

★ Skinner State Park B2

De la Route 47, suivez la signalisation pour la Summit House - ✆ 413 586 0350 - www.mass.gov/dcr - de juin à Labor Day : 8h-20h ; sept. : 10h-18h ; oct. : 9h-16h - 10 $/voiture (w.-ends et j. fériés de mai à oct.).

Accessible par des sentiers de randonnée qui se poursuivent dans l'Holyoke Range State Park, le sommet du **Mt Holyoke** offre de belles vues sur la vallée.

La maison blanche perchée au sommet est toutefois fermée aux visiteurs. Alternative possible, parcourir à vélo le sentier **Norwottuck Rail** : réaménagée sur plus de 8 miles (13 km), cette ancienne voie ferrée traverse champs et forêts, passe par Northampton, Hadley, Amherst et Belchertown.

Mt Tom State Reservation B2

À partir d'Holyoke, prenez la Route 141 vers le nord, sur 3 miles (4,8 km) - ✆ 413 534 1186 - www.mass.gov/dcr - ♿ - de Memorial Day à Columbus Day : lun.-vend. 8h-20h, w.-end 9h-20h ; reste de l'année : tlj 8h-16h - fermé 1er janv., Thanksgiving Day et 25 déc. - 10 $ par voiture (en été seult).

Du sommet, on domine un bras mort du Connecticut, que représente un célèbre tableau de Thomas Cole, *The Oxbow* (Metropolitan Museum of Art, à New York), et on aperçoit Northampton et les collines des Berkshires. La réserve est sillonnée par quelque 50 km de sentiers de randonnée ; le mont Tom est aussi une station de ski.

Springfield B2

Fondée en 1636, Springfield est surtout connue pour être le berceau de l'un des sports les plus populaires des États-Unis, le basket-ball, inventé en 1891 par James Naismith, alors professeur de sport au Springfield College. La ville a aussi connu un riche passé industriel qui en a fait un centre commerçant et financier et la troisième ville du Massachusetts. Située au cœur de la Pioneer Valley, Springfield est parfois surnommée « The city in a forest », la ville dans la forêt.

★ **The Naismith Memorial Basketball Hall of Fame** – *1000 West Columbus Ave. - ✆ 877 446 6752 - www.hoophall.com - ♿ - juil.-août : 10h-17h ; sept.-juin : 10h-16h (sam. 17h) - fermé Thanksgiving et 25 déc. - 24 $ (5-15 ans 16 $).* Ce musée est dédié au basket-ball et à son inventeur James Naismith, qui imagina ce « sport d'intérieur » pour occuper ses étudiants pendant l'hiver. On y voit des photos grandeur nature de grandes vedettes nationales et des films consacrés aux meilleures équipes.

Springfield Museums – *220 State St. - ✆ 413 263 6800 - www.springfieldmuseums.org - ♿ ✕ - mar.-sam. 10h-17h, dim. 11h-17h - 25 $ (3-17 ans 13 $).* Cinq musées sont rassemblés dans un quadrilatère situé à l'angle de State Street et de Chestnut Street. Le **Museum of Fine Arts** est consacré aux peintures

LES UNIVERSITÉS DE LA VALLÉE

Aujourd'hui, plus de 60 000 étudiants sont répartis dans les différents collèges et universités de la Pioneer Valley. Parmi eux : l'**University of Massachusetts** *(www.umass.edu)*, à Amhers✆ ; le **Amherst College** *(www.amherst.edu)*, créé en 1821 ; le **Hampshire College** *(www.hampshire.edu)* ; le **Smith College** *(www.smith.edu)*, à Northampton, créé par Sophia Smith en 1870 et qui devint l'un des collèges pour jeunes filles les plus sélects du pays ; le **Mount Holyoke College** *(www.mtholyoke.edu)*, de l'autre côté du fleuve, à South Hadley, qui fut fondé en 1837 et fut la première institution d'enseignement supérieur pour les femmes. La célèbre poétesse **Emily Dickinson** y étudia ; c'est son grand-père qui fonda le Amherst College. Un musée lui est consacré à Amherst, où l'on peut notamment visiter sa maison d'enfance *(280 Main St. - www.emilydickinsonmuseum.org. mars-mai et sept.-déc. : merc.-dim. 11h-16h ; juin-août : merc.-dim. 10h-17h. 15 $. Visite guidée (1h) à travers la maison de la poétesse et celle de son frère. Les guides, passionnés, vous réciteront aussi de la poésie !).*

européenne et américaine des 17e-19e s. ; le **George Walter Vincent Smith Art Museum★** abrite des collections d'art oriental, grec et romain ; le **Museum of Springfield History** relate le développement social et culturel de la vallée du Connecticut depuis le 17e s. ; le **Springfield Science Museum** s'intéresse aux sciences naturelles. **The Amazing World of Dr Seuss** (Le monde merveilleux du Dr Seuss) est le dernier ajout à cet ensemble de musées. Il est dédié à l'œuvre prolifique de Theodor Geisel, natif de Springfield.

NOS ADRESSES À DEERFIELD ET DANS LA PIONEER VALLEY

HÉBERGEMENT

Northampton

BUDGET MOYEN

Hotel Northampton – *36 King St. - (413) 584-3100 - www.hotelnorthampton.com - - 106 ch. 186/250 $ - .* Mobilier ancien et reproductions de qualité habillent les chambres spacieuses de cet hôtel historique en plein cœur de Northampton.

RESTAURATION

Deerfield

PREMIER PRIX

Deerfield Lunchbox – Derrière le Visitor Center, une aire de pique-nique a été aménagée. Un food truck s'y tient à la belle saison et propose des burgers, hot dogs et iced tea maison.

Champney's – *81 Old Main St. - (413) 772-3087 - www.champneysrestaurant.com - 7h30-21h, vend.-sam. 7h30-22h - plat 9/15 $.* Spacieuse, la salle au décor colonial reflète le charme de l'hôtel qui l'abrite. Vous y trouverez deux menus (Dining et Tavern), variant au fil des saisons.

Amherst

PREMIER PRIX

Judie's Restaurant – *51 North Pleasant St. - 01002 Amherst - (413) 253-3491 - www.judiesrestaurant.com - 11h30-21h, vend.-sam. 11h30-22h - plat 10/27 $.* Popovers (des muffins légers et « gonflés ») et burgers gargantuesques : les étudiants en ont fait leur QG !

Northampton

BUDGET MOYEN

Spoleto – *530 Main St. - (413) 586-6313 - www.spoletorestaurants.com - 16h30-22h, vend.-sam. 16h30-23h, dim. 16h30-21h - plat 18/30 $.* Véritable institution locale, une table italienne haut de gamme qui compta quelques célébrités parmi ses clients.

ACHATS

Amherst

Atkins Farms Country Market – *1151 West St. - 01002 Amherst - (413) 253-9528 - www.atkinsfarms.com - 7h-20h, dim. 7h-19h.* Un grand marché du terroir pour remplir son panier gourmant. Et aussi : une boulangerie et un deli.

ACTIVITÉS

/ **Six Flags New England** – *1623 Main St. - Agawam, au sud de Springfield - (413) 786-9600 - www.sixflags.com/newengland - 70 $/pers. (réduction si achat en ligne) ; 25 $/voiture.* Un grand parc d'attractions avec tous les manèges attendus.

1

Les Berkshires

★★★

Très prisée par les New-Yorkais et les Bostoniens (certains y possèdent une résidence secondaire), cette région rurale et vallonnée mêle les « mill towns », ces petites villes industrielles du 19e s., et de confortables localités résidentielles où règne la douceur de vivre. Rendu accessibles par une ligne de chemin de fer, on pourrait comparer les Berkshires à Newport ou Rhode Island, deux des destinations estivales pour la haute société de la côte Est depuis le 19e s. Mais tandis que Newport est tape-à-l'œil et au bord de l'océan, les Berkshires sont une retraite bucolique d'apparence plus modeste, cependant tout aussi idyllique. L'été, doux, est animé par de nombreuses manifestations culturelles ; l'automne présente des couleurs magnifiques et, avec son épais manteau neigeux, l'hiver attire les skieurs. Indéniablement séduisantes, les Berkshires proposent en outre une grande variété de loisirs sportifs.

NOS ADRESSES PAGE 173
Hébergement, restauration, achats, activités, etc.

S'INFORMER

The Berkshires Visitor Bureau – *✆ 413 743 4500 - www.berkshires.org.*

SE REPÉRER

Carte de région A1-2 (p. 26-27).
À l'extrême ouest du Massachusetts, les Berkshires sont séparés de l'État de New York par la chaîne des Taconics.

À NE PAS MANQUER

Les maisons historiques de Stockbridge et Lenox ; le Hancock Shaker Village, intact depuis l'époque des shakers.

ORGANISER SON TEMPS

Comptez au moins 3 jours pour profiter des richesses de la région. Comptez une journée pour sillonner les villages historiques des Berkshires et un après-midi pour le Hancock Shaker Village.

AVEC LES ENFANTS

Le Hancock Shaker Village et l'espace dédié au MASS MoCA.

Découvrir

★★ AU CENTRE DES BERKSHIRES : STOCKBRIDGE Carte p. 162

Stockbridge Chamber of Commerce – *50 Main St. - ✆ 413 298 5200 - www.stockbridgechamber.org.*

Située au centre des Berkshires, Stockbridge est une charmante petite ville dont la grande rue, Main Street, semble sortie d'une illustration naïve. Sa célèbre auberge **The Red Lion** voisine avec des boutiques anciennes et des demeures coloniales à bardeaux gris encadrées de vastes jardins. Fondée au début du 18e s. par les Mohicans, la ville attire aujourd'hui de nombreux New-Yorkais et Bostoniens, des artistes et des écrivains séduits par la beauté de la région.

★★ Norman Rockwell Museum

À 2,5 miles (4 km) du centre de Stockbridge. Prenez la Route 102 vers l'ouest (Main St., puis Church St.), puis, après 2 miles, tournez à gauche dans la Route 183

The Mount, l'une des propriétés de Lenox.
Tim Grafft/Massachusetts Office of Travel & tourism

et faites 0,6 mile jusqu'à l'entrée du musée, sur la gauche. 9 Glendale Rd - ✆ 413 298 4100 - www.nrm.org - ♿ - de mai à mi-nov. : 10h-17h (19h le jeu. de mi-juil. à fin août) ; reste de l'année : lun.-vend. 10h-16h, w.-end 10h-17h - fermé 1er janv., Thanksgiving Day et 25 déc. - 20 $ (seniors 18 $, étudiants 10 $, -18 ans gratuit).

Bon à savoir – Il existe différentes formules de billets groupés ou de réductions si vous souhaitez visiter plusieurs musées et maisons de la région. Demandez aux caisses des musées avant de régler votre billet.

Ce musée, situé au cœur d'un domaine de près de 15 ha dominant la vallée de la Housatonic River, présente une très importante collection d'œuvres du plus éminent illustrateur américain du 20e s. Le musée s'organise autour des collections personnelles de Rockwell, son atelier, sa bibliothèque, ses archives. Ce fonds s'est augmenté d'acquisitions et de dons qui porte à plus de 900 le nombre des peintures et des dessins conservés ici, dont 172 œuvres de grand format. **Robert Stern**, éminent architecte postmoderniste, a réalisé le bâtiment actuel qui s'inspire de l'architecture néoclassique de la région, notamment de celle des Town Halls. Dans les neuf galeries sont présentées les principales œuvres de Norman Rockwell, notamment *Stockbridge Main Street at Christmas,*

LE CHRONIQUEUR DE L'AMÉRIQUE

Né à New York, **Norman Rockwell** (1894-1978) devint à 22 ans l'un des principaux illustrateurs de la couverture du *Saturday Evening Post*, journal le plus populaire de l'époque. Il resta 47 ans au service de ce prestigieux magazine, réalisant au total 321 couvertures. Ses dessins réalistes illustrent l'évolution de la vie quotidienne américaine. Son art s'est ainsi attaché à représenter des scènes enfantines et familiales, ou des situations saisissant les gestes les plus anodins, et c'est toujours avec humour et un sens du merveilleux et du détail que Rockwell a réalisé ses tableaux de l'Amérique profonde. Dans les années 1960, il abandonna ses sujets habituels pour s'intéresser aux problèmes de l'actualité, aux portraits de personnalités, aux scènes de racisme.

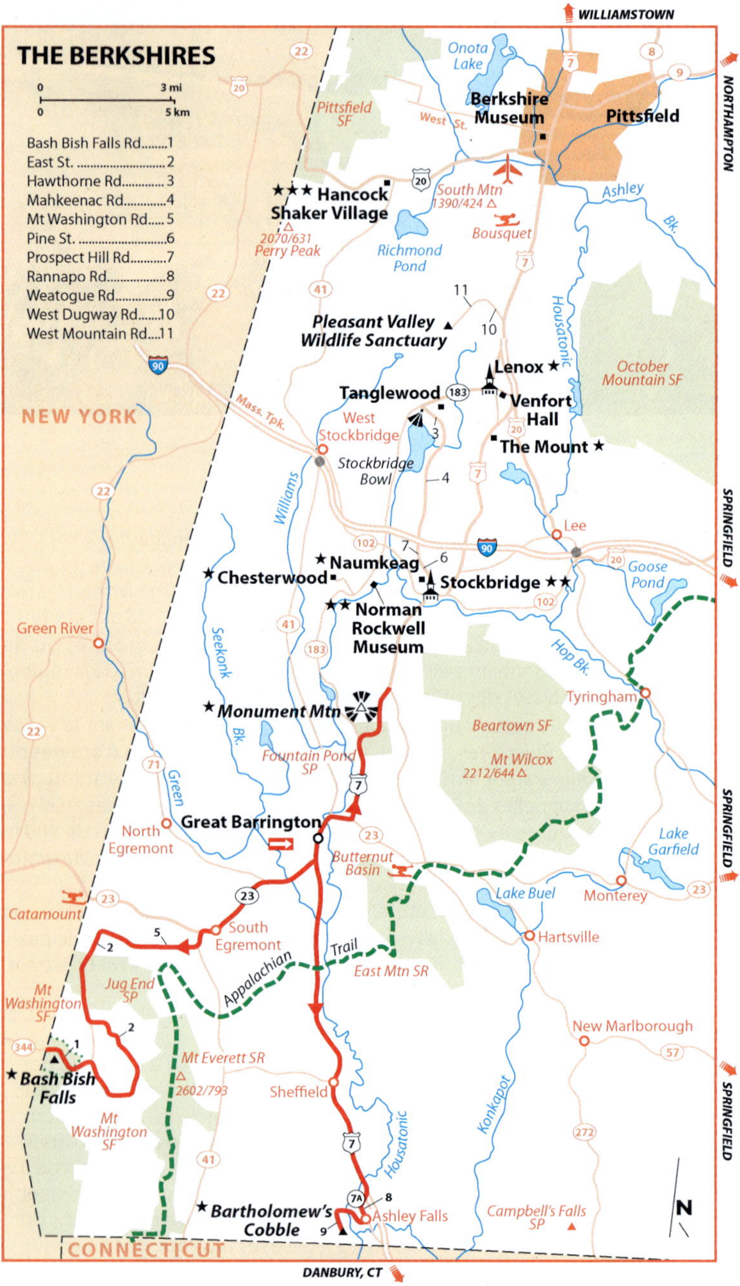
THE BERKSHIRES
0 3 mi
0 5 km
Bash Bish Falls Rd........1
East St. 2
Hawthorne Rd.............3
Mahkeenac Rd.............4
Mt Washington Rd.....5
Pine St. 6
Prospect Hill Rd...........7
Rannapo Rd..................8
Weatogue Rd................9
West Dugway Rd.......10
West Mountain Rd....11
WILLIAMSTOWN
NORTHAMPTON
SPRINGFIELD
SPRINGFIELD
SPRINGFIELD
DANBURY, CT
NEW YORK
CONNECTICUT
Onota Lake
Berkshire Museum
Pittsfield
Pittsfield SF
West St.
Hancock Shaker Village
South Mtn 1390/424
Ashley Bk.
Bousquet
2070/631 Perry Peak
Richmond Pond
Pleasant Valley Wildlife Sanctuary
Housatonic
Lenox
October Mountain SF
Tanglewood
Venfort Hall
West Stockbridge
The Mount
Mass. Tpk.
Stockbridge Bowl
Williams
Lee
Goose Pond
Naumkeag
Chesterwood
Stockbridge
Norman Rockwell Museum
Green River
Seekonk Bk.
Hop Bk.
Tyringham
Monument Mtn
Beartown SF
Fountain Pond SP
Mt Wilcox 2212/644
Green
Great Barrington
North Egremont
Butternut Basin
Lake Garfield
Lake Buel
Monterey
Catamount
South Egremont
Hartsville
Appalachian Trail
East Mtn SR
Mt Washington SF
Jug End SP
New Marlborough
Mt Everett SR 2602/793
Bash Bish Falls
Sheffield
Konkapot
Mt Washington SF
Housatonic
Bartholomew's Cobble
Ashley Falls
Campbell's Falls SP
N

Triple Self-Portrait et *The Problem We All Live With*. La salle centrale octogonale a été spécialement conçue pour accueillir les **Four Freedoms Series**, une série de quatre tableaux (1943, *Les Quatre Libertés*) inspirés par un discours du président Roosevelt en 1941, et reproduits à des millions d'exemplaires sous forme de poster durant la Seconde Guerre mondiale afin de récolter des fonds pour soutenir l'effort de guerre. Le musée présente également des expositions temporaires consacrées à la vie et à l'art de Rockwell, ou plus généralement, à l'illustration.

L'atelier – On accède au studio de l'artiste situé face à de belles collines, en traversant le parc, agrémenté de sculptures contemporaines. L'atelier est laissé en l'état, avec les instruments de travail de l'artiste, et des objets personnels.

★ Chesterwood

À 3 miles (4,8 km) de Stockbridge. Prenez la Route 102 vers l'ouest et tournez à gauche dans la Route 183. Parcourez 0,8 mile, tournez à droite dans Mohawk Lake Rd, puis à gauche dans Willow St. Continuez 0,5 mile jusqu'à Chesterwood. 413 298 3579 - www.chesterwood.org - ♿ - de fin mai à déb. oct. : 10h-17h - oct. : w.-end seult - 20 $.

Cette belle propriété fut celle du sculpteur **Daniel Chester French** (1850-1931) qui devint célèbre à 25 ans grâce à sa statue du *Minute Man* à Concord, qu'il créa en autodidacte, avant de partir étudier en Europe. Sa plus grande réalisation intervint toutefois à la fin de sa carrière : l'immense *Abraham Lincoln* du Lincoln Memorial, à Washington. Il exécuta plus de 1 000 statues au cours de sa vie, dont un peu plus de 100 monuments publics. À Boston, il est aussi l'auteur de la statue de John Harvard, exposée sur le campus de l'université. Chesterwood comprend plusieurs bâtiments : la **Barn Gallery** *(où se trouve la billetterie)* est une ancienne grange qui abrite des maquettes et des moulages dont la *Dupont Circle Fountain*, de French, qui se trouve aujourd'hui à Washington. La **maison de l'artiste**, grande demeure victorienne, est restée meublée comme de son vivant. L'**atelier★** possède des doubles portes ouvrant sur toute la hauteur du bâtiment afin de pouvoir sortir des œuvres aux dimensions aussi importantes que le *Lincoln* assis de la capitale. La magnifique vue sur les collines, depuis le porche, invite à la contemplation.

Un sentier *(20mn)* fait le tour de la propriété à travers les bois et offre de belles vues sur la campagne environnante.

★ Naumkeag

À 2 miles (3,2 km) du centre de Stockbridge, sur Prospect Hill Rd. De l'intersection de la Route 7 et de la Route 102, prenez Pine St. vers le nord, puis à gauche dans Prospect St. pendant 0,5 mile. 413 298 3239 - www.thetrustees.org - visite guidée (45mn) - avr.-nov. : 10h-17h - 20 $. Comptez 1h30 de visite (visite guidée de la maison 45mn et jardins 45mn).

Ambassadeur américain en poste en Angleterre, Joseph Choate (1832-1917), se fit construire cette imposante demeure qui a la particularité de ressembler d'un côté à un petit chateau normand, et de l'autre à un cottage américain plus simple (1886, Stanford White). La famille vivait à New York et venait « respirer » à la campagne pendant l'été dans cette maison très aérée, offrant de magnifiques vues sur la campagne et les collines environnantes. Les chambres, bien préservées, ont conservé leur mobilier d'origine. Dans celle de Madame à l'étage, remarquez les posters : ce sont des boîtes à chapeau dépliées et encadrées. Le vaste parc et son jardin chinois se visitent librement.

★ AU CENTRE DES BERKSHIRES : LENOX Carte p. 162

Cerné par de grandes propriétés occupées par des collèges, des colonies de vacances et des maisons de retraite, le centre de Lenox est un ravissant ensemble de boutiques, d'auberges, de restaurants et de galeries d'art.

★ The Mount - La maison d'Edith Wharton

2 Plunkett St. - ✆ 413 551 5111 - www.edithwharton.org - ✕ - maison et jardins : de mi-mai à fin oct. : 10h-17h - visite guidée 11h-16h - 20 $ (-18 ans gratuit).

Cette grande maison blanche aux volets verts, inspirée d'une maison de campagne anglaise, a été imaginée par la romancière de la haute société new-yorkaise, Edith Wharton, auteur notamment du *Temps de l'Innocence* (1920). La jeune femme avait écrit un traité sur la décoration d'intérieure, et mit en pratique certains de ses principes dans ce *cottage,* intimiste malgré sa taille : pas de hall d'entrée majestueux, pas de salle de bal ni de grands lustres. La symétrie, supposée calmer l'esprit, est omniprésente. La maison est cachée au milieu des bois et bordée par de sublimes jardins à la française : toutes les conditions étaient réunies pour que l'auteur écrive à sa guise, pendant les onze années qu'elle passa ici, jusqu'en 1911. Suite à son divorce, elle vendit la maison et partit vivre en France. Par une chaude journée d'été, il est agréable de boire une *lemonade* fraîche sur la grande terrasse ombragée, face aux jardins.

Venfort Hall

104 Walker St. - ✆ 413 637 3206 - www.gildedage.org - de fin mai à fin oct. : 10h-17h, dim. 10h-15h ; de nov. à fin mai : lun.-vend. 11h-16h, sam. 10h-16h, dim. 10h-15h - 18 $ (5-17 ans 7 $).

Cet ancien *cottage* (1893), était la résidence secondaire de Sarah Morgan, la sœur du financier J. P. Morgan. Très abîmé, il est en cours de restauration pour lui redonner sa grandeur du *Gilded Age,* époque dorée où la haute société venait s'y reposer pendant l'été, au tournant du 20e s. Quelques pièces se visitent, certaines contiennent d'anciens modèles de robe de mariée et de l'argenterie. L'ensemble est vétuste mais mérite une courte visite.

Tanglewood

297 West St. Résidence d'été du Boston Symphony Orchestra, ce domaine accueille l'un des festivals de musique classique les plus réputés du pays, le ★ **Tanglewood Music Festival** *(www.bso.org),* à l'occasion duquel sont invités de célèbres musiciens (le violoncelliste Yo-Yo Ma est un habitué), ainsi que de grands noms de la musique populaire américaine. Inauguré en 1934, ce festival débuta avec le New York Philharmonic Symphony, remplacé en 1936 par

LES MOHICANS

Les Mohicans vivaient autrefois le long de l'Hudson et venaient chasser dans la vallée de la Housatonic, « le lieu derrière les montagnes ». Puis, décimés par les épidémies et les guerres, ils se retirèrent dans ces collines plus abritées. Ils y vécurent tranquillement jusqu'à l'arrivée des colons au 18e s. Souhaitant christianiser les indigènes, les pionniers fondèrent la mission de Stockbridge en 1734, sur des terres qui leur appartenaient désormais légalement. Un peu plus au nord vivaient d'autres Indiens, les **Mohawks**. Alliés aux Anglais, ces Iroquois étaient les ennemis jurés des Mohicans et des Français. L'une des voies que suivaient les pionniers pendant la colonisation empruntait un ancien sentier indien, le « Mohawk Trail » *(voir p. 171)*, qui rejoignait les Grands Lacs à travers les Appalaches.

LES GRANDES PROPRIÉTÉS

Vers le milieu du 19e s., plusieurs écrivains découvrirent les Berkshires et en firent des descriptions idylliques qui attirèrent des milliardaires. Ceux-ci, gagnés à leur tour par le charme de cette région, firent construire de magnifiques propriétés sur les pentes ensoleillées de Great Barrington, Lee, Lenox et Stockbridge. Au début du 20e s., Lenox concentrait 75 de ces luxueux domaines, dont le célèbre **Tanglewood**, la demeure d'Andrew Carnegie, l'homme le plus riche des Berkshires, et **The Mount** qui appartint à l'écrivain Edith Wharton. Les Berkshires étaient pour ces personnes fortunées, une retraite estivale, de la fin mai à début octobre, moins tape-à-l'œil que le très mondain Newport *(voir p. 186)*. La hausse des impôts, l'inflation et la crise de 1929 mirent fin à cette époque fastueuse. La plupart des domaines furent abandonnés ou transformés en écoles, en centres de vacances ou en auberges ouvertes toute l'année.

l'orchestre de Boston qui assure depuis ces représentations annuelles. Les jours de concert, les habitués pique-niquent autour de l'amphithéâtre, rivalisant d'inventivité pour préparer des déjeuners sur l'herbe raffinés : il n'est pas rare de voir des chandeliers sur les tables basses recouvertes de nappes ! *So chic* !

Parmi les nombreux bâtiments disséminés à travers ses 200 ha, on recense la résidence principale, le Koussevitzky Music Shed, un amphithéâtre de 5 000 places conçu par Eliel Saarinen, et le Seiji Ozawa Hall, une salle de 1 180 places ouverte en 1994.

Depuis les jardins, belle **vue** sur le lac **Stockbridge Bowl** et sur une réplique de la petite maison de Nathaniel Hawthorne, **Hawthorne Cottage** *(fermé au public)*, où l'auteur séjourna 18 mois pendant l'écriture de son roman, *The House of the Seven Gables (voir p. 99)*.

Mass Audubon's Pleasant Valley Wildlife Sanctuary

À 2,5 miles (3,2 km) de Lenox. Prenez la Route 7 vers le nord et tournez à gauche dans West Dugway Rd. Au carrefour suivant, tournez à gauche dans West Mountain Rd. 472 West Mountain Rd - 413 637 0320 - www.massaudubon.org - sentiers : de l'aube au crépuscule - Nature Center : juin, sept-oct. : 9h-16h, w.-end 10h-16h ; juil.-août : lun.-jeu. 9h-16h, vend.-dim. 9h-17h ; nov.-avr. : mar.-dim. 10h-16h.- 5 $. Carte des sentiers disponible à l'accueil.

Cette réserve, que l'on peut découvrir à pied, en canoë, en skis ou en raquettes, abrite 6,8 miles (11 km) de sentiers à travers champs et forêts, ainsi que sur les pentes de la Lenox Mountain. Le fond de la vallée présente une flore caractéristique de la région des Berkshires. Une série de petits étangs s'égrenant en chapelet y abrite une colonie de castors.

VERS LE NORD DES BERKSHIRES : LA RÉGION DE PITTSFIELD Carte p. 162

★★★ Hancock Shaker Village

À 5,9 miles (8 km) au sud-ouest de Pittsfield. Sur la Route 20 - 413 443 0188 - www.hancockshakervillage.org - - de mi-avr. à fin juin : 10h-16h ; juil.-oct. : 10h-17h - 20 $ (13-17 ans 8 $).

Fondé en 1790 par les Shakers puis abandonné en 1960, le village de Hancock est désormais un musée consacré à cette religion communautaire et utopique, aujourd'hui presque entièrement disparue (il ne reste qu'un groupuscule dans le Maine). Plus de 10 000 objets sont présentés dans une vingtaine de bâtiments d'époque, sur près de 500 ha de prairie où vivent en

LES SHAKERS : « LES MAINS AU TRAVAIL, LE CŒUR À DIEU »

Les origines – En 1747, à Manchester en Angleterre, un groupe de quakers pratiquant des danses cérémonielles fut appelé, par dérision, les *Shaking Quakers* puis Shakers. Une jeune ouvrière, **Ann Lee**, se joignit à eux en 1758. Emprisonnée quelques années plus tard, elle eut des visions lui révélant la double nature (masculine et féminine) de Dieu. En 1774, Mère Ann émigra avec huit disciples vers l'Amérique. La communauté s'installa dans l'État de New York, essaimant des missions dans la Nouvelle-Angleterre. Les Shakers mirent en pratique leurs quatre principes : vie à l'écart du monde séculier, vœu de célibat, propriété collective et confession publique des péchés avant de rejoindre la communauté. Au milieu du 19e s., on recensait près de 5 000 Shakers.

L'organisation – Les Shakers vivent en « familles » de 30 à 100 personnes, hommes et femmes, que l'on appelle frères et sœurs formant ainsi des villages. Les responsabilités sont partagées par deux hommes et deux femmes (les aînés), et le travail réparti entre les Shakers selon un emploi du temps très strict et qui débute très tôt le matin, été comme hiver. Le vœu de célibat et l'absence de prosélytisme ne favorisant pas le renouvellement des effectifs, les Shakers ont pris l'habitude d'adopter des orphelins, et de laisser leurs messes ouvertes au public.

Les activités – Guidés par les paroles d'Ann Lee : « Travaille comme s'il te restait mille années à vivre, et comme si demain était ton dernier jour », les Shakers sont réputés pour la qualité de leurs produits vendus sur catalogue. Artisans et fermiers, ils se sont spécialisés dans la culture des plantes médicinales, des graines et des semences, et dans la confection de balais et meubles.

L'architecture – Simplicité, sobriété, fonctionnalisme sont les trois principes des réalisations shakers. Les bâtiments sont conçus pour un besoin spécifique, dans des matériaux de construction adaptés à ce besoin. Grands, lumineux et organisés, ils sont dotés d'innovations : contrairement aux Amish à qui on les compare, ils sont en faveur de la technologie.

semi-liberté les animaux de la ferme. Au fil de la journée, des visites guidées et des démonstrations sont organisées. Demandez le programme à la billetterie.

★ **The Round Stone Barn** – Considérée comme le chef-d'œuvre de l'architecture shaker pour l'ingéniosité de sa conception, cette grange en pierre à la charpente en bois (1826) abritait le fourrage, apporté par des charrettes à bœufs qui n'avaient pas à faire de dangereuse marche arrière pour sortir de la grange, et circulaient autour du silo tandis qu'on déchargeait le foin. Dans cette grange avait lieu la traite des vaches, qui restaient tranquilles tandis qu'elles étaient nourries. Le fumier était récupéré à l'étage inférieur. Une seule personne suffisait pour s'occuper de la totalité du troupeau.

★ **Brick Dwelling** – C'est dans cette grande et belle demeure sobre, construite en 1830, que vivait la communauté mixte : réfectoire et salle de prière au rez-de-chaussée, chambres au premier, et les cuisines, bien fraîches, au sous-sol.

Discovery Room – Cet ancien bâtiment de ferme est dédié aux activités interactives pour les enfants qui peuvent se déguiser en Shakers, voir l'intérieur d'une ruche, etc.

Meeting House – Chaque dimanche, les Shakers se réunissaient dans la grande salle blanche et bleue, le bleu symbolisant le paradis, pour danser et chanter. Les bureaux et les chambres du 1er étage étaient réservés aux autorités spirituelles de la communauté de Hancock.

★★ LE NORD DES BERKSHIRES : WILLIAMSTOWN

Carte de région p. 26-27 A1

Son université, qui possède musée, théâtre et bibliothèque, son institut d'art et son festival de théâtre en été, font de Williamstown, située sur les contreforts des Berkshires, l'une des petites villes les plus agréables et réputées de la Nouvelle-Angleterre. C'est une « college town » typique, autrement dit une ville organisée par et pour l'université, dont les beaux bâtiments sont dispersés autour de larges pelouses. Les restaurants et boutiques de la ville se concentrent autour de Spring Street.

★★★ Sterling and Francine Clark Art Institute

225 South St. - ✆ 413 458 2303 - www.clarkart.edu - ♿ ✕ - juil.-août : 10h-17h ; reste de l'année : mar.-dim. 10h-17h - fermé 1er janv., Thanksgiving Day, 25 déc. - 20 $ (gratuit -18 ans). Billet valable 2 jours consécutifs.

Ce très beau musée abrite une collection de peintures, sculptures, dessins et arts décoratifs d'Amérique et d'Europe réunie par Robert Sterling Clark et son épouse française, Francine, héritiers des machines à coudre Singer. D'abord attirés par les toiles classiques, ils s'orientèrent peu à peu vers les tableaux du 19e s. Leur collection, réunie entre la Première Guerre mondiale et 1956, est digne des plus grands musées. Désireux de la situer en dehors des centres urbains (davantage menacés en temps de guerre), le couple choisit Williamstown pour y installer son institut en raison de la beauté de cette petite ville.

1

Le visiteur pénètre d'abord dans un bâtiment très simple en ciment gris, toute dernière extension du musée (2014) par l'architecte japonais **Tadao Ando** : les portes vitrées glissent et s'ouvrent sur un large plan d'eau lisse, en miroir, face aux collines : le musée est situé au cœur de la campagne, qui s'offre au regard tel un tableau. Des sentiers aménagés sont d'ailleurs accessibles au public du musée, et proposent une déambulation contemplative, dans la forêt et les prairies alentour. Au sous-sol de cette extension se trouve la cafétéria et un espace dédié aux expositions temporaires. Toute la collection demeure dans le bâtiment central en marbre blanc (1956) auquel on accède après un long couloir vitré, ouvert sur la nature ; l'annexe en granit rouge (1973) abrite une galerie supplémentaire et la salle de conférence du musée.

Les salles sont numérotées et emmènent dans une déambulation artistique qui débute par la section américaine. L'une des salles permet de comprendre les personnalités de trois artistes modernes : **Frederic Remington** (1861-1909), connu pour ses peintures de l'Ouest américain, **Winslow Homer** (1836-1910), qui s'est attaché à représenter les contrées sauvages de la Nouvelle-Angleterre, et **John Singer Sargent** (1856-1925), portraitiste mondain extrêmement prisé.

Les toiles les plus anciennes du musée datent de la Renaissance : polyptyque de Ugolino da Siena, *Vierge à l'Enfant avec quatre anges* de **Piero della Francesca**… Mais c'est principalement dans le 19e s. qu'il excelle, particulièrement grâce aux sections réservées aux écoles française et américaine. Des artistes français majeurs sont représentés ici, tel **Corot** dont on peut voir plusieurs paysages et portraits. Le tableau *Trompette des hussards* de **Géricault** est caractéristique de son style vigoureux et contraste avec la douceur qui émane des tableaux en demi-teinte de **Millet**. De nombreuses toiles impressionnistes sont exposées, parmi lesquelles quelque 30 œuvres de **Renoir** dont *Jeune fille endormie avec un chat* et *Les Oignons*. Plusieurs toiles et sculptures de **Degas** représentent ses sujets favoris, les danseuses et les chevaux. De **Monet**, on

peut admirer *Les Falaises d'Étretat* et une série consacrée à la cathédrale de Rouen. Quatre œuvres de **Toulouse-Lautrec** évoquent le postimpressionnisme, dont le poignant *Docteur Jules Émile Péan opérant*.

Le musée expose également l'une des plus belles **collections d'orfèvrerie** du monde, incluant des pièces de l'Anglais Paul de Lamerie.

Le **Manton Research Center**, grand batiment brutaliste de Pietro Belluschi abrite l'une des meilleures bibliothèques d'histoire de l'art des états-Unis avec près de 300 000 volumes, un centre de recherches prestigieux qui accueille des pensionnaires du monde entier, et enfin le Williams Graduate Program in the Art History d'où, depuis l'origine, sont sortis parmi les meilleurs conservateurs des états-Unis (National Gallery, LACMA, MoMA, etc.).

à ce forum de réflexion, de recherche et d'enseignement s'ajoutent deux **nouvelles galeries**, dont l'une, la Manton Gallery, montre notamment la collection de Sir Edwin Manton consacrée à l'art britannique et tout particulièrement Constable et Turner, tandis l'autre abrite et expose la remarquable collection d'œuvres graphiques du Clark.

★ Williams College Museum of Art

15 Lawrence Hall Dr. (en retrait de Main St., entre Spring St. et Water St.) - ✆ 413 597 2429 - www.wcma.org - ♿ - tlj sf merc. 10h-17h (20h jeu.) - fermé 1er janv., Thanksgiving Day et 25 déc. - gratuit.

Ce bâtiment, l'un des plus beaux parmi les cinquante du campus, est un octogone néoclassique (1846) auquel ont été ajoutées deux annexes conçues par le grand architecte Charles Moore (en 1983 et en 1986). Derrière sa sobre façade se cache un superbe atrium et des galeries d'exposition magnifiquement éclairées. La collection comprend des œuvres d'art asiatique, africain, européen et plus particulièrement américain avec des tableaux de Copley, Homer, Eakins, Hopper, Inness, O'Keeffe et Wood. Une salle expose les travaux des étudiants.

★★★ Massachusetts Museum of Contemporary Art (MASS MoCA) A1

87 Marshall St. - North Adams (sur la Route 8, au nord de la Route 2) - ✆ 413 662 2111 - www.massmoca.org - ♿ ✕ - juil.-août : dim.-merc. 10h-18h, jeu.-sam. 10h-17h ; reste de l'année : tlj sf mar. 11h-17h - fermé Thanksgiving Day et 25 déc. - 20 $ (6-16 ans 8 $).

Bon à savoir –Prenez le temps : la journée entière est nécessaire pour parcourir ce musée d'art contemporain, le plus vaste des États-Unis. Au guichet, renseignez-vous sur les expositions temporaires qui nécessitent de réserver des places. Outre les nombreuses galeries d'art, le musée propose des activités pour les enfants dans le **Kidspace Art Bar** *(ouvert w-end et vac. scol.)*. La brasserie **Bright Ideas Brewing** sera l'occasion d'une pause avec part de pizza et dégustation de bières locales *(Bât. D)*.

Depuis son ouverture en 1999, ce musée est devenu un pôle majeur pour les arts visuels en Amérique du Nord. Il est à la fois remarquable par ses expositions – peintures, photographies, sculptures, installations, performances d'artistes contemporains internationaux – et par le lieu lui-même : l'ancienne usine de teintures textiles, devenue manufacture de composants électroniques, offre un ensemble de bâtiments interconnectés par des cours intérieures, couloirs, escaliers et passerelles qui rendent la déambulation labyrinthique. Des festivals de musique y ont également lieu : **Solid Sound**, un été sur deux, et **Fresh Grass** tous les ans en septembre, qui met la musique *blue grass* à l'honneur.

Williams College, Williamstown.
S. Dunwell/Getty Images

Vous entrez dans le musée par le **Building 10**. Attenant à la tour de l'horloge, il abrite la boutique et un café.

Si la plupart des expositions sont en rotation pour une durée de 9 mois, certaines sont beaucoup plus pérennes(25 ans !). C'est le cas des remarquables rétrospectives de l'œuvre de James Turell et de celle de Sol LeWitt.

Building 6 – Dans ce bâtiment inauguré en 2017, deux étages sont dédiés à l'artiste de la lumière, James Turrell « Into the light » dont le travail cherche à capter la lumière et à interroger le spectateur sur l'acte de percevoir.

Dans **Perfectly Clear**, le visiteur est plongé en immersion pendant 9 minutes dans une pièce qui semble sans fond et sans bord : une simple surface éclairée et illuminée par des couleurs successives finit par questionner sur le fait même de voir.

Buildings 7 & 8 – Trois étages sont consacrés à l'artiste conceptuel minimaliste Sol LeWitt, chaque étage correspondant à une période de sa carrière présentée chronologiquement. Les 105 peintures réalisées directement sur les murs et mariant couleurs et géométrie, ont été réalisées par plusieurs artistes selon les instructions précises de Sol LeWitt, pour qui le geste artistique réside avanttout dans l'intention.

Building 5 – Cet immense espace, de la taille d'un terrain de football américain, autorise les artistes à toutes folies créatives lors d'expositions temporaires.

Dans le **Hall Art Foundation** sont exposées plusieurs œuvres d'Anselm Kieffer, chacune narrant la guerre à sa façon. On appréciera particulièrement « Velimir Chlebnikov », trente peintures denses, pesantes par leurs matériaux, sur la répétition des batailles navales à travers l'histoire.

Traversez l'une des cours à l'ouest du campus pour arriver à la **Boiler House**, une ancienne salle des machines, reliquat de la période industrielle. Stephen Vitiello y a composé une installation sonore se jouant de la résonance des tubes et des tambours métalliques dans l'espace. Enfin au dernier étage, posé sur le toit, on découvre l'Airstream de Michael Oatman **All utopias fell** : en entrant dans cette caravane en aluminium à l'abandon, on pénètre dans la réalité alternative d'un survivaliste ou d'un explorateur futuriste.

Circuits conseillés

★★ VERS LE SUD DES BERKSHIRES : GREAT BARRINGTON ET ENVIRONS

▶ *Circuit de 50 miles (80,5 km) tracé sur la carte des Berkshires (p. 162) – Comptez 4h. Départ de Great Barrington.*

Great Barrington

Cette localité est un centre commerçant pour les nombreuses résidences secondaires qui l'environnent : ne ratez pas son marché fermier, le samedi matin de la fin mai à la fin octobre ! Ancien site des campements mohicans, les rapides de Great Barrington constituaient, au 18e s., la principale source d'énergie des manufactures locales. Le 20 mars 1886, Great Barrington devint la première ville du monde éclairée à l'électricité.

Prenez la Route 7 vers le sud, puis, à droite, la Route 7A jusqu'à Ashley Falls. Tournez à droite dans la Rannapo Rd et suivez la Weatogue Rd.

★ Bartholomew's Cobble

✆ 413 229 8600 - www.thetrustees.org - de l'aube au crépuscule - 5 $/voiture.

Cette rocaille naturelle où poussent arbres, fleurs sauvages et fougères surplombe la Housatonic.

Le **Ledges Trail** *(45mn AR)* a été aménagé le long de la rivière. Au point 17, traversez la rue et continuez sur le Hulburt's Hill Trail jusqu'à une prairie ouverte sur les flancs de la Miles Mountain (alt. 320 m) d'où l'on a une belle vue sur la vallée de la Housatonic.

Revenez sur Great Barrington. Un peu avant, tournez à gauche dans la Route 23. Après South Egremont, devant l'étang, prenez la Route 415 avant d'enchaîner Mount Washington Rd, East St., West St. et Bash Bish Falls Rd.

★ Bash Bish Falls

413 528 0330 - de l'aube au crépuscule.

Bon à savoir – Le sentier abrupt peut être verglacé et dangereux en automne, en hiver et même au printemps.

Du parking, un sentier abrupt signalé par des triangles bleus et des balises blanches mène aux chutes.

En continuant la route pendant 1 mile (1,6 km), on passe du côté de l'État de New York et l'on rencontre un autre parking d'où s'amorce un chemin forestier plus long mais plus facile *(0,8 miles/1,2 km)*.

Le ruisseau de Bash Bish coule dans une gorge profonde, puis tombe dans un bassin naturel d'une hauteur de 15 m. Ce sont les plus hautes cascades du Massachusetts ! Il est interdit de se baigner, mais les abords sont rafraîchissants en été.

Revenez sur Great Barrington. Suivez la Route 7 sur 4,5 miles (7,2 km) vers le nord.

1

★ Monument Mountain

Du parking, côté ouest de la Route 7, deux sentiers mènent au sommet.

Le plus facile, **Indian Monument Trail** *(1h)* s'amorce 500 m à gauche, le long de la route, et pénètre dans la forêt où un panneau indique sur la droite l'Indian Monument, une stèle funéraire à environ 900 m du sentier. Tournez à droite et continuez en choisissant toujours la voie de droite.

Le plus difficile *(45mn)* s'amorce à droite du parc de stationnement. Il est balisé par des ronds blancs.

Du sommet, une crête surnommée Squaw Peak en souvenir d'une jeune Indienne qui se précipita dans le vide à cause d'un chagrin d'amour, on bénéficie d'un beau **panorama★** sur les Berkshires.

★★ ENTRE LE MASSACHUSETTS ET LE VERMONT : LE MOHAWK TRAIL

Circuit de 61 miles (98 km), de Greenfield à Williamstown tracé sur la carte de région p. 26-27 – Comptez de 1/2 j. à 1 j.

Le Mohawk Trail est un circuit idéal pour profiter de l'été indien, entre la mi-septembre et la fin octobre. Les 42,5 miles (79 km) de la Route 2, entre Greenfield et la frontière de l'État de New York, ont été surnommés « la piste mohawk ». Cette route, parmi les plus anciennes du pays, suit en effet un sentier de commerce emprunté autrefois par diverses tribus indiennes et réputé dangereux. Longeant la Deerfield River et la Cold River, et traversant une partie de la vallée du Connecticut et les collines boisées des Berkshires, elle offre désormais un spectacle bucolique, d'autant plus charmant en automne.

Greenfield B1

Sa prospérité agricole a donné son nom à cette petite ville (le champ vert).

Suivez la Route 2. Continuez jusqu'au croisement avec la route menant aux Shelburne Falls (13,5 miles/21,7 km après Greenfield).

★ Shelburne Falls B1

Ce paisible village est bercé par les chutes de la Deerfield River. Depuis Deerfield Avenue, on peut apercevoir des marmites torrentielles, les *potholes*, laissées par l'érosion glaciaire. Faites un détour par la jolie boutique de bonbons **Mo's Fudge Factor** *(9 State St.)* spécialisée dans le *fudge*.

Bridge of Flowers – *Au sud du pont qui enjambe la Deerfield River.* Utilisé autrefois par les tramways, ce pont construit en 1908 est aujourd'hui réservé aux piétons et aux amateurs de fleurs : c'est un véritable jardin suspendu.

Revenez sur la Route 2.

2 miles (3,2 km) après Charlemont, la route passe devant la **Mohawk Trail State Forest** dont l'entrée est signalée par la statue d'un Indien baptisée **Hail to the Sunrise** et élevée en l'honneur des cinq tribus indiennes qui vivaient le long du Mohawk Trail. Attention aux ours noirs et aux lynx qui vivent dans le parc.

Poursuivez jusqu'à Florida.

★★ Savoy Mountain State Forest A1

260 Central Shaft Rd - Florida - ✆ 413 663 8469 - www.mass.gov/dcr - de 8h au coucher du soleil - 5 $ (gratuit de Columbus Day à mi-mai).

Pêche, baignade, camping, sentiers de randonnée serpentant à travers la forêt entre chutes, clairières et tourbières : un joyau du Massachusetts !

Juste avant North Adams, tournez à droite dans la Route 8 en direction du nord, puis à gauche après 0,5 mile (800 m).

★ Natural Bridge State Park A1

McCauley Rd - ✆ 413 663 6392 - www.mass.gov/dcr - de Memorial Day à Columbus Day : 9h-17h - 2 $ par voiture.

Un pont naturel en marbre blanc s'élève 20 m au-dessus d'une sorte de gorge très étroite, longue de 150 m, dans laquelle l'eau s'engouffre en bouillonnant.

Traversez North Adams et à la sortie de la ville, prenez à gauche Notch Rd jusqu'au sommet du mont Greylock.

★★ Mount Greylock A1

Le mont le plus élevé du Massachusetts (alt. 1 064 m) porte le nom d'un chef indien. Du haut de la War Memorial Tower qui en marque le sommet, on jouit d'un **panorama★★★** sur toute la région : les Berkshires, les Taconics et les États voisins (Vermont et New York).

Revenez sur vos pas, et à l'intersection avec la Route 2, prenez vers l'ouest en direction de Williamstown.

★★ Williamstown A1

Voir p. 167.

NOS ADRESSES DANS LES BERKSHIRES

TRANSPORTS

En train

Amtrak – *800 872 7245 - www.amtrak.com*. La compagnie assure la liaison Boston-Pittsfield *(trajet 3h40 - à partir de 40 $ AR)*.

En bus

Deux compagnies relient Boston à Pittsfield, Lenox et Lee *(trajet 3h30 - 70 $ AR, réductions si achat sur Internet)*

Greyhound – *800 231 2222 - www.greyhound.com*.

Peter Pan – *800 343 9999 - www.peterpanbus.com*.

En voiture

Pour Stockbridge : depuis Boston, prenez l'I-90 puis la Route 102 West ; depuis New York, prenez l'I-684 East puis la Route 7 vers le nord.

HÉBERGEMENT

Bon à savoir – Les Berkhires, l'une des régions les plus chères de la Nouvelle-Angleterre, sont réputées pour leurs spas luxueux. Dès la fin mai, la plupart des auberges demandent des réservations de 2 voire 3 nuits. En haute saison, il est difficile de trouver un hébergement de qualité à moins de 200 $. Pensez aux motels, situés à la périphérie des communes : la plupart sont bien tenus et certains témoignent d'un réel effort de décoration. Dans les Berkshires, la plupart d'entre eux se trouvent à Great Barrington et le long de la Route 7, entre Lenox et Pittsfield.

Lenox

POUR SE FAIRE PLAISIR

Gateways Inn – *51 Walker St. - (413) 637-2532 - www.gatewaysinn.com - 11 ch. 180/700 $* -. Construite en 1912, cette luxueuse propriété de style fédéral se distingue par ses chambres dotées de cheminées, de lits anciens (en bois, en métal ou à baldaquin), et de meubles d'époque ou contemporains.

UNE FOLIE

Kemble Inn – *2 Kemble St. - (413) 637-4113 - http://kembleinn.com - 9 ch., 585/795 $*. Cette grande maison bleue est une ancienne « mansion » du Guilded Age, convertie ensuite en école pour garçons et aujourd'hui en hôtel. Si les chambres sont spacieuses, ce sont surtout les salles de bains qui surprennent avec leur élégance classique. Les vues sur les collines environnantes sont sublimes, l'hôtel est calme, légèrement en retrait du village qu'on rejoint à pied en à peine quelques minutes. Une belle adresse.

Blantyre – *16 Blantyre Rd - (844) 881-0104 - www.blantyre.com - - 25 ch. 700/2000 $* -. Boiseries ouvragées, parquets, tapis orientaux, vasques en marbre, tennis, terrain de croquet, bois privé : bâti sur le modèle d'un château du Lanarkshire (Écosse), l'hôtel de tous les fastes !

Stockbridge

BUDGET MOYEN

Red Lion Inn – *30 Main St. - (413) 298-5545 - www.redlioninn.com - - 125 ch. 160/499 $* -. Une institution des Berkshires ! Entrez et vous remontez le temps : livres anciens, ascenseur d'un autre siècle, parquet. Certaines chambres, avec lits à baldaquin, sont dépourvues de salle de bains

1

privée : un bon moyen de passer une nuit à prix raisonnable dans cette auberge mythique, au cœur de Stockbridge.

North Adams

POUR SE FAIRE PLAISIR

The Porches Inn – *231 River St. - ✆ (413) 664-0400 - www.porches.com - 47 ch. 209/485 $*. Distribuées dans six cottages des années 1890, qui sont d'anciennes résidences d'ouvriers, les chambres aux couleurs chaudes sont meublées de pièces modernes et contemporaines. Hôtel pratique si on veut visiter le MassMoca.

RESTAURATION

Lenox

POUR SE FAIRE PLAISIR

Nudel Restaurant – *37 Church St. - ✆ (413) 551-7183 - http://nudelrestaurant.com - tlj à partir de 17h*. Il n'y a que sept tables dans ce petit resto très couru. On préfère les places au bar pour observer wle travail des cuisiniers qui virevoltent à leur poste. Le menu change régulièrement, faites confiance à votre serveur pour vous guider. Au printemps, on a aimé les beignets de poisson et la sauce aux poireaux, le toast aux asperges et chèvre. La cuisine est précise, et même les desserts sont excellents.

Great Barrington

BUDGET MOYEN

Baba Louie's – *286 Main St. - ✆ (413) 528-8100 - http://babalouiespizza.com - midi et soir*. Si l'endroit ne paie pas de mine, les pizzas ne déçoivent pas. Celle au prosciutto et figues est un régal. Plusieurs choix de pâtes pour les allergiques au gluten. En cas d'attente trop longue, prenez à emporter !

Prairie Whale – *178 Main St. - ✆ (413) 528-5050 - Dîner dès 17h tlj sf mar., brunch sam.-dim. dès 11h*. Ce restaurant a tout d'une maison de famille animée. Tables partagées ou dans des recoins, sièges au bar, c'est un bric-à-brac joyeux pour les amoureux de l'océan… au milieu de la campagne des Berskhires. « Prairie Whale », la baleine de prairie, désigne le cochon ! Si l'ambiance est relax, dans l'assiette, c'est bon et simple, suivant les préceptes du « farm to table » avec des produits locaux pour revisiter des classiques. Un vrai coup de cœur.

Williamstown

PREMIER PRIX

Pappa Charlie's Deli – *28 Spring St. - ✆ (413) 458-5969 - 8h-20h, dim. 8h-19h - fermé lun.* Sandwichs, soupes maison, lasagnes et aubergines-parmesan, aussi copieux que peu onéreux dans un décor très simple. Parfait pour un repas rapide.

North Adams

PREMIER PRIX

Renee's Diner – *780 Massachusetts Ave. - ✆ (413) 664-2070 - 7h-14h (dim. 13h)*. Dans un décor ultra simple, on sert tous les plats du brunch : délicieux pancakes, muffins du jour, œufs et bacon.

Jack's Hot Dog Stand – *12 Eagle St. - www.jackshotdogstand.com*. Ne quittez pas North Adams sans être passé par le Jack's Hot Dog Stand : hot dogs et frites depuis 1917, une institution !

Public Eat + Drink – *34 Holden St. - ✆ (413) 664-4444 - www.publiceatanddrink.com - 11h30-0h - plat 10/21 $*. Ambiance joyeuse dans ce restaurant qui renouvelle sa carte selon les saisons.

PETITE PAUSE

Great Barrington

Soco Creamery – *5 Railroad St. - www.sococreamery.com.* Ouvert toute l'année, prépare de délicieuses glaces.

Great Barrington Bagel Company – *777 Main St.* Les New-Yorkais, qui savent ce qu'est un bon bagel, se rendent à la Great Barrington Bagel Company.

Home Sweet Home Doughnut Shoppe – *258 Stockbridge Rd - 01230 Great Barrington fermé mar.* Pour un bon souvenir sucré !

Lenox

Chocolate Springs Café – *55 Pittsfield Rd - www.chocolatesprings.com.* pour accompagner votre café, des chocolats à se damner.

West Stockbridge

No Six Depot Roastery and Cafe – *6 Depot St. - ✆ (413) 232-0205 - http://sixdepot.com - lun.-vend. 8h-16h, sam. 10h-20h, dim. 10h-17h.* Cette ancienne gare de dépôt reconvertie en coffee shop et galerie d'art sert un excellent café, torréfié sur place. On trouve également une belle sélection de viennoiseries (comme un délicieux muffin au nutella) et des plats de petit-déjeuner et de brunch. L'assiette d'œufs-bacon-toast est simple mais parfaitement exécutée avec des produits de la région. On adore le lieu et la nourriture.

Mohawk Trail

Freight House Cafe – *60 Main St. - 01344 Erving - ✆ (413) 422-2828 - www.thefreighthousecafe.com - 9h-17h, w.-end 8h-18h.* Quelques miles avant Greenfield, sur le bord de la Route 2, ce coffee shop est l'entrée en matière la plus pittoresque du Mohawk trail : café et crumble maison, et des antiquités en vente tout autour.

BOIRE UN VERRE

Lenox

The Lawn at Kemble Inn – *2 Kemble St. - ✆ (413) 637-4113 - http://kembleinn.com - mai-oct.* Petites assiettes à picorer et cocktails à siroter dans un transat, sur la pelouse de ce bel hôtel : relaxant !

Brava – *27 Housatonic St. - ✆ (413) 637-9171 - Dès 17h.* Tapas et sangria dans ce petit resto-bar simple mais aux assiettes délicieuses.

EN SOIRÉE

Williamstown

Images Cinema – *50 Spring St. - ✆ (413) 458-5612 - www.imagescinema.org.* Un cinéma d'art et d'essai.

ACTIVITÉS

Berkshire Outfitters – *01220 Adams - www.berkshireoutfitters.com.* Location de canoë, kayak et planche.

AGENDA

Williamstown Theater Festival – *www.wtfestival.org.* De mi-juin à fin août.

Tanglewood – *www.bso.org.* En juillet-août, l'orchestre de Boston est en résidence d'été dans les Berkshires.

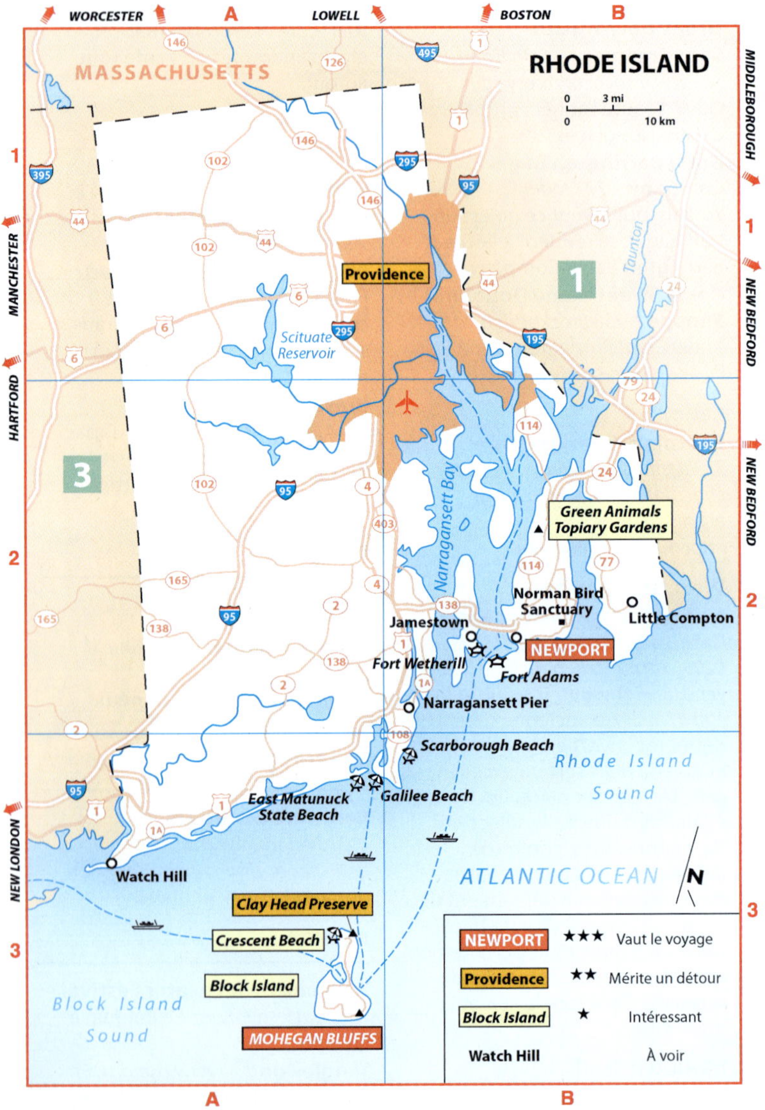
WORCESTER
A
LOWELL
BOSTON
B
RHODE ISLAND
MASSACHUSETTS
0 3 mi
0 10 km
MIDDLEBOROUGH
MANCHESTER
HARTFORD
NEW BEDFORD
NEW BEDFORD
NEW LONDON
Providence
Scituate Reservoir
Taunton
Narragansett Bay
Green Animals Topiary Gardens
Norman Bird Sanctuary
Little Compton
Jamestown
NEWPORT
Fort Wetherill
Fort Adams
Narragansett Pier
Scarborough Beach
Rhode Island Sound
East Matunuck State Beach
Galilee Beach
Watch Hill
ATLANTIC OCEAN
N
Clay Head Preserve
Crescent Beach
Block Island
Block Island Sound
MOHEGAN BLUFFS
NEWPORT ★★★ Vaut le voyage
Providence ★★ Mérite un détour
Block Island ★ Intéressant
Watch Hill À voir

Rhode Island 2

Carte Michelin New England 581

Providence

★★

179 219 hab.

Capitale du Rhode Island, le plus petit état des États-Unis, Providence se situe à l'embouchure d'une rivière, qui faisait autrefois la richesse maritime et commerciale de la ville, ouverte sur la baie de Narragansett. Il souffle sur la colline de College Hill à la fois un charme universitaire américain classique grâce à la Brown University, prestigieuse université de Ivy League, et un air plus décalé avec la présence de la Rhode Island School of Design. Après une longue récession économique, Federal Hill, à l'ouest, un quartier d'immigrants italiens arrivés massivement au début du 20e s., est en pleine rénovation, à l'image de ses belles maisons victoriennes, regroupées le long de Broadway Avenue, et de ses restaurants qui fédèrent les habitants du quartier.

NOS ADRESSES PAGE 184
Hébergement, restauration, achats, activités, etc.

S'INFORMER

Providence-Warwick Visitors Center – Plan de ville p. 180 - *10 Memorial Bd. - ✆ 800 233 1636 - www.goprovidence.com.* Brochure de visite en téléchargement gratuit.

SE REPÉRER

Carte de région AB1-2 (p. 176).
Située à 50 miles (80,5 km) au sud-ouest de Boston, Providence est accessible par l'I-95. Comptez 1h de trajet en voiture ou en train de Boston.

SE GARER

La ville abrite de nombreux parkings publics, dont celui de Providence Place Mall *(payant)*, construit sur plusieurs niveaux. Dans les rues, stationnement limité à 2 ou 3h (horodateurs).

À NE PAS MANQUER

College Hill ; le musée d'art de l'école de design, le RISD ; le rendez-vous artistique Waterfire aux beaux jours.

ORGANISER SON TEMPS

Après un petit-déjeuner à l'américaine chez *Julian's*, dans le quartier de Federal Hill, partez à la découverte des petites rues du *downtown*, jusqu'au Capitole. Faites une pause déjeuner, puis rejoignez l'autre rive pour une visite de College Hill, où se trouve l'université de Brown. Selon la saison, assistez à une représentation de la Trinity Repertory Company, patinez en plein air sur la Kennedy Plaza ou assistez au spectacle Waterfire le long du canal.

AVEC LES ENFANTS

Le Roger Williams Park Zoo amusera les plus jeunes.

Se promener Plan de ville p. 180

★★ COLLEGE HILL

Circuit tracé sur le plan de la ville – Comptez une 1/2 journée. À partir du croisement de Main St. et de College St., dirigez-vous vers le nord sur Main St.

Ce charmant secteur, dont les rues ombragées sont bordées d'habitations aux

Le quartier de College Hill.
DenisTangneyJr/iStock

architectures coloniale ou italianisante, forme l'un des quartiers historiques les plus harmonieusement conservés du pays. Au sommet de la colline, **Thayer Street** est la rue commerçante de la communauté universitaire avec ses librairies, ses cafés, ses restaurants et ses nombreux magasins. Dans South Main Street, la plus ancienne rue de la ville, près de la rivière, d'anciens magasins et entrepôts convertis en boutiques et en restaurants complètent le cachet historique de College Hill. Ce quartier accueille notamment la **Brown University**.

2

★ First Baptist Church in America

75 North Main St. - ✆ 401 454 3418 - www.fbcia.org - ♿ - ouvert tte l'année, mais visites guidées seult de fin mai à début sept. : lun.-vend. 10h-15h, dim. visite après la messe (visite autoguidée le reste de l'année) - fermé j. fériés - 2 $.

C'est sur North Main Street que fut bâti le premier lieu de culte américain de l'Église baptiste, fondée en 1638 par Roger Williams, qui fonda également la colonie du Rhode Island. Construite en 1775 par Joseph Brown, l'église actuelle (située non loin du site du sanctuaire primitif) dresse sa superbe flèche à une hauteur de 56 m. À l'intérieur, remarquez les boiseries, les frontons à volutes, les urnes et les arcs peints dans des tons pastel vert et blanc. Les colonnes qui soutiennent les tribunes et la toiture, dirigent le regard vers le plafond sculpté.

Revenez sur vos pas, engagez-vous à gauche dans Waterman St., puis tournez immédiatement à droite dans Benefit St.

Benefit Street

Prenez le temps d'admirer l'ensemble harmonieux des nombreuses façades. Plus d'une centaine d'entre elles présentent leur style colonial ou victorien aux passants qui empruntent les rues étroites et les allées pavées menant à la Rhode Island School of Design et à la Brown University.

Rhode Island School of Design

Bordée par Waterman St., Prospect St., Benefit St. et Thomas St.

Fondée au 19e s. pour former des artisans aux métiers des manufactures, la Risd (prononcez *Rizdi*) est une école renommée pour son enseignement dans les domaines du design, de l'architecture et des arts graphiques. Ses

2 200 étudiants ont la possibilité de travailler dans plusieurs types d'ateliers où ils apprennent notamment la sculpture, le stylisme, la création de tissus et le travail du bois et du métal.

★★ Museum of Art, Rhode Island School of Design

224 Benefit St. - ✆ 401 454 6500 - risdmuseum.org - ♿ - mar.-dim. 10h-17h (3e jeu. 21h) - fermé j. fériés - 15 $ (seniors 12 $, -19 ans gratuit) ; gratuit le 3e jeu. du mois après 17h et le dim.

Agréablement présenté, ce musée possède des collections d'art et de différentes civilisations : Égypte, Grèce, Rome, Asie, Europe, Afrique et Amérique. De nombreuses sections sont classées par ordre chronologique, mais certaines traversent les frontières du temps pour mettre en lumière des parallèles entre l'art ancien et les tendances actuelles (sculpture, peinture, tissus).

Le 3e étage est consacré à l'art du 20e s., le 4e, aux expositions temporaires et le 5e à la sculpture médiévale, la peinture française et américaine du 19e s. et aux bronzes grecs. Au 6e niveau sont exposées des collections d'art primitif,

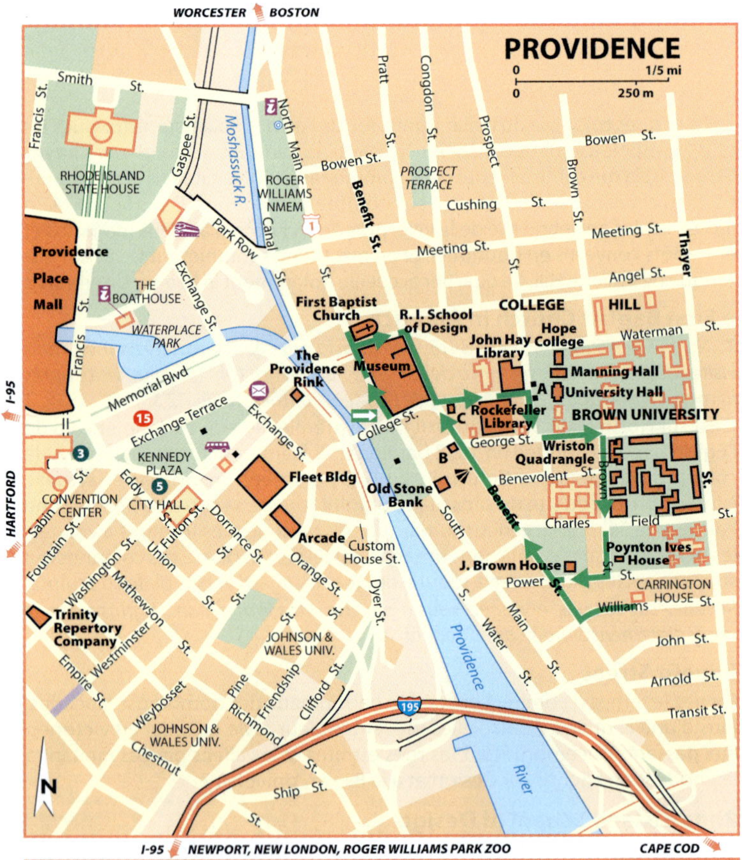

SE LOGER		SE RESTAURER	
Omni Providence	3	Union Station Brewery	15
Providence Biltmore	5		

LA NAISSANCE DE PROVIDENCE

Banni de sa paroisse de Salem par la colonie du Massachusetts, **Roger Williams** prit la route du sud avec un groupe de disciples, et atteignit en juin 1636 les berges de la rivière Moshassuck (appelée Providence par la suite). Ayant décidé de s'y installer, ils achetèrent des terres aux Indiens narragansetts et baptisèrent leur nouvel établissement « Providence » pour remercier Dieu de sa divine providence qui, pensaient-ils, les avait conduits jusqu'à cet endroit. Williams déclara alors que cette nouvelle colonie serait un refuge pour toute personne recherchant la liberté de conscience.

À l'origine, Providence n'était qu'un ensemble de fermes s'étalant le long de la rivière, puis la ville s'orienta vers le commerce maritime et devint rapidement un centre commerçant. Farouchement défendue pendant la guerre d'Indépendance, car elle permettait d'approvisionner Boston, Providence fut un refuge pour les corsaires. Au lendemain de la guerre, la ville était devenue le premier port du Rhode Island. En 1787, **John Brown** expédia son premier navire vers la Chine. D'autres marchands lui emboîtèrent le pas et firent fortune dans le commerce avec ce pays.

égyptien et d'Extrême-Orient. Le **Buddha Dainichi** (Japon, 10e s.) domine l'une des galeries : il s'agit d'un bouddha en bois découvert en 1933 dans les combles d'une ferme.

Annexe du musée, l'élégante **Pendleton House** fut bâtie en 1906 pour abriter la **collection Charles Pendleton**, qui rassemble du mobilier et des arts décoratifs du 18e s., et de précieuses pièces d'orfèvrerie du 17e au 20e s. Construite en 1933, l'aile Daphne Farago présente des expositions temporaires consacrées à l'art contemporain sous toutes ses formes. Dans la cour du musée se trouvent plusieurs œuvres de sculpteurs contemporains.

Tournez à gauche dans College St.

★ Brown University

Bordée par George St., Prospect St., Waterman St. et Thayer St. - ✆ 401 863 1000 - www.brown.edu. Des plans de l'université sont disponibles sur le site.

Septième université fondée aux États-Unis (1764), cette école appartenant à la prestigieuse Ivy League fut établie à Warren, une ville au nord-est du Rhode Island, sous le nom de Rhode Island College. Elle fut rebaptisée en 1804 en l'honneur de son principal bienfaiteur, John Nicholas Brown II. Ce fut la première université américaine à accepter des étudiants sans tenir compte de leur religion.

Elle est toujours considérée comme l'une des universités les plus progressistes parmi celles de l'Ivy League. Sa devise est *In God We Hope* (« En Dieu nous espérons »), et sa mascotte un ours, dont on peut voir une sculpture en bronze sur le *College Green*, un agréable parc situé derrière l'University Hall. Quelque 6 100 étudiants de premier cycle et 1 950 étudiants de cycle supérieur vivent sur le campus de College Hill, qui couvre 57 ha et compte environ 245 bâtiments.

À l'entrée principale de la Brown University, dans Prospect Street, les portes **Van Wickle** (A) ne sont ouvertes que deux fois l'an : vers l'intérieur le jour de l'entrée des nouveaux venus, et vers l'extérieur le jour de la remise des diplômes. Une fois les portes franchies, on peut voir les bâtiments les plus anciens : **University Hall** (1771), imposante construction de brique connue sous le nom de College Edifice et qui fut l'unique construction jusqu'en 1822 ;

Providence.
SeanPavonePhoto/iStock

Manning Hall (1835), à gauche, avec ses quatre colonnes néoclassiques en granit, dans lequel se trouve la chapelle de l'université et un musée d'anthropologie, le Haffenreffer; **Hope College** (1822), derrière, qui abrite les résidences. De l'autre côté de Prospect Street se trouvent la **John Hay Library** (1910) et la **Rockefeller Library** (1964). La « Rock'» renferme les ouvrages de sciences humaines et sociales de l'université.

Continuez vers le sud sur Prospect St., tournez à gauche dans George St., puis à droite dans Brown St.

Dans Brown Street, on passe devant **Wriston Quadrangle** (1952) où logent quelque 1 000 étudiants.

Continuez vers le sud sur Brown St. jusqu'à Power St.

À l'angle de Brown Street et de Power Street se dresse la **Poynton Ives House** (n° 66), un bel exemple de l'architecture fédérale.

★★ John Brown House

52 Power St. - ✆ 401 273 7507 - www.rihs.org - visite guidée (1h) - avr.-nov. : mar.-vend. à 13h30 et 15h, sam. à 10h30, 12h, 13h30 et 15h ; déc.-mars : sam. 10h30, 12h, 13h30, 15h - 10 $ (seniors et étudiants 8 $).

LES FRÈRES BROWN

Ce nom, que l'on retrouve dans de nombreux domaines, est celui d'une des familles les plus anciennes et les plus célèbres de Providence. À la fin du 18e s., les quatre frères Brown furent les grands *leaders* de la ville. **John** fut l'un des meneurs de l'attaque du *Gaspee,* et le premier à envoyer un de ses bateaux en Chine. Il fut aussi un marchant d'esclaves et de rhum, le port de Providence faisant partie du commerce triangulaire. **Joseph**, l'architecte, conçut la Market House, l'église baptiste et la John Brown House. **Moses**, le quaker, fonda la Providence Bank et fut l'un des premiers promoteurs de l'industrie textile aux États-Unis. **Nicholas**, brillant homme d'affaires, développa une entreprise commerciale connue dans le monde entier. Les frères Brown jouèrent un rôle important pendant la guerre d'Indépendance. John Nicholas Brown II, qui fit des donations à l'université qui porte aujourd'hui son nom, était le neveu de John Brown.

WATERFIRE

Plusieurs samedis par mois, de fin mai à mi-novembre, a lieu le « Waterfire », un événement populaire qui se tient entre le bassin de Waterplace Park et le long de la rivière jusqu'à Crawford Street. à la tombée du jour, des **feux de joie** sont allumés sur l'eau, des **spectacles** de danse ou de théâtre, des **reconstitutions historiques** et des **concerts** ponctuent cette promenade de 0,5 mile (800 m). Le public est invité à participer en allumant des bougies. Depuis 1997, cette « **sculpture mouvante** », comme la définissent les organisateurs (puisque les ombres se reflètent sur les nombreux passants), voit le nombre de brasiers et de manifestations augmenter tous les ans. Le soir même des programmes sont distribués dans la rue et aux différents stands installés le long du canal.

On retrouve également le calendrier des manifestations sur le site de l'événement : waterfire.org.

Cette grande demeure de brique, construite en 1788 par Joseph Brown pour son frère John, a impressionné de nombreux visiteurs. John Quincy Adams (6e président des États-Unis) déclara après sa visite que « c'était la plus belle maison qu'il n'ait jamais vue sur ce continent ». La décoration intérieure (colonnes, cheminées, corniches, ornements de bois, stucs) forme un cadre élégant pour la superbe collection de meubles, dont la plus grande partie des pièces a appartenu à la famille Brown. Le **secrétaire** à neuf coquilles est l'un des plus beaux meubles américains de la période coloniale. Cette pièce unique est attribuée à John Goddard, ébéniste du Rhode Island.

Continuez vers le sud sur Benefit St. et tournez à gauche dans Williams St. Au n° 66 se trouve une autre demeure de style fédéral, Carrington House. Reprenez Benefit St. et poursuivez vers le nord.

Juste après Benevolent Street, belle **vue** sur le dôme nervuré, doré et cuivré de l'**Old Stone Bank**. Un peu plus loin sur la gauche, au n° 43, se dessine la silhouette rouge-brun de la **Stephen Hopkins House** (B), la plus vieille maison de Providence. C'est l'ancienne demeure de Stephen Hopkins, signataire de la déclaration d'Indépendance et gouverneur du Rhode Island à dix reprises. Le style néoclassique est représenté plus loin par le **Providence Athenaeum** (C), édifié en 1838 par William Strickland. Edgar Allan Poe y aurait fait la cour à la poétesse Sarah Whitman, qui habitait Benefit Street.

À voir aussi Plan de ville p. 180

Le centre-ville compte quelques édifices remarquables, comme le **Fleet Building** *(Fulton St.)*, de style Art déco, et l'**Arcade**, bâtiment néoclassique de 1828. Situé non loin de la State House, le **Providence Place Mall** abrite d'innombrables boutiques et restaurants, ainsi qu'un cinéma Imax.

★ Trinity Repertory Company

201 Washington St. - ✆ 401 521 1100 - www.trinityrep.com.

Ce théâtre régional récompensé aux Tony Awards marie pièces classiques et créations contemporaines. Programmé chaque hiver, *A Christmas Carol (Un chant de Noël)* est un rendez-vous très attendu de la fin de l'année.

The Providence Rink - Alex and Ani City Center

2 Kennedy Plaza - ✆ 401 331 5544 - www.providencerink.com - de mi-nov. à mi-mars : 10h-22h - 7 $; location de patins : 6 $.

2

Deux fois plus grande que celle du Rockefeller Center à New York, une patinoire en plein air de 1 300 m², pour glisser et tournoyer entre les gratte-ciel !

Roger Williams Park Zoo

1000 Elmwood Ave. - ✆ 401 785 3510 - www.rwpzoo.org - 10h-17h - fermé Thanksgiving, 24-25 déc. - 17,95 $ (enf. 12,95 $).

Il héberge, parmi ses 139 espèces et 1 000 animaux, la plus grande créature de la planète (la girafe masai), mais aussi la plus lourde (l'éléphant africain) et la plus rapide (le guépard), dans un environnement mis en valeur et respectueux de ses locataires. Ne manquez pas le **Marco Polo Trail** (Sentier de Marco Polo), qui retrace trois années de pérégrinations du marchand vénitien à travers l'Asie.

NOS ADRESSES À PROVIDENCE

HÉBERGEMENT

POUR SE FAIRE PLAISIR

5 **Providence Biltmore** – *11 Dorrance St. - ✆ 401 421 0700 - www.providencebiltmore.com - P 28 $/j - 292 ch. à partir de 209 $ -* Rénové en 2014, cet hôtel s'enorgueillit de posséder les chambres les plus spacieuses du Rhode Island : la majorité d'entre elles font plus de 55 m². Mais c'est surtout à son hall que le Biltmore doit sa célébrité : le plafond y est recouvert d'or, tandis qu'au centre un ascenseur en verre siège dans une cage de marbre ! Une véritable institution depuis 1922. Centre de fitness (24h/24), spa et luxueuse salle de réception au dernier étage.

3 **Omni Providence** – *1 W. Exchange St. - ✆ 401 598 8000 - www.omnihotels.com - P 28 $ - 10 $ - 564 ch. 179/325 $ -* Il est le plus élégant des hôtels de chaîne et le moins difficile à localiser : ses tours de brique rouge surplombent les toits du centre-ville. On vient ici pour les chambres, joliment dépouillées, pour leurs vues sur Providence, et pour les passerelles aériennes qui relient l'hôtel au Convention Center et au Providence Place Mall !

RESTAURATION

PREMIER PRIX

15 **Union Station Brewery** – *36 Exchange Terrace - ✆ 401 274 2739 - www.johnharvards.com - 11h30-1h, vend.-sam. 11h30-2h.* Si vous hésitez, suivez le conseil des habitués : les calamars frits, le pain de viande aux pommes de terre à l'ail, le chicken pot pie ou encore les penne au gorgonzola figurent parmi leurs favoris ! Ouvert en 1993 dans une ancienne gare, ce chaleureux établissement fut la première microbrasserie de Providence.

BUDGET MOYEN

CAV – Hors plan - *14 Imperial Pl. - ✆ 401 751 9164 - 11h30-21h30, sam. 10h-23h, dim. 10h-21h30.* Coffee, Antiques and Vittles (café, antiquités et victuailles), ou CAV, trois lettres qui récapitulent ce drôle de lieu au décor éclectique, véritable invitation au voyage. Parmi des maquettes de bateaux, des tapisseries d'Iran et autres perles rapportées du monde, on se laisse transporter par les expériences du chef : poulet aux poires ou filet de bœuf sauce framboise et coco.

Federal Hill

Surmontée d'une pomme de pin (la *pigna*), symbole italien d'abondance, l'arche qui enjambe l'extrémité orientale d'**Atwells Avenue** *(à l'ouest d'Empire St.)* signale le quartier de Federal Hill et son avenue bordée de restaurants. Ce fut autrefois le Little Italy de Providence.

Julian's – Hors plan - *318 Broadway - une parallèle à Atwells Ave - ✆ (401) 861-1770 - www.juliansprovidence.com - 9h-23h, w.-end 8h-23h - plat 17/25 $.* Tout le quartier se donne rendez-vous dans ce bar-restaurant bruyant et joyeux aux allures rock'n'roll, qui propose le meilleur breakfast de la ville. Essayez les copieux pancakes et œufs Benedict (six sauces au choix!).

Seven Stars Bakery – Hors plan - *342 Broadway - ✆ (401) 521-2200 - www.sevenstarsbakery.com - 6h30-18h, w.-end 7h-18h.* Juste à côté du Julian's, une boulangerie dans le style des coffee shops à l'américaine où l'on peut s'asseoir et savourer une pâtisserie. Pourquoi ne pas se laisser tenter par les scones ou les sticky buns…

ACTIVITÉS

Sport

McCoy Field – *1 Columbus Ave - 02860 Pawtucket - Pawtucket.* Pour les amateurs de sport, un passage au McCoy Field s'impose : c'est dans cette enceinte que jouent les Pawtucket Red Sox (t 401 724 7300 - www.pawsox.com). Équipe de baseball de l'International League affiliée aux Red Sox de Boston, elle a fourni à ces derniers plusieurs grands joueurs évoluant désormais en Ligue majeure.

AGENDA

Gallery Night – *✆ 401 490 2042 - www.gallerynight.info - mars-nov. : 3e jeu. du mois.* Vingt galeries, musées et magasins d'art ouvrent leurs portes : au programme, concerts, boissons fraîches et célébrités locales ! Les transports sont gratuits.

Trinity Repertory Company – *Lederer Theater – 201 Washington St. - ✆ 401 351 4242 - www.trinityrep.com).* Cette prestigieuse troupe théâtrale se produit de sept. à juin.

Newport

★★★

24 776 hab.

Quand, dans son roman Gatsby le Magnifique (1925), Francis Scott Fitzgerald décrivit les fêtes extravagantes organisées par la riche société new-yorkaise, sans doute s'inspira-t-il de celles qui furent réellement données dans les opulentes demeures de Newport au tournant du 20e s. Ancré sur une île au cœur de la baie de Narragansett, cet ancien port colonial était en effet à cette époque le lieu de villégiature privilégié de la haute société américaine et des milliardaires. On peut aujourd'hui visiter quelques-uns des incroyables manoirs qu'ils se firent construire sur la pointe de Newport, face à l'océan. Capitale mondiale de la voile, écrin du célèbre Newport Music Festival et véritable Mecque du tourisme, la ville attire toujours autant de visiteurs. Le port de plaisance ne désemplit pas, tandis que bars et restaurants contribuent à l'animation des quais. Un peu plus haut sur la colline, plus calme, le centre-ville a été bien préservé au fil des siècles : on y trouve des rues pittoresques bordées de charmantes maisons et de bâtiments historiques qui méritent le détour.

NOS ADRESSES PAGE 201
Hébergement, restauration, achats, activités, etc.

S'INFORMER

Discover Newport/Visitor Center – Plan de ville p. 194 - *23 America's Cup Ave. - ✆ 401 845 9110 - www.discovernewport.org.* Plans, informations et documentation sur les hébergements, les activités et les manifestations à Newport et dans ses environs.

SE REPÉRER

Carte de région B2 (p. 176).

L'île de Newport est reliée au continent par trois ponts et un service de ferries faisant la navette entre Newport et Jamestown/Providence.

SE GARER

Vous trouverez des parkings sur Church Street (à proximité de Thames Street), sur America's Cup Avenue, non loin du Commercial Wharf, et au Visitors Center.

À NE PAS MANQUER

Cliff Walk, un sentier de corniche long de 3,4 miles (5,5 km) surplombant l'océan ; la visite d'un ou deux *mansions*.

ORGANISER SON TEMPS

Commencez la journée en parcourant la Cliff Walk, une impressionnante promenade le long de la mer ; visitez ensuite le plus beaux de tous les manoirs : l'incroyable *Breakers*. Puis déjeunez dans le centre-ville avant de flâner dans les rues du centre historique. Passez la fin d'après-midi à la plage ou au Brenton Point State Park et ne ratez pas le coucher de soleil sur la mer.

AVEC LES ENFANTS

Les animaux taillés dans les buissons du Green Animals Topiary Gardens ; Flying Horse Carousel à Watch Hill.

Ocean Drive vue d'avion.
Sime/Photononstop

Se promener Plans de ville

2

★★★ LES MANSIONS Plan I p. 190

Neuf manoirs sont administrés par la Preservation Society of Newport County (The Breakers, Marble House, Château-sur-Mer, Rosecliff, The Elms, Hunter House, Isaac Bell House, Kingscote et Chepstow) ainsi qu'un parc de topiaires - ☏ 401 847 1000 - www.newportmansions.org - de mi-mai à mi-oct. : 10h-17h ; reste de l'année : horaires variables, consultez le site Internet - billet pour un seul manoir 17,50 $ sf The Breakers 24 $; de nombreuses formules de billets combinés sont proposées, la plus simple étant un billet à 29 $ pour The Breakers et un autre manoir au choix (sf Hunter House). Tous les billets combinés sont disponibles sur le site Internet ou par téléphone, et peuvent être imprimés chez soi, mais peuvent également être achetés dans les manoirs. Un pavillon d'informations a ouvert ses portes en juin 2018 dans la cour des Breakers.

Bon à savoir – Quatre manoirs proposent des visites avec audioguide très bien fait en français *(40-90mn)* : The Breakers, The Elms, Marble House et Rosecliff. Ces quatre manoirs sont également décorés pour Noël à l'occasion de **Christmas at the Newport Mansions** *(de mi-nov. au 1er janv.)*.

Célèbres dans le monde entier pour leurs dimensions colossales, leur magnificence, leur pompe démesurée, les splendides *mansions* de Newport, érigés à la fin du 19e s. pendant l'âge d'or américain *(Gilded Age)*, comptent parmi les résidences privées les plus spectaculaires des États-Unis. Pour avoir un premier aperçu de ces demeures, longez **Bellevue Avenue**★★★, de Memorial Boulevard à Land's End au sud, où l'artère croise **Ocean Drive**★★. Cette dernière suit alors la côte jusqu'à l'extrémité sud-ouest de l'île *(10 miles/16 km)* où les **vues**, au coucher du soleil, sont splendides, surtout depuis **Brenton Point State Park**.

Sentier de 3,4 miles (5,5 km), ouvert du lever au coucher du soleil, le **Cliff Walk**★★ parcourt quant à lui la côte rocheuse qui sépare The Breakers, Rosecliff, Marble House et la Salve Regina University *(Ochre Point Ave.)* de la

Newport : un peu d'histoire…

UN HAVRE DE TOLÉRANCE

En 1639, ayant soutenu la puritaine dissidente Anne Hutchinson, **William Coddington** fuit avec elle la colonie du Massachusetts. Il emmena un groupe de disciples dans le sud de l'île Aquidneck et fonda Newport sur la rive d'une vaste baie protégée.

D'autres minorités religieuses – quakers, baptistes et juifs – ne tardèrent pas à les rejoindre, les colonies du Rhode Island étant réputées pour leur tolérance religieuse. Les premiers habitants permirent à la ville de connaître un essor rapide. Lorsque la guerre d'Indépendance fut déclarée, Newport essuya pourtant un revers de fortune. Les Anglais occupèrent le port de 1776 à 1779. Contraints de loger les soldats ennemis, les habitants subissaient en outre des pillages et des incendies criminels. À la suite de la défaite britannique, les troupes françaises, alliées des Américains, occupèrent la cité, dans laquelle eurent lieu les entretiens entre le général Washington et le comte Jean-Baptiste de Rochambeau. À la fin de la guerre, Newport n'était plus qu'un amas de ruines. La plupart des armateurs ayant fui à Providence *(voir p. 178)*, la colonie ne retrouva jamais sa splendeur commerciale.

LA VILLÉGIATURE ESTIVALE DES MILLIARDAIRES

Dans les années qui précédèrent la guerre d'Indépendance, les riches planteurs de Georgie et de Caroline du Nord et du Sud quittaient la chaleur des étés sudistes pour se reposer au bon air de Newport. Kingscote fut le premier *mansion* à être construit sur Bellevue Avenue.

À partir du milieu du 19e s., l'ouverture de la ligne de vapeurs entre New York et Newport amena chaque année un nombre croissant de visiteurs.

Newport connut son âge d'or *(Gilded Age)* entre 1865 et 1901. Son économie prospéra, notamment grâce au développement des chemins de fer et de l'industrialisation. C'est à cette période que de nombreux immigrés venus d'Europe débarquèrent sur les côtes des États-Unis.

Après la guerre de Sécession, les familles les plus fortunées des États-Unis, les Astor, les Belmont, les Vanderbilt, vinrent séjourner l'été à Newport. Impressionnées par la magnificence des palais et des châteaux qu'elles avaient admirés en visitant l'Europe, elles s'offrirent les services des meilleurs architectes d'Amérique pour dessiner les *mansions* (manoirs) qui embellissent Ocean Drive et Bellevue Avenue.

En été, Newport devenait le théâtre de réceptions d'un luxe inégalé. Un grand besoin de distractions sortant de l'ordinaire conduisit à certaines excentricités, telles que ce dîner au champagne et au caviar offert par Harry Lehr à ses amis et leurs animaux de compagnie, où maîtres et invités à quatre pattes furent servis à la même table pour déguster en chœur du foie de veau et de la fricassée d'os. Mesdames Astor, Belmont et Oelrichs et autres dames patronnesses de la haute société présidaient à ces soirées et ces bals fabuleux, et Mme Oelrichs eut un jour l'idée de faire disposer sur l'océan une flotte de maquettes de bateaux grandeur nature afin de lui donner l'apparence d'un port… Ce mode de vie extravagant est représenté dans l'autobiographie d'Edith Wharton, ou dans

le célèbre roman de Francis Scott Fitzgerald, *Gatsby le Magnifique*.
Séduits par les dernières inventions à la mode, les riches résidents de Newport inaugurèrent les premières voitures, firent goudronner les premières routes, embellirent le port de yachts princiers taillés dans l'acajou et garnis de cuivre, et introduisirent les régates à Newport. Cette époque prit fin avec la Première Guerre mondiale.

NEWPORT AUJOURD'HUI

La ville a l'avantage d'offrir un éventail des styles architecturaux élégants qu'ont connu les États-Unis entre les 17e et 19e s. Le style colonial est fortement présent, de la simple et austère Quaker Meeting House à la Trinity Church qui s'inspira des travaux de Christopher Wren. Plus de 100 habitations ont été restaurées dans les quartiers d'**Easton's Point** (situé au nord de Bridge Street et à l'ouest de Farewell Street) et de **Historic Hill**, non loin duquel se trouve Trinity Church *(voir p. 197)*. La plupart des maisons de « The Point », comme l'appellent les Newportais, datent du 18e s., époque à laquelle le quartier vivait allègrement des revenus de ses activités commerciales.
Newport encourage et finance de nombreux événements musicaux, dont le **Newport Music Festival**, qui propose une série de concerts donnés, en juillet, dans les grandes demeures de la ville (Rosecliff, Marble House, Beechwood, The Elms et The Breakers). Né en 1954, le **JVC Jazz Festival** fut déplacé à New York durant les années 1970 avant de revenir à Newport. Les concerts, où se succèdent les plus grands noms du jazz, ont lieu dans le spectaculaire Fort Adams State Park, au mois d'août. Il est précédé, sur le même site, du **Newport Folk Festival**, animé d'une tout autre foule !

LA PASSION DES SPORTS

Plusieurs sports doivent leur succès et leur développement à la haute société de Newport, dont les passe-temps favoris étaient le golf, le tennis et la voile. En 1881, le premier championnat de tennis américain eut lieu sur les terrains du casino de Newport. Des tournois annuels, dont les **championnats sur gazon de l'International Tennis Hall of Fame** *(début juillet)*, s'y déroulent toujours. Le premier championnat amateur de golf des États-Unis eut lieu à Newport en 1894 sur un parcours de 9 trous créé à Brenton Point pour 400 membres du gratin new-yorkais et newportais.
Néanmoins, c'est au domaine de la voile, plus particulièrement du yachting, que Newport doit sa renommée internationale. Vers la fin du 19e s., plusieurs clubs de yachting s'établirent à Newport, et de 1930 à 1983, la ville accueillit les fameuses régates de l'**America's Cup** (Coupe de l'America). Cette compétition internationale entre les bateaux les plus sophistiqués du monde débuta en 1851 quand le New York Yacht Club fit traverser l'Atlantique à sa goélette *America* pour défier les Britanniques dans la prestigieuse Hundred Guineas Cup. L'*America* remporta les régates et rentra en Amérique avec cette coupe en argent qui porte depuis le nom de Coupe de l'America. Newport voit aussi le départ de la **Newport-Bermuda Race**, course bisannuelle de 1 100 km (682 miles), et est la destination de la **Traversée de l'Atlantique en solitaire**, qui part de Plymouth en Angleterre.

mer. Au 19e s., les propriétaires de ces grands domaines essayèrent de faire fermer le chemin, mais les pêcheurs protestèrent, et l'État trancha en faveur des « travailleurs de la mer ». Cliff Walk relie Memorial Boulevard *(près d'Easton Beach)* et Bailey's Beach *(plage privée)*, mais on peut aussi le rejoindre de l'extrémité de Narragansett Avenue ou de Ruggles Avenue. Un bus de ville permet de revenir à votre point de départ *(horaires et tarifs sur www.ripta.com)*.

★★★ The Breakers

44 Ochre Point Ave. - ♿ - de mi-mai à fin déc. : 9h-17h (dernier tour à 17h) ; reste de l'année : horaires variables - audioguide en français - 24 $ (possibilité de billet combiné). « Beneath the Breakers » : visite guidée (4mn) de l'ingénierie nécessaire pour faire fonctionner ce manoir - électricité, chaudière, etc. 20 $

En 1885, **Cornelius Vanderbilt II**, petit-fils du « Commodore » qui avait fait fortune dans la marine à vapeur et le chemin de fer, acheta le terrain de Ochre

Point et fit constuire une première résidence d'été, qui brûla sept ans plus tard. Il chargea alors **Richard Morris Hunt** d'en bâtir une seconde qui soit plus sûre : pour ce faire, l'architecte utilisa pierres, albâtres et marbres en provenance de France et d'Italie. Cette opulente demeure de 70 pièces, dont 15 chambres et 20 salles de bains, achevée en 1895, après seulement deux ans de travaux, se voulait le reflet de la fortune des Vanderbilt, par sa référence aux palais de la Renaissance italienne (arcades, colonnes cannelées et corniches). À l'intérieur, « Les Brisants » bénéficiaient des derniers équipements modernes, comme l'électricité, le gaz et l'eau courante. Notez que la plupart des baignoires possèdent quatre robinets : eau courante chaude et froide, et eau de mer chaude et froide, le sel étant réputé bon pour la peau. Du grand luxe ! La demeure est ouverte au public depuis 1948.

Intérieur – La **grande salle** (Great Hall), haute de plus de deux étages, est une véritable débauche de colonnes et de pilastres, de plaques de marbre et de corniches ouvragées. C'est là qu'avaient lieu les grandes fêtes, notamment les bals de débutantes, où les jeunes filles faisaient leur entrée officielle dans la haute société. La taille des marches de l'escalier, inspiré de celui de l'Opéra Garnier à Paris, a été raccourcie par rapport aux standards habituels pour qu'elles ne se prennent pas les pieds dans leurs longues robes. Elle ouvre sur un patio avec une vue sublime sur l'océan. Le **salon de musique** (Music Room) présente un plafond à caissons peint d'allégories de la Musique, de l'Harmonie, du Chant et de la Mélodie. Chacun des angles du **petit salon** (Morning Room, soit la « salle du matin ») abrite un panneau représentant les muses, peint à l'huile sur feuille de platine. Cette pièce ouvre sur une loggia où l'on peut voir une belle mosaïque italienne. Dans l'impressionnante **salle à manger** (Dining Room) de 220 m² éclairée par deux lustres Baccarat hauts de 3,50 m, les Vanderbilt recevaient leurs invités dans un luxueux décor d'albâtre rouge, de bronzes et de dorures. À l'étage, on découvre les chambres de la famille, notamment celle de Gertrude, artiste qui travaillera longtemps à Paris et à qui l'on doit le Whitney Museum, fondé en 1930 à New York. La visite permet également de découvrir les **passages cachés** derrière les murs où les domestiques (une quarantaine, qui vivaient à l'étage) s'affairaient pour servir toute la famille.

2

★★★ Marble House

596 Bellevue Ave. - ♿ - de mi-mai à fin déc. : 9h-17h (dernier tour à 17h) ; reste de l'année : horaires variables - audioguide en français - 17,50 $ (possibilité de billet combiné).

Construite par **Richard Morris Hunt** pour le millionnaire **William K. Vanderbilt**, la Marble House évoque à la fois le Petit Trianon de Versailles et le Parthénon d'Athènes. L'une des soirées les plus éblouissantes qui s'y tinrent fut le premier bal de Consuelo Vanderbilt. La vie de la jeune femme fut entièrement dictée par sa mère, Alva, qui bien que militante pour le droit des femmes, fut autoritaire avec sa fille et l'obligea à épouser Charles Spencer-Churchill, le 9ᵉ duc de Marlborough.

La porte d'entrée était à l'époque la pièce de fer forgé la plus lourde au monde : composée de deux battants, elle pèse trois tonnes, mais le système d'ouverture a été astucieusement pensé pour qu'un enfant soit capable de l'ouvrir et de la fermer sans l'aide d'un valet.

Intérieur – Des tapisseries des Gobelins décorent l'immense hall revêtu de marbre jaune de Sienne. Cette couleur a été choisie pour donner à la pièce un aspect chaleureux quand elle reçoit la lumière du matin et du soir ; Alva Vanderbilt craignait en effet que le marbre blanc ne lui donne l'allure d'un mausolée. La **salle de bal** (Gold Ballroom) est la plus richement décorée de

LA FAMILLE VANDERBILT À NEWPORT

Parmi les richissimes habitants de Newport figurait la famille Vanderbilt. L'histoire de cette dynastie américaine commence avec Cornelius Vanderbilt, surnommé le **Commodore** (1794-1877). Cet industriel, qui fit fortune dans la marine et les chemins de fer, fit notamment construire Grand Central, la gare de New York, utilisée comme dépôt jusqu'au début du 20e s. Il eut onze enfants, dont l'aîné **William Henry**, qui prit la succession des affaires et fit rapidement fructifier la fortune familiale. Trois des fils de William Henry firent bâtir des *mansions* à Newport : **Cornelius Vanderbilt II** fit construire **The Breakers**. Sur un bas-relief original et d'apparence classique, situé au-dessus de la porte qui mène à la Morning Room depuis la grande salle, on peut voir les symboles de la fortune familiale : le dieu Mercure, entouré d'un train à vapeur et d'outils de construction. **William Kissam Vanderbilt** commanda quant à lui **Marble House** pour le trente-neuvième anniversaire de son épouse Alva. La famille ne passa que trois étés dans ce magnifique cottage : Alva demanda le divorce, une première dans la haute société new-yorkaise. Elle épousa en secondes noces un ami de son ex-mari, qui possédait lui aussi une résidence d'été à Newport : **Belcourt** *(en cours de restauration en 2018)*. **Frederick William Vanderbilt** travailla lui aussi dans l'entreprise familiale des chemins de fer et fit construire **Rough Point**.

Newport : lambris dorés à la feuille, pilastres, marbres, miroirs et lustres en cristal en font une salle très lumineuse. On y voit de nombreuses références à Louis XIV et aux déesses grecques. L'atmosphère recueillie de la **salle gothique** (Gothic Room), avec ses vitraux et ses boiseries sombres, offre un contraste brutal : la collection médiévale des Vanderbilt y est exposée. La **salle à manger** (Dining Room) est somptueuse avec son marbre rose d'Algérie. Lourdes de quelque 35 kg, les chaises Louis XIV en bronze obligeaient le maître des lieux à prévoir un valet de pied par invité pour manœuvrer la chaise lorsque celui-ci voulait s'asseoir ou quitter la table. à l'étage, la chambre d'Alva ressemble à une véritable bonbonnière ; au plafond, la belle peinture de la déesse Athéna (1721) était à l'origine dans une bibliothèque de Venise. La visite se termine par la vaste **cuisine** (Kitchen), qui ne manque pas de cachet avec sa cuisinière large de plus de 7 m, ses compartiments à glace encastrés et ses casseroles à monogramme. Le chef français, réputé pour son mauvais caractère, recevait un très important salaire pour l'époque : 10 000 $ par an.

Au fond du jardin, la **maison de thé chinoise** (Chinese Tea House) fut construite plus tardivement, en 1912. C'est là qu'Alva tenait ses réunions féministes. C'est aujourd'hui un salon de thé ouvert au public.

★★ The Elms

367 Bellevue Ave. - ♿ - de fin mai à mi-oct. : 10h-17h ; reste de l'année : horaires variables - audioguide en français - 17,50 $ (possibilité de billet combiné).

C'est au cours de la seconde moitié du 19e s. que **Edward Julius Berwind**, fils d'immigrants allemands, devint le roi des charbonnages américains. En 1899, riche et puissant, il commanda à l'architecte **Horace Trumbauer** une résidence qui pût rivaliser avec celles des millionnaires déjà établis à Newport, qui le considéraient comme un parvenu et un intrus. S'inspirant du château d'Asnières (18e s.) près de Paris, Trumbauer conçut « Les Ormes », vaste demeure aux allures de gentilhommière, à l'intérieur grandiose. En août 1901, le bal donné pour son inauguration fut le clou de la saison. D'innombrables variétés

Mansion au bord du Cliff Walk.
J. Sohm/Visions of America, LLC/age fotostock

de plantes exotiques furent commandées pour décorer la propriété, et des singes furent lâchés dans le parc.

★★ Rough Point Museum

680 Bellevue Ave. - ✆ 401 847 8344 - www.newportrestoration.org - ♿ - visite guidée (1h15) - de mi-mai à déb. nov. : mar.-sam. 10h-15h45 (dernier dép.) ; de mi-avr. à mi-mai : jeu.-sam. 10h-14h (dernier dép.) - réserv. recommandée - 25 $.

Bon à savoir – Ce manoir ne dépend pas de la Preservation Society of Newport County et ouvre donc ses portes aux visiteurs selon des conditions qui lui sont propres.

Ce *mansion* possède l'une des plus belles collections d'art de la ville, en plus de jardins vallonnés surplombant l'océan. En été, on peut également visiter le jardin potager et un jardin fleuri de toute beauté.

La « pointe agitée » qu'il occupe a donné son nom à Rough Point, un cottage néogothique bâti en 1891 pour Frederick W. Vanderbilt (petit-fils du Commodore) sur un terrain aménagé par l'architecte-paysagiste **Frederick Law Olmsted**. En 1922, James B. Duke, fondateur de la compagnie Duke Power (aujourd'hui Duke Energy), qui avait fait fortune dans le tabac, acheta la demeure et la fit agrandir. Après sa mort en 1925, son unique enfant, Doris, alors âgée de 13 ans, en fut l'héritière. Durant 68 ans, elle compléta la collection d'art et d'antiquités initiée par son père, achetant du mobilier européen et des portraits du 16e au 18e s. À sa disparition en 1993, l'ensemble fut légué à la Newport Restoration Foundation, qu'elle-même avait fondée.

Intérieur – Vaste de 3 700 m², l'intérieur (laissé tel quel depuis 1993) témoigne de la délicatesse de goût de Doris Duke. Parmi ses précieux ornements, la **grande salle** (Great Hall) recèle des tapisseries de Bruxelles du 16e s., des portraits du 17e s. peints par Van Dyck et Ferdinand Bol (un élève de Rembrandt) et du mobilier de la dynastie Ming. Servant de salon de réception, l'élégante **salle Jaune** (Yellow Room) est habillée de meubles Louis XVI, dont certains sont encore cousus d'étoffes d'origine. Avec ses lustres de cristal et ses papiers peints chinois du 18e s. réalisés à la main, le **salon de musique** (Music Room)

était la pièce favorite de Duke, qui venait, des heures durant, jouer sur son piano Steinway. Sa **chambre**, à l'étage, abrite de superbes meubles nacrés. Quelques salles d'un musée retracent le travail de préservation de Doris Duke dans la ville. La visite se termine dans la cuisine, au rez-de-chaussée.

★ Rosecliff

548 Bellevue Ave. - ♿ - de fin mai à mi-oct. : 10h-17h ; reste de l'année : horaires variables - 17,50 $ (possibilité de billet combiné).

En 1891, **Theresa Oelrichs**, surnommée Tessie, fille d'un richissime immigrant irlandais qui avait exploité des gisements d'argent dans le Nevada, acheta le domaine de Rosecliff, ainsi nommé pour sa roseraie. Trouvant la maison trop modeste à son goût, elle chargea l'architecte **Stanford White** d'en concevoir une plus sophistiquée. Il lui proposa de bâtir une élégante imitation du Grand Trianon de Versailles : le nouveau Rosecliff fut terminé en 1902. Mme Oelrichs était une des hôtesses les plus recherchées : ses splendides réceptions furent mémorables ; lors du bal de la Mère l'Oye, chaque invité vint déguisé en un personnage de contes de fées. Conçue principalement pour y organiser des réceptions, Rosecliff possède la plus grande **salle de bal** de Newport.

Aujourd'hui, la maison est utilisée pour des mariages et des tournages defilms : elle prêta ainsi son cadre à des scènes de *Gatsby le Magnifique* (1974), à une scène de tango dans *True Lies* avec Arnold Schwarzenegger, ou bien encore à la comédie romantique *27 Robes*. Au premier étage, expositions temporaires sur la mode de l'époque du *Guilded Age*.

★ Kingscote

253 Bellevue Ave. - de fin mai à mi-oct. : 10h-17h ; reste de l'année : horaires variables - 17,50 $ (possibilité de billet combiné).

Conçu en 1839, c'est le premier *mansion* construit à Newport. C'est aussi l'un des premiers exemples de néogothique pour une habitation privée en bois. Sa silhouette irrégulière contraste avec les constructions antérieures, symétriques et uniformes. Cette résidence fut bâtie pour un planteur sudiste, **George Noble Jones**, puis fut vendue dans les années 1860 à **William H. King**, auquel Kingscote (de King's Cottage) doit son nom.

★ Isaac Bell House

À l'angle de Bellevue Ave. et de Perry St. - visite guidée de fin mai à mi-oct. : 10h-17h ; reste de l'année : horaires variables -17,50 $ (possibilité de billet combiné).

Quand le riche négociant new-yorkais Isaac Bell se retira des affaires et prit sa retraite à Newport, à l'âge de 31 ans, il fit appel à la nouvelle agence d'architectes McKim, Mead and White pour concevoir sa résidence sur Bellevue Avenue. Tout en brique et bardeaux, la demeure, achevée en 1883, illustre à merveille le style Shingle, avec sa façade à pignons et sa tourelle ajourée.

★ Chepstow

120 Narragansett Ave. - visite guidée de fin mai à mi-oct. : 10h-17h ; reste de l'année : horaires variables -17,50 $ (possibilité de billet combiné).

Construite en 1860 pour le Hollandais **Edmund Schermerhorn**, descendant des premiers colons hollandais, par l'architecte newportais George C. Mason, cette demeure cossue aux airs de villa italienne passa, en 1911, entre les mains de la famille Gallatin, qui renomma la maison d'après un château gallois. Les salles témoignent de l'hétérogénéité du style victorien, particulièrement mis en valeur par le dernier propriétaire du site.

★ Château-sur-Mer

474 Bellevue Ave. - de fin mai à mi-oct. : 10h-17h ; reste de l'année : horaires variables - 17,50 $ (possibilité de billet combiné).

Ce château de bord de mer à la silhouette un peu massive et asymétrique fut construit en 1852, dans le style Second Empire, pour **William S. Wetmore** qui avait fait fortune dans le commerce avec la Chine. En 1857, on y donna une fameuse « Fête champêtre », où 2 000 invités pique-niquèrent sur l'herbe. Déjà très vaste et luxueux pour l'époque, il fut agrandi en 1872 par Richard Morris Hunt. En 1877, on déclarait à qui voulait l'entendre que Château-sur-Mer était « la plus imposante et la plus chère des résidences de Newport ».

★★ Hunter House Plan II ci-contre

54 Washington St. - ✆ 401 847 1000 - www.newportmansions.org - visite guidée (45mn) - de fin juin à mi-oct. : 10h-17h - 30 $.

Cette élégante maison, construite en 1748 par un riche marchand, fut achetée par un ambassadeur, William Hunter. Elle servit ensuite de résidence à deux gouverneurs avant d'abriter le quartier général de l'amiral Charles de Ternay, commandant de la flotte française pendant la guerre d'Indépendance. C'est un très bel exemple du style colonial du 18e s. L'ananas sculpté au centre du fronton surmontant la porte symbolise l'hospitalité. Cet usage remonte à la période coloniale : lorsqu'un capitaine revenait d'un voyage au long cours, il plaçait un ananas sur le pas de sa porte pour annoncer qu'il était arrivé sain et sauf, puis il invitait chacun à venir prendre un rafraîchissement dans la maison.

★★ LE NEWPORT HISTORIQUE Plan II p. 194

Circuit tracé sur le plan II de la ville – Comptez 4h. Départ du Newport Visitor Center où vous pourrez acheter la plupart des billets pour les attractions suivantes.
Le centre-ville de Newport, un peu à l'écart de l'agitation du port et de Thames Street, a conservé un nombre exceptionnel de bâtiments de style colonial, constituant ainsi l'un des plus précieux trésors architecturaux du pays. L'itinéraire proposé ci-dessous permet d'en découvrir une sélection.
Dirigez-vous vers le sud sur America's Cup Ave. et tournez à gauche dans Marlborough St. Engagez-vous à droite dans Thames St. et gagnez le Brick Market.

★ Brick Market Place

127 Thames St.
Bon à savoir – D'avril à décembre, Newport History propose des visites guidées de la ville, en anglais.
Avec ses arcades au rez-de-chaussée, que surmonte un ordre de pilastres massifs, ce bâtiment de trois étages (1762) constitue l'un des plus beaux exemples de l'influence du style palladien sur l'architecture georgienne. Brick Market était le centre commerçant de Newport ; le rez-de-chaussée était occupé par le marché, les étages étant réservés aux bureaux et aux entrepôts.
Museum of Newport History at Brick Market (M[1]) – *✆ 401 841 8770 - www.newporthistorical.org - 10h-17h - donation suggérée 4 $.* Occupant deux étages du bâtiment, il présente une exposition relatant la vie quotidienne des premiers colons, le commerce maritime et l'histoire navale de la ville.

★ Old Colony House

Washington Sq. ✆ 401 841 8770 - www.newporthistory.org.
Situé en face d'un agréable parc, ce bâtiment, conçu par **Richard Munday**, fut le siège du gouvernement colonial du Rhode Island jusqu'au début du 19e s. En 1781, le général Washington et le comte de Rochambeau, commandant des troupes françaises, s'y rencontrèrent pour décider du plan de la bataille de Yorktown (Virginie), qui eut lieu en 1781 pendant la guerre d'Indépendance. Les Français s'allièrent alors aux Américains pour combattre les Anglais.
Tournez à gauche dans Farewell St. pour gagner Marlborough St.

Friends Meeting House

Marlborough St. - ✆ 401 841 8770 - www.newporthistory.org.
À la fin du 17e s., Newport comprenait une importante communauté de quakers. Ce lieu de culte et de rencontre, édifié en 1699 par la Society of Friends (la Société des Amis, nom que se donnaient les quakers) et agrandi à mesure que le groupe s'accroissait, devint le centre régional des quakers de la Nouvelle-Angleterre. L'architecture du bâtiment est intéressante pour ses panneaux actionnés par un système de poulies, ses piliers de pierre, évitant au rez-de-chaussée de reposer directement sur le sol, et sa remarquable voûte.
Regagnez Broadway et tournez à gauche.

Wanton-Lyman-Hazard House

17 Broadway - ✆ 401 841 8770 - www.newporthistorical.org - visite guidée (45mn) seult - juin-août : jeu.-sam. 11h-14h30 - 5 $.
Avant l'Indépendance, cette maison rouge, la plus vieille de Newport (1697), appartenait à Martin Howard, un percepteur que sa charge et sa fidélité à la Couronne rendaient impopulaire. Pendant les émeutes du Stamp Act (loi sur

le droit de timbre), il dut s'enfuir de Newport pendant que les révoltés pillaient sa maison. S'estimant heureux d'en avoir réchappé, il finit par s'installer en Angleterre et ne revit jamais Newport.
Contournez la maison et gagnez Spring St. Tournez à droite, puis à gauche dans Touro St.

★★ Touro Synagogue

82 Touro St. - ✆ 401 847 4794 - www.tourosynagogue.org - visite guidée (20mn) seult - juil.-oct. : dim.-vend. dép. ttes les 30mn de 10h à 15h30 (13h30 en sept.-oct.) ; mai-juin : dim.-vend. à 12h, 12h30, 13h et 13h30 ; reste de l'année : dim. à 12h, 12h30, 13h et 13h30 - fermé sam., j. fériés et congés juifs - 12 $.
Les premiers immigrants juifs arrivèrent des Antilles en 1658, fuyant l'Inquisition espagnole et portugaise. Cependant, il leur fallut plus d'un siècle pour parvenir à édifier une synagogue, à l'instigation de leur chef Isaac de Touro (en 1763). Ce fut l'une des premières sur le sol des États-Unis et c'est aujourd'hui la plus ancienne. Conçu par l'architecte **Peter Harrison**, le bâtiment marie avec bonheur le style georgien et la tradition juive séfarade. Situé dans une rue paisible, d'aspect sévère, il est placé de telle sorte que son mur est soit orienté vers Jérusalem.
Retournez dans Spring St. et tournez à gauche.

★ Trinity Church

Queen Anne Sq. - ✆ 401 846 0660 - www.trinitynewport.org - ♿ - de fin mai à fin oct. : lun.-sam. 11h-16h, dim. 11h30-12h30 ; reste de l'année : dim. 11h30-12h30 - 5 $.
Dominant **Queen Anne Square**, cette église blanche (1726) est surmontée d'une grande flèche de style colonial. À l'intérieur, la chaire à trois niveaux est le seul modèle de ce type subsistant aux États-Unis. Deux vitraux de Tiffany embellissent le mur gauche de la nef. L'un d'entre eux est dédié à la mémoire de Cornelius Vanderbilt, que l'on reconnaîtrait dans le personnage.
Poursuivez vers le sud sur Spring St. et tournez à gauche dans Mill St.

2

Old Stone Tower

Surnommé la Tour Mystérieuse en raison des différentes légendes qui entourent sa construction, cet édifice de pierre a été attribué aux Vikings, aux Portugais, aux Indiens, et aux Irlandais. Une hypothèse moins romantique, mais plus réaliste, laisse entendre que la tour serait un vestige d'une filature du 17e s.
Poursuivez sur Bellevue Ave., tournez à droite dans Pelham St., bordée de bâtiments de style colonial, prenez Thames St. à droite, puis Mill St. à gauche. Gagnez le front de mer.

★ Bowen's Wharf

Sur les quais, d'anciens entrepôts ont été transformés en restaurants avec terrasses. Des boutiques et des ateliers d'artisans animent ce site.

À voir aussi Plans de ville

Newport Art Museum Plan II p. 194

76 Bellevue Ave. - ✆ 401 848 8200 - www.newportartmuseum.org - mar.-sam. 10h-17h (19h jeu.), dim. 12h-17h ; visite guidée mar. 10h30 - fermé lun., 4 Juil. Thanksgiving Day, 24 et 25 déc. - 15 $ (-18 ans gratuit).
Installé dans l'ancienne maison d'un riche marchand, John N.A. Griswold, conçue en 1862 par Richard Morris Hunt, ce beau petit musée présente, sur

deux étages, des collections d'art classique et contemporain, en particulier des artistes de la Nouvelle-Angleterre. La Cushing Gallery adjacente propose des expositions temporaires de plus grande ampleur, et un jardin de sculptures agrémente cette agréable découverte d'une belle maison victorienne.

International Tennis Hall of Fame (M³) Plan II p. 194

194 Bellevue Ave. - ✆ 401 849 3990 ou 800 457 1144 - www.tennisfame.com - 10h-17h (18h juil.-août) - fermé mar. de janv. à mars, Thanksgiving Day et 25 déc. - 15 $ (-16 ans gratuit). Audioguide très bien fait disponible en français.

Passez la porte cochère pour entrer dans un univers élégant dédié au tennis. Les courts sur gazon, toujours opérationnels, et le musée sont installés dans l'ancien casino de Newport, un club très sélect ouvert en 1880 pour les gentlemen de la région. À l'époque, on venait y fréquenter le monde autour de sports tels que le tir à l'arc, le bowling, l'équitation ou le tennis.

Après avoir passé la galerie « Hall of Fame » dédiée aux joueurs internationaux célèbres, le musée retrace l'histoire de ce sport, de ses origines – il est mentionné dans des monastères du 12ᵉ s. – jusqu'aux avancées techniques, en évoquant la place des femmes, celles de la haute société comme les sportives actuelles. La collection, très vaste, comprend plus de 15 000 objets : vêtements, trophées, posters, raquettes d'époque. Un beau musée pour les passionnés de tennis comme pour les curieux.

Audrain Auto Museum

222 Bellevue Ave. - ✆ 401 856 4420 - audrainautomuseum.org - 10h-16h - 15 $ (6-17 ans 8 $)

Dans un beau bâtiment de 1903 à la balustrade ornée de sculptures de lions, une sélection de 15 à 20 voitures choisies parmi une collection de 250 véhicules est exposée par roulement. Interdit de toucher ou de s'asseoir au volant ! On se plaît juste à rêver à une automobile de luxe, parfaitement lustrée.

Fort Adams State Park Plan I p. 190

Fort Adams Rd (accès par Harrison Ave.) - ✆ 401 841 0707 - www.fortadams.org - ♿ - parc : ouvert tte l'année de l'aube au crépuscule ; Fort Adams : visite guidée (45mn) de mi-mai à mi-oct. : 10h-16h - 12 $.

Fort Adams, construit en granit du Maine transporté par goélette, avait pour mission de défendre l'entrée de la baie de Narragansett. Il abrita ensuite un poste de commandement des batteries côtières du nord-est. Jusqu'en 1945, il fut au cœur du système de défense de la baie et du détroit de Long Island. Aujourd'hui, le fort et son terrain servent de cadre au **JVC Jazz Festival** et au **Newport Folk Festival** *(en août)*. Les routes qui traversent le parc ménagent une belle **vue★★** sur le port, la ville et le Newport Bridge, le plus haut pont suspendu de la Nouvelle-Angleterre. Un bel endroit au coucher de soleil.

À proximité Carte de région p. 176

Norman Bird Sanctuary B2

▶ À Middletown, 4,6 miles (7,4 km) à l'est de Newport.

583 Third Beach Rd - ✆ 401 846 2577 - www.normanbirdsanctuary.org - 9h-17h - 7 $.

Des sentiers de randonnées (7 *miles* en tout) ont été aménagés dans des pâtures, sous-bois, dunes et à flanc de falaises pour l'étude et la préservation des hérons, chouettes, bécassines, merlebleus et autres oiseaux locaux.

Manoir aux Breakers.

travelview/iStock

Jamestown B2

À 3 miles (4,8 km) à l'ouest de Newport, sur l'île Conanicut, dans la baie de Narragansett, via le Newport Bridge (pont à péage).

L'île de Jamestown est un havre de tranquillité sauvage et vallonné à quelques minutes à peine de Newport. Au centre de l'île se trouve le **Jamestown Windmill**, un moulin à vent de 1787 *(380 North Main Rd - 401 423 1798 - de mi-juin à Labor Day : w.-end 13h-16h)*. Depuis le phare, **Beaver Tail Lighthouse** *(au bout de Beaver Tail Rd)*, le regard porte sur la côte sud de l'île. De **Fort Wetherhill** *(non loin de la Route 138 et de Walcott Ave.)*, dont les remparts ont été dressés sur un rocher de granit haut de 30 m, on bénéficie d'une belle vue sur la baie et sur Newport. Le rivage de la pittoresque **Mackerel Cove**, l'anse aux maquereaux, est parsemé de résidences d'été.

★ Green Animals Topiary Gardens B2

À 9 miles (14,5 km) au nord de Newport par la Route 114, puis prenez à gauche Cory's Lane (direction Portsmouth). 380 Cory's Lane - 401 847 1000 - www.newportmansions.com - P - de fin mai à mi-oct. : 10h-17h ; reste de l'année : voir site Internet - 17,50 $ (possibilité de billet combiné).

Quatre-vingts massifs de fleurs colorées, taillés en forme d'animaux (girafe, licorne, ours, éléphant…), forment ce curieux jardin de sculptures végétales créé par Thomas Brayton lorsqu'il acheta la propriété en 1872. La maison *(ouverte le w.-end uniquement)* renferme un musée du jouet, une collection de poupées et des maisons de poupées.

Little Compton B2

À 23 miles (37 km) à l'est de Newport par la Route 138 East et la Route 77 South.

Situé dans la partie sud-est de l'État, réputée pour ses élevages de poulets « Rhode Island Red », Little Compton est l'un des plus jolis villages du Rhode Island. Le long de la Route 77, de jolies maisons isolées sont dispersées derrière des murets de pierre. La Little Compton Historical Society a son bureau dans la **Wilbor House**, qui abrite aussi un musée de la vie locale *(de fin juin à fin août : jeu.-dim. 13h-17h ; de sept. à Colombus Day : w.-end 13h-17h - 7,50 $)*. En empruntant la Meethinghouse Lane, on se retrouve au centre du village, où s'élève l'église au clocher blanc.

Narragansett Pier B2

À 11 miles au sud-ouest de Newport. Traversez le Jamestown Bridge et prenez la Route 1A South, puis, de Narragansett Pier, suivez Ocean Rd vers le sud jusqu'au village de Galilee.

Au 19e s., Narragansett Pier était devenue une station des plus chics et toute l'animation se concentrait autour de la jetée (dont le seul nom *pier* a survécu) qui s'avançait dans l'océan à l'extrémité sud de Town Beach. Aujourd'hui, les **Towers**, deux édifices de pierre reliés par une arche enjambant Ocean Road, sont les seuls vestiges du luxueux casino de Narragansett conçu par McKim, Mead et White en 1884. La partie centrale du casino et un grand nombre des prestigieux hôtels de Narragansett Pier furent détruits par un incendie en 1900.

Narragansett Pier et la côte qui s'étire vers le sud en direction de Point Judith et des villages de pêcheurs de Galilee et Jerusalem possèdent quelques-unes des plus belles plages de Nouvelle-Angleterre. L'ambiance animée de **Scarborough Beach** attire les jeunes, alors que les amateurs de surf préfèrent les vagues d'**East Matunuck State Beach**. Les familles avec des enfants en bas âge choisissent les eaux calmes de **Galilee Beach**.

Watch Hill A3

À 45 miles au sud-ouest de Newport par la Route 138 West et l'US-1 South. À Haversham, prenez la Route 1A vers le sud-ouest jusqu'à Watch Hill.

Située à l'extrémité sud-ouest de la partie continentale du Rhode Island, Watch Hill doit son nom à la tour de guet *(watchtower)* qui fut érigée ici, lors de la troisième guerre intercoloniale (années 1740), pour surveiller le détroit de Block Island d'éventuelles attaques ennemies. Aujourd'hui, c'est une station balnéaire recherchée comptant de nombreuses et élégantes résidences d'été. Baignade, nautisme et golf constituent les activités principales de cette villégiature où l'on peut également faire du lèche-vitrines (Bay Street).

Les enfants apprécieront particulièrement le **Flying Horse Carousel** *(Bay St./Larkin Rd - du Memorial Day au Columbus Day - 9 $)*, un manège de 1883 dont les 20 chevaux de bois sculptés à la main ont les yeux incrustés d'agathe et la crinière et la queue faites de véritable crin de cheval.

NOS ADRESSES À NEWPORT

TRANSPORTS

En avion

T.F. Green Airport – *www. pvdairport.com.* Il est situé à Warwick, à 27 miles (43,5 km) au nord-ouest de Newport *(I-95, sortie 13)*. Vols domestiques et internationaux. Taxis et navettes vers Newport.

En bus

Peter Pan Bus Lines – *✆ 800 343 9999 - www.peterpanbus.com.* Lignes directes entre Newport et New York ou Boston. Arrêt au Newport Visitors Center *(23 America's Cup Ave.)*.

En train

Les gares les plus proches desservies par la compagnie **Amtrak** *(✆ 800 872 7245 - www. amtrak.com)* sont Kingston *(18 miles/29 km)* et Providence *(34 miles)*. En été, bus ou ferry *(seastreak.com - 10 $ AS)* pour rejoindre Newport.

En voiture

Pour vous rendre à Newport depuis le nord, prenez l'I-95 South, l'US-1 puis la Route 138 East, traversez le Claiborne Pell Bridge *(2 $ l'aller simple)* et suivez les panneaux d'indication (*Boston-Newport : 74 miles ; Providence-Newport : 37 miles*).

Depuis le sud ou l'ouest, suivez l'I-95 North jusqu'à la Route 138 East *(sortie 3)* qui mène au pont *(New York-Newport : 181 miles)*.

Sur place

La meilleure façon de découvrir la ville et les quartiers historiques de Newport est de se déplacer à pied, surtout en été lorsque les places de parking sont prises d'assaut. Pour de plus longues distances, empruntez les bus de la **Rhode Island Public Transit Authority** (Ripta) – *✆ 401 781 9400 - www. ripta.com - ticket : 2 $; pass 24h : 6 $.* La compagnie propose en outre une ligne touristique desservant les *mansions* et Cliff Walk *(départs du Visitor Center)*.

HÉBERGEMENT

Centrales de réservation

Historic Inns of Newport – *www. innsofnewport.com*

PREMIER PRIX

5 **Newport International Hostel** – Plan I p. 190 - *16 Howard St. - ✆ 401 369 0243 - www.newporthostel.com - 6 lits*

2

39/99 $. Cet hôtel se trouve près des plus belles plages de Newport et des sites de la ville coloniale.

BUDGET MOYEN

Stella Maris Inn – Hors plan - *91 Washington St. - 401 849 2862 - www.stellamarisinn.com - P - 8 ch. 125/225 $*. Vous apprécierez l'accueil amical des propriétaires de cet élégant mansion red-stone entouré d'une terrasse couverte. Le superbe jardin fait face à la mer. De nombreux tableaux décorent les murs du vestibule… Les chambres sont grandes et bien aménagées.

POUR SE FAIRE PLAISIR

3 **Sarah Kendall House** – Plan II p. 194 - *47 Washington St. - 401 846 7976 - www.sarahkendallhouse.com - P - 5 ch. 250/325 $*. Cette maison de style victorien située face à la mer, aux chambres grandes et claires, donne l'impression de vivre dans une autre époque.

UNE FOLIE

1 **Cliffside Inn** – Plan I p. 190 - *2 Seaview Ave. - 401 847 1811 - www.cliffsideinn.com - P - 16 ch. 400/550 $*. Située à quelques pas de Cliff Walk, cette auberge victorienne abrite un salon de thé classé parmi les 50 meilleurs des États-Unis. Petit-déjeuner généreux et chambres romantiques, avec cheminées, lits à baldaquin et baignoires pour deux. Insolite : le lieu conserve plus de cent autoportraits de Beatrice Turner, qui vécut ici.

1 **Francis Malbone House** – Plan II p. 194 - *392 Thames St. - 401 846 0392 - www.malbone.com - P - 20 ch. 300/525 $*. Lingerie soyeuse et reproductions de meubles anciens dans cette auberge de 1760 qui soigne son service. Le thé et le copieux petit-déjeuner sont inclus dans les tarifs. Également deux suites luxueuses.

7 **Grace Vanderbilt** – Plan II p. 194 - *41 Mary St. - 401 846 6200 - www.vanderbilthall.com - P 50 $/j - 33 ch. 500/1 500 $*. Bâtie en 1909, la demeure accueillait autrefois une YMCA. Les chambres sont modernes et confortables. On apprécie particulièrement la véranda pour le petit-déjeuner, façon jardin d'hiver, et le bar sur le toit, bénéficiant de belles vues sur le port.

3 **Inn at Castle Hill & Resort** – Plan I p. 190 - *590 Ocean Dr. - 401 849 3800 - www.castlehillinn.com - P - 33 ch. 900/1600 $*. À la pointe sud-ouest de la péninsule de Newport, l'hôtel de tous les fastes. Un lieu magique aux lueurs de l'aube et du crépuscule. Dans son restaurant, tenue correcte exigée. Vous pouvez aussi beaucoup plus modestement venir boire un verre en soirée pendant l'été sur la pelouse face à la baie, pour admirer le coucher de soleil.

RESTAURATION

PREMIER PRIX

4 **Cru Cafe** – Plan II p. 194 - *1 Casino Terrace - 401 314 0500 - www.crucafenewport.com - lun.-sam. 8h-18h, dim. 8h-15h*. Un café tout simple sur Bellevue Avenue qui propose des sandwichs, salades et pâtisseries sur place ou à emporter. En été, la terrasse est agréable au petit matin. On aime le côté local sans prétention… à deux pas des « mansions ».

BUDGET MOYEN

1 **Clarke Cooke House** – Plan II p. 194 - *24 Bannister's Wharf - 401 849 2900 - www.clarkecooke.com - midi*

et soir. Ce restaurant à plusieurs étages et plusieurs ambiances est ouvert sur le quai le plus animé de la ville. On vient y déguster des fruits de mer et des plats de bistro simples, mais aussi regarder l'animation tout autour.

3 **Brick Alley Pub & Restaurant** – Plan II p. 194 - *140 Thames St. - ✆ 401 849 6334 - www.brickalley.com - 11h30-21h, vend.-sam. 11h30-21h30.* Du homard aux nachos, du burger au saumon glacé sauce argentée, chacun trouvera son compte dans ce pub au décor loufoque : ici un camion de pompier, là un attirail de sport, partout des enseignes et des plaques émaillées. Touristes et locaux s'y mêlent allégrement !

6 **The White Horse Tavern** – Plan II p. 194 - *26 Marlborough St. - ✆ 401 849 3600 - http://whitehorsenewport.com - 11h-21h, vend.-sam. 11h-22h.* Cette taverne prétend être le plus vieux restaurant des États-Unis, ouvert depuis 1673. À l'intérieur, l'ambiance sombre et les plafonds bas de cette maison coloniale rouge confirmeraient cette hypothèse… Dans l'assiette en tout cas, la cuisine est roborative mais créative. Les classiques de la table de la Nouvelle-Angleterre sont présentées avec un twist. On a aimé l'œuf de canard au bacon et le « pork belly » fumé. Une bonne surprise.

POUR SE FAIRE PLAISIR

3 **Scales and Shells** – Plan I p. 190 - *527 Thames St. - ✆ 401 846 3474 - www.scalesandshells.com - 17h-21h, vend.-sam. 17h-22h - fermé de mi-déc. à déb. fév.* Pour voir les commis à l'œuvre (la cuisine donne sur la salle) et déguster poissons et fruits de mer dans un joyeux brouhaha ! Bar, saumon, flétan, red snapper…

Brix – Hors plan - *909 E Main Rd - ✆ 401 848 5161 - www.newportvineyards.com/brix-restaurant - mar.-jeu. 17h-21h, vend.-sam. 16h-22h - fermé dim. et lun.* Situé dans le Newport Vineyards, un vignoble récemment rénové et agrandi, ce restaurant propose une cuisine de terroir innovante. Dans la grande salle rustique qui surplombe les chais, on peut déguster en saison du crabe à carapace molle frit ou bien encore de la porchetta aux framboises Les amateurs de viande ne seront pas déçus, et le repas s'accompagnera des vins produits sur place… et même de la bière en production limitée. Une adresse originale dans la région.

ACTIVITÉS

De la croisière sur un voilier de la Coupe de l'America à l'excursion de 3 jours sur un yacht. Pour plus d'informations, contactez :

Classic Cruises of Newport – *24 Bannister's Wharf - ✆ 401 847 0298 - www.cruisenewport.com - 5 $/ticket.*

America's Cup Charters – *63 Mill St. - ✆ 401 849 5868 - www.americascupcharters.com.*

AGENDA

De mai à décembre, la ville vibre au rythme de nombreux événements : consultez l'agenda sur www.discovernewport.org.

Juil. – Newport Music Festival, Black Ships Festival, Newport Kite Festival.

Août – Newport Folk Festival, Wooden Boat Show.

Sept. – Newport Waterfront Irish Festival, Aquafina Taste of Rhode Island, Newport Mansions Food & Wine Week-end.

Nov.-déc. – Noël aux *mansions*.

Block Island

★

1 033 hab.

La population de cette petite île d'environ 7 miles sur 3 (11 km sur 4,8) décuple quand l'été arrive : les touristes viennent profiter de « One of the last great places », l'un des derniers endroits magnifiques en Amérique. Block Island doit ce surnom à sa nature préservée à plus de 40 %. Les quelques rues d'Old Harbor, le Vieux Port, constituent le seul village de l'île, là où la plupart des ferries en provenance du continent accostent. À l'approche du rivage, les grands hôtels de l'époque victorienne s'imposent par leur stature et leur couleur blanche. Ailleurs, la côte est sauvage, les plages balayées par les vents, et la ruralité encore bien présente. À l'intérieur des terres, dominent collines, landes herbeuses et pâtures qui rappellent le bocage avec leurs jolis murets en pierre.

NOS ADRESSES PAGE 207

S'INFORMER

Block Island Tourism Council – *40 Center Rd - ☏ 800 383 2474 - www.blockislandinfo.com.*

SE REPÉRER

Carte de région A3 (p. 176).

Block Island est située à 12 miles (19,3 km) au sud de la côte du Rhode Island. Des ferries font la liaison, toute l'année, au départ de Pt. Judith (RI) et, de Memorial Day à Colombus Day, au départ de Newport (RI), Fall River (MA) et Montauk (NY). Rens. : **Block Island Ferry** *(☏ 866 783 7996 - www.blockislandferry.com - au dép. de Pt. Judith et Newport)*, **Block Island Express** *(☏ 860 444 4624 - www.goblockisland.com - au dép. de New London)* ou **Viking Fleet** *(☏ 631 668 5700 - vikingfleet.com - au dép. de Montauk).*

SE GARER

À moins d'y passer tout l'été, évitez d'amener une voiture sur Block Island. Préférez le vélo *(locations à Old Harbor et New Harbor à la sortie du ferry)*, le scooter *(moped* en anglais) ou le taxi.

À NE PAS MANQUER

Le South East Lighthouse à l'architecture remarquable ; une promenade au bord de l'océan au pied des Mohegan Bluffs.

ORGANISER SON TEMPS

L'île est toute petite et se découvre bien en une journée. À la sortie du ferry, louez un scooter (interdit sur certaines petites routes non pavées) ou un vélo, et dirigez-vous vers le South East Lighthouse ; descendez ensuite vers la plage et longez les Mohegan Bluffs. Continuez votre exploration selon vos envies : promenades en nature ou en bord de mer, farniente sur les belles plages, ou remontez tout au nord de l'île voir le second phare, North Lighthouse. En été, on y croise des phoques. Avant de reprendre le ferry, baladez-vous à Old Harbor et sirotez une limonade ou un cocktail sur le porche d'un vieil hôtel victorien.

AVEC LES ENFANTS

Les enfants pourront découvrir les animaux de la Abrams Farm et s'amuser sur la plage de Crescent.

Le phare de South East.
diane39/iStock

2

Découvrir

OLD HARBOR

L'économie de l'île a changé quand Old Harbor, le Vieux port, a été construit dans les années 1870. Surclassant la pêche et l'agriculture, le tourisme est devenu la principale source de revenus et des hôtels se sont développés pour accueillir les vacanciers. On peut encore apprécier leur grandeur victorienne sur Water Street. Au n° 17, le cinéma l'Empire, à la façade très simple, projette des films depuis 1884 ! Old Harbor est actif toute l'année.

Block Island Historical Society

18 Old Town Rd - 401 466 2481 - blockislandhistorical.org - de fin juin à déb. sept. : 11h-16h ; mai-juin, sept.-oct. : w.-end 11h-16h - 6 $.

Situé dans un ancien hôtel, ce petit musée ravira les amateurs d'histoire. À travers divers objets d'époque, vêtements, maquettes, le développement de Block Island est évoqué depuis sa colonisation en 1661. Possibilités de visites guidées thématiques de la ville *(15 $/pers., sur réserv. par tél.)*.

Abrams Animal & Gardens

5 Spring St. - gratuit.

Sur les hauteurs d'une colline, cette petite ferme abrite lamas, émeus, ânes, etc. Les enfants peuvent nourrir les animaux, exotiques pour la région.

Se promener

★★ Southeast Lighthouse

À 1,6 miles (2,5 km) au sud d'Old Harbor. juil.-août : tlj ; reste de l'année sur demande - 10 $.

Bon à savoir – En été, un food truck est installé dans le parc, idéal pour les pique-niques.

UNE VILLÉGIATURE ESTIVALE

Probablement découverte au 16e s. par l'explorateur italien Verrazzano, Block Island a adopté son nom d'Adriaen Block, un navigateur hollandais qui explora la région en 1614. Fermiers ou pêcheurs, les premiers colons abordèrent ses rives vers la fin du 17e s., charriant dans leur sillage contrebandiers et pirates, ainsi que des naufrageurs qui profitaient de la brume recouvrant fréquemment les côtes de l'île. 200 ans plus tard, après l'avènement des vapeurs, Block Island devint une villégiature estivale équipée de grands hôtels mondains de style victorien, alignés sur Water St. à **Old Harbor**. Depuis, boutiques et restaurants ont également essaimé dans le village. **New Harbor**, l'autre centre d'activité de l'île, abrite une grande marina. 17 miles (27,3 km) de plages entourent ce havre de paix.

Construit en 1873 et déplacé en 1993, ce phare est reconnaissable entre tous par son architecture originale et ses briques rouges.

★★★ Mohegan Bluffs

À 1,8 miles (2,9 km) au sud d'Old Harbor.

Du parking, un court sentier mène jusqu'à une plateforme d'observation et un grand escalier en bois *(141 marches)* descend jusqu'à la plage. De là, on peut se promener et observer d'en bas les falaises colorées. La côte sud de l'île est formée d'un alignement de falaises multicolores spectaculaires, dont le nom provient d'une bataille entre les Manisses, la tribu locale, contre les Indiens Mohegans.

Depuis 2016, de grandes hélices visibles de la plage annoncent la première ferme éolienne, la **Wind Farm**, au large des États-Unis. Les turbines fournissent en l'électricité 17 000 foyers.

★★ Clay Head Nature Trail

À 3,2 miles (5,1 km) au nord d'Old Harbor.

Les nombreux espaces protégés de Block Island comprennent ce charmant sentier entretenu par le Nature Conservancy et surnommé The Maze, le labyrinthe, à cause de ses nombreuses ramifications. Le long des 3,5 miles (5,6 km A/R), vous traverserez des sous-bois bordant une petite mare, passerez près d'une plage puis monterez vers les hauteurs de la falaise avec de belles vues sur l'océan. Au début de l'été, les fleurs agrémentent le parcours d'un niveau facile à modéré.

★ North Light

À 4,6 miles (7,4 km) au nord d'Old Harbor.

Ce phare, isolé à la pointe nord de l'île, a été construit en granite. Solide, il resiste depuis 1867, alors que les trois autres édifices qui l'ont précédé ont été balayés par les éléments. On y accède à pied par la plage *(0,75 m, 1,2 km)*. Des phoques et des colonies de mouettes ont élu domicile dans les parages. Remarquez sur le parking le **Settlers Rock** : la pierre marque l'arrivée des seize premiers colons européens et leurs familles qui ont acheté l'île à la colonie du Massachusetts et l'ont divisée en dix-sept parcelles : une pour chacun, et une dernière pour le pasteur. La légende dit que les bateaux ne pouvant pas s'approcher du rivage, les vaches ont nagé jusqu'au bord.

★ Crescent Beach

Au nord d'Old Harbor, la côte orientale de Block Island est bordée par une longue étendue de sable de près de 3 miles de long *(4,8 km)* formant plusieurs plages. Celle de Crescent Beach *(plage municipale, accessible par Corn Neck Rd)* est surveillée et dispose de cabines, de douches et de services de restauration.

Charlestown Beach

À 2,8 miles (4,5 km) au nord-ouest d'Old Harbor, via West Side Rd puis Champlin Rd (interdit aux scooters).

Cette plage est parfaite pour assister au coucher de soleil en été, prenez votre pique-nique. Baignade interdite.

NOS ADRESSES À BLOCK ISLAND

HÉBERGEMENT

La saison est courte à Block Island (de mi-juin à déb. sept) et les hôtels demandent un minimum de 2 nuits par séjour.

POUR SE FAIRE PLAISIR

The Atlantic Inn – *359 High St - ✆ 800 224 7422 - http://atlanticinn.com - 21 ch. 220/335 $, 2 nuits mini en été.* Située en haut d'une colline, cette belle auberge familiale offre de très belles vues sur l'océan. Le soir sur la grande pelouse, on sert cocktails et tapas. Les chambres, quoique petites, ont un charme suranné : papiers peints fleuris, meubles en bois. Préférez les chambres avec vue… Le petit-déjeuner (inclus) se prend dans une grande pièce aérée par la brise marine. Une bonne adresse légèrement en retrait de l'animation de la ville, à dix minutes à pied du ferry.

RESTAURATION

BUDGET MOYEN

Veranda Cafe at The Spring House – *52 Spring St. - ✆ 401 466-5844 - 11h30-15h, en été uniquement.* Choisissez cette adresse pour un déjeuner d'été : des petites tables en fonte blanche ont été installées sur la majestueuse terrasse de ce grand hôtel victorien, ouverte à la brise. Il y a comme un air de Garden Party. La vue sur l'océan est imprenable. La carte propose des salades et plats simples, quelques cocktails originaux, dont des « frozen cocktails », plus sucrés et extravagants les uns que les autres. Marché fermier le mercredi sur la grande pelouse.

Eli's – *456 Chapel St. - ✆ 401 466 5230 - http://elisblockisland.com - dîner seult. à partir de 18h.* Pour un dîner avant de reprendre le ferry, cette adresse est le repaire des locaux. Bruyant, l'endroit ne désemplit pas. La salle affiche aux murs peintures et illustrations locales. On s'y sent tout de suite à l'aise. À la carte, curieux mélanges comme les nachos au thon cru ou les calamars grillés servis avec une sauce aux olives. Pour ceux qui n'arrivent pas à se décider, le burger est une valeur sûre, il est servi avec des frites parfumées à l'huile de truffe.

Connecticut 3

Carte Michelin New England 581

Dans le centre d'Hartford, Center Church.

D. Ayotte/age fotostock

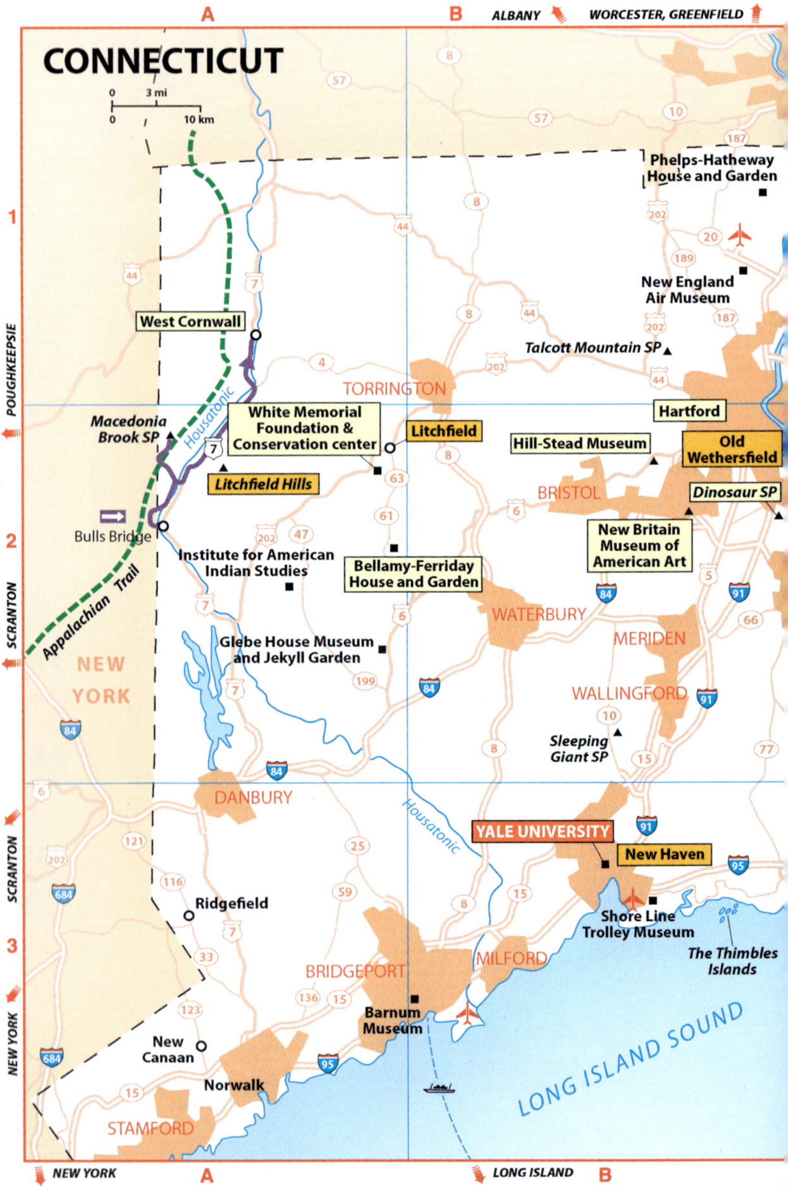
A
B
ALBANY
WORCESTER, GREENFIELD
CONNECTICUT
0 3 mi
0 10 km
1
2
3
POUGHKEEPSIE
SCRANTON
SCRANTON
NEW YORK
Phelps-Hatheway House and Garden
New England Air Museum
Talcott Mountain SP
West Cornwall
TORRINGTON
Hartford
White Memorial Foundation & Conservation center
Litchfield
Hill-Stead Museum
Old Wethersfield
Macedonia Brook SP
Housatonic
Litchfield Hills
BRISTOL
Dinosaur SP
Bulls Bridge
New Britain Museum of American Art
Institute for American Indian Studies
Bellamy-Ferriday House and Garden
Appalachian Trail
WATERBURY
MERIDEN
Glebe House Museum and Jekyll Garden
NEW YORK
WALLINGFORD
Sleeping Giant SP
DANBURY
Housatonic
YALE UNIVERSITY
New Haven
Ridgefield
Shore Line Trolley Museum
The Thimbles Islands
MILFORD
BRIDGEPORT
Barnum Museum
New Canaan
LONG ISLAND SOUND
Norwalk
STAMFORD
NEW YORK
A
LONG ISLAND
B

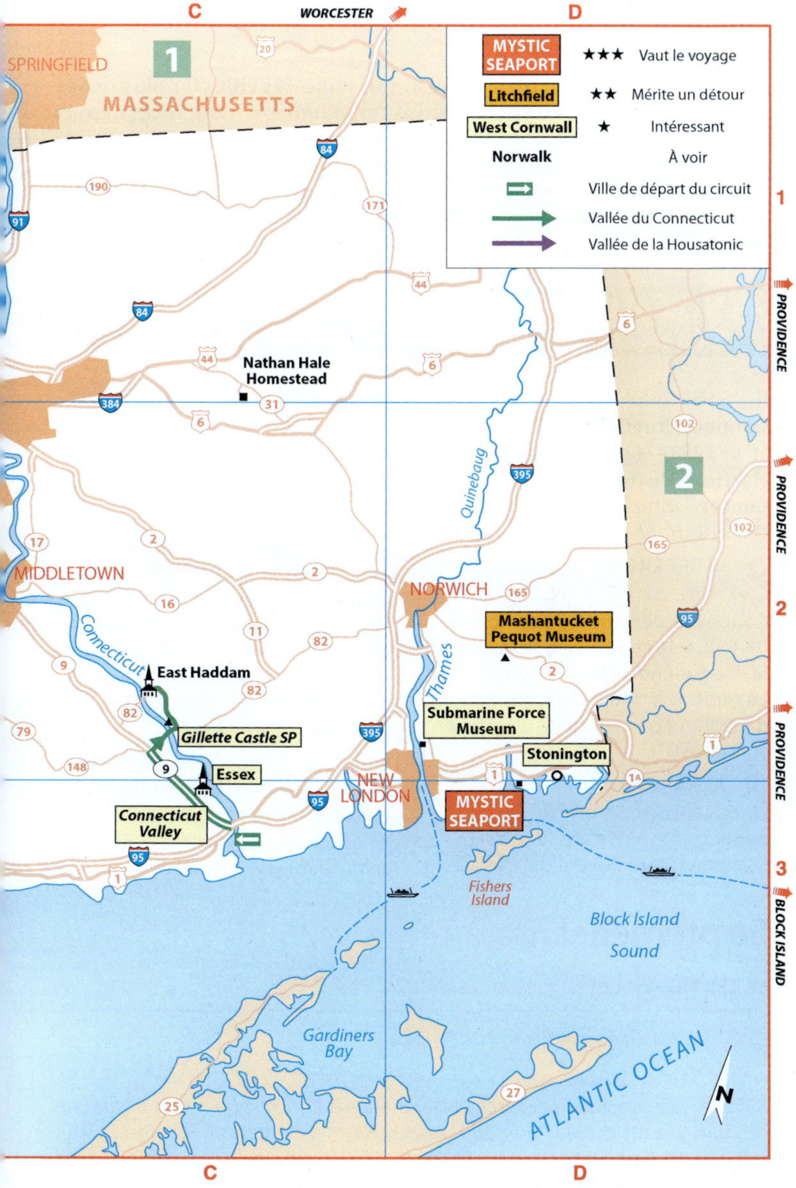
C
WORCESTER
D
MYSTIC SEAPORT ★★★ Vaut le voyage
Litchfield ★★ Mérite un détour
West Cornwall ★ Intéressant
Norwalk À voir
Ville de départ du circuit
Vallée du Connecticut
Vallée de la Housatonic
SPRINGFIELD
1
MASSACHUSETTS
PROVIDENCE
Nathan Hale Homestead
Quinebaug
2
MIDDLETOWN
NORWICH
Mashantucket Pequot Museum
Connecticut
East Haddam
Thames
Gillette Castle SP
Submarine Force Museum
Stonington
Essex
NEW LONDON
MYSTIC SEAPORT
Connecticut Valley
Fishers Island
Block Island Sound
BLOCK ISLAND
Gardiners Bay
ATLANTIC OCEAN
N
3

Hartford

★

125 017 hab.

La Capitale du Connecticut fut autrefois l'une des villes les plus riches des États-Unis : siège de nombreuses compagnies d'assurances depuis le 18e s., elle bénéficia de la révolution industrielle au 19e s. C'est notamment l'une des premières villes à s'être dotée d'un système de canalisations d'eau courante. Mais depuis cette grandeur passée, la ville est en déclin. Quelques monuments et musées méritent tout de même le détour.

NOS ADRESSES PAGE 221
Hébergement, restauration, achats, activités, etc.

S'INFORMER

Connectictut Office of Tourism – *✆ 888 288 4748 - www.ctvisit.com.*
Hartford Visitor Information Center – Plan de ville p. 214 - *Old State House - ✆ 860 522 6766.*

SE REPÉRER

Carte de région B1-2 (p. 210-211).
Coupé d'est en ouest par la Route I-84/US 6, le centre-ville se trouve sur la rive gauche du fleuve Connecticut. Le capitole à dôme doré, entouré d'un grand parc, domine le quartier sud-ouest.

SE GARER

On trouve de nombreux parkings payants dans le centre. Stationnement payant dans la rue (horodateurs) ; prévoyez des pièces de 25 cts *(quarters)*.

À NE PAS MANQUER

La maison de Mark Twain ; Old Wethersfield.

ORGANISER SON TEMPS

Visitez le capitole ou le Wadsworth Atheneum Museum of Art le matin, puis, après le déjeuner, visitez les maisons de Mark Twain et de Harriet Beecher Stowe, ou offrez-vous une escapade à Wethersfield.

AVEC LES ENFANTS

Les enfants s'amuseront à visiter la maison de l'auteur des *Aventures de Tom Sawyer*, Mark Twain ; Dinosaur State Park, à Rocky Hill ; New England Air Museum, à Windsor Locks.

Se promener Plans de ville

LE CENTRE-VILLE Plan du centre p. 214

Circuit tracé sur le plan du centre-ville.

★ Old State House

800 Main St. Dessinée par l'architecte Charles Bulfinch, également à l'origine des parlements du Maine et du Massachusetts *(voir Augusta p. 370 et Boston p. 43)*, l'ancienne State House (1792) est un bel exemple du style fédéral avec ses escaliers élégants, ses arches, ses balustrades et ses frontons classiques.

★★ Wadsworth Atheneum Museum of Art

600 Main St. - ✆ 860 278 2670 - thewadsworth.org - ♿ - merc.-vend. 11h-17h, w.-end : 10h-17h - fermé j. fériés - 15 $ (seniors 12 $, étudiants 5 $, -18 ans gratuit).

La maison de Mark Twain à Hartford.
SeanPavonePhoto/iStock

Fondé en 1842, ce musée aux allures de château fort, dont la première collection réunissait des paysagistes comme John Trumbull, Frederick Edwin Church et Thomas Cole, propose aujourd'hui un large éventail d'œuvres anciennes et modernes. Outre les tableaux de l'école de l'Hudson, le musée s'enorgueillit de posséder une collection de porcelaines européennes, des toiles européennes (19e s.) et des meubles (17e s.) rassemblés par Wallace Nutting.
À l'extérieur, le *Stegosaurus* (1) est un grand stabile rouge d'Alexander Calder. Juste à côté de l'Atheneum se trouve un groupe de 36 roches disposées

3

FORT GOOD HOPE

Le site d'Hartford, en bordure d'un fleuve côtier, incita les Hollandais à y établir, dès 1633, un comptoir du nom de Fort Good Hope. Attirés par la richesse de la région en fourrures et en bois, des puritains de la baie du Massachusetts arrivèrent à leur tour, deux années plus tard. Leur village se développa rapidement et, en 1638, ils se groupèrent avec Wethersfield *(voir p. 217)* et Windsor pour former la **colonie d'Hartford**. En 1662, la colonie d'Hartford se joignit à la colonie de New Haven pour former la colonie du Connecticut.

Le secteur des assurances s'est développé à Hartford au 18e s., après l'association d'un groupe d'hommes d'affaires prêts à couvrir les pertes d'un armateur en cas de naufrage de son navire. Lorsque le commerce maritime déclina, on étendit l'assurance aux incendies.

Aujourd'hui, la **fabrication industrielle** est devenue un poumon de l'économie locale. Dans la grande banlieue d'Hartford sont implantées les usines aéronautiques Pratt and Whitney Aircraft, **Colt Industries** – le fameux revolver, « conquérant de l'Ouest », était fabriqué à Hartford au 19e s. – et des fabricants de machines à écrire, d'instruments de précision et d'ordinateurs. Le centre-ville a fait l'objet de nombreuses **transformations** au cours des dernières décennies, et de nouveaux complexes d'affaires et commerçants ont été construits (le Constitution Plaza et le XL Center).

géométriquement, une œuvre minimaliste de Carl André intitulée Stone Field (2) et qui a suscité de vives polémiques.

★ Connecticut State Capitol

210 Capitol Ave. - ✆ 860 240 0222 - wp.cga.ct.gov/CapitolTours - ♿ ✕ - visite guidée (1h) - lun.-vend. 9h15 -13h15 (dép. ttes les h.) ; dép. supp. à 14h15 en juil.-août - fermé j. fériés - gratuit.

Un bâtiment surprenant par sa débauche de tourelles, de fleurons, de pignons, de porches et de tours ! Conçu par Richard Upjohn, il fit énormément parler de lui à l'époque de sa construction, en 1879. Coiffant des murs richement sculptés, le dôme doré du capitole surplombe le **Bushnell Park**, aménagé à l'origine par Frederick Law Olmsted. Le décor des colonnes, les décorations au pochoir, les loggias, les vitraux, le marbre des pavements et des balcons qui ornent l'intérieur de l'édifice produisent un effet saisissant.

State Library

231 Capitol Ave. - ✆ 860 757 6500 - ctstatelibrary.org - ♿ - mar.-vend. 9h-17h, sam. 9h-14h - fermé j. fériés - gratuit.

Face au capitole, ce bâtiment abrite la bibliothèque *(aile est)*, la Cour suprême *(aile ouest)* et le musée *(aile centrale)* du Connecticut (revolvers Colt, histoire de l'État et de sa fameuse Constitution, le « Fundamental Orders of Connecticut »).

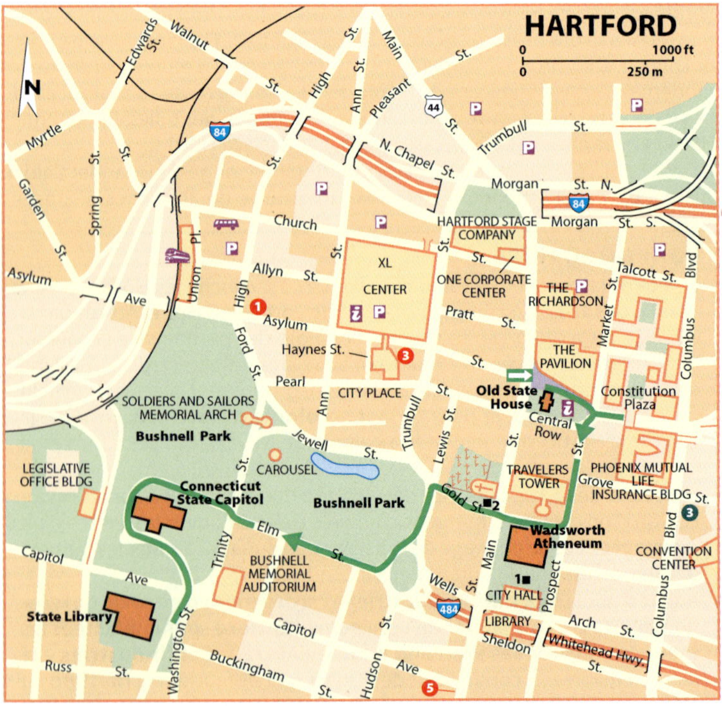

SE LOGER
Hartford Marriott....... 3

SE RESTAURER
Black-Eyed Sally's.................... 1
Max Downtown........................ 3
Peppercorn's Grill................. 5

LE QUARTIER DE NOOK FARM Plan p. 216

Prenez la Route I-84 vers l'ouest jusqu'à la sortie 46. Tournez à droite dans Sisson Ave., puis à nouveau à droite dans Farmington Ave.

Le quartier de Nook Farm occupait autrefois un coin de forêt bordant le bras nord de la Park River. Au 19e s., ce domaine bucolique était habité par une communauté littéraire à laquelle appartenaient Mark Twain et Harriet Beecher Stowe, dont les maisons ont été restaurées et ouvertes au public.

★★ Mark Twain House and Museum

351 Farmington Ave. - ✆ 860 247 0998 - www.marktwainhouse.org - visite guidée (1h) - 9h30-17h30 (dernier dép. 16h30) - fermé mar. janv.-fév. et j. fériés - 20 $; musée seult 6 $; réduction de 3 $ si visite combinée avec Harriet Beecher Stowe Center 23 $.

Samuel Clemens, alias Mark Twain, fit construire cette fantaisie victorienne en 1874 : après de nombreuses années passées à voyager, il souhaitait s'installer avec sa famille dans le quartier de Nook Farm, près d'Hartford, où était établi son éditeur. Il y vécut jusqu'à sa faillite, en 1891.

Porches, balcons, consoles et toits pointus ne manquent pas et confèrent à la demeure une silhouette quelque peu irrégulière et originale.

L'intérieur demeure très bien décoré. Au rez-de-chaussée, dans la bibliothèque, remarquez notamment la sublime serre intérieure et le dessus de cheminée en bois sculpté qui ne manqua pas d'inspirer Mark Twain quand il contait des histoires à ses enfants. On visite, au dernier étage, le bureau de l'auteur. C'est ici qu'il écrivit sept de ses plus grandes œuvres, dont *Les Aventures de Tom Sawyer* (1876) et *Les Aventures de Huckleberry Finn* (1884).

La visite se prolonge dans l'agréable musée, proche de la maison, où une salle est dédiée à la vie de l'auteur : divers panneaux rappellent son engagement politique et social ; on y voit également la curieuse machine à écrire dans laquelle il a investi une partie de sa fortune, sans succès. Au 1er étage, des expositions temporaires sont organisées sur la vie locale à Hartford.

3

★ Harriet Beecher Stowe Center (A)

77 Forest St. - ✆ 860 525 9258 - www.harrietbeecherstowecenter.org - visite guidée (1h) - lun.-sam. 9h30-17h, dim. 12h-17h (dernier tour à 16h30) ; fermé mar. janv.-mars et j. fériés - 16 $; réduction de 3 $ si visite combinée avec la Mark Twain House.

SAMUEL CLEMENS, ALIAS MARK TWAIN

Mark Twain est l'un des auteurs et humoristes les plus connus et appréciés des Américains. Dans ses romans et essais, il emploie la langue parlée authentique des États du Sud et de l'Ouest, décrivant avec quelque sévérité la société américaine à l'époque de l'expansion vers l'ouest et la guerre de Sécession. Né Samuel Longhorne Clemens, il grandit au bord du Mississippi. Ce fleuve mythique inspire nombre de ses œuvres, et lui donne son nom de plume : « *Mark twain !* » est le cri du pilote de bateau à vapeur qui tire la corde de sondage pour vérifier la profondeur du fleuve. Pamphlétaire virulent et irrévérencieux, il n'hésite pas à s'en prendre à Dieu, à la religion, aux préjugés et à la conduite de ses compatriotes. À la fin de sa vie, il est brisé par le désastre financier, la mort de sa femme et d'une de ses filles. Ses innovations et son style unique ont marqué le romancier Ernest Hemingway et le poète T.S. Eliot ainsi que d'autres auteurs américains contemporains. Son hospitalité était légendaire, et il comptait le général Sherman et Rudyard Kipling parmi ses meilleurs amis.

Non loin de la maison de Mark Twain se dresse ce cottage victorien où vécut l'écrivain **Harriet Beecher Stowe** de 1873 jusqu'à sa mort, en 1896. Elle y habitait avec son époux, Colin, professeur d'université, et ses deux filles, des jumelles, qui vécurent avec leur mère toute leur vie.

Harriet Elizabeth Beecher Stowe est l'auteur de *La Case de l'oncle Tom*, une dénonciation sans précédent de l'esclavage. Son roman connut un succès retentissant en Nouvelle-Angleterre et jusqu'en Angleterre, où des femmes lancèrent une pétition contre l'esclavage (on peut en voir un exemplaire dans l'arrière-cuisine). De nombreux objets dérivés ont été créés à l'époque, comme la lampe du petit salon, au rez-de-chaussée. Après la guerre de Sécession et

l'abolition de l'esclavage, Harriet Beecher Stowe se dédia à des ouvrages sur l'aménagement de la maison, conseils qu'elle mit en pratique chez elle. Clair et aéré, l'intérieur a conservé le mobilier ayant appartenu à l'écrivain ; remarquez à l'étage, dans sa chambre, ses fioles médicinales.
À côté, l'élégante **Day House** abrite une bibliothèque et des expositions temporaires. Cette maison porte le nom de la grande-nièce de Harriet Beecher Stowe, Katharine S. Day, dont l'action permit de sauvegarder le domaine.

À voir aussi Plan ci-contre

★★ OLD WETHERSFIELD

À 5 miles (8 km) au sud d'Hartford par la Route 91.
Au sud d'Hartford, Wethersfield est une banlieue très chic, presque hors du temps. Grâce à sa situation sur le cours supérieur du Connecticut, Wethersfield, fondé en 1694, fut un important port de commerce jusqu'au 18e s. Mais lorsque des crues violentes modifièrent le cours du fleuve, le port naturel se réduisit à un simple méandre. Frappé de plein fouet, le quartier se modifia et devint essentiellement rural à la fin du 18e s. Le quartier historique de Wethersfield, le long de **Main Street**, conserve de belles maisons restaurées du 18e s.
La maison commune ou **Congregational Meetinghouse** (C) fut construite en brique en 1760 ; elle jouxte un ancien cimetière dont certaines stèles funéraires datent du 17e s.

★★ Webb-Deane-Stevens Museum

211 Main St. - ✆ 860 529 0612 - www.webb-deane-stevens.org - visite guidée (1h) - mai-oct. : tlj sf mar. 10h-16h, dim. 13h-16h ; avr. et nov. : sam. 10h-16h, dim. 13h-16h - fermé j. fériés - billet combiné pour les trois maisons 12 $ (seniors 10 $, 5-18 ans et étudiants 6 $).

Ce groupe de maisons permet de comparer les différents styles en vogue aux États-Unis de 1690 à 1840 et de découvrir le cadre quotidien d'un riche négociant, d'un homme politique et d'un modeste artisan.

Webb House – Cette élégante résidence georgienne, construite en 1752 par le fortuné homme d'affaires Joseph Webb senior, servit de cadre pendant quatre jours à un entretien entre le général George Washington et le comte Jean-Baptiste de Rochambeau. En mai 1781, ces deux chefs militaires y élaborèrent les plans de la campagne de Yorktown, qui scella la défaite des Anglais dans la guerre d'Indépendance. La maison renferme une belle collection de mobilier et d'arts décoratifs de cette période. Le salon où se déroulèrent ces entretiens historiques et la chambre spécialement décorée à l'attention du général Washington constitue le point d'orgue de la visite.

Deane House – Cette maison fut construite en 1766 pour Silas Deane, diplomate américain envoyé en France pendant la guerre d'Indépendance afin d'obtenir des armes et du matériel pour son armée. Deane saisissait l'occasion de ces séjours pour mener ses propres affaires, ce qui ne manqua pas d'éveiller des soupçons sur sa loyauté. Accusé de trahison, il rentra chez lui et consacra le reste de sa vie à sa réhabilitation, mais sans succès. La grandeur des pièces et la situation décentrée de l'escalier sont tout à fait exceptionnelles pour une maison de cette époque.

Stevens House – Isaac Stevens était un tanneur qui construisit cette maison pour sa jeune épouse en 1788. Comparée au luxe des deux autres demeures, la simplicité du mobilier, des boiseries, des matériaux et de la décoration n'est pas dépourvue de charme.

★ **Hurlbut-Dunham House Museum** (E)

212 Main St. - ✆ 860 529 7161 -www.wethersfieldhistory.org - visite guidée (45mn) - de fin-mai à déb. oct. : w.-end 13h-16h - fermé j. fériés - gratuit, donation recommandée.

Au début du 20e s., Jane et Howard Dunham, un couple bien en vue dans la société de la ville, voyageait de par le monde à la recherche de meubles et objets pour leur charmante demeure en brique rouge.

De style georgien, la maison appartenait à la famille depuis 1875, jusqu'à son acquisition par la Wethersfield Historical Society. L'intérieur des Dunham, demeuré intact, illustre la période de 1907-1935. Les papiers peints, de style néorococo, se marient avec les corniches en trompe-l'œil et les lustres en cristal.

Keeney Memorial Cultural Center (D)

200 Main St. - ✆ 860 529 7176 - www.wethersfieldhistory.org - ♿ - mar.-sam. 10h-16h, dim. 13h-16h - fermé j. fériés - gratuit, donation recommandée.

Ce beau bâtiment en brique (1893) de style victorien servit jadis d'école. Aujourd'hui, il est le siège de la société historique de la ville, qui organise des expositions sur le développement de Wethersfield au cours des trois derniers siècles et qui propose des visites guidées de la ville.

★ **Buttolph-Williams House** (F)

249 Broad St. - ✆ 860 529 0612 - webb-deane-stevens.org - ♿ - visite guidée (45mn) - mai-oct. : merc.-lun. 10h-16h, dim. 13h-16h - fermé j. fériés - 6 $.

Cette maison (env. 1720) se distingue par sa cheminée centrale, les bardeaux en bois de chêne, les fenêtres à carreaux et les avant-toits typiques. La restauration révèle un exemple particulièrement fidèle de la maison coloniale dans le Connecticut. Elle n'est pas sans rappeler l'époque des Pères Pèlerins, et a inspiré un célèbre livre pour enfants, *The Witch of Blackbird Pond* (1958), d'Elizabeth George Speare.

The Cove Warehouse

Dans Cove Park, dominant la baie, à l'extrémité nord de Main St. - ✆ 860 529 7161 - wethersfieldct.gov - de mi-mai à mi-oct. : sam. 10h-16h, dim. 13h-16h - P - 1 $.

Au 17e s., les marchandises acheminées par mer étaient stockées dans les sept entrepôts de la ville, puis distribuées dans l'arrière-pays. Vers 1700, les crues dévastèrent six entrepôts, épargnant uniquement Cove Warehouse. Une exposition relate l'histoire du commerce maritime de la ville, de 1650 à 1830.

À proximité Carte de région p. 210-211

★ **Dinosaur State Park** B2

À Rocky Hill, 10 miles (16 km) au sud d'Hartford. Prenez la Route 91 jusqu'à la sortie 23 et tournez à gauche au feu. 400 West St. - ✆ 860 529 423 - www. dinosaurstatepark.org - ♿ - 9h-16h30 (centre d'expo fermé lun.) - fermé j. fériés - 6 $ (6-12 ans 2 $).

Ce parc conserve plus de 500 traces de dinosaures encore intactes sur leur site d'origine. L'exposition présente un modèle grandeur nature du *Dilophosaurus*, dinosaure supposé être l'auteur des empreintes du parc, et du *Cœlophysis*, dont une partie du squelette a été mis au jour dans la vallée du Connecticut. Un dôme géodésique (1977) protège le site des fouilles et des expositions.

Old State House.
J. Kirkikis/age fotostock

★ Hill-Stead Museum B2

À Farmington, 10,5 miles (17 km) au sud-ouest d'Hartford. 35 Mountain Rd - 860 677 4787 - www.hillstead.org - visite guidée (55mn) mar.-dim. 10h-16h ; jardin : 7h30-17h30 - fermé j. fériés - 16 $ (l'accès au jardin est gratuit).

Theodate Pope, une des premières architectes américaines, a travaillé à la conception de cette demeure de campagne dans le style néocolonial, édifiée en 1900 pour son père, l'industriel Alfred Atmore Pope. Ce dernier, propriétaire d'usines de métallurgie à Cleveland (Ohio), était passionné d'impressionnisme. Certains tableaux exposés au musée proviennent de sa collection : œuvres de Monet, Manet, Degas, Whistler et Mary Cassatt. Le **jardin** est la pièce maîtresse du parc de 61 ha, aménagé par Beatrix Jones Farrand en 1920.

★ New Britain Museum of American Art B2

À New Britain, 15 miles (24 km) au sud-ouest d'Hartford. 56 Lexington St. - 860 229 0257 - www.nbmaa.org - - mar.-vend. 11h-17h (jeu. 20h), sam. 10h-17h - fermé j. fériés - 15 $.

Le patrimoine de ce petit musée présente les tendances de l'art américain depuis la période coloniale jusqu'à nos jours. Les pièces majeures de la collection sont constituées par des portraits du 18e s. (Trumbull, Stuart, Smibert), des œuvres de l'école de l'Hudson et de l'école Ash Can (composée de huit artistes dont Sloan, Henri et Luks), ainsi que par des toiles de maîtres des 19e et 20e s., tels Homer, Whistler, Wyeth et Cassatt.

Talcott Mountain State Park B1

À 8 miles (12,8 km) au nord-ouest d'Hartford par la Route 189, puis la Route 185 qui mène directement à l'entrée du parc. 860 424 3200 - www.ct.gov/dep - parc : de 8h à la tombée de la nuit - tour : de fin mai à fin sept. : jeu-lun. 10h-17h ; oct. : tlj sf mar. 10h-17h - P gratuit.

Un sentier de 1,2 mile (2 km) mène à la Heublein Tower, du haut de laquelle on peut admirer une belle **vue**★ sur la vallée de Farmington et Hartford, ainsi que sur le détroit de Long Island, au sud.

New England Air Museum B1

À Windsor Locks (Bradley International Airport), 14 miles (22,5 km) au nord-est d'Hartford. Prenez la Route 91 vers le nord, puis la Route 20 vers l'ouest et la Route 75 vers le nord pendant 3 miles. 860 623 3305 - www.neam.org - - 10h-17h - fermé lun. oct.-mai, 1er janv., Thanksgiving Day et 25 déc. - 15 $ (4-14 ans 10 $).

Aménagé dans deux spacieux bâtiments à l'ouest du Bradley Airport, ce musée présente près de 70 appareils retraçant l'histoire de l'aviation. Parmi les plus anciens, le Blériot XI (1909) fut l'un des premiers à être fabriqué en série. Les enfants seront enchantés de monter dans le simulateur de vol « Dreamseeker ».

Phelps-Hatheway House and Garden B1

À Suffield, 18 miles (29 km) au nord-est d'Hartford. Prenez l'I-91 vers le nord jusqu'à la Route 20 (ouest), puis la Route 75 (nord). 55 S. Main St. - 860 668 0055 - www.ctlandmarks.org - visite guidée (1h) - mai-oct. : w.-end 13h-16h - fermé j. fériés - 12 $ (seniors 10 $, 6-17 ans 5 $).

Oliver Phelps, un commerçant et spéculateur immobilier, acheta cette propriété composée de trois bâtiments en 1788. La partie centrale de la maison est simple, avec des meubles Queen Mary et Queen Anne. L'aile nord, au contraire, est très élégante, décorée dans le style Adam, meublée de pièces de Hepplewhite, Sheraton et Chippendale.

Nathan Hale Homestead C1

À Coventry, 23 miles (37 km) à l'est d'Hartford.

2299 South St. - 860 742 6917 - www.ctlandmarks.org - - visite guidée (45mn) - mai et oct. : w.-end 12h-16h, juin-sept. : jeu.-sam. 12h-16h, dim. 11h-16h - fermé j. fériés - 12 $ (seniors 10 $, 6-18 ans 5 $).

Nathan Hale (1755-1776), héros de la guerre d'Indépendance, naquit à Coventry. Instituteur, il devint officier dans la milice du Connecticut à la déclaration des hostilités et se porta volontaire pour une mission périlleuse : espionner les troupes anglaises stationnées à Long Island. Découvert par les Britanniques, il fut pendu le 22 septembre 1776. Ses dernières paroles – « je regrette de n'avoir qu'une vie à donner pour ma patrie » – sont restées gravées dans la mémoire de l'histoire américaine. Cette demeure a été construite en 1776 par son père sur le site de la maison où Hale vit le jour.

NOS ADRESSES À HARTFORD

HÉBERGEMENT

POUR SE FAIRE PLAISIR

3 **Hartford Marriott** – Plan p. 214 - *200 Columbus Rd - (860) 249-8000 - www.marriott.com - 19 $ - - 409 ch. 169/449 $ -* . Associé au Convention Center, cet hôtel fréquenté par les businessmen abrite de vastes chambres contemporaines dont le calme et l'espace conviendront aux familles. Belles salles de bains parées de marbre. Centre de fitness et spa. Le bar de l'hôtel connaît un franc succès.

À proximité

BUDGET MOYEN

Avon Old Farms Hotel – Hors plan - *279 Avon Mountain Rd - 06001 Avon (à 9 miles/14,5 km) à l'ouest d'Hartford - (860) 677-1651 - www.avonoldfarmshotel.com - - 160 ch. 169/229 $ -* . Un escalier digne d'Autant en emporte le vent et quelque 400 aquarelles d'artistes locaux représentant la vallée de la Farmington agrémentent cet établissement combinant unités de motel de qualité et suites de charme. Le restaurant, qui domine un ruisseau, est enchanteur, tout comme les 8 ha de parc de la propriété. Centre de fitness.

RESTAURATION

PREMIER PRIX

3 **First and Last Tavern** – Plan p. 216 - *939 Maple Ave. - (860) 956-6000 - http://hartford.firstandlasttavern.com - 11h30-21h, jeu. 11h30-21h30, vend. 11h30-22h30, sam. 12h-22h30, dim. 12-21h - plat 13/20 $.* Situé hors du centre-ville, ce restaurant ouvert depuis 1936 compte un côté bar et un côté diner à l'américaine. La cuisine italienne est simple et généreuse : c'est un endroit populaire où l'on savoure pizzas cuites au feu de bois, pâtes ou salades. Pour le dessert, goûtez les sundae et cannoli.

BUDGET MOYEN

1 **Black-Eyed Sally's** – Plan p. 214 - *350 Asylum St. - (860) 278-7427 - www.blackeyedsallys.com - 11h30-22h, vend.-sam. 11h30-23h, dim. 12h-20h - soir plat 16/25 $.* Soul food, BBQ et blues ! Ses couleurs chaudes et son portrait d'Elvis situent la cantine de Sally entre Memphis et la Nouvelle-Orléans, là où le soleil pimente les plats : ribs, pickle chips, jambalaya,

3

poisson-chat au maïs (catfish). Essayez la tarte aux noix de pécan ou le Mississippi mud pie en dessert.

5 **Peppercorn's Grill** – Plan p. 214 - *357 Main St. - ✆ (860) 547-1714 - www.peppercornsgrill.com - P - 11h30-22h, vend. 11h30-23h, sam. 16h30-23h - fermé dim. - soir plat 19/32 $.* Depuis deux générations, on y réinvente les classiques de la Grande Botte dans un décor dépaysant. Calamars frits, fettucine au homard et blanc de poulet aux cèpes font partie des valeurs sûres.

3 **Max Downtown** – Plan p. 214 - *185 Asylum St. - ✆ (860) 522-2530 - www.maxrestaurantgroup.com - P - 11h30-22h, vend. 11h30-23h, sam. 17h-23h, dim. 16h30-21h30 - soir plat 21/49 $ - réserv. recommandée.* C'est, sous la houlette de Rich Rosenthal, l'une des meilleures tables de la région d'Hartford. Ses pièces de viande, ses recettes étudiées (Black Cod au fenouil et asperges), sa fameuse chopped salad et ses desserts mémorables n'ont d'égal que le chic du décor, illuminé au travers de grandes baies vitrées par les lumières de la ville.

PETITE PAUSE

Modern Pastry Shop, inc. – *422 Franklin Ave. - ✆ (860) 296-7628 - www.modernpastryshop.com - 8h-18h, dim. 8h-16h - fermé 5-12 janv. et lun.* Au sud de la ville, prenez le temps de découvrir le quartier italien d'Hartford, où se concentrent de bons restaurants. Cette boulangerie propose plus de trente sortes de pâtisseries italiennes et françaises qui ravissent, chaque jour les papilles du voisinage.

À proximité

Main Steet Creamery & Cafe – *271 Main St. - 06109 Wethersfield - ✆ (860) 529-0509 - www.mainstreetcreamery.com - ▭ - 11h-22h.* Dans la rue principale de Wethersfield, l'adresse est réputée pour ses délicieuses glaces maison (plus de 50 parfums !).

EN SOIRÉE

Hartford Stage – *50 Church St. - ✆ (860) 527-5151 - www.hartfoage.org - P 6,50 $.* Situé dans un bâtiment épuré (1977), ce théâtre programme des spectacles de septembre à juin.

Vallée de la rivière Connecticut.
FOTOSEARCH RM/age fotostock

Vallée du Connecticut

★

Large, calme et bordé de paysages sauvages, le Connecticut dessine une multitude de criques et arrose de nombreux ports de plaisance avant de se jeter dans le détroit de Long Island au terme d'un parcours de plus de 600 km. De petits villages comme Old Lyme ou Old Saybrook doivent à un méandre ou un banc de sable le fait d'avoir préservé leur charme d'antan, car ces obstacles naturels ont toujours empêché les vaisseaux de fort tonnage d'y accéder.

3

S'INFORMER

Connectictut Office of Tourism – *888 288 4748 - www.centerofct.com.*

SE REPÉRER

Carte de région C2-3 (p. 210-211).

La Route 9 suit le fleuve Essex, et les sorties mènent aux différentes curiosités à voir. La ville historique d'Essex, au bord du fleuve, est un bon lieu de séjour, avec ses hôtels et magasins.

SE GARER

On peut se garer dans la rue, dans les bourgades de la région.

À NE PAS MANQUER

Gillette Castle State Park est un excellent endroit pour un pique-nique ou une randonnée.

ORGANISER SON TEMPS

Prenez une demi-journée pour flâner dans la ville d'Essex puis entamez le circuit proposé ci-après.

AVEC LES ENFANTS

Le train à vapeur Essex Steam Train enchante les petits avec son personnage de conte Thomas le Train.

Circuit conseillé Carte Connecticut Valley ci-dessous

Circuit de 26 miles (41,6 km), tracé sur la carte Connecticut Valley – Comptez 4h. Prenez la Route I-95 jusqu'à la sortie 69 (Old Saybrook), puis empruntez la Route 9 jusqu'à la sortie 3 et suivez la direction d'Essex.

★ Essex

Fondé en 1645, ce très charmant et paisible village se développa dès le début du 18e s. grâce à la construction navale dont il devint un centre important. En 1775, le premier navire de guerre du Connecticut, l'*Oliver Cromwell*, y fut lancé. Aujourd'hui, Essex attire une élégante et estivale foule de plaisanciers dont les bateaux mouillent dans les marinas des alentours. La rue principale est bordée de boutiques et de galeries d'art, mais surtout de la fameuse auberge Old Griswold Inn, en activité depuis 1776.

Connecticut River Museum – *67 Main St. - ✆ 860 767 8269 - www.ctrivermuseum.org - ♿ - de fin mai à déb. sept. : 10h-17h ; reste de l'année : mar.-dim. 10h-17h - fermé Thanksgiving, 1er janv. et 25 déc. - 10 $.* Aménagé dans un ancien entrepôt de Steamboat Dock, le musée présente des objets relatifs à la navigation, notamment une maquette de l'*Oliver Cromwell*.

Essex Steam Train and Riverboat – *Départ de la gare d'Essex (Sortie 3 sur la Route 9) - ✆ 860 767 0103 - www.essexsteamtrain.com - ✕ - de mi-juin à fin août : tlj ; de mi-mai à mi-juin : w.-end ; sept. : vend.-dim. ; oct. : tlj (pour l'été indien) - train pour Chester (1h AR - 20 $), train & croisière de Deep River à East Haddam (2h30 - 30 $).*

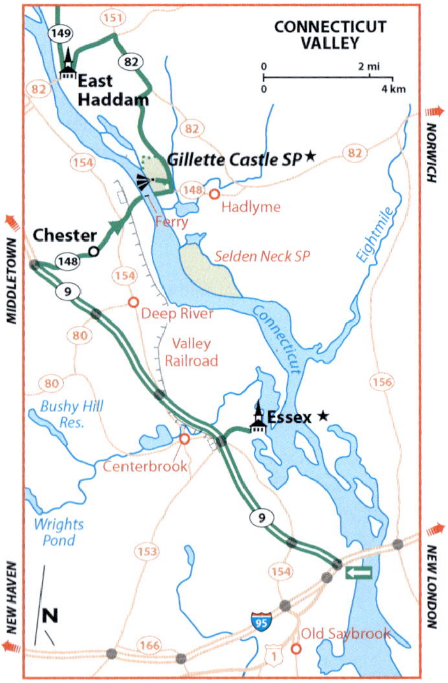

THE CHARTER OAK

L'indépendance de la colonie d'Hartford était garantie par une charte royale datant de 1662. En 1687, le gouverneur, Sir Edmond Andros, demanda toutefois la restitution de la charte. Selon la légende, quelqu'un aurait dérobé le document lors d'une réunion consacrée à l'affaire. La charte aurait été cachée dans un chêne creux où elle demeura jusqu'au départ de Sir Edmond quelques années plus tard. L'arbre, qui devint célèbre sous le nom de « Charter Oak », fut déraciné par une tempête au 19e s. La charte originale, elle, était intacte ; elle est exposée à la State Library avec les Fundamental Orders of Connecticut (document fondateur rédigé en 1639, qui vaut au Connecticut le surnom de l'État de la Constitution – the Constitution State –, qui figure notamment sur les plaques d'immatriculation des voitures). On retrouve l'arbre sur les pièces de 25 cts *(quarters)*.

Ce train touristique à vapeur datant de la fin du 19e s. permet d'admirer le paysage de la vallée, avec le fleuve Connecticut en arrière-plan.

Depuis Essex, prenez la Route 9 jusqu'à la sortie 6, puis la Route 148 jusqu'au bac qui traverse le fleuve.

Chester-Hadlyme Ferry

Départ de Chester - ✆ 860 433 3856 (State Bureau of Aviation & Ports) - www.ct.gov/dot/cwp - ♿ - avr.-nov. : lun.-vend. 7h-18h45, w.-end et j. fériés (sf Thanksgiving Day) 10h30-17h - 5mn de traversée - lun.-vend. 5 $, w.-end 6 $/voiture.

C'est l'un des plus anciens ferries en activité dans le Connecticut : il date de 1769 ! Vérifiez bien les horaires si vous voulez l'emprunter. Durant la traversée, on bénéficie d'une très belle vue sur le château de Gillette.

Prenez la route 148, puis tournez à gauche et suivez la direction de Gillette Castle.

★ Gillette Castle State Park

✆ 860 526 2336 - www.ct.gov/deep/cwp/- parc : de 8h à la tombée de la nuit - château : de Memorial Day à déb. sept. : 10h-17h - 6 $; parc de 8h au coucher du soleil - gratuit.

L'acteur **William Gillette**, connu pour son rôle de Sherlock Holmes dans l'adaptation théâtrale qu'en fit Conan Doyle lui-même, s'inspira des châteaux de la vallée du Rhin lorsqu'il traça les plans de cette étonnante demeure bâtie en 1919. Il décora lui-même chacune des 24 pièces qui la composent. Fasciné par les gadgets, il conçut des meubles mobiles sur rail métallique et de nombreuses curiosités témoignant de son ingéniosité. Cette propriété de 77 ha offre des **vues★** splendides sur le Connecticut et sa vallée.

Prenez la Route 82 jusque East Haddam.

East Haddam

Cette petite ville aux belles maisons anciennes s'enorgueillit de sa petite **école** de couleur rouge où enseigna Nathan Hale *(voir p. 221)* ; à côté de laquelle on peut voir le fameux **Charter Oak Tree** *(voir encadré ci-dessus)*.

Vous passez devant la **Goodspeed Musicals** *(✆ 860 873 8668 - www.goodspeed.org - représentations d'avr. à déc. : merc.-dim.)*, une grande bâtisse blanche de style victorien érigée à une époque où les bateaux à vapeur de la ligne reliant New York et le Connecticut faisaient escale à East Haddam.

Suivez la Route 149 qui offre de belles vues sur le fleuve, puis continuez en direction du nord-est.

Mystic Seaport

★★★

2 618 hab.

La bourgade de Mystic, au bord de la rivière du même nom, était au 17e s. un important centre de construction navale. Dans les années 1850, ses chantiers produisaient les grands clippers qui firent la gloire de la marine américaine. Vers la même époque, la pêche à la baleine se développa sur cette côte, et Mystic compta alors jusqu'à 18 baleiniers. La plupart des belles demeures qui bordent Gravel Street, Clift Street et High Street appartenaient à des capitaines au long cours. Au début du 20e s., les chantiers navals se reconvertirent dans la construction de bateaux de plaisance, puis, durant la Seconde Guerre mondiale, dans celle de bâtiments pour la Navy. Aujourd'hui, Mystic est une agréable destination estivale qui abrite notamment le site de Mystic Seaport, un musée-village recréant l'atmosphère d'un port maritime américain.

NOS ADRESSES PAGE 230
Hébergement, restauration, achats, activités, etc.

SE REPÉRER

Carte de région D3 (p. 210-211).

Situé sur la côte, Mystic Seaport est facile d'accès à partir des grands axes nord-sud (I-95) ou est-ouest (I-91).

SE GARER

Nombreux parkings à l'entrée du site. Les week-ends d'été, arrivez avant 11h pour trouver une place.

À NE PAS MANQUER

Les quais avec leurs magasins dans le style du 19e s.

ORGANISER SON TEMPS

Passez deux jours à Mystic : l'un pour visiter Mystic Seaport et l'autre pour explorer les environs.

AVEC LES ENFANTS

Le Children's Museum où tout est à leur taille ; le Mystic Aquarium.

★★★ MYSTIC SEAPORT

75 Greenmanville Ave. - ✆ 860 572 0711 - www.mysticseaport.org - de fin mars à fin oct. : 9h-17h ; nov. : 10h-16h ; déc. : jeu.-dim. 10h-16h - 28,95 $ (4-14 ans 17 $), billet valable 2 j. consécutifs. Il existe un billet combiné avec l'aquarium.

Mystic Seaport est une reconstitution vivante d'un port du 19e s. Attraction populaire née à partir d'une exposition d'objets maritimes dans un ancien moulin rénové, l'ensemble comprend aujourd'hui 60 bâtiments répartis sur près de 7 ha. Le site est vaste : prévoyez d'y passer au minimum une demi-journée *(restaurant sur place)*.

Les expositions autour du Common

En entrant par la **North Entrance**, vous pénétrez dans la partie la plus moderne du site où l'on vous remet un plan général et la liste des activités du jour. Ne ratez pas dans ce **Thompson Exhibition Building** une exposition sur les Vikings ; autour du parc « Common » se répartissent plusieurs bâtiments d'expositions, notamment le **Wendell Building** et sa riche collection de **figures de proue**, et le **Wendell Building** qui présente l'histoire de la chasse à la baleine. Le **Planétarium** est spécialement dédié à la navigation céleste *(4 $)*.

Mystic Seaport.
Ron and Patty Thomas/iStock

Le village et les quais

Le long des quais, qui constituent le cœur du village, et des rues adjacentes se succèdent une série de boutiques et de magasins tels qu'on les trouvait dans un port du 19e s. Les enfants aimeront particulièrement le **Children's Museum** où ils pourront participer à divers jeux et activités maritimes remontant à l'époque de la navigation à voile.

Trois impressionnants voiliers entièrement gréés sont amarrés le long des quais. Mystic Seaport conserve environ 500 petites embarcations et plus d'un million de photographies maritimes, les plus grandes collections du genre au monde.

Charles W. Morgan – C'est l'attraction principale du site : seul survivant de la flotte baleinière américaine du 19e s., ce bateau (1841) a été classé Site national historique. Au cours de ses 80 années de service, il effectua 37 voyages à travers le monde dont certains le retenaient éloigné pendant près de quatre années. À son bord, on visite les quartiers des officiers et on voit les gigantesques marmites utilisées pour faire fondre la graisse des baleines.

Joseph Conrad – Construit au Danemark comme bateau-école (1882), il navigua sous les pavillons danois, anglais et américain. Acheté par le Mystic Seaport, il a retrouvé sa fonction initiale.

L.A. Dunton – Datant de 1921, cette jolie goélette illustre à merveille ces grands bateaux de pêche qui sillonnaient les mers entre la Nouvelle-Angleterre et les bancs poissonneux de Terre-Neuve à la fin du 19e s. et au début du 20e s.

Excursions en bateau

Sabino – *Dép. des excursions du Sabino Dock, près de l'entrée principale du site - de mi-mai à mi-oct. : dép. ttes les h. de 10h30 à 15h30 - 8 $).* Ce vapeur de 1908 est le dernier de son genre encore en activité aux États-Unis. Montez à bord de ce bateau à coque en bois, alimenté par le charbon pour une excursion sur la Mystic River.

3

Chantier naval, Shipyard

Tous les types de bateaux que possède le Mystic Seaport sont restaurés dans ce chantier naval. Depuis une plate-forme située au premier étage, on peut observer le travail des artisans exécuté selon les méthodes traditionnelles. C'est ici que le *Mayflower II* est restauré pour être remis à l'eau en 2020 à Plymouth.

À voir aussi

★★ Mystic Aquarium

55 Coogan Blvd - ✆ 860 572 5955 - www.mysticaquarium.org - ♿ - avr.-août : 9h-17h50 ; sept.-nov. : 9h-16h50 ; déc.-fév. : 10h-16h50 ; mars 9h-16h50 - fermé Thanksgiving et 25 déc. - 37,99 $ (13-17 ans 31,99 $, 3-12 ans 27,99 $).

Parmi les 6000 habitants de ce monde aquatique, vous trouverez des poissons à quatre yeux et les poissons-grenouilles d'Australie. C'est un des plus grands aquariums du pays, reconnu pour son travail sur l'environnement. La flore et la faune sont exposées dans 45 espaces recréant des écosystèmes marins divers. Dans la galerie principale, les habitants des fonds marins sont mis en avant : requins, poissons exotiques et méduses… Découvrez des écosystèmes extrêmes dans **Wild** : forêt tropicale, désert, Arctique et fonds marins. Pour partir encore ailleurs, il suffit de se déplacer au **Roger Tory Peterson Penguin Exhibit** pour voir les manchots du Cap, natifs de l'Afrique australe.

À proximité Carte de région p. 210-211

★ Stonington D2-3

À 4 miles à l'est de Mystic par la Route 1, puis la Route 1A.

C'est l'un des plus beaux villages côtiers du Connecticut. Son caractère ancestral se retrouve dans les très belles maisons qui bordent les rues ombragées de cet ancien centre de construction navale. Du haut du phare, on peut voir l'île privée de Fisher Island.

Bélouga dans l''aquarium de Seaport.
Mike Tauber/Getty Images

★ **Captain Palmer House** – *40 Palmer St. - ✆ 860 535 8445 - www.stonington history.org - visite guidée (45mn) - mai-oct. : vend.-dim. 13h-17h (dernier tour 16h) - 10 $, billet combiné avec le Old Lighthouse Museum.* Perchée sur le plus haut point de Stonington, cette demeure victorienne de 16 pièces est surmontée d'une coupole octogonale. La vue s'étend à tous les horizons.

Old Lighthouse Museum – *7 Water St. - ✆ 860 535 1440 - www.stoningtonhis tory.org - mai-oct. : jeu.-dim. 10h-17h - 10 $, billet combiné avec la Captain Palmer House.* Les expositions saisonnières présentées dans ce vieux phare en pierre (1840) évoquent le passé de Stonington, à l'époque des chantiers navals et de la pêche au phoque et à la baleine.

★★ Mashantucket Pequot Museum D2

À 7 miles (11 km) au nord-est de Mystic. Depuis l'I-95, prenez la sortie 92, puis la Route 2 (ouest) et suivez la signalisation. 110 Pequot Trail, Mashantucket. ✆ 800 411 9671 - www.pequotmuseum.org - ♿ - avr.-oct. : merc.-sam. 9h-17h - dernière entrée 1h av. la fermeture - fermé j. fériés - 20 $.

Ce musée, propriété de la tribu indienne qui le gère, est l'un des musées amérindiens les plus importants du pays. Comptez un minimum de 2 à 3h de visite. On y découvre l'histoire naturelle de la région sud de la Nouvelle-Angleterre ainsi que l'histoire et la culture des Indiens mashantuckets pequots. Le site fait partie de la réserve et l'architecture du bâtiment est ouverte sur la forêt et traversée d'une rigole. Le musée cherche à faire revivre le quotidien du peuple pequot de la préhistoire à nos jours, avec des vidéos interactives, des films, l'arôme du feu de bois et les chants d'oiseaux en fond sonore. Le point fort de la visite est la reconstitution d'un **village pequot** du 16e s., qui s'étend sur 2 043 m^2 à l'intérieur du musée et que l'on découvre à l'aide d'un audioguide très bien fait.

Le film *The Witness* (30mn) raconte la guerre des Anglais et des Pequots en 1637. La visite se termine par une galerie de photographies de membres actuels de la tribu.

★ Submarine Force Museum D2

À New London, 8 miles (14 km) à l'ouest de Mystic.

Amarré à un ponton jouxtant la base sous-marine - ✆ 860 694 3174 ou 800 343 0079 - www.ussnautilus.org - ♿ - mai-oct. : merc.-lun. 9h-17h ; reste de l'année : merc.-lun. 9h-16h - fermé mar., 1er janv., Thanksgiving, 25 déc. et 3e sem. d'avr. et nov. - gratuit.

Lancé en 1954, le *USS Nautilus* fut le premier sous-marin de l'ère nucléaire. En plongée, il établit de nouveaux records de vitesse, de distance et de durée. En 1958, il fut le premier sous-marin à atteindre le pôle Nord. Désarmé en 1980, ce bâtiment de 97,5 m constitue la principale attraction d'un ensemble comprenant également un musée et une bibliothèque. Dans le sous-marin, on visite, entre autres, la salle des torpilles et la salle de contrôle. Le **musée,** à travers sa collection de plus de 18 000 objets, 20 000 documents et 30 000 photographies, présente l'histoire de la navigation sous-marine, celle du *Nautilus,* et la vie à bord de ce type de bâtiment.

NOS ADRESSES À MYSTIC SEAPORT

HÉBERGEMENT

BUDGET MOYEN

The Old Mystic Inn – *52 Main St. - (860) 572-9422 - www.oldmysticinn.com - P - 8 ch. 185/245 $ - pas d'enfants de moins de 15 ans.* Lits à baldaquin, parquets et lambris habillent les chambres chics de cette bâtisse de style colonial (1784) et de sa remise plus récente : toutes portent le nom d'un écrivain de Nouvelle-Angleterre. Diplômé du Culinary Institute of America, le propriétaire vous concoctera un exquis breakfast avec œufs brouillés en pâte feuilletée, asperges sauce mornay et French toasts aux fraises, sirop d'érable et noix de pécan.

POUR SE FAIRE PLAISIR

Steamboat Inn – *73 Steamboat Wharf - (860) 536-8300 - http://steamboatinnmystic.com - P - 11 ch. 220/350 $.* Au cœur de la ville, face à la Mystic River, une confortable auberge avec vue. Les chambres, toutes différentes, ont été aménagées par un designer. La plupart sont dotées d'un Jacuzzi. Petit-déjeuner copieux servi dans le beau salon.

The Inn at Mystic – *3 Williams Ave. - (860) 536-9604 - www.innatmystic.com - P - 56 ch. à partir de 209 $ -.* Posté sur les hauteurs d'une colline face au port de Mystic, sur lequel il offre de magnifiques vues, cet établissement associe un motel haut de gamme, un hôtel au décor colonial, une auberge romantique et une luxueuse demeure, la Haley Mansion (1904). Les cinéphiles opteront pour la Guest House, où Humphrey Bogart et Lauren Bacall célébrèrent leur nuit de noce. Tennis, canotage, jardins.

Stonington

UNE FOLIE

The Inn at Stonington – *60 Water St. - www.innatstonington.com - P - 18 ch. 295/490 $.* Il est rare de trouver un établissement récent au meilleur emplacement - face au port - d'une vieille cité maritime, aussi suscite-t-il la curiosité et, quand la prestation suit, l'intérêt : cette auberge est une véritable petite perle. Construit sur le site d'un restaurant parti en fumée, le bâtiment, de style néoclassique, accueille de luxueuses chambres décorées de meubles anciens. Vous y aurez la vue sur le port et pourrez louer vélos et kayaks. Bar.

RESTAURATION

PREMIER PRIX

Kitchen Little – *36 Quarry Rd. - (860) 536-2122 - www.kitchenlittle.org - 7h30-14h, w.-end 6h30-13h - fermé janv. - plat 5/16 $.* Une cantine au bord de l'eau connue pour ses petits-déjeuners gargantuesques aux noms rigolos : Mystic Melt, Portuguese Fisherman ! À proximité du centre-ville.

Mystic Pizza – *56 West Main St. - (860) 536-3700 - www.mysticpizza.com - 10h-23h - soir plat 13/22 $.* Oui, il existe réellement un « Mystic Pizza » et oui, il fut la vedette du film du même nom qui, en 1988, lança la carrière d'une certaine Julia Roberts ! On y sert toujours cette épaisse et onctueuse pizza à la recette secrète qui fit le succès du restaurant dès son ouverture par la famille Zepelos, en 1973. Outre les pizzas, le menu offre un large choix de plats simples : calamars frits, burgers, salades…

BUDGET MOYEN

Captain Daniel Packer Inne – *32 Water St. - ✆ (860) 536-3555 - www.danielpacker.com - 11h-22h - soir plat 20/34 $.* C'est aujourd'hui sur quatre roues, et non uniquement par bateau, que l'on vient se restaurer dans cette auberge située face à la marina, ancien relais de pêcheurs (1756). Avec ses cheminées, sa pierre apparente et son vieux plancher, il en émane encore une atmosphère d'autrefois. Un lieu cosy pour une cuisine régionale créative, comme ces lobster mac'n cheese ou hot buttered lobster roll.

Bravo Bravo – *20 East Main St. - ✆ (860) 536-3228 - www.bravobravoct.com - P - 11h30-21h, vend.-sam. 11h30-14h, 17h-22h, dim. 12h-21h - fermé lun. - soir plat 20/39 $.* Il porte bien son nom ! Ce restaurant dominant la rue principale de Mystic a une carte italienne qui mérite des applaudissements. La salade de fromage de chèvre chaud, le risotto de champagne au homard et asperges, les gâteaux de crabes et les médaillons de veau aux épinards récoltent tous les suffrages. L'attente, à la belle saison, en vaut la peine.

Noank

BUDGET MOYEN

Abbott's Lobster In The Rough – *117 Pearl St. - 06340 Noank - ✆ (860) 536-7719 - www.abbottslobster.com - P ♿ - de déb. mai à Memorial Day : vend.-dim. 11h30-19h ; de Memorial Day à Labor Day : 11h30-21h ; de Labor Day à Columbus Day : vend.-dim. seult 11h30-19h - plat 18/32 $.* Son vaste parking en dit long : Abbott est l'une des tables les plus populaires de Noank, commune voisine de Mystic. Plein de coins et de recoins, cet ensemble de cabanes de pêcheurs offre de superbes vues du détroit de Fishers Island, île étirée au large de Long Island (NY). Les homards y sont réputés parmi les meilleurs - et les plus gros - de la région. Apportez votre boisson, on vous remettra les glaçons.

Stonington

BUDGET MOYEN

Water Street Cafe – *143 Water St. - ✆ (860) 535-2122 - www.waterstcafe.com - - midi et soir - soir plat 15/56 $.* Belle devanture colorée pour ce restaurant rustique spécialisé dans le poisson et les huîtres. Salades fraîches et délicieuses et plats aux touches asiatiques savoureux. N'oubliez pas le dessert : la tarte de saison et le gâteau au chocolat sont exquis !

ACHATS

Clyde's Cider Mill – *129 North Stonington Rd - ✆ (860) 536-3354 - www.bfclydescidermill.com - sept.-oct. : 9h-18h, nov.-déc. : 9h-17h.* La fabrication de cidre fait partie des usages automnaux de la Nouvelle-Angleterre. Cette tradition prend ici tout son sens : on s'y relaie depuis six générations (1881) et l'on emploie un moulin classé avec pressoir en acier. Vous y garnirez votre panier de cidre doux mais aussi de pommes et de sirops…

New Haven

★★

130 741 hab.

La ville de New Haven est indissociable de ce qui la fait vivre : l'Université de Yale. Vue de la Route 95, la ville de New Haven présente un paysage d'usines et de grandes tours administratives dont Knights of Columbus Building, étonnant immeuble cylindrique encadré par les crêtes de basalte rouge des parcs de East Rock et de West Rock. Le centre de la ville, largement occupé par l'université, offre une promenade architecturale insolite.

NOS ADRESSES PAGE 241
Hébergement, restauration, achats, activités, etc.

S'INFORMER

Visit New Haven – Plan New Haven p. 238 - *545 Long Wharf Dr - ✆ 203 777 8550 - www.visitnewhaven.com.*

Info New Haven – Plan Yale University p. 234-*1000 Chapel St. - ✆ 203 773 9494 - www.infonewhaven.com.* Renseignements, plans, vente de billets pour les spectacles, réservations théâtres et restaurants, site Web interactif.

SE REPÉRER

Carte de région B3 (p. 210-211).

À mi-chemin entre les zones urbaines de New York City et de la Nouvelle-Angleterre, la ville est située sur le port de New Haven, à l'extrémité nord du Long Island Sound. Elle est facilement accessible par les grands axes nord-sud (I-95, I-91) et est-ouest (Route US-34).

SE GARER

Les horodateurs se trouvent le long des rues Elm, Orange et Court. Il y a des parcs de stationnement sur Elm Street (entre Orange Street et State Street) et sur Orange Street (entre Elm Street et Wall Street). Les parkings de l'Université Yale sont ouverts le week-end *(gratuit)*.

À NE PAS MANQUER

La visite à pied de la prestigieuse Université Yale.

ORGANISER SON TEMPS

Comptez une demi-journée pour la visite de Yale et une heure ou deux pour le musée d'Art de l'université.

AVEC LES ENFANTS

Peabody Museum of Natural History ; Tower Path dans Sleeping Giant State Park ; Shore Line Trolley Museum à East Haven.

Se promener Plan Yale University p. 234

★★★ YALE UNIVERSITY

Circuit tracé sur le plan Yale University – Comptez une demi-journée. Commencez la visite au Visitor Center, sur Elm St.

Cette université, qui fait partie de la prestigieuse Ivy League, est l'une des plus anciennes et plus éminentes universités des États-Unis. Elle fut fondée en 1701 par un groupe de prêtres puritains, désireux de doter le Connecticut d'un établissement scolaire capable de former de bons éléments destinés au clergé et à l'État. L'emplacement de New Haven et le nom de Yale ne furent

L'ARCHITECTURE DE YALE

Le campus est surtout connu pour son style néogothique : on y retrouve des éléments de l'architecture médiévale, alors que les plus vieux bâtiments ont été construits à partir de 1920 ! À y regarder de plus près, d'ailleurs, les visages sculptés dans la pierre ne sont pas des gargouilles ou des saints, mais des personnages du 20e s. : c'est assez surprenant. L'influence du style georgien est perceptible, mais il faut pénétrer dans les cours intérieures pour en découvrir les élégantes façades.

Dans les années 1920 et 1930, **James Gamble Rogers** a conçu le Harkness Tower (1921), Sterling Memorial Library (1932), la bibliothèque principale qui contient plus de 4 millions d'ouvrages, Pierson et Devenport Colleges (1932), ainsi que d'autres structures et espaces alors qu'il était « l'architecte de l'Université Yale ». À partir des années 1950, Yale fit appel aux plus grands architectes pour édifier de nouveaux bâtiments : **Louis Kahn** (Yale Art Gallery et Yale Center for British Art), **Paul Rudolph** (School of Art and Architecture) et **Philip Johnson** (Kline Biology Tower).

retenus qu'en 1718. En 1887, Yale devint une université, soit bien après la fondation de son école de médecine (1810) et de son école de droit (1824). C'est à Yale que fut attribué, en 1861, le premier titre de Philosophiæ Doctor (Ph. D. ou doctorat) des États-Unis. Cinq présidents sont passés sur les bancs de cette université, dont George Bush père, son fils George W. Bush et Bill Clinton, tandis que près de 50 prix Nobel y ont travaillé. La devise de l'université est *Lux et veritas,* (« Lumière et vérité »).

The Mead Visitor Center

149 Elm St. - ✆ 203 432 2300 - visitorcenter.yale.edu - lun.-vend. 9h-16h30, w.-end 11h-16h - visite guidée du campus (1h15) : lun.-vend. à 10h30 et 14h, w.-end à 13h30 - fermé 1er janv., Thanksgiving Day et 22 déc.

Le centre d'accueil est installé dans Pierpont House, une élégante petite maison blanche, la plus ancienne de New Haven (1776).

Passez l'arche de Phelps Gate (A) *dans College St. Entrez dans le vieux campus.*

Old Campus

Site original du premier collège, ce campus possède le plus ancien bâtiment de l'université : le **Connecticut Hall** (B). Une statue de Nathan Hale, héros de la guerre d'Indépendance et ancien élève de Yale, se dresse devant cet édifice de style georgien où il étudia.

Traversez le vieux campus et engagez-vous dans High Street.

De l'autre côté de la rue se trouve la **Harkness Tower** (C) (1920), un campanile néogothique culminant à 67 m, lourdement orné de sculptures des plus célèbres élèves de Yale, notamment Noah Webster, qui créa le dictionnaire moderne de la langue anglaise, et Eli Whitney, un industriel qui inventa notamment le *cotton gin*, une machine pour séparer le coton de sa fibre, invention majeure de la révolution industrielle.

Tournez à gauche dans High St., passez sous une arche, puis engagez-vous à droite dans Chapel St.

La **Yale University Art Gallery** *(voir p. 234)*, première œuvre majeure de Louis Kahn, fait face à sa dernière réalisation, le **Yale Center for British Art** *(voir p. 235)*. Le parti pris muséologique (qualité des matériaux, luminosité, utilisation des surfaces) développé par l'architecture de ces deux ensembles est particulièrement intéressant.

Continuez jusqu'à York St.

L'ancienne église néogothique sur la gauche abrite le **Yale Repertory Theater** (3) où travaille la Yale Repertory Company, troupe de comédiens professionnels attachée à l'université.

Presque en face se dresse l'immense **School of Art and Architecture**, œuvre de l'architecte Paul Rudolph. Le bâtiment semble s'étager sur 7 niveaux alors qu'il en comprend en réalité 36. Il faut y entrer pour s'en rendre compte.

★★ Yale University Art Gallery

1111 Chapel St. - ✆ 203 432 0600 - artgallery.yale.edu - ♿ - mar.-vend. 10h-17h (20h le jeu. en sept.-juin), w.-end 11h-17h - fermé j. fériés - gratuit.

Ce musée fut fondé en 1832 grâce à un don d'une centaine d'œuvres du peintre John Trumbull. Aujourd'hui la collection compte 200 000 œuvres, de l'antiquité à nos jours.

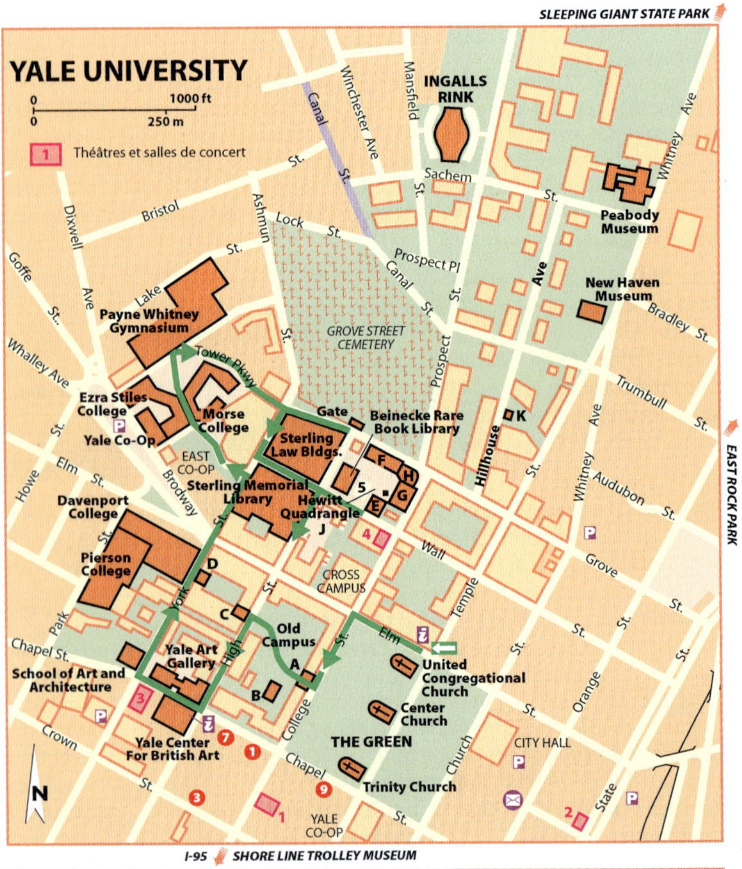

SE RESTAURER

Claire's Corner Copia 1
Union League Café 7
Zinc 9
Louis' Lunch 3

Le bâtiment se compose de deux parties reliées entre elles : l'une, construite en 1928, est de style gothique ; l'autre, ajoutée en 1953, a été conçue par **Louis Kahn**. La collection est particulièrement fournie en arts décoratifs américains de la période coloniale ou fédérale, et possède un bon nombre de tableaux et sculptures d'Amérique.

1er niveau – La collection d'**art antique méditerranéen** comporte près de 12000 objets étalés sur 5000 ans. Un mithræum, sanctuaire souterrain consacré au culte de Mithra (divinité solaire), merveilleusement orné de peintures et de reliefs provient de **Doura-Europos**, ancienne cité romaine de Syrie. Parmi les vases et sculptures grecs, étrusques et égyptiens, remarquez *Leda et le cygne* (370 av. J.-C.), copie romaine d'un original grec attribué à Timotheos. La **collection précolombienne** d'objets en pierre, argile et jade n'est pas moins remarquable. Les figurines nous renseignent sur la vie quotidienne de cette période.

Rez-de-chaussée – Ce niveau est réservé aux expositions temporaires et à l'**art contemporain**. Le Sculpture Hall renferme une œuvre de Richard Serra, *Stacks* (1990), deux blocs d'acier placés à 18 m l'un de l'autre. Dans l'Albert Corridor sont exposées par roulement certaines des 74 toiles et 110 estampes du fonds Joseph Albers, qui dirigea l'Institut d'art de Yale de 1950 à 1960.

1er étage (11e s.-19e s.) – Outre de nombreux **tableaux impressionnistes**, la collection du 19e s. comprend des toiles de Manet *(Jeune femme étendue dans un costume espagnol)*, Courbet *(Le Grand Pont)*, Van Gogh *(Café de nuit)*, Millet, Corot, Degas et Matisse. La section d'**art moderne** présente des œuvres de Marcel Duchamp *(Tu'm)*, Stella *(Brooklyn Bridge)*, Magritte *(La Boîte de Pandore)* et Dalí *(La Charrette du fantôme)*, ainsi que des toiles de Tanguy, Ernst, Klee et Kandinsky. La collection d'**art africain** comprend des masques et objets de cérémonie et d'apparat.

2e étage (fin 19e s.) – La **collection Jarves** regroupe les primitifs italiens (13e-16e s.) avec des joyaux tels que la *Vierge à l'Enfant* de Fabriano et le *Portrait de la femme au lapin* de Ghirlandaio. Les galeries adjacentes, consacrées à l'**art européen**, recèlent des œuvres d'artistes majeurs, tels Bosch *(Allégorie de l'Intempérance)*, Hals, Holbein, Rubens et le Corrège *(L'Assomption de la Vierge)*. La **collection Garven d'art américain** de l'époque coloniale et du début du 19e s. est présentée de façon didactique pour les besoins des cours universitaires. Le mobilier, l'argenterie, les étains et les autres objets en métal illustrent ici l'évolution des styles aux États-Unis.

La galerie de peinture et de sculpture américaines des 19e et 20e s. regroupe des chefs-d'œuvre de Eakins, Homer, Church, Cole, Remington, Hopper et O'Keefe. Une section est consacrée à l'œuvre de John Trumbull, dont *The Battle of Bunker Hill* et *Signing of the Declaration of Independence* qui servirent de modèle aux fresques du Capitole à Washington. Remarquez également *The Greek Slave*, une statue signée Hiram Power.

3e étage – Les galeries d'**arts asiatiques** abritent des sculptures japonaises ainsi que des bronzes, de la céramique et des peintures originaires de Chine (du 12e s. av. J.-C. à nos jours). Les 25000 **estampes**, 6000 **dessins** et 3000 **photographies** datent du 15e au 20e s.

★★ Yale Center for British Art

1080 Chapel St. - ✆ 203 432 2800 - britishart.yale.edu - ♿ - mar.-sam. 10h-17h, dim. 12h-17h - fermé j. fériés - gratuit.

En 1966, Paul Mellon, mécène de la National Gallery de Washington, fit don à Yale de sa collection d'art anglais qui comprenait 1300 tableaux, 10000 dessins, 20000 gravures et 20000 livres rares. Louis Kahn dessina les plans d'un nouveau bâtiment inauguré en 1977, destiné à abriter la collection. L'architecture conçue par Kahn permet à la lumière naturelle de pénétrer par de nombreuses verrières tout en étant filtrée par des patios s'étageant sur trois ou quatre niveaux et ouvrant sur les galeries d'exposition.

Retraçant l'évolution de l'art anglais depuis le règne d'Élisabeth Ire, la collection comprend des scènes de chasse, des vues de villes et des marines, des portraits et des tableaux de genre datant de 1700 à 1850.

Le **3e étage** abrite des tableaux et des sculptures présentés par ordre chronologique afin de donner une vue d'ensemble de l'art anglais de la fin du 16e s. au début du 19e s. Plusieurs salles de cet étage sont consacrées aux œuvres de **Gainsborough**, **Reynolds**, **Stubbs**, **Turner** et **Constable**. Au **1er étage** se trouve une sélection de tableaux et de sculptures des 19e et 20e s.

Tournez à droite dans York St. et descendez la rue à moitié.

★ Pierson and Davenport Colleges

Ces élégants bâtiments, de style georgien et de style médiéval, peuvent être admirés depuis les cours intérieures. De l'autre côté de la rue se trouve la **Wrexham Tower** (D) dont le clocher s'inspire de l'église du pays de Galles où Elihu Yale est inhumé. Ce marchand anglais (1649-1721) légua une partie de sa fortune à l'université qui porte à présent son nom.

Traversez Elm St. et suivez York St. Au n° 306, tournez à gauche dans un étroit passage.

★ Morse and Ezra Stiles Colleges

L'architecte Eero Saarinen s'est inspiré d'une petite ville italienne bâtie à flanc de coteau pour réaliser cet ensemble contemporain. À toute heure du jour, des jeux d'ombres et de lumières animent un dédale de ruelle. À côté, le **Yale Co-Op** (par Saarinen) est le magasin de l'université (connu sous le nom de West Co-Op depuis la construction d'un bâtiment adjacent appelé East Co-Op).

Sur Tower Parkway, face aux Morse and Ezra Stiles Colleges, le **Payne Whitney Gymnasium** est installé dans un bâtiment de style gothique; on y voit parfois flotter des drapeaux représentant un bulldog, la mascotte des équipes sportives de Yale.

UN IMMENSE CENTRE CULTUREL

La présence de l'Université Yale fait de New Haven un centre culturel de premier plan. Les théâtres de New Haven, qui servaient naguère de tremplin pour les productions de Broadway, se sont forgés une excellente réputation en montant leurs propres spectacles.

Long Wharf Theater (p. 238, A2) – *222 Sargent Dr. - ✆ 203 787 4282 - www.longwharf.org*. Installé dans un ancien entrepôt, ce théâtre a été couronné en 1978 d'un *Tony Award*, récompense artistique fort renommée aux États-Unis.

Shubert Theater (p. 234, 1)– *247 College St. - ✆ 203 562 5666 - www.shubert.com*. Sa programmation variée propose des avant-premières ainsi que des spectacles et des concerts lancés à Broadway.

Yale Repertory Theatre (p. 234, 3) – *1120 Chapel St. - ✆ 203 432 1234 - www.yalerep.org*. Surnommé le « Rep », ce théâtre fait la part belle aux pièces des jeunes auteurs et aux interprétations modernes des grands classiques.

New Haven Symphony Orchestra (p. 234, 2) – *105 Court St. - ✆ 203 865 0831 - www.newhavensymphony.org*. Cet orchestre, réputé l'un des meilleurs des États-Unis, se produit dans le Woolsey Hall (G), sur le campus.

New Haven, vue d'ensemble avec les trois églises du Green.
Michael Melford/www.visitnewhaven.com

Continuez le long de Tower Parkway pour gagner Grove St.
À l'entrée du cimetière de Grove Street, remarquez la massive **porte★** de style *Revival* égyptien (1808-1858) ; on la doit à **Henry Austin**, qui a également signé plusieurs maisons (19e s.) de Hillhouse Avenue *(voir p. 239)*.
Revenez sur York St. en empruntant Grove St., puis tournez à gauche dans Wall St.

Sterling Law Buildings

Les étudiants en droit vivent dans ces bâtiments inspirés des écoles de droit anglaises bâties du 16e au 18e s. Remarquez les effigies de voleurs et de policiers sculptées au-dessus des fenêtres.

★★ Hewitt Quadrangle

Cette place est située au centre de l'université. Les murs extérieurs de la **Beinecke Rare Book and Manuscript Library** (1961, Gordon Bunshaft) sont composés de plaques de marbre translucide encastrées dans du granit. Entrez dans le bâtiment pour apprécier les effets de miroitement de la lumière traversant le marbre. La mezzanine abrite une **bible de Gutenberg** et accueille des expositions temporaires. Des **sculptures** (5) aux formes géométriques, signées Isamu Noguchi, sont ancrées dans la cour opposée à la bibliothèque.
Autour du Hewitt Quadrangle s'élèvent également plusieurs bâtiments construits pour le bicentenaire de Yale : le **Woodbrige Hall** (E), l'**University Dining Hall** (F) et l'auditorium, le **Woolsey Hall** (G). La rotonde, baptisée **Memorial Hall** (H), renferme un grand nombre de plaques commémoratives. Sur la place proche du Woodbridge Hall, remarquez le stabile rouge d'Alexander Calder, *Gallows and Lollipops* (Potence et sucettes).
Retournez à l'angle de Wall St. et High St. et tournez à gauche dans Wall St. Un grand nombre de statuettes ornent le faîte des bâtiments qui bordent cette rue.

Sterling Memorial Library

120 High St.
Les voûtes, les vitraux et les fresques de cette bibliothèque, la plus importante de Yale, lui confèrent un air de cathédrale.

Sous le Cross Campus *(sur la gauche)* se trouve une autre bibliothèque, la **Cross Campus Library** (J), construite sous terre afin de préserver le *green*. La cour d'entrée est ornée d'une **fontaine-sculpture** dédiée aux femmes de Yale ; c'est l'œuvre de **Maya Lin**, une ancienne étudiante qui a réalisé le monument commémoratif des vétérans de la guerre du Viêtnam à Washington.

À voir aussi Plan Yale University p. 234

★ Le Green

À l'époque où New Haven était encore une colonie puritaine, la ville fut divisée selon un quadrillage composé de neuf carrés. Celui du centre, le *green*, fut réservé à toutes les activités publiques, du pâturage aux parades, et même aux sépultures. Au fil des ans, ce quartier est resté le cœur de la ville.

Sur ce petit espace, on ne trouve pas moins de trois églises (1812-1815), qui illustrent chacune un style architectural différent : **Trinity Church** (néo-gothique), **Center Church** (georgien) et **United Congregational Church** (fédéral).

HISTOIRE D'UNE VILLE INDUSTRIELLE

Première ville des États-Unis aménagée selon un plan quadrillé, New Haven fut fondée en 1638 par un groupe de puritains conduits par le révérend John Davenport et Theophilus Eaton. Au siècle suivant, New Haven devint une ville prospère grâce à son port en eau profonde, mais la guerre de 1812 mit un terme à cet essor économique, comme dans de nombreux ports de la Nouvelle-Angleterre. Au 19e s., le développement du chemin de fer modifia à jamais la physionomie de la ville. Des industries et des manufactures s'installèrent à New Haven, drainant avec elles des milliers d'immigrants travaillant dans les usines d'horlogerie, d'armes à feu et de diligences. Un de ces grands fabricants, **Eli Whitney**, fut le précurseur du travail à la chaîne : il avait découvert qu'en faisant confectionner une pièce spéciale par chaque ouvrier, la production était plus importante. Ainsi naquirent les premières chaînes d'assemblage.

Hillhouse Avenue

La plupart des belles demeures qui bordent cette avenue furent construites au 19e s. par de riches industriels et commerçants. Aujourd'hui propriété de l'université, elles présentent plusieurs styles (fédéral, néoclassique, néo-Renaissance), et même des influences de l'architecture hindoue.

Yale Collection of Musical Instruments (K)

15 Hillhouse Ave. - ✆ 203 432 0822 - collection.yale.edu - mar.-vend. 13h-16h, dim. 13h-17h - fermé août, Thanksgiving Day, 25 déc. et congés universitaires - gratuit.
Établie en 1900, cette rare collection rassemble plus de 1 000 instruments (du 16e au 19e s.) représentatifs des traditions musicales d'Europe occidentale. Parmi les plus impressionnants : les violons de Jakob Stainer (1661) et Stradivari (1736) et des instruments à clavier dont le plus ancien date de 1569. Les concerts annuels font revivre les instruments anciens restaurés.

3

New Haven Museum

114 Whitney Ave. - ✆ 203 562 4183 - www.newhavenmuseum.org - ♿ - mar.-vend. 10h-17h, sam. 12h-17h, 1er dim. du mois 13h-16h (gratuit) - fermé j. fériés - 4 $.
300 ans de la vie de New Haven sont évoqués dans les 11 galeries d'exposition qui rassemblent des étains, des porcelaines et des jouets datant de l'époque où la ville s'appelait encore New Haven Colony. Le musée abrite également un modèle d'origine de l'égreneuse de coton d'Eli Whitney, et un des premiers appareils à code fabriqué par F.B. Morse.

Peabody Museum of Natural History

170 Whitney Ave. - ✆ 203 432 5050 - peabody.yale.edu - ♿ - mar.-sam. 10h-17h, dim. 12h-17h - fermé j. fériés - 13 $ (3-18 ans 6 $) ; gratuit jeu. 14h-17h (sf juil.-août).
Ce Muséum d'histoire naturelle est célèbre pour sa collection de **dinosaures** *(rdc)*, comportant notamment le premier stégosaure jamais reconstitué, le squelette d'un apatosaure (20 m de long pour 35 t), un spécimen d'archélon – la plus grande tortue géante du monde (3 m de long et 75 millions d'années) –, et le fossile d'un Deinonychus, espèce découverte en 1964 armée d'une serre acérée en forme de faucille. *L'Ère des reptiles*, une fresque signée Rudolph Zallinger, représente des dinosaures et une flore remontant de 70 à 350 millions d'années.

Au rez-de-chaussée se trouve une collection de mammifères, de primates et d'objets relatifs aux cultures d'Amérique centrale, aux Indiens des prairies et à la Nouvelle-Guinée. Au 1er étage sont organisées des expositions temporaires,

L'AFFAIRE AMISTAD (1839-1841)

Pendant plus de deux ans, New Haven fut au centre de l'affaire Amistad, un chapitre important de la lutte contre l'esclavage aux États-Unis. En 1839, les officiers du navire américain *Washington* découvrent « *La Amistad* » au large de Long Island. Ce bateau espagnol transporte 53 esclaves africains de Sierra Leone, destinés au marché de Cuba. Lors d'une violente tempête entre La Havane et Port-au-Prince, les Africains se sont mutinés et ont tué l'équipage. Cinque, leur leader, a cependant épargné deux Espagnols pour qu'ils ramènent le navire en Afrique. Profitant de l'ignorance des révoltés, ces derniers mettent le cap sur l'Amérique. Lorsque le navire est arraisonné, les esclaves sont conduits aux États-Unis où, jugés pour piraterie et meurtre, ils attendent leur sort en prison. Un professeur de Yale, Josiah Wiliam Gibbs, aidé d'un interprète, écoutent le récit des Africains. L'affaire est entendue à la Cour du Connecticut et le verdict confirmé par la Cour suprême, où l'ancien président John Quincy Adams plaide pour la défense. Le mouvement des abolitionnistes soulève des fonds pour le rapatriement des prisonniers libérés.

Aujourd'hui, the **Amistad Memorial**, une statue de 4 m en bronze, rend hommage aux 53 Africains de *La Amistad*. Le monument est dressé sur le site de l'ancienne prison où ils furent incarcérés, devant la mairie de New Haven (*165 Church St.*) donnant sur le *green*.

tandis qu'au 2e étage sont présentés des minéraux, une section ornithologique et des dioramas sur la flore et la faune nord-américaines.

★ Ingalls Rink

À l'intersection de Prospect St. et Sachem St.

L'architecte américano-finlandais Eero Saarinen s'est inspiré de la forme d'une baleine pour dessiner la patinoire de Yale (1958).

East Rock Park Plan New Haven p. 238 B1

Suivez Orange St. et traversez Mill River. Tournez à gauche, puis continuez toujours vers la droite. Une route (www.cityofnewhaven.com/parks - avr.-oct. : de 8h à la tombée de la nuit ; nov.-mars : w.-end 8h-16h) mène au parking au sommet.

Du haut de cette barrière de basalte on bénéficie d'une large **vue★★** sur New Haven ; on aperçoit au loin le détroit de Long Island.

À proximité Carte de région p. 210-211

Shore Line Trolley Museum B3

À East Haven, 5 miles (8 km) à l'est de New Haven. Prenez la Route 95 jusqu'à la sortie 51, tournez à droite dans Hemingway Ave., puis à gauche dans River St. 17 River St. - ☎ 203 467 6927 - www.shorelinetrolley.org - ♿ - de fin mai à déb. sept. : 10h30-16h30 - trolley 11h-16h. - 10 $ (seniors 7 $, 2-15 ans 7 $).

Le musée a été créé par des passionnés de ce moyen de transport, qui ont restauré eux-mêmes un tiers des 100 voitures présentées (elles datent de 1878-1962). Ils proposent également des promenades de 3,1 miles (5 km) dans un vieux tramway le long de la côte du Connecticut.

Sleeping Giant State Park B2

À 6 miles (9,6 km) au nord de New Haven. Prenez Whitney Ave. (Route 10) jusqu'à Hamden et tournez à droite dans Mt Carmel Ave.

☏ 203 789 7498 - de 8h au coucher du soleil - 15 $ par voiture. Cartes des itinéraires et informations au bureau des gardes forestiers. Attention, suite aux dégâts causés par une tempête, le parc était fermé pendant l'été 2018.

Le « Sleeping Giant » est une colline de grès qui ressemble à un homme allongé.

Ce parc aménagé offre près de 30 miles (48 km) de sentiers sillonnant la montagne. **Tower Path** *(circuit de 1h30)* mène au point culminant du parc où une tour de pierre offre une superbe **vue★★** sur la région.

The Thimble Islands B3

Au large de Stony Creek (à 12 miles/19,3 km à l'est de New Haven).

D'après la légende, le pirate Captain Kidd aurait enfoui son trésor sur l'une des 365 îles de l'archipel Thimble. Certaines de ces toutes petites îles ne sont que des rochers, d'autres sont cultivées.

Vingt-cinq d'entre elles sont habitées et beaucoup sont des propriétés privées. De mai à début octobre, des **croisières commentées** (45mn) sont proposées au départ du quai municipal de Stony Creek *(☏ 203 488 8905 - www.thimbleislandcruise.com - mai-sept. - 15 $ uniquement en espèces).*

NOS ADRESSES À NEW HAVEN

HÉBERGEMENT

POUR SE FAIRE PLAISIR

② **New Haven Hotel** – Plan p. 238 A2 - *229 George St. - ☏ (203) 498-3100 - www.newhavenhotel.com - P payant - ♿ wifi - 118 ch. à partir de 199 $ - ✕.* Un hôtel situé à proximité du campus, donc en plein centre de New Haven. Chambres contemporaines, spacieuses et bien équipées.

④ **Omni New Haven Hotel at Yale** – Plan p. 238 A2 - *155 Temple St. - ☏ (203) 772-6664 - www.omnihotels.com - P 23/29 $ - ♿ wifi payant - 306 ch. 195/375 $ - ✕.* À deux pas du campus, des musées et des magasins, une situation idéale. Chambres confortables, salle de fitness et restaurant panoramique au 18e étage.

RESTAURATION

PREMIER PRIX

① **Frank Pepe's Pizzeria Napoletana** – Plan p. 238 B2 - *157 Wooster St. - ☏ (203) 865-5762 - www.pepespizzeria.com - 11h-22h - plat 7/29 $.* C'est à New Haven qu'est née la pizza et c'est chez Pepe's qu'on la dit la meilleure : vous voici dans l'une des plus fameuses pizzerias du pays ! Sa spécialité : white clam with garlic.

② **Sally's** – Plan p. 238 A2 - *237 Wooster St. - ☏ (203) 624-5271 - http://sallysapizza.com - ▭ - 16h-21h, vend. 16h-22h, sam. 15h-22h, dim. 15h-21h - fermé lun.-mar. - plat 11/30 $.* Malgré la réputation élogieuse de Pepe's, certains préfèrent Sally's sa voisine et grande rivale.

③ **Louis'Lunch** – Plan p. 234 - *261-263 Crown St. - ☏ (203) 562-5507 - www.louislunch.com - ▭ - 11h-15h45, jeu.-sam. 12h-2h - fermé août, lun. et dim.* New Haven, décidément, aime les trophées : si on connaît la ville pour avoir importé la pizza, elle s'enorgueillit aussi d'avoir inventé… le hamburger ! Classé sur le National Register of Historic Places, Louis'Lunch est officiellement le premier restaurant des États-Unis à avoir servi ces steak sandwichs, il y a plus d'un siècle. Attention, ne demandez ni ketchup ni moutarde pour accompagner votre sandwich : ce serait perçu comme une faute de goût !

1 **Claire's Corner Copia** – Plan p. 234 - *1000 Chapel St. - ✆ (203) 562-3888 - www.clairescornercopia.com - 📶 - 8h-21h, w.-end 9h-21h - soir plat 7/11 $.* On y mange salades d'avocat et d'épinards, taboulé, bagels, pizzas. On passe commande et l'on se sert soi-même dans le restaurant de Claire Chriscuolo, précurseur de la cuisine végétarienne. Une institution depuis plus de 25 ans.

BUDGET MOYEN

3 **Tre Scalini** – Plan p. 238 A2 - *100 Wooster St. - ✆ (203) 777-3373 - www.trescalinirestaurant.com - 11h30-21h, vend. 11h30-22h, sam. 17h-22h, dim. 16h-20h - soir plat 19/31 $.* Cette trattoria réputée et agréable sait innover : côtes d'agneau aux figues et pignons, morue sauce pomodoro et classiques italiens revisités.

9 **Zinc** – Plan p. 234 - *964 Chapel St. - ✆ (203) 624-0507 - www.zincfood.com - 12h-21h, lun. 17h-21h, vend. 12h-22h, sam. 17h-22h - fermé dim. - soir plat 25/31 $.* Cuisine américaine moderne avec des compositions fusion, entre Asie et Nouveau Continent : nachos de canard, saint-jacques et asperges (en saison) et thon tamari sont servis dans ce « zinc » branché.

7 **Union League Café** – Plan p. 234 - *1032 Chapel St. - ✆ (203) 562-4299 - www.unionleaguecafe.com - 11h30-21h30, vend. 11h30-22h, sam. 17h-22h - fermé dim. - soir plat 23,50/38 $.* Très chic, la brasserie à la française de Jean Pierre Vuillermet, pour une cuisine de haute volée.

PETITE PAUSE

Atticus Bookstore and Cafe – *1082 Chapel St. - ✆ (203) 776-4040 - http://atticusbookstore.com - 📶 - 7h-21h, dim. 8h-20h - soir plat 9/13 $.* Sur le campus de l'université, un café-librairie où l'on peut prendre son petit-déjeuner (les scones sont sa spécialité !), mais aussi consommer salades et sandwichs le reste de la journée.

BOIRE UN VERRE

Barcelona Wine Bar & Restaurant – *155 Temple St. - ✆ (203) 848-3000 - www.barcelonawinebar.com - 17h-0h30, vend.-sam. 17h-2h, dim. 11h-0h30 - soir plat 6,50/17,50 $.* Ne ratez pas l'entrée discrète de ce bar, il vaut le détour ! Sélection de sangria, vins et bières dans une ambiance chic et sympa. On y savoure des tapas classiques (tortillas, patatas bravas) ou plus originales.

Litchfield Hills

★★

Vous recherchez le Connecticut champêtre ? Rendez-vous dans les Litchfield Hills, au nord-ouest de l'État ! La région offre de très beaux paysages de collines boisées, que traversent des routes de campagne tranquilles, empruntant des ponts couverts et traversant des parcs. Les petits villages, fondés à l'époque des colonies (Litchfield, Norfolk, Woodbury et Washington), ont conservé un air suranné. La beauté de la vallée de la Housatonic, avec ses torrents et ses cascades et sa proximité de New York, a fait de Litchfield et sa région une destination privilégiée pour les artistes et les écrivains.

NOS ADRESSES PAGE 247
Hébergement, restauration, achats, activités, etc.

S'INFORMER
Northwest Connecticut – ✆ *860 567 4506 - www.litchfieldhills.com.*

SE REPÉRER
Carte de région A2 (p. 210-211).
La région est située à 130 miles (208 km) de Boston et 109 miles (174,5 km) de New York City. La Route 7 constitue l'axe principal nord-sud.

SE GARER
Aucun problème de stationnement mais prévoyez toujours quelques *quarters* (pièces de 25 cts) pour les horodateurs.

À NE PAS MANQUER
Le White Memorial Foundation and Conversation Center et ses chemins de randonnée, à Litchfield.

ORGANISER SON TEMPS
Litchfield constitue un bon point de départ pour découvrir cette région. Prévoyez une journée autour de Litchfield et une autre pour vous promener à Woodbury et ses environs.

AVEC LES ENFANTS
Tubing (descente en grosse bouée) sur la Housatonic *(voir « Nos adresses »).*

3

Se promener

★★ Litchfield

Fondé en 1719, ce paisible village constitue une halte agréable. Marquant le cœur de Litchfield, le **green** est dominé par le clocher de la **First Congregational Church**. Restaurants et boutiques chics participent à l'animation de **West Street**, tandis que le long de **South Street** s'alignent de superbes maisons. C'est également dans South Street que se trouve la première école de droit des États-Unis, fondée en 1784 : une discrète petite maison de bardeaux blancs.

À proximité Carte de région p. 210-211

★ White Memorial Foundation and Conservation Center A2

À 2,5 miles (4 km) à l'ouest de Litchfield par la Route 202.
80 Whitehall Rd - ✆ 860 567 0857 - www.whitememorialcc.org - parc ouvert tte l'année ; musée : lun.-sam. 9h-17h, dim. 12h-17h - fermé j. fériés - musée 6 $.

Cette réserve de 1 600 ha, qui appartient à la White Memorial Foundation, offre des paysages et une flore très variés. On peut se procurer une carte des différents sentiers et monuments historiques de la réserve auprès du **musée** ou du bureau d'accueil de la fondation.

★ Bellamy-Ferriday House and Garden A2

À Bethlehem, 6 miles (9,6 km) au sud de Litchfield par les Routes 63 et 61. 9 Main St. North (sur le green) - 203 266 7596 - www.ctlandmarks.org - visite guidée (45mn) - de mai à sept. : jeu.-dim. 12h-16h ; oct. : w.-end 12h-16h - fermé j. fériés - 12 $.

Cette demeure de style georgien, dotée d'un élégant portique, fut bâtie vers 1745, puis agrandie et embellie au cours des deux siècles suivants. Le mobilier est de fabrication locale.

Équipé d'écuries et agrémenté de vergers, le parc comprend un jardin aménagé en 1912 et décoré de lilas, de pivoines, de magnolias et de roses selon la saison.

Institute for American Indian Studies A2

À Washington, 11 miles (17,6 km) au sud-ouest de Litchfield. Prenez la Route 202 vers l'ouest pendant 6 miles (9,6 km), puis la Route 47 vers le sud pendant 3 miles (4,8 km) jusqu'à Washington. Prenez ensuite la Route 199 vers le sud pendant 2 miles (3,2 km) jusqu'à Curtis Rd, et suivez les panneaux signalant l'Institut. 38 Curtis Rd - 860 868 0518 - www.iaismuseum.org - merc.-sam. 10h-17h, dim. 12h-17h - fermé j. fériés - 10 $ (seniors 8 $, enf. 6 $).

Agréablement situé dans les bois, ce petit musée se consacre à la culture et à l'histoire des Indiens du Connecticut. On y verra du mobilier, des mâts totémiques et des paniers tressés à la main, mais également une maison commune. Un petit sentier mène à un campement de la tribu des Algonquins, entièrement recréé et complété de plusieurs **wigwams**, huttes des tribus indiennes de l'Est des États-Unis.

Glebe House Museum and Gertrude Jekyll Garden A2

À Woodbury, 20 miles (32 km) au sud de Litchfield. 49 Hollow Rd – 203 263 2855 - www.glebehousemuseum.org - mai-oct. : merc.-dim. 13h-16h - 7 $, jardin seult 2 $.

Fondée en 1673, la petite localité de Woodbury est célèbre aujourd'hui pour ses antiquaires installés essentiellement le long de Main Street (Route 6). En 1783, un groupe de pasteurs anglicans se réunit ici pour élire le premier évêque des colonies, Samuel Seabury (1729-1796). La Glebe House qui datait de 1750 est donc considérée comme le lieu où fut fondée l'Église épiscopalienne (très proche de l'Église anglicane) en Amérique. Autour de la maison, le jardin a été reconstitué selon les plans qui avaient été fait par la paysagiste Gertrude Jekyll dans les années 1920.

THE YANKEE PEDDLER

Les **colporteurs** *(peddler)* de Nouvelle-Angleterre avaient la réputation d'être coriaces et pas toujours honnêtes en affaires. Leur métier a pris de l'importance avec l'industrialisation et l'implantation de nouveaux colons à l'ouest. Dans le Connecticut, des milliers de pendules ont été produites et emportées par les colporteurs qui sillonnaient le Sud et l'Ouest. Ainsi « dans les cabanes, ils n'avaient pas toujours des chaises pour s'asseoir, mais ils avaient tous leur pendule du Connecticut ».

Réplique d'un village algonquin.
The Institute for American Indian Studies copyright 2009

Randonnées sur l'Appalachian Trail A2

Le sentier de randonnée le plus renommé de l'Est américain traverse le Connecticut sur 52 miles (83,6 km), en grande partie dans les Litchfield Hills. C'est donc un endroit idéal pour randonner. Nous vous conseillons le tronçon « River Walk », de niveau modéré, qui, comme son nom l'indique, suit la rivière sur 8 miles (12,9 km) à partir de Bulls Bridge.

3

Circuit conseillé Carte Housatonic Valley p. 246

VALLÉE DE LA HOUSATONIC

Circuit de 26 miles (41,8 km) de Bulls Bridge à West Cornwall tracé sur la carte Housatonic Valley – Comptez 3h. À Bulls Bridge, 3 miles (4,8 km) au nord de Gaylordsville, prenez la Route 7 ; tournez à gauche dans Bulls Bridge Rd et prenez le pont couvert qui enjambe la Housatonic ; passez un second pont, puis tournez à droite dans Schaghticoke Rd.

Schaghticoke Road

Le 1er mile de cette route étroite est en grande partie non pavée.

La route longe la Housatonic qui serpente parmi les bois, les marais et les formations rocheuses. Après 1 mile (1,6 km) environ, la route pénètre dans la réserve indienne de Schaghticoke, l'une des plus anciennes des États-Unis (1736), et passe près d'un vieux cimetière indien dans lequel une pierre tombale porte cette inscription : « *Eunice-Mauwee – A Christian Indian Princess 1756-1860.* »

La route longe ensuite les bâtiments de la **Kent School**, une école privée très renommée.

Tournez à gauche dans la Route 341 et roulez en direction du nord pendant 1 mile (1,6 km) jusqu'à Macedonia. Tournez à droite et suivez la signalisation pour Macedonia Brook State Park.

Macedonia Brook State Park

℘ 860 424 3200 - www.ct.gov/dep - de 8h au coucher du soleil - gratuit.

Ce parc où alternent gorges, torrents et ruisseaux, offre de nombreuses possibilités de promenade, de pêche et de camping *(51 emplacements, de mi-avr. à déb. sept. - réserv. conseillée).*

Prenez la Route 341 South pour gagner Kent.

Kent

Niché au milieu des collines qui bordent la Housatonic, Kent est un village d'artistes et d'artisans dont les travaux sont souvent exposés dans les boutiques du centre ou dans les parcs.

Suivez la Route 7 vers le nord.

Kent Falls State Park

Entrée sur la Route 7 - ℘ 860 424 3200 - www.ct.gov/dep - de 8h au coucher du soleil - 15 $ par véhicule le w.-end. Nombre de places limité (venez tôt le w.-end).

À droite des chutes, un escalier mène à un point de vue qui surplombe les cascades. De là, on peut traverser le pont et emprunter un sentier *(30mn)* à travers bois afin de rejoindre le parc de stationnement.

La Route 7 traverse le village-rue de **Cornwall Bridge**, dont le *general store* est une halte appréciée des randonneurs qui parcourent l'Appalachian Trail.

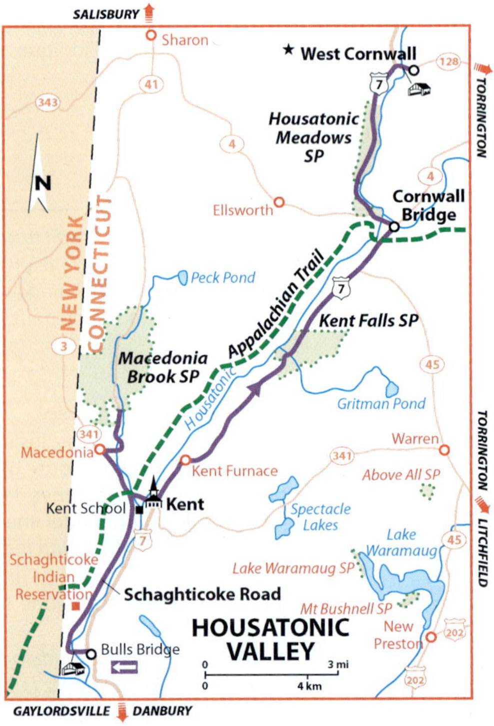

Litchfield Hills.
DenisTangneyJr/iStock

Housatonic Meadows State Park

Entrée sur la Route 7, 1 mile (1,6 km) au nord de Cornwall Bridge - ✆ 860 927 3238 - www.ct.gov/dep - de 8h au coucher du soleil - gratuit. Camping saisonnier (61 emplacements, réserv. recommandée).

Le **Pine Knob Loop Trail** *(2h)* forme une boucle qui va du parking à l'ouest de la Route 7. Il conduit au sommet de Pine Knob d'où l'on a une belle vue sur la vallée de la Housatonic.

★ West Cornwall

Au cœur des bois et des collines, ce tout petit village animé par plusieurs boutiques et restaurants est célèbre pour son pittoresque **pont couvert** construit en 1864.

NOS ADRESSES DANS LES LITCHFIELD HILLS

HÉBERGEMENT

Southbury

BUDGET MOYEN

Heritage Hotel – *522 Héritage Rd - ✆ (203) 264-8200 - www.heritagesouthbury.com - - 163 ch. 159/329 $ -* . Sis dans un beau paysage baigné par la Pomperaug River, un hôtel-resort pour se refaire une santé : chambres confortables, spa, piscines intérieure et extérieure, tennis et d'agréables sentiers pour randonner à pied, en skis ou en raquettes.

Washington

UNE FOLIE

Grace Mayflower Inn & Spa – *118 Woowdbury Rd (Route 47) - ✆ (860) 868-9466 - www.gracehotels.com/mayflower - voiturier - - 30 ch. 610/850 $ -* . Entièrement réaménagée, l'ancienne auberge de campagne a cédé la place à un hôtel huppé garni d'antiquités et d'œuvres d'art. Autour de cette grande maison bourgeoise, un jardin shakespearien, une piscine, un terrain de boccia et quelque 11 ha de bois. Spa.

RESTAURATION

Litchfield

BUDGET MOYEN

West Street Grill – *43 West St. - sur le green - ✆ (860) 567-3885 - www.wereetgrill.com - midi et soir - soir plat 25/44 $.* Le lieu pour voir, être vu, et pour goûter une cuisine américaine moderne, voire avant-gardiste, toujours exquise. Les calamars grillés et les fruits de mer sont des valeurs sûres, les soupes sont superbes.

Warren

BUDGET MOYEN

Hopkins Inn & Restaurant – *22 Hopkins Rd - ✆ (860) 868-7295 - www.thehopkinsinn.com - fermé lun. et janv.-mars - soir plat 22/30 $.* Installé dans une auberge de style fédéral (1847) offrant, dit-on, les plus belles vues du lac Waramaug, ce restaurant met l'Autriche à la carte : escargots, schnitzel (escalope viennoise) et spaetzle, cordon bleu, rognons de veau à la moutarde de Dijon.

Woodbury

BUDGET MOYEN

Good News Café – *694 Main St. - South (Route 6) - ✆ (203) 266-4663 - www.good-news-cafe.com - 11h30-22h, dim. 12h-22h - fermé mar. - soir plat 21/32 $.* Exposition d'œuvres d'art et de vieilles radios dans ce drôle de restaurant sympa et coloré où l'on mange frais et bio. Carole Peck y est notamment connue pour ses huîtres aux noix de pécan et ses desserts inspirés.

ACHATS

Litchfield

White Flower Farm – *Rte 63 - à 3 miles (4,8 km) au sud de Litchfield - ✆ (800) 503-9624 - www.whiteflowerfarm.com - avr.-oct. : 9h-17h30.* Drapée de mille couleurs, la plus importante pépinière des États-Unis. La tonnelle couverte de roses, le jardin de printemps et celui, lunaire, garni de fleurs blanches, ainsi que la serre aux bégonias en sont les points culminants.

Washington

Hickory Stick Bookshop – *2 Green Hill Rd - au carrefour des Routes 47 et 109 - ✆ (860) 868-0525 - www.hickorystickbookshop.com - 9h-17h30, dim. 11h-17h.* On vient de tout le Connecticut s'approvisionner dans cette vaste librairie qui, à l'occasion, organise des rencontres avec les auteurs des Litchfield Hills. Philip Roth et Arthur Miller, entre autres, y ont signé certains de leurs ouvrages.

ACTIVITÉS

New Harford

Farmington River Tubing – *92 Main St. - Route 44 - ✆ (860) 693-6465 - www.farmingtonrivertubing.com - de fin juin à fin août : 10h-17h ; de fin mai à fin juin et de fin août à déb. sept. : w.-end 10h-17h, lun.-vend. : en fonction du temps - 20 $/pers. en espèces uniquement.* Descente de la Farmington River (3 miles, 1h30-2h) sur de grosses bouées : les rapides alternent avec les zones calmes.

Norwalk

85 603 hab.

C'est dans le quartier de SoNo (abréviation de South Norwalk), sur les berges de la Norwalk River, que souffle encore l'âme qui animait ce port maritime au siècle dernier. Les bâtiments victoriens bordant Washington Street, entre Main Street et Water Street, ont été restaurés et abritent restaurants, boutiques et galeries. On y fête chaque été le SoNo Arts Festival.

NOS ADRESSES PAGE 251
Hébergement, restauration, achats, activités, etc.

S'INFORMER

Fairfield County Travel Information – *800 663 1273 - www.visitfairfieldcountyct.com.*

SE REPÉRER

Carte de région A3 (p. 210-211).
Norwalk se trouve sur la côte du Connecticut. Pour vous y rendre, prenez l'I-95 ou la Route US-7.

SE GARER

Parmi les nombreux parkings, citons le Main Street lot (sur Main Street près du croisement avec Wall Street) et le North Water lot (croisement entre Liberty Street et Washington Street) près de l'aquarium, et le Maritime Parking Garage (sur Water Street).

ORGANISER SON TEMPS

Commencez par le Maritime Aquarium *(comptez 1-2h)*, puis sautez dans un ferry pour le phare de Sheffield Highland.

AVEC LES ENFANTS

Le Maritime Aquarium, ses bassins et le cinéma Imax ; le curieux Barnum Museum à Bridgeport.

3

Se promener

★ Maritime Aquarium

10 N. Water St. - 203 852 0700 - www.maritimeaquarium.org - ♿ - juil.-août : 10h-18h ; reste de l'année : 10h-17h - fermé Thanksgiving Day et 25 déc. - aquarium 24,95 $ incluant entrée au cinéma Imax (3-12 ans 17,95 $).

Ce musée maritime est aménagé dans un entrepôt restauré en brique construit au 19e s. au bord de la Norwalk River. Y sont présentés des programmes audiovisuels interactifs, des expositions sur l'histoire maritime, des documents relatifs à la construction navale, un aquarium illustrant l'habitat du détroit de Long Island, des bassins où évoluent requins, tortues et phoques, ainsi qu'une salle de projection dotée d'un écran Imax.

Lockwood-Mathews Mansion Museum

295 West Ave. - 203 838 9799 - lockwoodmathewsmansion.com - ♿ - visite guidée (45mn. ou 1h30) - d'avr. à déb. janv. : merc.-dim. 12h-16h (dernier tour 15h)- fermé j. fériés - 10 ou 20 $.

Cette résidence d'été victorienne en granit, dotée de tourelles et de lucarnes et coiffée d'un toit à la Mansard (fait en 1869), fut construite pendant l'âge d'or américain, vers 1864. Elle comporte 62 pièces, une galerie d'art, un théâtre pour enfants et un salon mauresque. Les dalles de marbre abondent, tout comme les boiseries en acajou et en noyer sculptées par des artisans italiens. Avec ses 266 balustres, le grand escalier aurait coûté 50 000 dollars à lui seul.

Sheffield Island Lighthouse

Norwalk Seaport Association, 4 North Water St. - ✆ 800 838 3006 - www.seaport.org - de fin juin à déb. sept. : lun.-vend. dép. à 11h et 15h, w.-end dép. à 11h, 14h et 15h30 - 25 $ AR.
Des bateaux relient régulièrement Hope Dock à Sheffield Island Lighthouse, dont le phare date de 1868. La traversée dure 45mn, l'excursion, 3h.

À proximité Carte de région p. 210-211

New Canaan A3

À 10 miles (16 km) au nord de Norwalk par la Route 123.
Cette élégante banlieue du comté de Fairfield attire artistes et amateurs d'art depuis le début du siècle, lorsque fut créée la **Silvermine Guild of Artists** *(1037 Silvermine Rd, à l'est de la Route 123 - ✆ 203 966 9700 - www.silvermineart.org)*. Cette association, qui compte environ 300 membres, entretient un ensemble d'ateliers, de galeries et de salles de cours. Chaque année, en été, s'y déroule l'exposition **Art of the Northeast**.

Ridgefield A3

À 15 miles (24 km) au nord-ouest de Norwalk. Prenez US-7 North en direction de Branchville, puis la Route 102 West jusqu'à la Route 35 North.
Bien qu'à une heure à peine du fourmillant quartier de Manhattan, cette charmante localité aux avenues bordées d'arbres est déjà bien caractéristique de la Nouvelle-Angleterre, avec ses boutiques et ses maisons anciennes.
Keeler Tavern Museum – *132 Main St. (à l'intersection des Routes 33 et 35) - ✆ 203 438 5485 - www.keelertavernmuseum.org - visite guidée (45mn) - fév.-déc. : merc. et w.-end 13h-16h - fermé j. fériés - 8 $.* Auberge de l'époque coloniale au début du 20e s., la Keeler Tavern reçut, le 27 avril 1777, pendant la bataille de Ridgefield, un boulet de canon qui vint se loger dans le pilier du mur. Le projectile, encore visible, a valu à l'auberge son surnom de Cannonball House.
Aldrich Contemporary Art Museum – *258 Main St. - ✆ 203 438 4519 - aldrichart.org - tlj sf mar. 12h-17h, dim. 12h-17h - fermé j. fériés - 10 $.* Cette somptueuse propriété coloniale sert de cadre à des expositions temporaires d'art contemporain. Dans les jardins sont installées une vingtaine de **sculptures** dues, entre autres, à Sol Lewitt et Tony Smith *(visite tte l'année de l'aube au coucher du soleil).*

Barnum Museum B3

À Bridgeport, 15 miles (24 km) à l'est de Norwalk. De l'autoroute I-95 North, prenez la sortie 27 (Lafayette Blvd), tournez à gauche au 5e feu rouge. 820 Main St. - ♿ - ✆ 203 331 1104 - www.barnum-museum.org - jeu.-vend. 11h-15h - fermé j. fériés - donation suggérée. Le musée historique étant en rénovation, les expositions ont lieu dans la People's United Bank située à côté.
Ce bâtiment, tout aussi excentrique que son créateur **Phineas T. Barnum** (1810-1891), renferme des souvenirs rattachés à la vie de ce dernier et à son cirque qui reçut l'appellation de « Plus grand spectacle du monde ». On y découvre les costumes et les objets ayant appartenu au Lilliputien Tom Pouce, la première attraction du cirque, et le **Brinley Miniature Circus**, composé de plus de 3 000 figurines sculptées. Une aile moderne abrite des expositions temporaires.

NOS ADRESSES À NORWALK

HÉBERGEMENT

Ridgefield

POUR SE FAIRE PLAISIR

West Lane Inn – *22 West Lane - Route 35 - ✆ (203) 438-7323 - www.westlaneinn.com - ▤ ᯤ - 18 ch. 215/255 $* ☕. Les passants ont coutume de s'arrêter devant cette gracieuse demeure de style colonial (1849) cernée d'érables. Des lits à baldaquin meublent les chambres, dotées de salles de bains privées et, pour certaines, de cheminées. Aux beaux jours, le petit-déjeuner continental est servi sur le porche d'entrée.

RESTAURATION

Ridgefield

POUR SE FAIRE PLAISIR

Bernard's Restaurant and Sarah's Wine Bar – *20 West Lane - ✆ (203) 438-8282 - www.bernardsridgefield.com - midi et soir - fermé lun. et mar. - soir plat 26/44 $*. Éblouissante, la cuisine de Bernard Bouïssou, ancien du Cirque et du Plaza Athénée (New York). Foie gras, saumon aux herbes, entrecôte aux truffes, homard… Le menu s'adapte en fonction des saisons. Ambiance plus décontractée au Sarah's Wine Bar (et prix plus accessibles) pour une cuisine de bistrot d'excellente facture.

ACHATS

Westport

Balducci's – *1385 Post Rd East - Westport (6,25 miles à l'est de Norwalk par l'US1 puis l'I95) - ✆ (203) 254-5200 - www.balduccis.com - 7h-20h*. Fruits et légumes, viandes, fruits de mer, pains, fromages… Un grand marché de produits frais pour une fête des sens !

Norwalk, Connecticut.
DenisTangneyJr/iStock

Vermont 4

Carte Michelin New England 581

Route du Vermont en automne.

Tetra images/hemis.fr

VERMONT
QUÉBEC
MONTREAL
MONTREAL
SHERBROOKE
AUGUSTA
PORTLAND
MALONE
Northeast Kingdom
Burke Mountain
Brownington
Lake Willoughby
Bread & Puppet Museum
St-Johnsbury
Danville
Cabot
Peacham
Barnet
Connecticut
Appalachian Trail
WHITE MOUNTAINS NATIONAL FOREST
Squam Lake
Jay Peak
3858/1176
Moss Glen Falls
Stowe
Montpelier
Smugglers Notch
Mount Mansfield
Ben & Jerry's Factory
Waitsfield
Mad River Valley
Warren
Granville
Middlebury Gap
Brandon Gap
Mad River Glen
Sugarbush
GREEN MOUNTAIN NATIONAL FOREST
2149/655
Vermont Wildflower Farm
SHELBURNE MUSEUM
Ethan Allen Homestead
Burlington
Shelburne Farms
Lake Champlain
Lake Champlain Maritime Museum
UVM Morgan Horse Farm
Middlebury
Branbury SP
ADIRONDACK PARK
NEW YORK
VERMONT
6 mi
20 km

PORTSMOUTH
MANCHESTER
BOSTON
SPRINGFIELD
PITTSFIELD
SHELBURNE MUSEUM
★★★ Vaut le voyage
Woodstock
★★ Mérite un détour
Middlebury
★ Intéressant
Montpelier
À voir
Ville de départ du circuit
Les villages du sud Vermont
Cols de Brandon et de Middlebury
Lake Willoughby et Brownington
Peacham et Barnet Center
NEW HAMPSHIRE
CONCORD
Lake Winnipesaukee
Winnisquam Lake
MASSACHUSETTS
GREEN MOUNTAIN NATIONAL FOREST
Ticonderoga
Larrabees Point
Brandon
Vermont Marble Museum
New England Maple Museum
Wilson Castle
Rutland
Killington
Silver Lake SP
Quechee Gorge
Woodstock
Montshire Museum of Science
President Calvin Coolidge State Historic Site
Windsor
Connecticut
Lake St-Catherine SP
Long Trail
Weston
Chester
Grafton
Bromley Mountain
3260/994
Stratton Mountain
3936/1200
Newfane
Brattleboro
Molly Stark Trail
Manchester
Equinox Skyline Drive
Hildene - The Lincoln Family House
Arlington
Bennington
Schroon Lake
Lake George
Hudson
ALBANY

Bennington

★

15 764 hab.

Située dans la partie sud du Vermont, au milieu des monts Taconics et des Green Mountains, cette petite ville se compose de trois quartiers distincts : Old Bennington, dont les origines remontent au 18e s., North Bennington, où se trouvent le Bennington College ainsi que de belles demeures, et la partie sud de la ville, plus commerçante. Elle bénéficie de sa situation de carrefour, à la frontière des États du Massachusetts et de New York.

S'INFORMER

Bennington Area Chamber of Commerce – *100 Veterans Memorial Dr. - ☏ 802 447 3311 - www.bennington.com.*

Bennington Welcome Center – *100 Route 219 - ☏ 802 447 2456 - www.betterbennington.com.*

SE REPÉRER

Carte de région A4 (p. 254-255).
Blottie au sud-ouest du Vermont, Bennington est divisée par les routes 7 (nord-sud) et 9 (est-ouest).

SE GARER

Les places de stationnement ne manquent pas.

À NE PAS MANQUER

Une visite du centre historique, à l'aide du plan du Visitor's Center.

ORGANISER SON TEMPS

Prévoyez une demi-journée pour explorer la ville, une journée entière avec le Molly Stark Trail, où vous pourrez vous baigner et pique-niquer.

Se promener

★★ OLD BENNINGTON

Bon à savoir– Une brochure est disponible auprès du Bennington Area Chamber of Commerce *(voir ci-dessus).*

Situé entre Old First Church et le Battle Monument, le Vieux Bennington, paisible comme aux premiers jours, recèle un extraordinaire ensemble architectural datant de l'époque coloniale. Plus de 80 maisons de style georgien et fédéral, dont la plus ancienne date de 1761, ont ainsi été sauvegardées.

★ Old First Church

Monument Ave. (au carrefour des Routes 9 et 7, prenez la Route 9 vers l'ouest et tournez à gauche dans Monument Ave.) - ☏ 802 447 1223 - www.oldfirstchurchbenn.org - de déb. juil. à mi-oct. : lun.-sam. 10h-16h, dim. 13h-16h ; de Memorial Day à fin juin. : sam. 10h-16h, dim. 13h-16h.

Cette église blanche à bardeaux fut bâtie en 1805 sur le site du premier temple protestant du Vermont (1763). Dans le vieux cimetière, situé derrière l'église, reposent des soldats de la guerre d'Indépendance et plusieurs fondateurs du Vermont. Une stèle en marbre blanc marque la tombe du poète américain **Robert Frost** (1874-1963), qui rédigea sa propre épitaphe : « J'ai vécu une querelle d'amoureux avec le monde. »

L'été indien à Old Bennington.
Ch. Heeb/hemis.fr

Bennington Battle Monument
15 Monument Circle - ✆ 802 447 0550 - www.benningtonbattlemonument.com - ♿ - de mi-avr. à fin oct. : 9h-17h - 5 $.
Cet obélisque haut de 93 m fut érigé en 1891 pour commémorer la bataille de Bennington. La ville était, avant même la guerre d'Indépendance, un centre de ralliement des « Révolutionnaires » américains et un dépôt de munitions pour les troupes coloniales. En mai 1775, **Ethan Allen** (1738-1789) et ses compagnons, les Green Mountain Boys, se rassemblèrent ici avant d'attaquer le Fort Ticonderoga *(voir p. 274)*. La **vue★★** depuis l'observatoire englobe les Berkshires, les Green Mountains et l'État de New York *(montée en ascenseur)*.

LES PONTS COUVERTS

Symboles du monde rural passé, ils sont une attraction majeure de la Nouvelle-Angleterre. Construits en bois, selon une structure en treillis, ils sont majoritairement de couleur rouge, car à l'époque le pigment ocre était peu cher. Souvent étroits, ils ne permettent le passage que d'un seul véhicule à la fois. Au nord de Bennington, près du Bennington College, trois ponts couverts surplombent la Walloomsac River : **Silk Bridge** *(sur la route 67A, tournez à gauche sur Silk Rd)*, **Paper Mill Village Bridge** *(sur la route 67A, tournez à gauche sur Murphy Rd)* qui tient son nom d'un moulin construit à proximité en 1790, et **Henry Bridge** *(continuez sur Murphy Rd, le pont est au croisement avec River Rd)*. Il existe par ailleurs une centaine de ponts couverts dans le Vermont ; vous pouvez les localiser sur une carte interactive en consultant le site www.coveredbridgemap.com/vt/.
Le **Vermont Covered Bridge Museum** *(au croisement de la Route 9 et Gypsy Lane - ✆ 802 442 7158 - merc.-lun. 10h-17h)*, dont le bâtiment est une copie du Henry Bridge, retrace l'histoire de ces ponts. On y voit des outils anciens qui ont servi à la construction, des maquettes, des explications architecturales. L'exposition fait partie d'un musée plus large, le Laumeister Art Center *(artcenter.svc.edu)*.

★ Bennington Museum

75 West Main St. (Route 9), à 1 mile (1,6 km) à l'ouest du centre de Bennington - ✆ 802 447 1571 - www.benningtonmuseum.com - juin.-oct. : 10h-17h ; reste de l'année : tlj sf merc. 10h-17h - fermé janv., Thanksgiving et 25 déc. - 10 $.
Les collections variées de ce musée illustrent l'histoire et la vie quotidienne du Vermont et de la Nouvelle-Angleterre. Remarquez la verrerie (19e et 20e s.) et le mobilier (18e et 19e s.) américains, les **poteries de Bennington** (19e s.), l'une des plus anciennes bannières étoilées, symbole des États-Unis *(Bennington Flag)* et la plus importante collection publique de toiles d'Anna Mary Robertson Moses (1860-1961), plus connue sous le nom de **Grandma Moses**. Ses tableaux naïfs, qui représentent des scènes de la vie quotidienne de la campagne, plurent au public. En 1940, sa première exposition lui valut une notoriété immédiate. Elle continua à peindre jusqu'à sa mort, à 101 ans, en 1961.

ACHATS

Bennington Potters – *324 County St. - ✆ 800 205 8033 - www.benningtonpotters.com - 9h30-18h, dim. 10h-17h.* Un collectif d'artisans créé en 1948 maintient vivante une longue tradition d'artisans du grès, qui date du 18e s.

À proximité Carte de région p. 254-255

Molly Stark Trail B4

▶ *Circuit de 40 miles (64,3 km) entre Bennington et Brattleboro.*
Cette route panoramique (Route 9) qui serpente à travers villages et forêts de montagnes porte le nom de Molly Stark, une infirmière qui se distingua pendant la guerre d'Indépendance, au côté de son mari, le général John Stark.
Le **Woodford State Park** *(142 State Park Rd - ✆ 802 447 7169 - www.vtstateparks.com - ♿ - de fin mai à mi-oct. : de 10h au coucher du soleil - 4 $/pers. - camping, dont 4 chalets)* comprend un lac très calme entouré de forêts.
Plus loin sur la route, faites étape au village de **Wilmington**, animé par ses jolies boutiques et ses restaurants.
Du sommet de la **Hogback Mountain** (alt. 735 m), la vue porte vers l'est jusqu'au mont Monadnock (alt. 965 m) dans le New Hampshire, et vers le sud sur les Berkshires Hills et la chaîne des Holyoke dans le Massachusetts.
À l'extrémité est du Molly Stark Trail, le petit centre industriel et commerçant de **Brattleboro** s'étire le long du fleuve Connecticut. Découvrez-y les œuvres du **Brattleboro Museum and Art Center** *(10 Vernon St., à l'intersection de Main St. - ✆ 802 257 0124 - www.brattleboromuseum.org - tlj sf mar. 11h-17h - fermé 1er janv., 4 juil., Thanksgiving et 25 déc. - 8 $; gratuit 1er vend. du mois de 17h30 à 19h)* où se côtoient artistes locaux et internationaux.
Les amateurs de saveurs locales ne manqueront pas la **Grafton Village Cheese Company**. Cette fabrique de fromage *(400 Linden St., Brattleboro - ✆ 800 472 3866 - www.graftonvillagecheese.com)* tient aussi boutique à Grafton *(voir p. 262)*.

Manchester

★

695 hab.

Station estivale très cotée pendant plus d'un siècle, Manchester s'est diversifiée en développant un tourisme hivernal grâce aux stations de ski de Bromley et Stratton, situées à quelques miles de là.

NOS ADRESSES PAGE 255
Hébergement, restauration, achats, activités, etc.

S'INFORMER
Manchester Visitors Center – *4826 Main St. - www.manchestervermont.com.*

SE REPÉRER
Carte de région AB4 (p. 254-255).
Situé au sud-ouest du Vermont, Manchester est facilement accessible par la Route 7.
La Route 7A traverse son centre historique.

SE GARER
Les places de stationnement ne manquent pas.

À NE PAS MANQUER
Une tournée dans les villages voisins du Sud Vermont, surtout pendant l'automne où l'été indien est sublime.

ORGANISER SON TEMPS
Accordez-vous une journée pour découvrir Manchester et ses environs, une journée supplémentaire pour y pratiquer des activités : pêche, randonnée…

AVEC LES ENFANTS
Une glissade sur l'Alpine Slide de Bromley Mountain.

Se promener

Avec ses rangées de restaurants et de boutiques, **Manchester Center** est animé toute l'année. Au sud, sur la Route 7A, de magnifiques propriétés se nichent au pied des Taconics.

À **Manchester Village★,** l'Equinox Hotel, majestueux édifice du 19e s. où séjournèrent les présidents Grant, Theodore Roosevelt et Taft, continue d'accueillir une clientèle huppée.

American Museum of Fly-Fishing

4104 Main St. - ✆ 802 362 3300 - www.amff.com - ♿ - juin-oct. : mar.-dim. 10h-16h - nov.-mai : mar.-sam. 10h-16h - 5 $.

Débutants et chevronnés de la pêche à la ligne seront passionnés par ce musée consacré à l'histoire et à la tradition de la pêche à la mouche.

Parmi les objets exposés, on peut voir des livres anciens sur le sujet, une impressionnante collection de mouches artificielles de toutes les couleurs, et du matériel de pêche ayant appartenu, entre autres, à Andrew Carnegie et Ernest Hemingway.

★ Southern Vermont Arts Center

2522 West Rd (depuis le green, prenez West Rd vers le nord sur 1 mile/1,6 km) - ✆ 802 362 1405 - www.svac.org - ♿ - mar.-sam. 10h-17h, dim. 12h-17h - gratuit. Calendrier des manifestations artistiques sur le site Internet du centre.

Installé dans le **Elizabeth de C. Wilson Museum**, ce centre d'arts, fondé en 1930, accueille une collection de plus de 800 peintures, sculptures et gravures. Le bâtiment est de l'architecte Hugh Newell Jacobsen.

À proximité Carte Villages du Sud Vermont ci-contre

★ Hildene - The Lincoln Family Home

Sur la Route 7A, à 2 miles (3,2 km) au sud du croisement des Routes 7 et 11/30. 802 362 1788 - www.hildene.org - 9h30-16h30 - visite guidée (billet supplémentaire 7,50 $) : de juin à mi.-sept. : 11h-13h ; reste de l'année sur RV - fermé j. fériés - accès au site et visite de la maison 23 $ (enf. 6 $).

La maison de la famille Lincoln fut construite par **Robert Todd Lincoln** (1843-1926), le fils du président Abraham Lincoln. Ce dernier n'y a jamais vécu, car la demeure fut édifiée en 1905, mais on y trouve le mobilier familial. La visite inclut une démonstration d'orgue sur un Aeolian (1908) de plus de 1 000 tuyaux. Depuis les jardins, magnifiques quand ils sont fleuris, on a de belles **vues★★** sur les montagnes et la vallée.

Equinox Skyline Drive

À 5 miles (8 km) au sud de Manchester par la Route 7A. 802 362 1114 - www.equinoxmountain.com - mai-oct. : 9h-16h - 20 $/véhicule et conducteur, 5 $/passager suppl., 12 $/moto.

Cette route spectaculaire de 5,5 miles (8,8 km) conduit au sommet du mont Equinox (alt. 1 163 m). Le coucher de soleil offre une vue splendide sur les Green et White Mountains, les Adirondacks, les Berkshires et les Taconics.

Arlington

À 8 miles (12,8 km) au sud de Manchester par la Route 7A.

Ce village paisible et ses habitants ont servi de modèles à l'illustrateur **Norman Rockwell**, qui y vécut de 1939 à 1953. La **Norman Rockwell Exhibition** présente son travail pendant cette période *(sur la Route 7A, au croisement avec Shack Lane, dans une boutique de sirop d'érable - 802 375 6747 - sugarshackvt.com).*

Bon à savoir – Pour une découverte plus exhaustive de l'œuvre de Norman Rockwell, rendez-vous dans le musée de Stockbridge *(voir p. 160).*

Circuit conseillé Carte Villages du Sud Vermont ci-contre

★★ LES VILLAGES DU SUD VERMONT

Circuit de 97 miles (156 km) tracé sur la carte Villages du Sud Vermont – Comptez une journée. Quittez Manchester Village par la Route 7A. À Manchester Center, prenez la Route 30 vers l'est et continuez sur la Route 11.

Ce circuit est idéal pour profiter des paysages de l'été indien, en automne.

Bromley Mountain

802 824 5522 - www.bromley.com - - de mi-juin à Labor Day : 10h30-17h (juil.-août : 17h30) ; de sept. à mi-oct. et de fin mai à mi-juin : w.-end. 10h30-17h - nombreuses formules de billets, entre 35 et 70 $(réduction sur le site Internet).

Alpine Slide (luge dans une piste de bobsleigh), **tyrolienne**, **trampoline**, **mini-golf,** etc. font de cette station une destination aussi populaire l'été que l'hiver. Gagnez son sommet (alt. 994 m) par des sentiers de randonnée pour profiter de belles **vues** sur les Green Mountains.

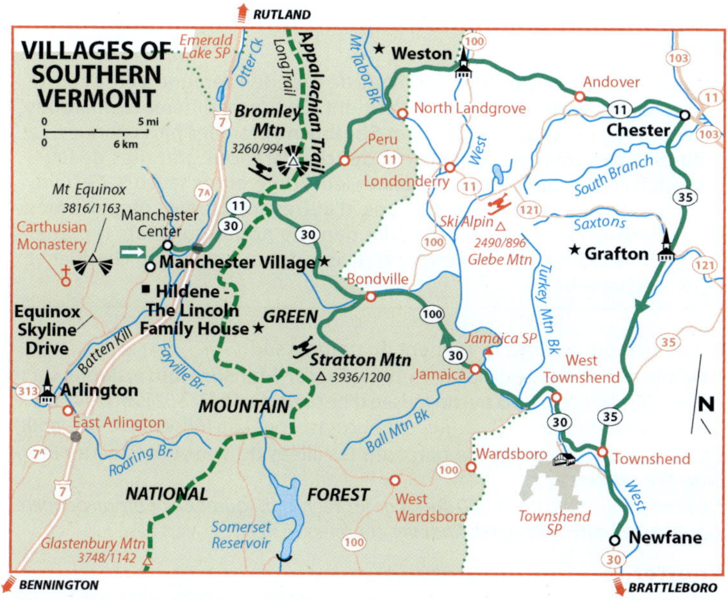

De la station de Bromley, suivez la Route 11 vers l'est sur environ 2 miles (3,2 km). Un petit panneau indique le sentier de randonnée. Parking sur la droite.

Long Trail to Bromley Summit

5,5 miles (9 km) - comptez 3h AR. Un chemin de terre conduit du parking au sentier *(sur la gauche)*, tronçon commun au Long Trail et à l'**Appalachian Trail**. Après 1,86 mile (3 km) de montée facile à travers les bois, la pente s'accentue fortement avant de traverser des pâturages. De la tour d'orientation, **panorama★★** sur Stratton Mountain (au sud) et les Green Mountains.

2 miles (3,2 km) après Bromley, prenez à gauche la route qui traverse Peru. À l'embranchement, tournez à gauche, continuez jusqu'à North Landgrove et tournez à gauche devant son hôtel de ville. Après l'auberge Village Inn, prenez à droite à l'embranchement et poursuivez vers Weston.

★ Weston

Avec son *green* séduisant, ses boutiques d'artisanat et ses magasins, notamment son magnifique Country Store, Weston est une étape touristique sur la

LE LONG TRAIL

Ce célèbre chemin de randonnée traverse les **Green Mountains** du nord au sud. Il commence à la limite du Massachusetts, à Williamstown, et remonte tout l'État jusqu'à la frontière canadienne. Ses fondateurs mirent 20 ans pour tracer ce sentier de 273 miles (440 km) imaginé en 1910. Sur près de 100 miles, le Long Trail fusionne avec l'**Appalachian Trail** (2 180 miles/3 509 km), mais s'il faut un mois pour parcourir le premier, il faut compter six mois pour le second ! Le Long Trail est entretenu par le Green Mountain Club *(www.greenmountainclub.org)*, qui donne des conseils de sécurité (présence d'animaux sauvages sur le chemin à certains moments de l'année) et propose des randonnées. Le Long Trail est aussi le nom donné à une **bière** locale, brassée à Bridgwater.

SAY CHEESE !

Le savoir-faire du **cheddar** originaire de Grande-Bretagne a été exporté jusque chez les producteurs du Vermont. On trouve différentes marques dans la région, **Grafton, Cabot** et **Shelburne** étant les plus connues. La plupart des crèmeries proposent des dégustations gratuites de leurs produits : ne manquez pas de tester leurs différentes saveurs. Certains fromages sont affinés 1, 3 ou 5 ans, d'autres sont fumés ou parfumés aux herbes. On trouve du cheddar dans de nombreux plats typiquement américains, comme le *mac'n cheese,* des macaronis au cheddar et à la béchamel.

Route 100, qui traverse le Vermont du nord au sud.

Une ancienne taverne de la fin du 18e s., **Farrar-Mansur House**, donne sur le *green*. Elle abrite aujourd'hui un musée d'histoire locale *(℘ 802 824 5294 - www.weston-vermont.com - P - de juil. à mi-oct. : w.-end. 13h-16h (et merc. juil.-août).* En face, prenez le temps de parcourir les allées du Vermont Country Store *(voir Nos adresses).*

De Weston, suivez la Route 100 qui longe le green, puis tournez à droite au panneau signalant Chester. Traversez Andover et prenez la Route 11 vers l'est.

Chester

La large rue principale de cette bourgade est bordée de bâtiments historiques.

De Chester, prenez la Route 35 jusqu'à Grafton.

★ Grafton

Ce superbe petit village est bien connu pour son cheddar. Ne manquez pas la **Grafton Village Cheese Company**, une fabrique de fromage *(533 Townshend Rd - ℘ 800 472 3866 - www.graftonvillagecheese.com)*, ni l'**Old Tavern** : cet hôtel de brique (1801) accueillit jadis le président Ulysses S. Grant et l'écrivain Rudyard Kipling.

À Grafton, tournez à droite, traversez le pont et tournez à gauche avant la taverne pour gagner la Route 35 qui mène à Townshend. Prenez la Route 30 vers le sud en direction de Newfane.

Newfane

Au cœur des Green Mountains, ce village a subi peu de transformations depuis le 18e s. Charmant, son **green**★ est bordé par la Congregational Church, la **Windham County Courthouse** et deux anciennes auberges.

Reprenez la Route 30 et traversez Townshend. Avant West Townshend, passez le pont couvert sur la gauche. Poursuivez sur Bondville après avoir traversé Jamaica. À Bondville, Stratton Mountain Rd mène à la station de ski de Stratton Mountain.

Stratton Mountain

À 4 miles (6,5 km) de Bondville par Stratton Mountain Rd - www.stratton.com.

Avec 92 pistes de ski alpin et de ski de fond, c'est l'une des principales stations du Vermont. C'est au sommet (alt. 1 200 m) de cette montagne, auquel on accède en télécabine, que serait née l'idée du **Long Trail** et de l'**Appalachian Trail** *(voir encadré p. 261)*. Un sentier facile de 1 mile (1,6 km) conduit à un refuge et un poste d'observation : vue panoramique sur toute la région !

Bon à savoir – Des concerts sont organisés toute l'année, y compris en hiver. Fin juin, un grand festival de yoga transforme la station en lieu de retraite physique et spirituelle *(rens. : wanderlust.com).*

Retournez à Manchester par la Route 30.

NOS ADRESSES À MANCHESTER

HÉBERGEMENT

BUDGET MOYEN

Casablanca Motel – *5927 Main St. - Manchester Center - ✆ (800) 362-2145 - www.casablancamotel.com - - 10 cabines 72/209 $.* Le confort d'un motel allié au charme d'une petite cabine individuelle. Rustique et cosy.

UNE FOLIE

The Equinox – *3567 Main St. - Manchester Center - ✆ (800) 362-4747 - www.equinoxresort.com - - 195 ch. 341/829 $ -* . Le plus important centre de villégiature du Vermont, qui regroupe plusieurs établissements, a été rénové par son ancien propriétaire, la célèbre brasserie irlandaise Guinness, sur le modèle du légendaire hôtel écossais Gleneagles. Chambres toutes différentes.

RESTAURATION

PREMIER PRIX

Zoey's Deli & Bakery – *539 Depot St. - Au carrefour des Rtes 11 et 30 - ✆ (802) 362-0005 - www.zoeys.com - 10h30-15h - moins de 11 $.* Ne vous fiez pas aux apparences : cette boulangerie anodine prépare les meilleurs sandwichs du Vermont !

BUDGET MOYEN

The Perfect Wife – *2594 Depot St. - au carrefour des Rtes 11 et 30 - ✆ (802) 362-2817 - www.perfectwife.com - 17h-22h - fermé dim. et lun., Thanksgiving et 25 déc. - soir plat 20/32 $.* Ses produits frais et ses classiques revisités (scampi, turkey, schnitzel, thon jaune au sésame) ont fait de la propriétaire et chef Amy Chamberlain une véritable petite célébrité dans le Vermont. À découvrir dans une salle aux tons ocre ou dans la lumineuse véranda. Nombreuses soirées « live music ».

ACHATS

Weston

Vermont Country Store – *657 Main St. (Rte. 100) - ✆ (802) 824-3184 - www.vermontcountrystore.com - de fin mai à mi-oct. : 8h30-19h ; de fin-oct. à mi-mai : 9h-18h - fermé Pâques, Thanksgiving et Noël.* Un magasin, fondé en 1946, que l'on croirait tout droit sorti d'un vieux film américain. Des fromages du Vermont aux sous-vêtements longs, vous trouverez tout ce que vous voudrez. Une version américaine du « bazar ».

Rutland

16 495 hab.

Ne vous arrêtez pas à l'apparence impersonnelle de la Route 7 : dès qu'on entre dans le centre historique de Rutland, le charme du Vermont opère. Située à la confluence de Otter Creek et de East Creek, Rutland est la troisième ville de l'état. Les lacs et les montagnes environnants attirent tout au long de l'année les amateurs d'activités de plein air. Killington compte parmi les plus importantes et populaires stations de ski de la côte Est. C'est le deuxième sommet le plus haut des Green Mountains, qui culmine à 4 235 pieds (1 290 m).

NOS ADRESSES PAGE 266
Hébergement, restauration, achats, activités, etc.

S'INFORMER

Rutland Region Chamber of Commerce – *50 Merchants Row - ✆ 802 773 2747 ou 800 756 8880 - www.rutlandvermont.com.*

SE REPÉRER

Carte de région B3 (p. 254-255).

La ville est accessible par la Route 4 (est-ouest) et la Route 7 (nord-sud), bordée de fast-foods, de stations-service et de magasins de chaîne.

À NE PAS MANQUER

Vermont Marble Museum.

ORGANISER SON TEMPS

Prévoyez plusieurs heures pour les visites du Vermont Marble Museum et du Norman Rockwell Museum of Vermont, et une demi-journée au moins dans la station de Killington.

AVEC LES ENFANTS

La station de Killington propose des activités de plein air toute l'année.

Découvrir

Fondée dans les années 1770, la ville devint un carrefour ferroviaire au 19e s., et l'exploitation du marbre y fut florissante, ce qui lui valut le surnom de « ville du marbre ».

Norman Rockwell Museum of Vermont

À 2 miles (3,2 km) à l'est de Rutland par la Route 4. 654 Route 4 East - ✆ 877 773 6095 - www.normanrockwellvt.com - ♿ - 9h-17h - fermé j. fériés - 6,50 $.

Bon à savoir – Ce musée n'expose pas d'œuvres originales contrairement à celui de Stockbridge, dans les Berskhires *(voir p. 160)*.

Le musée, aménagé dans une jolie ferme traditionnelle, contient des centaines de reproductions d'œuvres de Norman Rockwell *(voir p. 421)*, illustrateur, humoriste et chroniqueur de plus d'un demi-siècle de vie américaine. L'exposition rassemble plus de 300 couvertures du magazine *Saturday Evening Post* dessinées par Rockwell – et qui l'ont fait connaître – ainsi que d'autres couvertures de magazines, des affiches, des publicités, des calendriers et des cartes de vœux qui ont également contribué à sa renommée.

La station de ski de Killington en automne.
T. Souter/Dorling Kindersley RM/age fotostock

À proximité Carte de région p. 254-255

Wilson Castle B3

À 3 miles (4,8 km) au nord de Rutland. West Proctor Rd - 802 773 3284 - appelez av. la visite - www.wilsoncastle.com - de fin mai à fin oct. : 9h-17h - 12 $.
Cette imposante demeure de brique (1867), actuellement en mauvais état, construite par un médecin du Vermont a été représentative du luxe dans lequel vivait la grande bourgeoisie américaine au 19e s. Les objets d'art et le mobilier sont rehaussés par des boiseries très ouvragées, par des vitraux et la polychromie des plafonds. Remarquez la boîte à bijoux Louis XVI.

4

★ **Vermont Marble Museum** A3

À Proctor, 6 miles (9,6 km) au nord de Rutland par West St. et la Route 3 North. 52 Main St. - 802 459 2300 ou 800 427 1396 - vermontmarblemuseum.org - - de fin mai à fin oct. : 10h-17h - 9 $.
Cette exposition explique la formation et l'exploitation du marbre. Des plaques de marbre poli provenant du Vermont comme du monde entier illustrent la richesse et la variété des textures et des couleurs qui caractérisent cette pierre. Les visiteurs peuvent visionner un programme audiovisuel *(13mn)*, observer un carrier au travail et apprécier des sculptures.

New England Maple Museum A3

À Pittsford, 9 miles (14,5 km) au nord de Rutland. Route 7 - 802 483 9414 - maplemuseum.com - - 10h-16h - 5 $.
Situé à l'arrière d'une boutique de sirop d'érable, ce petit musée relate l'histoire du sirop d'érable. Un diaporama *(10mn)* illustre les différentes étapes de fabrication.

Killington B3

À 10 miles (16 km) à l'est de Rutland par la Route 4. 802 422 6200 - www.killington.com.

Avec plus de 200 pistes tracées sur sept montagnes, Killington est l'une des stations de sports d'hiver les plus populaires de la Nouvelle-Angleterre. Son **téléphérique** *(4 km)* est réputé comme étant la plus longue remontée mécanique des États-Unis et offre de belles **vues★★** sur les Green Mountains. On peut également y pratiquer de nombreuses activités en été : vélo, golf, randonnée, etc…

Lake St Catherine State Park A3

À 20 miles (32 km) au sud-ouest de Rutland, sur la Route 30 (3 miles au sud de Poultney). Prenez la Route 4 jusqu'à la sortie 4, puis la Route 30 vers le sud.

802 287 9158 - www.vtstateparks.com - de mi-mai à déb. sept. : de 10h au coucher du soleil - 4 $/pers.

Une bonne brise souffle à la surface du lac Sainte-Catherine, attirant dans ce parc de 47 ha les amateurs de voile et de planche à voile, ainsi que les pêcheurs de truite et de brochet. Mais aussi : tours en bateau à aubes, location de canots, baignade et tables de pique-nique.

NOS ADRESSES À RUTLAND

HÉBERGEMENT

Killington

BUDGET MOYEN

Inn At Long Trail – *709 Rte 4 - Sherburne Pass - (800) 325-2540 - www.innatlongtrail.com - P - 19 ch. 90/165 $* - . Une auberge au nom évocateur, sise à l'intersection du plus long sentier de randonnée du Vermont, et du célèbre Appalachian Trail. Ses prix raisonnables (qui peuvent grimper pour Thanksgiving) et son pub (reuben, corned beef à accompagner d'une Guinness pression) en font une étape populaire auprès des marcheurs et des skieurs. Chambres sans fioritures, mais salon chaleureux.

Perkinsville

BUDGET MOYEN

The Inn at Weathersfield – *1342 Rte 106 - (802) 263-9217 - www.weathersfieldinn.com - P - 12 ch. 149/259 $* - . Chambres élégantes, propriétaires accueillants, cuisine savoureuse dans le restaurant haut de gamme ou la taverne cosy : à quelques minutes de Ludlow et du Okemo Ski Resort.

RESTAURATION

PREMIER PRIX

Gill's Deli – *68 Strongs Ave. - (802) 773-7414 - www.gillsdeli.com - 8h-20h ; juin-août : 8h-21h - fermé dim. - moins de 16 $.*
Sur place ou à emporter, des sandwichs copieux garnis de salami, de merguez ou de crabe : ouvert en 1964, ce deli familial est devenu une institution.

BUDGET MOYEN

Little Harry's – *121 West St. - (802) 747-4848 - http://littleharrys.com - P - dîner seult - plat 17/27 $ (enf. 5,50/9 $).* Avec une des cartes les plus éclectiques du Vermont, Little Harry's est le point de chute idéal pour déguster des spécialités locales, mais aussi d'Asie-Pacifique et d'Italie !

Woodstock

★★

3 048 hab.

Depuis le 18e s., époque où ce joli bourg fut choisi comme chef-lieu du comté de Windsor, Woodstock a conservé un air d'élégance discrète. La localité attira durant deux siècles hommes d'affaires, avocats, médecins et professeurs témoignant de la prospérité de la communauté. Les charmantes constructions des 18e et 19e s. sont demeurées intactes grâce à l'absence de développement industriel au cours du 19e s. et aux soins que les habitants de Woodstock ont apportés à leur patrimoine architectural.

NOS ADRESSES PAGE 270
Hébergement, restauration, achats, activités, etc.

S'INFORMER

Chamber of Commerce : *888 496 6378 - www.woodstockvt.com.*

SE REPÉRER

Carte de région B3 (p. 254-255).

Woodstock, près duquel passe l'I-89 (nord-sud), est coupé en deux par la Route 4 (est-ouest). Au cœur du village coule l'Ottauquechee River. Restaurants, galeries et boutiques bordent son *green* central.

SE GARER

Places à horodateur autour du *green*.

À NE PAS MANQUER

Le Billings Farm & Museum et les sentiers de randonnée.

ORGANISER SON TEMPS

Prévoyez deux heures pour la visite du Billings Farm & Museum et une journée entière pour les activités de plein air.

AVEC LES ENFANTS

Billings Farm & Museum ; Monshire Museum of Science à Norwich.

4

Se promener

Fondé en 1761 par des colons venus du Massachusetts, Woodstock se développa rapidement après avoir été désigné siège du comté. Au 19e s., avec la vogue du thermalisme, le village devint une station recherchée. Jusqu'en 1933, c'était le terminus du Woodstock Railway ; le train acheminait de nombreux touristes enthousiastes qui déclarèrent Woodstock « la plus jolie petite ville des États-Unis. » Mais attention à ne pas confondre : le célèbre festival de musique qui se tint en 1969 eut lieu à Woodstock dans l'État de New York, à 166 miles (267 km) de là.

Ouvert en 1969, l'hôtel **Woodstock Inn**, face au *green*, attire les hommes d'affaires comme les touristes. Le *general store* du village, **F.H. Gillingham & Sons**, n'a pas changé depuis 1886, et vend des articles fabriqués dans le Vermont. Pour découvrir Woodstock, rien de tel que de se promener le long de **Elm Street** et **Pleasant Street**, de flâner devant les boutiques et les galeries d'art de **Central Street**, de traverser le pont couvert qui enjambe la rivière Ottauquechee. De forme ovale, le *green* est entouré de bâtiments de styles très différents : des demeures de style fédéral, la **Windsor County Courthouse** néoclassique, et la **Norman Williams Library** néoromane. Le panneau d'affichage du *Town Crier*, situé à proximité de l'angle d'Elm Street et de Central Street, informe sur les ventes aux enchères, les marchés aux puces et toute autre manifestation locale.

★★ Billings Farm & Museum

River Rd (suivez Elm St., traversez le pont puis tournez à droite et parcourez 0,2 mile/300 m sur River Rd) - ✆ 802 457 2355 - www.billingsfarm.org - ♿ - avr.-oct. : 10h-17h ; nov.-fév. : w.-end 10h-16h - fermé Thanksgiving et 25 déc. - 16 $ (5-15 ans 8 $, 3-4 ans 4 $).

L'ensemble des bâtiments comprend une ferme moderne en exploitation et un musée retraçant la vie rurale dans le Vermont en 1890. Le **corps de ferme** (1890) a été restauré et garni de mobilier d'époque : voyez les cheminées décorées de carreaux de faïence et la crémerie au sous-sol (présentation quotidienne du procédé de fabrication du beurre). Dans plusieurs granges, des expositions évoquent les travaux quotidiens et saisonniers d'une famille paysanne du Vermont au 19e s.

★★ Marsh-Billings-Rockefeller National Historical Park

54 Elm St. (face au Billings Farm and Museum) - ✆ 802 457 3368 - www.nps.gov/mabi - ♿ - parc gratuit - visite guidée (1h) : de fin mai à fin oct. : 10h-17h - 8 $.

Ouvert en 1998, le premier « National Historic Site » du Vermont abrite une superbe demeure de style Queen Anne, décorée d'œuvres d'art et entretenue avec soin, notamment par trois de ses occupants : l'environnementaliste George Perkins Marsh, auteur de *Man and Nature* (1865), Frederick Billings, fondateur de la Billings Farm, et Mary French Rockefeller, sa petit-fille, qui avec son mari Laurance s'occupa de la ferme du milieu à la fin du 20e s.

Des tableaux de peintres de renom tels que Thomas Cole, Albert Bierstadt et Asher B. Durand, représentent des paysages américains.

À proximité Carte de région p. 254-255

★ Quechee Gorge B3

À 7 miles (11,2 km) à l'est de Woodstock, sur la Route 4 (possibilité de se garer près du pont). ✆ 802 295 2990 - www.vtstateparks.com - de mi-mai à fin oct.

La Quechee Gorge, la plus profonde du Vermont (50 m), est creusée par l'Ottauquechee River. La vue depuis le pont de la Route 4 offre l'une des meilleures vues sur la gorge. Un sentier *(2,5 km AR)*, raide par endroits, conduit au fond du ravin où l'on peut se baigner à la belle saison.

Silver Lake State Park B3

À Barnard, 10 miles (16 km) au nord de Woodstock par la Route 12. ✆ 802 234 9451 - www.vtstateparks.com - de mi-mai à Labor Day : 10h-21h - 4 $/pers.

Ce parc, accessible à pied depuis le village de Barnard, possède une petite plage au bord du lac, une aire de pique-nique, une épicerie et des terrains de camping dans une pinède. Location de bateaux et canoës.

Windsor B3

À 25 miles (40,2 km) au sud-est de Woodstock par la Route 4 East et l'I-91 South.

En 1777, le Vermont fut baptisé dans cette ville historique située au bord du fleuve Connecticut.

Old Constitution House – *16 North Main St. - ✆ 802 672 3773 - historicsites.vermont.gov/directory/old_constitution - visite guidée (1h) - de fin mai à mi-oct. : w.-end 10h-17h - 3 $.* La première Constitution de l'État fut rédigée par des délégués venus à Windsor et réunis dans cette ancienne taverne, où une exposition

Marsh Billings Rockeffeler National Historical Park.
The Woodstock Area Chamber of Commerce, Woodstock, VT.

présente l'évolution de ce texte et d'anciens objets artisanaux du Vermont. Au sud, le **Windsor-Cornish Covered Bridge**, le plus long pont couvert de la Nouvelle-Angleterre, relie le Vermont au New Hampshire.

President Calvin Coolidge State Historic Site B3

À Plymouth Notch, 15 miles (24 km) au sud-ouest de Woodstock par la Route 4 West et la Route 100A South. 3780 Route 100A - ✆ 802 672 3773 - historicsites.vermont.gov/directory/coolidge - de fin mai à mi-oct. : 9h30-17h ; reste de l'année : lun.-vend. 9h30-17h - 10 $.

C'est à Plymouth, hameau adossé aux Green Mountains, que naquit Calvin Coolidge (1872-1933), 30e président des États-Unis. Le 3 août 1923, le vice-président Coolidge y apprit la mort du président Warren Harding. Fait exceptionnel, il prêta serment devant son père, John Coolidge, notaire. Le Coolidge State Historic Site, inchangé depuis cette date, est un site présidentiel très bien conservé : outre les maisons où Calvin Coolidge vit le jour (Coolidge Birthplace) et passa son enfance (Coolidge Homestead), vous pourrez visiter la Plymouth Cheese Factory, fondée par son père, le Cilley General Store, la poste, le Wilder Restaurant, l'église et plusieurs granges.

Montshire Museum of Science B3

À Norwich, 11 miles (17,7 km) au nord-est de Woodstock par la Route 4 East et l'I-91 North (sortie 13). 1 Montshire Rd - ✆ 802 649 2200 - www.montshire.org - 10h-17h - fermé Thanksgiving et 25 déc. - 16 $ (2-17 ans 13 $).

Aménagé le long du fleuve Connecticut, ce musée dédié à la nature accueille, outre un ensemble d'expositions interactives et pédagogiques, plusieurs animaux et un aquarium. À l'extérieur, des sentiers serpentent à travers un bois, jalonnés de panneaux d'interprétation expliquant le climat, l'écologie, la vie animale et végétale… Belles vues sur le fleuve.

NOS ADRESSES À WOODSTOCK

HÉBERGEMENT

UNE FOLIE

Woodstock Inn and Resort – *14 The Green - (802) 457-1100 - www.woodstockinn.com - - 142 ch. 290/519 $ -*. Dominant l'un des plus beaux greens de Nouvelle-Angleterre, un resort complet (spa, tennis, golf…) aux chambres lumineuses.

Bridgewater

BUDGET MOYEN

Z Corners Inn – *52 Upper Rd - 05035 Bridgewater - à 6 miles (10 km) au sud-ouest de Woodstock - (802) 672-5337 - www.zcornersinn.com - -4 ch. 99/149 $ -*. Derrière une façade quelconque, 5 jolies chambres au décor rustique. Au restaurant, des plats à base de produits de saison, menu dégustation à prix fixe.

RESTAURATION

BUDGET MOYEN

The Prince and the Pauper – *24 Elm St. - (802) 457-1818 - www.princeandpauper.com - 17h30-20h30 (vend.-sam. 21h30) - plat 20/26 $, menu soir 53 $.* Une cuisine d'inspiration française : ravioli de homard, canard aux épices, tourte à l'agneau. Excellents vins.

Hartland

BUDGET MOYEN

The Skunk Hollow Tavern – *12 Brownsville Rd - 05049 Hartland - à 10 miles (16 km) au sud-est de Woodstock) - (802) 436-2139 - www.skunkhollowtavern.com - - à partir de 17h - fermé lun. et mar. - plat 16/32 $.* On vient goûter à l'atmosphère de cette authentique taverne (1790) qui propose des plats de pub en bas et plus élaborés à l'étage (filet mignon, poisson et agneau).

Quechee

BUDGET MOYEN

The Parker House Inn – *1792 Quechee Main St. - 05059 Quechee - à 7 miles (11,6 km) à l'est de Woodstock) - (802) 295-6077 - www.theparkerhouseinn.com - - le soir seult - 8 ch. 234/311 $.* Large choix de viandes, poissons, fruits de mer et pâtes proposés dans ce restaurant de campagne avec patio. Pour un dîner décontracté face à la rivière.

Simon Pearce Restaurant – *1760 Quechee Main St. - 05059 Quechee - à 7 miles (11,6 km) à l'est de Woodstock) - (802) 295-1470 - www.simonpearce.com - 11h30-21h - soir plat 22/32 $.* Après avoir admiré poteries et verreries dans la vitrine de sa boutique, attablez-vous sous les grandes fenêtres ou sur la terrasse face aux chutes de l'Ottauquechee River. Viandes et fruits de mer préparés avec soin.

ACHATS

The Vermont Flannel Company – *13 Elm St. - (802) 457-4111 - http://vermontflannel.com - 9h-18h, vend.-sam. 9h-19h, dim. 9h-17h.* Une toute petite boutique qui vend des pyjamas, chemises et autres produits en flanelle : des incontournables produits locaux pour l'hiver.

Middlebury

★

8 496 hab.

Avec son green central, sa simple église congrégationaliste et ses bâtiments de style victorien transformés en magasins et en restaurants, Middlebury est une ville agréable, typique du Vermont. Fondée en 1761 au cœur d'une région vallonnée, elle est célèbre pour abriter le Middlebury College et la majestueuse Middlebury Inn, ouverte depuis 1827. Les routes menant aux cols de Brandon et Middlebury, qui traversent les collines de la Green Mountain National Forest, offrent de magnifiques panoramas.

NOS ADRESSES PAGE 275
Hébergement, restauration, achats, activités, etc.

S'INFORMER
Addison County Chamber of Commerce – *93 Court St. - ✆ 802 388 7951 - www.addisoncounty.com.*

SE REPÉRER
Carte de région A2 (p. 254-255).
Située au sud de Burlington, dans la partie occidentale de l'État, Middlebury est accessible par les Routes 30 et 7.

SE GARER
Attention ! Il est interdit de stationner dans les rues de Middlebury en hiver. Vous trouverez plusieurs parkings, dont celui de Bakery Lane, ouvert toute la nuit.

À NE PAS MANQUER
Une randonnée vers les chutes de Llana, au Branbury State Park.

ORGANISER SON TEMPS
Prévoyez une journée pour explorer les cols de Brandon et Middlebury, et découvrir les villages alentour.

AVEC LES ENFANTS
UVM Morgan Horse Farm ; le petit Lake Champlain Maritime Museum est un délice ! ; le Fort Ticonderoga.

Découvrir

★ Middlebury College

Bordé par South Main St. et College St. (Route 125) - ✆ 802 443 5000 - www.middlebury.edu.

L'ÉTÉ INDIEN OU « FALL FOLIAGE »
La Nouvelle-Angleterre est réputée pour son magnifique été indien, lors duquel les feuilles des arbres offrent une belle palette de couleurs, dans des paysages bucoliques alors sublimés. Le *Fall Foliage,* ou feuillage d'automne, s'étale approximativement de la fin septembre jusqu'à la fin octobre. On peut en profiter dans les petits villages du sud du Vermont, le long des routes panoramiques, sur le lac Champlain, ou en haut des monts.
Le site **www.yankeefoliage.com** propose une carte interactive pour suivre l'avancée de la couleur du feuillage des différents arbres de la région : hêtres, chênes, peupliers, érables, frênes, bouleaux…

Le campus principal couvre approximativement 200 ha et compte des édifices éclectiques impressionnants bâtis en pierre et en marbre. Remarquez le **Painter Hall** (1815), le plus ancien des édifices universitaires de l'État encore debout, et **Le Château** (1925), dont l'architecture s'inspire d'un pavillon du château de Fontainebleau.

Middlebury College Museum of Art – *72 Porter Field Rd (Route 30), à 5 miles (8 km) de la Route 7 - ✆ 802 443 5007 - museum.middlebury.edu - ♿ - mar.-vend. 10h-17h, w.-end 12h-17h - fermé j. fériés, 3 dernières sem. d'août et fin déc.* Il est installé dans le **Mahaney Center for the Arts** qui abrite par ailleurs des ateliers de danse et de théâtre, ainsi qu'une salle de concerts. Sa collection permanente comprend des créations d'artistes réputés du Vermont (Hiram Powers, Gilbert Stuart, Alexander Calder, John Frederick Kensett…), tout comme des œuvres et artefacts d'époques variées, depuis l'Antiquité (Europe, Asie et Proche-Orient) jusqu'à nos jours (peinture, sculpture, photographie). Parmi les quelque 1 500 pièces présentées figurent des œuvres de Rembrandt, Daumier, Picasso, Dalí, Miró, Willem De Kooning, Man ray, Southworth and Hawes, Warhol et Robert Rauschenberg. La collection de peintures européennes et américaines du 17e au 19e s. est un autre point fort du musée.

À proximité Carte p. 274

UVM Morgan Horse Farm

À Weybridge, 2,5 miles (4 km) au nord-ouest de Middlebury. À partir du centre de Middlebury, prenez College St. sur la droite (Route 125), puis tournez à droite dans Weybridge St. (Route 23). Suivez les indications pour ce haras et tournez à gauche à l'embranchement avec le pont couvert. ✆ 802 388 2011 - www.uvm.edu/morgan - ♿ - visite guidée (1h) - mai-oct. : 9h-16h (dernier tour à 15h) - 5 $.

Propriété de l'Université du Vermont, ce haras est un centre de reproduction et de dressage. On visite l'écurie (19e s.) où sont logés les descendants de la prestigieuse lignée des **Morgan** *(diaporama de 20mn présenté ttes les h.).*

★ Branbury State Park

À 10 miles (16 km) au sud-est de Middlebury par la Route 7 South, puis la Route 53. 3570 Lake Dunmore Rd - ✆ 802 247 5925 (800 837 6668 hors saison) - www.vtstate parks.com - ♿ - de mi-mai à mi-oct. : de 10h au coucher du soleil - 4 $/pers.

Très fréquenté par temps chaud, le site dispose d'une vaste plage de sable sur le lac Dunmore *(possibilité de canotage).* Il est sillonné par des sentiers de randonnée menant à des chutes, les **Falls of Llana** *(1,1 mile/1,8 km AR)* et au **lac Silver** *(3,1 miles/5 km AR).* Attention aux moustiques, virulents en été !

LE MORGAN, UNE RACE SURPRENANTE !

Lorsque, dans les années 1780, l'instituteur Justin Morgan reçut un poulain en paiement d'une dette, il ne soupçonnait pas que l'animal allait engendrer la première race chevaline de selle spécifiquement américaine : le Morgan. Puissant, charpenté et rapide, l'étalon se montra capable de haler des troncs d'arbre plus efficacement que des chevaux de trait, et de dépasser à la course certains des meilleurs pur-sang. Depuis les années 1790, le Vermont est devenu le lieu de reproduction, d'élevage et de dressage des descendants de ce cheval. Important produit d'exportation au 19e s., le Morgan fut choisi comme animal-emblème de l'État en 1961.

Paysage près de Middlebury.
Courtesy of Addison County Chamber of Commerce, Middlebury, Vermont.

★ Lake Champlain Maritime Museum

À Vergennes, 21 miles (33,7 km) au nord-ouest de Middlebury. Prenez la Route 7 vers Vergennes, puis la West Main St. pour gagner Panton Rd. Tournez à droite dans Basin Harbor Rd. 4472 Basin Harbor Rd - ✆ 802 475 2022 - www.lcmm.org - de fin mai à mi-oct. : 10h-17h - 14 $ (6-18 ans 8 $).

Dix bâtiments d'exposition, dont une ancienne école (env. 1818), retracent l'histoire du lac et des traditions qui lui sont liées. Les visiteurs peuvent monter à bord d'une réplique du *Philadelphia*, canonnière de 54 pieds datant de la guerre d'Indépendance. Dans le **Nautical Archaeological Center**, un documentaire *(15mn)* commente la découverte de vaisseaux datant du milieu 19e s. dans le lac Champlain. Dans les vitrines sont exposés des objets retrouvés dans les fonds dont un pot abenaki vieux d'un siècle. Les parcs présentent différents types de petits vaisseaux ayant fendu les eaux du lac Champlain.

4

Circuit conseillé Carte p. 274

★ COLS DE BRANDON ET DE MIDDLEBURY

Circuit de 81 miles (130,3 km) tracé sur la carte – Comptez 1h30. De Middlebury, où commence et s'achève l'itinéraire, prenez la Route 125 vers l'est, baptisée Robert Frost Memorial Drive en l'honneur de ce fameux poète natif du Vermont.

Brandon Area Chamber of Commerce – *✆ 802 247 6401 - www.brandon.org.*
Ce circuit, qui passe par les cols de Brandon et de Middlebury (**Middlebury Gap**), offre de belles vues. Il traverse la Green Mountain National Forest et les vastes terres agricoles de la vallée du lac Champlain.

Sur la Route 125, 2 miles (3,2 km) après Ripton, le **Robert Frost Interpretive Trail** *(boucle de 1 mile/1,6 km)* -traverse de beaux paysages de marais et de forêts, jalonné de balises sur lesquelles sont inscrits des vers du célèbre poète. *Continuez sur la Route 125 vers le col de Middlebury.*

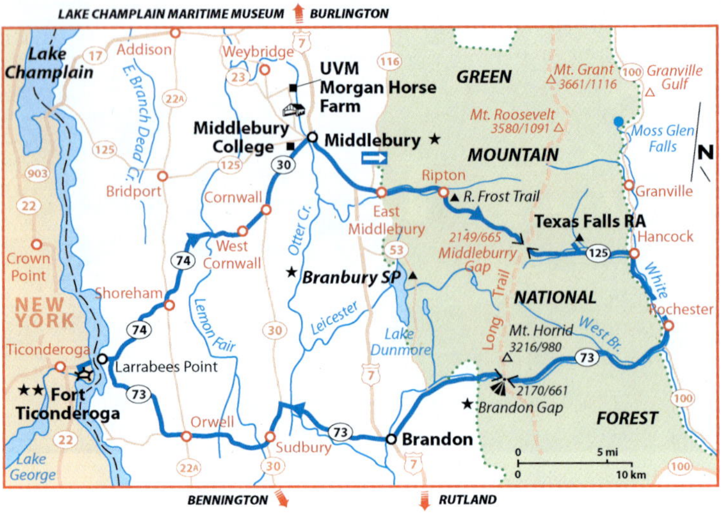

Texas Falls Recreation Area

À gauche de la Route 125.

Un sentier conduit à une série de cascades alimentant des marmites torrentielles creusées par les glaciers.

Continuez vers l'est jusqu'à Hancock. Prenez la Route 100 South vers Rochester, puis la Route 73 vers le col de Brandon.

Lorsqu'elle pénètre dans la **Green Mountain National Forest**, la Route 73 longe la vallée de la White River où se succèdent de petites habitations et des prairies tranquilles. Elle contourne le **mont Horrid** (alt. 980 m) qui doit son nom à ses roches noires, puis accède au col de Brandon, **Brandon Gap★** (alt. 661 m). On y jouit d'une formidable **vue★** sur la vallée du lac Champlain jusqu'aux monts Adirondack. Par le versant ouest, la route mène au village de **Brandon**, groupé autour de son auberge historique ouverte en 1786. L'intérieur de l'hôtellerie actuelle est de style colonial hollandais de la fin du 19e s. Après Brandon, la route se dirige vers le lac Champlain en offrant des vues sur une campagne parsemée de rochers et de fermes laitières, ainsi que sur la ligne des Adirondacks. Un bac *(voir Lake Champlain p. 277)* part de **Larrabees Point** et traverse le lac Champlain, permettant de rejoindre le Fort Ticonderoga dans l'État de New York.

★★ Fort Ticonderoga

Route 74 - Ticonderoga (NY) - ✆ 518 585 2821 - www.fortticonderoga.org - de déb. mai à fin oct. : 9h30-17h - 24 $ (5-12 ans 10 $) ; le billet inclut une visite du fort et du musée, du King's Garden, d'un labyrinthe de maïs et de reconstitutions historiques avec des soldats en costume d'époque.

Construit en 1755 par les Français, le Fort Ticonderoga fut pris par les Anglais en 1759. Il doit sa renommée à l'attaque surprise menée le 10 mai 1775 par **Ethan Allen** et ses **Green Mountain Boys**, aidés de **Benedict Arnold** et de ses hommes. Les armes et munitions dont ils s'emparèrent devaient permettre au général Washington de battre les Anglais au cours du siège de Boston.

En juillet et août, des figurants en costume militaire français procèdent tous les jours à des manœuvres d'artillerie au Fort Ticonderoga.

Le **Military Museum** possède une belle collection d'armes à feu du 18e s., ainsi que des armes blanches et des souvenirs évoquant les troupes françaises, les Indiens et la guerre d'Indépendance.

Reprenez le bac pour le Vermont et suivez la Route 74 qui traverse Shoreham et West Cornwall. À Cornwall, prenez la Route 30 vers le nord, jusqu'à Middlebury.

NOS ADRESSES À MIDDLEBURY

HÉBERGEMENT

BUDGET MOYEN

The Middlebury Inn – *14 Court Sq. - (802) 388-4961 - www.middleburyinn.com - - 71 ch. 139/259 $ -* . Non loin du centre-ville et de l'université que vous pourrez rallier à pied, cette auberge incontournable de Middlebury, en activité depuis plus de 150 ans, abrite un large choix de chambres réparties dans quatre bâtiments : de l'unité de motel ordinaire à la suite luxueuse, de style victorien. Elle possède également une taverne et un restaurant gastronomique.

Lac Champlain

BUDGET MOYEN

Whitford House Inn – *912 Grandey Rd - 05491 Addison - Vergennes (13 miles/21 km au nord-ouest de Middlebury par la route 7) - (978) 263-8646 - www.whitfordhouseinn.com - - 4 ch. 149/249 $ (tarifs majorés de 25 $ en automne).* Cette paisible auberge de la vallée Champlain offre de magnifiques vues sur les Adirondacks. Trois chambres accueillent les visiteurs dans la maison principale de la fin du 18e s., une quatrième se trouve dans le cottage voisin, avec patio.

RESTAURATION

PREMIER PRIX

Mister Up's – *25 Bakery Lane - (802) 388-6724 - www.misterupsvt.com - 11h30-23h, vend.-sam. 11h30-0h, dim. 11h-23h - soir plat 11/20 $.* Aux beaux jours, optez pour la terrasse de ce pub chaleureux, dressée au-dessus d'Otter Creek, et commandez l'un des plats généreux : burgers, sandwichs, steaks, ailes de poulets, salades… À arroser d'un Bloody Mary, très demandé le dimanche lors du brunch, ou d'une bière bien fraîche.

BUDGET MOYEN

Storm Cafe – *3 Mill St. - (802) 388-1063 - www.thestormcafe.com - 9h-21h, dim. 9h-14h - fermé lun. - soir plat 22/29 $.* Cette sympathique petite table occupe le dernier étage du Frog Hollow Mill : exquis en été, son patio domine Otter Creek. Le soir, jarret d'agneau braisé à la marocaine, pièce de bœuf ou soupe thaïe ; au déjeuner, carte simplifiée (sandwichs, burgers, plats du jour).

Burlington

★

38 897 hab.

Située au bord du majestueux lac Champlain, Burlington est la ville la plus peuplée de l'État. Ses belles résidences du 19e s. témoignent de son passé de port marchand et de cité industrielle. Le centre-ville est très apprécié des habitants, notamment sa rue piétonne, Church Street. Les rues adjacentes recèlent de nombreux cafés, restaurants et boutiques, baignant dans une sympathique ambiance estudiantine.

NOS ADRESSES PAGE 279
Hébergement, restauration, achats, activités, etc.

S'INFORMER

Lake Champlain Chamber of Commerce – *60 Main St. - ✆ 877 686 5253 - www.vermont.org.*

SE REPÉRER

Carte de région A1-2 (p. 254-255).
L'I-89 dessert Burlington, dont le centre-ville, très animé, est délimité à l'est par l'Université du Vermont, et à l'ouest par la rive du lac Champlain d'où l'on aperçoit les monts Adirondacks, dans l'État de New York.

SE GARER

Nombreux parkings dans toute la ville : l'été, vous pourrez profiter d'un stationnement longue durée au parking du Waterfront *(à droite juste avant le Boathouse Circle)*. Le parking Marketplace *(Cherry St.)* est très central.

À NE PAS MANQUER

Une croisière sur le lac Champlain, avec commentaires et anecdotes. Et surtout, la visite du Shelburne Museum.

ORGANISER SON TEMPS

Imprégnez-vous de l'ambiance de la ville en vous promenant de Church Street aux plages du lac Champlain. Prévoyez ensuite deux jours (dont une journée entière au Shelburne Museum) pour découvrir les environs.

AVEC LES ENFANTS

Shelburne Museum suivi de Shelburne Farms et d'une glace Ben & Jerry.

Se promener

University of Vermont

Campus principal bordé par Prospect St., East Ave., Main St. et Colchester Ave. - ✆ 802 656 3131 - www.uvm.edu.

Aussi ancienne que l'État, cette université a été fondée en 1791. Entre South Prospect Street et University Place, la pelouse du campus s'élève vers une ligne de bâtiments dont se détache la **Ira Allen Chapel** (1925) et le **Billings Center** (1885).

Parmi ses anciens étudiants célèbres, on compte le philosophe John Dewey et l'acteur Ben Affleck, qui n'est resté qu'un seul semestre.

Fleming Museum of Art – *61 Colchester Ave. (sur le campus) - ✆ 802 656 2090 - www.uvm.edu/~fleming/ - ♿ - mar.-vend. 12h-16h (19h merc.), w.-end 12h-16h - fermé juil.-août et vac. scol. - 5 $ (seniors et étudiants 3 $).* Ce musée abrite des pièces égyptiennes, asiatiques et amérindiennes. L'**American Gallery** est consacrée à la peinture et aux arts décoratifs américains des 18e et 19e s., tandis que l'**European Gallery** rassemble des œuvres européennes du 17e au 19e s. Dans le parc se trouve un groupe de l'artiste du Vermont Judith Brown (1931-1992), *Lamentations Group* (1989).

Lake Champlain

Au creux d'une large vallée bordée par les monts Adirondacks et les Green Mountains, ce lac long de 124 miles (200 km) – les Américains aiment à l'appeler le 6e Grand Lac – et que traverse la frontière des États de New York et du Vermont, est devenu, avec ses alentours, une villégiature appréciée des vacanciers. Le lac compte plus de 80 îles. À son extrémité nord, des ponts permettent de rejoindre trois d'entre elles : Isle La Motte, North Hero et Grand Isle. Les **Battery Park** et **Ethan Allen Park**, ainsi que les **croisières**★ en bateau, offrent les plus beaux panoramas sur le lac et ses environs.

Boathouse – *☏ 802 865 3377 - mai-oct.* Située au pied de College Street, la gare maritime de Burlington abrite un bureau d'information, un café, des toilettes publiques et des téléphones. Vous pourrez y louer un kayak, un canoë ou un bateau et partir pour une **croisière touristique** sur le lac *(voir « Nos adresses »)*.

À proximité Carte de région p. 254-255

★★★ Shelburne Museum A2

À Shelburne, 7 miles (11,2 km) au sud de Burlington sur la Route 7 - ☏ 802 985 3346 - www.shelburnemuseum.org - ♿ - mai-oct. : 10h-17h ; certains bâtiments sont ouverts nov.-déc. : 10h-17h, janv.-avr. : merc.-dim. 10h-17h - fermé j. fériés - 25 $/10 $ nov.-avr. (13-17 ans 14 $/5 $, 5-12 ans 12 $/gratuit).

Fondé en 1947, ce musée possède de remarquables collections d'objets domestiques, d'arts populaires, d'outillage divers, de moyens de transport, d'œuvres artistiques et de mobilier rassemblés à partir de 1907 par la New-Yorkaise **Electra Havemeyer Webb**. Couvrant trois siècles de vie quotidienne, d'histoire et d'art de l'Amérique, elles représentent aujourd'hui quelque 80 000 objets superbement présentés dans 37 bâtiments répartis sur 18 ha au bord du lac Champlain.

Figures de proue, *scrimshaws*, plaques de poupe, personnages de carrousel, enseignes de marchands de tabac, girouettes, peintures et lithographies composent l'une des plus importantes collection d'art et d'artisanat populaire des 18e et 19e s. du pays. Le musée s'enorgueillit également d'un impressionnant ensemble de peintures des 19e et 20e s., et d'une splendide collection de courtepointes américaines (admirables réalisations en patchwork aux motifs compliqués) des 18e et 19e s., la plus vaste et l'une des plus belles des États-Unis.

SAMUEL DE CHAMPLAIN ET LE MONSTRE DU LAC

Le lac Champlain, frontière naturelle entre le Vermont et l'État de New York, porte le nom de l'explorateur français **Samuel de Champlain** (1574-1635), car il fut le premier à cartographier la région. C'est lui qui fonda la Nouvelle France en 1608 ; à l'époque, le lac Champlain était utilisé pour le commerce et la marine militaire. Samuel de Champlain aurait vu un monstre dans le lac en 1609, surnommé depuis Champ. Les Amérindiens vivant sur ces mêmes terres, les Iroquois et les Abenakis, l'auraient aussi repéré auparavant, mais l'avaient baptisé Tatoskok. Légende locale ? Quoi qu'il en soit, il est depuis 1994 la mascotte d'une équipe de baseball, le Vermont Lake Monster.

Parmi les nombreuses maisons historiques ouvertes au public, ne manquez pas la **Horseshoe Barn★★★**, une grange en forme d'énorme fer à cheval qui renferme plus de 225 traîneaux et voitures hippomobiles; la **Round Barn★★**, la grange circulaire en bois, construite en 1901 ; la **Railroad Station★★**, de style victorien, et le **Ticonderoga★★**, dernier bateau à vapeur à piston vertical et roues à aubes latérales encore intact, visible aux États-Unis.
Tuckaway General Store★★, en brique (1840), abrite une épicerie générale, un bureau de poste, une boutique de barbier, un cabinet de dentiste, une officine de médecin, une salle de bistrot, un magasin d'apothicaire et une variété inouïe d'objets. Le phare de **Colchester Reef Lighthouse★★**, construit en 1871 au large de la pointe de Colchester sur le lac Champlain, sert aujourd'hui de galerie d'exposition d'art maritime. **Shelburne Railroad Station★★** est tout à fait représentative des gares victoriennes construites à travers les États-Unis au cours du 19e s.

★ Shelburne Farms A2

À 7 miles (11,2 km) au sud de Burlington. 1611 Harbor Rd - ✆ 802 985 8686 - www.shelburnefarms.org - sentiers de promenade : tte l'année 10h-16h - de mi-mai à mi-oct. 8 $ (3-17 ans 5 $).

Ce domaine agricole du 19e s., classé National Historic Landmark, appartenait au magnat des chemins de fer **William Seward Webb** et à son épouse **Lila Vanderbilt Webb**, petite-fille de Cornelius Vanderbilt. Occupant quelque 560 ha, l'exploitation agricole est aujourd'hui un centre consacré à l'écologie, comprenant une ferme laitière. Le long des sentiers de promenade, on découvre cinq immenses et très belles granges historiques, les *barns*, aux toitures pointues, certaines surmontées de girouettes aux formes originales. **Shelburne House★** (1889), vaste résidence de campagne de 110 pièces, abrite une hôtellerie de 24 chambres, **Inn at Shelburne Farms** *(✆ 802 985 8498 - www.shelburnefarms.org - de mi-mai à mi-oct.)*, offrant une **vue★★** splendide sur le lac Champlain et les monts Adirondacks.

Vermont Wildflower Farm A2

À Charlotte, 17 miles (27,3 km) au sud de Burlington sur la Route 7. ✆ 802 425 3641 - www.vermontwildflowerfarm.com - de mai à déb. oct. : 10h-17h.

Du printemps à l'automne, de nombreuses variétés de fleurs des champs et des bois transforment les paysages du Vermont en un spectacle aux couleurs changeantes. Ici poussent en abondance – parmi quelque 1 000 espèces de fleurs sauvages – le *Jack-in-the-Pulpit* ou arum *(Arisæma triphyllum)*, le *Black-eyed Susan (Rudbeckia)*, l'aster et le *Devil's paintbrush* ou épervière orangée *(Hieracium aurantiacum)*. Pour ceux qui voudraient suivre l'exemple : graines à vendre à la boutique de souvenirs !

★ Ethan Allen Homestead A1

À 2 miles (3,2 km) au nord de Burlington sur la Route 127. De Burlington, prenez la Route 7 North, tournez à gauche dans Pearl St., puis à droite dans N. Champlain St. Au bout de la rue, tournez à gauche, puis immédiatement à droite dans la Route 127 North. Sortez à North Ave. Beaches et prenez la première à droite au panneau signalant le domaine. ✆ 802 865 4556 - www.ethanallenhomestead.org - ♿ - visite guidée (30mn) - mai-oct. : 10h-16h (dernier tour à 15h) - 10 $.

Sur ce domaine de 2 ha traversé par la Winooski River et dédié au fameux héros **Ethan Allen**, se dresse une maison (env. 1785) qui a été reconstruite et dont on pense qu'elle fut sa dernière résidence. Le bureau d'accueil présente une exposition consacrée à l'histoire locale et aux aventures de Ethan Allen et de ses Green Mountain Boys. Une taverne reconstituée sert de décor à une présentation multimédia *(15mn)* relatives aux héros. Des sentiers longent la rivière.

Ben & Jerry's Ice Cream Factory B2

À Waterbury, 26 miles (41,8 km) au sud-est de Burlington par l'I-89. Route 100 - 866 258 6877 - www.benjerry.com - visite guidée (30mn) - de fin mai à fin juin : 10h-19h ; de juil. à mi-août : 9h-21h ; de mi-août à fin oct. : 9h-19h ; de fin oct. à fin juin : 10h-18h - 4 $ (-12 ans gratuit). Les machines ne fonctionnent pas le week-end.

Ben Cohen et Jerry Greenfield démarrèrent leur activité en 1977 en vendant par correspondance un cours sur la fabrication des crèmes glacées. L'année suivante, ils ouvraient leur premier magasin de glaces dans une station-service rénovée de Burlington. Aujourd'hui, leurs produits sont vendus dans le monde entier. Visitez l'usine, pour comprendre les secrets de fabrication de la célèbre glace aux parfums originaux. À la fin de la visite, une dégustation de la saveur du jour est proposée.

NOS ADRESSES À BURLINGTON

TRANSPORTS

En ferry

Lake Champlain Ferries – *802 864 9804 - www.ferries.com.* Des services de bac permettent de traverser le lac entre l'État de New York (Plattsburgh, Port Kent, Essex) et le Vermont (Charlotte, Burlington, Grand Isle).

Ticonderoga Ferry – *802 897 7999 - www.forttiferry.com - de mai à fin oct.* Il relie Ticonderoga à Shoreham en 7 minutes.

HÉBERGEMENT

POUR SE FAIRE PLAISIR

Willard Street Inn – *349 S. Willard St. - (802) 651-8710 - www.willareetinn.com - - 14 ch. 195/305 $* . Érigée par le sénateur du Vermont Charles Woodhouse dans les années 1880, cette demeure tout en brique, de style néogeorgien, a été parfaitement conservée : moulures, lambris de merisier et parquets. L'auberge, dont les chambres sont meublées de pièces d'origine (19e s.) ou de reproductions, se trouve à courte distance de Church Street, Marketplace et du bord du lac. Petit-déjeuner et thé sont servis dans le solarium.

Essex Resort – *70 Essex Way - 05452 Essex Junction - Essex Junction - (802) 878-1100 - www.essexresort.com - - 120 ch. 205/335 $ -* . Dans cet hôtel de style colonial situé à quelques miles de Burlington et de son aéroport, tout est fait pour se sentir chez soi. Les chambres, tout confort, y sont teintées de vert, de rouge ou d'indigo et les suites sont équipées de kitchenette. Gage de qualité, la cuisine du restaurant (Butler's) et de la taverne est concoctée par les étudiants du New England Culinary Institute, installé dans les murs de l'hôtel. Spa.

Lac Champlain

POUR SE FAIRE PLAISIR

Basin Harbor Club – *4800 Harbor Rd - 05491 Vergennes - à 22 miles (36 km) au sud de Burlington - (802) 475-2311 - www.basinharbor.com - - 119 ch. 275/559 $ -* . Sur le lac Champlain, un luxueux resort familial en fonctionnement depuis plus d'un siècle. Parmi les 115 chambres décorées différemment, 38 occupent

4

le bâtiment principal et 77 les cottages environnants, qui abritent une, deux ou trois chambres chacun. La plupart ont vue sur le lac. Golf, tennis, activités nautiques (kayak, pêche…) et pas moins de 4 restaurants !

RESTAURATION

PREMIER PRIX

Red Onion Café – *140 ½ Church St. - ✆ (802) 865-2563 - www.redonioncafe.webs.com - 8h-18h (20h vend.-sam.) - sandwichs 8,50/10 $.* La simplicité n'exclut pas la qualité : doublée d'un café, cette boulangerie élabore les meilleurs sandwichs de Burlington ! Large choix de garnitures, mais aussi de pains, de la baguette française traditionnelle au pain à l'avoine et au miel.

Henry's Diner – *155 Bank St. - ✆ (802) 862-9010 - www.henrysdinervt.com - tlj 6h-16h - moins de 15 $.* Un « diner » qui ne paie pas de mine de l'extérieur, tandis qu'à l'intérieur, on retrouve tous les éléments de ce pilier de la culture américaine. On y vient pour le café servi « sans fond », manger des œufs, du pain perdu ou du « meatloaf » et un café au comptoir, ou siroter un milk-shake.

Magnolia Bistro – *1 Lawson Ln - ✆ (802) 846-7446 - www.magnoliabistro.com - 8h-14h - fermé mar., merc. et jeu. - moins de 15 $.* Pancakes, pain perdu (french toast), œufs Benedict, etc. Tous les classiques du brunch sont ici préparés avec des produits locaux. Ambiance bistrot et atmosphère chaleureuse. Également, nombreuses options végétariennes et vegan.

ACTIVITÉS

Croisières

Lake Champlain Shorelines Cruises – *Dép. de Burlington Boathouse (College St.) - ✆ (802) 862-8300 - www.soea.com - P ♿ - mai-oct. - 1h30 AR - à partir de 23 $.* Le Spirit of Ethan Allen emmène les visiteurs en croisière sur le lac Champlain. Très belles vues sur les îles et les monts Adirondacks. Propose aussi des dîners-croisières et des sorties au coucher du soleil.

AGENDA

Le Vermont vibre tout au long de l'année, au rythme des festivals.

Vermont Brewers Festival – *www.vtbrewfest.com.* Il met la bière locale à l'honneur et prend place au bord du lac le temps d'un week-end du mois de juillet.

Discover Jazz Festival – *www.discoverjazz.com.* Une semaine fin mai-début juin. Il réunit têtes d'affiche et groupes locaux.

Vermont Cheesemakers Festival – *www.vtcheesefest.com.* Pendant l'été, aux Shelburn Farms. Pour les amateurs de fromage !

Vermont Mapple Festival – *St Albans - à 28,6 miles (46 km) au nord de Burlington - www.vtmaplefestival.org.* Fin avril, il célèbre l'un des produits phares de la région : le sirop d'érable.

Stowe

★

4 339 hab.

À mesure que la Route 108 serpente à travers cette petite bourgade sise au pied du mont Mansfield – qui signale de loin l'emplacement du village – on découvre la gracieuse flèche blanche de la Christ Community Church. Stowe est considérée comme la capitale du ski de l'est du pays en raison de l'enneigement exceptionnel dont bénéficie la région, de ses chalets à la suisse, et de la densité des infrastructures hôtelières. C'est ici que la famille Von Trapp, qui inspira la comédie musicale « La Mélodie du bonheur », s'est installée : ça leur rappelait leur Autriche natale !

NOS ADRESSES PAGE 284
Hébergement, restauration, achats, activités, etc.

S'INFORMER

Stowe Area Association –
800 467 8693 - www.gostowe.com.

SE REPÉRER

Carte de région B1 (p. 254-255).
Village perché dans le nord du Vermont, Stowe est à la jonction des Routes 108 et 100 (à 10 miles/16 km au nord de l'I-89 par la Route 100). La plupart des activités sont regroupées dans le centre historique et le long de Mountain Road, qui relie le village aux stations de ski.

SE GARER

Vous trouverez des places de stationnement gratuites dans les rues de Stowe et dans les parkings situés à proximité de Main Street.

À NE PAS MANQUER

Une virée à vélo le long de Recreation Path (appelé aussi Stowe Bike Path). Plusieurs boutiques de location jalonnent ce sentier pavé de 5,3 miles (8,5 km).

ORGANISER SON TEMPS

Comptez une heure pour le vieux Stowe, deux heures au Recreation Path et une demi-journée pour une randonnée ou du ski en hiver

AVEC LES ENFANTS

Activités au Stowe Mountain Resort Adventure Center.

Se promener

En hiver, de nombreux skieurs viennent profiter de la station, qui s'étend sur deux massifs, le **mont Mansfield** (alt. 1 340 m), point culminant du Vermont, et **Spruce Peak** (alt. 1 012 m), offrant près de 80 km de pistes. Stowe accueille par ailleurs deux des meilleurs spas de Nouvelle-Angleterre *(voir « Nos adresses »)*. Parmi les boutiques, restaurants et galeries alignés sur Main Street, rendez-vous au **Shaw's General Store** *(n° 54)*, ouvert depuis 1895, qui vend vêtements et accessoires pour le ski.

Vermont Ski and Snowboard Museum

1 South Main St. - 802 253 9911 - www.vtssm.com - ♿ - merc.-dim. 12h-17h - fermé de mi-avr. à Memorial Day, Halloween, Thanksgiving Day - 5 $.
Ce petit musée restitue 100 ans d'histoire de glisse.

ROAD TRIP LE LONG DE LA ROUTE 100

Une bonne façon de découvrir le Vermont est de s'offrir un *road trip* le long de la célèbre Route 100. Longue de 216 miles (347 km), elle s'étire de Stamford, au sud, jusqu'à la frontière canadienne, offrant une grande variété de paysages. Fréquentée toute l'année, cette route pittoresque est notamment surnommée « la route des skieurs », car elle traverse de nombreuses stations de sports d'hiver. Elle est aussi très populaire en automne, pendant le *Fall Foliage*, le fameux été indien de la Nouvelle-Angleterre. Réservez bien à l'avance vos différentes étapes le long de la route.

Stowe Recreation Path

Sentier de 5,3 miles (8,5 km) jusqu'à Brook Rd. Dép.derrrière l'église de Stowe. Se renseigner auprès de la Stowe Area Association (voir « S'informer »).

Champs cultivés, bois, ponts enjambant la West Branch River : pour les amateurs de marche, ce sentier à travers les Green Mountains est un pur délice.

À proximité Carte de région p. 254-255

★★ Mt Mansfield B1

À 7 miles/11,2 km au nord de Stowe par la Route 108.

Pour atteindre le sommet, vous pourrez longer la **Mt Mansfield Auto Road** *(802 253 3000 ou 800 253 4754 - www.gostowe.com - de fin mai à mi-oct. : 9h-16h - 24 $/voiture, 9 $/passager)*, une route gravillonnée à péage qui zigzague sur 4,5 miles (7,2 km). Vous pourrez aussi monter à bord du **Gondola Skyride** *(8 miles/12,8 km au nord de Stowe par la Route 108 - 802 253 3000 - www.stowe.com/ski-ride/lifts - ♿ - de fin juin à mi-oct. : 10h-16h30; reste de l'année : se rens. - 29 $ AR)* : cette télécabine de 8 places emmène les visiteurs jusqu'à la Cliff House, un restaurant proche du sommet.

De là haut, on bénéficie d'une très large **vue★★** sur la région : Jay Peak au nord-est, le lac Champlain et les monts Adirondacks de l'État de New York à l'ouest, les White Mountains du New Hampshire à l'est. Par temps clair, on aperçoit la ville de Montréal au nord.

Stowe Mountain Resort Adventure Center B1

Au pied du Mt Mansfield - à 8,5 miles (13,6 km) au nord de Stowe par la Route 108. 802 253 3420 - www.stowe.com - de fin juin à déb. sept. : 10h-16h30; de déb. sept. à mi-oct. : jeu.-dim. 10h-15h - réserv. par tél. - plusieurs pass pour la saison, 79 $ parcours arbres, 135 $ tyrolienne.

La station de ski devient parc d'aventures l'été : toboggan géant, tyrolienne, parcours dans les arbres.

Moss Glen Falls B1

À 3 miles (4,8 km) au nord de Stowe par la Route 100. Prenez ensuite Randolph Rd, puis la première à droite jusqu'au petit parking.

Un court sentier mène aux chutes et se poursuit en pente assez raide *(mal balisé)* vers l'amont. Il rejoint un ruisseau où se baigner dans une eau fraîche.

★★ Smugglers Notch B1

À 7 miles (11,2 km) au nord de Stowe par la Route 108 - fermé en hiver.

Bon à savoir – Soyez prudent si vous circulez au pied des rochers qui ont roulé jusqu'aux bords de la route.

La ville de Stowe dans le Vermont.
DonLand/iStock

La route qui relie Stowe à Jeffersonville est étroite. Elle monte brutalement et serpente à travers une gorge sauvage et pittoresque (alt. 659 m), située entre le mont Mansfield et le Spruce Park. La forêt dense est sombre. Smugglers Notch, le « défilé des contrebandiers », doit son nom au trafic d'esclaves et de marchandises entre le Canada et les États-Unis pendant la guerre de 1812.

NOS ADRESSES À STOWE

HÉBERGEMENT

POUR SE FAIRE PLAISIR

Green Mountain Inn – *18 Main St. - (802) 253-7301 - http://greenmountaininn.com - - 103 ch. 159/389 $ -* . Ouvert depuis 1833, idéalement situé, il est aussi le plus grand hôtel de la zone piétonne de Main Street. Ses chambres, réparties entre le bâtiment principal et plusieurs maisons adjacentes, sont décorées de courtepointes artisanales, et garnies de meubles du 19e s. Dans la moderne Mansfield House, les 22 chambres luxueuses possèdent un Jacuzzi. À proximité, 50 ha de terrains, propriété de l'hôtel, pour randonner à pied, en raquettes ou en skis.

Trapp Family Lodge – *700 Trapp Hill Rd - à proximité de la Rte 108 - (800) 826-7000 - www.trappfamily.com - partiel - - 96 ch. 214/323 $ -* . C'est ici, à Stowe, que s'installa la célèbre famille von Trapp après avoir fui les nazis et inspiré le film « La Mélodie du bonheur » (1965). Ils y ouvrirent cet établissement aux airs de chalet tyrolien rustique, et prospérèrent : d'autres chalets essaiment sur quelque 1 000 ha de terrains privés. Vous y trouverez un salon de thé, des équipements de loisirs (courts de tennis en terre battue) et plus de 70 miles (112 km) de sentiers.

ACHATS

Cold Hollow Cider Mill – *3600 Waterbury-Stowe Rd - 05677 Waterbury Center - sur la Route 100 - (800) 327-7537 - www.coldhollow.com - - 8h-18h - fermé Thanksgiving et Noël.* Impossible de manquer cette adresse sur la route de Stowe, qui rassemble le meilleur de la production régionale : fromages du Vermont, condiments, produits à base de pomme, fudges, différentes sortes de sirops d'érable, etc.

ACTIVITÉS

Spas

The Spa at Topnotch – *4000 Mountain Rd - Topnotch Resort - (802) 253-6463 - www.topnotchresort.com.* Proche du Stowe Mountain Resort, il offre des vues panoramiques sur les Green Mountains. Plus de 120 traitements y sont proposés. Également des courts de tennis et trois piscines.

The Stoweflake Spa – *1746 Mountain Rd - 05672 Vermont - Stoweflake Mountain Resort - (800) 253-2232 - www.stoweflake.com.* 120 traitements, dont certains à base de café ou de sirop d'érable. Le spa abrite aussi deux piscines, un sauna et un hammam.

Montpelier

7 760 hab.

Nichée au milieu des collines boisées qui dominent la Winooski River, cette petite ville est la capitale du Vermont depuis 1805, comme le rappelle le dôme doré de son capitole, construit en 1808. Capitale la moins peuplée des États-Unis, elle tire son nom de la ville française de Montpellier, le colonel Davis, qui fonda la ville en 1787, souhaitant rendre hommage à l'aide des Français pendant la révolution américaine. La restauration occupe une place importante, notamment le programme « From Farm to table », une initiative majeure dans tout le Vermont qui vise à valoriser les producteurs locaux. La ville présente d'ailleurs la particularité de ne compter aucun Mac Donald's !

NOS ADRESSES PAGE 287
Hébergement, restauration, achats, activités, etc.

S'INFORMER

Vermont Chamber of Commerce – *802 229 5711 - www.central-vt.com.*

SE REPÉRER

Carte de région B2 (p. 254-255).
L'I-89 (nord-sud) donne accès à la ville, dont le centre est coupé en deux par la North Branch River.

SE GARER

Au centre-ville, deux parkings sur State Street, à proximité de Capitol Plaza.

À NE PAS MANQUER

Une vue de la State House au beau milieu du feuillage d'automne.

ORGANISER SON TEMPS

Offrez-vous une journée nature dans la Mad River Valley (randonnée ou ski selon la saison) et flânez en fin d'après-midi dans les charmantes petites rues de la ville, où vous pourrez dîner le soir.

AVEC LES ENFANTS

Découvrez avec eux la nature au North Branch Nature Center.

Se promener

State House

State St. - 802 828 2228 - www.leg.state.vt.us/sthouse/sthouse.htm - ♿ - visite guidée gratuite (30mn) - de juil. à mi-oct. : lun.-vend. 10h-15h30, sam. 11h-14h30 ; reste de l'année : lun.-vend. 9h-15h - fermé j. fériés.

Cet élégant édifice néoclassique construit en 1859 est le troisième capitole édifié à cet emplacement. Le premier (démoli) datait de 1808 ; le second (1838) disparut dans un incendie. Le bâtiment actuel a conservé le portique du capitole précédent, inspiré du temple de Thésée à Athènes. Une statue de Cérès, déesse romaine de l'Agriculture, domine de ses 4 m le pinacle du dôme doré.

★ Vermont History Museum

109 State St. (dans le bâtiment du Pavilion Office) - 802 828 2291 - www.vermonthistory.org - ♿ - de déb. mai à mi-oct. : mar.-sam. 10h-16h - fermé j. fériés - 7 $, billet combiné avec le Vermont History Center à Barre.

La belle façade victorienne du bâtiment est inspirée du Pavilion Hotel qui occupa le site de 1876 à 1965. Documents et photos relatent l'histoire, la vie économique et les traditions du Vermont.

Feuillage d'automne dans le Vermont.
DenisTangneyJr/iStock

North Branch Nature Center

À 2 miles (3,2 km) au sud du centre-ville - 802 229 6206 - www.northbranchnaturecenter.org - parc : lun.-vend. 9h-16h ; sentiers : accessibles tlj.

Avec ses sentiers le long de la rivière, son jardin à papillons et ses nombreuses activités, ce parc ravira petits et grands.

À proximité Carte de région p. 254-255

★ MAD RIVER VALLEY B2

8 miles (12,8 km) de Warren à Waitsfield – Comptez 1h. Départ de Warren, à 23 miles (37 km) au sud-ouest de Montpelier par l'I-89 West et la Route 100 South.

Mad River Valley – *4403 Main St. - Waitsfield - 802 496 3409 - www.madrivervalley.com.*

La « vallée de la rivière folle » est une tranquille vallée rurale située au beau milieu des Green Mountains. C'est la région idéale pour la randonnée ou le ski. **Sugarbush** et **Mad River Glen** sont deux stations très fréquentées.

Warren

Ce petit village possède des boutiques d'artisanat et une épicerie générale rustique, réputée pour sa cuisine au four et ses salades maison. Un gros poêle en fonte vous réchauffera avant ou après vos sorties hivernales. Demandez une carte de la région pour localiser les nombreux ponts converts de la région, notamment celui de Warren, qui se reflète dans la Mad River.

Si vous avez le temps, gagnez **Granville** par la Route 100 South qui offre de belles **vues★★** sur les Green Mountains.

Revenez à Warren et prenez East Warren Rd en direction du nord.

East Warren Road longe la Mad River et les Green Mountains à l'ouest. Après 5 miles (8 km) on aperçoit une **Round Barn** (1910), l'une des rares granges polygonales bâties dans la vallée qui soit encore debout, et qui fait aujourd'hui partie d'une auberge.

La route continue tout droit et passe le pont couvert de Waitsfield, le plus ancien en activité du Vermont (1833), qui enjambe la Mad River.

Waitsfield

Ce bourg est un carrefour commerçant depuis le 19e s., époque où la diligence de Waitsfield reliait la vallée à la gare de Middlesex. L'agriculture demeure une activité essentielle : on peut voir dans les pâtures avoisinantes des *shetlands cows*, des vaches à cornes et longs poils.

Un détour par la Route 17, à l'ouest, vous offrira depuis l'**Appalachian Gap** (alt. 720 m) de très belles **vues★★** sur la région.

NOS ADRESSES À MONTPELIER

HÉBERGEMENT

Warren

UNE FOLIE

The Pitcher Inn – *275 Main St. - 05674 Warren - (802) 496-6350 - www.pitcherinn.com* - - *11 ch. 375/700 $* - . Une des adresses les plus recherchées du pays ! Les chambres sont décorées selon un thème différent, habillées de précieux meubles et œuvres d'art.

RESTAURATION

PREMIER PRIX

Positive Pie – *22 State St. - (802) 229-0453 - www.positivepie.com - 11h30-21h, vend.-sam. 11h30-21h30 - soir plat 11,50/23 $.* Ambiance animée dans ce restaurant aux allures de bistrot. Les pizzas sont à l'honneur, mais on trouve aussi une sélection de pâtes, salades et burgers.

BUDGET MOYEN

Neci on Main – *118 Main St. - (802) 223-3188 - www.neci.edu/neci-on-main - dîner slt - fermé dim.-mar. - soir plat 16/26 $.* Dans ce restaurant, les étudiants du New England Culinary Institute mettent en pratique leur savoir-faire, préparant une cuisine locale, savoureuse et originale. Les assiettes sont soignées et le service est aux petits soins.

St Johnsbury

7 521 hab.

Quelques industries et la production de sirop d'érable constituent les principales activités économiques de cette bourgade tranquille, porte du vaste et rural Northeast Kingdom qui regroupe trois comtés au nord-est du Vermont. St Johnsbury commença à prospérer dans les années 1830, quand un épicier, Thaddeus Fairbanks, inventa la balance à plateaux et se lança dans sa fabrication. Depuis, des balances Fairbanks furent expédiées dans le monde entier.

S'INFORMER

Northeast Kingdom Chamber of Commerce – *Green Mountain Mall - 2000 Memorial Dr. (Suite 11) - ✆ 802 748 3678 - nekchamber.com.*

SE REPÉRER

Carte de région C1 (p. 254-255).

St Johnsbury est à la frontière du New Hampshire, au nord-est du Vermont. La ville est facilement accessible par l'I-89 et l'I-91.

SE GARER

Vous pourrez aisément vous garer dans les rues de cette petite ville.

À NE PAS MANQUER

Le Fairbanks Museum.

ORGANISER SON TEMPS

Prévoyez une demi-journée pour le Fairbanks Museum et au moins une journée entière pour explorer le Northeast Kingdom.

AVEC LES ENFANTS

Fairbanks Museum ; Maple Grove Farms of Vermont ; Bread and Puppet Museum à Glover.

Se promener

★ St Johnsbury Athenaeum

1171 Main St. - ✆ 802 748 8291 - www.stjathenaeum.org - ♿ - lun., merc., vend. 10h-17h30, mar. et jeu. 12h-19h, sam. 10h-15h - fermé dim. et j. fériés - gratuit.

En 1871, Horace Fairbanks, gouverneur du Vermont, fit construire cet édifice de style Second Empire pour servir de bibliothèque publique. Deux ans plus tard, il fit ajouter une **galerie d'art** à l'arrière du bâtiment. Cette dernière a conservé son décor de salon victorien. Dominée par une œuvre monumentale d'Albert Bierstadt, *Domes of Yosemite*, la collection comprend des toiles de Asher B. Durand et d'autres représentants de l'école de l'Hudson, ainsi que des tableaux d'artistes natifs du Vermont comme Hiram Powers et Thomas Waterman Wood. Remarquez les boiseries de la bibliothèque et les salons de lecture des mezzanines.

★ Fairbanks Museum and Planetarium

1302 Main St. - ✆ 802 748 2372 - www.fairbanksmuseum.org - ♿ - 9h-17h - fermé 1er janv., dim. de Pâques, 4 juil., Thanksgiving et 25 déc. - musée : 9 $ (-17 ans 7 $), planétarium : 4/6 $.

Cette institution fut fondée en 1891 par l'homme d'affaires Franklin Fairbanks, qui lui légua sa collection d'animaux naturalisés. Le musée présente 4 500 oiseaux et mammifères, et une riche collection de poupées anciennes. Le **bâtiment** ★ en grès rouge de style néoroman a été conçu par l'architecte Lambert Packard, natif du Vermont. L'intérieur est embelli d'un magnifique plafond en berceau.

LE SIROP D'ÉRABLE

Le Vermont est le premier producteur de **sirop d'érable** des États-Unis. De mars à mi-avril, quand les températures tombent la nuit au-dessous de 0 °C, mais deviennent douces en journée, plus d'un million d'érables sont incisés, affublés d'un bec verseur en métal et, suspendu à ce-dernier, d'un panier qui collectera les 145 litres de sève attendus par arbre. Celle-ci est alors transportée dans une érablière pour y être réduite, filtrée et mise en pot. Chaque litre de sirop d'érable nécessitant 40 litres de sève, il faut compter environ un arbre par litre de produit fini.

Une soixantaine d'entreprises sont ouvertes à la visite dans le Vermont. Vous pourrez y goûter les **quatre types de sirop** élaborés ici (les standards varient selon les États) : le *Vermont Fancy* (sirop jeune et clair, à la saveur légère), le *Vermont medium amber* (sirop le plus populaire, à la coloration ambre moyenne), le *Vermont Dark Amber* (sirop foncé aux saveurs robustes), et le *Vermont Grade B* (sirop très foncé aux saveurs très prononcées). Le sirop d'érable peut parfumer les pancakes, les yaourts ou la glace à la vanille. Il peut aussi s'utiliser dans les gratins de fruits ou de légumes, comme la citrouille.

Maple Grove Farms of Vermont

1052 Portland St. - sur la Route 2, à l'est du centre - ✆ 800 525 2540 - www.maple-grove.com - juin-déc. : 9h-17h ; avr.-mai : lun.-vend. 9h-17h ; janv.-mars : se rens. - fermé j. fériés.

La visite de ce musée, illustrée par de petits films, permet de s'initier à la récolte et à la fabrication du sirop d'érable. Vous pourrez faire le plein de spécialités locales à la boutique. La fabrique voisine sent bon le sucre chaud !

À proximité Carte de région p. 254-255

★★ Northeast Kingdom C1

✆ *802 626 8511 ou 800 884 8001 - www.travelthekingdom.com.*

Cette région de forêts, de lacs, de larges vallées et de routes secondaires qui traversent de petits villages, comprend les trois comtés du nord-est de l'État : Caledonia, Essex et Orleans.

Le « Royaume du Nord-Est » est centré autour de St Johnsbury, et s'étend jusqu'aux frontières du Canada et du New Hampshire. Cette région peu habitée s'anime en automne, lorsque sa campagne devient une symphonie de couleurs mêlant les tons or aux tons cuivrés et au rouge éclatant des érables.

Le **Northeast Kingdom Foliage Festival** *(de fin sept. à déb. oct.)*, qui dure une semaine, rassemble sept villages : Barnet, Cabot, Groton, Marshfield, Peacham, Plainfield et Walden. Chaque jour, un village différent organise une série d'activités allant du petit-déjeuner dressé dans l'église à des visites de maisons ou des expositions artisanales.

Circuits conseillés Carte de région p. 254-255

★ LAKE WILLOUGHBY ET BROWNINGTON BC1

Circuit de 87 miles (140 km) au nord de St Johnsbury, tracé sur la carte de région – Comptez une 1/2 journée. De St Johnsbury, prenez la Route 5 ; traversez Lyndonville pour emprunter la Route 114 North jusqu'à East Burke.

Route de long du lac Willoughby.
Diane Cook and Len Jenshel/Getty Images

The Burkes C1

L'accès à la route à péage de Burke Mountain (Auto Road) s'effectue par la Route 114 à East Burke.

East Burke, Burke Hollow et West Burke sont trois hameaux au pied de la station de ski de Burke Mountain. Le paysage montagneux des alentours est très harmonieux, surtout vu de la route qui monte au sommet de **Burke Mountain** (alt. 994 m). Vers le nord-ouest, au-delà du col, on aperçoit au loin le lac Willoughby.

Revenez à East Burke, d'où une route non signalisée mène à Burke Hollow et West Burke. De West Burke, prenez la Route 5A North vers le lac Willoughby.

★ Lake Willoughby C1

On repère l'emplacement du lac Willoughby *(baignade autorisée en saison)* grâce aux deux versants montagneux qui s'élèvent abruptement en faisant songer à l'entrée d'un défilé. La plus haute de ces deux montagnes, qui surplombe l'extrémité sud-est du lac, est le **mont Pisgah** (alt. 838 m).

Suivez la Route 5A qui longe le lac vers le nord, puis la Route 58 vers l'ouest. Roulez environ 4 miles (6,4 km) jusqu'au village d'Evansville ; tournez à droite sur la route en mauvais état signalant Brownington Center ; prenez la deuxième à gauche et poursuivez vers Brownington Center, où vous prendrez à droite sur la colline pour gagner, à 1,5 mile (2,4 km), le Brownington Village Historic District.

★ Brownington Village Historic District B1

Ce charmant hameau a peu changé depuis le début du 19e s., époque à laquelle il abritait la Brownington Academy. Cette institution privée avait été fondée par le révérend Alexander Twilight (1795-1857), ancien élève du Middlebury College, qui fut le premier Noir diplômé d'une université américaine.

Old Stone House – *✆ 802 754 2022 - www.oldstonehousemuseum.org - visite guidée - de mi-mai à mi-oct. : merc.-dim. 11h-17h (dernier tour 16h) - 10 $.* Le bâtiment des anciens dortoirs (1836), un édifice de quatre étages en granit, abrite aujourd'hui un musée où l'on peut voir d'anciennes salles de classe et des expositions sur l'école.

Au nord du village, sur Prospect Hill, une plate-forme d'orientation offre un **panorama★★** sur le col de Willoughby (au sud-est), le mont Mansfield (au sud-ouest), Jay Peak (à l'ouest) et le lac Memphremagog (au nord).

De Prospect Hill, tournez à droite pour passer devant l'église congrégationaliste et suivez la route non signalisée sur 2 miles (3,2 km) vers l'ouest jusqu'au croisement avec la Route 58. Tournez à droite et traversez Orleans (1 mile/1,6 km). Prenez la Route 5 vers le sud sur 5 miles (8 km), puis la Route 16 vers le sud. Traversez Glover, puis prenez à gauche la Route 122 vers le sud sur environ 1 mile (1,6 km) pour gagner le Bread and Puppet Museum.

Bread and Puppet Museum B1

753 Heights Rd - Glover - ✆ 802 525 3031 - www.breadandpuppet.org - juin-oct. : 10h-18h - gratuit.

Dans une vaste grange obscure bâtie en 1863, la Bread and Puppet Company a disposé de manière impressionnante ses marionnettes plus grandes que nature. Ces masques et ces mannequins ont été utilisés au cours de spectacles historiques donnés en Europe, en Amérique latine et aux États-Unis.

Retournez à St Johnsbury par la Route 122 puis 5 South.

PEACHAM ET BARNET CENTER BC1-2

Circuit de 65 miles (104,5 km) au sud de St Johnsbury, tracé sur la carte de région (p. 254-255) – Comptez 3h. De St Johnsbury, prenez la Route 2 vers l'ouest.

Danville B1

Grâce à son altitude, cette bourgade rurale et agricole jouit de brises fraîches et d'air pur, même pendant les grandes chaleurs estivales.

Continuez vers le sud sur la Route 2 jusqu'à Marshfield, puis prenez à droite la Route 215.

Cabot B1

Ce paisible village abrite la célèbre crèmerie du Vermont : Cabot..

Retournez à Danville par les Routes 215 et 2. Prenez vers le sud la route non signalisée qui traverse Harvey et Ewell Mills.

★ Peacham B2

Dans un cadre superbe de vallons et de collines, Peacham est probablement en automne la localité la plus photographiée du Vermont.

Poursuivez vers Barnet Center en traversant South Peacham, et prenez à gauche vers West Barnet. À Barnet Center, tournez à gauche avant l'église et suivez la route qui monte sur la colline.

Barnet Center C2

Après avoir dépassé l'église, on découvre, juste avant le sommet de la colline, un charmant paysage champêtre avec une grange et son silo. Au-delà, la **vue★★** s'étend vers le lointain.

Redescendez au pied de la colline. Prenez à gauche en direction de Barnet où vous vous engagerez sur la Route 5 pour rejoindre St Johnsbury.

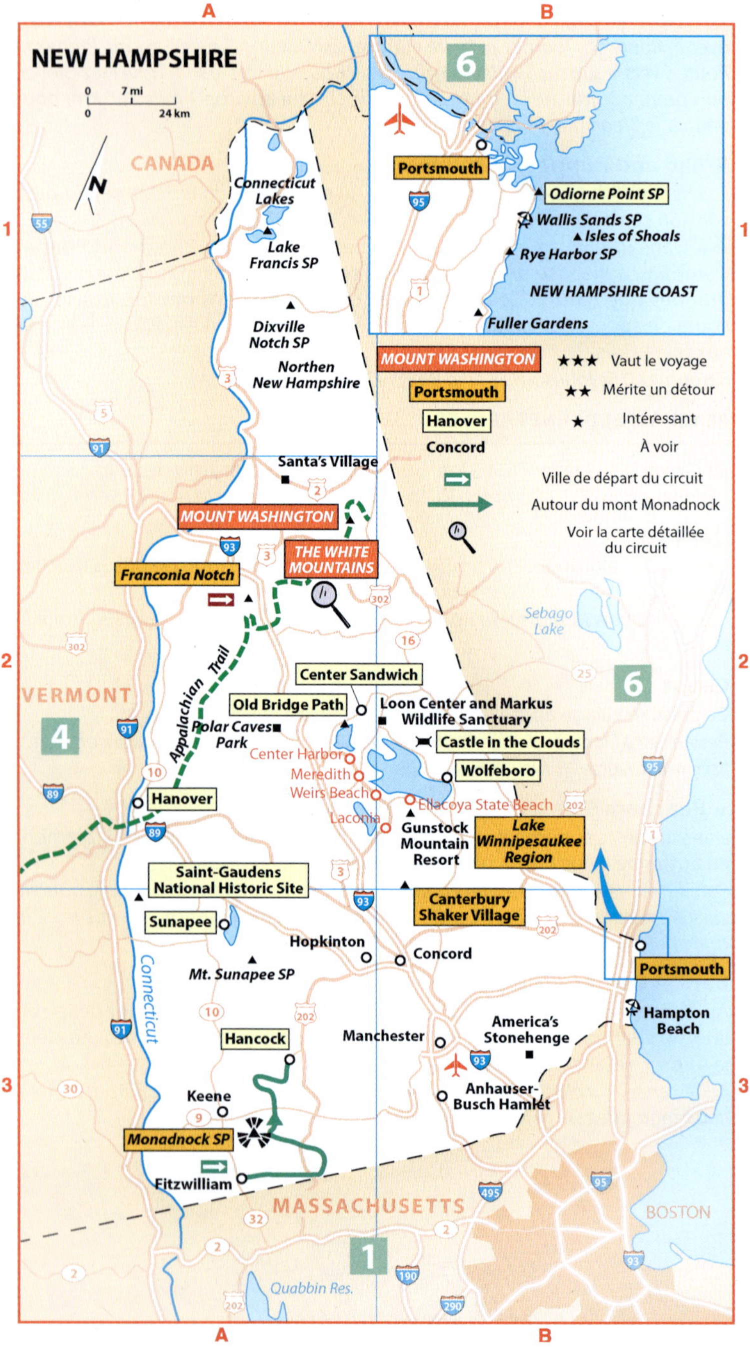
NEW HAMPSHIRE
0 7 mi
0 24 km
N
CANADA
Connecticut Lakes
Lake Francis SP
Dixville Notch SP
Northen New Hampshire
Santa's Village
MOUNT WASHINGTON
THE WHITE MOUNTAINS
Franconia Notch
Appalachian Trail
VERMONT
Center Sandwich
Old Bridge Path
Polar Caves Park
Loon Center and Markus Wildlife Sanctuary
Castle in the Clouds
Center Harbor
Meredith
Weirs Beach
Laconia
Wolfeboro
Ellacoya State Beach
Gunstock Mountain Resort
Lake Winnipesaukee Region
Hanover
Saint-Gaudens National Historic Site
Canterbury Shaker Village
Sunapee
Hopkinton
Concord
Mt. Sunapee SP
Connecticut
Hancock
Manchester
America's Stonehenge
Anhauser-Busch Hamlet
Keene
Monadnock SP
Fitzwilliam
MASSACHUSETTS
BOSTON
Quabbin Res.
Portsmouth
Hampton Beach
Sebago Lake
Odiorne Point SP
Wallis Sands SP
Isles of Shoals
Rye Harbor SP
NEW HAMPSHIRE COAST
Fuller Gardens
MOUNT WASHINGTON ★★★ Vaut le voyage
Portsmouth ★★ Mérite un détour
Hanover ★ Intéressant
Concord À voir
Ville de départ du circuit
Autour du mont Monadnock
Voir la carte détaillée du circuit

New Hampshire

5

Carte Michelin New England 581

Portsmouth

★★

20 848 hab.

Portsmouth est l'unique port de mer du New Hampshire. Ce fut la capitale de la colonie jusqu'en 1808, date à laquelle le siège du gouvernement fut transféré à Concord. Portsmouth s'étend le long du fleuve Piscataqua, face au village de Kittery, dans le Maine. La petite ville a conservé son apparence paisible et elle demeure très agréable à visiter à pied. L'ambiance animée du centre tranche avec la quiétude du quartier des maisons historiques.

NOS ADRESSES PAGE 299
Hébergement, restauration, achats, activités, etc.

S'INFORMER

Greater Portsmouth Chamber of Commerce – Plan de ville p. 297 - *Kiosque d'information : 500 Market Pl. - ☏ 603 610 5510 - www. portsmouthchamber.org.*

Discover Portsmouth – *10 Middle St. - ☏ 603 436 8433 - portsmouthhistory.org - de mi-mai à fin oct..* Visite guidée de la ville *(15 $).*

SE REPÉRER

Carte de région B1 et B3 (p. 292).

Portsmouth se trouve au bord du fleuve Piscataqua, à proximité de l'I-95.

SE GARER

Vous trouverez un grand parking sur Hanover Street.

À NE PAS MANQUER

Le Strawbery Banke Museum, avec ses 32 bâtiments historiques, ses jardins et ses nombreuses activités.

ORGANISER SON TEMPS

La ville est petite et se visite en une journée. Partez de Market Square, et commencez par découvrir la ville, en visitant le Strawbery Banke Museum ou en suivant le circuit des maisons historiques *(voir p. 296)*. Passez le reste de la journée au large : en croisière pour visiter les îles de Shoals. Si vous venez pour le week-end, passez par la route 1A le long de la côte du New Hampshire *(voir p. 300)*. Vous pouvez aussi prolonger la promenade en voiture sur la côte du Maine *(voir p. 343)*.

Strawbery Banke.
N. Peyroles/Michelin

Se promener Plan de ville p. 297

★★ STRAWBERY BANKE

Entrée au 14 Hancock St. - ✆ 603 433 1100 - www.strawberybanke.org - ✕ - mai-oct. : 10h-17h ; nov.-déc. : visite guidée sur RV - valable 2 j. 19,50 $ (enf. 9 $, famille 48 $). Plan disponible à l'entrée - comptez env. 2h de visite.

Ce village-musée, bel ensemble de maisons historiques, jardins et chemins ombragés bordant une vaste pelouse, illustre plus de trois cents ans d'architecture américaine et témoigne du mode de vie local. Aux beaux jours, la visite est libre et on peut entrer dans les différentes maisons qui jalonnent l'itinéraire (un drapeau américain indique celles qui sont ouvertes à la visite). Des personnages en habits d'époque (jardinier, cuisinière, forgeron…) animent le village. Expositions temporaires, visites guidées et nombreuses autres prestations.

Entre Strawbery Banke et le fleuve, **Prescott Park** est embelli en été par de ravissants parterres de fleurs.

LA RIVE DES FRAISES

En 1623, un groupe de pionniers anglais aborda les rives du fleuve Piscataqua. Découvrant que les berges étaient envahies de fraisiers sauvages, ils baptisèrent l'endroit « Strawbery Banke », ou la rive des fraises, nom qui lui resta jusqu'en 1653 lorsque ce « port à l'embouchure du fleuve » fut rebaptisé Portsmouth.

Les premiers colons vécurent de la pêche, de la construction navale et de l'exploitation du bois. Après la déclaration d'Indépendance, le commerce maritime prit le relais et renforça la prospérité de la ville, si bien qu'à partir du début du 18e s. et tout au long du 19e s., négociants et capitaines au long cours se firent construire des maisons traduisant leur réussite. Leurs résidences de styles georgien et fédéral, dont on peut voir quelques exemples le long des rues qui descendent vers le front de mer, figuraient au nombre des plus belles demeures de l'État. En 1800, Portsmouth donna son nom à la nouvelle base navale établie à Kittery, dans le Maine, où fut signé en 1905 le traité de Portsmouth qui mit un terme à la guerre russo-japonaise. Aujourd'hui, le passage des remorqueurs rappelle le temps glorieux où la ville vivait de son commerce maritime.

En face de l'entrée de Strawbery Banke se dresse le **Liberty pole** (A), mât de la Liberté semblable à ceux qu'érigeaient les patriotes pendant la guerre d'Indépendance pour manifester leur opposition à la Couronne.

LES MAISONS HISTORIQUES

Circuit tracé sur le plan de ville (ci-contre) – Comptez 2 à 3h selon vos visites. Départ de North Church ; suivez Daniel St. jusqu'à l'angle de Chapel St.

★★ Warner House

150 Daniel St. - ✆ 603 436 5909 - www.warnerhouse.org - visite guidée (45mn) - juin-oct. : tlj sf mar. 11h-16h - fermé j. fériés - 8 $ (seniors et étudiants 7 $).
C'est l'une des plus anciennes maisons en brique de la région (1716). On y voit du mobilier d'Europe et de Nouvelle-Angleterre, ainsi que des fresques du 18e s.
Rejoignez State St. par Chapel St. et tournez à gauche. Au bout de la rue, prenez Marcy St. à droite, continuez au-delà du parc et tournez à gauche dans Gates St., puis à droite dans Mechanic St.

Wentworth-Gardner House

50 Mechanic St. - ✆ 603 436 4406 - wentworthlear.org - visite guidée (1h) - de fin mai à déb. oct. : mar.-dim. 12h-16h - fermé lun. et j. fériés - 6 $.
La Wentworth-Garder, une sublime demeure de style georgien (1760), se reflète dans les eaux de la Piscataqua. Boiseries, corniches et balustres ouvragés à l'intérieur. Voisine, la **Tobias Lear House** (1740) est plus modeste.
Revenez sur Marcy St. par Gardner St., tournez à droite puis à gauche dans Gates St. Au bout de la rue, prenez Pleasant St. à droite.

Governor John Langdon House

143 Pleasant St. - ✆ 603 436 3205 - www.historicnewengland.org - visite guidée (45mn) - de juin à mi-oct. : vend.-dim. 11h-17h (dernier dép. 16h) - fermé 4 Juil. - 8 $ (seniors 7 $, étudiants 4 $).
Cette grande maison blanche de style georgien (1784) fut la propriété de John Langdon, premier président du Sénat américain et ancien gouverneur du New Hampshire. Jolies boiseries et mobilier fabriqué à Portsmouth (18e-19e s.).
Continuez dans Pleasant St. et tournez à gauche dans Court St. Au bout de la rue, prenez Middle St. à gauche.

Rundlet-May House

364 Middle St. - ✆ 603 436 3205 - www.historicnewengland.org - visite guidée (45mn) - juin à mi-oct. : 1er et 3e sam. du mois 11h-17h (dernier dép. 16h) - fermé 4 Juil. - 8 $ (seniors 7 $, étudiants 4 $).

UNE TRADITION DE BRASSEURS

Portsmouth a un riche passé de brasseurs : jusqu'au 19e s., la majorité des **bières du pays** était produite ici. Dans les bars et restaurants, la liste des bières disponibles est parfois très impressionnante, et faire le bon choix peut s'avérer complexe. Il y a tout d'abord deux possibilités : soit une bière en bouteille *(bottle)*, soit à la pression *(tap)*. Les bières les plus populaires en Nouvelle-Angleterre sont la Samuel Adam's et la Guinness, l'influence irlandaise est toujours majeure. Une bière se dit *ale*, et on en trouve de toutes les couleurs. La *lager* est une bière blonde légère, tout comme la *IPA (India Pale Ale)*, la *stout* est une bière brune robuste.

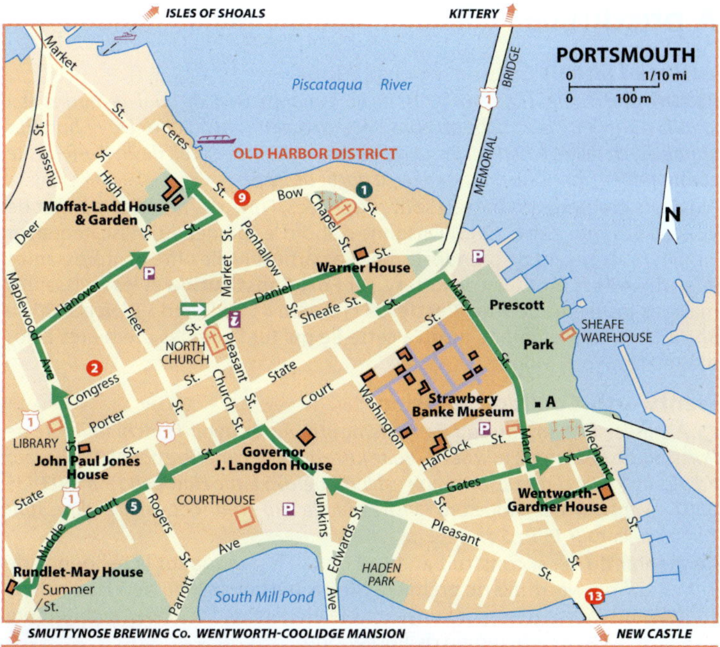

SE LOGER		SE RESTAURER	
Ale House Inn	1	Friendly Toast	2
The Hotel Portsmouth	5	Old Ferry Landing	9
		Sanders Fish Market	13

Élégante demeure de style fédéral, érigée en 1807, Rundlet-May House témoigne de la vie quotidienne de ses propriétaires, une dynastie de marchands qui y habita jusqu'aux années 1970. La décoration et les équipements originaux s'y trouvent encore.

Faites demi-tour dans Middle St.

John Paul Jones House

43 Middle St. - ✆ 603 436 8420 - www.portsmouthhistory.org - de fin mai à déb. oct. : 11h-17h - 6 $.

Héros de la marine américaine, **John Paul Jones** séjourna à deux reprises dans cette maison de style colonial pendant la guerre d'Indépendance. L'exposition comprend du mobilier, de la porcelaine, des vêtements et des objets de valeur historique appartenant à la Portsmouth Historical Society.

Poursuivez dans Middle St. et Maplewood Ave., puis à droite dans Hanover St. et à gauche dans Market St.

5

★ Moffatt-Ladd House & Garden

154 Market St. - ✆ 603 436 8221 - www.moffattladd.org - visite guidée (45mn) - de juin à mi-oct. : lun.-sam. 11h-17h, dim. 13h-17h (dernier dép. 16h30) - 8 $.

Cette élégante demeure de style georgien fut construite en 1763. Le grand vestibule a gardé son papier peint original et ses boiseries ouvragées. Un charmant jardin en terrasses (milieu du 19e s.) complète la visite.

À proximité

★ Isles of Shoals Carte de région p. 292 B1

À environ 8 miles (12,8 km) à l'est de Portsmouth. Dép. du quai de Market St. - 603 431 5500 - islesofshoals.com - ♿ - tlj de mi-juin à Labor Day - horaires variables -activité réduite au printemps et en automne - circuit de 2h45 AR - visite commentée - réserv. recommandée - à partir de 28 $.

Plusieurs croisières en bateau sont proposées, l'une d'entre elles permet de visiter 9 îles *(durée 2h45 - 28 $)*. On longe d'abord les berges de la Piscataqua sur 5 miles (8 km) avant de prendre la mer. La partie fluviale offre d'intéressantes vues sur le **Fort Mc Clary** de Kittery, sur **Fort Constitution** et les ravissantes maisons insulaires de **New Castle**. La croisière « Star Island » *(durée 3h30 ou 8h - 35 $ ou 42 $)* emmène jusqu'à cette île qui fut l'une des premières colonies du Nouveau Monde.

Wentworth-Coolidge Mansion Plan de ville p. 297 en dir.

À 2 miles (3,2 km) au sud de Portsmouth. Après avoir franchi la limite de Portsmouth (0,25 mile), tournez à droite juste avant le cimetière dans Little Harbor Rd. Après 1 mile (1,6 km), le manoir est indiqué. 375 Little Harbor Rd - 603 436 6607 - wentworthcoolidge.org - visite guidée (1h) - mai-oct. : merc.-dim. 10h-16h (dernier tour 15h) - 5 $.

Ce manoir du 18e s. construit au bord de la Piscataqua fut la résidence de Benning Wentworth, fils du premier gouverneur colonial du New Hampshire, John Wentworth. Il demeure un exemple élégant de l'éveil de l'architecture américaine dans cette région de Portsmouth.

Smuttynose Brewing Co. Plan de ville p. 297 en dir.

À 5 miles (8 km) au sud de Portsmouth. Prenez la Route 1 vers le sud, tournez à droite sur Heritage Ave., puis à gauche. 603 436 4026 - www.smut tynose.com - visite guidée - merc.-vend. : 12h-19h, sam.-dim. : 11h-19h - fermé lun.-mar. - gratuit.

Cette brasserie fondée en 1994, qui a emprunté son nom à l'une des îles de Shoals, propose des visites guidée suivies d'une dégustation. Leurs bières sont désormais vendues dans toute la région. On y trouve, entre autres, la *Old Brown Dog Ale*, la *Finestkind IPA* ou la *Star Island Single*, et des bières de saison, comme celle à la citrouille *(Pumpkin Beer)*.

Fort Constitution Plan de ville p. 297 en dir.

À New Castle, à proximité de Portsmouth, sur la Route 1B. US Coast Guard Station - 25 Wentworth Rd - 603 436 1552 - www.nhstateparks.com - de l'aube au crépuscule.

Autrefois appelé Fort William and Mary, cet ancien bastion britannique surplombe l'embouchure de la Piscataqua. Un sentier de découverte dévoile de belles vues sur l'océan Atlantique et sur le phare de Portsmouth.

NOS ADRESSES À PORTSMOUTH

HÉBERGEMENT

Difficile de trouver un lit à moins de 100 $ en centre-ville ! Si votre budget est limité, essayez les motels en périphérie, ou à Kittery, située de l'autre côté de la rivière.

BUDGET MOYEN

Martin Hill Inn – Hors plan - *404 Islington St. - (603) 436-2287 - www.martinhillInn.com - - 7 ch. 180/240 $*. Institution de longue date, cette auberge se reconnaît à sa palissade blanche et aux petites marquises qui surmontent ses fenêtres. Les chambres, équipées de salles de bains privées et meublées de lits Queen, occupent deux bâtiments historiques attenants, bordés par une allée.

5 **The Hotel Portsmouth** – *40 Court St. - (603) 433-1200 - www.thehotelportsmouth.com - - 32 ch. 149/389 $*. L'intérieur de cette demeure de style Queen Anne (1881) a été entièrement rénové dans un style clair et contemporain. Le salon, avec ses boiseries et ses lambris ouvragés, et la salle des petits-déjeuners, ajoutent à la popularité des lieux.

1 **Ale House Inn** – *121 Bow St. - (603) 431-7760 - www.alehouseinn.com - - 10 ch. 129/269 $*. Murs de brique et design contemporain, emplacement privilégié et confort haut de gamme : voici, dans l'enceinte d'un ancien entrepôt de bières, un véritable boutique-hôtel comme on en trouve peu dans la région !

RESTAURATION

PREMIER PRIX

2 **Friendly Toast** – *113 Congress St. - (603) 430-2154 - http://thefriendlytoast.net - 7h-21h, jeu. 7h-22h, vend.-sam. 7h-2h - plat 11/19 $*. Déco déjantée et menu inspiré dans ce grand resto-cantine aux airs de vide grenier seventies : essayez les Almond Joy cakes (crêpes au babeurre, pépites de chocolat, noix de coco et amandes), le Peasant (œufs brouillés, riz brun, épinards, haricots noirs et feta) ou l'un des nombreux plats aux noms farfelus. Salades, burgers, sandwichs…

13 **Sanders Fish Market** – *367 Marcy St. - (603) 436-4568 - www.sandersfish.com - 9h-18h, dim. 9h-17h - fermé 1er janv., Pâques, Labor Day, Thanksgiving et Noël*. Cette poissonnerie et épicerie propose une carte limitée composée de délicieux sandwichs frais au homard ou au crabe et d'une soupe du jour. À savourer sur place.

BUDGET MOYEN

9 **Old Ferry Landing** – *10 Ceres St. - (603) 431-5510 - www.portsmouthnh.com/listing/old-ferry-landing/ - - avr.-oct. : 11h30-20h, vend.-sam. 11h30-21h - plat 13/30 $*. Fruits de mer, salades et sandwichs à déguster sur le port. L'établissement doit son nom au terminal de ferries qui se trouvait ici autrefois.

PETITE PAUSE

Breaking New Grounds – *14 Market Sq. - (603) 436-9555 - www.bngcoffee.com - -6h30-22h, vend.-sam. 6h30-23h*. En plein centre, ce coffee shop a des allures de salon de thé à l'européenne. Les vitrines sont remplies d'appétissantes pâtisseries : gâteaux à étages, cheesecakes et spécialités au chocolat, à déguster avec un café ou un thé. Aux beaux jours, tentez votre café préféré en mode glacé (iced).

La côte du New Hampshire

Long de seulement 18 miles (29 km), le littoral du New Hampshire a beau être le moins étendu des états-Unis, il n'en offre pas moins de très beaux paysages : plages de sables, rochers et parcs d'État. La Route côtière 1A, qui relie Seabrook à Portsmouth, dessert des stations balnéaires et de luxueuses propriétés privées, avec de jolis points de vue sur l'océan. De l'autre côté de la route, étangs et marais se succèdent : l'eau est partout !

NOS ADRESSES CI-CONTRE
Hébergement, restauration, achats, activités, etc.

S'INFORMER
Seacoast NH – *www.seacoastnh.com.*

SE REPÉRER
Carte de région B1 et B3 (p. 292).
L'I-95, orientée nord-sud, et les Routes 1 et 1A donnent accès aux villes et aux plages de la côte.

SE GARER
Places de stationnement à durée limitée le long de la Route 1 et grand parking (payant) à Hampton Beach.

À NE PAS MANQUER
La plage d'Hampton Beach avec son sable blanc et sa pléthore d'activités.

ORGANISER SON TEMPS
Pour trouver une place au parking et sur la plage, arrivez tôt ! Cette côte se découvre soit en *road trip*, entre Boston et Portsmouth, soit en s'arrêtant pour profiter des plages.

AVEC LES ENFANTS
Odiorne Point State Park et ses petits bassins à marée basse ; le Seacoast Science Center.

Découvrir Carte de région p. 292

Hampton Beach B3
Sur la Route 1A, à 1 mile (1,6 km) au nord de Seabrook.
Cette station balnéaire animée est bordée par de nombreux hôtels, des restaurants et des motels. Elle s'enorgueillit de posséder un casino et une plage de sable longue de 3,4 miles (5,5 km). Derrière la digue, des surfeurs viennent braver les vagues de l'Atlantique. Au nord d'Hampton Beach, la route longe **Little Boars Head** où se succèdent d'immenses propriétés privées. Un petit sentier aménagé sur le bord de la route permet de se promener face à la mer.

Fuller Gardens B1
10 Willow Ave. - North Hampton - ✆ 603 964 5414 - www.fullergardens.org - de mi-mai à fin oct. : 10h-17h30 - 9 $.
La résidence d'été d'Alvan T. Fuller, ancien gouverneur du Massachusetts, possède des roseraies (2 000 rosiers), des jardins japonais, des serres et des parterres de plantes vivaces et annuelles. Belles vues sur la mer.

Rye Harbor State Park B1
À Rye, sur la Route 1A - 1730 Ocean Blvd - ✆ 603 227 8717 - www.nhstateparks.org - ♿ - ouvert tte l'année - activités de mi-juin à Labor Day : 8h-20h ; de fin mai à mi-juin : 8h-18h - 4 $ durant la période d'activité.
Ce promontoire rocheux qui surplombe l'océan Atlantique a été aménagé pour les amateurs de pique-nique et de parties de pêche.

Wallis Sands State Park B1
À Rye, sur la Route 1A - 1750 Ocean Blvd - ✆ 603 436 9404 - www.nhstateparks.org - ♿ - de mi-juin à déb. sept. : 8h-20h ; de mi-mai à mi-juin : 8h-18h - 15 $/voiture.
Un parc bordé par une plage longue de 0,25 mile (400 m), bondée en été !

★ **Odiorne Point State Park** B1
À Rye, sur la Route 1A - 570 Ocean Blvd - ✆ 603 436 7406 - www.nhstateparks.org - ♿ - de fin mai à déb. sept : 8h-18h - 4 $ (gratuit le reste de l'année).
C'est à cet endroit que s'installèrent les premiers colons (Pannaway Plantation) au New Hampshire, en 1623. Le parc offre de beaux panoramas depuis ses 55 ha de terrains laissés à l'état naturel.
Seacoast Science Center – *✆ 603 436 8043 - www.seacoastsciencecenter.org - mi-fév.-oct. : 10h-17h ; reste de l'année : sam.-lun. 10h-17h - 10 $ (3-12 ans 5 $).*
Il abrite une exposition et un aquarium, avec des activités de découverte.

NOS ADRESSES SUR LA CÔTE

HÉBERGEMENT

Hampton Beach

BUDGET MOYEN

Ashworth by the Sea – *295 Ocean Blvd - ✆ (603) 926-6762 - www.ashworthhotel.com - P 18/20 $/nuit - ♿ - 107 ch. env. 159/449 $ -* Les piscines intérieure et extérieure et, face à l'océan, les chambres avec vue, en font une adresse très demandée !

The Victoria Inn – *430 High St. - ✆ (603) 929-1437 - www.thevictoriainn.com - P - 7 ch. 169/309 $.* Nichée parmi les propriétés érigées face à l'océan, une ancienne remise (1875) transformée en auberge de charme. Son jardin, sa véranda et ses chambres décorées de meubles victoriens offrent une oasis de tranquillité à deux pas de la plage.

New Castle

UNE FOLIE

Wentworth By-the-Sea – *588 Wentworth Rd - ✆ (866) 384-0709 - www.wentworth.com - P ♿ - 161 ch. 322/699 $ -.* L'adresse la plus chic de la côte du New Hampshire ! Bâtie sur l'île de New Castle, cette propriété historique s'enorgueillit de belles vues sur le port et sur l'océan, et d'une pléthore de services (spa, tennis, golf).

RESTAURATION

Hampton Beach

BUDGET MOYEN

Ron's Landing – *379 Ocean Blvd - ✆ (603) 929-2122 - www.ronslanding.com - P voiturier - à partir de 16h - fermé lun. et mar. - plat 25/34 $.* Large sélection de fruits de mer, viandes et pâtes dans ce restaurant familial du front de mer. Depuis la terrasse, on jouit d'une belle vue sur l'animation de la rue et le large.

North Hampton

PREMIER PRIX

Betty's Kitchen – *164 Lafayette Rd - Rte 1 - ✆ (603) 964-9870 - www.bettyskitchen.com - 6h-14h - moins de 14 $.* Une enseigne réputée pour son menu breakfast anytime (petit-déjeuner à toute heure) : omelette Cordon Bleu ou Florentine, œufs Benedict réinventés (homard, crevettes, coquilles saint-jacques et crabe).

La région du mont Monadnock

★

Cette région est située en plein cœur de la Nouvelle-Angleterre : petits villages, églises, ponts couverts composent la carte postale idéale ! Le mont Monadnock (alt. 965 m) domine la vallée ; cette éminence demeure l'un des sommets les plus escaladés du monde : quelque 125 000 personnes le gravissent chaque année pour profiter de son magnifique panorama !

NOS ADRESSES PAGE 305
Hébergement, restauration, achats, activités, etc.

S'INFORMER

Greater Keene Chamber of Commerce – *48 Central Sq. - Keene - ✆ 603 352 1303 - www.keenechamber.com.*

Monadnock Travel Council – *www.monadnocktravel.com*

SE REPÉRER

Carte de région A3 (p. 292).

La région s'étend au sud-ouest du New Hampshire, à 1h15 de Manchester et 2h de la côte atlantique.

SE GARER

Vous pourrez aisément vous garer à Keene et dans les villages alentour.

À NE PAS MANQUER

Les villages de la région, typiques de la Nouvelle-Angleterre.

ORGANISER SON TEMPS

Prévoyez une journée pour faire le circuit proposé. Consacrez trois bonnes heures au Monadnock State Park. Facile d'accès depuis Boston, on peut y passer la journée pour un mini *road trip* ou une randonnée.

AVEC LES ENFANTS

Ils aimeront s'occuper des animaux de la Friendly Farm, manger une glace au Kimball Farm Restaurant et monter à cheval au Silver Ranch.

Se promener

Keene

Bon à savoir – La Historical Society of Cheshire Country *(246 Main St. - ✆ 603 352 1895 - www.hsccnh.org - tlj sf dim.-lun.)* fournit des informations sur la ville et organise des visites guidées des maisons historiques.

Ce centre industriel et commerçant a connu une croissance spectaculaire depuis quelques décennies.

La rue principale (Main Street), bordée de façades de styles georgien, fédéral, italianisant et Second Empire des 18e et 19e s., regorge de restaurants et de boutiques. Elle se divise en deux au niveau de **Central Square** qui est dominé par l'**United Church of Christ** (église du Christ), bâtie en 1788.

En face se dresse le kiosque municipal, dans le petit parc communal.

À l'ouest du centre-ville coule la rivière Ashuelot, dont les rives ont été aménagées sur une vingtaine d'hectares en bois et jardins propices à la détente :

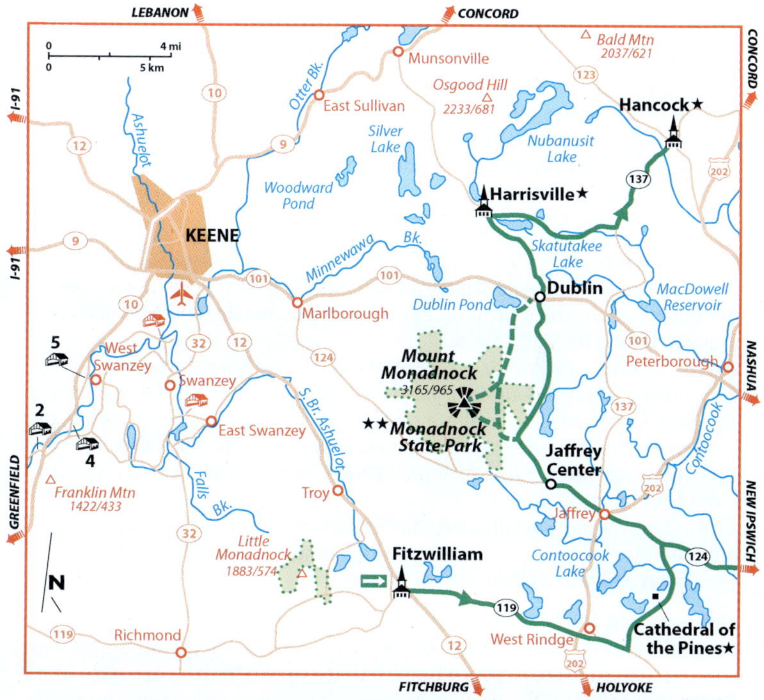

balades, vélo, jogging… Ils sont administrés par l'**Ashuelot River Park**. Il est par ailleurs très agréable d'emprunter la Route 10 vers le sud afin d'observer les **ponts couverts n°s 2**, **4** et **5** *(des panneaux routiers indiquent la direction à suivre).*

Circuit conseillé Carte de région p. 292

AUTOUR DU MONT MONADNOCK A3

Circuit de 47 miles (75,6 km) tracé sur la carte ci-dessus – Comptez 3h. Départ de Fitzwilliam, à 14 miles (22,5 km) au sud de Keene par la Route 12.

Fitzwilliam

C'est un bien charmant petit village de Nouvelle-Angleterre ! Face au *green* se trouvent de beaux bâtiments en bois blanc, des commerces d'antiquités, l'ancienne *meetinghouse*, l'auberge et une église congrégationaliste au clocher façon « pièce montée ». À l'ouest *(à 1,5 mile/2,4 km de la Route 119)*, le **Rhododendron State Park** (6,5 ha) offre en juin et juillet le magnifique tableau naturel de ses floraisons.

Prenez la Route 119 vers l'est. Au croisement avec la Route 202, suivez les panneaux indiquant la cathédrale.

★ Cathedral of the Pines

603 899 3300 - www.cathedralofthepines.org - ♿ P - mai-oct. : 9h-17h - contribution demandée.

Élevée au sommet d'une colline, cette « cathédrale des pins », dédiée aux soldats américains tombés au combat, est ouverte à toutes les confessions.

5

Le **Memorial Bell Tower** se dresse dans une clairière parmi les pins. Il est consacré aux femmes américaines qui ont servi leur pays en temps de guerre. Les reliefs placés au-dessus des arcs de la tour sont de Norman Rockwell. Le **musée** présente des objets provenant du monde entier, en particulier des médailles de la Première Guerre mondiale. La vue sur la région est magnifique. On trouve aussi quelques sentiers de randonnée.
Tournez à gauche en quittant la cathédrale. Après 1,5 mile (2,4 km), tournez à droite sur la Route 124.

New Ipswich

Ce village autrefois animé par les moulins situés le long de la rivière compte quelques maisons bien préservées que vous pourrez découvrir en vous promenant le long de Main Street.
Barrett House – *79 Main St. - ✆ 617 994 6675 - www.historicnewengland.org - visite guidée (45mn) - de juin à mi-oct. : 2e et 4e sam. du mois 11h-17h (dernier tour 16h) - 8 $.* Le temps n'a pas altéré cette impressionnante maison (1800), qui conserve deux salles de bains anciennes et ses meubles de famille.
Revenez sur vos pas et suivez la Route 124 vers l'ouest jusqu'à Jaffrey, au pied du mont Monadnock.
Avant d'entrer dans le village de Jaffrey, arrêtez-vous chez **Kimball Farm** : on dirait que toute la région s'est donnée rendez-vous sur le parking de ce marchand de glace *(voir encadré ci-dessous)* !

Jaffrey Center

Les bâtiments en brique rouge de ce joli et paisible village témoignent de son passé industriel. Aujourd'hui, l'activité se concentre autour de Main Street *(Route 124)*. Vous pouvez apercevoir un beau moulin au-dessus de la rivière.
Jaffrey offre un accès facile au Monadnock State Park. Continuez sur la Route 124 vers l'ouest et tournez à droite 5 miles (8 km) après la meetinghouse.

★★ Monadnock State Park

✆ 603 532 8862 - www.nhstateparks.org - tlj de 8h au coucher du soleil - 4 $. 35 emplacements de camping. Route étroite et raide au sein du parc.
Dép. des sentiers au bout de la route goudronnée, après le péage. Des 40 sentiers qui conduisent au sommet du mont Monadnock, l'un des plus fréquentés est le **White Dot Trail** *(plusieurs passages raides, de 3 à 4h AR)*. Comparable, le **White Cross Trail** présente un peu plus de difficultés.

POUR LES ENFANTS (ET LES GOURMANDS)

Un détour par une ferme, une glace improvisée sur le bord de la route, une escapade à dos de cheval : tout un programme !
À 2 miles (3,2 km) à l'ouest de Dublin, à la **Friendly Farm** *(Route 101 - ✆ 603 563 8444 - www.friendlyfarm.com - mai-août : 10h-17h - sept. : w.-end 10h-17h - 8,50 $, 1-12 ans 7,50 $)*, les enfants pourront nourrir les cochons, les chèvres, les moutons, les canards et les lapins.
À 1 mile (1,6 km) à l'est de Jaffrey, le long de la Route 124, amenez-les au **Kimball Farm Restaurant** *(✆ 603 532 5765 - www.kimballfarm.com - 10h-21h)*, populaire pour ses glaces (plus de 50 parfums !) et ses boissons fraîches et, de l'autre côté de la route, au **Silver Ranch** *(✆ 603 532 7363 - silverranchstables.com - réserv. obligatoire)*, un centre équestre qui propose des balades à cheval et en calèche.

Pumpelly Trail est le plus facile, mais aussi le plus long. Du sommet, par temps clair, la **vue★★** embrasse l'horizon jusqu'au mont Washington *(au nord)* et l'agglomération de Boston *(au sud-est)*. Ce sommet est le seul endroit de Nouvelle-Angleterre d'où l'on aperçoive une partie des six États qui la composent.

En quittant le parc, tournez à gauche dans Upper Jaffrey Rd.

Dublin

Mark Twain aimait passer l'été dans ce hameau logé à flanc de colline. Dublin est le siège du *Yankee Magazine*, créé en 1792 et qui célèbre la Nouvelle-Angleterre.

Poursuivez vers le nord par Upper Jaffrey Rd, prenez à droite la Route 101, puis à gauche New Harrisonville Rd.

★ Harrisville

Les eaux de l'étang de cette bourgade rurale reflètent de modestes bâtiments de brique, des maisons, des filatures et une église congrégationaliste, créant un véritable tableau des débuts de l'industrie textile.

Suivez la route non signalisée vers l'est, le long des lacs, puis tournez à gauche sur la Route 137.

★ Hancock

La tranquillité de ce village de style colonial n'est perturbée qu'une fois l'an, le 4 juillet, à l'occasion de l'anniversaire de l'Indépendance, lorsque les cloches de l'église sonnent de minuit à une heure du matin. Vous pouvez accéder à une petite plage, face à un bel étang, en descendant la petite rue vers la droite après le *Post Office*.

NOS ADRESSES AUTOUR DU MONT MONADNOCK

HÉBERGEMENT/RESTAURATION

Hancock

BUDGET MOYEN

Hancock Inn – *33 Main St. - ✆ (603) 525-3318 - www.hancockinn.com - 14 ch. 149/349 $* - Dotée d'équipements modernes, cette auberge ouverte depuis 1789 n'a rien perdu de son cachet : peintures murales et plafonds d'époque. Son restaurant, populaire auprès des clients de l'hôtel comme du voisinage, est notamment connu pour son excellent shaker cranberry pot roast, un ragoût de bœuf à la sauce de canneberges !

Rindge

BUDGET MOYEN

Woodbound Inn – *247 Woodbound Rd - ✆ (603) 532-8341 - www.woodbound.com - 45 ch. 109/199 $* - S'étendant au bord du lac Contoocook, ce resort est idéal pour un séjour en famille : chambres fonctionnelles et spacieuses (avec ou sans salle de bains privée), golf et nombreuses activités proposées toute l'année. Le décor, rustique dans les cabines face au lac et contemporain dans les chambres du Edgewood Building, varie dans celles du bâtiment principal, où se trouve l'accueil de ce domaine de 70 ha.

Concord et Manchester

Concord : 42 904 hab. ; Manchester : 110 506 hab.

Les deux grandes villes centrales du New Hampshire se situent le long d'une route très fréquentée qui traverse la Nouvelle-Angleterre en direction du Québec. Manchester vit s'installer au bord de la Merrimack, au 19e s., la plus grande usine textile du monde, Amoskeag Mills, qui ferma en 1935, la veille de Noël. L'enfilade de bâtiments en brique longue de plus de 5 miles (8 km) témoigne encore du passé industriel de la ville. Quant à Concord, la capitale du New Hampshire depuis 1808, elle se targue d'abriter la plus grande assemblée législative de la nation, avec 424 représentants. Le dôme doré de la State House domine l'ensemble des bâtiments qui bordent la Merrimack. Appelée à l'origine Rumford, la ville fut revendiquée à la fois par les colonies du Massachusetts et du New Hampshire. Une décision royale régla le différend et la ville fut à juste titre rebaptisée Concord.

NOS ADRESSES PAGE 309
Hébergement, restauration, achats, activités, etc.

S'INFORMER

Greater Concord Chamber of Commerce – *49 S. Main St., Suite 104 - ✆ 603 224 25 08 - www.concordnhchamber.com.*

Greater Manchester Chamber of Commerce – *54 Hanover St. - ✆ 603 666 6600 - www.manchester-chamber.org.*

SE REPÉRER

Carte de région B3 (p. 292).

Concord se trouve au cœur du New Hampshire, à l'intersection des Routes 3, 4, 202, et de l'I-89, l'I-93 et l'I-393. La rivière Merrimack traverse son centre historique.

À environ 30 km au sud et proche de la frontière du Massachusetts, **Manchester** est enserrée entre l'I-93 et l'I-293. La Route 101 relie la métropole à la côte atlantique.

SE GARER

Ces deux villes comptent de nombreux parkings.

À NE PAS MANQUER

À Concord, le McAuliffe-Sheppard Discovery Center (pensez à réserver vos tickets !). À Manchester, le Currier Museum of Art et ses précieuses collections de peintures, sculptures et arts décoratifs.

ORGANISER SON TEMPS

Prévoyez deux heures pour la visite du Currier Museum of Art et trois heures pour une excursion au Anheuser-Busch Hamlet *(compter 1h30 de visite).*

AVEC LES ENFANTS

Au Anheuser-Busch Hamlet, à Merrimack, ils pourront approcher les fameux chevaux à « chaussettes blanches » !

DES INFLUENCES FRANCO-CANADIENNES

La ville de Manchester attira autrefois de nombreux travailleurs étrangers, en particulier des Franco-Canadiens du Québec. Cette influence française est toujours vivace, comme on peut le constater dans les galeries d'art et restaurant du Centre franco-américain. Ainsi, **Chez Vachon** *(136 Kelley St. - ✆ 603 625 9660 - www.chezvachon.com)* mêle cuisine américaine et poutine québécoise (des frites recouvertes de sauce brune et de fromage).

Dôme du New Hampshire State House.
Danita Delimont/Getty Images

Découvrir

CONCORD

New Hampshire State House

107 N. Main St. - ✆ 603 271 2154 - www.gencourt.state.nh.us - ♿ - lun.-vend. 8h-16h - fermé j. fériés - gratuit.

Achevée en 1819, la State House de l'État du New Hampshire, reconnaissable avec son dôme doré, est le plus ancien capitole du pays. Les représentants s'y réunissent toujours dans les salles d'origine. Au rez-de-chaussée, un bureau d'accueil abrite une exposition retraçant l'histoire du site.

McAuliffe-Shepard Discovery Center

2 Institution Dr. - ✆ 603 271 7827 - www.starhop.com - ♿ - vac. scol. : tlj 10h30-16h ; hors vac. scol. : vend.-dim. : 10h30-16h - fermé j. fériés - 11,50 $ (3-12 ans 8,50 $).

Nommé en hommage à l'institutrice originaire de Concord qui accompagna l'équipage de la navette *Challenger* et périt dans son explosion (1986), ce planétarium allie installations ludiques et spectacles high-tech *(à réserver à l'avance)*. Programmes familiaux le vendredi soir.

New Hampshire Historical Society

30 Park St. - ✆ 603 228 6688 - www.nhhistory.org - ♿ - mar.-sam. 9h30-17h - fermé j. fériés - 7 $.

Plus de cinq siècles d'histoire du New Hampshire sont illustrés par les collections de ce musée. On peut y voir une diligence fabriquée au 19e s. par la firme Abbot-Downing, du mobilier régional réalisé entre 1760 et 1915 ainsi que des tableaux paysagers signés Thomas Hill, Frederic Church ou encore Albert Bierstadt.

VIVRE LIBRE OU MOURIR

Telle est la **devise** du New Hampshire. Elle est inscrite sur toutes les plaques d'immatriculation de l'État. Adoptée en 1945, elle fut prononcée pour la première fois en 1809, pendant la guerre d'Indépendance, par le Général John Stark. L'**emblème** de l'État fut choisi en 1945 : *The Old Man of the Mountain* (Le Vieil Homme de la Montagne), un rocher du Franconia Notch State Park dont la forme évoque le profil d'un visage. Il s'est hélas effondré en 2003. Enfin, le **surnom** du New Hampshire est « l'état de granit » ; le capitole, à Concord, a d'ailleurs été construit dans ce matériau.

MANCHESTER

★ Currier Museum of Art

150 Ash St. - ✆ 603 669 6144 - www.currier.org - ♿ - merc.-lun. 11h-17h (sam. 10h-17h) ; nocturne jusqu'à 20h le 1er jeu. de chaque mois - fermé mar., 1er janv., dim. de Pâques, 4 Juil., Thanksgiving Day et 25 déc. - 15 $ (seniors 13 $, étudiants 10 $).

Les **collections européennes** comprennent des œuvres de primitifs italiens, des dessins de **Tiepolo** et des tableaux des écoles française, espagnole, anglaise et hollandaise.

La peinture américaine est représentée par **Andrew Wyeth**, **Edward Hopper**, Georgia O'Keefe, Louise Nevelson et Alexander Calder. D'autres galeries sont consacrées aux **arts décoratifs américains** du 17e au 19e s., aux expositions temporaires et à l'art contemporain.

★ **Zimmerman House** – *Visite guidée (1h30) - de mi-avr. à fin oct. : lun., jeu.-dim. à 11h15, 13h15 et 15h15 ; reste de l'année : 11h15 et 13h15 - 25 $, billet combiné avec le musée - réserv. obligatoire sur le site Internet du musée.*

Conçue par l'architecte américain Frank Lloyd Wright (1867-1959), cette maison en brique, béton et bois (1950) illustre à merveille la fameuse série des « *Usonian houses* », petites maisons à la fois fonctionnelles et élégantes qu'il proposa pour pallier la crise du logement ayant suivi la Dépression. L'intérieur est décoré de tissus et de meubles créés par l'architecte.

À proximité Carte de région p. 292

Hopkinton A3

À 8 miles (12,8 km) à l'ouest de Concord par la Route 9.

Les amateurs de meubles et objets anciens connaissent cette agréable banlieue de Concord. Le long de sa très large artère principale se succèdent d'élégantes maisons et boutiques, l'hôtel de ville et l'église St Andrew.

★★ Canterbury Shaker Village B2

À 20 miles (32,1 km) au nord de Concord par l'I-93 et la Route 393E jusqu'à la sortie 3, où le village est indiqué.

✆ 603 783 9511 - www.shakers.org - mai-août : mar.-dim. 10h-16h ; sept.-oct. : 10h-17h ; nov.-déc. : visite guidée seult w.-end 10h-16h - fermé Thanksgiving Day - 19 $ (enf. 9 $).

Ayant reçu un territoire assez étendu aux environs de Canterbury, une communauté de **shakers**, issue d'une branche du protestantisme fondée au 17e s. *(voir encadré p. 166)*, séduite par la sérénité du paysage, s'établit à proximité de ce petit village. Fondé en 1780, elle s'agrandît pour atteindre, au milieu du 19e s., quelque 300 résidents. On peut encore voir aujourd'hui les 25 bâtiments d'origine, dispersés sur 280 ha. L'austérité de leurs mœurs est, entre autres, retranscrite dans le mobilier, sans aucun ornement. Au restaurant du village : cuisine traditionnelle shaker.

Anheuser-Busch Hamlet (brasserie et écuries) B3

À Merrimack, 12 miles (19,3 km) au sud de Manchester. Prenez la Route US-3 South jusqu'à la sortie 10, puis dirigez-vous vers l'est sur Industrial Dr. jusqu'au site. 221 Daniel Webster Hwy - 603 595 1202 - www.anheuser-busch.com - - visite guidée (1h30) - merc.-dim. 10h-17h (dernier tour 16h) - fermé 1er janv., dim. de Pâques, Thanksgiving Day, 24-25 et 31 déc. -Écuries : 25 $ (13-20 ans 10 $) ; brasserie : gratuit.

Dans ce hameau pittoresque sont élevés et entraînés les clydesdales. Originaires d'Écosse, ces chevaux de trait dits « à chaussettes blanches » sont l'emblème de la brasserie Anheuser-Busch depuis 1933, date à laquelle la société fit l'acquisition d'un premier attelage pour célébrer la fin de la Prohibition. Des équipages de clydesdales parcourent la région et se produisent à l'occasion de défilés ou de foires. La visite guidée permet de découvrir la fabrication de la bière, notamment la fameuse Budweiser, et les écuries.

America's Stonehenge B3

À Salem, 24 miles (38,6 km) au sud-est de Manchester. Prenez l'I-93 South (sortie 3), suivez la Route 111 East sur 4,5 miles (7,2 km) ; tournez à droite dans Island Pond Rd et suivez la signalisation. 105 Haverhill Rd - 603 893 8300 - www.stonehengeusa.com - 9h-17h - dernière entrée 1h av. la fermeture - fermé Thanksgiving Day et 25 déc. - 12,50 $ (seniors 10,50 $, 5-12 ans 7,50 $).

Le nom attribué aux grandes pierres levées de granit qui constituent cet ensemble fait référence au célèbre site anglais. De nombreuses théories ont été élaborées au sujet de l'origine et de la fonction de ces alignements de pierres. Certains chercheurs suggèrent qu'il pourrait s'agir des vestiges d'un calendrier dressé vers 4 000 ans avant notre ère par une civilisation avancée connaissant le mouvement des étoiles, de la Lune et du Soleil.

NOS ADRESSES À CONCORD ET MANCHESTER

HÉBERGEMENT

Concord

POUR SE FAIRE PLAISIR

The Centennial – *96 Pleasant St. - (603) 227-9000 - www.thecentennialhotel.com - - 32 ch. 189/289 $ -* Heureux mariage de l'ancien et du contemporain, cette belle propriété victorienne restaurée avec goût abrite, dans ses tourelles, de luxueuses suites pour qui voudrait casser sa tirelire !

Henniker

POUR SE FAIRE PLAISIR

Colby Hill Inn – *33 The Oaks St. - 03242 Henniker - env. 19 miles (30 km) à l'ouest de Concord - (603) 428-3281 - www.colbyhillinn.com - - 14 ch. 189/245 $ -* Cette élégante auberge occupe une ancienne ferme du 18e s. dont elle a conservé des boiseries et une partie du plancher. Les chambres sont dans le ton : meubles anciens et tapisseries fleuries.

RESTAURATION

Manchester

La plupart des restaurants, bars et cafés de la ville se trouvent le long de Elm Street.

BUDGET MOYEN

Republic – *1069 Elm St. - (603) 666-3727 - http://republiccafe.com - 11h-21h (22h vend.-sam.), dim. 9h-21h.* Dans ce sympathique restaurant, l'un des premiers à avoir obtenu le label « Farm to Table », de la ferme à la table, on sert des assiettes à partager à l'influence moyen-orientale, comme de délicieuses keftas. Les plats du jour vont d'un simple steak-frites à du poulet confit plus élaboré, ou un tajine de légumes. L'ambiance est décontractée, mais l'exigence sur la qualité est de rigueur !

Concord

PREMIER PRIX

Hermanos Cocina – *11 Hills Ave. - (603) 224-5669 - www.hermanosmexican.com - ♿ - 11h30-21h, vend.-sam. 11h30-22h - moins de 20 $.* Ingrédients frais, plats préparés à la commande : voilà le secret du succès de cette authentique table mexicaine ! Tacos croustillants et autres plats accompagnés de la margarita, faite maison bien sûr.

BUDGET MOYEN

Barley House – *132 N. Main St. - (603) 228-6363 - www.thebarleyhouse.com - 11h-1h - fermé dim. - soir plat 15/24 $.* Classiques américains (burgers) et influences irlandaises (Guinness beef stew, Irish whiskey steak…). Copieux ! Musique live certains soirs.

Angelina's Ristorante – *11 Depot St. - (603) 228-3313 - www.angelinasrestaurant.com - 11h30-14h, 17h-21h, vend.-sam. 17h-22h - fermé dim. - soir plat 17/24 $.* Les raviolis, les sauces et les desserts sont concoctés sur place et les entrées sont à volonté : un classique italien !

Common Man – *25 Water St. - (603) 228-3463 - www.thecman.com - P voiturier merc., vend. et sam. - wifi - 11h30-21h, vend.-sam. 11h30-21h30 - soir plat 15/30 $.* Ce restaurant très populaire est apprécié pour sa cuisine américaine de qualité. C'est un classique du New Hampshire : il existe d'autres Common Man à Lincoln, Ashland, Merrimack, Windham et Claremont.

PETITE PAUSE

Bread & Chocolate – *29 S. Main St. - (603) 228-3330 - 7h30-18h, sam. 8h-16h - fermé lun. et dim.* Ce café-boulangerie propose de formidables cakes, cookies, tartes, pains et sandwichs variés.

La région du lac Winnipesaukee

★★

Le lac Winnipesaukee est le plus grand lac du New Hampshire : il couvre une superficie de 115 km², ses rives sont longues de près de 298 miles (479,5 km) et il est parsemé de plus de 250 îlots. On se rend compte de ses dimensions impressionnantes quand on l'admire depuis les hauteurs des monts voisins. Ce lac aux eaux calmes, découpé de nombreuses criques et bordé de cabanes isolées, conserve un aspect sauvage, même si les villages qui l'entourent sont animés, surtout en été. Le lac Winnipesaukee est entouré d'une douzaine d'autres lacs (Squam, Waukevan, Winnisquam...) qui font de cette région un véritable paradis pour pratiquer des activités de plein air.

NOS ADRESSES PAGE 314
Hébergement, restauration, achats, activités, etc.

S'INFORMER

Lakes Region Association – ✆ *603 286 8008 - www.lakesregion.org.*

SE REPÉRER

Carte de région AB2 (p. 292).

Le lac, encerclé par les Routes 11, 25, 113 et 109, s'étend au sud des White Mountains, et à l'est de l'I-93.

SE GARER

Parkings gratuits ou payants dans les villages voisins du lac (prévoir des *quarters*, pièces de 25 cts).
À proximité des plages, ces parkings sont le plus souvent à durée limitée.

À NE PAS MANQUER

Une escapade sur le lac en bateau ou en canoë ; la vue du lac depuis les hauteurs du Castle in the Clouds.

ORGANISER SON TEMPS

Si vous n'êtes que de passage dans la région, prenez au moins le temps d'une croisière sur le lac *(2h)*.
Si vous avez plus de temps, les alentours abondent en activités sportives : randonnées, ski en hiver ou tyrolienne *(zipline)* en été.

AVEC LES ENFANTS

Weirs Beach : jeux et parc aquatique, et pour les plus grands, direction Gunstock Mountain Resort : nombreuses activités de plein air, été comme hiver.

5

Découvrir Carte de région p. 292

LES VILLAGES DU LAC AB2

Chaque village bordant le lac a son caractère propre. **Laconia** est le centre industriel et commerçant de la région.
Tous deux blottis dans des abris naturels à l'extrémité nord du lac, les charmants petits villages de **Center Harbor**, aux grandes maisons au bord de l'eau, et de **Meredith** servent de point de ravitaillement aux logements alentour.
Weirs Beach, station animée dotée de jolies habitations victoriennes, est le point de départ des croisières sur le lac. La ville est bordée d'une petite plage de sable qui attirent les familles, aussi séduites par les nombreuses activités pour les enfants (train, parcs de jeux, etc.).

MOUNT WASHINGTON

LE SOURIRE DU GRAND ESPRIT
C'est le sens de « Winnipesaukee », nom donné d'après une légende par un jeune guerrier qui traversait le lac en canoë une nuit d'orage. Un rai de lumière vint frapper la surface de l'eau, guidant en toute sécurité l'embarcation et l'Indien y vit un miracle divin.

Wolfeboro★ attire les estivants depuis des décennies. C'est une des plus jolies bourgades du lac Winnipesaukee.
Plus au sud, **Ellacoya State Beach** attirent les baigneurs, pendant que les randonneurs sillonnent les collines des environs.

Loon Center and Markus Wildlife Sanctuary B2

À Moultonboro. Allez au bout de Blake Rd et tournez à droite dans Lee's Mills Rd. 603 476 5666 - www.loon.org - site : tte l'année de l'aube au crépuscule ; Loon Center : 9h-17h (fermé dim. de Columbus Day à juin).
Après une visite au Loon Center (le *loon* ou plongeon huard, est un oiseau aquatique reconnaissable à son plumage noir, son œil rouge, et son cri hululant), entrez dans la réserve naturelle en empruntant la **Forest Walk**, qui serpente à travers différentes essences de bois, ou le **Loon Nest Trail**, un sentier plus long *(1h)* entre forêt, marais et ruisseaux.

LE LAC AB2

Bon à savoir –La route autour du lac étant sans grand intérêt, le mieux pour apprécier la beauté des lieux est soit d'embarquer pour une croisière, soit de prendre de la hauteur.
Chaque été, des milliers de vacanciers viennent faire du bateau sur le lac où abondent pontons et marinas bien aménagés, surtout à **Meredith**.
En hiver, aussi grand soit-il, le lac gèle : on y pêche dans des petites huttes, et des courses de tracteur et de chiens de traîneau sont organisées sur le lac. Les domaines skiables de **Gunstock** et **Ragged Mountain Resort** connaissent une activité incessante.

★★ Mt Washington Scenic Cruise

Dép. de Weirs Beach, avec arrêts aux ports de Wolfeboro, Alton Bay, Center Harbor et Meredith. 603 366 5531 ou 888 843 6686 - www.cruisenh.com - horaires variables - 32 $ (80 $/famille, 16 $ enf.) Également des croisières thématiques (brunch, coucher de soleil…).
La croisière sur le lac à bord du M/S Mt Washington est une excellente façon de découvrir la multitude d'îles : des luxueuses demeures de Governor's Island aux toutes petites îles sauvages recouvertes de forêts. Par temps clair, on aperçoit les White Mountains, au loin. La traversée du lac depuis Weirs Beach dure deux heures pendant lesquelles le bateau croise calmes voiliers, jet-ski et petites embarcations de pêche.

SUR LES COLLINES AUTOUR DU LAC AB2

Gunstock Mountain Resort A2

À l'ouest de Laconia, sur la route 11A - 719 Cherry Valley Rd - Gilford - 603 293 4341 - www.gunstock.com - tarifs groupés pour les différentes activités d'été et le pass de ski (à partir de 88 $).

Mount Wahington, lac Winnipesaukee.
Bob Krist/Getty Images

5

Ce grand parc d'aventures à flanc de la montagne Gunstock (683 m) s'étend jusque dans les bois : de nombreuses activités y sont organisées, aussi bien l'hiver (ski, descente en bouée sur la neige) que l'été (descente en tyrolienne, la plus longue aux États-Unis, parcours dans les bois, promenades en Segway tout-terrain...). Vous pouvez aussi simplement profiter d'une très belle vue sur le lac et ses îles, après une montée en télésiège. Des tables de pique-nique ont été installées, prévoyez votre casse-croûte !

★ Castle in the Clouds B2

À Moultonboro, 18 miles (29 km) au nord de Wolfeboro par la Route 109, puis la Route 171. 603 476 5900 - www.castleintheclouds.org - ♿ - mai : w.-end 10h-17h30 ; juin-oct. : 10h-17h30 - dernière entrée 1h30 av. la fermeture - 17 $ (seniors 14 $, 5-17 ans 10 $).

Le « château dans les nuages » est une grande maison de style Craftsman. Ce domaine de 2 400 ha qui domine les Ossipee Mountains fut acquis en 1910 par le millionnaire Thomas Plant. Visitez la Lucknow Mansion, avec son toit d'ardoises rouges et son intérieur éclectique. De la terrasse, on bénéficie d'une **vue★★** sur le lac Winnipesaukee et sa myriade d'îlots boisés. Des kilomètres de sentiers pédestres et équestres traversent la propriété Plant.

À environ 1,5 km (0,93 mile) du portail d'entrée, un chemin de 400 m (0,25 mile) mène à deux chutes d'eau.

À proximité Carte de région p. 292

★ Center Sandwich A2

À 5 miles (8 km) au nord de Moultonboro par la Route 109.

Situé au pied des White Mountains, le joli village de Center Sandwich est composé de simples maisons de bois peintes en blanc.

★ Old Bridge Path A2

À 6 miles (9,6 km) au sud de Center Sandwich par la Route 113. Un panneau sur la gauche indique le début du sentier.

Un sentier d'environ 1 mile (1,6 km) monte à travers la forêt jusqu'au sommet de la Rattlesnake Mountain. De là haut, la vue sur le Squam Lake et ses nombreux îlots, et plus loin le Winnipesaukee, est spectaculaire.

NOS ADRESSES AUTOUR DU LAC WINNIPESAUKEE

HÉBERGEMENT

Laconia

BUDGET MOYEN

The Margate Resort on Lake Winnipesaukee – *76 Lake St. - (603) 524-5210 - www.themargate.com - ♿ - 141 ch. à partir de 119 $ -* Des chambres de motel ordinaires, mais une foule d'activités dans cet établissement offrant un bon rapport qualité-prix : piscines extérieure et intérieure, spa, courts de tennis, location de bateaux et plage privée.

Meredith

POUR SE FAIRE PLAISIR

The Inns at Mill Falls – *312 Daniel Webster Hwy - (800) 622-6455 - www.millfalls.com - ♿ - 169 ch. 145/630 $ -* Ces quatre auberges au bord du lac offrent le confort d'un grand hôtel tout en ayant le charme et l'allure d'une grande maison au bord d'un lac : alcôves de lecture, salle de billard, cheminée et piscine chauffée, massages au spa, voilà pour les agréments des lieux. Chambres tout confort. Demandez une chambre avec vue sur le lac !

Wolfeboro

BUDGET MOYEN

Wolfeboro Inn – *90 N. Main St. - (603) 569-3016 - www.wolfeboroinn.com - P ♿ wifi - 44 ch. 159/279 $* - ✕. Niché sur la rive est du lac, cet hôtel élégant est une véritable institution de Wolfeboro depuis deux siècles. Les étages supérieurs, rajoutés en 1987, abritent de belles suites, tandis que les chambres d'origine ont été restaurées. Mobilier ancien ou reproductions d'époque.

RESTAURATION

Meredith

PREMIER PRIX

Hart's Turkey Farm – *233 Daniel Webster Hwy, Rte 3 - (603) 279-6212 - www.hartsturkeyfarm.com - tlj midi et soir - soir plat 13/30 $*. Touristique, mais imbattable dans son domaine : qui mieux que la famille Hart réussit ses plats de turkey (dinde), avec salade ou pommes de terre, champignons ou fromage, moutarde ou sauce à la canneberge ? Un régal ! C'est Thanksgiving tous les jours.

BUDGET MOYEN

☺ **Lakehouse Grille** – *281 Daniel-Webster Hwy - (603) 279-5221 - tlj matin, midi et soir*. Un restaurant à la décoration cosy, avec de belles vues sur le lac. Dans l'assiette, c'est très fin ! Les spécialités américaines de la région sont au menu : au printemps, soupe de petit pois crémeuse et raviolis au homard, ou bien encore agneau braisé à la purée de panais. Gardez une petite place pour les desserts, ils sont divins ! En fin de soirée, rejoignez le bar de l'hôtel, près de la piscine ou à côté du restaurant.

Moultonborough

BUDGET MOYEN

The New Woodshed – *128 Lee Rd - 03254 Moultonborough - (603) 476-2700 - http://newwoodshed.com - le soir seult, à partir de 17h - plat 23/40 $*. Dans cette ferme en bois du 19e s. restaurée, appréciée des habitants du coin, on se régale de soupes, de fruits de mer, de viandes de premier choix et de pain fait maison !

ACHATS

Moultonborough

The Old Country Store and Museum – *1011 Whittier Hwy, Routes 25 et 109 - 03254 Moultonborough - (603) 476-5750 - http://nhcountrystore.com - 9h-18h (21h en été)*. L'une des plus anciennes boutiques du pays (1781), envahie par les étals de bonbons, de pickles, de cheddar, de sirop d'érable…

Center Harbor

Keepsake Quilting – *12 Main St. - (603) 253-4026 - www.keepsakequilting.com - 9h-17h - fermé Pâques, Thanksgiving et Noël*. Ce magasin réputé propose une belle sélection de tissus. Sa spécialité : le patchwork (ou quilt en anglais) !

Les White Mountains

★★★

Région la plus montagneuse de la Nouvelle-Angleterre, les White Mountains s'étendent au nord du New Hampshire et s'étirent jusqu'au Maine. Les montagnes étant couvertes de forêts, c'est une destination idéale pendant l'automne et le fameux « Fall Foliage », quand les arbres se parent de couleurs chatoyantes. Les hivers sont longs et rigoureux ; la région devient alors le paradis des skieurs et des amateurs de motoneige. En été, les randonneurs aguerris apprécient la fraîcheur des sous-bois et des cascades et s'enivrent des vues qu'offrent les sommets.

NOS ADRESSES PAGE 324
Hébergement, restauration, achats, activités, etc.

S'INFORMER

White Mountains Attractions Association – *200 Kancamagus Hwy (sortie 32 sur l'I-93) - ✆ 603 745 8720 - www.visitwhitemountains.com.* Brochures à télécharger sur les routes touristiques, les ponts couverts, les cascades…

Mt Washington Valley Chamber of Commerce – *✆ 877 948 6867- www.mtwashingtonvalley.org.* Cartes et informations sur les activités, les hébergements, les restaurants…

Appalachian Mountain Club (AMC) – *www.outdoors.org.* Cartes et guides des sentiers disponibles aux deux Visitor Centers de Pinkham Notch *(au pied du mont Washington - ✆ 603 466 2721)* et Crawford Notch *(Highland Center - ✆ 603 278 4453).* Randonnées guidées gratuites.

White Mountain National Forest – *www.fs.usda.gov/whitemountain.*

SE REPÉRER

Carte de région AB2 (p. 292).

Les White Mountains occupent le nord du New Hampshire. La région la plus visitée est accessible par l'Interstate 93 qui la traverse à l'ouest, la Route 16 à l'est, la 112 (Kancamagus Highway) au sud, de Lincoln à Conway, et la 302, orientée nord-ouest/sud-est.

SE GARER

Au départ des sentiers, la plupart des parkings sont payants *(env. 3 $/j).*

À NE PAS MANQUER

La promenade au fond de la Flume Gorge ; la vue de la Crawford Notch sur la route du Mont Washington.

ORGANISER SON TEMPS

Il est possible de venir de Boston en 2h de route, et ne passer qu'une journée dans les White Mountains. Mais l'idéal sera de prévoir au moins deux jours pour en découvrir les plus beaux panoramas, et une journée supplémentaire pour pratiquer une activité de plein air : randonnée, vélo, kayak…

AVEC LES ENFANTS

Le train à crémaillère du mont Washington, Story Land, Clarks Trading Post, Lost River, Santa's Village et Polar Caves Park.

Découvrir Carte de région p 284

★★★ MOUNT WASHINGTON A2

Le mont Washington est le point culminant de la Nouvelle-Angleterre (alt. 1 917 m) et le principal sommet de la Presidential Range, une chaîne de

DES CONDITIONS MÉTÉO EXTRÊMES

Le mont Washington peut se targuer de records de temps exécrables. Des chutes de neige peuvent survenir tout au long de l'année sur ce sommet enveloppé de brouillard au moins 300 jours par an. Les vents les plus violents du monde y ont été enregistrés le 12 avril 1934, avec une vitesse de 372 km/h ! On n'y rencontre donc qu'une flore et une faune adaptées au froid, au vent et au gel, que l'on ne trouve nulle part ailleurs dans le nord-est des États-Unis. Seuls de toutes petites plantes et des sapins nains ont résisté à cet environnement hostile, et ont envahi la confusion de roches qui composent le paysage s'élevant au-dessus de la forêt. Le temps change très rapidement, y compris dans la même journée : vents violents, températures extrêmes et pluie de glace font de cette montagne l'une des plus dangereuses du monde pour les grimpeurs.

montagnes portant le nom d'anciens présidents et notables américains des 18e et 19e s. Un climat subpolaire règne à son sommet. Le groupe de bâtiments qui s'élève sur ce mont est surnommé « la cité des nuages ».

Le sommet

Le train à crémaillère (Cog Railway, voir ci-dessous) et la route, fermés en cas de tempête, sont les moyens les plus rapides d'atteindre le sommet. À condition d'être en forme et convenablement équipés, les randonneurs pourront s'attaquer à l'un des quatre raidillons qui y mènent.

Parmi la demi-douzaine de bâtiments plantés au sommet du mont Washington se trouvent la Tip Top House, un ancien refuge en pierre construit en 1853, des installations de télécommunication et le **Sherman Adams Summit Building** *(✆ 603 356 2137 - www.mountwashington.org - ♿ - de mi-mai à mi-oct. : 8h-16h).* Ancré dans la montagne, ce dernier renferme, au sous-sol, un musée sur l'histoire du mont Washington, sa géologie, sa faune, sa flore et sa météorologie particulière. Par temps dégagé, ce qui est rare, il offre un **panorama★★★** grandiose.

★★ Mt Washington Cog Railway

Dép. de la Marshfield Base Station, à 6 miles (9,6 km) à l'est de la Route 302 - ✆ 603 278 5404 - www.thecog.com - de fin avr. à fin déc. : 2 à 9 dép. quotidiens (horaires variables, consultez le site Internet) - 3h AR, dont 1h au sommet - réserv. conseillée - 72 $ (4-12 ans 41 $).

Ce petit train est pratiquement aussi célèbre que la montagne. Construit entre 1866 et 1869, son tracé de 3,5 miles (5,6 km) représentait une prouesse technologique pour l'époque. Le train est composé d'une locomotive, à vapeur ou au diesel, et d'un seul wagon. Il offre toujours à ses passagers des moments palpitants, surtout lors de l'ascension de la **Jacob's Ladder**, ou échelle de Jacob, la pente la plus vertigineuse (37 %) du trajet. Il est intéressant de remarquer combien la végétation et le paysage varient avec l'altitude. À la station de départ, on trouve un petit musée sur l'histoire de ce train à crémaillère.

Circuits conseillés Carte p. 320-321

★★★ KANCAMAGUS HIGHWAY

Circuit de 34,5 miles (55,5 km), tracé sur la carte – Comptez 1h sans les nombreux arrêts. Suivez la Route 112 depuis Lincoln.

Cette route scénique *(www.kancamagushighway.com)* traverse la White Mountains National Forest en longeant, d'ouest en est, la **Hancock Branch**, qui se jette dans la rivière Pemigewasset, puis la **Swift River**. En automne, ce parcours parmi les érables et les bouleaux est l'un des plus beaux de la Nouvelle-Angleterre. Des aires de pique-nique et des terrains de camping invitent à la détente auprès des eaux limpides de torrents se transformant ici et là en rapides spectaculaires. La route passe devant le **Loon Mountain Recreation Area**, un parc de loisirs fréquenté toute l'année, puis commence l'ascension du col Kancamagus. En chemin, **Pemi Overlook** offre une **vue**★ remarquable sur la région. La route plonge ensuite vers la vallée de la Saco.

★★ PINKHAM NOTCH : DE NORTH CONWAY AU MONT WASHINGTON

Circuit de 26 miles (41,8 km) tracé sur la carte – Comptez une 1/2 journée. Suivez la Route 302/16 (qui se divise à hauteur de Glen).

★ North Conway

Cette petite ville, très bien équipée en infrastructures touristiques, est la porte principale des White Mountains.

Conway Scenic Railroad – *Dép. du dépôt de North Conway - ☏ 603 356 5251 - www.conwayscenic.com - de mi-avr. à fin déc. (appelez ou consultez le site Internet pour connaître les horaires).* Sur la Route 16, la gare de chemin de fer (1874) a été transformée en musée et abrite la billetterie de cette ancienne ligne de chemin de fer. Deux types d'excursions sont proposées dans des wagons *vintage* : le *Notch Train (à partir de 59 $)*, qui passe dans la spectaculaire Crawford Notch, et le *Valley Train (à partir de 18 $)*.

À **Glen**, tournez à droite sur la Route 16.

Story Land

☏ 603 383 4186 - www.storylandnh.com - ♿ - juil.-août : 9h30-18h ; de mi-juin à fin juin et du 1er sept. à Labor Day : 9h30-17h ; de Memorial Day à mi-juin et de sept. à mi-oct. : w.-end 9h30-17h - pass 1 j. 34 $ (réductions sur Internet).

Ce parc d'attractions s'est inspiré de contes de fées et de chansons pour entraîner les enfants dans son univers.

Continuez sur la Route 16. Au niveau des chutes, parking à gauche de la route.

★ Glen Ellis Falls

Ces chutes et leurs bassins situés à l'est de la route *(empruntez le passage souterrain)* sont alimentés par la rivière Ellis.

LA FORMATION DES WHITE MOUNTAINS

Ces montagnes doivent leur nom au manteau de neige qui les recouvre presque toute l'année. Dominées par le mont Washington qui culmine à 1 917 m, elles se caractérisent par leurs sommets arrondis et de grandes vallées profondes en forme de U connues aux États-Unis sous le noms de **notches**, ce qui signifie entailles ou brèches. Ces montagnes sont les vestiges d'une chaîne granitique très ancienne. Au cours de la dernière période de glaciation, elles furent recouvertes d'une immense calotte glaciaire qui en éroda et façonna les sommets, les dotant de leur forme arrondie actuelle. Lorsque cette calotte se retira, les glaciers creusèrent des vallées profondes en lissant leurs parois en forme de U. L'écoulement et le ruissellement de l'eau de fonte ont ensuite creusé d'énormes marmites torrentielles comme la cuvette visible à Franconia Notch *(voir p. 322)*.

Les White Mountains.
E. P. Donovan/age fotostock

★★ Pinkham Notch

Ce passage (alt. 620 m) sépare le mont Washington de la Wildcat Mountain. On peut y faire des randonnées de toute beauté, surtout en automne *(info au Visitor Center, sur la Route 16).*

Wildcat Mountain

Parking sur la Route 16 - ✆ 603 466 3326 ou 888 754 9453 - www.skiwildcat.com - ♿ - de mi-juin à fin août : 10h-17h ; de mi-mai à mi-juin et de sept. à mi-oct. : w.-end 10h-17h - télécabine 15 $ (seniors 13 $, 6-12 ans 10 $), descente en tyrolienne 20 $.

Les pentes de la Wildcat Mountain (alt. 1 348 m) ont été aménagées en pistes de ski. Le sommet est accessible en télécabine et offre une belle **vue**★★ sur le mont Washington et les crêtes septentrionales de la Presidential Range.

Tournez à gauche à Glen House.

Mt. Washington Auto Road

✆ 603 466 3988 - mtwashingtonautoroad.com - ♿ - route ouverte aux véhicules individuels de déb. mai à mi-oct. si le temps le permet : horaires variables, appelez ou consultez le site Internet - 31 $ (voiture et conducteur), 9 $ par passager suppl. - visite guidée en van (1h30) au dép. de Great Glen Lodge : 36 $.

La piste de 8 miles (12,8 km) qui mène au sommet du mont Washington s'amorce à **Glen House**.

Au sommet, comme en chemin, la vue sur la réserve naturelle (Great Gulf Wilderness) et sur la Presidential Range est spectaculaire.

★★ CRAWFORD NOTCH : DE GLEN À FABYAN

Circuit de 24 miles (38,6 km) tracé sur la carte p. 320-321 – Comptez 3h. Suivez la Route 302 depuis Glen.

La Route 302 suit la Saco River le long de Crawford Notch, large vallée qui s'étend au cœur des White Mountains. De nombreux points de vue sont accessibles depuis la route et des parkings permettent de se garer à proximité. La route dépasse le domaine skiable de **Attitash/Bear Peak** pour gagner

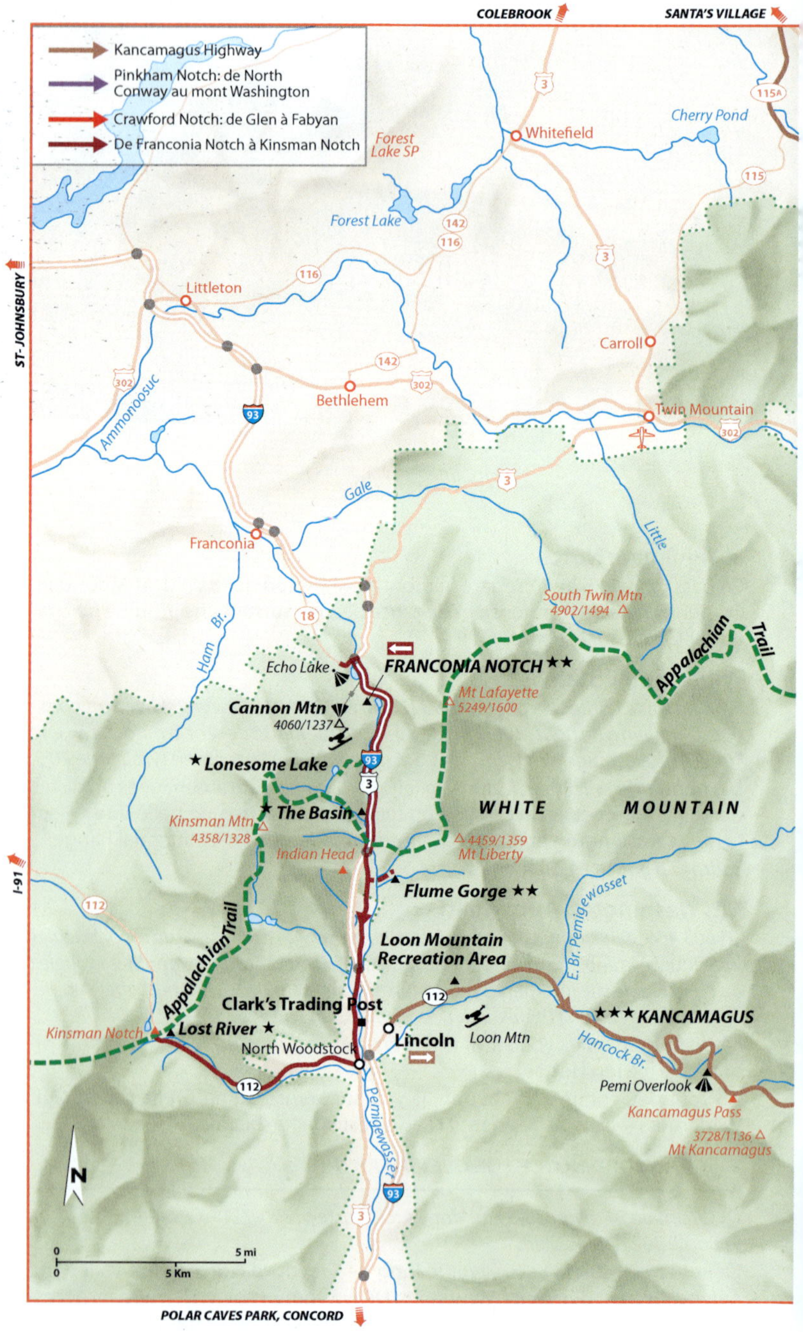
COLEBROOK
SANTA'S VILLAGE
Kancamagus Highway
Pinkham Notch: de North Conway au mont Washington
Crawford Notch: de Glen à Fabyan
De Franconia Notch à Kinsman Notch
Forest Lake SP
Whitefield
Cherry Pond
Forest Lake
Littleton
Carroll
Bethlehem
Twin Mountain
Ammonoosuc
ST-JOHNSBURY
Gale
Franconia
Little
South Twin Mtn
4902/1494
Ham Br.
Appalachian Trail
Echo Lake
FRANCONIA NOTCH ★★
Mt Lafayette
5249/1600
Cannon Mtn
4060/1237
★ Lonesome Lake
★ The Basin
WHITE MOUNTAIN
Kinsman Mtn
4358/1328
Indian Head
4459/1359
Mt Liberty
Flume Gorge ★★
I-91
E. Br. Pemigewasset
Loon Mountain Recreation Area
Clark's Trading Post
★★★ KANCAMAGUS
Kinsman Notch
Lost River ★
North Woodstock
Lincoln
Loon Mtn
Hancock Br.
Pemi Overlook
Kancamagus Pass
3728/1136
Mt Kancamagus
Pemigewasset
N
0
5 mi
0
5 Km
POLAR CAVES PARK, CONCORD

LES WHITE MOUNTAINS

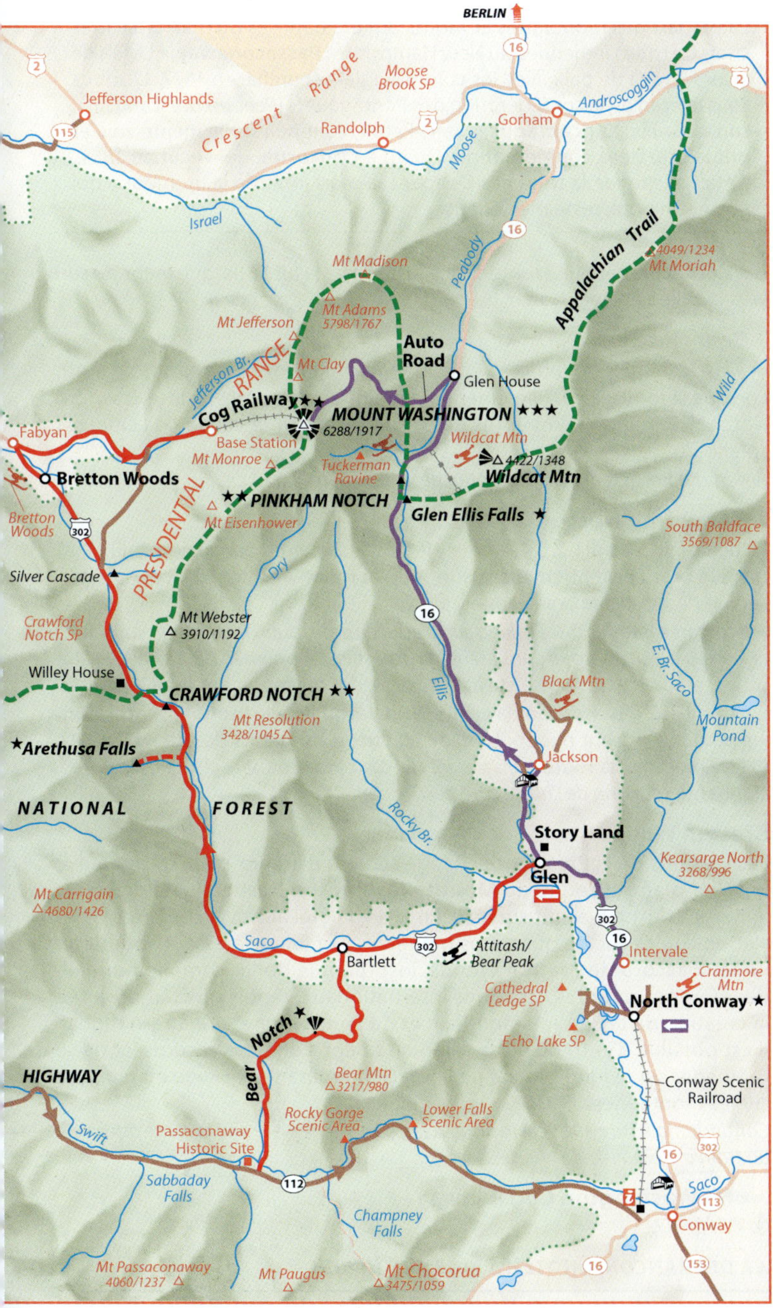

5

DES NOMS INDIENS

La plupart des montagnes et monts ont été baptisés du nom d'illustres chefs de tribus indiennes du New Hampshire : **Passaconaway**, « Le Fils de l'Ours », rêva de paix avec les colons anglais et unifia, en 1627, 17 tribus sous le nom de la confédération des Pentagouets (*Penobscot* en anglais) ; son petit-fils, **Kancamagus**, « Sans Peur », continua sur la même voie et prit la tête de la confédération. Quant à **Chocorua**, qui vécut au 18e s., il était le chef de la tribu des Ossipee. Sa mort, près de la montagne qui porte son nom, reste mystérieuse.

Bartlett. À Bartlett, une route située juste après la bibliothèque mène au sud vers la vallée de Bear Notch.

★ Bear Notch

8 miles (12,8 km) entre Bartlett et la Kancamagus Highway - route ouverte mai-oct.
Lorsque la route, particulièrement magnifique en automne, quitte Crawford Notch (3,5 miles/5,6 km après Bartlett), la **vue** sur la vallée de l'Ours est splendide.
Revenez à Bartlett et tournez à gauche sur la Route 302.

★★ Crawford Notch

Ce défilé (alt. 540 m) porte le nom de la famille Crawford qui, au début du 19e s., traça le premier sentier vers le sommet du mont Washington. Leur maison servait de refuge aux randonneurs.

★ **Arethusa Falls** – *Parking sur la gauche de la route. Traversez la voie ferrée et engagez-vous à droite dans le chemin forestier. Comptez 2h AR.* Le sentier suit un ruisseau qu'il traverse juste avant de gagner ces cascades rafraîchissantes.
La Route 302 passe devant la vieille **Willey House** et le **mont Webster** dont les pentes accusent par endroits de récents glissements de terrain. 5 miles (8 km) plus loin, la route croise la **Silver Cascade★** dont la chute est impressionnante *(parking de l'autre côté de la route)*.

Bretton Woods

Les versants de la Presidential Range servent d'arrière-plan au complexe hôtelier blanc et rouge du **Mount Washington Resort**, l'une des rares auberges du 19e s. ayant survécu. En 1944, l'hôtel abrita la conférence des Nations unies sur les questions monétaires et financières qui aboutit au fameux accord de Bretton Woods, instituant le dollar comme monnaie de référence pour les échanges internationaux, tandis qu'était projetée la création de la Banque mondiale et du Fonds monétaire international. Il est possible d'entrer dans le salon où furent signés les accords, et de se promener sur le long porche de l'hôtel, en profitant de la vue magnifique sur les montagnes.
Continuez la Route 302 vers le nord. À Fabyan, prenez à droite la route qui mène au train à crémaillère.

★★ Mt Washington Cog Railway

Voir p. 317.

★★ DE FRANCONIA NOTCH À KINSMAN NOTCH

Circuit de 13 miles (21 km) tracé en pourpre sur la carte p. 320-321 – Comptez une 1/2 journée. Suivez la Route 3 depuis Franconia Notch.

La Route 3, qui s'étire le long de cette très belle vallée blottie entre les hauteurs des Franconia et Kinsman Ranges, permet d'accéder à **Echo Lake** *(Route 18)* et à plusieurs curiosités naturelles de la région.

Cannon Mountain

Aerial tramway – *✆ 603 823 8800 - www.cannonmt.com - ♿ - de Memorial Day à fin oct. : 9h-17h - 15mn AR - commentaires - 18 $ (billet combiné avec Flume Gorge 30 $).* Ce **téléphérique** mène au sommet (alt. 1 237 m) de la station de ski qui surplombe le lac Echo et offre une magnifique **perspective★★** sur la vallée, surtout en automne.

New England Ski Museum – *135 Tramway Dr. (à proximité de la gare du téléphérique) - ✆ 603 823 7177 - newenglandskimuseum.org - de Memorial Day à fin mars : 10h-17h - gratuit.* Ce musée retrace l'histoire du ski grâce à des présentations audiovisuelles et une exposition de photos, de matériel et de souvenirs.

★ Lonesome Lake

Dép. du parking du camping Lafayette. Suivez les marques jaunes (3h AR).
Ce lac occupe une trouée à 300 m au-dessus de Franconia Notch. Le sentier qui le contourne mène au refuge de l'Appalachian Mountain Club, qui héberge les randonneurs en été.

★ The Basin

Depuis le parking, un chemin balisé (10mn) part à gauche vers le bassin.
À force de battre la roche, l'eau des chutes a creusé dans le granit cette sublime marmite torrentielle de 6 m de diamètre. Sous le bassin, on peut voir le *Old Man's Foot* (« le pied du vieil homme »), un rocher érodé par le torrent.

★★ Flume Gorge

✆ 603 745 8391 - www.nhstateparks.org - de de mi-mai à fin oct. : 9h-17h - 16 $.
En 1808, Jess Guernsey, âgée de 93 ans, découvrit par hasard cette merveille naturelle alors qu'elle était partie pêcher. Aujourd'hui, la Flume Gorge est l'un des endroits les plus visités et les plus spectaculaires des White Mountains. Cette étroite et profonde gorge de granit s'étire en effet sur 250 m au pied du mont Liberty. Ses parois très resserrées s'élèvent à près de 30 m de hauteur. À partir du bureau d'accueil, le sentier s'étend sur 2 miles (3,2 km), puis des passerelles et des escaliers conduisent aux chutes et aux cascades. On peut même aller jusqu'au fond de la gorge, ce qui offre des vues très impressionnantes !
Au carrefour des Routes 3 et 112 se trouve **North Woodstock**, dont la rue principale croule sous les boutiques et les restaurants.

PLAISIRS ET DANGERS DE LA VIE SAUVAGE

Les animaux sauvages sont nombreux dans les White Mountains, mais il faut prendre le temps pour en apercevoir certains. Près des zones humides et des étangs, on peut croiser de gigantesques *moose* (orignaux), de préférence tôt le matin et à la tombée du jour. Les *black bears* (ours noirs) sont des animaux craintifs, mais prenez garde de ne pas vous en approcher si vous en croisez un. Le *white-tailed deer* (le cerf à queue blanche) est l'animal officiel du New Hampshire. On le croise parfois au bord des routes et des sentiers de randonnée, ainsi que des renards roux. Attention aux *black flies,* ces petites mouches noires qui sévissent surtout en mai et juin, mordant dans le cou et au visage : une randonnée dans les bois humides et chauds peut vite devenir désagréable. De nombreux renseignements sont disponibles sur le site www.wildlife.state.nh.us.

Clark's Trading Post – *sur la Route 3 à North Woodstock - ✆ 603 745 8913 - www.clarkstradingpost.com - juil.-août : 9h30-17h30 ; de fin mai à mi oct. : voir horaires sur le site - 22 $.* Spectacles d'ours noir, cirque, train à vapeur et autres attractions !

Prenez la Route 112 vers l'ouest, sur 7 miles (11,2 km).

★ Lost River

✆ 603 745 8031 - www.lostrivergorge.com - de mi-mai à fin oct. : 9h-16h (juil.-août 17h) - 21 $ (4-12 ans 17 $). Prévoir des vêtements longs.

Située dans le Kinsman Notch et entre les vallées du Connecticut et de la Pemigewasset, la gorge de Lost River est une profonde entaille glaciaire encombrée de gigantesques blocs rocheux dans lesquels la rivière a sculpté des bassins. Des passerelles et des escaliers, véritable dédale en bois, permettent aux visiteurs de découvrir les grottes, les cascades et les marmites torrentielles du défilé. Moins impressionnant que la gorge Flume, cette sortie n'en est pas moins très ludique : on rampe dans des grottes, au plus près de l'eau, le passage le plus mémorable porte le nom évocateur de « presse-citron » *(lemon squeezer)*. Un passage en surface est toujours possible.

À voir aussi Carte de région p. 292

Santa's Village A2

À 1 mile (1,6 km) depuis Jefferson sur la Route 2. ✆ 603 586 4445 - www.santasvillage.com - de mi-juin à fin août : 9h30-18h ; de fin mai à mi-juin et de fin août à fin déc. : jours et horaires variables (consultez le site Internet) - 33 $ (à partir de 4 ans).

La résidence d'été du Père Noël, sous forme de parc d'attractions ! Une quarantaine de bâtiments aux coloris et aux décors joyeux reposent à l'ombre d'arbres toujours verts. Les enfants peuvent nourrir les rennes et aider les lutins à fabriquer les cadeaux !

Polar Caves Park A2

À 5 miles (8 km) à l'ouest de Plymouth, sur la Route 25. ✆ 603 536 18888 - www.polarcaves.com - de fin mai à mi-oct. : 10h-17h (16h30 après le Labour Day) ; reste de l'année : w.-end seult (quand le temps le permet) - 19,50 $ (4-12 ans 14,50 $).

Des chemins aménagés et des commentaires enregistrés permettent de visiter librement ces grottes spectaculaires de la dernière glaciation.

NOS ADRESSES DANS LES WHITE MOUNTAINS

HÉBERGEMENT

La plupart des motels, hôtels et B & B sont concentrés au sud-est des White Mountains, autour de North Conway.

Appalachian Mountain Club – *www.outdoors.org.* L'Appalachian Mountain Club propose des refuges le long des sentiers de randonnée.

Camping – *✆ (877) 647-2757 - www.nhstateparks.org.* Le camping est autorisé toute l'année sauf sur le mont Washington.

Bartlett

BUDGET MOYEN

The Bartlett Inn – *1477 Main St. - Rte 302 - ✆ (603) 374-2353 - www.bartlettinn.com - - 18 ch. 139/179 $* . Doublé d'une galerie d'art, ce B & B accueillant aux chambres douillettes est situé dans la rue principale de Bartlett. À l'extérieur, Jacuzzi en hiver et piscine en été !

Bretton Woods

POUR SE FAIRE PLAISIR

Omni Mount Washington Resort – *310 Mt. Washington Hotel Rd - ✆ (603) 278-1000 - http://brettonwoods.com* - 🅿 - *200 ch. 259/849 $* - ✕. Érigé en 1902, un hôtel historique aussi célèbre (la conférence de Bretton Woods s'y déroula) qu'imposant : une véranda de 275 m, un restaurant, deux piscines, un tennis, un golf… Le luxe au pied du mont Washington !

Franconia

BUDGET MOYEN

The Horse and Hound Inn – *205 Wells Rd - ✆ (603) 823-5501 - ✆ (800) 450-5501 - www.franconiainn.com - 10 ch. 150/275 $* - ✕. Une retraite idyllique de bon goût dans une grande maison de bardeaux blancs au milieu de la forêt. Les chambres sont simples et élégantes. Aucune télé mais beaucoup de livres et de magazines dans la bibliothèque qui ouvre sur le jardin. Bons cocktails et restaurant au cadre rustique : on croirait manger dans la salle à manger familiale.

Jackson

POUR SE FAIRE PLAISIR

The Inn at Thorn Hill – *Thorn Hill Rd - ✆ (800) 289-8990 - www.innatthornhill.com* - 🅿 - *22 ch. et 3 cottages privés 169/269 $* - ✕. Tissus nobles, cheminées, douches à jets multiples, panoramas dignes d'une carte postale : sans doute l'auberge la plus chic et la plus romantique de la vallée !

Sur la Kancamagus Highway

PREMIER PRIX

Kancamagus Swift River Inn – *1316 Kancamagus Hwy - à 1,5 mile (2,4 km) à l'ouest de la Route 16 - ✆ (603) 447-2332 - www.swiftriverinn.com* - 🅿 - *10 ch. 79/129 $*. Une auberge en forêt, pour qui souhaite fuir la foule des villes voisines : ici ne résonnent que le bruissement des feuilles et le chant des oiseaux ! Chambres spacieuses, mais la déco est un peu datée.

BUDGET MOYEN

Woodstock Inn – *135 Main St. - North Woodstock - ✆ (603) 745-3951 - www.woodstockinnnh.com - 39 ch. 112/258 $* - ✕. Une auberge à la décoration rustique répartie dans cinq bâtiments autour de la rue principale de cette ville-carrefour, rendez-vous des randonneurs. Dans le restaurant familial (bon brunch le matin !) on peut boire une bière fabriquée sur place, dans la brasserie du même nom.

North Conway

BUDGET MOYEN

1785 Inn – *Intervale (à 2 miles/3,2 km au nord de North Conway) - ✆ (603) 356-9025 - www.the1785inn.com* - 🅿 - *17 ch. 99/219 $*. Belle demeure de style colonial avec vue sur le mont Washington. Chambres personnalisées.

RESTAURATION

Franconia

POUR SE FAIRE PLAISIR

Lovett's Inn – *1474 Profile Rd - ✆ (603) 823-7761 - www.lovettsinn.com - petit déj. et dîner - jan.-mars : w.-end 17h-20h ; de fin mai à fin oct. : merc.-dim. 17h-20h - fermé avr.-mai et nov.-déc. - réserv. conseillée.* Crab cakes (beignets de crabe), meatloaf (pain de viande) et poisson du jour, dans une élégante salle avec cheminée. Une des grandes tables de la région !

Glen

PREMIER PRIX

Red Parka Steakhouse & Pub – *Rte 302 - ✆ (603) 383-4344 - www.redparkapub.com - tlj à partir de 16h (w.-end 15h) - plat 16/33 $.* Un pub chaleureux et populaire nommé d'après l'habit porté autrefois par les pisteurs. Nachos, salades et spécialités de viandes et burgers. Concerts le week-end.

White Mountain Cider Co. – *207 Rte 302 - Bartlett - ✆ (603) 383-4414 - www.ciderconh.com - 7h-17h - fermé merc.* Faites étape dans cette épicerie pour goûter ses délicieux cider donuts ou une tranche d'apple pie. Le restaurant à côté propose une cuisine locale et créative (dîner seulement).

Jackson

BUDGET MOYEN

Wentworth Inn – *1 Carter Notch Rd - À l'angle de la Route 16A et de Carter Notch Rd - ✆ (800) 637-0013 - www.thewentworth.com - petit déj. et dîner seult (réserv. conseillée) - soir plat 26/32 $.* Dans un hôtel de renom établi en 1869, venez déguster un éventail de spécialités locales : poulet, fruits de mer et poissons.

North Conway

PREMIER PRIX

May Kelly's Cottage – *3002 White Mountain Hwy - Rte 16 North Conway - ✆ (603) 356-7005 - www.maykellys.com - 16h-21h, vend.-sam. 12h-22h, dim. 12h-20h - fermé lun. - plat 15/26 $.* Un pub irlandais au décor digne d'une brocante. Essayez les roboratives croquettes de pommes de terre, et la spécialité locale, le meatloaf. L'ambiance est joyeuse, surtout le dimanche après-midi quand on y donne des concerts. En été, la terrasse vous tend les bras, avec vue sur les montagnes.

Woodstock

PREMIER PRIX

Woodstock Inn – *135 Main St. - ✆ (800) 321-3985 - www.woodstockinnnh.com - P - Clement Room : déj. 7h-11h30 - Woodstock Station : 11h30-22h - plat 15/25 $.* Pour un dîner terroir dans la Clement Room et son patio ou un repas plus rudimentaire dans la Woodstock Station (sandwichs, soupes, burgers…). Le rendez-vous des randonneurs, souvent très animé en fin de semaine. Concerts vendredi et samedi. Bière maison.

ACHATS

North Conway

Cette ville est réputée pour ses « outlets », des produits vendus sans taxes.

North Conway 5 ¢ and 10 ¢ – Arrêtez-vous au fameux North Conway 5 ¢ and 10 ¢ pour acheter des sucreries.

Zeb's General Store – Idéal pour dénicher des produits typiques de Nouvelle-Angleterre.

La pêche dans les Connecticut Lakes.
Einar Bog/Fotolia.com

Le nord du New Hampshire

Northern New Hampshire

Malgré la concurrence des White Mountains, l'étroite langue de territoire qui borde la frontière canadienne continue d'attirer les amateurs de chasse, de pêche et de moto-neige : ses forêts épaisses et ses lacs en font l'une des contrées les plus sauvages du New Hampshire. Au nord du « défilé de Noxville » (Noxville Notch), la rivière Connecticut prend sa source dans trois lacs de toute beauté.

NOS ADRESSES PAGE 328
Hébergement, restauration, achats, activités, etc.

S'INFORMER

North Country Chamber of Commerce – *4 Titus Hill Rd (Main St.) - Colebrook - ✆ 603 237 8939 - www.chamberofthenorthcountry.com.*

SE REPÉRER

Carte de région A1 (p. 292).

La Route 3 serpente à travers le nord de l'État jusqu'à la frontière canadienne. Orientée est-ouest, la Route 26 dévoile de beaux panoramas.

À NE PAS MANQUER

Une escapade sur la Route 26 dans le spectaculaire Dixville Notch.

ORGANISER SON TEMPS

Prévoyez au moins une journée sur les bords des lacs Connecticut ou pour une randonnée en montagne.

AVEC LES ENFANTS

Offrez-leur une virée en canoë *(voir « Nos adresses »).*

Découvrir Carte de région p. 292

Connecticut Lakes A1

603 538 7118 - www.nhconnlakes.com.

Au sud de la frontière canadienne, trois lacs donnent naissance au fleuve Connecticut qui coule vers le sud-ouest en séparant l'État du Vermont de celui du New Hampshire ; il s'agit des **Third**, **Second** et **First Connecticut Lakes**. Cette région est un paradis pour les amoureux de nature : ses bois accueillent élans, ours noirs, cerfs à queue blanche, grouses et bécasses, et ses lacs abondent de truites et saumons. En empruntant la Route 3, qui relie Pittsburg et la frontière canadienne, on aperçoit ces lacs à travers la forêt. Il n'est pas rare d'y voir un élan paître au bord de la route. Un festival est organisé en l'honneur de l'animal, le **Moose Festival**, le dernier week-end du mois d'août à Colebrook.

Lake Francis State Park A1

À 7 miles (11,2 km) au nord-est de Pittsburg par la Route 3 ; prenez à droite River Road : l'entrée du parc se situe 2 miles (3,2 km) après le pont couvert.

603 538 6707 - www.nhstateparks.org.

Dans cette région sauvage située au sud du First Connecticut Lake, les berges magnifiques du lac Francis, créé par l'homme, offrent un site idéal pour camper *(45 emplacements)*, pêcher et pique-niquer.

Dixville Notch A1

La Route 26, qui relie Colebrook et Errol, traverse le défilé le plus septentrional des White Mountains : Dixville Notch (« défilé de Dixville »), une région de hautes falaises plantées de conifères appartenant au **Dixville Notch State Park** (*603 538 6707 - www.nhstateparks.org*). C'est à proximité de son point le plus élevé (alt. 567 m) que se dresse le majestueux **Balsams**, un hôtel édifié au 19e s. sur les rives du Glorietta Lake *(l'hôtel n'est pas ouvert au public)*.

NOS ADRESSES DANS LE NORD DU NEW HAMPSHIRE

HÉBERGEMENT

Pittsburg

PREMIER PRIX

At Bear Tree – *Rte 3 - 118 Glen Rd - (603) 538-9995 - www.atbeartree.com - P - 4 ch. 65/120 $; cabanes 110/200 $ -* ✕. Face au First Connectictut Lake et au Mount Maggalloway, près de la Murphy's Steakhouse, cette auberge construite au début du 19e s. propose des chambres et des petites cabanes individuelles avec vue sur le lac. Charme rustique.

ACTIVITÉS

Errol

/ **ELC Outdoors** – *983 Upton Rd - à 11 miles (17,7 km) au sud-est de Dixville Notch - (603) 215-0002 - http://elcoutdoors.com.* Canoë, kayak et rafting sur la rivière Androscoggin.

Conway

/ **Saco Bound** – *2561 E Main St., Rte 302 - (603) 447-2177 - www.sacobound.com - P.* Canoë, kayak, rafting et camping sur les rivières Saco et Androscoggin.

Hanover

★

11 416 hab.

Située au bord du fleuve Connecticut, qui constitue une frontière naturelle avec le Vermont, cette charmante petite ville abrite le Dartmouth College, l'une des écoles de la prestigieuse Ivy League, qui regroupe les universités les plus cotées du pays. Avec ses bâtiments coloniaux et ses petites rues ombragées, Hanover, perdue au milieu des collines, reste animée la plupart de l'année grâce à la présence des étudiants.

NOS ADRESSES PAGE 331
Hébergement, restauration, achats, activités, etc.

S'INFORMER

Hanover Area Chamber of Commerce – *Nugget Arcade Building (Suite 208) - 53 South Main St. - ✆ 603 643 3115 - www.hanoverchamber.org.*

SE REPÉRER

Carte de région A2 (p. 292).

Hanover se trouve au centre de l'Upper Connecticut Valley Region, qui s'étend à l'est de la rivière Connecticut. À environ 1h de route au nord-ouest de Concord, la ville est facilement accessible par l'Interstate 89.

SE GARER

Parkings dans Market Street et Water Street, mais vous pourrez aussi stationner ailleurs dans le centre-ville (parcmètres).

À NE PAS MANQUER

Le Dartmouth College, avec ses élégants bâtiments coloniaux, mais aussi le Hood Museum of Art et la Baker-Berry Library.

ORGANISER SON TEMPS

Commencez votre parcours au Dartmouth College Visitor Center (petit kiosque sur le *green*), où vous trouverez des plans du campus.

AVEC LES ENFANTS

Les activités proposées au Mount Sunapee State Park.

Se promener

★ DARTMOUTH COLLEGE

Entrée principale par E. Wheelock St. - ✆ 603 646 1110 - www.dartmouth.edu.

Fondé en 1769 par le puritain Eleazar Wheelock, le Dartmouth College compte aujourd'hui 6 000 étudiants qui suivent des programmes de 1er cycle ou des spécialisations comme la médecine, les arts et métiers, les sciences et le commerce. Sa devise – *Vox clamantis in deserto* (« Prêcher dans le désert ») – rend bien compte de l'isolement géographique du lieu. Le collège compte parmi ses anciens élèves des personnalités de renom, dont Daniel Webster (1782-1852), avocat et brillant orateur, et Nelson A. Rockefeller (1908-1979), ancien gouverneur de New York et vice-président des États-Unis. à la fin de chaque trimestre se tiennent des *big week-ends* thématiques. Celui d'hiver, le **Winter Carnival**, a lieu chaque année en février depuis 1911. Il est réputé pour ses démonstrations de ski et de patinage, ainsi que ses nombreuses manifestations culturelles.

★ The Green

Entouré par Main, Wheelock, Wentworth et College Sts.

Cette vaste pelouse carrée est encadrée par le **Hanover Inn** et par plusieurs bâtiments du collège. Au carrefour de Main Street et de Wheelock Street, admirez la perspective sur Dartmouth Row, un bel ensemble de quatre édifices coloniaux. Autrefois, le *green* servait de terrain de cricket et de football.

Baker-Berry Library

À l'extrémité nord du green - ✆ 603 646 2560 - www.dartmouth.edu/~library/bakerberry - ♿ - horaires variables : la bibliothèque ouvre en général à 8h et ferme à 18h, 20h, 22h ou 2h selon les jours - fermé j. fériés.

Ce beau bâtiment au clocher blanc abrite des fresques de l'artiste mexicain Orozco (1883-1949), nommées **Epic of American Civilization★**, ou l'*Épopée de la civilisation américaine*. Puissantes et brutales dans leur évocation des forces du bien et du mal, ces peintures relatent les 5 000 ans d'histoire des Amériques.

Hopkins Center for the Arts

4 East Wheelock St. - ✆ 603 646 2422 - hop.dartmouth.edu.

Surnommé « le Hop », ce centre culturel édifié en 1962 est reconnaissable à ses fenêtres hautes. Il abrite plusieurs théâtres et deux salles de concerts.

★ Hood Museum of Art

Wheelock St. (derrière le Hopkins Center) - ✆ 603 646 2808 - www.hoodmuseum.dartmouth.edu - ♿ - horaires, se rens.

Ce musée présente des collections permanentes d'œuvres amérindiennes, américaines, européennes et africaines, ainsi que des pièces antiques. Au niveau inférieur, une section est consacrée à des **reliefs assyriens** datant du 9e s. av. J.-C. L'art contemporain occupe une salle du niveau supérieur. En traversant la cour centrale, on arrive sur la **Maffei Arts Plaza** où s'élève une sculpture de Louise Bourgeois, *Crouching Spider*, une araignée géante en bronze installée devant le **Black Family Visual Arts Center**, superbe centre d'expositions ouvert à l'automne 2012 qui promeut de nouvelles expérimentations artistiques.

À proximité Carte de région p. 292

★ Saint-Gaudens National Historic Site A3

▶ À Cornish, 20 miles (32 km) au sud de Hanover. Prenez la Route 10 vers le sud, puis, sur 15 miles (24,1 km), la Route 12A jusqu'à la signalisation du site. ✆ 603 675 2175 - www.nps.gov/saga - site : de l'aube au crépuscule ; expositions : de Memorial Day à fin oct. 9h-16h30 ; nov.-mai : lun.-vend 8h45-16h (possibilité de fermetures temporaires) - fermé j. fériés - 10 $.

Augustus Saint-Gaudens (1848-1907) fut le plus éminent sculpteur des États-Unis au 19e s. Ses œuvres les plus marquantes sont d'impressionnants monuments commémorant la guerre de Sécession tel le Shaw Civil War Monument à Boston *(voir p. 44)*, ainsi que sa série de portraits qui lui valurent d'être décoré de la Légion d'honneur et admis à la Royal Academy de Londres. Pendant les deux décennies où il résida à Cornish, Saint-Gaudens sculpta quelque 150 œuvres. Le National Park Service a transformé en musée sa maison, baptisée « Aspet », ses ateliers et son parc de 30 ha nichés dans une clairière au bord de la rivière Connecticut.

En sortant, prenez à gauche la Route 12A ; à 2 miles (3,2 km) au sud se trouve le **Cornish-Windsor Bridge**, le plus long pont couvert des États-Unis (62 m).

★ Sunapee A3

À 28 miles (45 km) au sud d'Hanover. Prenez la Route 120 puis l'I-89 South jusqu'à la sortie 12A, où la Route 11 conduit à Sunapee, au sud.

Amarrés au quai, face aux restaurants et magasins qui animent le port de cette minuscule et pittoresque station de villégiature, des petits bateaux de plaisance et de pêche invitent à l'évasion : montez donc à bord du *M.V. Sunapee II*, pour une **croisière** sur le lac Sunapee. Un délice ! *(603 938 6465 - www.sunapeecruises.com - - durée 1h30 - commentaires - 20 $).*

Mount Sunapee State Park A3

À 32 miles (51,5 km) au sud d'Hanover. Depuis Sunapee, prenez la Route 103B. 603 763 5561 - www.nhstateparks.org - - de fin mai à mi-oct. : lun.-vend. 9h-coucher du soleil (8h30 w.-end) - 5 $ (6-11 ans 2 $).

Il englobe le lac et la montagne Sunapee, fréquentés toute l'année. Face à l'entrée du parc se trouve la **State Beach**, une plage de 1 mile (1,6 km) de long bordant le lac.

Un téléphérique permet d'accéder au sommet du mont Sunapee (alt. 823 m) d'où l'on bénéficie de belles **vues★** sur la région *(à partir de North Peak Lodge - 603 763 3500 - www.mountsunapee.com - horaires et tarifs variables).* En hiver, la station propose des pass de ski et l'été, le parc offre une grande variété d'activités de plein air : golf, tyrolienne, parcours acrobatique dans les arbres…

NOS ADRESSES À HANOVER

HÉBERGEMENT

POUR SE FAIRE PLAISIR

The Trumbull House Bed & Breakfast – *40 Etna Rd - (603) 643-2370 - www.trumbullhouse.com - - 6 ch. 219/319 $.* Un cadre bucolique et une demeure confortable ! Sous le soleil d'été, le bassin tombe à point nommé. Les sentiers voisins rejoignent l'Appalachian Trail.

RESTAURATION

PREMIER PRIX

Umpleby's Bakery and Café – *3 South St. - (603) 643-3030 - www.umplebys.com - 7h30-18h, dim. 7h30-16h - plat 4/8 $.* Les étudiants se retrouvent dans ce charmant café qui propose de délicieux sandwichs et des salades. Les pâtisseries sont alléchantes : Boston cream pie, cheesecake et tarte au citron (lemon pie). Terrasse agréable l'été.

Murphy's on the Green – *11 S. Main St. - (603) 643-4075 - www.murphysonthegreen.com - 16h-23h, vend.-sam. 11h-23h, dim. 11h-22h - soir plat 15/24 $.* Cette taverne populaire était le repaire favori de l'écrivain Bill Bryson, lorsqu'il vivait à Hanover. Wings, Irish stew, burgers, fish et fondue aux champignons…

Maine 6

Carte Michelin New England 581

Casiers à homards.

onepony/Fotolia.com

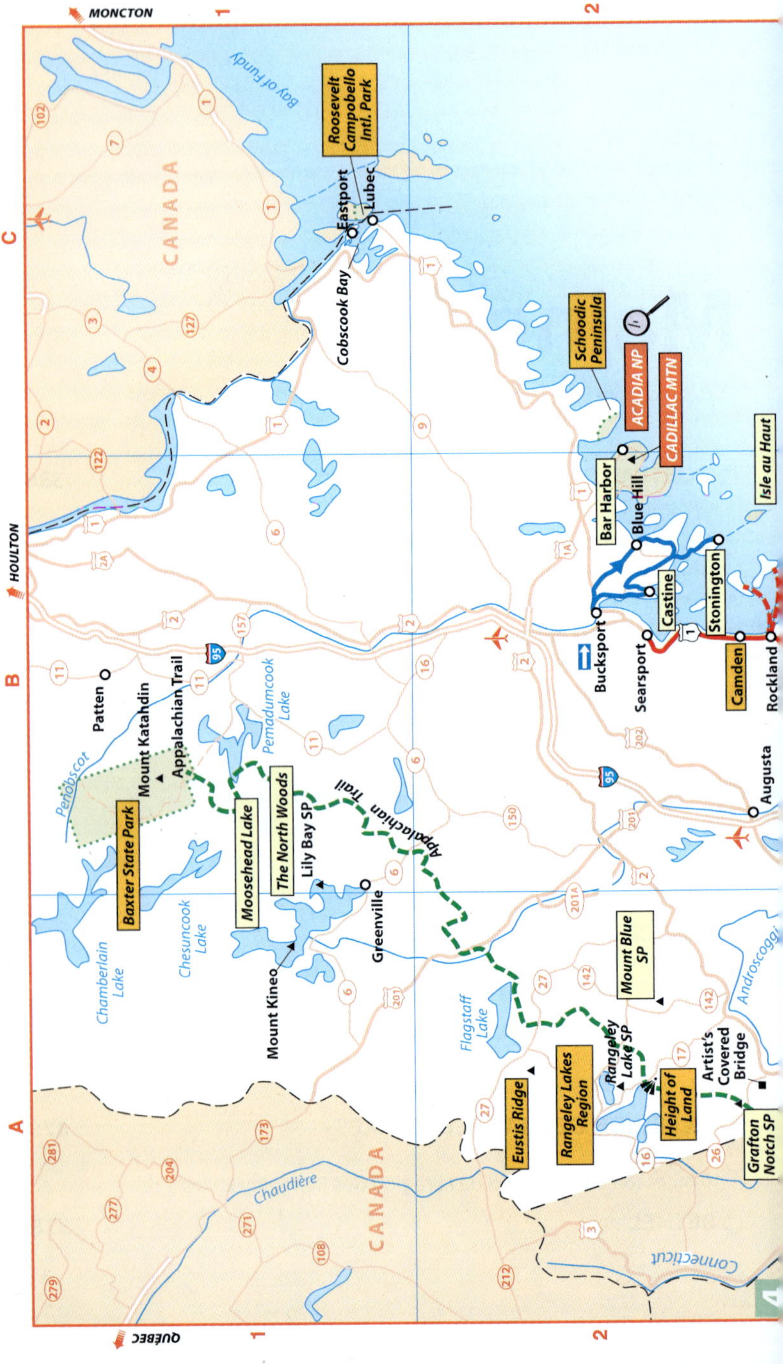
MONCTON
HOULTON
QUÉBEC
CANADA
CANADA
Bay of Fundy
Roosevelt Campobello Intl. Park
Eastport
Lubec
Cobscook Bay
Schoodic Peninsula
ACADIA NP
CADILLAC MTN
Isle au Haut
Bar Harbor
Blue Hill
Castine
Stonington
Bucksport
Searsport
Camden
Rockland
Augusta
Patten
Mount Katahdin
Appalachian Trail
Penobscot
Baxter State Park
Pemadumcook Lake
Moosehead Lake
The North Woods
Lily Bay SP
Appalachian Trail
Chamberlain Lake
Chesuncook Lake
Mount Kineo
Greenville
Flagstaff Lake
Mount Blue SP
Androscoggin
Eustis Ridge
Rangeley Lakes Region
Rangeley Lake SP
Height of Land
Artist's Covered Bridge
Grafton Notch SP
Chaudière
Connecticut

MAINE
ATLANTIC OCEAN
NEW HAMPSHIRE
MASSACHUSETTS
Evans Notch
Sabbathday Shaker Village
Sebago Lake SP
Sebago Lake
Lake Winnipesaukee
Brunswick
Bath
Freeport
Boothbay Harbor
Pemaquid Point
Monhegan I.
ennebec
Portland
Height of Land
Cape Elizabeth
Kennebunk
Kennebunkport
Ogunquit
York
Kittery
BOSTON
ST. JOHNSBURY
LEBANON
GREENFIELD
WORCHESTER
PROVIDENCE
PLYMOUTH
PLYMOUTH
A
B
C
3
4
5
1
N
0 15 mi
0 50 km
ACADIA NP ★★★ Vaut le voyage
Portland ★★ Mérite un détour
Stonnington ★ Intéressant
Kittery À voir
Ville de départ du circuit
La côte méridionale : de Kittery à Portland
The midcoast region : de Freeport à Searsport
Au nord du Maine : de Bucksport à Blue Hill
Voir carte détaillée du circuit

Portland

★★

66 937 hab.

Principale ville du Maine, Portland est située dans la baie de Casco célèbre pour ses Calendar Islands. Pôle artistique, gastronomique et touristique, la ville est d'autant plus agréable à découvrir que la gentillesse légendaire de ses habitants est bien réelle.

NOS ADRESSES PAGE 341
Hébergement, restauration, achats, activités, etc.

S'INFORMER

Portland Convention and Visitors Bureau – Plan de ville p. 338- *14 Ocean Gateway Pier - ✆ 207 772 5800 - www.visitportland.com.*

SE REPÉRER

Carte de région B3 (p. 334-335).
Située sur la côte atlantique, dans la partie sud du Maine, Portland est divisée en deux par l'I-95 et l'I-295. Elle est accessible en train ou en bus depuis Boston (env. 2h de trajet).

SE GARER

Comptez 25 ¢/30mn pour vous garer sur la voie publique et 8-15 $ pour stationner une journée dans l'un des nombreux parkings de Portland. Les distances entre les principaux sites se parcourent aisément à pied !

À NE PAS MANQUER

Marcher le long de l'Eastern Promenade face à Casco Bay ; goûter des fruits de mer sur les quais ; boire une bière à la *blueberry* (myrtille) dans un bar animé de Portland, et photographier le phare !

ORGANISER SON TEMPS

Visitez le quartier d'Old Port, puis longez les quais et déjeunez d'une *clam chowder* chez *Gilbert's*. Prenez ensuite un ferry pour vous promener dans la baie. S'il vous reste du temps, partez en excursion jusqu'au Cape Elizabeth et baladez-vous autour du phare, le Portland Head Lighthouse

AVEC LES ENFANTS

Le Children's Museum of Portland, conçu pour eux. L'Eastern Promenade, en train à vapeur.

RESURGAM : « JE ME RELÈVERAI »

Telle est la devise de Portland, ville qui aurait pu s'appeler Phoenix tant elle n'a cessé de renaître de ses cendres. Au début du 17e s., les Anglais établirent un comptoir qui devint le village de Falmouth (1658). Abandonné dans les années 1670 après plusieurs attaques indiennes, le village fut reconstruit en 1716 afin d'assurer le commerce des mâts avec l'Angleterre. L'hostilité des habitants de Falmouth vis-à-vis de la Couronne conduisit les Britanniques à brûler la ville en 1775. Après la guerre d'Indépendance, la centaine de colons restée à Falmouth reconstruisit progressivement la ville et la rebaptisa Portland (1786). Le 4 juillet 1866, alors que Portland s'était assuré une grande prospérité grâce à la construction navale, un incendie, provoqué par deux enfants jouant avec des feux d'artifice en ce jour de fête, ravagea les deux tiers de la ville, détruisant la plupart des bâtiments du quartier des affaires. Sur ses cendres s'édifièrent alors les nombreuses demeures victoriennes caractéristiques de la ville aujourd'hui.

Phare de Portland Head Light
Ch. Heeb/hemis.fr

Se promener Plan de ville p. 338

★★ LE QUARTIER DU PORT ET LE BORD DE MER

★★ Old Port

Cet ancien quartier d'entrepôts et de bureaux portuaires devenu insalubre fut détruit en 1970. C'est alors que quelques habitants décidèrent de lui redonner vie en y ouvrant des magasins et des restaurants. Très vite, leur entreprise fut couronnée de succès, et ils furent bientôt imités par des entrepreneurs qui s'empressèrent de rénover des bâtiments afin d'installer des commerces et des bureaux dans ce secteur en expansion.

On peut flâner le long de **Middle Street**, **Exchange Street** et **Fore Street** en admirant les vitrines, les galeries d'art et d'artisanat, ou se poser dans l'un des nombreux restaurants. L'architecture du 19e s. est particulièrement intéressante pour la variété des bâtiments et des styles : remarquez l'appareillage décoratif des briques, les clefs de voûte, les corniches et les bandeaux.

Les quais (Piers)

Les quelques boutiques de souvenirs n'altèrent en rien l'authenticité des quais, le long desquels on peut admirer bateaux de pêche et cages à homards. C'est de là que partent les excursions en bateau vers **Casco Bay** *(voir encadré p. 341)* et que débutent les circuits en bus à la découverte de la ville et de ses alentours.

★ Eastern Promenade

La partie de la ville qui s'avance dans la baie de Casco est bordée de parcs agréables et de sentiers invitant à la flânerie. **Eastern Promenade** offre de très belles perspectives sur la baie. La meilleure vue de Portland s'ouvre depuis le chemin qui contourne Back Cove.

Maine Narrow Gauge – *58 Fore St. - ✆ 207 828 0814 - www.mainenarrowgauge.org - mai-oct. : tlj, musée : 9h30-16h - 5 $; train : dép. ttes les h. de 10h à 15h - durée - 35mn -10 $ (3-12 ans 6 $).* En saison, il est possible de monter à bord du train à vapeur qui longe la promenade. Le petit musée est consacré à l'histoire du chemin de fer dans le Maine et permet de découvrir plusieurs wagons historiques.

Portland Observatory

138 Congress St. - ✆ 207 774 5561 - www.portlandlandmarks.org/observatory - visite guidée (45mn) - de Memorial Day à Columbus Day : 10h-17h (dernier dép. 16h30) - fermé 4 juil. - 10 $ (seniors et étudiants 8 $, 6-16 ans 3 $).

C'est le symbole de la ville et de son riche passé maritime. Avant l'avènement du téléphone et du télégraphe, l'observatoire signalait, à l'aide de drapeaux, l'entrée des navires dans le port. Du haut de la **tour** *(102 marches)*, la vue est sublime et, par beau temps, on peut apercevoir les White Mountains.

★ LE QUARTIER DES ARTS

★ Portland Museum of Art

7 Congress Sq. - ✆ 207 775 6148 - www.portlandmuseum.org - ♿ - 11h-17h (jeu.-vend. 20h) - fermé 1er janv., Thanksgiving Day et 25 déc. - 15 $ (seniors et étudiants 13 $, -21 ans gratuit).

C'est le plus grand et le plus ancien musée du Maine. Fondé en 1882, il changea plusieurs fois de lieux avant de s'installer dans les locaux actuels, composés de trois bâtiments reliés entre eux : n'hésitez pas à en faire le tour afin de mieux appréhender sa particularité architecturale. Du côté de l'entrée principale, sur

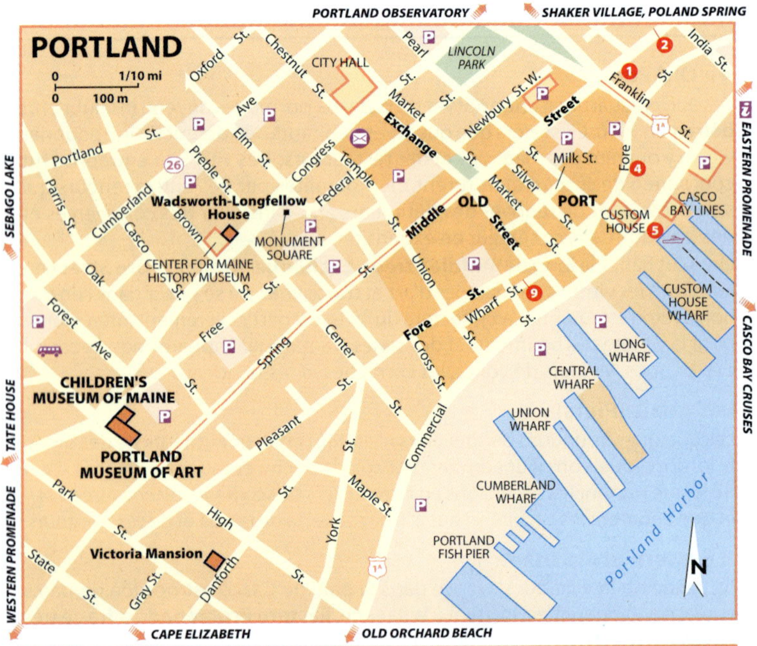

SE RESTAURER

Duck Fat ... 2	Fore Street ... 4	Street & Co. ... 9
Eventide ... 1	Gilbert's Chowder House ... 5	

Congress Street, le bâtiment le plus récent (1983) arbore une façade en brique rouge ; le long de High Street apparaissent les **Sweat Memorial Galleries** (1911), derrière lesquelles s'étend un jardin parsemé de sculptures ; enfin, complètement à l'arrière du musée, s'élève la **Mc Lellan House** (1801).

L'**art américain** est particulièrement bien représenté, avec notamment de nombreux dessins et toiles de Winslow Homer (1836-1910). Les collections présentées dans les étages raviront les amateurs d'**arts moderne et contemporain** : on peut y admirer des toiles de Renoir, Monet, Degas, Magritte, Munch et Picasso et de très belles marines éxécutées par des artistes du Maine. L'espace, bien organisé, et la belle muséographie rendent la visite particulièrement agréable : on peut ainsi contempler les œuvres de différents points de vue, depuis les étages ou par des découpes originales aménagées dans les murs. Les **expositions temporaires** sont régulièrement renouvelées.

★ Children's Museum of Maine

142 Free St. - ✆ 207 828 1234 - www.kitetails.org - mar.-dim. : 10h-17h (ouv. lun. pdt les vac. scolaires du Main, et jusqu'à 20h le 1er vend. du mois) - 10 $.

À côté du Museum of Art, trois étages d'expositions et d'expériences ludiques dédiés aux enfants *(programme du jour dans l'entrée)*. Au rez-de-chaussée, ils pourront tenter d'exercer et comprendre les métiers de leurs parents : pompier, banquier, fermier ou encore employé de supermarché. Le 1er étage, qui abrite une station météorologique et un modèle réduit de navette spatiale, est consacré aux expositions scientifiques. Au 2e étage, ne manquez pas la **chambre noire★** : superbe projection panoramique de Portland.

Wadsworth-Longfellow House

489 Congress St. - ✆ 207 774 1822 - www.mainehistory.org - visite guidée (75mn) - mai : 12h-17h ; juin-oct. : lun.-sam. 10h-17h, dim. 12h-17h (dernier dép. 16h) - 15 $. Le billet pour visiter la maison s'achète dans le Center for Maine History Museum, situé à gauche de la maison. Il permet de visiter aussi une salle d'exposition dédiée à l'histoire du Maine.

C'est dans cette ravissante demeure de brique construite en 1785 que l'écrivain **Henry Wadsworth Longfellow** (1807-1882) passa son enfance. Le style limpide et narratif de ses poèmes, s'inspirant des légendes de l'histoire américaine, le rendit célèbre aux États-Unis et dans le monde entier. Exposition de meubles et de souvenirs liés au poète et à sa famille.

WESTERN PORTLAND, LE QUARTIER VICTORIEN

Victoria Mansion (Morse-Libby House)

109 Danforth St. - ✆ 207 772 4841 - victoriamansion.org - visite guidée (1h) - mai-oct. : lun.-sam. 10h-15h45, dim. 13h-16h45 ; du jour suivant Thanksgiving à déb. janv. : 11h-16h30 - fermé Memorial Day, 4 juil., Labor Day et janv.-mars - 16 $ (seniors 14 $, 6-17 ans 5 $).

Construite vers 1860 par l'architecte Henry Austin, cette maison en grès rouge témoigne de la splendeur des décors et du mobilier de style italianisant, très en faveur au cours de la période victorienne. L'intérieur est étourdissant de fresques, de boiseries sculptées et de vitraux.

Juste en face du musée, ne ratez pas le bel alignement de maisons colorées sur Stratton Place.

Western Promenade

À l'extrémité ouest de la ville, ce joli sentier offre une vue sur la Fore River. C'est un bon point de départ pour se promener dans le reste du quartier, d'une splendeur architecturale époustouflante : maisons victoriennes, gothiques, coloniales ou d'inspiration italienne. Demandez une brochure au Visitor Center pour découvrir cette partie de la ville souvent délaissée des circuits classiques.

À voir aussi Plan de ville p. 338, en dir.

★ Tate House

Prenez Congress St. vers l'ouest, tournez à droite dans St John St., puis à gauche dans Park Ave. Passé l'I-295, continuez dans Congress St. jusqu'à Westbrook St. 1267 Westbrook St. - ✆ 207 774 6177 - www.tatehouse.org - visite guidée (45mn) - juin-oct. : merc.-sam. 10h-16h (dernier dép. 15h), dim. 13h-16h (dernier dép. 15h) - fermé 4 juil. et Labor Day - 15 $ (en. 6-12 ans 7 $).

Située le long de la Fore River, dans le quartier de Stroudwater, cette demeure insolite (1755) coiffée d'un toit à la Mansart appartenait à George Tate, agent du roi d'Angleterre chargé du commerce des mâts. Son travail consistait à organiser le transport des arbres sélectionnés pour les navires de la Royal Navy. Tous les pins de plus de 22 m de hauteur et de 60 cm de diamètre étaient systématiquement propriété du roi et marqués pour rappeler aux colons l'interdiction de les abattre. Les troncs étaient tirés par des bœufs jusqu'à Portland d'où ils étaient embarqués pour l'Angleterre. Joliment décorée, la Tate House contient des boiseries, des corniches, des encadrements de portes et du mobilier qui rappellent l'intérieur des maisons londoniennes du 18e s.

À proximité Carte de région p. 334-335

★ Cape Elizabeth B3

À 10 miles (16 km) au sud de Portland. Prenez la Route 77 jusqu'à South Portland. À hauteur de la bibliothèque, tournez à droite dans Cottage Rd, qui débouche sur Shore Rd.

Cape Elizabeth et sa côte rocheuse constituent une belle excursion. La côte étant privée, on ne voit toutefois de la route que les sublimes demeures de ses habitants privilégiés. Parmi les personnalités ayant vécu ici, on compte l'actrice Bette Davis, le réalisateur John Ford et de nombreux hommes politiques.

★★ **Portland Head Lighthouse** – *Prenez Shore Rd vers le nord jusqu'à Fort Williams.* Commandé par le président Washington en 1790, ce fut le premier phare en service sur la côte du Maine. Il a été immortalisé dans une peinture de Hopper, *Portland Head Light* (1927). Une promenade le long du sentier offre une **vue**★ incroyable sur le phare, l'océan et les îles.

Museum at Portland Head Light – *1000 Shore Rd - ✆ 207 799 2661 - www.portlandheadlight.com - de Memorial Day à oct. : 10h-16h ; de mi-avr. à Memorial Day et de nov. à fin déc. : w.-end 10h-16h - 2 $.* Ce musée aménagé au pied du phare, dans l'ancien appartement du gardien et sa famille, relate l'histoire du monument et de Fort Williams.

Two Lights State Park – *✆ 207 799 5871 - www.state.me.us/doc/parks - de 9h au coucher du soleil - 7 $/pers.* Les deux phares érigés sur cette partie du cap ont donné son nom au hameau de Two Lights, à proximité duquel a été créé le parc.

Crescent Beach State Park – *✆ 207 799 5871 - www.state.me.us/doc/parks - de Memorial Day à Columbus Day : de 9h au coucher du soleil - 8 $/pers.* Ce parc possède l'une des plus belles plages de sable du Maine.

Old Orchard Beach – Proche de la frontière canadienne, le lieu est prisé des Montréalais et des Québécois depuis près d'un siècle. Cette plage de 6,8 miles (11 km) est bordée de motels, de parcs et de restaurants.

CROISIÈRES DANS LA CASCO BAY

Les îles de Casco Bay sont si nombreuses qu'il sembla à l'explorateur John Smith qu'il pouvait en compter autant que de jours dans l'année, aussi les nomma-t-il **Calendar Islands** (îles du Calendrier). Il en existe en réalité entre 130 et 220 : **Peaks Island** est la plus peuplée, tandis que **Long Island** possède de belles plages de sable ; **Great Chebeague**, la plus grande, compte 400 résidents en hiver et 3 000 personnes en été ; la tour de pierre isolée de **Mark Island** est dédiée aux marins naufragés. Quant à **Bailey Island**, elle est reliée au continent par un pont de granit dont les travées ont été étudiées pour ne pas créer de ressac. L'une de ces îles a servi d'inspiration à Stephen King, originaire du Maine, pour son livre *Simetierre*. Plusieurs croisières permettent de découvrir la baie. Informations : **Casco Bay Lines** – *Dép. du Maine State Pier (à l'angle de Commercial St. et Franklin St.) - ✆ 207 774 7871 - www.cascobaylines.com.*

★ Sabbathday Lake Shaker Village and Museum A3

À New Gloucester, 25 miles (40,2 km) au nord de Portland. Prenez l'I-95 North puis, à la sortie 11, la Route 26 vers le nord sur 8 miles (12,8 km). ✆ 207 926 4597 - maineshakers.com - visite guidée (1h) - de Memorial Day à Columbus Day : lun.-sam. 10h-16h30 - 10 $; visite libre 7 $.

Ce lac de montagne a été choisi par les Shakers *(voir p. 389)* pour y établir une communauté qui reste la dernière active à ce jour aux États-Unis. Les trois Shakers occupent encore quelques-uns des 18 bâtiments dont 6 sont accessibles au public. Avec sa corniche de granit et son joli porche de bois, l'élégante **Brick Dwelling House** contraste avec les maisons à auvent qui bordent les rues du village. Bâtie en 1794, la **Meeting House** fut le premier édifice du village. Le musée conserve du mobilier, des costumes et une série de produits et d'inventions fabriqués par les Shakers.

Sebago Lake State Park A3

À 20 miles (32 km) au nord de Portland par la Route 302. ✆ 207 693 6611 - www.state.me.us/doc/parks - de déb. mai à mi-oct. : de 9h au coucher du soleil - 8 $.

Deuxième lac du Maine par sa superficie (116 km²) après celui de Moosehead, le lac Sebago est l'un des buts de promenade favoris des habitants de Portland qui peuvent s'y baigner, pêcher, faire du bateau, ou pique-niquer et camper dans le parc qui longe le lac.

NOS ADRESSES À PORTLAND

HÉBERGEMENT

BUDGET MOYEN

Pomegranate Inn – Hors plan - *49 Neal St. - ✆ (207) 772-1006 - www.pomegranateinn.com - 8 ch. 159/409 $*. L'ordinaire façade de cette demeure italienne bâtie en 1884 dans le Western Promenade Historic District ne reflète pas son décor intérieur : abondance de couleurs, multitude de motifs et pléthore d'objets insolites. Certains meubles anciens ont été peints par des artistes locaux. Petit-déjeuner copieux.

UNE FOLIE

The Danforth – Hors plan - *163 Danforth St. - ✆ (207) 879-8755 - www.danforthinn.com - 9 ch. 299/524 $ -* À 10mn à pied d'Old Port, cette maison de style fédéral, coiffée d'une coupole et méticuleusement restaurée, est l'une des plus somptueuses demeures du 19e s. de la ville. Elle cache derrière ses murs de brique de belles chambres habillées de couleurs pastel, de meubles élégants et de linge raffiné. La cheminée fonctionne en hiver. Salle de billard.

RESTAURATION

PREMIER PRIX

2 **Duck Fat** – *43 Middle St. - ✆ (207) 774-8080 - www.duckfat.com - 11h-22h - moins de 14 $.* Tout le monde se presse dans cette petite salle chaleureuse où l'on s'assied le long d'un comptoir ou au bar. Tout est fait maison et frit à la graisse de canard : un vrai régal ! Cornet de frites comme en Belgique, poutine comme au Québec. Belle sélection de bières locales.

BUDGET MOYEN

5 **Gilbert's Chowder House** – *92 Commercial St. - ✆ (207) 871-5636 - www.gilbertschowderhouse.com - 11h-21h - soir plat 16/22 $.* Un diner de bord de mer très apprécié des locaux. On y sert, dans des assiettes en plastique, des fruits de mer frais. En dessert, essayez la whoopie pie, deux cookies avec de la crème au milieu. Typique du Maine !

1 **Eventide** – *86 Middle St. - ✆ (207) 774-8538 - www.eventideoysterco.com - 11h-0h, brunch le dim. 11h-15h.* L'une des plus belles tables de Portland qui célèbre le renouveau gastronomique de la ville, dans une ambiance « hipster ». Au menu, des huîtres, de la charcuterie et à la carte, de bons cocktails créatifs.

9 **Street & Co.** – *33 Wharf St. - ✆ (207) 775-0887 - www.streetandcompany.net - le soir seult - plat 22/39 $.* Une ruelle pavée du vieux port, un labyrinthe de salles basses, des tables cuivrées pour accueillir poissons et fruits de mer : ce restaurant offre un décor d'une autre époque. Terrasse en été.

POUR SE FAIRE PLAISIR

4 **Fore Street** – *288 Fore St. - ✆ (207) 775-2717 - www.forestreet.biz - P - 17h30-22h, vend.-sam. 17h30-22h30 - plat 30/58 $.* Déco industrielle dans ce restaurant aux allures de loft où l'on voit officier cuisiniers et commis. Les délicieuses spécialités de viandes et poissons préparées sur le grill sont signées Sam Hayward, salué par la critique.

PETITE PAUSE

The Holy Donut – *194 Park Ave. - ✆ (207) 874-7774 - http://theholydonut.com - 6h30-16h, sam. 7h30-15h, dim. 8h-15h.* Cette pâtisserie spécialisée dans le donut (beignet frit en forme d'anneau) ne désemplit jamais. Confectionné avec des produits locaux et naturels, il se décline en plusieurs parfums : essayez ceux au sirop d'érable ou à la patate douce.

BOIRE UN VERRE

East Portland est le quartier qui monte où restaurants, marché, *coffee shop* et brasseries se sont récemment installés.

Maine Mead Works – *51 Washington St.* Spécialisé dans l'hydromel.

Oxbow – *49 Washington St.* Allez-y pour les bières !

Maine Craft Distillery – *123 Washington St.* Pour les amateurs d'alcools forts.

La côte du Maine

★★

De la ville de Kittery au Nouveau-Brunswick (Canada), 3 500 miles de littoral alternent falaises à pic et roches déchiquetées par les assauts de l'Atlantique : on a parfois le sentiment, en longeant cette côte sauvage de la région la plus orientale du pays, au-delà de Portland, d'être arrivé aux confins du monde. La côte du Maine délimite le plus grand État de Nouvelle-Angleterre. Dans cet isolement tout romantique, les éléments peuvent être hostiles – vents et orages violents, neige et froid mordant –, mais peuvent aussi sublimer le mystère de cet endroit reculé. Bien que le littoral ne soit pas toujours accessible ni visible, la Route 1 constitue l'un des plus beaux « road trips » de la région, ponctué de jolis villages de pêcheurs où l'on goûte tout autant la générosité des habitants que la gastronomie simple élaborée avec des fruits de mer pêchés du jour.

NOS ADRESSES PAGE 355
Hébergement, restauration, achats, activités, etc.

S'INFORMER

Maine State Visitor Information Center – *Kittery (95 US-1) - ✆ 207 439 1319 - www.mainetourism.com.*

SE REPÉRER

Carte de région ABC2-3-4 (p. 334-335). La Route 1 suit le tracé de la côte sur toute sa longueur. Pour circuler plus rapidement (si besoin), prenez l'I-95 qui longe la Route 1 de Kittery à Freeport avant de s'enfoncer dans les terres, en direction d'Augusta et Bangor. Des routes secondaires permettent d'accéder aux villages côtiers.

SE GARER

Dans les stations balnéaires les plus fréquentées, les places de stationnement sont nombreuses mais prises d'assaut en été. Optez pour les parkings et, malgré tout, préparez-vous à tourner avant de trouver...

À NE PAS MANQUER

Nubble Lighthouse, un phare planté sur son île face à York, et les nombreux autres qui s'égrènent le long de la côte.

Deer Isle est un trésor méconnu qui allie beauté sauvage de la côte et villages de pêcheurs agréables l'été.

ORGANISER SON TEMPS

Venez de préférence en été ou en automne car de nombreux hôtels et restaurants ferment pendant l'hiver dans les endroits reculés. Les deux points forts de la côte, Portland et Acadia, peuvent être vos camps de base, tandis que vous prendrez le temps d'un « road trip » entre les deux. L'idéal est de disposer d'une semaine, pour profiter au mieux de la richesse de cette côte.

AVEC LES ENFANTS

Excursion en bateau pour observer les baleines *(voir « Nos adresses »)* ou les macareux *(voir p. 349)*, les plages pour se baigner, dont celle d'**Old Orchard Beach** (entre Kennebunk et Portland), ou bien encore le musée du Trolley à Kennebunkport et le Maine Maritime Museum à Bath.

Circuits conseillés Carte de région p. 334-335

LA CÔTE MÉRIDIONALE : DE KITTERY À PORTLAND AB3-4

Circuit de 55 miles (88,5 km) tracé sur la carte Maine Coast p. 346 – Comptez une 1/2 journée. Suivez la Route 1 depuis Kittery et remontez vers le nord-est jusqu'à Portland.

Kittery

À la frontière du New Hampshire, en face de Portsmouth *(voir p. 294)*, ce beau village vit de la pêche, du tourisme et de la construction navale. On y trouve plusieurs boutiques dégriffées, ce qui en fait aussi une destination shopping. Ombragée, la Route 103 qui mène à Kittery Point ménage de belles vues sur la rivière et d'élégantes maisons des 18e et 19e s.

Fort McClary State Historic Site – *Kittery Point (sur la Route 103) - ✆ 207 384 5160 - www.maine.gov/doc/parks- de Memorial Day à fin sept. : 10h-20h - 4 $.* De ce petit fort construit au 18e s., il ne reste qu'un bastion hexagonal (1846). Beau point de vue sur la baie, avec au loin le Portsmouth Harbor Lighthouse.

Whaleback Ledge

Construit en 1831, ce petit phare en granit semble perché sur le dos d'une baleine, d'où son nom. Il ne se visite pas, mais on peut le prendre en photo depuis **Fort Foster** *(Pocahontas Rd -10h-20h -10 $/véhicule, 5 $/cycliste ou piéton).*

★ York

Greater York Region Chamber of Commerce – *1 Stonewall Lane - ✆ 207 363 4422 - www.gatewaytomaine.org.*

York comprend plusieurs communes : **York Village**, le vieux village colonial, **York Harbor**, le port de plaisance à l'embouchure de la York River, **York Beach**, la station balnéaire et sa plage et, enfin, le village de **Cape Neddick**.

★★ **Museum of Old York** – *3 Lindsay Rd - ✆ 207 363 4974 - www.oldyork.org - de fin mai à déb. sept. : mar.-sam. 10h-17h, dim. 13h-17h ; de déb. sept. à mi-oct. : jeu.-sam. 10h-17h, dim. 13h-17h - 8 $ par site, 15 $ pour tous les sites (billets disponibles au Parsons Center, qui sert de bureau touristique).* Neuf sites historiques sont groupés autour du *green*, composant un **musée à ciel ouvert**. Non loin de l'église (18e s.) et du Town Hall, qui servit longtemps de cour de justice

SARAH ORNE JEWETT (1849-1909)

Elle fut l'auteur de deux œuvres devenues des classiques de la littérature américaine : *The Country of the Pointed Firs* (1896), hymne à la beauté du Maine et à ses habitants, et *The Tory Lover*, qui se déroule à Berwick pendant la guerre d'Indépendance. Vous pourrez visiter sa maison, la **Sarah Orne Jewett House** *(5 Portland St. - South Berwick, à 10 miles au nord de Kittery par la Route 236 - ✆ 207 384 2454 - www.historicnewengland.org - visite guidée (45mn) - de déb. juin à mi-oct. : vend.-dim. 11h-17h ; nov.-mars : 1er et 3e sam. - 8 $)*, ainsi que la **Hamilton House★** *(40 Vaughan's Lane - South Berwick - ✆ 207 384 2454 - www.historicnewengland.org - de déb. juin à mi-oct. : merc.-dim. 11h-16h - 10 $)*, où se déroule une grande partie de *The Tory Lover*. Construite en 1785 pour le négociant Jonathan Hamilton, cette maison georgienne avec voûtes, corniches et baguettes sculptées renferme du mobilier japonais laqué et peint ainsi que du papier peint, représentant des sites régionaux.

Petite halte sur la plage.
Foustontene/Fotolia.com

pour le comté de York, s'élèvent l'Emerson-Wilcox House (1742), le vieux cimetière, la Jefferds Tavern (1754) et le Virginia Weare Parsons Education Center and Remick Gallery. En haut d'une colline trône la prison, Old Gaol (1719). À proximité se trouvent le George Marshall Store (1870), une épicerie transformée en magasin d'artisanat, et la baraque d'un pêcheur de homards couverte de bouées. Elizabeth Perkins House (1730), l'attrayante demeure coloniale de briques rouges qui borde la rivière, était la résidence d'une célèbre citoyenne de York (1879-1952). Enfin, le John Hancock Warehouse (1740) est l'un des innombrables entrepôts que possédait John Hancock, signataire de la déclaration d'Indépendance et commerçant prospère. On peut également visiter l'ancienne école, Old Schoolhouse (1745) et la Ramsdell House (1820).

York Harbor – *De York Village, suivez la Route 1A*. Ce petit port de plaisance est extrêmement bien abrité. De belles maisons se dressent le long de ses quais ombragés. La **Sayward-Wheeler House** *(9 Barrell Lane Extension - ☏ 207 384 2454 - www.historicnewengland.org - visite guidée (45mn) - de déb. juin à mi-oct. : 2e et 4e sam. 11h-16h - 5 $)* conserve les souvenirs de famille d'un riche négociant qui acheta cette maison en 1735.

En suivant la côte, on arrive à Long Sands Beach, plage de sable de 2 miles (3,2 km) bordée de résidences secondaires. Continuez sur la Route 1, puis Nubble Rd à droite, jusqu'à la pointe de Cape Neddick.

★★ **Nubble Lighthouse** – Du rivage, on a une belle vue sur le phare (1879) planté sur la petite île rocheuse sur laquelle il se trouve : c'est une véritable carte postale de la Nouvelle-Angleterre ; au loin se trouvent les îles de Shoals.

Suivez Shore Rd vers le nord direction Ogunquit. Passez devant le Bald Head Cliff pour une vue à couper le souffle. Attention, durée de stationnement limitée.

6

★ Ogunquit

Ogunquit Chamber of Commerce – *36 US 1 - ☏ 207 646 2939 - www. ogunquit.org.*

« Un bel endroit au bord de la mer », c'est ce que signifie *Ogunquit* en langue abénaki. Les artistes qui découvrirent ce port de pêche à la fin du 19e s. partagèrent cette opinion, et beaucoup s'installèrent près de ses rochers.

Aujourd'hui, les artistes locaux exposent leurs œuvres dans les nombreuses galeries du village, dont la **Scully Gallery** *(680 Perkins Cove)* et la **Barn Gallery** *(Shore Rd)*.
Dans Shore Rd également, un petit musée d'art moderne baptisé **Ogunquit Museum of American Art** *(543 Shore Rd - ✆ 207 646 4909)* a été aménagé face à la mer. En été, le théâtre, **Ogunquit Playhouse** *(10 Main St. - ✆ 207 646 5511)*, présente des comédies musicales.

★ Perkins Cove

Ce petit port à Ogunquit, où l'on peut louer des bateaux de plaisance et des yachts pour la pêche au large, regorge de boutiques insolites, d'ateliers artisanaux et de restaurants spécialisés dans la dégustation de fruits de mer. La petite passerelle piétonnière s'ouvre au passage des bateaux comme un pont-levis.

★ Marginal Way

Parking à Perkins Cove et au phare d'Israel's Head.
Ce chemin longe la côte et relie le centre-ville d'Ogunquit à Perkins Cove, offrant de très belles **vues★** sur la mer.
Reprenez la Route 1 sur 5 miles (8 km) en direction du nord depuis Ogunquit.

★ The Kennebunks

16 Water St. - ✆ 207 967 0857 - www.visitthekennebunks.com.
Kennebunk, **Kennebunkport** et **Cape Porpoise**, chacun agrémenté de plages, sont autant de villages touristiques formant la région des Kennebunks. Fréquentée par de nombreux artistes et écrivains, enrichie par la construction

LEÇON DE LOBSTER

Le Maine est réputé pour la pêche au homard. Chaque famille a le droit de posséder jusqu'à cinq cages pour sa consommation personnelle. On peut en déguster dans de petites baraques, les *shacks*, le long de la Route 1. Le homard est servi de différentes façons, et il faudra apprendre à déchiffrer les menus qui en proposent. Ne quittez pas le Maine sans avoir goûté un *lobster roll* : du homard à la mayonnaise dans un pain brioché. Si on vous propose du *chicken lobster,* ce sera un petit crustacé de moins de 450 g. Le *cull* a, quant à lui, perdu l'une de ses pinces, et sera vendu moins cher. Le *lazy lobster* sera cuit et décortiqué pour vous (*lazy* signifie paresseux). Il est interdit de vendre des homards de plus de 4 pounds (1,8 kg).

navale, elle se tourna vers le tourisme à la fin du 19e s. avec la construction de grands hôtels et de somptueuses villas.

En arrivant sur Kennebunk, prenez à droite la Route 9.

★Kennebunkport

Les médias ont souvent mentionné Kennebunkport dans leurs colonnes, car George Bush, 41e président des États-Unis (1989-1993), possède une résidence d'été à Walker's Point. Des ormes magnifiques, des villas immaculées et des églises bordent les rues de Kennebunkport. Une promenade architecturale du quartier historique permet de découvrir le style des bâtiments de la ville. Dock Square, le quartier commerçant de Kennebunkport, renferme un grand nombre de petites boutiques typiques.

La plage d'**Old Orchard Beach** (entre Kennebunk et Portland) est très bien pour les enfants.

Seashore Trolley Museum

Log Cabin Rd, à 2 miles (3,2 km) au sud-est de la Route 1 - ☏ 207 967 2800 - www.trolleymuseum.org - ♿ - de Memorial Day à Colombus Day : 10h-17h (dernier dép. 16h15) ; mai et fin oct. : w.-end 10h-17h - 12 $ (seniors 10 $, 6-15 ans 9,5 $).

Les visiteurs embarquent à bord d'un ancien trolleybus restauré pour un voyage nostalgique de 3,5 miles (5,6 km). D'anciens tramways sont exposés.

★★Portland

À 26 miles (41,8 km) au nord de Kennebunk. *Voir p. 336.*

« THE MIDCOAST REGION » : DE FREEPORT À SEARSPORT B2-3

Circuit de 156 miles (251 km) tracé sur la carte Maine Coast ci-contre – Comptez une journée. Prenez la Route 1 depuis Portland et remontez vers le nord-est.

Freeport

Freeport Information Center – *23 Depot St. - ☏ 207 865 1212 - www.visit-freeport.com.*

Cette localité est connue dans toute l'Amérique du Nord pour son fameux magasin **L.L. Bean**, facilement repérable à la bottine géante (la « Bean Boot ») posée devant l'entrée *(95 Main St. - ☏ 877 755 2326 - www.llbean.com/freeport).* Situé dans le centre de Freeport, il propose vêtements, chaussures et tout article pour la chasse, le camping, la pêche, la randonnée et le canoë, et se vante de sa garantie à vie : vous pouvez rapporter vos bottes usagées même 10 ans après les avoir achetées ! Ouvert 365 jours par an et 24h sur 24, il n'est pas rare de voir son parking complet à 3h ou 4h du matin ! La popularité de L.L. Bean et des multiples boutiques et comptoirs de vente établis à Freeport

a fait de la ville un centre commerçant en plein développement.
Prenez la Route 1 et tournez dans Bow St., Flying Point Rd et Wolfe's Neck Rd (à chaque fois à droite).

★ Wolfe's Neck Woods State Park

À 5 miles (8 km) du centre de Freeport - ✆ 207 865 4465 - www.state.me.us/doc/parks - ♿ - avr.-oct. : de 9h au coucher du soleil - 6 $.
Les aires de pique-nique et les sentiers de ce beau et paisible parc surplombant la baie de Casco contrastent agréablement avec les rues commerçantes de Freeport. Le **Casco Bay Trail**, long de 0,5 miles (800 m), est particulièrement pittoresque et offre une vue sur Googins Island.

Brunswick

8 Venture Ave. - ✆ 207 725 8797 - www.midcoastmaine.com.
Cette localité séduisante aux larges avenues est le site du fameux Bowdoin College (prononcez « bo-doun »), dont le campus se trouve au cœur de la ville, autour du magnifique *green* aménagé par les habitants au début du 18e s. Maine Street rassemble la plupart des commerces, tandis que de grands arbres et de splendides demeures bordent Federal Street et les rues environnantes.
Bowdoin College – *Bordé par Maine St., Bath Rd et College St. Informations et visites : Moulton Union - College St. - ✆ 207 725 3375 - www.bowdoin.edu.* Fondée en 1794, cette petite université très huppée compte parmi ses anciens élèves les écrivains Nathaniel Hawthorne et Henry Wadsworth Longfellow, ainsi que le héros de la guerre de Sécession Joshua Chamberlain. C'est ici qu'Harriet Beecher Stowe écrivit *La Case de l'oncle Tom* lorsque son mari enseignait au Bowdoin College. L'institution accueille aujourd'hui quelque 1 800 étudiants dans ses bâtiments répartis sur 45 ha.
Peary-MacMillan Arctic Museum – *Hubbard Hall - ✆ 207 725 3416 - www.bowdoin.edu/arctic-museum - ♿ - mar.-sam. 10h-17h, dim. 14h-17h - fermé j. fériés - gratuit.* Dédié aux amiraux **Robert Peary** (1856-1920) et **Donald MacMillan** (1874-1970), les deux grands explorateurs de l'Arctique, ce musée présente l'histoire des expéditions polaires depuis le début du 19e s. jusqu'à R. Peary, premier homme à atteindre le pôle Nord en 1909.

★ Bath

15 Commercial St. - ✆ 207 443 1513 - www.midcoastmaine.com.
Bath est un centre de construction navale depuis le 17e s. Située sur un chenal, la ville a su profiter de cet avantage géographique pour distancer ses concurrents régionaux. De ses chantiers sortirent des deux-mâts gréés à traits carrés, des clippers et plusieurs goélettes parmi les plus grandes jamais construites. Les bâtiments du Maine Maritime Museum et les belles demeures anciennes qui bordent Washington Street datent de cette époque.
★★ **Maine Maritime Museum** – *243 Washington St. - ✆ 207 443 1316 - www.mainemaritimemuseum.org - 9h30-17h - fermé 1er janv., Thanksgiving et 25 déc. - 17 $ (seniors 16 $, 6-12 ans 10,50 $), billet valable 2 jours. Possibilité de promenade en bateau sur la Kennebec River de fin mai à fin oct. (billet en suppl.).* Consacré à la conservation de l'héritage maritime du Maine, le musée entretient un chantier naval classé et permet de découvrir les techniques traditionnelles utilisées dans la construction des voiliers en bois. Les goélettes étaient notamment la spécialité du chantier **Percy and Small Shipyard**, qui fonctionna de 1894 à 1920.
Depuis Bath, suivez la Route 209 en direction du sud pendant 16 miles (25,7 km).

À LA RENCONTRE DES PUFFINS (OU MACAREUX)

Ce petit oiseau au drôle de bec strié orange et gris vit en mer, mais vient sur les côtes pour se reproduire. Des excursions sont organisées en juin et juillet pour les observer sur les îles où ils nichent. Informations : **Hardy Boat Cruises** *(www.hardyboat.com - dép. de New Harbor, 132 State St. - de fin mai à fin août - durée 1h30 - 34 $)* ; **Cap'n Fish's Boat Trip** *(www.maine-puffin.com - dép. de Boothbay Harbor - durée 1h30 - 35 $).*

À Rockland, un **Visitor Center** *(311 Main St.)* permet d'en savoir plus sur cette espèce protégée. Mais si vous voulez les observer de plus près, il faudra aller bien plus au nord du Maine, dans le Gold Coast, à Cutler ou Jonesport, où se trouvent les colonies les plus importantes. Réservez au moins un an à l'avance pour ces excursions uniques qui ont lieu de fin mai à mi-août *(www.mainebirdingtrail.com)* !

★ Popham Beach

Cette villégiature située à l'extrémité d'une presqu'île à l'embouchure de la Kennebec River fut le premier établissement anglais des Amériques, en 1607. **Fort Popham**, la forteresse de granit qui surplombe cette embouchure, fut édifiée pendant la guerre de Sécession pour empêcher les navires des confédérés de remonter le fleuve vers Bath.

Popham Beach State Park – *℘ 207 389 1335 - www.state.me.us/doc/parks - de mi-avr. à fin oct. : 9h-17h - 8 $/pers.* Il possède une très belle plage de sable blanc.

Revenez sur la Route 1 et remontez vers le nord-est. 1,2 mile (2 km) après Wiscasset, tournez à droite et suivez la Route 27 pendant 12 miles (19,3 km).

★★ Boothbay Harbor

Boothbay Harbor Region Chamber of Commerce – *192 Townsend Ave. - Boothbay Harbor - ℘ 207 633 2353 - www.boothbayharbor.com - de fin mai à mi-oct.*

Boothbay Harbor est situé à l'extrémité de l'une de ces péninsules escarpées qui s'avancent dans la mer sur cette portion très découpée de la côte centrale du Maine. De nombreuses **criques** protégées dans lesquelles sont enchâssés des ports naturels abrités font de la région un centre de nautisme recherché et un lieu de villégiature très agréable en été.

Des petites boutiques bordent les rues qui descendent vers les quais, et un grand nombre de motels, d'hôtels et d'auberges sont disséminés le long des caps et des criques, notamment à **Ocean Point★** *(5 miles/8 km à l'est de Boothbay Harbor par la Route 96)*. C'est aussi le point de départ de croisières à la découverte des macareux *(voir encadré ci-dessus)* ou pour explorer l'île de Monhegan *(voir p. 358)*.

Revenez sur la Route 1. Continuez sur 6 miles (9,6 km) en direction du nord. Au niveau de Newcastle, prenez à droite les Routes 129 puis 130 South.

★★ Pemaquid Point

67A Main St., Newcastle - ℘ 207 563 8340 - www.damariscottaregion.com.

Sculptée par les glaciers, cette pointe est particulièrement spectaculaire avec ses rochers de pegmatite, formant de longues traînées noires et blanches, qui s'enfoncent dans la mer. Au-dessus des rochers se dresse la silhouette du phare qui se reflète dans les flaques laissées par les embruns : un site de rêve pour les photographes.

★★ Pemaquid Point Lighthouse Park – *℘ 207 563 1800 - www.bristolmaine.org - ♿ P - mai-oct. : 9h-17h - 3 $.* En contrebas du phare *(fermé au public)* commandé par le président John Quincy Adams en 1827, superbes **vues★★★** sur la côte rocheuse, très accidentée à cet endroit. Ce phare est représenté sur certaines pièces de 25 cts. Le musée adjacent retrace l'histoire maritime locale. *Poursuivez sur la Route 130 South jusqu'à Bristol. Revenez sur la Route 1 et poursuivez vers le nord sur 26 miles (41,8 km).*

Rockland

207 596 0376 - www.camdenrockland.com.

Traversé par la Route 1, Rockland est très fréquenté par les voyageurs à destination des îles et des villages de la baie de Penobscot. Son port dynamique et moderne est un centre mondial de l'exportation du homard. Le tourisme, la fabrication des lampes et le commerce contribuent largement à l'économie locale. En été, Rockland accueille une grande flottille de clippers, les *windjammers*. Le **Lobster Festival** *(www.mainelobsterfestival.com)*, début août, donne l'occasion de déguster toutes les richesses qu'offre l'activité maritime.

★★ **Farnsworth Art Museum** – *16 Museum St. - 207 596 6457 - www.farnsworthmuseum.org - P - juin-oct. : 10h-17h (merc. 20h) ; nov.-déc. et d'avr. à Memorial Day : mar.-dim. 10h-17h ; janv.-mars : merc.-dim. 10h-16h - fermé j. fériés - 15 $; gratuit juil.-sept. : merc. 17h-20h.* La rénovation de ce musée, autrefois simple galerie d'art, en a fait un centre d'étude des artistes du Maine reconnu dans tout le pays. De nombreuses toiles des peintres de la famille Wyeth, qui comptent trois générations – **Newell Convers** (1882-1945), **Andrew** (1917-2009) et **Jamie** (né en 1946) –, sont rassemblées dans une ancienne église méthodiste, le **Wyeth Center★★**. Elles constituent les pièces maîtresses de cette collection de peinture américaine des 19e et 20e s., qui compte notamment des œuvres de George Bellows et Eastman Johnson.

Vinalhaven and North Haven Island Ferries – *Des bacs (passagers et voitures) desservent ces îles tte l'année : embarcadère au pied de Main St. - ♿ - tarifs et horaires disponibles auprès du Maine State Ferry Service (www1.maine.gov/mdot/ferry/vinalhaven).* Le bateau navigue au milieu des îles couvertes de sapins de la baie de Penobscot, choisie par Sarah Orne Jewett comme cadre pour son roman, *The Country of the Pointed Firs*. Les habitants de **Vinalhaven** vivent surtout de la pêche au homard : dans les paisibles criques qui parsèment sa côte sont amarrés les bateaux des pêcheurs ; les hangars regorgent de casiers et de bouées multicolores. Des carrières de granit abandonnées ont été aménagées en plan d'eau où l'on peut se baigner l'été. À la pointe nord de l'île, on aperçoit **North Haven**, paisible îlot qui recèle de nombreuses résidences secondaires.

L'ACADIE, TERRITOIRE DE LA NOUVELLE FRANCE

Saviez-vous qu'un territoire appelé « Nouvelle-France » (1534-1763) avait existé en Amérique du Nord ? Ce vaste ensemble de terres aux frontières mal définies était géré depuis la ville de Québec par un gouverneur général. Il comprenait le Canada, la baie d'Hudson, Terre-Neuve, la Lousiane et l'Acadie. Cette dernière colonie, devenue française en 1632 et ainsi nommée en souvenir de la Grèce, faisait office de rempart entre la Nouvelle-Angleterre et le Canada et correspond en partie au Maine actuel. L'Acadie a connu de nombreuses guerres, jusqu'au traité d'Utrecht, en 1713, où elle retourna dans le giron britannique. L'influence française se fait aujourd'hui encore ressentir dans le nord du Maine à travers le nom de certaines villes et par la présence de famille d'immigrés arrivés au 19e s. On trouve aussi des Acadiens en Louisiane, connus sous le nom de « cajuns ».

Cabane de pêcheur près de Stonington.
B. Brillion/Michelin

★★ Camden

www.camdenmainevacation.com.

Bien abrité entre les collines de Camden Hills et la baie de Penobscot parsemée d'îlots, Camdem est l'un des plus charmants ports de la Nouvelle-Angleterre. Dans le quartier commerçant abondent restaurants, galeries et boutiques décorées de fleurs, et les rues adjacentes sont bordées de magnifiques demeures.

Dans le port de plaisance sont amarrés yachts et *windjammers*, ces deux-mâts qui servent aujourd'hui de bateaux-charters.

★★ **Camden Hills State Park** – *Sur la Route 1, à 2 miles (3,2 km) au nord de Camden - ✆ 207 236 3109 ou 207 236 0849 (hors sais.) - maine.gov/camdenhills - de 9h au coucher du soleil - 6 $/pers.* Une route mène au sommet du **mont Battie** (alt. 244 m) d'où l'on a une **vue**★★★ superbe sur le port, la baie de Penobscot et ses îles. Ce tableau inspira Edna St Vincent Millay, poétesse native du Maine, pour son premier ouvrage, *Renascence* (1917). Le parc abrite près de 31 miles (50 km) de sentiers de randonnée et une aire de camping.

Searsport

www.searsport.maine.gov.

Installé au bord de la baie de Penobscot, ce port fut au 19e s. un centre de construction navale qui vit naître bon nombre de capitaines américains. Ces marins sillonnaient les mers du globe et rendirent Searsport célèbre sur les côtes des Caraïbes, d'Europe, d'Afrique et d'Orient. De cette époque prestigieuse survivent leurs belles résidences, le long de la baie.

Deuxième port du Maine par son volume d'activité, Searsport exporte entre autres les fameuses pommes de terre du comté d'Aroostook dans le nord de l'État.

★ **Penobscot Marine Museum** – *2 Church St. - ✆ 207 548 0334 - www.penobscotmarinemuseum.org - de fin mai à mi-oct. : lun.-sam. 10h-17h, dim. 12h-17h - 15 $ (seniors 12 $, 8-15 ans 10 $).* Composé de huit bâtiments (maisons de capitaine restaurées, ancien Town Hall, Phillips Memorial Library, Douglas and

Margaret Carver Memorial Gallery), ce musée fait revivre à travers sa riche collection de tableaux, de maquettes et d'objets artisanaux le faste de la grande époque maritime.
De Searsport, prenez la Route 1 en direction du nord-est sur 11 miles.

AU NORD DU MAINE : DE BUCKSPORT À BLUE HILL B2

Circuit de 104 miles (167,3 km) tracé sur la carte ci-contre – Comptez une journée.

Bucksport

La petite ville de Bucksport s'étend le long de l'embouchure du fleuve Penobscot, à l'endroit où le divise Verona Island. La grand-rue parallèle au fleuve est bordée de magasins.
De Bucksport, partez vers l'ouest sur la Route 174.

★ Fort Knox State Historic Site

207 469 7719 - www1.maine.gov/mdot/pnbo/fortknox - mai-oct. : de 9h au crépuscule - 5 $ fort ; 8 $ fort et observatoire.
Le grand pont **Penobscot Narrows Bridge & Observatory** relie Bucksport à l'imposant Fort Knox qui garde l'entrée de la Penobscot River. En 1844, en raison de la situation politique tendue entre les États-Unis et la Grande-Bretagne due au conflit sur la reconnaissance de la frontière entre le Canada et la Nouvelle-Angleterre, l'armée américaine édifia un fort sur ce site. La construction commença bien qu'un accord ait été signé. Baptisé du nom du général Henry Knox, l'un des seconds de George Washington pendant la guerre d'Indépendance, le fort ne fut jamais achevé et servit à l'entraînement militaire durant la guerre de Sécession. Ce fort au plan compliqué, bâti avec d'énormes blocs de granit, témoigne de la perfection de l'architecture militaire américaine du 19e s. Du haut du fort, on bénéficie d'une belle **vue** sur Bucksport et la Penobscot River.
Revenez sur Bucksport. Prenez la Route 1/3 Nord, puis prenez à droite la Route 175 Sud. Continuez tout droit jusqu'à la Route 166, puis empruntez la 166A.

★ Castine

Castine, l'ancienne capitale de l'Acadie, séduit par la beauté paisible de ses larges rues bordées d'arbres et de grandes demeures blanches. Le long de sa grand-rue descendant vers la mer, Main Street, se succèdent de petites boutiques. Les bâtiments en brique bordant Pleasant Street sont ceux de la **Maine Maritime Academy**, l'une des plus célèbres écoles navales des États-Unis. Établie en 1941, cette académie qui forme des officiers et des sous-officiers dans dix disciplines est spécialisée en océanographie et dans l'étude des fonds marins.
Les estivants profitent du golf et des terrains de tennis dans cette ville de bord de mer cossue.

BANGOR, LA VILLE DU MAÎTRE DE L'HORREUR

À 20 miles (32 km) de la côte du Maine, à Bangor *(à 14,3 miles au nord de Bucksport)*, vit l'écrivain **Stephen King**. L'auteur, acclamé dans le monde entier, reste fidèle à sa région natale. Avec sa côté déchirée, ses cimetières, ses maisons hantées et ses îles perdues au large, le Maine peut parfois sembler bien lugubre ; Stephen King s'en est inspiré pour créer des villes fictives, comme Derry, où sévit le clown de *Ça*, Castle Rock, qui apparaît entre autres dans *Dead Zone*, ou encore Chamberlain, où vit l'étrange *Carrie*.

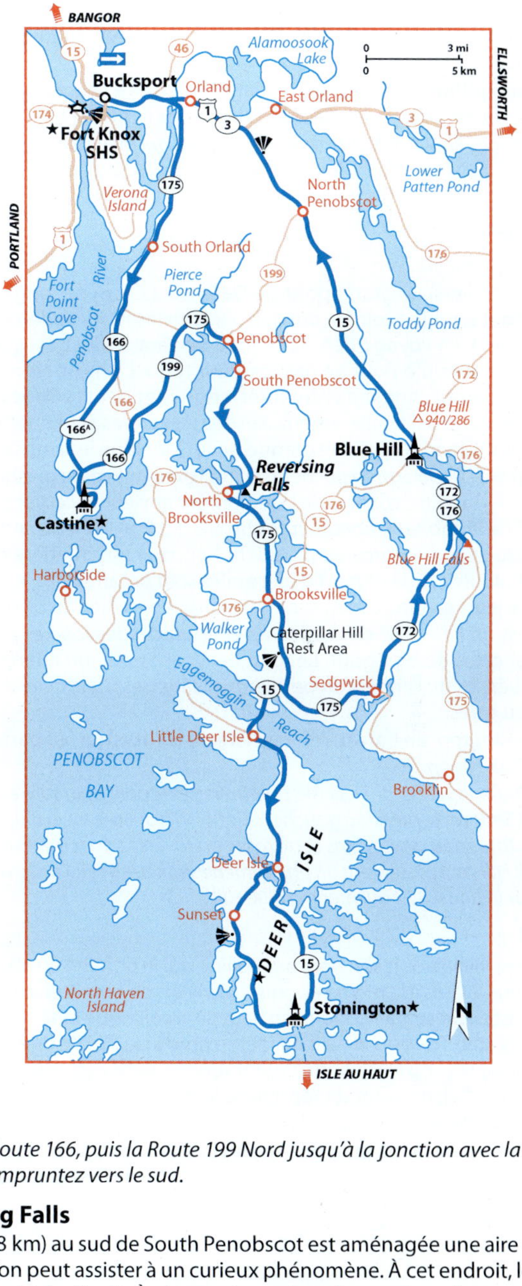

Prenez la Route 166, puis la Route 199 Nord jusqu'à la jonction avec la Route 175 que vous empruntez vers le sud.

6

Reversing Falls

À 5 miles (8 km) au sud de South Penobscot est aménagée une aire de pique-nique où l'on peut assister à un curieux phénomène. À cet endroit, le passage des eaux est très étroit. À chaque inversion de marée se forme un goulet d'étranglement dans lequel les eaux se trouvent précipitées avec une telle force qu'elles forment des chutes qui changent de sens selon le flux ou le reflux. C'est du pont qu'emprunte la Route 175 que l'on observe le plus favorablement ce phénomène appelé *Reversing Falls* (chutes inversées).

Après avoir traversé North Brooksville et Brooksville, la route s'élève. Sur la gauche, on aperçoit Blue Hill.
Depuis **Caterpillar Hill Rest Area** s'ouvre une **vue★★** spectaculaire sur Deer Isle, la baie de Penobscot, les Camden Hills et les îles de la baie.
À la jonction des Routes 175 et 15, traversez le pont qui mène à Little Deer Isle, puis continuez jusqu'à Deer Isle. La Route 15 traverse le village du même nom et longe la côte orientale jusqu'à Stonington.

★ Deer Isle

www.deerislemaine.com.

Après avoir traversé le grand pont de Deer Isle (329 m de long), vous voici sur une île qui semble avoir été oubliée par la civilisation moderne. L'écrivain John Steinbeck en voyage dans la région, déclara : « Nul besoin d'être particulièrement sensible pour ne pas ressentir toute l'atmosphère étrange de cette île. » La route chemine entre forêt, criques et petits villages avec leurs bateaux de pêche particulièrement paisibles. Les vues sur Penobscot Bay et Mount Desert Island sont d'une grande beauté lorsque le temps est dégagé.
★ **Stonington** – Ce village de pêcheurs bâti à l'extrémité de la presqu'île illustre à merveille les localités côtières de la région. Ses anciennes carrières ont fourni du granit à de nombreux monuments officiels des États-Unis, comme la statue de la Liberté et le mémorial du président Kennedy au cimetière d'Arlington (Virgnie). Aujourd'hui, la plupart d'entre elles sont désaffectées, mais on aperçoit encore leurs grands treuils sur les îles situées en face du port.
En été, c'est un lieu prisé des estivants et apprécié des *foodies* pour les restaurants et cafés de bon goût. Le long de Main Street, on aperçoit l'**Opera House** ouvert toute l'année, on peut entrer dans des boutiques d'antiquités, librairies ou cafés.
Depuis Stonington, un bateau rejoint l'**Isle au Haut★**, qui fait partie d'Acadia National Park *(voir p. 360)*.
Prenez la Route 15 vers Little Deer Isle, puis traversez le pont pour suivre la Route 175 vers l'est. À Sedgwick, prenez à gauche la Route 172 qui rejoint, à Blue Hill Falls, la Route 175. Tournez à droite dans cette route et traversez deux ponts pour gagner les Blue Hill Falls qui présentent un phénomène similaire à celui de Reversing Falls. Revenez sur la Route 172 qui mène à Blue Hill.

Blue Hill

Ce charmant village doit son nom à la colline qui le domine où abondent des myrtilles tous les ans à la même époque. Ici vivent de nombreux artisans, écrivains et artistes. Un sentier conduit en haut de la colline de Blue Hill (alt. 286 m) d'où la vue s'étend depuis la baie du même nom jusqu'à l'île du Mont-Désert. Arrêtez-vous au Co-op *(4 Ellsworth Rd)*, un supermarché et café local, pour faire le plein de sandwichs avant de reprendre la route.
Prenez la Route 15 et remontez vers le nord.
La route s'élève, passe au pied de la colline de Blue Hill, puis descend vers la Route 3, offrant de magnifiques **vues** à l'approche de East Orland.

NOS ADRESSES SUR LA CÔTE DU MAINE

HÉBERGEMENT

Belfast

BUDGET MOYEN

Alden House – *63 Church St. - (207) 218-1110 - www.thealdenhouse.com - partiel - - 7 ch. 149/219 $*. Dans cette demeure néoclassique, hauts plafonds et cheminées de marbre rehaussent le décor. Les chambres, soignées, sont habillées de dentelles soyeuses et de beaux meubles anciens. Salles de bains privées ou partagées.

East Boothbay

BUDGET MOYEN

Five Gables Inn – *107 Murray Hill Rd - (207) 633-4551 - www.fivegablesinn.com - - de fin mai à mi-oct. - 16 ch. 169/285 $ - pas d'enfants de moins de 12 ans.* Située à quelques kilomètres de Boothbay Harbor, une bâtisse victorienne centenaire avec vue. Si quelques-unes des chambres du rez-de-chaussée manquent d'intimité, toutes ont été décorées avec goût.

Freeport

POUR SE FAIRE PLAISIR

Harraseeket Inn – *162 Main St. - (800) 342-6423 - www.harraseeketinn.com - - 93 ch. 215/352 $ -* . Avec ses meubles traditionnels en bois sombre et sa taverne ancienne, cette vénérable auberge de 1798 plonge le visiteur dans une époque révolue. À deux blocks du célèbre magasin L.L. Bean.

Kennebunkport

BUDGET MOYEN

The Lodge at Turbat Creek – *7 Turbat's Creek Rd - (877) 594-5634 - www.lodgeatturbatscreek.com - - mai-oct. - 27 ch. 99/169 $*. Lumineux et gai avec ses chambres jaune clair, ce motel posté dans un quartier tranquille de Kennebunkport offre une alternative moins coûteuse et séduisante aux auberges et hôtels qui fleurissent dans la région. Le tarif inclut l'accès à la piscine.

POUR SE FAIRE PLAISIR

Captain Lord Mansion – *6 Pleasant St. - au coin de Green St. - (207) 967-3141 - www.captainlord.com - - 21 ch. 229/469 $*. De style fédéral, cette somptueuse demeure allie décor historique et confort moderne : les meubles anciens reposent sur des sols chauffants ! Massages au spa de l'hôtel.

Prout's Head

UNE FOLIE

Black Point Inn – *510 Black Point Rd - (207) 883-2500 - www.blackpointinn.com - - 25 ch. 450/610 $ -* . Une institution de la côte du Maine, édifiée en 1873. Les chambres, spacieuses et claires, donnent sur l'océan. Terrasse ensoleillée, golf et piscine intérieure ravissent toujours les heureux pensionnaires.

Deer Isle

BUDGET MOYEN

Pilgrim's Inn – *20 Main St. - (207) 348-6615 - www.pilgrimsinn.com - 13 ch., 3 cottages 119/259 $*. Dans une belle maison en bois rouge sombre de 1793, les hôtes vous accueillent dans un décor classique et soigné. Pour plus d'intimité, choisissez l'un des trois cottages. Une belle adresse sur une île qui s'avère parfaite pour des vacances en Nouvelle-Angleterre.

RESTAURATION

Biddeford

PREMIER PRIX

Palace Diner – *18 Franklin St. - ✆ (207) 284-0015 - www.palacedinerme.com - 8h-14h.* Ce restaurant qui porte le nom de Palace est en fait un diner « old school », où l'on s'assied sur des tabourets en skaï le long d'un comptoir. Tous les classiques sont servis pour le petit-déjeuner et le déjeuner : pancakes (dits flapjacks), gaufres au poulet frit, sandwichs à l'omelette…

Camden

BUDGET MOYEN

Waterfront – *48 Bayview St. - ✆ (207) 236-3747 - www.waterfrontcamden.com - 11h30-21h - soir plat 18/30 $.* Face à la marina, d'excellents poissons et fruits de mer. Le haddock garni de crevettes, de crabe et d'épinards est devenu un classique en ville.

Peter Ott's – *16 Bayview St. - ✆ (207) 236-4032 - http://peterotts.com - 11h30-21h - soir plat 17/35 $.* Intérieur ambré aux airs de taverne – on y sert d'excellentes bières – qui n'assombrit pas la qualité de la carte : pièce de bœuf Angus grillée et poissons raffinés, tel l'églefin grillé avec du homard, accompagné d'une réduction de crème sherry. Un régal.

Kennebunkport

UNE FOLIE

White Barn Inn – *37 Beach Ave. - ✆ (207) 967-2321 - www.whitebarninn.com - 18h-21h30, vend.-dim. 17h30-21h30 - menu prix fixe 125 $ - veste exigée.* Abritée dans une ancienne grange, l'une des grandes tables du Maine. Mobilier ancien, ingrédients de saison et menu hebdomadaire de haut rang.

Kittery

PREMIER PRIX

Bob's Clam Hut – *315 Rte 1 - ✆ (207) 439-4233 - www.bobsclamhut.com - 11h-20h, vend.-sam. 11h-20h30 - plat 11/40 $ (menu enf. 2/8 $).* Fish & chips, chowders, calamars frits, palourdes, gâteaux de crabe et autres spécialités du cru à déguster sur place ou à emporter. Ouverte depuis 1956, la cabane de Bob est un incontournable.

Searsport

PREMIER PRIX

Anglers Restaurant – *215 East Main St. - ✆ (207) 548-2405 - www.anglersseafoodrestaurant.com - mai-oct. : 11h-20h - plat 9/25 $.* Conseillée par les habitants de Searsport et des environs, cette table familiale propose de généreuses assiettes à prix doux : homard, haddock, coquilles saint-jacques, saumon, palourdes, crevettes et truites y sont frits, grillés ou cuits au four selon votre souhait.

South Harpswell

BUDGET MOYEN

Dolphin Marina – *515 Basin Point Rd - ✆ (207) 833-6000 - www.dolphinmarinaandrestaurant.com - mai-oct. : 11h30-20h - plat 18/36 $.* Difficile à localiser mais l'effort en vaut la chandelle : on s'y régale de savoureux chowders (soupes épaisses) face à Casco Bay.

Stonington

BUDGET MOYEN

Aragosta – *27 Main St. - ✆ (207) 367-5500 - www.aragostamaine.com - en saison : merc.-dim. 11h-15h, tlj soir.* Une très belle adresse dont la terrasse agréable donne sur le port : le midi, le gâteau de crabe ou le mini-sandwich à l'agneau sont cuits à la perfection, et la salade de pastèque est rafraîchissante. Le soir, la carte est plus chère mais les plats plus recherchés.

Wiscasset

PREMIER PRIX

Red's Eats – *41 Water St. - ✆ (207) 882-6128 - www.redseatsmaine.com - - de mi-avr. à déb. oct. : midi et soir (appelez pour les horaires) - plat 7,50/24,50 $.* À proximité du pont de Wiscasset, un authentique lobster shack renommé pour ses excellents lobster rolls, relevés d'une pointe de mayonnaise.

Sarah's Café – *Rte 1 - Wiscasset - ✆ (207) 882-7504 - www.sarahscafe.com - P - 11h-20h - plat 10/24 $.* Face à Red's Eats, l'enseigne de Sarah, approvisionnée en homards par son père et son frère, pêcheurs. Mais aussi soupes et sandwichs frais et copieux.

PETITE PAUSE

Stonington

44 North Coffee – *7 Main St. - ✆ (207) 348-5208 - http://44northcoffee.com - 8h-16h, merc. et sam. 8h-14h, fermé dim.* Une passion pour le bon café anime ce lieu où l'on déguste également de bonnes pâtisseries et des sandwichs faits avec soin.

Blue Hill

Blue Coop Hill – *4 Ellsworth Rd - ✆ (207) 374-2165 - http://bluehill.coop/site - 7h-19h.* Un côté baba-cool dans cette supérette et café où le bio et le local priment. C'est parfait pour préparer un pique-nique à manger à la plage.

ACHATS

Freeport

L.L. Bean – *95 Main St. - à hauteur de Bow St. - ✆ (800) 341-4341 - www.llbean.com - 7j/7, 24h/24.* Depuis 1912, tout pour le sport et les activités de plein air : une institution !

Brown Goldsmiths – *11 Mechanic St. - ✆ (207) 865-4126 - http://browngoldsmiths.com - 10h-17h30, vend. 10h-18h, sam. 10h-17h - fermé dim.* Perles Mikimoto, tourmaline du Maine et autres pierres rehaussent, avec l'or et l'argent, les bijoux de ce joaillier connu jusqu'à New York.

Mangy Moose – *112 Main St. - ✆ (800) 606-6517 - www.themangymoose.com - 9h-20h.* Linge, vaisselle, jouets et autres souvenirs estampillés d'un orignal, emblème du Maine.

Kittery

Outlet Malls – *306 US rte 1 - accès par l'I-95, sortie 3 - ✆ (888) 548-8379 - www.thekitteryoutlets.com - 9h-21h, dim. 10h-18h.* Le long de la Route 1, sur plus de 2 km, quelque 120 boutiques pour s'habiller, se chausser et s'équiper, parfois à prix d'usine.

ACTIVITÉS

Cap'n Fish's Boat Cruises – *1 Wharf St. - Boothbay Harbor - ✆ (207) 633-3244 - www.mainewhales.com - mai-oct.* Sorties en mer pour observer les baleines.

Monhegan Island

★★

Cette île située à 10 miles (16 km) de la côte apparaît au loin comme une baleine émergeant de la mer. De plus près, on aperçoit d'abruptes falaises tombant à pic dans l'océan. Parmi les quelque 4 600 îles dispersées au large de la côte du Maine, seules 14, dont celle-ci, sont habitées toute l'année. De 75 âmes en hiver, la population de Monhegan Island passe à 200 résidents en été. L'île se transforme alors en une colonie d'artistes, de randonneurs et de touristes attirés par sa beauté rude et ses sentiers.

S'INFORMER

Monhegan Welcome – *monheganwelcome.com.*

SE REPÉRER

Carte de région B3 (p. 334-335).
Les ferries accostent au village de Monhegan. Départs de Port Clyde avec **Monhegan Boat Line** *(www.monheganboat.com - durée 1h - 38 $ AR)*, de New Harbor avec **Hardy Boat** *(www.hardyboat.com - durée 50mn - 38 $ AR)* ou de Boothbay Harbor avec **Balmy Daily Cruises** *(www.balmydayscruises.com - durée 1h-1h30 - 40 $ AR)*. Pensez à réserver 2 ou 3 mois à l'avance.

SE GARER

Les voitures ne sont pas autorisées sur cette île où ne circule aucun moyen de transport en commun.

ORGANISER SON TEMPS

Vous pouvez passer la journée sur l'île, qui s'explore à pied. Les sentiers numérotés sont signalés par de petites pancartes en bois accrochées aux troncs des arbres.

Circuit conseillé

Circuit tracé sur la carte ci-contre – Comptez 4h de marche.

Des marques trouvées sur l'îlot de Manana, en face du port de Monhegan, permettent de supposer que les Vikings s'arrêtèrent ici au 11e s. Plusieurs siècles plus tard, l'île servit d'étape aux pêcheurs européens.

Les quelques habitants qui résident toute l'année à Monhegan vivent de la pêche, notamment du homard. Celle-ci n'étant autorisée qu'au cours des six premiers mois de l'année, les homards sont plus gros et plus chers à l'achat.

★ Monhegan Lighthouse

Du haut de la colline où se trouve le phare s'ouvre une belle et large **vue** sur le village et le port, ainsi que sur l'îlot de Manana.

LES PHARES DU MAINE

Avec plus 60 phares répartis le long de sa côte escarpée, le Maine mérite le surnom de l'**État des phares**. Construits pour la plupart au début du 19e s., la grande majorité d'entre eux sont encore en activité mais ils sont maintenant automatisés. Ils ne se visitent donc pas, même si on peut les approcher. Certains abritent à leur pied un petit musée qui présente l'histoire des lieux. Pour une expérience inhabituelle, on peut dormir dans certains phares, en réservant quelques mois à l'avance (Pemaquid, Goose Rocks Light ou North Haven notamment).

Pour les situer sur une carte ou pour plus d'info : visitmaine.com/things-to-do/lighthouses-sightseeing/lighthouses

Musée – *de déb. juil. à Labor Day : 11h30-15h30 ; fin juin et sept. : 13h30-15h30.* La maison du gardien a été transformée en musée présentant photographies, souvenirs et gravures sur la faune, la flore et les habitants de l'île. Une exposition est consacrée à Ray Phillips (1897-1975), l'ermite qui vivait dans l'îlot de Manana et dont la petite maison est encore visible.

Burnt Head

Il faut se mettre en marche à partir du village et suivre le sentier n° 4. De cet endroit, la **vue**★★ sur les hautes falaises de White Head est splendide.

★★ White Head

De Burnt Head, suivez le sentier n° 1 longeant la côte de granit gris foncé qui borde la forêt de conifères. On accède au sommet de White Head (alt. 46 m) que survolent des centaines de goélands.

Cathedral Woods

Le sentier n° 12 longe le marais de Long Swamp pour aboutir à une forêt de conifères dominant un vert tapis de fougères et de mousses.

Acadia National Park

★★★

Le Parc national d'Acadia, qui comprend aussi Schoodic Peninsula, de l'autre côté de la baie de Frenchman, et la petite île de Isle au Haut, située plus au sud, s'étend en grande partie sur Mount Desert Island (île du Mont-Désert). Très étendue et presque coupée en deux parties par le fjord de Somes Sound, cette île reste une région sauvage parsemée de sommets de granit rose, de sombres forêts et de lacs d'eau douce. Elle a été surnommée « l'endroit où les montagnes touchent la mer » en raison de sa topographie caractéristique : de hauts conifères bordent sa côte constituée de gros rochers tombant directement à pic dans les flots. Mount Desert Island abrite la plus importante communauté du parc, Bar Harbor, de paisibles villages et la superbe route touristique Loop Road. Quelque 4 millions de visiteurs s'y pressent chaque année.

NOS ADRESSES PAGE 365
Hébergement, restauration, achats, activités, etc.

S'INFORMER

Hull's Cove Visitor Center – *À 3 miles (4,8 km) au nord de Bar Harbor, à l'entrée de Hulls Cove - www.nps.gov/acad - de mi-avr. à fin oct. : 8h30-16h30 (8h-18h juil.-août)*. Le parc national dispose de plusieurs Visitor Centers avec cartes, conseils de randonnée, conseils des *rangers* en fonction de la saison, et expositions sur la vie sauvage du parc. Il est recommandé de s'y arrêter avant d'explorer le parc.

SE REPÉRER

Carte de région BC2 (p. 334-335).
Seule la Route 3 permet d'accéder au Parc national d'Acadia *(suivez la direction de Mount Desert Island)*. Elle dessert en outre Bar Harbor, la ville principale où se concentrent restaurants, hôtels, motels et commerces, et la Loop Road, une route circulaire touristique découvrant de magnifiques panoramas. Le parc est ouvert toute l'année, mais la Loop Road est fermée de novembre à avril, à l'exception de la section Ocean Drive.

SE GARER

La plupart des sites disposent de places de stationnement, de même que les rues de Bar Harbor. En été, une navette gratuite dessert les principaux sites de Mount Desert Island *(www.exploreacadia.com)*.

Acadia National Park, le Mont Cadillac.
C. Moirenc/hemis.fr

À NE PAS MANQUER

Si vous êtes sportif, vous apprécierez l'impressionnant chemin de randonnée le long d'une falaise, au nom évocateur de *Precipice Trail*. Pour une excursion plus tranquille, optez pour une promenade en canoë afin d'admirer l'île depuis l'océan. L'intérieur des terres conserve des endroits bien préservés, comme le très beau Jordan Pond.
Le coucher de soleil depuis le haut du mont Cadillac est un incontournable, que vous y alliez à pied ou en voiture. Il y a du monde aussi au petit matin pour le lever du soleil !

ORGANISER SON TEMPS

Le matin, passez au Visitor Center pour vous procurer des cartes et vous renseigner sur l'actualité (visites avec des *rangers*, manifestations culturelles, etc.). Commencez la visite en sillonnant la Loop Road. Arrêtez-vous aux divers points de vue, puis choisissez votre activité : randonnée, plage, bateau… Vous pouvez rester 2 à 3 jours à Acadia pour bien en profiter.

AVEC LES ENFANTS

Informez-vous des programmes dédiés aux enfants auprès du Visitor Center. À Bar Harbor, louez des vélos et partez sur les pistes du parc, qui peuvent être un peu pentues.

MOUNT DESERT ISLAND : L'ÎLE DES MONTS DÉSERTS

Autrefois, les Indiens penobscots et passamaquodys venaient établir leurs campements d'été sur l'île. En septembre 1604, **Samuel de Champlain** et le **sieur de Monts** – fondateurs de l'Acadie – accostèrent dans la baie qui s'appelle depuis **Frenchman Bay**. Surpris par le paysage, Champlain en fit la description suivante « sept ou huit montagnes dont les sommets sont pour la plupart nus, je l'appelle l'île des monts déserts ». Durant 150 ans, cette île fut le théâtre de conflits incessants entre Français et Anglais. Elle devint finalement américaine en 1783 après la signature du traité de Versailles. Au milieu du 19e s., des artistes découvrirent la beauté de ses paysages, les représentèrent et les peignirent. Leur enthousiasme attira de richissimes touristes qui s'y installèrent, et Bar Harbor devint un petit Newport, tandis que les ports de Northeast Harbor et Southwest Harbor se remplissaient de bateaux de plaisance. L'écrivain **Marguerite Yourcenar** acheta une maison sur l'île en 1950 ; elle y écrivit *Les Mémoires d'Hadrien* et y mourut en 1987. Plus du tiers des 14 000 ha du parc furent donnés par John D. Rockefeller Jr., qui fit également aménager 50 miles (80 km) de voies carrossables dans l'est de l'île.

Découvrir Carte de région p. 334-335

★ BAR HARBOR C2

Bar Harbor Chamber of Commerce – *800 288 5103 ou 207 288 5103 - www.visitbarharbor.com.*

Située à la porte du Parc national d'Acadia, cette localité de Mount Desert Island, était, à la fin du 19e s., un lieu de villégiature à la mode fréquenté par les plus riches. En effet, Bar Harbor disputait à Newport *(voir p. 186)* son rang de première station balnéaire pour milliardaires. Fraîchement arrivés par chemin de fer ou bateau à vapeur, les visiteurs fortunés étaient accueillis dans de spacieux hôtels victoriens tout confort donnant sur la mer. Les familles de la haute société, les Rockefeller, Astor ou Vanderbilt, se firent construire des cottages qui étaient de véritables palais. La majorité de ces demeures disparurent dans l'incendie qui ravagea Bar Harbor en 1947.

Aujourd'hui, c'est le camp de base pour visiter Acadia : hôtels, motels et pensions bordent les rues aux abords du quartier commerçant. Le centre compte un grand nombre de boutiques et de restaurants chics. L'hiver, la plupart des résidences et magasins sont fermés, et la localité retrouve son calme.

Abbe Museum – *207 288 3519 - www.abbemuseum.org - ♿ - mai-oct. : 10h-17h ; reste de l'année. : jeu.-sam. 10h-16h - 8 $ (-10 ans 4 $).* Créé en 1928, ce musée est dédié aux tribus qui vivaient dans Frenchman Bay et Blue Hill Bay avant la colonisation. Il propose des expositions temporaires relatives à la confédération Wabanaki.

★★★ LOOP ROAD

Circuit de 27 miles (43,5 km) tracé sur la carte ci-dessus – Comptez une demi-journée. Départ du Visitor Center de Hulls Cove (voir p. 360), en quittant, à droite, la Route 3. Attention, des brumes matinales obstruent parfois la vue.

Bon à savoir – De mai à octobre, un droit d'entrée, valable 7 jours, est exigé à l'entrée : 30 $ par véhicule (et ses occupants), 25 $ par moto, 15 $ par piéton.

Ponctuée de nombreux points de vue, esplanades et parkings, cette sublime **route côtière** permet de découvrir le littoral de l'île, avec ses montagnes de granit rose, ses paysages marins et ses eaux parsemées d'îlots.

★ Frenchman Bay Overlook

De ce belvédère, on a une **vue** dégagée sur Schoodic Peninsula et la baie.

Loop Rd est en sens unique depuis l'entrée sur Spur Rd jusqu'au sud de Jordan Pond. Après 3 miles (4,8 km), tournez à droite vers Sieur de Monts Spring.

Sieur de Monts Spring

Ce site fut le premier acheté en vue de constituer une réserve naturelle. Il fut baptisé du nom du compagnon de Champlain.

Nature Center – *de mi-juin à déb.-oct. : 9h-17h ; de mai à mi-juin. : w.-end 9h-17h.* Tout proche, il abrite une exposition consacrée au parc. Dans les **Wild Gardens of Acadia**, les arbres, fleurs et herbes sauvages de la région sont présentées dans leur milieu naturel : marécages, tourbières, dunes et rochers.

Revenez sur Loop Road.
Sur la gauche se dressent les bâtiments du **Jackson Laboratory**, institut de recherche sur le cancer. Les parois du mont Champlain se profilent à droite. Le paysage est caractéristique de l'Acadie : granit rose, majestueux conifères et roches parsemées de végétation sur les bas-côtés de la route.
Suivez les panneaux vers Sand Beach.

★★ Precipice Trailhead

2,6 km AR (comptez 2-3h).
Situé à l'est du mont Champlain, ce sentier est réservé aux marcheurs confirmés et qui n'ont pas le vertige. Escaliers dans la roche, « via ferrata » et chemin étroit au bord du précipice compliquent l'ascension, mais les **points de vue★★★** sur la mer sont très impressionnants. Le chemin est fermé de la mi-mars à la mi-août, pendant la nidification des faucons.

★ Sand Beach

Voici l'unique plage du parc sur l'océan. Son sable est formé de minuscules particules de coquillages. On peut s'y baigner si l'on ne craint pas l'eau froide (10 °C en saison).
Du haut du parking s'amorce un **sentier** qui longe Ocean Drive jusqu'à Otter Point. C'est une belle promenade *(2h)* en haut des falaises.
Poursuivez sur la Loop Road vers le sud.

★ Thunder Hole

Parc de stationnement sur la droite.
À marée haute, les vagues s'abattent dans cette anfractuosité dans un bruit effrayant, d'où son nom : « le trou du tonnerre. »
Continuez sur 0,3 mile (500 m).

★★ Otter Cliffs

Du haut de ces falaises de 33 m qui tombent à pic dans la mer, on a de très belles **vues★★** sur la côte et le large.
La route longe ensuite Otter Point et Otter Cove, arrive à l'embranchement de la route menant à Seal Harbor, puis suit les rives de la paisible **Jordan Pond★**, un beau lac dominé par les falaises de Penobscot Mountain. À l'extrémité nord du lac, on aperçoit **The Bubbles**, bloc erratique qui semble en équilibre précaire sur la pente. Observez-le depuis le parking de Bubble Pond.
Continuez sur la Loop Road pendant 1,4 mile (2,25 km) et tournez à droite au panneau indiquant Cadillac Mountain.

CADILLAC (1658-1730)

Originaire du sud-ouest de la France, l'explorateur Antoine de La Mothe Cadillac a connu une vie d'aventures. En 1688, le gouverneur de la Nouvelle-France lui octroya les terres du village de Bar Harbor et de Mount Desert Island, dont la montagne portera ensuite son nom. Il acquit une bonne connaissance des côtes de la Nouvelle-Angleterre, puis des Grands Lacs. De retour en France, à la fin de sa vie, il fut emprisonné à la Bastille pour avoir fait du commerce d'alcool et de fourrures avec des Natifs américains. En 1902, un constructeur automobile de Detroit donna le nom de Cadillac à son entreprise, en hommage à l'homme qui aida à fonder cette ville. En effet, en 1701, Cadillac y avait fait implanter un fort afin de développer le commerce à partir de cette région, près des Grands Lacs.

★★★ Cadillac Mountain

La montée vers ce sommet (466 m) permet de découvrir Eagle Lake, Bar Harbor et les îles au large. Ce mont a reçu le nom du Français Antoine de La Mothe Cadillac *(voir encadré ci-contre)*, maître de l'île du Mont-Désert à la fin du 17e s.

Des **sentiers** aménagés sur les pentes arides du sommet offrent de splendides **vues★★★** sur la baie de Frenchman et le parc.

Revenez sur Loop Road, puis tournez à droite pour regagner le point de départ.

À voir aussi Carte de région p. 334-335

Beech Cliff Trail Carte p. 362

De Somesville, prenez la Route 102 vers le sud, tournez à droite puis à gauche dans Beech Cliff Rd.

Ce sentier facile *(30mn AR)* mène au sommet de falaises d'où l'on a une très belle **vue★★** du lac Echo sur le mont Cadillac, situé au-delà de Somes Sound.

★ Bass Harbor Head Lighthouse Carte p. 362

Au bout de la Route 102A.

Le **phare** de Bass Harbor se dressant au-dessus de gros rochers est un des sites les plus photographiés du parc, surtout au coucher du soleil.

★★ Schoodic Peninsula C2

De Mount Desert Island, prenez la Route 3 Nord et gagnez la Route 1. Suivez-là jusqu'à Gouldsboro, au nord, et tournez à droite dans la Route 186. Passé Winter Harbor, cherchez les panneaux de Acadia National Park et tournez à droite.

Ce promontoire qui fait face à Mount Desert Island se compose de grands rochers plats de granit rose qui s'étendent entre la mer et une forêt de sapins.

★ Isle au Haut B2

Bateau au départ de Stonington, sur la Route 15 (voir p. 353) - 207 367 5193 - isleauhautferryservice.com - durée 45mn - horaires disponibles par téléphone - l'un des navires du matin continue jusqu'à Duck Harbor (de fin juin à mi-sept. seult) - 40 $ AR.

La meilleure façon d'explorer cet îlot est de randonner sur ses sentiers.

NOS ADRESSES DANS ACADIA NATIONAL PARK

HÉBERGEMENT

Bon à savoir – Trois campings dans le parc permettent de dormir au plus près de la nature, dans des conditions rustiques et pour un coût modeste. Infos sur le site du parc : www.nps.gov/acad/planyourvisit/camping.htm.

Bar Harbor

BUDGET MOYEN

Acadia Hotel – *20 Mount Desert St. - (888) 876-2463 - www.acadiahotel.com - - 16 ch. 119/369 $.* Cet hôtel aux chambres soignées, gaies et fleuries offre un excellent rapport qualité-prix sur le green. Les bars, boutiques et restaurants sont à deux pas. Accueil souriant.

Moseley Cottage Inn & Town Motel – *12 Atlantic Ave. - (207) 288-5548 - www.moseleycottage.net - -9 ch. dans la maison 155/295 $ et 9 ch. dans le motel 89/185 $ - 15 $.* Cet hôtel en plein cœur de Bar Harbor,

6

à deux pas d'un charmant sentier le long du rivage, se compose d'une grande maison historique, aux chambres confortables et richement décorées, et d'un motel attenant, plus modeste mais très pratique pour les familles.

POUR SE FAIRE PLAISIR

Chiltern Inn – *11 Cromwell Harbor Rd - ✆ (207) 288-3371 - www.chilterninnbarharbor.com - 4 suites 199/399 $.* Cette auberge dans une rue calme à 10mn à pied du centre de Bar Harbor abrite seulement quatre suites : spacieuses, romantiques, elles donnent sur le jardin luxuriant et sur l'océan. Une très belle adresse, avec piscine et spa.

RESTAURATION

Bar Harbor

BUDGET MOYEN

West Street Cafe – *76 West St. - ✆ (207) 288-5242 - www.wereetcafe.com - mai-oct. : 11h-20h30 - plat 14/35 $.* La fraîcheur des ingrédients et l'atmosphère amicale en ont fait une adresse de choix. Au menu : clam chowder, homard préparé de toutes les façons possibles, gâteau de crabe, écrevisses, mais aussi un large choix de brasserie.

Galyn's – *17 Main St. - ✆ (207) 288-9706 - http://galynsbarharbor.com - 11h-22h - plat 17,50/44 $.* Tables face à la mer ou dans de petites salles à l'ambiance feutrée et confortable. On y déguste notamment un excellent lazy lobster et de très bons desserts.

Geddy's – *19 Main St. - ✆ (207) 288-5077 - www.geddys.com - 11h-21h, vend.-sam. 11h-21h30 - plat 13/27 $.* Un restaurant et bar très animé, aux murs recouverts de vieilles photos et d'objets locaux. On y mange du homard bien sûr, mais aussi de la nourriture de bar (tex-mex, burgers). Bières locales.

POUR SE FAIRE PLAISIR

Havana – *318 Main St. - ✆ (207) 288-2822 - www.havanamaine.com - avr.-oct. : à partir de 17h ; nov.-déc. : mar.-sam. seult - plat 28/37 $.* Une alternative colorée et épicée au homard du Maine ! Les saveurs latino n'ont toutefois pas le monopole de la carte : Moqueca et haricots noirs à la coriandre y côtoient tofu thaï au miel et confit de canard à la guyanaise.

Loop Road

BUDGET MOYEN

Jordan Pond House – *2928 Park Loop Rd - au nord de Seal Harbor - ✆ (207) 276-3316 - http://acadiajordanpondhouse.com - P limité - mai-oct. : 11h-21h - soir plat 24,50/33 $.* Prendre le thé sur la pelouse de la Jordan Pond House est l'une des traditions de l'Acadia National Park. Les élégantes autant que les sportifs habillés chez L.L. Bean fréquentent cette adresse. Lobster rolls et lobster stew parmi les meilleurs de l'île.

ACTIVITÉS

Bar Harbor Whale Watch Co. – *1 West St. - 04609 Bar Harbor - Bar Harbor - ✆ (888) 942-5374 - www.barharborwhales.com - de mi-mai à fin oct.* Excursion en mer pour observer les baleines (à partir de 59 $). Également tour pour aller voir les macareux (puffins).

Cobscook Bay

La baie de Cobscook a des airs de bout du monde… Ouvrant sur la baie de Passamaquoddy, elle forme de larges échancrures à l'intérieur des terres. Son entrée semble gardée par les villes de Lubec et Eastport, deux petits ports de pêche. Par la mer, ces deux ports ne sont distants que de 3 miles (5 km) mais, par voie terrestre, il faut parcourir plus de 37 miles (59,5 km) pour les relier. La baie et ses alentours sont connus pour l'amplitude extraordinaire des marées. Impressionnés par ce phénomène naturel, les Indiens de la région lui donnèrent le nom de Cobscook : « marées bouillonnantes ».

NOS ADRESSES PAGE 369
Hébergement, restauration, achats, activités, etc.

S'INFORMER

Cobscook Bay Area Chamber of Commerce – *207 667 5584 - www.ellsworthchamber.org.*

Visit Lubec – *www.visitlubecmaine.com.*

SE REPÉRER

Carte de région C1 (p. 334-335).

Cobscook Bay se trouve à 93 miles (150 km) au nord-est de Bar Harbor, à la frontière du Nouveau-Brunswick (Canada).

À NE PAS MANQUER

La promenade spectaculaire le long de la falaise du phare de Quoddy.

Découvrir Carte p. 368

Lubec

Aux 17e-18e s., ce petit port de pêche était une plaque tournante de la contrebande entre les États-Unis et le Canada. Les navires autorisés à rallier l'Europe quittaient Lubec pour se rendre, en réalité, au Canada où les marchandises étaient disponibles à bas prix. Ils revenaient quelques jours plus tard, chargés de rhum, de sucre et de toute autre denrée négociable. À la fin du 19e s., une vingtaine de sardineries s'ouvrirent à Lubec constituant la principale activité économique de la ville.

Aujourd'hui c'est un village très tranquille, accessible par une seule route. L'été, il attire les estivants en quête de soleil dans des contrées plus fraîches qu'au Sud. Les galeries d'artistes locaux et les quelques restaurants animent les ruelles, les enfants ramassent du verre poli, le « sea glass », le long des plages. Le coucher de soleil sur le port qui embrase le ciel fait l'unanimité. L'ambiance en hiver est aussi réduite que le jour qui tombe à 15h.

Mowry Beach – *Pleasant St.* Une plage de sable pour se promener ou se baigner quand la marée est haute.

★★ Roosevelt Campobello International Park

De Lubec, le pont Franklin D. Roosevelt permet de se rendre sur Campobello Island. 506 752 2922 - www.nps.gov/roca/index.htm - j - parc : ouvert tte l'année de l'aube au crépuscule ; cottage : de fin mai à Columbus Day : 10h-17h - gratuit.

Bon à savoir – Campobello Island étant canadienne, un passeport est exigé à l'entrée du parc, et au retour aux États-Unis.

L'île de Campobello fut le lieu de vacances du président Roosevelt. En 1963,

sa propriété devint un parc de 1 120 ha dédié à la mémoire du président, aux magnifiques paysages de forêt, de marais, de lacs et de bords de mer. Belle vue sur Lubec et la côte du Maine depuis **Friars Head** *(au sud du Visitor Center)*.

Roosevelt Cottage★ et ses souvenirs évoquent la vie des Roosevelt.

★★ Quoddy Head State Park

À 6 miles (9,7 km) de Lubec. Suivez la Route 189. Après 4 miles (6,4 km), tournez à gauche (le parc est signalé). 207 733 0911 - www.state.me.us/doc/parks - de mi-mai à mi-oct. : de 9h au crépuscule - 4 $.

Dans le parc, le **Quoddy Head Lighthouse**, un phare rouge et blanc, marque le point le plus oriental des États-Unis. On a de là une belle vue sur l'île de Grand Manan (Nouveau-Brunswick), et on peut apercevoir des baleines.

Plusieurs sentiers de promenades permettent de découvrir la forêt et les marais. Le chemin côtier *(4 miles)* offre des **vues** superbes sur la mer et les falaises de granit.

★ Reversing Falls Park

À 31 miles (50 km) de Lubec. Suivez la Route 189 pour rejoindre la Route 1. À West Pembroke, prenez une petite route à droite (en face de la Route 214) et suivez les panneaux vers le Reversing Falls Park.

C'est un des meilleurs endroits pour admirer la beauté de la baie de Cobscook, avec ses multiples criques et ses îles recouvertes de conifères. À chaque inversion de marée, on peut assister au phénomène exceptionnel des marées.

Eastport

Bâtie sur l'île de Moose, cette localité est la plus orientale des États-Unis. Sa rue principale compte de beaux bâtiments en briques, témoignage du passé des grandes conserveries de sardines. Les quais sont en cours de réhabilitation : en s'y promenant, on passe près des bateaux de pêche toujours en activité. Au **Tides Institute and Museum of Art** *(43 Water St.)*, un petit musée d'art expose photos et œuvres plastiques d'artistes locaux venus profiter de la lumière et de la douceur des lieux.

NOS ADRESSES DANS LA BAIE DE COBSCOOK

HÉBERGEMENT

Bon à savoir – De mi-mai à mi-octobre, des emplacements de camping sont disponibles au **Cobscook Bay State Park**, Route 1.

Lubec

BUDGET MOYEN

Cohill's Inn – *7 Water St. - ✆ (207) 733-4300 - ✆ (888) 876-2463 - www.cohillsinn.com - 9 ch. 99/145 $.* Cet hôtel très simple bénéficie d'une situation idéale à Lubec. Préférez les chambres côté jardin et au 2e étage, ou demandez la chambre 9, la plus belle, avec sa vue panoramique sur la baie. L'hôtel est situé au-dessus d'un pub irlandais sympathique qui ferme à 21h.

RESTAURATION

Eastport

PREMIER PRIX

Quoddy Bay Lobster – *7 Sea St. - 10h-17h - fermé mar.* Ce shack typique du Maine met à la carte, sans fioriture, parmi les meilleurs lobster rolls et clams de la région. Le secret de cette enseigne familiale ? On ne propose que la pêche du jour. Les fruits de mer sont servis grillés ou frits, et on les savoure sur une table de pique-nique près d'un quai où travaillent les pêcheurs de homard.

ACHATS

Lubec

Monica's Chocolates – *100 County Rd - ✆ (207) 733-4500 - www.monicaschocolates.com - 8h-20h.* Dans une maisonnette blanche à la sortie de Lubec, Monica a installé sa fabrique où elle vend toutes sortes de friandises à base d'un très bon chocolat dont elle tient la recette de son pays d'origine, le Pérou. La boutique vend aussi bijoux, écharpes et tout un bric-à-brac du goût de la propriétaire.

Eastport

Raye's Mustard Mill Museum – *83 Washington St. - ✆ (800) 853-1903 - http://rayesmustard.com.* À l'entrée d'Eastport, cette boutique-musée familiale vend de la moutarde déclinée dans des dizaines de saveurs, depuis 1900 ! Un must have pour les hot-dogs des barbecues d'été.

ACTIVITÉS

Eastport

Whale Watching and Lobster Cruises – *104 Water St. - ✆ (207) 853-2500 - www.eastportwindjammers.com - été : 13h30.* Observation de la vie sauvage (phoques, baleines, aigles…) et de la pêche au homard.

Augusta

19 103 hab.

Située sur les rives de la Kennebec, la capitale du Maine est une ville industrielle et résidentielle pleine de charme. Le fleuve et les forêts qui la bordent sont à l'origine de sa prospérité depuis qu'au 17e s., des pèlerins de Plymouth établirent un comptoir sur la rive est. Aux 18e et 19e s., la Kennebec était à la fois une importante voie de navigation et un réservoir de glace l'hiver. La sylviculture se développa aux abords du fleuve et contribua également à l'essor de la région.

S'INFORMER

Maine Office of Tourism – *www.visitmaine.com.*

SE REPÉRER

Carte de région B2 (p. 334-335).

Augusta est accessible par l'Interstate 95. Son Capitol District, situé autour de State Street sur la rive droite de la Kennebec River, accueille la State House, le State Museum et d'autres curiosités.

SE GARER

Des parkings gratuits se trouvent à l'ouest et au nord du capitole et du Maine State Museum, ainsi qu'à l'angle de Capitol Street et Sewall Street.

À NE PAS MANQUER

La visite du capitole et du Maine State Museum.

ORGANISER SON TEMPS

Prévoyez une demi-journée pour visiter le Capitol District. Pour vous restaurer ou boire un verre, préférez la petite ville voisine d'Hallowell.

Se promener

State House

À l'angle de State St. et de Capitol St. - ♿ - accès libre tte l'année - lun.-vend. : 8h-17h - visite guidée 9h, 10h, 11h et 12h - fermé j. fériés - gratuit.

Un parc situé au bord de la rivière Kennebec offre une excellente vue sur cet imposant capitole surmonté d'un dôme. Construite de 1829 à 1832 d'après les plans de l'éminent architecte bostonien Charles Bulfinch, la State House fut ensuite transformée et agrandie. Toutefois, la façade à colonnes et de nombreux détails dessinés par Bulfinch ont été épargnés par cette intervention. La State House let regroupe à la fois le parlement, le Sénat et le gouvernement.

Maine State Museum

230 State St. - ✆ 207 287 2301 - mainestatemuseum.org - ♿ - mar.-vend. 9h-17h, sam. 10h-16h - fermé j. fériés - 3 $ (6-18 ans 2 $).

Ce bâtiment moderne abrite la bibliothèque, les archives et le musée de l'État du Maine dont les collections évoquent l'histoire, l'environnement, la vie quotidienne de ses habitants et les secteurs économiques qui les ont enrichis : agriculture, exploitation forestière, construction navale…

Old Fort Western

16 Cony St. - ✆ 207 626 2385 - www.oldfortwestern.org - juil.-août : 10h-16h ; juin et sept.-oct. : vend.-lun. 10h-16h - 10 $ (6-14 ans 6 $).

Au bord de la rivière, une image du passé colonial se dessine avec le plus vieux fort américain en bois (1754), comme dans les westerns.

The North Woods

★

Vaste étendue de forêts sillonnées de cours d'eau, les North Woods, qui abritent le plus grand lac du Maine (Moosehead lake) et sa plus haute montagne (Mt Katahdin), apparaissent comme l'un des derniers espaces sauvages de la côte Est. Orignaux, cerfs et ours noirs évoluent dans ce paradis prisé des amoureux de nature, où l'on pratique d'innombrables activités : canoë, kayak, rafting, chasse, pêche, ski, randonnées...

NOS ADRESSES PAGE 374
Hébergement, restauration, achats, activités, etc.

S'INFORMER

Maine Office of Tourism – *888 624 6345 - www.visitmaine.com.*

SE REPÉRER

Carte de région AB1 (p. 334-335).
Sillonnée de pistes et de sentiers, cette vaste région comprend plus de 13 000 km² de forêts exploitées – soit l'équivalent de la forêt des Landes – entourant l'Allagash Wilderness Waterway. Rockwood et Greenville, au bord du lac Moosehead, et Millinocket, près du Baxter State Park, en sont les villes principales.

SE GARER

Vous trouverez des parkings à Rockwood, Greenville et Millinocket, ainsi qu'à l'entrée des principaux sites de la région.

À NE PAS MANQUER

Un « moose tour », safari d'observation des orignaux *(voir « Nos adresses »).*

ORGANISER SON TEMPS

Greenville, avec ses hébergements, ses restaurants et ses commerces, pourra servir de base à votre séjour dans les North Woods. Prévoyez au minimum deux jours.

AVEC LES ENFANTS

Les diverses activités de plein air autour et sur le lac Moosehead devraient les ravir, notamment le rafting pour les plus grands.

Découvrir Carte de région p. 334-335

RÉGION DU BAXTER STATE PARK B1

★★ Baxter State Park

À 20 miles (32 km) au nord de Millinocket (suivez les panneaux à partir de la Route 11/157).

Bureau du parc – *64 Balsam Dr. - Millinocket - 207 723 5140 - baxterstatepark.org - été : 8h-16h ; hiver : lun.-vend. 8h-16h - 15 $/voiture pour les non-résidents du Maine.*

Bon à savoir – Avant de partir, il est recommandé aux randonneurs de contacter les gardes forestiers qui leur donneront des informations sur les conditions météorologiques et les itinéraires. Il peut y avoir de la neige jusqu'en mai. Des cartes des sentiers sont disponibles aux aires de camping, au bureau d'information de Togue Pond *(entrée sud)* ainsi qu'au siège de Millinocket. La plupart des sentiers sont concentrés dans le sud du parc. Ceux de Baxter Park sont marqués en bleu ; ceux de l'Appalachian Trail (AT) en blanc.

MOUNT KATAHDIN

Gigantesque monolithe de granit, le mont Katahdin porte un nom indien signifiant « la plus haute montagne » et appartient depuis des générations à la mythologie des Indiens abénaquis. De nombreuses légendes y sont rattachées, dont celle de Pamola, un dieu aux ailes et aux serres d'aigle, au torse et aux bras d'homme, à tête d'élan, qui habitait à son sommet. Lorsqu'il se mettait en colère, Pamola provoquait de violentes tempêtes, déchaînait des éclairs et faisait retentir le tonnerre dans la vallée. Aujourd'hui, le mont Katahdin est un site de randonnées et de camping fort apprécié. Le plus élevé des quatre sommets est Baxter Peak ; les autres ont pour nom Hamlin Peak, Pamola Peak et South Peak. Depuis l'est, on voit le **Great Basin**, un cirque très impressionnant façonné dans la montagne par l'activité glaciaire. Depuis l'ouest, on admire le **Knife Edge**, une crête de granit dentelée qui relie Pamola Peak et South Peak.

Dominé par le sommet le plus élevé de l'État, le **mont Katahdin** (alt. 1 605 m), ce parc situé au cœur du Maine est un vaste rectangle de 81 000 ha recouvert de forêts. Il fut baptisé en l'honneur de **Percival Proctor Baxter** (1876-1969) qui consacra sa vie et sa fortune à en réunir les terres, dont il fit don aux habitants du Maine à la condition expresse de préserver à jamais l'état naturel et sauvage du site. Selon les volontés de Baxter, le parc a pour mission principale de protéger les daims, les élans, les ours et les innombrables animaux qui habitent ces paysages du nord. Les routes sont étroites et non goudronnées *(vitesse limitée de 15 à 20 miles/h)*, les campings sont très rustiques, et l'on ne rencontre aucun motel, magasin ou restaurant dans l'enceinte du parc.

Les entrées principales donnent accès à **Park Road**, la seule route qui traverse le parc. Elle offre peu de vues pittoresques, mais elle longe quelques sites intéressants, dont les cascades Abols Falls et Slide Dam. Il faut donc s'aventurer sur les 173,6 miles (280 km) de sentiers de randonnée, notamment sur la partie nord de l'**Appalachian Trail**, pour découvrir des points de vue magnifiques.

Hunt Trail – *7,5 miles (12 km) - 8 à 10h AR - dép. de Katahdin Stream Campground - balisage blanc.* Dévoilant de superbes **vues★★** de la région, l'un des sentiers les plus empruntés pour se rendre au sommet du mont Katahdin. L'ascension et la descente prennent une journée entière. Long et ardu, il est réservé aux personnes en excellente condition physique.

Un itinéraire très agréable *(1 mile soit 1,6 km)* quitte ce sentier pour conduire aux cascades de **Katahdin Stream Falls**.

Chimney Pond Trail – *3,5 miles (5,6 km) d'ascension - comptez 2h de marche - dép. de Roaring Brook Campground.* Situé au pied du Great Basin, Chimney Pond est le site d'un des nombreux campings du parc.

Sandy Stream Pond Trail – *Au sud-est du parc - 1,55 mile (2,5 km) - dép. de Roaring Brook Campground.* Après 0,5 mile (800 m), un petit chemin sur la gauche mène à Big Rock pour une belle vue sur le Great Basin et Hamlin Peak.

Patten

À 8 miles (12,8 km) à l'est de Baxter State Park par la Park Rd, puis la Route 159.

Cette petite communauté agricole est située aux confins du riche comté d'Aroostook, célèbre pour ses pommes de terre et son grand domaine forestier. Ses routes de campagne sont souvent empruntées par de puissants semi-remorques transportant pâte à papier et troncs d'arbre. L'exploitation forestière est en effet une activité majeure à Patten, même si les camps de bûcherons et les trains de flottage ont disparu depuis longtemps.

Lumbermen's Museum – *61 Shin Pond Rd (à 0,5 mile/800 m à l'ouest de Patten sur la Route 159) - ✆ 207 528 2650 - www.lumbermensmuseum.org - de déb. juil. à mi-oct. : mar.-dim. 10h-16h ; de fin mai à fin juin : vend.-dim. 10h-16h - 10 $.* Ce musée évoque la vie des bûcherons et présente tout ce qui a trait à l'histoire de ceux que l'on appelle ici les *lumberjacks* : outils, véhicules – dont un marchant à la vapeur destiné au transport des troncs d'arbre, ancêtre à la fois du tracteur, du bulldozer et du tank militaire –, scieries et cabanes de bûcherons reconstituées. Un baraquement datant de 1820 reproduit les conditions dans lesquelles vivaient jusqu'à une douzaine de bûcherons pendant l'abattage.

★ RÉGION DU LAC MOOSEHEAD AB1

✆ 207 695 2702 - destinationmooseheadlake.com. Office de tourisme sur la Route 6 à la sortie de Greenville. Cartes, brochures et remise du passeport « Pinnacle Pursuit » pour les randonneurs (défi de gravir 6 sommets, dont le mont Kineo).

Parsemé de centaines de petites îles, le lac le plus étendu de toute la Nouvelle-Angleterre (300 km²) est situé au nord du Maine, dans une région de forêts qui s'étend jusqu'à la frontière canadienne. Ses 347 miles (558 km) de rives sont découpés par d'innombrables baies et criques, dont le profil général évoque la tête d'un élan *(moose)*, d'où le nom du lac. La région est le paradis des sportifs depuis le 19e s. Chasseurs et pêcheurs se font déposer par hydravion dans les zones les plus retirées du lac. Les amateurs de canoë partent de ses rives pour remonter les rivières qui l'arrosent, notamment l'**Allagash Wilderness Waterway** *(74 miles/119 km au nord de Greenville)* : les 93 miles (150 km) de cette rivière forment une superbe voie d'eau sauvage réservée aux canoéistes expérimentés *(rens. auprès du Maine Dept. of Conservation, Bureau of Parks & Lands – State House Station 22 - Augusta - ✆ 207 287 3821 - www.maine.gov/allagash).*

On vient aussi dans la région pour approcher au plus près de l'élan : c'est dans cette région de Nouvelle-Angleterre qu'ils sont les plus nombreux.

Greenville

Située à l'extrémité sud du lac Moosehead, cette station de villégiature sert de point de départ aux expéditions de découverte de l'élan, de chasse, de pêche et de canoë qui s'aventurent dans le nord.

Cottage dans le Maine.
Jumping Rocks/UIG/Getty Images

LA RÉGION DES ÉLANS

L'animal officiel du Maine est l'**orignal** (nom donné à l'élan en Amérique du Nord). C'est le plus grand animal de la famille des cervidés. Discret et craintif, il s'observe à la sortie de l'hiver, de mai à juin, puis pendant la période de reproduction en septembre et octobre, lorsque les bois des mâles atteignent leur taille maximale. Des « moose tours » sont organisés près du lac Moosehead pour observer l'orignal.

Lily Bay State Park – *Au nord de la ville (empruntez la Lily Bay Rd à la sortie nord de Greenville) - ✆ 207 695 2700 - www.state.me.us/doc/parks - de mi-mai à Colombus Day : de 9h au crépuscule - 6 $.* Ce parc d'État possède une plage, un terrain de camping, des aires de pique-nique, et un service de location de bateaux.

Katahdin Cruise – *Dép. 12 Lily Bay Rd - croisières de 3, 5 ou 8h - www.katahdincruises.com.* Pendant la belle saison, ce bateau construit en 1914, qui transportait du bois, promène les passagers sur le lac d'où l'on a de belles vues sur le mont Kineo.

Mont Kineo

Paroi abrupte surmontant les eaux du lac Moosehead, le mont Kineo culmine à 550 m. De la Route 15/6 au nord de Rockwood, on a une belle vue sur ce promontoire. Les tribus indiennes venaient y installer leur camp lorsqu'elles voulaient s'approvisionner en silex afin de confectionner armes et outils. Son ascension (*3,8 miles AR de l'embarcadère du ferry)* est le défi n° 1 du « Pinnacle Pursuit », qui comprend cinq autre sommets de la région.

NOS ADRESSES DANS LES NORTH WOODS

HÉBERGEMENT

Les hébergements des North Woods sont concentrés dans les villes de Millinocket et Greenville. Vous trouverez des emplacements de **camping** au Lily Bay State Park *(voir ci-dessus)* et au Baxter State Park *(voir p. 371)*. Informations sur www.campmaine.com.

BUDGET MOYEN

Little Lyford Lodge & Cabins – *04441 Greenville - 17 miles (27,3 km) à l'est de Greenville (accès par une route non goudronnée) - ✆ (207) 358-5187 - www.outdoors.org - 10 cottages 129/159 $/pers., repas compris.* Géré par l'Appalachian Mountain Club, ce camp forestier situé à proximité d'étangs (kayak, baignade) et de sentiers de randonnée dispose de cabines rudimentaires avec eau courante (froide) et chauffage au poêle à bois. Sanitaires communs.

Bradford Camps – *Pell and Pell Rd - 04732 Ashland - 40 miles (64,3 km) à l'ouest d'Ashland (accès par des routes non asphaltées) - ✆ (207) 433-0660 ou (207) 746-7777 - www.bradfordcamps.com - 8 cabines 199 $/pers., repas compris.* Bien qu'il soit accessible par la route depuis Ashland, c'est par hydravion, au départ de Millinocket, que les convives se rendent généralement dans ce camp. À deux pas du lac Munsungan, les cabines rustiques ont une salle de bains privée. Canoë-kayak, pêche à la mouche, randonnées et safaris photos.

UNE FOLIE

Greenville Inn at Moosehead – *Norris St. - 04441 Greenville - ✆ (207) 695-2206 - www.*

greenvilleinn.com - de fin juin à mi-oct. : le soir seult. - fermé dim. et lun. - plat 24/32 $. Une belle demeure victorienne décorée d'acajou et de cerisier qui domine la colline. À ses pieds, quelques cottages à la décoration plus champêtre. Un délicieux petit déjeuner est servi dans la salle à manger ou sur le patio par beau temps, face au lac.

Blair Hill Inn – *351 Lily Bay Rd - 04441 Greenville - ✆ (207) 695-0224 - www.blairhill.com - 10 ch. à partir de 299 $ -*. Un îlot de sophistication et de luxe dans les sauvages North Woods. Construite en 1891 à flanc de coteau, cette auberge de style Queen Anne abrite de somptueuses chambres qui profitent d'une vue superbe sur le lac Moosehead et les montagnes.

RESTAURATION

BUDGET MOYEN

Kelly's Landing – *13 Rockwood Rd - 04422 Greenville Junction - ✆ (207) 695-4438 - www.kellysatmoosehead.com - midi et soir, brunch le dim.* De la terrasse, belle vue sur le lac. Chez Kelly, les plats sont simples : soupe de fruits de mer épaisse, salades, steaks et burgers ou poissons. Pour rester local, terminez le repas avec une part de tarte aux myrtilles. Un endroit rustique fort agréable.

Stress Free Moose Pub and Café – *65 Pritham Ave. - 04441 Greenville - ✆ (207) 695-3100.* Ambiance festive dans cette grande cabane en bois, où sont accrochés trophées de chasse et photos-souvenirs. On sert un menu du midi basique : soupes, sandwichs et salades. Les plats du jour, copieux, sont plus élaborés : pâtes aux saint-jacques ou filet mignon au bacon.

ACHATS

Kamp Kamp, Moosehead Lake Indian Store – *3 Lily Bay Rd - 04441 Greenville - ✆ (207) 695-0789 - http://kampkamp.com.* Dans une grande maison blanche au centre du village, cette boutique surprenante vend aussi bien des souvenirs locaux kitsch que des antiquités et des bonbons !

ACTIVITÉS

Moose tour, kayak et rafting

Northwoods Outfitters – *Main St. - ✆ (866) 223-1380 - www.maineoutfitter.com.* Observation de l'orignal dans son milieu naturel en Jeep ou en canoë (env. 49 $/pers). Informations dans les boutiques outdoors de Greenville qui proposent aussi des activités nautiques.

Northeast Whitewater Rafting – *155 Greenville Rd - Route 6 - ✆ (207) 695-0151 - http://northeastwhitewater.com.*

New England Outdoor Center – *30 Twin Pines Rd - 04462 Millinocket - P.O. Box 669 - Millinocket - ✆ (207) 723-5438 - www.neoc.com.*

Ski de fond, raquettes, motoneige, véhicule tout-terrain (ATV)

Équipements et cartes des sentiers sont disponibles dans les boutiques spécialisées de plein air de Greenville et Millinocket.

Chasse et Pêche

Maine Fisheries and Wildlife – *284 State St. - 04333 Augusta - Augusta - ✆ (207) 287-8000 - www.maine.gov/ifw.*

La région des Rangeley Lakes

★

Nichée dans les montagnes occidentales du Maine, cette région regorge d'étangs et de lacs dont les plus vastes se trouvent dans la chaîne de Rangeley. À la belle saison, on y vient pour le calme de lieux préservés ou pour pratiquer différents sports : baignade, canoë, alpinisme et pêche (notamment de la truite et du saumon au printemps). Le reste de l'année, les sports d'hiver sont à l'honneur.

NOS ADRESSES PAGE 377
Hébergement, restauration, achats, activités, etc.

S'INFORMER

Rangeley Lakes Chamber of Commerce – *6 Park Rd - Rangeley - ✆ 207 864 5364 - www.rangeleymaine.com.* Cartes et conseils randonnées dans les environs, excursions en voiture (routes scéniques), activités sur le lac.

SE REPÉRER

Carte de région A2 (p. 334-335).

Les Routes 16 (est-ouest) et 17 (nord-sud) desservent cette région dont Rangeley est la plus grande ville.

SE GARER

Parkings à proximité des points d'accès aux lacs.

À NE PAS MANQUER

Offrez-vous une virée en kayak sur l'un des lacs, ou une croisière au coucher du soleil sur un petit bateau.

ORGANISER SON TEMPS

Réservez une chambre à Rangeley, puis planifiez vos activités.

AVEC LES ENFANTS

Les nombreuses activités de plein air. Le Moose Alley les divertiront en cas de mauvais temps.

Découvrir Carte de région p. 334-335

La Route 17 au sud du lac Rangeley foisonne de panoramas spectaculaires sur les montagnes, comme la vue du Coos Canyon, à Byron, et celle sur les lacs de la région depuis **Height of Land★★**. Le long de la Route 16, à l'aube ou au crépuscule, on peut apercevoir des élans sur les chemins de traverse.

Rangeley Lake State Park A2

En venant de la Route 4 ou de la Route 17, prenez Southshore Dr. et suivez les panneaux signalant le parc. ✆ 207 864 3858 - www.maine.gov/dacf/parks - de mai à fin sept. : de 9h au coucher du soleil - 6 $.

Ce parc s'étend sur la rive sud du lac Rangeley et comprend un camping, une plage et des embarcadères pour les bateaux. Le lac est réputé pour ses truites et ses saumons.

★★ Eustis Ridge A2

À 26 miles (41,8 km) au nord de Rangeley par la Route 16. Tournez à gauche dans la Route 27 ; après 3 miles (4,8 km), tournez de nouveau à gauche dans une petite route.

Ce site offre une très belle **vue** sur la région. La Route 27, qui mène au Canada, traverse de beaux paysages sauvages.

★ Mt Blue State Park A2

À 31 miles (50 km) au sud-est de Rangeley par la Route 4, puis la Route 142 Sud. 207 585 2261 - www.maine.gov/dacf/parks - de mi-mai au 1er oct. : de 9h au coucher du soleil - 7 $.

Ce parc situé sur les rives du **lac Webb★** propose des activités variées dans un cadre superbe : randonnée, baignade, location de bateaux… Depuis la **State Park Beach Road**, vues agréables sur la montagne et le lac.

Lac Cupsuptic recouvert de glace.
Holcy/iStock

NOS ADRESSES DANS LA RÉGION DES LACS

HÉBERGEMENT

BUDGET MOYEN

The Rangeley Inn & Tavern – *2243 Main St. - (207) 864-3341 - www.therangeleyinn.com - 110/230 $.* Une maison victorienne… bleue ! À l'intérieur, hall cossu (trophées de chasse, fauteuils et cheminée) et chambres modernes. Un petit déjeuner buffet est servi dans une grande salle à manger. Prêt de canoës en été.

RESTAURATION

À Rangeley, les restaurants et cafés se trouvent sur Main Street.

PREMIER PRIX

The Rangeley Inn & Tavern – *2243 Main St. - (207) 864-3341 - www.therangeleyinn.com - dîner seult.* La taverne sert des spécialités de la région – bisque de homard, haddock, côtelettes de veau – avec une petit touche asiatique et des options végétariennes. Le burger reste une valeur sûre… et à personnaliser.

ACTIVITÉS

Moose Alley – *2809 Main St. - (207) 864-9955 - http://moosealley.me - dès 12h.* Voici un endroit chaleureux pour sortir. Bowling, jeux d'arcades, billards, et concerts en fin de semaine.

Lake Cruises and Kayak – *274 Shore Rd - Oquossoc - (207) 864-7929 - www.rangeley-lakes.com.* Croisières autour des îles du lac, ou au coucher du soleil, et location de kayaks.

Bethel

2 514 hab.

Située dans les White Mountains, Bethel est connue pour ses auberges, son école privée et ses maisons soigneusement conservées autour de son green. Cet agréable lieu de séjour offre de nombreux loisirs tels la pêche, le golf, et le ski en hiver.

NOS ADRESSES PAGE 379
Hébergement, restauration, achats, activités, etc.

S'INFORMER
Bethel Area Chamber of Commerce – *8 Station Pl. - ✆ 207 824 2282 - www.bethelmaine.com.*

SE REPÉRER
Carte de région A2 (p. 334-335).
Ce village historique est situé à l'intersection de la Route 2 et de la Route 26, dans l'ouest du Maine, à proximité de la frontière du New Hampshire.

SE GARER
Les rues de Bethel sont bordées de places de stationnement, tout comme les sites des environs.

À NE PAS MANQUER
Le Grafton Notch State Park : en automne, la Route 26 qui serpente entre monts et cascades y est particulièrement belle. Les amateurs d'Histoire trouveront d'intéressants sites à Bethel.

ORGANISER SON TEMPS
Prévoyez une journée au moins pour découvrir le Grafton Notch State Park et ses activités.

AVEC LES ENFANTS
De nombreuses activités sont proposées aux enfants : ski, balades, vélo… *(voir « Nos adresses »).*

Découvrir

Dr Moses Mason House

Sur le Green - ✆ 207 824 2908 - www.bethelhistorical.org/museum.html - visite guidée (30mn) - juil.-août : mar.-sam. 13h-16h ; sept-juin : sur RV - 5 $.
Érigée en 1813, cette maison bordant le *green*, soigneusement préservée, abrite du mobilier d'époque ainsi que de belles fresques murales dans la cage d'escalier.

À proximité Carte de région p. 334-335

Artist's Covered Bridge A2

À Newry, 4 miles (6,8 km) au nord-ouest de Bethel. Sunday River Rd.
Entrée en plein cintre, murs ajourés : la rumeur court que ce joyau, construit en 1872, est le plus photographié, le plus dessiné et le plus peint des ponts couverts du Maine !

★ Grafton Notch State Park A2

À 25 miles (40,2 km) au nord-ouest de Bethel par la Route 26. ✆ 207 824 2912 - maine.gov/graftonnotch - de mi-mai à mi-oct. : du lever au coucher du soleil - 4 $.
La route traverse la vallée de la Bear River et le parc d'État. En sillonnant cette région sauvage des White Mountains, on découvre la gorge dominée par l'**Old Speck Mountain** (alt. 1 274 m) à l'ouest et la **Baldpate Mountain** à

l'est. Le long de la route, plusieurs aires de pique-nique sont signalées par des panneaux. Les sentiers de promenade traversent des gorges, forêts et cascades.

Screw Auger Falls – Ces chutes dégringolent de replat en replat dans des bassins peu profonds.

Mother Walker Falls – *1 mile (1,6 km) au nord des Screw Auger Falls.* Depuis ces petites chutes, on bénéficie d'une belle vue sur Old Speck.

★ Evans Notch A3

À 16 miles (25,7 km) au sud-ouest de Bethel. Suivez la Route 2 vers l'ouest pendant 10 miles (16 km), puis tournez à gauche dans la Route 113.

La route qui traverse cette gorge *(de Gilead à North Chatham)* de la forêt nationale des White Mountains procure des **vues** superbes sur l'une des plus belles vallées de la région, celle de la Cold River.

NOS ADRESSES À BETHEL

HÉBERGEMENT/RESTAURATION

BUDGET MOYEN

Bethel Inn Resort – *21 Broad St. - (207) 824-2175 - www.bethelinn.com - - 158 ch. 159/279 $ - soir plat 17/32 $ - réserv. exigée.* Composé de plusieurs bâtiments, ce grand resort est installé sur un terrain de 80 ha avec golf 18 trous et spa. Il abrite, à côté des chambres toutes différentes, une taverne qui sert sandwichs et burgers, ainsi qu'un restaurant de spécialités régionales qui propose homard du Maine, sole garnie, carré d'agneau…

ACTIVITÉS

Raft Maine – *331 Paradise Rd - Bethel - (207) 824-3694 - www.raftmaine.com - avr.-oct.* Cette association regroupe plusieurs entreprises de rafting de la région : sorties sur les rivières Kennebec, Penobscot et Dead.

Sunday River – *15 South Ridge Rd - Newry - à 7 miles (11 km) au nord de Bethel - (800) 543-2754 - www.sundayriver.com.* Ce grand domaine skiable (plus d'une centaine de pistes sur huit sommets) se transforme l'été en aire de jeux avec murs d'escalades, trampolines et tyrolienne.

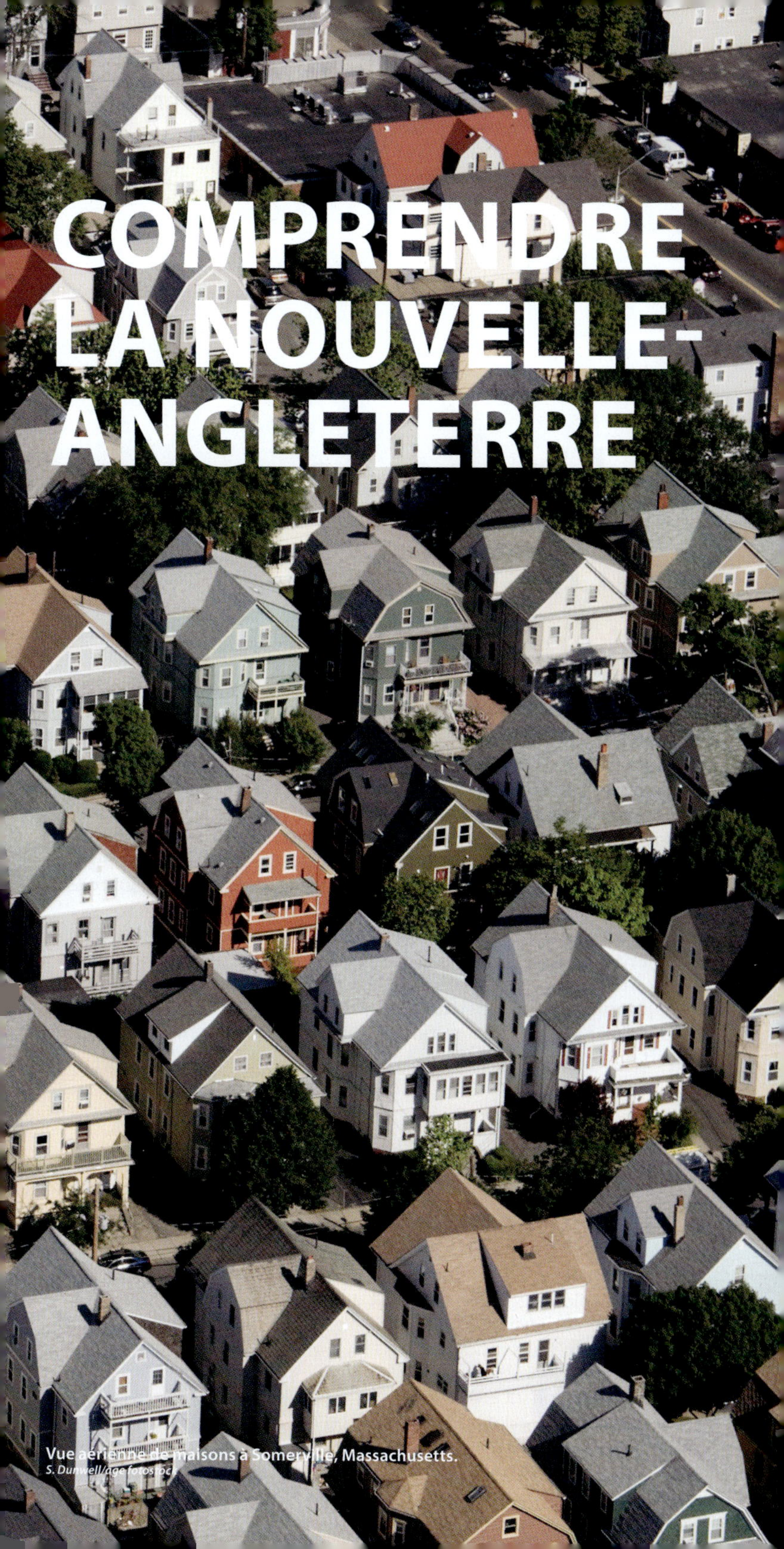

COMPRENDRE LA NOUVELLE-ANGLETERRE

Vue aérienne de maisons à Somerville, Massachusetts.
S. Dunwell/age fotostock

La Nouvelle-Angleterre aujourd'hui

La vie économique de la Nouvelle-Angleterre a connu une évolution similaire à celle de la « vieille Angleterre ». Après une période de vie agricole intense, puis une grande prospérité maritime, une industrialisation très importante s'est développée au cours du 19e s. et au début du 20e s. Après la Seconde Guerre mondiale, la région a vu son économie péricliter, souffrant des migrations d'un grand nombre d'usines vers le sud. La Nouvelle-Angleterre a donc dû se renouveler, diversifier ses activités et rechercher des débouchés nouveaux, comme l'électronique, qui constituent aujourd'hui ses principales sources de revenus.
Sa population s'élève à 14,4 millions d'habitants, inégalement répartis. La majorité vit dans la moitié sud, où l'on trouve les plus grandes villes : Boston, Worcester, Providence, Springfield, Hartford et New Haven. Cette population fut constituée par les grandes vagues d'immigration du 19e s. qui ont apporté une variété de cultures et de traditions que l'on perçoit encore aujourd'hui.

L'administration

Les territoires de la Nouvelle-Angleterre sont administrés, pour la plupart, sous la tutelle d'une municipalité, et seuls 5 % de ces municipalités (qui remontent en général au début de l'époque coloniale) ont le statut de ville. Bénéficiant d'une forte autonomie, leurs résidents, à qui l'histoire a donné cette marque d'indépendance, peuvent faire entendre leur voix dans les affaires locales. Depuis les temps de la colonisation, les réunions municipales tiennent un rôle prépondérant. La gouvernance des villes fonctionne ainsi, fondée sur un modèle de démocratie participative. Pourtant, si les citoyens continuent à être sollicités pour proposer, débattre et voter, parfois encore à main levée, il semble que d'autres formes d'administration, plus éloignées de la participation directe, se mettent en place.
Huit présidents des États-Unis sont nés en Nouvelle-Angleterre : John Adams (Massachusetts), John Quincy Adams (Massachusetts),

Vue aérienne de Boston jusqu'au port.
S. Dunwell/age fotostock

LES ÉTATS DE NOUVELLE-ANGLETERRE

Connecticut

Superficie : 14 371 km^2
Population : 3 590 886 hab.
Capitale : Hartford
Surnom : Constitution State
Fleur emblème : laurier

Maine

Superficie : 86 542 km^2
Population : 1 329 328 hab.
Capitale : Augusta
Surnom : Pine Tree State
Fleur emblème : pomme de pin et gland

Massachusetts

Superficie : 27 360 km^2
Population : 6 794 422 hab.
Capitale : Boston
Surnom : Bay State
Fleur emblème : fleur de laurier *(mayflower)*

New Hampshire

Superficie : 24 239 km^2
Population : 1 330 608 hab.
Capitale : Concord
Surnom : Granite State
Fleur emblème : lilas mauve

Rhode Island

Superficie : 4 002 km^2
Population : 1 056 298 hab.
Capitale : Providence
Surnom : Ocean State
Fleur emblème : violette

Vermont

Superficie : 24 923 km^2
Population : 626 042 hab.
Capitale : Montpelier
Surnom : Green Mountain State
Fleur emblème : trèfle

Franklin Pierce (New Hampshire), Chester A. Arthur (Vermont), Calvin Coolidge (Vermont), John F. Kennedy (Massachusetts), George H.W. Bush (Massachusetts) et George W. Bush (Connecticut). Sans surprise, le Parti démocrate domine en Nouvelle-Angleterre ; la région est en effet connue pour ses positions libérales. Le Vermont, par exemple, a été le premier État du pays à légaliser l'union civile des couples homosexuels, et le Massachusetts le premier à autoriser leur mariage. La peine de mort, en revanche, est encore d'actualité au New Hampshire ; elle n'a toutefois pas été appliquée depuis 1939.

Avec 400 députés, le New Hampshire possède le plus grand parlement des États-Unis ; c'est aussi l'un des deux seuls États dont le mandat du gouverneur se limite à deux ans, et le premier à voter lors des primaires des élections présidentielles, selon les règles dictées par sa Constitution. Depuis 1920 et à chaque échéance électorale, les électeurs de Dixville Notch se réunissent à minuit à l'hôtel Balsams où, avant leurs compatriotes, ils jettent leurs bulletins dans l'urne. Tous les regards du monde, à cette heure-ci sont ainsi portés vers ce village de 12 habitants à la notoriété internationale !

L'économie

L'INDUSTRIE

Au 19e s., la Nouvelle-Angleterre comptait au nombre des plus grands centres industriels du monde grâce à trois atouts majeurs : la disponibilité de capitaux importants produits par le commerce maritime, l'esprit d'entreprise et une immigration massive qui offrait une main-d'œuvre d'origine européenne et canadienne.

Les Mill Towns

Les nombreux cours d'eau de la région permettaient de compenser le manque de matières premières nécessaires à l'énergie des machines. C'est pourquoi on vit surgir des villes manufacturières au bord des rivières. Ces « Mill Towns » se spécialisèrent dans l'industrie textile, le travail du cuir dans le Massachusetts et le New Hampshire, les industries de précision comme l'horlogerie et les armes à feu dans le Connecticut, et les machines-outils dans le Vermont. Les plus grandes villes industrielles de la vallée de la Merrimack, **Lowell**, Lawrence et **Manchester**, devinrent même des centres de production textile d'envergure mondiale. Des enfilades d'usines, d'habitations et de magasins en brique caractérisent toujours ces villes.

Au 20e s., la plupart de ces industries se déplacèrent vers le sud, mais la région conserva toutefois son rang de première industrie lainière des États-Unis. Aujourd'hui, la production de machines-outils et la transformation des métaux ont remplacé le textile, et la fabrication des chaussures constitue toujours une grande spécialité du Maine et du New Hampshire.

Les nouvelles industries

Le renouveau économique de la Nouvelle-Angleterre après la Seconde Guerre mondiale est dû à ses nouvelles orientations industrielles. Le très haut niveau de connaissance des chercheurs et des savants de la région témoigne du rôle capital exercé par les écoles de l'État et du haut degré de qualification générale. Ces nouvelles industries, implantées pour la plupart autour de Boston (sur la Route 128), dans le sud du New Hampshire et à Hartford, ont fortement contribué à faire progresser les sciences de l'espace et la technologie des ordinateurs. Elles ont entraîné dans leur sillage la fabrication de composants électroniques, de matériels de précision et de systèmes informatiques, donnant ainsi naissance à toute une série d'activités nouvelles. Connue pour la place qu'y occupe la recherche médicale, **Boston** s'est tout naturellement orientée vers la production d'instruments médicaux et de prothèses.

L'AGRICULTURE

Malgré une terre pauvre et des terrains souvent rocailleux et pentus, l'agriculture fut une activité importante jusque vers le milieu du 19e s. Au printemps, les colons défrichaient la région pour préparer les semailles et les innombrables pierres qu'ils en retiraient servirent à construire les petits murets qui semblent maintenant courir sans raison à travers les bois. En Nouvelle-Angleterre, l'agriculture connut son âge d'or entre 1830 et 1880 : 60 % du territoire étaient cultivés. Après 1880, la conquête des plaines fertiles au sud des Grands Lacs attira les fermiers vers l'ouest. Ils quittèrent leurs modestes exploitations, et la forêt regagna progressivement du terrain. Actuellement, seulement 6 % des terres sont encore consacrées à l'agriculture, tandis que 70 % du territoire (90 % dans le Maine et 80 % dans le New Hampshire) sont recouverts de forêt. Cependant, quelques exploitations spécialisées dans la monoculture sont florissantes.

L'élevage laitier et l'aviculture

La plus grande partie des revenus agricoles de la région est issue de l'industrie laitière et de l'élevage des volailles. Les fermes fournissent des produits laitiers aux grandes agglomérations urbaines du sud de la Nouvelle-Angleterre. Ces grandes fermes équipées de granges, d'étables rouges et de silos en aluminium caractérisent le paysage du Vermont.

L'aviculture est très répandue. Le Connecticut et le Rhode Island se sont spécialisés dans la production de poulets ; le Rhode Island est réputé pour son espèce de poulets roux, les « Rhode Island Red ».

Dans le Vermont, les élevages de dindes, dont les bâtiments sont de véritables usines chauffées, éclairées et contrôlées mécaniquement, sont en pleine effervescence pendant la période des fêtes, notamment à l'approche du Thanksgiving Day.

Les cultures spécialisées

La culture du **tabac** sous abri s'est développée dans la vallée fertile du Connecticut. Protégées par des écrans légers, puis séchées dans des hangars allongés, les feuilles, larges et fermes, sont utilisées pour rouler les cigares. Les cultures fruitières se pratiquent dans toute la Nouvelle-Angleterre : des vergers de poiriers, de pommiers et de pêchers couvrent les rives du lac Champlain et les versants ensoleillés du New Hampshire et du Rhode Island, et s'étendent le long des vallées du Connecticut et de Nashua. Le Maine assure l'essentiel de la production des **myrtilles**, et les marais sablonneux de Cape Cod et de ses environs fournissent la plus importante récolte de **canneberges** (petites baies rouges utilisées en gelée, en jus ou en sauce), traditionnellement servies au repas du Thanksgiving Day.

Autre spécialité du Maine, la pomme de terre pousse dans le sol fertile du comté d'Aroostook ; la production de cet État le place parmi les dix premiers du pays. En automne, des étalages improvisés le long des routes se couvrent de **citrouilles**, de **courges** et d'épis de **maïs** produits localement.

Les forêts

En dépit de l'immensité du territoire qu'elles recouvrent, les forêts de feuillus et de conifères ne constituent pas une importante ressource dans l'économie de la Nouvelle-Angleterre. Pour deux raisons majeures : d'une part, elles ont été mal exploitées au 19e s.; d'autre part, elles sont l'objet d'une grande politique fédérale de protection. Seules exceptions : les vastes exploitations des importantes sociétés papetières du nord du Maine et du New Hampshire. La majorité des arbres abattus est transformée en pâte à papier dans les usines du Maine, qui comptent parmi les plus importantes du globe, et du New Hampshire. Quelques entreprises transforment le bois de grume en divers produits : planches, contre-plaqués, meubles et caisses. Enfin, le **sirop d'érable** est un produit éminemment traditionnel dont l'élaboration occupe le New Hampshire, le Vermont et le Maine lorsque le printemps arrive.

LA PÊCHE

Dès le 15e s., des bateaux de pêche venus d'Europe fréquentaient les eaux extrêmement poissonneuses des côtes de la Nouvelle-Angleterre. Les bancs de sable peu profonds – George's Bank par exemple – qui s'étendent d'est en ouest sur quelque 2 500 km au large de Cape Cod, grouillaient littéralement de poissons. La pêche devint donc rapidement une ressource si importante pour les colons que les pêcheurs étaient exemptés de service militaire et que la morue fut choisie comme symbole par la **colonie de la baie du Massachusetts**.

L'industrie de la pêche a été une activité très importante pour les ports de Gloucester, New Bedford et Boston. Les techniques modernes de débitage, de congélation et d'emballage, associées au lancement de bâtiments de plus en plus perfectionnés pour la pêche hauturière, ont placé la Nouvelle-Angleterre au sommet du commerce du poisson préemballé. Cependant, la pêche régionale a subi une forte récession au cours des 40 dernières années, à cause de bancs surexploités – et plus particulièrement en ce qui concerne la morue, le carrelet, le thon et l'églefin –, de la pollution, mais aussi de mesures de protection insuffisantes. Une réglementation fédérale stricte a été récemment proposée afin de mettre un frein à l'épuisement des réserves.

Dans le Maine, la pêche au homard est pratiquée de façon artisanale par des milliers de pêcheurs qui sortent chaque jour pour poser et relever leurs casiers. Ces homards sont vendus et dégustés sur place, ou expédiés vers tous les marchés des États-Unis pour le plus grand plaisir des gourmets.

LES ASSURANCES

Ce secteur est une activité économique importante de la Nouvelle-Angleterre depuis le 18e s., époque à laquelle des investisseurs proposèrent de garantir les risques liés au trafic maritime international. Chaque départ de bateau représentait donc un pari financier : il pouvait revenir chargé d'une précieuse cargaison synonyme de fortune, ou sombrer en anéantissant tout espoir de profit.

Avec le déclin du commerce maritime, l'industrie des assurances se diversifia pour prendre en charge les risques liés à l'incendie. C'est alors que Hartford (Connecticut) devint la capitale nationale des assurances avec les sièges de nombreuses grandes compagnies, dont l'importance économique se mesure à la taille de leur tour : celles des compagnies John Hancock et Prudential à Boston sont les plus élevées de la Nouvelle-Angleterre.

Casiers à homards et balises colorées de pêche dans le Maine.
Tashka/iStock

L'ENSEIGNEMENT

La Nouvelle-Angleterre est traditionnellement reconnue comme un centre de la culture et de l'enseignement. Il est vrai que l'État peut s'enorgueillir d'abriter quatre des prestigieuses universités de la Ivy League : Harvard, Yale, Brown et Dartmouth ; et deux lycées privés très prisés : la Phillips Exeter Academy à Exeter (NH) et la Phillips Academy à Andover (MA).

L'existence de ces écoles et de ces lycées ainsi que de quelque 258 établissements d'enseignement supérieur pour l'ensemble des six États a placé le domaine de l'enseignement parmi les plus importantes activités économiques de la Nouvelle-Angleterre.

La plupart des petites entreprises des grandes (Worcester, New Haven, Providence) et des petites villes (Middlebury, Hanover, Brunswick, Amherst) dépendent du rôle économique assuré par ces établissements.

Au Massachusetts, où l'enseignement est l'une des premières sources de revenus, les 80 facultés et écoles privées de l'État drainent 10 milliards de dollars par an.

LE TOURISME

Le tourisme représente l'une des principales activités économiques de la Nouvelle-Angleterre. Côtières ou de montagne, certaines stations accueillent les touristes depuis plus d'un siècle. Du reste, le succès croissant qu'ont connu les sports d'hiver depuis les années 1940 a permis à la région de devenir une destination de vacances tout au long de l'année.

On trouve dans toute la Nouvelle-Angleterre quantité de beaux objets fabriqués par les artisans du New Hampshire, du Vermont et de la côte atlantique. Ils sont, pour l'essentiel, achetés par les visiteurs de passage.

La population

Les premiers habitants de la région furent les **Indiens** algonquins. Ils vivaient dans les bois, cultivaient la terre, chassaient, pêchaient et campaient le long de la côte. Le groupe le plus important, les **Narragansetts** du Rhode Island, fut pratiquement rayé de la carte par les colons anglais à la **bataille de Great Swamp** lors de la **guerre du roi Philip**. Les Pequots du Connecticut furent également décimés par les colons et les tribus ennemies (guerre des Pequots, 1637). Certains de leurs descendants possèdent aujourd'hui de prospères entreprises dans la région de Mystic. Quelques descendants des **Passamaquoddys** et des **Penobscots** vivent dans les réserves de Pleasant Point et de Old Town, dans le Maine. Certains **Wampanoags** subsistent à Cape Cod et Martha's Vineyard.

Les descendants des colons puritains des 17e et 18e s. ont dominé la population de la Nouvelle-Angleterre jusqu'au milieu du 19e s. Ces premiers habitants étaient de grands travailleurs et possédaient cette « ingéniosité yankee » qui permet de tirer le meilleur parti de toutes les situations. Certains d'entre eux réalisèrent de véritables fortunes dans le commerce maritime avant de dominer le monde de l'industrie et de la finance.

La population resta pratiquement homogène jusqu'aux années 1840. C'est alors que la terrible famine de la pomme de terre obligea des milliers d'**Irlandais** à émigrer vers la Nouvelle-Angleterre pour travailler dans les manufactures. Avec les années 1870 arrivèrent les **Italiens**, puis, vers la fin du 19e s., des **Canadiens français** venus se faire embaucher en grand nombre dans les usines du New Hampshire et du Maine. Des communautés de pêcheurs **portugais** provenant des Açores se développèrent dans des ports comme Gloucester, Provincetown et Quincy – y conservant leurs traditions, comme la bénédiction de la flotte – tandis que des vagues d'immigration successives amenèrent des **Suédois** et des **Russes**, ainsi que des **Européens de l'Est**, à s'installer dans plusieurs villes industrielles. Alors que la communauté **afro-américaine** de Boston abandonnait North End pour Beacon Hill, les Irlandais vinrent y établir leur domicile, suivis par les Juifs et les Italiens. Chaque groupe ethnique, avec sa langue, sa culture et sa religion, a ainsi formé son propre quartier. Irlandais, Italiens et Juifs se sont installés dans les grandes villes ou à leur proximité; les Portugais sont restés dans les régions côtières. Les habitants d'origine suédoise et russe, et les Européens de l'Est, sont plutôt regroupés dans le Maine et les régions rurales. Dans le New Hampshire, le Maine et le Vermont, il est courant de rencontrer des noms d'origine ou à consonance française; ceci est dû au grand nombre de Canadiens français qui s'y installèrent. La majorité de la population noire et **hispanique** de la Nouvelle-Angleterre habite dans le sud de la région.

Les religions

La liberté et la diversité religieuses ont formé, dès l'installation des premiers colons à l'aube du 17e s., le ciment social de la Nouvelle-Angleterre. Ayant quitté le Vieux Continent, les pèlerins pouvaient observer leurs croyances comme ils l'entendaient. Plus tard, les puritains profitèrent à leur tour de cette liberté pour mettre en pratique leur conception fidèle et stricte de la Bible. Si les désaccords ne se firent pas attendre, l'immensité du Nouveau Monde permit de résoudre les premières querelles : lors d'un conflit, il suffisait à l'un des deux camps de plier bagage pour fonder son Église ailleurs, et le trouble se dissipait. C'est ce que fit Roger Williams à Providence (Rhode Island). Mais en fervent défenseur de la liberté de culte, celui-ci accueillit toutes les congrégations.

Les religions les plus représentées sont le **catholicisme** pratiqué par les fortes communautés d'origine irlandaise ou italienne et, parmi les branches protestantes, le **congrétionnalisme** issu des puritains et des séparatistes de Plymouth. Les Églises unitarienne, méthodiste, baptiste, épiscopalienne sont aussi bien présentes. Et n'oublions pas la **religion juive**. Certains juifs arrivèrent dès le 17e s. dans le Rhode Island et y trouvèrent une grande tolérance mais il y eut surtout une forte émigration avant et pendant la Seconde Guerre mondiale dans la région de Boston.

Mais nous insisterons davantage sur les religions ou grands mouvements de pensée qui virent le jour en Nouvelle-Angleterre.

Le transcendantalisme

Le 19e s. vit la naissance dans la région du mouvement transcendantal, popularisé notamment par Ralph Waldo Emerson et Henry David Thoreau. Dieu réside en chaque homme et la clé du bonheur réside dans notre harmonie avec la nature : tels étaient leurs préceptes. Thoreau tenta de les mettre en application en partant vivre seul dans la forêt : *Walden Pond* relate ses deux années d'isolement. Pour en savoir plus sur ce mouvement et ses théoriciens, rendez-vous à Concord (Massachusetts), où vous pourrez découvrir Walden Pond et visiter les maisons d'Emerson, de Nathaniel Hawthorne et de Louisa May Alcott.

Les Shakers

Organisés en petites communautés, travailleurs, pieux et prônant le célibat, les **Shakers** aussi étaient présents en Nouvelle-Angleterre. Séparés du reste de la société, ils pouvaient vivre et pratiquer leur religion en toute liberté, loin des tentations, des influences. Le travail, chez eux, était sacré et effectué consciencieusement : ainsi leur production artisanale (mobilier, paniers, accessoires…) est-elle précieuse et encore très recherchée. Il ne reste de nos jours que peu de Shakers, les derniers s'étant repliés au Sabbathday Lake Village. Les amateurs et simples curieux pourront néanmoins visiter le Hancock Shaker Village (Massachusetts), le Canterbury Shaker Village (New Hampshire) ou le Sabbathday Lake Village, qui restituent parfaitement leur mode de vie.

Christian Science

L'une des religions les plus connues dans la région est la « Christian Science » (science chrétienne). Sa fondatrice, Mary Baker Eddy, croyait aux vertus curatives de la prière. Contre les maladies, elle était le remède de ceux qui s'en remettaient à Dieu. Considérée comme l'une des femmes les plus cultivées et puissantes du pays, elle fonda la première Église du Christ (Boston), le Massachusetts Metaphysical College et le quotidien d'actualité *Christian Science Monitor*. Aujourd'hui, la « Christian Science », dont le siège est à Boston, possède des lieux de culte dans plus de 80 pays.

La sorcellerie

Curieusement la Nouvelle-Angleterre, peut-être en réaction avec le puritanisme, a été le théâtre de nombreux cas de sorcellerie. **Salem**, à ce titre, est connue dans le monde entier. Son intrigante histoire, qui commença en 1692, en a fait un lieu de pèlerinage pour tous les adeptes de la Wicca.

Cette année-là, plusieurs jeunes filles, à qui leur servante Tituba, originaire de la Barbade, contait le soir des histoires de vaudou, furent prises de soudaines convulsions, et de visions. Lorsqu'un médecin les déclara sous l'emprise de la « main du diable », elles prirent peur et accusèrent l'esclave de les avoir ensorcelées. Tituba fut jetée en prison. Peu à peu, la peur et la panique s'installèrent dans les rues et chaumières de Salem, où chacun suspectait son voisin de sorcellerie. Au total, plus de 200 personnes furent ainsi accusées; parmi elles, 150 trouvèrent le chemin des barreaux et 19, celui de la potence.

Magasins de citrouilles et de balais de sorcières, musées spécialisés, boutiques dédiées aux sciences occultes, taromancie… Salem vit aujourd'hui allégrement de son histoire. Chaque année en octobre s'y tient les Haunted Happenings, festival d'un mois sur le thème de la sorcellerie.

Plusieurs milliers d'adeptes de la Wicca résident encore dans la région. Outre la pratique de leur croyance, ils tentent de dissiper l'image négative qu'elle renvoie depuis ses premiers jours.

Traditions et folklore

La Nouvelle-Angleterre est une terre de traditions et il suffit de sillonner ses routes pour s'en rendre compte, surtout à l'automne. Et n'oublions pas les nombreux et souvent remarquables musées évoquant les arts populaires et les coutumes.

En hiver

À Noël, les phares des villes côtières se parent de lumières scintillantes pour indiquer son chemin au Père Noël qui, une fois n'est pas coutume, arrive en bateau. Dans le Maine, on illumine aussi les bateaux de pêcheurs et, au moyen de bougies, les fenêtres des maisons appartenant aux capitaines d'embarcations. À Boston, on chante depuis longtemps dans le très chic Louisburg Square, sur Beacon Hill. C'est aussi dans la capitale que se tient, le soir du Nouvel An, la plus importante **First Night** de Nouvelle-Angleterre, un événement sans alcool célébré aujourd'hui dans plusieurs grandes villes de la région. À cette occasion, des expositions et des spectacles sont organisés, attirant plus d'un million de personnes.

Au printemps

Au Public Garden de Boston, les habitants le savent, la première ronde des Swan Boats annonce le printemps. Fabriqués dans les années 1870, ces bateaux-cygnes bien-aimés sillonnent un étang artificiel enjambé par un pont suspendu et bordé de saules pleureurs.

Après la flânerie sur l'eau, les familles se dirigent vers le nord-est du parc, où un groupe sculpté illustre le titre d'un célèbre conte pour enfants : *Make Way for Ducklings*, par Robert McCloskey. Deux autres signes marquent l'arrivée du printemps : le **Marathon de Boston** (Patriot's Day) et l'ouverture de la saison de **baseball** au Fenway Park. Tandis que le premier s'enorgueillit d'être le plus vieux marathon annuel du monde (15 coureurs prirent part à la première édition, le 19 avril 1897) et l'un des plus prestigieux, la seconde s'accompagne d'une atmosphère festive, imprégnée par la joie de la « Red Sox Nation » de voir son équipe fouler à nouveau le stade mythique. Impossible, dès lors, d'échapper à l'événement : radios, télévisions et sites Internet envahissent les chaumières de leurs commentaires et pronostics. Aux terrasses de cafés, on ne parle que Red Sox. Lorsque l'affiche est prestigieuse, il est parfois difficile de se procurer un billet, souvent réservé aux abonnés, mais vous pourrez participer à l'une des visites guidées *(voir encadré p. 62)*.

Terrasse de restaurant à Cap Elizabeth dans le Golfe du Maine.
jimfeng/iStock

En été

En Nouvelle-Angleterre comme ailleurs aux États-Unis, l'**été** est la saison des festivals et de la **Fête nationale** (4 juillet). Outre les traditionnels feux d'artifice, cette journée est marquée, à Boston, par l'immense concert gratuit donné en plein air au Hatch Shell sur l'Esplanade, le Boston Pops. L'événement a lieu au bord de la Charles River où se pressent des milliers de visiteurs, et s'achève, en fanfare, sous les coups de canons accompagnant l'*Ouverture 1812* de Tchaïkovsky, tandis que jaillit un feu d'artifice.

En automne

Plus que tout autre saison, l'**automne** est celle du tourisme : la couleur flamboyante des feuillages attire des visiteurs du monde entier. Des points d'information, des sites Internet et des numéros de téléphone sont alors mis en place pour indiquer, en temps réel, les meilleurs sites du **Fall Foliage**. La « sortie du dimanche » (ou du week-end) se transforme pour ses habitants en balade à travers les forêts multicolores de la région. Parmi les itinéraires prisés de l'été indien, signalons la route Kancamagus (New Hampshire), le Mohawk Trail (Route 2, Massachusetts) et les routes des Litchfield Hills (Connecticut) et du Northeast Kingdom (Vermont).

À Salem, qui, avec Keene et ses 25 000 citrouilles éclairées, sait mieux que quiconque comment fêter Halloween, l'automne est aussi la saison des Haunted Happenings, durant lesquels on célèbre la sorcellerie (pendant tout le mois d'octobre). La région, en effet, s'est fait une spécialité de l'occulte et de la superstition : les pattes de chats à deux doigts portent chance aux marins et la statue de John Harvard (Cambridge), aux visiteurs qui viennent frotter son pied. Les pêcheurs de homard, lorsqu'ils ramassent un lompe dans leur filet, l'embrassent et le jettent sur l'épaule gauche. Le mot « porc » *(pig)*, en revanche, est déconseillé à bord ! De plus, plusieurs auberges ont la réputation d'être hantées. Parmi elles, la Sise Inn à Portsmouth

(New Hampshire), l'Old Stagecoach Inn à Waterbury (Vermont), la Captain Lord Mansion et la Fairfield Inn à Kennebunk (Maine), la Longfellow's Wayside Inn à Sudbury (Massachusetts) et l'Old Yarmouth Inn à Cape Cod : superstitieux prenez donc note!

Gastronomie

La Nouvelle-Angleterre jouit d'une réputation méritée pour ses plats simples et copieux. Aux coquillages de la côte s'ajoutent des spécialités régionales comme le **sirop d'érable** *(mapple syrup)*, le cheddar du Vermont et le **Boston cream pie** (gâteau fourré à la crème pâtissière et glacé au chocolat).

Les auberges et tavernes de campagne proposent des plats traditionnels yankees, tandis que l'on trouve sur la côte des baraques où l'on vend des palourdes, des viviers à homards et des restaurants permettant de profiter pleinement des richesses de la mer. À Boston, vous trouverez un éventail de restaurants gastronomiques et ethniques digne des grandes métropoles mondiales.

LES TRADITIONS AMÉRINDIENNES

De nombreuses spécialités locales proviennent des Indiens de la Nouvelle-Angleterre. Ces derniers furent les premiers à découvrir le sirop d'érable, à inventer la **sauce à la canneberge** *(cranberry sauce)*, les **Johnnycakes** (petits pâtés de farine de maïs frits, populaires au Rhode Island) et l'**Indian pudding** (flan à la farine de maïs et à la mélasse, parfumé à la cannelle et à la muscade, et servi chaud). Les **Boston baked beans** (haricots secs longuement mijotés et assaisonnés de mélasse et de porc salé) et le **brown bread** (pain de seigle, de blé et de maïs, cuit à la vapeur) qui les accompagnent dérivent d'une ancienne recette indienne.

POISSONS ET CRUSTACÉS

En Nouvelle-Angleterre, le roi des crustacés, c'est le **homard** *(lobster)*! Plat du pauvre autrefois, il est aujourd'hui particulièrement apprécié. Il se déguste cuit au four ou ébouillanté, avec du beurre et du citron, ou sous forme de bisque ou de tourte, ou encore chaud dans un petit pain beurré ou froid avec de la mayonnaise *(lobster roll)*.

La **truite de rivière** *(brook trout)* est le poisson d'eau douce le plus consommé. L'espadon *(swordfish)*, le thon *(tuna)*, le tassergal *(bluefish)* et le **bar d'Amérique** *(striped bass)* sont des poissons de mer particulièrement appréciés, cuits au four ou grillés.

Les **moules** *(blue mussels)* vivent fixées en grappes sur les rochers du rivage. On les déguste soit à la marinière, soit grillées avec de l'ail. Les **palourdes** *(clams)* sont également très prisées. On les ramasse au râteau sur les fonds sablonneux des baies et des lagunes où l'eau est moins froide. Ils s'apprécient cuits à la vapeur avec du beurre, panés, en *fritters* (beignets légers spécialité du Rhode Island) ou farcis. La préparation et la consommation du **clambake**, fameux plat hérité des Indiens, occupent, tel un événement religieux, jusqu'à la journée entière. Un grand feu est allumé sur le rivage. Sur les braises sont ensuite disposées des pierres qui deviennent brûlantes, puis un tapis d'algues où reposent pommes de terre, oignons, épis de maïs dans leurs feuilles et *clams*, séparés par des couches d'algues. On laisse alors cuire pendant plusieurs heures. Une fois prêt, un *clambake* traditionnel peut nourrir jusqu'à 100 personnes!

L'automne et l'hiver sont les meilleures saisons pour les **noix de saint-jacques** *(scallops)* et les **huîtres** *(oysters)*.

SOUPES ET RAGOÛTS

S'il semble que la tradition des **chowders**, soupes épaisses à base de légumes et de lait, vienne des pionniers originaires des îles Anglo-Normandes, la soupe de maïs est une spécialité proprement régionale. Les soupes de poissons sont généralement faites à base de morue et d'églefin.

Palourdes, pommes de terre et oignons – jamais de tomates – sont les ingrédients indispensables du **clam chowder**.

Le **New England boiled dinner** est un plat automnal composé de *corned beef* (poitrine de bœuf marinée dans la saumure) et cuisiné avec des légumes de fin de saison (navets, betteraves, choux, carottes).

LES PRODUITS DE LA TERRE

Au printemps, on déguste les *fiddlehead ferns* (jeunes crosses de fougère) et au début de l'été, les **fraises** *(strawberries)* que l'on retrouve dans les fameuses tartes sablées *(strawberry shortcakes)*. Le Maine est réputé pour ses **myrtilles** *(blueberries)* qui garnissent avec bonheur tourtes et petits pains. À la fin de l'été mûrissent tomates en espalier, épis de maïs et potirons utilisés dans les soupes et les tartes.

En automne, une halte s'impose dans les **vergers** où l'on cueille les fruits soi-même ; on y trouve du *cider* (du jus de pomme non filtré) et quelques-unes des meilleures pommes cultivées aux États-Unis. Sur les étals des fermiers prennent place les conserves de prunes sauvages et de raisins de Concord.

LE SIROP D'ÉRABLE

Au début du printemps on recueille la sève des érables pour la réduire en un sirop très sucré.

Extrêmement parfumé, le sirop d'érable accommode les glaces, les gaufres et les crêpes. Le **Vermont** et le **New Hampshire** sont les plus grands producteurs de sirop d'érable en Nouvelle-Angleterre.

Le *Grade A light amber* (clair) est de qualité supérieure, suivi du *Grade A medium amber* (coloration moyenne) et du *Grade A dark amber* (foncé).

BOISSONS

Premier producteur de **canneberges** *(cranberries)* de la région, le Massachusetts abrite quelque 5 700 ha de champs dans le sud-est de l'État.

On en tire le jus, utilisé dans plusieurs cocktails dont le fameux Cosmopolitan. La canneberge a-t-elle des pouvoirs de guérison ? Vous aurez, en Nouvelle-Angleterre, bien des occasions de l'expérimenter vous-même !

Parmi les **bières** de région se trouve la très populaire – et primée – Samuel Adams, brassée par la Boston Beer Company depuis sa fondation en 1984.

D'autres marques illustrent le savoir-faire de la Nouvelle-Angleterre, qui compte de nombreuses microbrasseries : Shipyard à Portland (Maine), Smuttynose à Portsmouth (New Hampshire), Long Trail à Bridgewater Corners (Vermont) et bien d'autres. La Harpoon, elle, est tirée de la plus grande brasserie artisanale de la région.

Un conseil : si vous souhaitez commander un **milk-shake**, demandez « a frappe » à votre glacier, et non « a milk-shake », lequel désigne un lait froid au sirop sans glace.

Nature et paysages

Bordés au nord par les White Mountains et à l'ouest par les Green Mountains, les paysages vallonnés de la Nouvelle-Angleterre s'inclinent lentement vers un littoral rocheux et découpé au nord, bordé de plages de sable au sud, couvert de vastes étendues de forêts et de nombreuses rivières. Les importants massifs montagneux de la région sont les vestiges de sommets plus élevés (entre 300 et 500 millions d'années). L'action de la calotte glaciaire des Laurentides et de ses glaciers de l'ère secondaire, qui couvraient cette partie du continent nord-américain voici quelque 10 000 ans, a laissé au paysage ses nombreux plans d'eau, ses lacs, ses vallées taillées en forme de U et ses crêtes sinueuses géologiquement plus récentes.

La formation de la Nouvelle-Angleterre

Au cours du Paléozoïque (de 240 à 570 millions d'années), la surface de la croûte terrestre était essentiellement formée de gneiss, recouverte par des mers intérieures dans lesquelles s'accumulaient des couches sédimentaires. À l'ère primaire, les roches se soulevèrent sous l'action des plaques eurasienne et nord-américaine et se plissèrent le long du Bouclier canadien, formant des montagnes aux masses parallèles. Les grès et les calcaires se cristallisèrent sous l'effet de la chaleur et de la pression pour former des chaînes (ancêtres des Green Mountains et de la Taconic Range) principalement composées de schiste et de marbre. Au cours de la même ère, des dômes de roches précambriennes, granitiques en majorité, furent soulevés par le plissement des autres roches pour former la **Presidential Range** du New Hampshire. Ces anciennes montagnes étaient probablement aussi élevées que les Alpes ou l'Himalaya actuels. Pendant les ères suivantes, l'érosion les aplanit jusqu'à leur donner une forme de vaste pénéplaine qui connut plusieurs surrections. Cette région prit alors l'aspect d'un plateau, et l'action des glaciers créa le relief que l'on connaît aujourd'hui.

Un paysage glaciaire

La dernière des quatre glaciations qui se succédèrent durant la première partie de l'ère quaternaire prit fin il y a environ 10 000 ans. À l'aube du Pléistocène, voici quelque 1,5 million d'années, le climat se refroidit fortement et la neige s'accumula et se tassa en glace (dernière période de glaciation). Le poids des couches supérieures, tassées par les gels et dégels, écrasa les couches profondes.

Quand cette glace atteignit une épaisseur de 40 à 60 m, les couches inférieures, ne supportant plus une telle pression, se mirent à glisser. Se déplaçant de la péninsule du Labrador jusqu'à Long Island, cette énorme calotte glaciaire des Laurentides s'arrêta à peu près à hauteur de l'actuelle côte sud de la Nouvelle-Angleterre après avoir érodé les fonds et les versants d'étroites vallées. Les matériaux abrasifs entraînés sous les glaciers ont strié et buriné le granit et les autres roches dures, si bien qu'ils ont creusé ces vallées en forme de U, ces « auges » appelées **notches**. Les moraines ont aussi creusé des trous et barré des vallées où se sont logés des lacs circulaires alimentés par des cascades à la fonte des glaces. Elles ont en outre déplacé de nombreux éléments arrachés aux flancs exposés des montagnes, ce qui explique que l'on rencontre fréquemment d'énormes blocs erratiques.
Près de la côte, les glaciers ont façonné des dépôts argileux très fins qui forment aujourd'hui des

petites collines ovales appelées *drumlins*, telles que Bunker Hill et World's End. Lorsqu'ils se retirèrent définitivement, ils abandonnèrent de gigantesques moraines où s'accumulait une bonne partie des débris de roche amassés. Ces moraines immergées forment aujourd'hui Cape Cod, Martha's Vineyard et Nantucket (Massachusetts) et Block Island (Rhode Island).

Le relief

LES APPALACHES

L'épine dorsale de la Nouvelle-Angleterre est formée par le nord-est de la chaîne des Appalaches qui s'étire sur environ 2600 km depuis la vallée du Saint-Laurent, au Canada, jusqu'à l'Alabama aux États-Unis, selon un axe essentiellement nord-sud.

LES WHITE MOUNTAINS

Ces montagnes autrefois couvertes de glaciers présentent des sommets rocheux arrondis entrecoupés de vallées glaciaires : les *notches*. Elles possèdent le sommet le plus élevé du nord-est des États-Unis, le mont Washington (alt. 1 917 m).

LES GREEN MOUNTAINS

Les sommets les plus élevés du Vermont forment un axe longitudinal nord-sud. Ils sont constitués de roches métamorphiques précambriennes très anciennes, dont le fameux marbre du Vermont. Cette chaîne s'étire jusqu'au Massachusetts où elle prend le nom de Berkshire Hills.

LES TACONICS

Ce chaînon s'étire le long de la frontière des États de New York et du Massachusetts, et au sud du Vermont. Constitué principalement de schistes, il est parsemé de sommets distincts dont le mont Equinox au Vermont et le mont Greylock au Massachusetts.

LES MONADNOCKS

Vestiges de reliefs anciens formés de roches très dures, ils se présentent comme des sommets isolés. Le mont Monadnock (NH) en est un exemple type ; aussi a-t-il donné, dans le langage des géographes, son nom pour décrire cette forme de relief résiduel. Les monts Katahdin et Blue (Maine), Cardigan et Kearsage (New Hampshire), Wachusetts et Greylock (Massachusetts), sont d'autres exemples de ce type de relief.

LA VALLÉE DU CONNECTICUT

La Nouvelle-Angleterre est coupée en deux par cette entaille de 650 km de long que parcourt du nord au sud le fleuve Connecticut. Cette vallée résulte d'une faille ponctuée de plusieurs crêtes basaltiques escarpées (les monts Sugarloaf et Holyoke) qui la surplombent dans le Massachusetts et au nord de New Haven, dans le Connecticut.

LA CÔTE

Au nord, la côte très découpée dessine une multitude de péninsules et de baies. La fonte des glaces éleva de façon sensible le niveau de la mer, ce qui donna naissance aux vastes baies et à la multitude d'îlots qui bordent le littoral. Au sud de Portland (Maine), la plaine côtière est plus large, et l'absence de relief a donné une côte régulière bordée de grandes plages de sable. Les estuaires et lagunes sont occupés par de vastes marais d'eau salée où s'abritent et se nourrissent du gibier d'eau et des oiseaux migrateurs. Plus au sud, Cape Cod et les îles ont vu s'accumuler sur les moraines glaciaires d'énormes épaisseurs

Acadia National Park, la route du mont Cadillac.
C. Moirenc/hemis.fr

de sable qui donnent son aspect si caractéristique au « Cape ».

Le climat

Mark Twain remarqua un jour que le climat de la Nouvelle-Angleterre présente une telle variété que cela force l'admiration… Ce climat inconstant est dû au fait que la région est géographiquement située à la rencontre des influences froides et sèches de la zone subpolaire et des influences chaudes et humides du sud-est. La moyenne annuelle des précipitations est de 1 070 mm, et les saisons sont très différenciées.
L'**hiver** est froid, principalement au nord où les températures varient de - 23 °C à - 12 °C. Le **printemps**, aux températures très variables, ne dure que quelques semaines, surtout au nord où la transition entre l'hiver et l'été, la « saison boueuse », est très courte. Les inondations rendent la circulation dangereuse sur les routes de campagne.
L'**été,** humide, se caractérise par l'alternance d'une atmosphère souvent brumeuse et de belles journées entrecoupées d'averses. Les températures diurnes peuvent s'élever à 32 °C. Les soirées sont fraîches au bord de la côte, dans les montagnes et au bord des lacs. L'**automne**, aux journées ensoleillées et aux nuits froides, est une saison qui attire un grand nombre de touristes venus admirer la splendide parure des arbres.
À une courte période de journées froides, fin septembre, peut succéder un redoux bienfaisant, le fameux **été indien** au cours duquel les feuilles prennent leurs coloris les plus vifs.
Les **northeasters**, orages côtiers accompagnés de fortes marées, d'averses ou de chutes de neige en hiver et de vents très violents, peuvent éclater toute l'année, notamment sur la côte du Maine.

La végétation

Les forêts qui couvrent 70 % de la superficie de la Nouvelle-Angleterre se composent surtout de feuillus et de conifères. Les arbres à feuilles caduques les plus communs sont le hêtre, le bouleau, le noyer d'Amérique, le chêne et l'érable sucrier ou rouge. Parmi les conifères, le pin de Weymouth domine au sud, tandis que l'on rencontre au nord de vastes forêts de sapins du Canada, de sapins baumiers et d'épicéas.

LES FEUILLAGES D'AUTOMNE

Spectaculaires et inoubliables, les *foliages* de la Nouvelle-Angleterre semblent embraser la forêt par leur mélange d'or vif (bouleaux, peupliers, ginkgos), d'orange (érables jaunes, noyers d'Amérique, frênes de montagne) et de rouges (érables rouges, chênes écarlates, sassafras, cornouillers) se détachant sur le fond vert foncé des sapins et des épicéas. La vivacité des coloris est frappante, surtout les tons cramoisis et écarlates des érables si répandus dans cette région. Elle est due au climat de l'été indien : de belles journées ensoleillées auxquelles succèdent des nuits froides qui connaissent même des gelées. Ce phénomène provoque une forte réaction des tanins contenus dans les feuilles, qui se libèrent alors en mettant fin à la production de chlorophylle. Dans le nord, les feuilles changent de couleur vers la mi-septembre (fin octobre au sud) et laissent apparaître des pigments jusque-là cachés : carotène orangé, tanin brun, anthocyanine rouge. La plus belle période correspond généralement aux deux premières semaines d'octobre. Les six États de la Nouvelle-Angleterre disposent de bureaux d'information qui renseignent sur les feuillages. On pourra aussi consulter sur Internet Boston Magazine ou Yankee Magazine.

LES ÉRABLES SUCRIERS

Présent dans le Vermont et dans le New Hampshire, l'érable sucrier, ou érable de montagne, a la faculté de s'adapter à un climat très froid et à un sol rocailleux. Au printemps, lorsque la sève commence à s'élever dans les érables, les exploitants pratiquent une entaille dans le tronc et enfoncent un petit tuyau auquel est attaché un seau. La sève recueillie est emportée dans une cabane à sucre où un évaporateur réduit le liquide pour obtenir du sirop. Il faut 30 litres de sève pour produire 1 litre de sirop. La technologie a simplifié l'opération : des tuyaux en plastique raccordent directement l'arbre à la cabane !

MARAIS ET TOURBIÈRES

L'origine glaciaire du sol de la Nouvelle-Angleterre l'a bien souvent rendu marécageux. De vastes marais où poussent de hautes herbes et des roseaux longent les côtes. Ces zones humides, caractérisées par une importante acidité du sol, regorgent de plantes comme le jonc, la bruyère, l'orchidée, le théier du Labrador, la sphaigne (mousse des marais) et, dans les zones sableuses de basse altitude, la canneberge. Cet environnement acide empêche la décomposition des déchets organiques qui s'accumulent dans les marais en se transformant peu à peu en tourbe. Progressivement, la surface du marais se couvre d'un épais matelas spongieux et humide constitué de sphaignes. Les arbustes peuvent alors s'enraciner, la végétation gagne du terrain, et les étangs finissent par disparaître au profit d'un environnement sec et boisé.

LES FLEURS SAUVAGES

Vers la fin du printemps, les fleurs éclosent dans les bois, de magnifiques bosquets de **lauriers** et massifs de **rhododendrons** mêlent leurs couleurs éclatantes au vert sombre des forêts. En été, les bords des routes voient alterner l'orange des **lys martagons**, le panache jaune des **verges**

d'or, le violet d'innombrables petits **asters** et le mauve des masses ondulantes des **lupins**. Des centaines d'espèces de fleurs sauvages plus communes parsèment les champs et l'herbe des prairies : boutons-d'or, marguerites, tournesols, carottes sauvages, muguets… Dans les sous-bois humides et les marécages, on rencontre les gracieux **sabots de Vénus**, petites orchidées blanches et roses, ainsi que les **arums** au pétale recourbé appelés *Jack-in-the-Pulpit* car ils évoquent un prédicateur en chaire.

La faune

DANS LES FORÊTS

Caractérisé par sa queue blanche et touffue, le **cerf de Virginie** cohabite avec l'**ours noir** et l'**élan américain** au cœur des forêts septentrionales d'épicéas et de sapins. L'élan, que les Canadiens appellent *orignal*, est le plus grand mammifère de la région.

Autour des étangs et le long des ruisseaux s'activent des colonies de **castors**, abattant des troncs d'arbre qu'ils taillent en biseau avec leurs dents pour construire des barrages sur les cours d'eau. Ils provoquent ainsi des zones marécageuses fatales à la survie des arbres.

Parmi les autres habitants de la forêt, on compte le **raton laveur**, avec son masque noir, le **porc-épic**, dont les piquants hérissés assurent la protection, la **mouffette**, à la fourrure rayée de noir et de blanc, et l'**écureuil roux**. Le petit **tamia**, de la famille des écureuils, apprécie autant d'habiter les bois que les lieux fréquentés par l'homme.

SUR LA CÔTE

Les **goélands** et les **sternes** y sont omniprésents, à la recherche de nourriture sur les bateaux, sur les plages, dans les lagunes ou sur les quais des ports. Le **grand cormoran** vit surtout sur les rochers du littoral qu'il partage avec différentes espèces de **phoques**.

Les lagunes côtières servent de refuge et constituent d'importantes réserves de nourriture pour des centaines d'espèces d'oiseaux. Situées le long du couloir de migration atlantique, de larges étendues de marais d'eau de mer, comme ceux situés à l'ouest de Barnstable Harbor à Cape Cod, accueillent un grand nombre d'ornithologues au printemps et en automne. Les **bernaches du Canada** aiment à se reposer sur ces étendues paisibles ; leurs gracieuses formations de vol en forme de V sont un spectacle courant en Nouvelle-Angleterre pendant la période des migrations. On peut aussi voir des **macareux**, au bec si singulier, et le long de la côte des faucons et pygargues à tête blanche.

Les eaux de la Nouvelles-Angleterre renferment plusieurs espèces de **baleines**, de **dauphins** et de **marsouins**. Pour s'alimenter, les baleines migrent vers le Stellwagen Bank, un plateau sous-marin de 19 miles sur 5 situé entre Gloucester et Provincetown. La Nouvelle-Angleterre est considérée comme l'une des régions les plus propices à l'observation des baleines. Des croisières sont organisées au départ de Boston, Gloucester, Provincetown, Plymouth, Salem et Newburyport (Massachusetts), Portsmouth (New Hampshire) ou Ogunquit (Maine).

Histoire

Les États-Unis sont nés en Nouvelle-Angleterre, et s'y sont émancipés : liée au Vieux Continent mais fière de son étendard, la plus ancienne région du pays occupe forcément une place à part dans son histoire. De l'arrivée des Pères Pèlerins à la révolte des Patriotes, elle a inventé l'Amérique. Après l'Indépendance, son destin s'est rattaché à celui de la Nation. Sans, toutefois, jamais renoncer à ses particularismes, à son identité.

Les premiers Américains

Les pèlerins, en quête de liberté religieuse, furent les premiers colons à s'installer de façon permanente en Nouvelle-Angleterre. En novembre 1620, après 65 jours de mer, ils mouillèrent au large de la pointe de **Cape Cod**, comprise dans une région aujourd'hui connue sous le nom de Massachusetts. Afin de légitimer leur implantation, ils élaborèrent le Mayflower Compact, créèrent leur propre gouvernement puis fondèrent, après avoir exploré la région, la colonie de **Plymouth Harbor**. La colonisation de la région allait pouvoir commencer.

Suivirent un village de pêcheurs, fondé par deux groupes de colons anglais en 1623 près de l'embouchure de la rivière Piscataqua (New Hampshire), puis Naumkeag (futur Salem) par les puritains en 1626, Boston par John Winthrop en 1630, et Providence, ancienne terre des Indiens narragansetts rachetée en 1636 par Roger Williams après avoir été chassé de Salem. Cette même année, le Connecticut disposait de son propre gouvernement, le New Hampshire et le Maine vivaient sous la houlette du Massachusetts et le sort du Vermont attendait d'être fixé.

Venus d'Angleterre, les colons étaient accueillis par différentes tribus amérindiennes de langue algonquine : les **Abénakis**, qui occupaient le New Hampshire, le Vermont, certaines régions du Québec et du Maine occidental, les **Penobscots**, installés le long de la rivière du même nom dans le Maine, et les **Wampanoags**, au sud-est du Massachusetts, dans le Rhode Island et sur les îles de Martha's Vineyard et de Nantucket.

En dépit de la volonté de coopération et des intentions de paix installées entre immigrants et autochtones, des affrontements éclatèrent, mus parfois en de véritables guerres. L'une des batailles les plus sanglantes opposa, en 1637, Pequots et colons. Alors soutenus par des tribus locales, ces derniers, peu à peu, s'en démarquèrent : en 1675, la guerre fut déclarée (King Philip's War).

L'exploration de la Nouvelle-Angleterre

- **1497** – **John Cabot** explore la côte de l'Amérique du Nord.
- **1509** – Henry VIII accède au trône d'Angleterre.
- **1602** – L'explorateur anglais **Bartholomew Gosnold** navigue le long des côtes de la Nouvelle-Angleterre, baptise Cape Cod,

Embarquement des Pères Pèlerins par Robert Walter Weir.
photograph courtesy Architect of the Capitol

Elizabeth Islands et Martha's Vineyard.

- **1604** – Les Français **Samuel de Champlain** et **Pierre de Gua, sieur de Monts**, explorent la côte du Maine.
- **1605** – Le capitaine **George Weymouth** retourne du Maine en Angleterre avec cinq Indiens à son bord.
- **1607** – La colonie de Virginie, première implantation permanente des Anglais en Amérique du Nord, est établie à Jamestown.
- **1613** – Les jésuites installent une mission sur l'île du Mont-Désert (Maine).
- **1614** – Le capitaine **John Smith** retourne en Angleterre avec une cargaison de fourrures et de poissons. Le terme « Nouvelle-Angleterre » est employé pour la première fois dans ses récits de voyage.

La colonisation

- **1620** – Arrivée des Pères Pèlerins du **Mayflower** et fondation de la colonie de Plymouth.
- **1626** – À la tête d'une petite communauté, Roger Conant fonde la colonie puritaine de Salem.
- **1630** – Fondation de **Boston** par des puritains conduits par **John Winthrop**.
- **1635** – **Thomas Hooker** s'installe dans la vallée du Connecticut et fonde la colonie de Hartford.
- **1636** – Création du **Harvard College**. **Roger Williams** fuit l'intolérance des puritains du Massachusetts et fonde Providence (Rhode Island).
- **1638** – **Anne Hutchinson** et William Coddington fondent Portsmouth (Rhode Island).
- **1638-1639** – Dans la vallée du Connecticut, Hartford, Windsor et Wethersfield se regroupent pour former la colonie du Connecticut.
- **1639** – Le **Fundamental Orders of Connecticut**, rédigé par la Colonie d'Hartford, est considéré comme la première Constitution du Nouveau Monde.
- **1662** – Une charte royale réunit New Haven et les colonies du Connecticut.
- **1701** – Fondation de l'université de Yale.
- **1763** – Le **traité de Paris** met fin à la guerre de Sept Ans : la

France cède le Canada et ses territoires à l'est du Mississippi à la Grande-Bretagne.

L'Indépendance

Durant les années 1760, les tensions s'intensifièrent entre les colons et la Couronne qui, après ses conflits avec l'Inde et la France (1754-1763), avait décidé de maintenir ses troupes dans les colonies.

La décision du Parlement, en 1763, d'interdire toute implantation au-delà des Appalaches accentua la colère des immigrants (non représentés à l'Assemblée), et l'adoption de lois instituant une série de taxes sur les importations dans les colonies fut la goutte d'eau qui fit déborder le vase : à la fin de l'année 1773, un groupe de patriotes s'introduisit à bord d'embarcations ancrées dans le port de Boston et jetèrent à la mer les cargaisons de thé. Ce fut la célèbre **Boston Tea Party**. Dès lors, face à des colons déterminés à faire entendre leur voix, la tâche s'annonçait rude pour la Couronne qui sentait poindre les premières tentations d'indépendance. Seize mois plus tard, en avril 1775, la **bataille de Lexington** déclencha la Révolution américaine.

Dès lors, des messagers répandirent la nouvelle, à leur manière : dans le Massachusetts, de sauvages soldats britanniques attaquaient d'innocents fermiers désarmés. Sans attendre, milices et combattants volontaires partirent au combat. Durant les premiers mois, les Anglais conservèrent l'avantage, faisant le siège de Boston, mais les colons persévérèrent, jusqu'à signer, en juillet 1776 à Philadelphie, la **déclaration d'Indépendance**, rompant définitivement les liens avec Londres. En décembre 1776, le vent tourna lorsque le général **George Washington** repoussa son homologue et ennemi William Howe, à Trenton (New Jersey). Bien que ce dernier reprît Philadelphie l'été suivant, la victoire de Washington galvanisa les colons, à qui les Français, rivaux historiques des Anglais, allaient apporter leur soutien, fournissant à la cause des colons une légitimité supplémentaire.

En 1781 les forces unies des troupes révolutionnaires et françaises permirent de piéger le général Charles Cornwallis à Yorktown, en Virginie. Celui-ci capitula, et, en 1783, la **paix de Paris** accorda à la jeune nation son indépendance.

- **1765** – Adoption du **Stamp Act** (loi sur le droit de timbre), impôt prélevé par la Grande-Bretagne sur les colonies américaines.
- **1766** – Retrait du Stamp Act.
- **1767** – Nouvelles taxes, les **Townshend Acts**, prélevées sur les importations de thé, papier, verre dans les colonies.
- **1770** – Retrait des Townshend Acts, sauf pour le thé.
- **1773** – Les colons organisent la « Boston Tea Party » dans le port de Boston.
- **1774** – Le Parlement adopte les quatre **Coercives Acts**, appelés **Intolerable Acts** par les colons qui s'opposent à la politique britannique et tiennent le **premier Congrès continental**.
- **1775** – Début de la **guerre d'Indépendance** :

18 avril – Chevauchée de Paul Revere.

19 avril – Batailles de Lexington et de Concord commémorées depuis avec le **Patriot's Day**.

10 mai – Siège du Fort Ticonderoga par Ethan Allen et les Green Mountain Boys, et par Benedict Arnold et ses hommes.

17 juin – Bataille de Bunker Hill.

- **1776** – Les troupes britanniques évacuent Boston le 17 mars. Le 4 juillet est adoptée la **déclaration d'Indépendance**.

- **1777** – Bataille de Bennington. Le Vermont proclame son indépendance et adopte sa propre Constitution.
- **1780** – Le corps expéditionnaire français du général de Rochambeau débarque à Newport (Rhode Island) pour soutenir les révolutionnaires américains.
- **1781** – Prise de Yorktown (Virginie) : les troupes britanniques du général Cornwallis déposent les armes.
- **1783** – Fin de la guerre d'Indépendance.
- **1788** – Ratification de la Constitution des États-Unis. Connecticut, Massachusetts et New Hampshire sont intégrés dans l'Union, respectivement comme 5e, 6e et 9e État.
- **1789** – **George Washington** devient le premier président des États-Unis.
- **1790** – Le Rhode Island devient le 13e État des États-Unis.
- **1791** – Le Vermont rejoint l'Union et devient le 14e État des États-Unis.
- **1812** – La Grande-Bretagne déclare la guerre aux États-Unis.
- **1814** – Le traité de Gand met fin à la guerre de 1812.
- **1820** – Le Maine est le 23e État de l'Union.

La guerre de Sécession (1861-1865)

L'Amérique s'étendit vers l'ouest. L'essor de l'industrialisation révolutionna la technologie et les transports, et la démographie explosa. Quoique égales en population, rien, pourtant, ne rapprochait au milieu du 19e s. les sociétés du Nord et du Sud, radicalement différentes. Tandis qu'au nord dominaient industries et commerce, le Sud se tournait vers l'agriculture. Des deux régions, en 1861, naquirent deux nations, et quand le 12 avril les confédérés ouvrirent le feu sur Fort Sumter (Charleston, Caroline du Sud), la guerre de Sécession commença. La Nouvelle-Angleterre rejoignit logiquement les rangs du Nord et envoya ses régiments de volontaires.

Parmi les auteurs et orateurs connus pour leur position contre l'esclavage, beaucoup venaient de Nouvelle-Angleterre. **Harriet Beecher Stowe**, qui vivait dans le Maine, en faisait partie. Sa *Case de l'oncle Tom (Uncle Tom's Cabin)* est souvent associée à la guerre de Sécession. Boston devint alors un grand centre du mouvement abolitionniste : la ville abritait le plus grand ensemble de structures gérées par des Noirs aux États-Unis. Parmi les abolitionnistes, **Maria Stewart**, **Wendell Phillips** et **Frederick Douglass** multiplièrent les discours à l'African Meeting House et à la Charles St. Meeting House de Boston.

La guerre dura quatre longues années et fit plus de 600 000 morts. Jamais, depuis, les États-Unis n'ont subi de telles pertes. Bien que la **loi d'Émancipation** de Lincoln rendît, en 1863, leur liberté aux esclaves, il fallut attendre l'application des **13e et 14e amendements** pour constater, véritablement, l'interdiction de l'esclavage (1865) et la garantie pour les Noirs de leurs droits civils (1867).

19e et 20e s.

Après la guerre de Sécession, l'industrialisation se propagea dans le pays et la production de pétrole, de charbon, de cuivre et d'acier grimpa en flèche. De l'agriculture, la Nouvelle-Angleterre se tourna vers les industries, en particulier la production textile dont elle devint une plaque tournante aux États-Unis.

Première ville industrielle planifiée du pays, Lowell (Massachusetts) devint rapidement le leader mondial du textile. Après la Seconde Guerre mondiale, l'exode des usines vers le sud conduisit toutefois la région à se diversifier : se développèrent l'électronique, les équipements électriques et la fabrication de machines-outils.

Depuis toujours – et en particulier depuis le début du 20e s. –, la Nouvelle-Angleterre a été dynamique. En 1961, John F. Kennedy, originaire du Massachusetts, est devenu à 43 ans le plus jeune président de l'histoire des États-Unis.

Cinq ans plus tard, c'était au tour du procureur général du Massachusetts, Edward Brook, d'honorer son État, lequel donna au Sénat son premier député afro-américain.

Quelques-unes des plus anciennes et des meilleures structures d'enseignement du pays se développèrent alors en Nouvelle-Angleterre : Harvard (Massachusetts), Yale (Connecticut), Brown University (Rhode Island), Dartmouth College (New Hampshire), mais aussi le Massachusetts Institute of Technology (MIT), à Cambridge.

- **1905** – À la Portsmouth Naval Base de Kittery (Maine), le traité de Portsmouth met fin à la guerre russo-japonaise.
- **1914-1918** – **Première Guerre mondiale**.
- **1921** – **À** Dedham (Massachusetts), procès pour meurtre des immigrants italiens Nicola Sacco et Bartolomeo Vanzetti.
- **1929** – Un krach boursier annonce le début de la crise économique de la Dépression.
- **1939-1945** – **Seconde Guerre mondiale**.
- **1944** – La conférence des Nations unies sur les questions monétaires se tient à **Bretton Woods** dans le New Hampshire. Elle aboutit à l'accord instituant le dollar comme monnaie de référence pour les échanges internationaux.
- **1954** – **À** Groton (Connecticut), lancement du 1er sous-marin à propulsion nucléaire.
- **1961** – Élection de John F. Kennedy, précédemment sénateur du Massachusetts.
- **1963** – Le 22 novembre, assassinat du président Kennedy à Dallas (Texas).
- **1966** – Le State Attorney General de l'État du Massachusetts, Edward W. Brooke, est le premier Noir élu au Sénat américain depuis la Reconstruction.
- **1976** – Le pétrolier libérien *Argo Merchant* s'échoue près de l'île de Nantucket. 25 000 t de pétrole brut se déversent dans l'Atlantique nord.
- **1980** – Boston célèbre son 350e anniversaire.
- **1983** – Au large de Newport (Rhode Island), *Australia II* remporte la Coupe de l'America en battant le yacht américain *Liberty*.
- **1985** – Dans le Vermont, élection de Madeleine M. Kunin, première femme née hors des États-Unis à être élue à la fonction de gouverneur.
- **1988** – Le candidat démocrate Michael Dukakis, ancien gouverneur du Massachusetts, perd l'élection présidentielle face à George Bush.
- **1990** – Au musée Isabella Stewart Gardner à Boston, vol de 12 œuvres d'art d'une valeur estimée à 100 millions de dollars.
- **1992** – Les Indiens mashantuckets pequots ouvrent Foxwoods, un complexe de casinos situé à Ledyard (Connecticut).
- **1993** – Le musée Norman Rockwell ouvre ses portes à Stockbridge, dans l'ouest du Massachusetts.

Bretton Woods où se tint la conférence des Nations unies en 1944.
R. Forbes/age fotostock

- **1994** – La **Harvard University**, l'université privée la plus largement riche des États-Unis (6 milliards de dollars à l'époque), lance la plus importante opération de collecte de fonds de l'histoire de l'enseignement supérieur.
- **1995** – Le **Boston Garden**, l'un des plus anciens centres sportifs de la ville, a été détruit et remplacé par un nouveau complexe de loisirs et de sports. Le nouveau tunnel Ted Williams compte parmi les plus importants projets de construction publique des États-Unis. Passant sous le port de Boston, il relie la ville à l'aéroport Logan.
- **1997** – Depuis son poste d'amarrage de Charleston, l'**USS Constitution**, le plus ancien vaisseau de guerre américain en mer, navigue à voile pour la première fois depuis 116 ans.
- **1998** – Arbres décimés, coupures générales de courant : la pire tempête de verglas du siècle frappe le Nord-Est des États-Unis. Sont touchés en Nouvelle-Angleterre le Maine, le New Hampshire et le Vermont.
- **1999** – Le **Massachusetts Museum of Contemporary Art** (MASS MoCA) s'ouvre dans une usine rénovée de North Adams. Le deuxième chantier du gigantesque projet Big Dig s'achève : désormais, le Leverett Circle Connector Bridge relie le centre-ville de Boston à l'I-93 à Charlestown.

Le nouveau millénaire

Avec l'arrivée d'immigrants européens (Irlandais, Italiens, Portugais), asiatiques et sud-américains, les années 2000 ont été marquées, et continuent de l'être, par une diversification ethnique croissante, en particulier dans les grands centres urbains. Le caractère régional, toutefois, reste fort et l'on continue en Nouvelle-Angleterre à montrer son attachement aux lieux emblématiques du passé.
Florissante, l'économie de la région s'appuie sur ses services, nombreux et de qualité : tourisme, éducation, finance, assurance, architecture, construction… Le taux de chômage est l'un des plus bas du pays. À Boston, où la formation

scientifique a acquis une renommée mondiale, quelque 700 entreprises se consacrent à la recherche et au développement.

Économie forte, secteur éducatif envié, paysages naturels, charme des villes historiques : tout est là pour séduire les nouveaux résidents, les entreprises ou les simples visiteurs qui choisissent la Nouvelle-Angleterre.

- **2000** – Le recensement révèle la tendance générale à l'augmentation de la population des villes de Nouvelle-Angleterre, comme celle du pays.

Près de 5 000 personnes sont employées dans le Big Dig, chantier titanesque évalué à 14 milliards de dollars *(voir p. 33)*.

- **2001** – Le 11 septembre, deux Boeing 767 en provenance de l'aéroport Logan (Boston) sont détournés et s'écrasent sur le World Trade Center à New York. George W. Bush a pris ses fonctions depuis 8 mois.

- **2002** – Les **New England Patriots** remportent le Super Bowl.

Le **Leonard P. Zakim Bunker Hill Bridge**, composante du projet Big Dig, est achevé.

- **2003** – **Old Man in the Mountain**, une formation rocheuse du New Hampshire, s'effondre.

Au Rhode Island, 100 personnes sont tuées dans l'incendie d'un night-club.

Dans le New Hampshire, les anglicans nomment le premier évêque à avoir ouvertement annoncé son homosexualité.

- **2004** – Les **New England Patriots** remportent le Super Bowl.

Le Massachusetts est le premier État du pays à reconnaître le mariage homosexuel.

À la Convention démocrate, le sénateur du Massachusetts John Kerry accepte sa nomination à la candidature des élections présidentielles.

Les **Boston Red Sox** finissent champions des World Series, leur premier titre depuis 86 ans.

George W. Bush remporte les élections présidentielles face à John Kerry.

- **2005** – Les **New England Patriots** remportent à nouveau le Super Bowl.

- **2006** – À Boston, un morceau du tunnel Ted Williams s'effondre : la circulation vers l'aéroport Logan est déroutée.

Le démocrate Deval L. Patrick devient le premier Afro-Américain élu gouverneur du Massachusetts.

À Boston, l'Institute of Contemporary Art (ICA) emménage sur le Waterfront.

- **2008** – Les Boston Celtics remportent le titre de champion NBA.

- **2009** – La Nouvelle-Angleterre n'échappe pas à la crise financière : des milliers de maisons sont à vendre.

- **2013** – Attentats à la bombe à l'arrivée du marathon de Boston :

Une scène de chasse à la baleine.
Science Museum/Science & Society Picture Library/age fotostock

2 morts et des centaines de blessés. Les **Boston Red Sox** finissent champions des World Series

- **2016** – Donald Trump est élu Président des États-Unis.
- **2017** – Les **New England Patriots** remportent le Super Bowl.

La Nouvelle-Angleterre et l'Océan

Colonisée par voie maritime, la Nouvelle-Angleterre s'est immédiatement et naturellement détournée de son sol rocailleux pour chercher au large de quoi s'alimenter. Les colons commencèrent par édifier de petits barrages, semblables à ceux qu'utilisent encore aujourd'hui les Indiens du Maine pour pêcher à proximité du rivage. Il fallut toutefois attendre le milieu du 17e s. pour les voir lancer des embarcations vers les grands bancs de Terre-Neuve où pullulaient morues, églefins et lieus jaunes.
La morue en bois qui orne la State House du Massachusetts symbolise le rôle capital exercé par la pêche à la morue dans l'histoire de cet État. L'industrie halieutique de la Nouvelle-Angleterre représenta rapidement la principale ressource économique de la région dans son commerce avec l'Europe. On vit donc surgir des chantiers navals tout le long de la côte, depuis le Connecticut jusqu'au Maine.
Au milieu du 19e s., chaque partie de la côte s'était spécialisée : le sud (Connecticut, Rhode Island et sud-est du Massachusetts) s'était orienté vers la pêche à la baleine ; la côte nord du Massachusetts et le New Hampshire dominaient le commerce avec l'Extrême-Orient ; la côte du Maine abritait dans chacune de ses baies un chantier naval exploitant les ressources forestières de l'arrière-pays et, de 1830 à 1860, cet État construisit près d'un tiers des bateaux mis à l'eau aux États-Unis.
Des petits villages côtiers devinrent progressivement d'élégants centres urbains ou marchands. Armateurs et capitaines au long cours firent édifier de belles demeures de style fédéral et néoclassique que l'on peut encore voir aujourd'hui à Salem, Nantucket, Portsmouth, Newburyport, New Bedford ou Providence.
Quelques grands musées font revivre le passé maritime de la Nouvelle-Angleterre. La pêche à la baleine est évoquée par le Mystic Seaport et les musées de New Bedford, Nantucket et Sharon.
À Salem, le Peabody Essex Museum relate l'histoire des échanges commerciaux que la Nouvelle-Angleterre entretint avec l'Orient.
Le Maine Maritime Museum (Bath) et le Penobscot Marine Museum (Searsport) sont consacrés à l'histoire de la construction navale dans le Maine.

LES BALEINES : UNE MINE DE RESSOURCES

De tout temps, l'homme a été fasciné par ce mammifère qui habite les océans de la planète. L'ordre des cétacés, auquel appartiennent toutes les baleines, se divise en deux grandes familles : les baleines à fanons (dont la baleine bleue) et les cétacés à dents (dont le cachalot).

Les **baleines à fanons** se nourrissent de plancton filtré par leurs longs fanons de matière cornée et disposés en forme de peigne à partir de leur mâchoire supérieure. Ces fanons flexibles servaient à confectionner des « baleines » de corsets et de parapluies, des manches de fouets et une multitude d'autres articles ; c'était en quelque sorte la matière plastique du 19e s. La baleine bleue est le plus grand des mammifères : adulte, elle peut mesurer plus de 30 m et peser jusqu'à 135 t. Son œil est de la taille d'une tasse, sa langue est plus lourde qu'un petit car. La baleine franche *(right whale)* était considérée comme « la bonne baleine à chasser, car elle flottait à la surface des flots une fois tuée… ».

Les **cétacés à dents** se nourrissent de poissons et peuvent atteindre un poids de quelque 63 t. Chassé à grande échelle, le cachalot était plus particulièrement recherché par les baleiniers car il possède une huile extrêmement précieuse, le spermaceti, d'où le nom anglais du cachalot *sperm whale*. Cette substance liquide ou solide selon la température, également appelée blanc de baleine, était employée pour confectionner des bougies odorantes et comme combustible des lampes à huile. Un cachalot mâle fournissait près de 7 000 litres d'huile. Par ailleurs, l'ambre gris, sorte de boule recelée par l'intestin du cachalot, était très recherché pour l'élaboration des parfums.

Le New Bedford Whaling Museum à New Bedford (Massachusetts) est le plus grand musée américain consacré à la baleine. Il expose entre autres les squelettes d'une baleine bleue et d'un cachalot.

LA PÊCHE À LA BALEINE

Au cours du 19e s., l'huile de baleine était utilisée comme combustible pour éclairer les maisons et les rues des grandes villes américaines et européennes. Dans les ports de New Bedford et Nantucket, principaux centres de la pêche à la baleine, le va-et-vient des bateaux était ininterrompu. Le roman de Herman Melville, *Moby Dick* (1851), a immortalisé la vie des baleiniers de la Nouvelle-Angleterre.

Une expansion foudroyante

Les Indiens chassaient déjà la baleine bien avant l'arrivée des pionniers. Les premiers colons apprirent à chasser la baleine dans les baies du littoral en observant leurs méthodes : les Indiens édifiaient de hautes tours de guet et installaient sur les plages de grands chaudrons noirs pour faire fondre la graisse des animaux. Au 18e s., la découverte de cachalots dans les eaux du large poussa les pêcheurs à construire des bateaux plus grands et prévus pour de longues sorties en mer. Vers 1730, les chasseurs de baleines avaient équipé le pont de leurs navires de chaudrons afin d'exploiter au mieux leurs prises précieuses.

Vers la fin du 18e s., Nantucket possédait 150 baleiniers. À son heure de gloire, New Bedford en comptait près de 400. New London, Provincetown, Fairhaven, Mystic, Stonington et Edgartown possédaient aussi des flottes impressionnantes. Dans ces ports, où régnait une activité incessante, on pouvait voir des chantiers navals construire des bateaux toujours plus résistants, des fabriques traiter la graisse et le blanc de baleine pour couler des chandelles, des fanons mis à sécher dans de grands champs, des milliers de barils d'huile de baleine emmagasinés le long des quais. Du Groenland au Pacifique nord, des Açores au Brésil, de la Polynésie au Japon, les océans étaient sillonnés par des baleiniers construits, armés et commandés par des habitants de la Nouvelle-Angleterre. Aussi, les rues et les ruelles des ports de la région résonnaient-elles de la multitude des langues que parlaient des marins recrutés durant les escales du monde entier.

La découverte de gisements de pétrole en Pennsylvanie en 1859 et la perte de près de la moitié de la flotte baleinière pendant la guerre de Sécession sonna le glas de cette industrie en Nouvelle-Angleterre. En 1861, la marine de l'Union acheta 39 baleiniers pour constituer la « flotte de pierres », des navires que l'on chargea de blocs de granit pour les couler dans les ports de Savannah (Géorgie) et de Charleston (Caroline du Sud) afin d'interdire l'accès de leurs chenaux aux briseurs de blocus. Le navire sudiste *Shenandoah* détruisit 21 autres baleiniers dans le Pacifique nord, en 1865. Après la guerre, la Nouvelle-Angleterre arma de moins en moins de baleiniers, jusqu'à l'interdiction définitive de la chasse par les États-Unis en 1971.

LE COMMERCE MARITIME

Au début du 18e s., le commerce avec l'Afrique, l'Europe et les Antilles enrichit de nombreux ports de la côte. Mais ce n'est qu'au lendemain de l'Indépendance, lorsque les Américains furent libres de commercer avec l'Extrême-Orient, que Boston, Providence, Portsmouth, Salem et d'autres villes prirent leur réel essor avec ce que l'on a appelé ici le « China Trade ».

Le « China Trade »

Les navires qui faisaient route vers l'Extrême-Orient suivaient un parcours tortueux : ils contournaient le cap Horn puis faisaient généralement des détours vers de nombreux ports pour trouver en chemin des marchandises à troquer contre la soie, la porcelaine et le thé proposés par les Chinois. Ils achetaient donc des fourrures de loutre de mer le long des côtes nord-ouest du Pacifique, du bois de santal aux îles Sandwich, des bêches-de-mer, coquillages qui faisaient les délices des Chinois, dans les îles polynésiennes. Plus tard, l'opium devint la monnaie d'échange la plus courante ; les navires firent alors voile vers la Turquie et l'Inde pour embarquer cette cargaison illicite avant de poursuivre vers la Chine.

Au fil des haltes, on chargeait les cales d'autres produits exotiques : poivre de Sumatra, sucre et café de Java, coton de Bombay et Madras, ivoire de Zanzibar, épices d'Indonésie et gomme arabique d'Oman.

Jusqu'en 1842, Canton fut le seul port chinois ouvert au commerce international. Les navires jetaient l'ancre à quelque 15 km de la ville, à **Whampoa Reach**. Leurs équipages y restaient plusieurs semaines, parfois des mois, le temps nécessaire pour visiter les magasins et les entrepôts, pour négocier avec les marchands locaux, avant de reprendre la mer chargés de produits de luxe.

Les musées et les anciennes demeures de la Nouvelle-Angleterre regorgent d'arts décoratifs et de mobilier chinois apportés en Amérique à l'époque du *China Trade*.

Un commerce original : la glace

Ce commerce insolite se développa au 19e s. La glace était recueillie au nord de Boston et dans le Maine, puis elle était expédiée par bateaux dans le Sud des États-Unis, aux Antilles et jusqu'à Calcutta. On la récoltait en hiver, quand les rivières, les lacs et les étangs étaient gelés. On dégageait la neige à l'aide de chevaux ou de bœufs, puis le champ de glace était quadrillé avant d'être découpé en blocs pesant chacun jusqu'à 100 kg. Stockée dans de la sciure jusqu'au premier dégel dans des cabanes servant de chambres froides, la glace était ensuite transportée par des bateaux spécialement équipés de cales étanches à l'air. Ce commerce fut très prospère jusqu'à l'invention de la réfrigération mécanique à la fin du 19e s.

LA CONSTRUCTION NAVALE

Le voilier en bois a été à l'origine de la tradition des chantiers navals de la Nouvelle-Angleterre depuis 1607, date à laquelle le *Virginia* fut construit par la colonie de Popham qui se développa durant quelques années sur les rives de la Kennebec River (Maine).

Les débuts

Dès que les colons établirent leurs premiers villages, des chantiers navals s'ouvrirent le long de la côte. Au départ, ces chantiers construisaient des petits **ketchs** à un mât, et des **sloops** pour la pêche. Puis, au début du 18e s., ils mirent au point des goélettes à deux ou trois mâts capables de traverser l'Atlantique. Ces bâtiments légers firent rapidement l'admiration de tous car, les Anglais contrôlant le commerce, les colons se lancèrent dans la contrebande, et leurs goélettes échappèrent aux navires des douanes britanniques grâce à un gréement simple et un maniement aisé. Ces **schooners** furent armés pendant la guerre d'Indépendance. On les appelait les *privateers* car c'étaient des bateaux privés dont le Congrès avait autorisé l'armement afin de capturer des navires ennemis. Les goélettes connurent une très belle carrière : elles étaient encore utilisées pour le transport du fret à la fin de la Première Guerre mondiale.

L'ère des clippers

Avec l'ouverture des ports chinois en 1842, les Américains réclamèrent davantage de produits de cette origine. Sachant que leurs clients américains étaient disposés à payer des sommes élevées pour du thé fraîchement cueilli en Extrême-Orient, des armateurs avisés exigèrent des chantiers des navires plus rapides pour pouvoir transporter cette denrée périssable dans les meilleurs délais. Le clipper – mot désignant une personne ou un objet qui se déplaçait à vive allure – fut conçu pour répondre à leur demande. Entre 1845 et 1850, ces trois-mâts aux coques effilées, à la proue étroite et à l'immense voilure, s'imposèrent à tous en atteignant des vitesses impressionnantes. Ils parcoururent toutes les mers menant à l'Extrême-Orient et transportèrent mineurs et matériel à San Francisco lors de la ruée vers l'or. Toutes les coques de ces voiliers étaient frappées de noms évoquant leur rapidité bientôt légendaire : le *Lightning* (l'Éclair), le *Flying Cloud* (le Nuage volant) ou l'*Eagle Wing* (l'Aile d'aigle).

Les grands chantiers navals qui construisaient ces navires se situaient à New York, Boston et Bath (Maine). L'architecte le plus connu fut **Donald McKay**, de East Boston. McKay fit construire 19 des 100 vaisseaux qui faisaient le voyage du cap Horn en moins de quatre mois, dont le *Flying Cloud*. Premier navire à rejoindre San Francisco par le cap Horn en moins de 90 jours, ce clipper

Clipper ship Flying Cloud (1852).
Apic/Hulton/Archive/Getty Images

établit le record de 89 jours lors de son voyage inaugural, en 1851, et renouvela son exploit trois ans plus tard. À ce jour, aucun voilier n'a battu ce record.

Les derniers voiliers

Des années 1850 au début du 20e s., les ports du Maine se spécialisèrent dans la construction de navires pour le commerce du bois : le **down-easter** (bateau du Maine) et la **grande goélette**. Le down-easter, un trois-mâts à gréement carré, présentait la belle ligne allongée du clipper et pouvait atteindre des vitesses comparables. Mais, contrairement à celle du clipper, sa grande coque profonde lui permettait d'emmagasiner plus de marchandises, ce qui le rendait plus rentable pour le transport du fret.

Les down-easters et les goélettes furent utilisés jusqu'aux années 1880, lorsque les armateurs constatèrent que les quatre-mâts, bien que plus grands, ne coûtaient guère plus cher à exploiter. On construisit donc des goélettes à quatre, cinq et six-mâts. Ces navires transportaient des marchandises en grande quantité (charbon, bois, granit, céréales) depuis la côte Est jusqu'à la côte Ouest, en contournant le cap Horn. S'efforçant de concurrencer les vapeurs, les chantiers du Maine produisirent une petite flotte de quatre, cinq et six-mâts. L'âge d'or de la marine à voile avait cependant vécu et le *steamer* (bateau à vapeur), plus efficace et davantage ponctuel, ne tarda pas à s'imposer.

Art et culture

Des habitations indiennes rudimentaires aux superbes manoirs bâtis en pleine prospérité maritime, des entrepôts portuaires rénovés aux impressionnantes tours post-modernistes, la Nouvelle-Angleterre, connue avant tout pour ses belles demeures coloniales, conserve un précieux patrimoine architectural. Une pléthore de musées, galeries d'art, jardins, maisons historiques et boutiques d'antiquaires témoignent du riche héritage culturel de la région, perpétué par ses communautés d'artistes à l'avant-garde de la création. De Thoreau et Robert Frost aux auteurs contemporains à succès Robert Parker et Stephen King, quelques-uns des plus grands écrivains américains y virent le jour ou en firent leur lieu de résidence. Certains reposent dans le cimetière Sleepy Hollow, à Concord, où une section, l'Authors'Ridge, leur est consacrée.

L'architecture

L'ÉPOQUE AMÉRINDIENNE

Les Algonquins ne vivaient pas dans des tipis, mais plutôt dans des **wigwams**, huttes de forme arrondie ou conique faites de jeunes arbres aux branches recourbées et recouvertes de nattes de roseaux ou d'écorce. Faciles et rapides à monter, ces abris commodes furent copiés par les premiers colons du Massachusetts en attendant de construire des maisons à charpente. On peut voir des wigwams traditionnels à Pioneer Village à Salem et à l'Institute for American Indian Studies près de Litchfield Hills.

LE STYLE COLONIAL

Les premières habitations construites par les colons s'inspiraient de l'architecture médiévale : des maisons à deux étages, bâties avec des poutres, des madriers et des solives, reconnaissables à leur toit à pente raide initialement recouvert de chaume. Plusieurs exemples (1660-1720) sont encore visibles, comme la Buttolph-Williams House à Wethersfield à Hartford, la Parson Capen House à Ipswich ou la Plimoth Plantation à Plymouth.

Trouvant du bois en quantité illimitée dans leur nouveau pays, les colons continuèrent logiquement à employer leur propre mode de construction. Ces maisons comportaient généralement deux grandes pièces aux poutres apparentes, disposées autour d'une imposante cheminée centrale que flanquait un escalier étroit menant aux chambres à l'étage. Recouvert de bardeaux, l'extérieur était percé de petites fenêtres à carreaux en losanges faisant songer aux vieilles maisons anglaises.

La partie arrière de certaines habitations appelées « boîte à sel », ou **saltbox**, présentait une particularité : le toit recouvrait une cuisine en forme d'appentis et touchait presque le sol. Autre type de maison coloniale, le **Cape Cod cottage** était une petite construction à toiture à pente raide ou arrondie, conçue pour résister aux vents du large.

The West Cornwall Covered Bridge, Connecticut.
Aurora/hemis.fr

En Nouvelle-Angleterre, le plan de tous les villages du 17e s. avait été arrêté par un décret de justice. Pour se protéger des Indiens et assurer à tous la proximité de la maison commune, la **meeting-house** (le plus grand bâtiment du village), on avait obligation de construire autour du **green,** espace vert commun et central.

LE STYLE GEORGIEN

Ce terme recouvre généralement le style architectural développé en Angleterre sous les règnes de George II et George III par des architectes réputés comme Christopher Wren et James Gibbs. Ce style se popularisa dans les colonies américaines de 1720 à la guerre d'Indépendance, grâce à la diffusion de manuels descriptifs et à des architectes formés en Grande-Bretagne. Essentiellement fondé sur les canons de la Rome antique, il se caractérise par l'utilisation des ordres classiques : dorique, ionique et corinthien.

Sobre et d'une élégance un peu solennelle, la maison georgienne plut immédiatement à la nouvelle classe marchande. De vastes demeures en bois, pierre ou brique apparurent dans toutes les grandes villes portuaires. Couronnée d'un toit à deux ou quatre versants, ou d'un toit brisé, la maison georgienne présentait une façade dont la symétrie était soulignée par des rangées régulières de fenêtres à guillotine. Au centre, l'entrée était souvent précédée d'un porche à fronton orné d'une baie palladienne. Le chaînage des angles (en pierre ou en bois) était fortement souligné, et la porte était surmontée d'une fenêtre semi-circulaire et d'un fronton sculpté. Ces maisons ouvraient sur un vestibule central flanqué de cheminées ; plus grandes qu'auparavant, les pièces avaient une destination désormais déterminée (salon de musique ou salle à manger) et étaient décorées de boiseries fortement ouvragées, de stucs et de coloris généralement vifs. Dans les bourgs de campagne, la maison georgienne perpétuait généralement le plan traditionnel avec cheminée centrale, mais elle ne négligeait cependant pas l'ornementation extérieure, comme par exemple le fronton à rampant « en col de cygne » visible dans la vallée du Connecticut (Deerfield). Plusieurs bâtiments publics de style georgien furent conçus par **Peter Harrison** (1716-1775), sans doute l'architecte le plus important de la période coloniale. Sa Redwood Library à Newport s'inspire d'un temple romain ; sa Touro Synagogue, également à Newport, et sa King's Chapel à Boston présentent des boiseries intérieures remarquables. C'est à cette époque que de nombreuses églises de la Nouvelle-Angleterre furent dotées d'une tour de façade surmontée d'une flèche. On y remarquait l'influence de Wren dans la Trinity Church de Newport, ou celle de Gibbs dans la First Baptist Church de Providence.

LE STYLE FÉDÉRAL

Très apprécié entre 1780 et 1820, le style néoclassique développé en Angleterre sous le nom de style Adam fut d'abord adopté en Amérique par la riche classe marchande, majoritairement fédéraliste, mais qui avait conservé malgré l'Indépendance des liens étroits avec la Grande-Bretagne. Le Bostonien **Charles Bulfinch** (1763-1844), le plus connu des architectes de la période fédérale, a notamment réalisé la State House du Massachusetts sur Beacon Hill. **Samuel McIntire** (1757-1811), autre émule de ce style, a conçu plusieurs édifices publics et habitations de Salem.

Faisant écho à la belle demeure georgienne, la gentilhommière fédérale, aux murs souvent animés de courbures, était conçue symétriquement et sa porte d'entrée était surmontée d'une baie palladienne (Harrison Gray Otis House à Boston). Sa silhouette était toutefois beaucoup plus légère et plus traditionnelle, au point de paraître parfois austère. Généralement, la décoration de la façade se réduisait à des porches à colonnes et des fenêtres à arc en plein cintre surbaissé.

Ce style est surtout remarquable pour le raffinement de sa décoration intérieure qu'influença grandement l'architecte britannique **Robert Adam**. L'une des grandes nouveautés consistait en des pièces ovales ou rondes, mais on découvrit également l'escalier sans mur de cage. Les manteaux et les piédroits des cheminées furent allégés de guirlandes et de gerbes ou sculptés de motifs classiques. Le style fédéral connut un grand succès, et on le retrouve jusque dans de simples maisons villageoises, de modestes églises rurales et même des fermes.

LE STYLE NÉOCLASSIQUE

Le néoclassicisme connut son apogée entre 1820 et 1845. Si les styles georgien et fédéral s'inspiraient des canons romains, le néoclassicisme se référait au vocabulaire architectural de la Grèce antique, ce qui se traduisit dans le Nouveau Monde par des proportions plus carrées, une échelle davantage monumentale et une ornementation réduite en façade. Influencés par ce modèle, les bâtiments néoclassiques étaient presque toujours blancs et comportaient ce que l'on appelait ici un « fronton de temple ». Ce corps de portique à deux niveaux et à colonnes doriques, ioniques ou corinthiennes soutenait un fronton triangulaire s'étendant sur toute la largeur en toiture.

Pour l'élite cultivée, le style néoclassique symbolisait un lien unissant l'antique république grecque et la nouvelle nation américaine. On adopta sa monumentalité pour édifier de nombreux bâtiments publics : palais de justice en marbre ou en granit, sièges de banques,

Georgian.

Early Colonial.

Greek Revival.

Federal.

R. Corbel/MICHELIN

Italianate.

bibliothèques comme l'Athenaeum de Providence, églises (United First Parish Church) ou Bourses de commerce (Providence's Arcade). Son élégance fut appréciée, et l'on vit de belles résidences de style néoclassique faire leur apparition dans les ports et les villes prospères. Les plus grands architectes de ce style sont **Alexander Parris**, qui réalisa le Quincy Market (Boston) et **Robert Mills**, auteur de la Custom House à Newburyport. **Asher Benjamin**, qui écrivit quelques guides de construction parmi les plus diffusés aux États-Unis, dessina de nombreuses églises (dont Old West Church à Boston) et de belles demeures (n°s 54 et 55 de Beacon St., Boston).

L'ARCHITECTURE VERNACULAIRE DU 19e S.

Caractéristique de la Nouvelle-Angleterre rurale, le **pont couvert**, se rencontre par exemple à West Cornwall et Windsor.

En 1820, Ithiel Town, architecte réputé de New Haven, fit breveter la **ferme de charpente en treillis**, structure que l'on peut voir à l'intérieur de la Center Church et de la Trinity Church (New Haven). Formé de pièces en bois de pin ou d'épicéa, cet ouvrage portait un toit destiné à protéger d'intempéries souvent violentes. Au milieu du 19e s., la Nouvelle-Angleterre était couverte de **fermes** comprenant plusieurs corps de bâtiments constitués de logis, de granges et d'étables, et plus tard de dépendances isolées.

Au 19e s., le long de la côte, des **phares** furent élevés pour marquer l'entrée des ports et signaler les fonds dangereux. Ces constructions comprenaient une tour et son fanal, utilisant initialement des lampes à huile et des miroirs paraboliques, ainsi que l'habitation du gardien, qui assurait fréquemment le contrôle douanier. Un certain nombre est ouvert au public, notamment à Sheffield Island (Norwalk) et Owl's Head (Rockland).

La plupart des villes industrielles ont conservé leurs **manufactures textiles** du 19e s., qui étaient à l'origine alimentées par des turbines hydrauliques, la machine à vapeur ne s'étant répandue qu'à partir des années 1850. Employant la main-d'œuvre bon marché fournie par les vagues d'immigration, les manufactures étaient conçues comme de vastes phalanstères comprenant très souvent une ligne de chemin de fer, des parcs, des canaux, des églises et les habitations destinées aux ouvriers. Ces bâtiments de granit ou de brique, généralement hauts de cinq ou six étages, s'étiraient en de longues rangées de plusieurs kilomètres au bord d'une voie d'eau. Certains de ces ensembles ont été transformés en musée (National Historic Park à Lowell). D'autres ont été reconvertis et abritent aujourd'hui de petites et moyennes entreprises, ainsi que des magasins de centres commerciaux où sont vendus des articles à prix d'usine (Lowell's Amoskeag Manufacturing Complex).

L'ÉCLECTISME VICTORIEN

À l'époque victorienne (1837-1901), les canons classiques furent abandonnés au profit d'une grande variété de styles, pour beaucoup inspirés de l'architecture romantique du Moyen Âge. Le **néogothique**, dont témoigne Kingscote (Newport), en est un exemple pittoresque : fenêtres en ogive, pignons pointus et corniches ouvragées. Ce style s'est également développé dans les demeures et les « cottages privés », qui présentent ce que l'on a appelé le « gothique du charpentier ». La période victorienne a connu d'autres styles : le style **italianisant**, aux tours carrées, aux toits plats ou à pente douce, aux grands porches spacieux (Victoria Mansion, Portland) ; le **Second Empire**, aux toits mansardés, aux corniches décorées et aux lucarnes rondes (Old City Hall, Boston) ; le style **Queen Anne** avec ses tourelles, ses porches asymétriques, ses fenêtres en saillie et ses moulures très ouvragées (Oak Bluffs, Martha's Vineyard).

Au début des années 1870, l'architecte bostonien **Henry Hobson Richardson** lança le **néoroman**, connu sous le nom de Richardsonian Romanesque (ou « roman richardsonien »), style proprement américain qui s'inspirait de l'architecture médiévale française et espagnole. La Trinity Church de Boston en est la plus parfaite illustration avec ses colonnes trapues, ses arcs en plein cintre et ses lourdes pierres grossièrement taillées.

Par ailleurs, les villégiatures du littoral affectionnaient le **Shingle style** constitué de bardeaux de bois sombre, de tours et de vérandas, de toits à pente raide et de façades asymétriques, comme au casino de Newport. Quelques villégiatures furent réalisées en **Stick style** (toitures à pignons, façades de bois soulignées par des plates-bandes, couleurs aux tons contrastés, bardeaux décoratifs), telle la maison de Mark Twain à Hartford.

LE TOURNANT DU 20e S.

À la fin du 19e s., les architectes académiques rejetèrent les dérives de l'éclectisme victorien, au profit d'interprétations plus « correctes » des grands courants de l'architecture européenne, notamment le style des **Beaux-Arts**, hautement décoratif, qui se développa et trouva son expression dans plusieurs grandes demeures privées, dont The Breakers et Marble House (Newport), conçues par un architecte très apprécié de la haute société de l'époque, **Richard Morris Hunt** ; mais aussi dans l'architecture publique, comme à la Boston Public Library.

À la même époque apparut le style **néocolonial**, dont les fondements puisent leurs origines dans la propre architecture coloniale des États-Unis, mais interprétée dans un sens plus monumental. Ce style se reconnaît à l'utilisation d'une baie palladienne, de colonnes classiques, d'un fronton aux rampants « en col de cygne » et d'un grand portique d'entrée. Très apprécié par de nombreux cabinets d'architectes prestigieux, tel celui de **McKim, Mead et White** qui réalisa le Capitole du Rhode Island (Providence), ce style s'appliqua d'abord (entre 1900 et 1920) aux maisons urbaines (North St. et South St. à Litchfield) et aux résidences de campagne néogeorgiennes.

L'ARCHITECTURE CONTEMPORAINE

Un grand nombre d'architectes européens s'installèrent en Nouvelle-Angleterre dans les années 1930 et importèrent aux États-Unis le style **international** naissant. Parmi eux se trouvait **Walter Gropius** (1883-1969), fondateur de l'école du **Bauhaus** en Allemagne. La Gropius House (Concord) qu'il édifia en 1938 est un bâtiment cubique et rationaliste construit avec des matériaux nouveaux : briques de verre, plâtre à isolation phonique, métal chromé, etc. Cette maison illustre parfaitement les débuts du **modernisme**, mouvement qui, rejetant toute ornementation et toutes références historiques, se réclamait de la technologie de son époque. La MIT Chapel, construite en 1955 par **Eero Saarinen** à Cambridge, en est un autre exemple. Héritier du modernisme, le **glass box design**, qui peut se traduire comme une architecture métallique utilisant le mur-rideau et du vitrage continu, se répandit partout dans l'Amérique urbaine des années 1960, dans les immeubles d'habitation comme dans les bâtiments publics. La Beinecke Library de Yale (New Haven), bâtie en 1963 par **Gordon Bunshaft** du cabinet **Skidmore, Owings et Merrill**, en est un exemple peu ordinaire avec ses murs autoportants en marbre translucide. On vit surgir le *glass box design* à Boston, New Haven et dans toute la Nouvelle-Angleterre au cours des nombreuses campagnes de rénovation urbaine. Si depuis trois décennies, la tendance est davantage à la sauvegarde et à la restauration des bâtiments anciens, les nouveaux designs ont souvent été les instigateurs de ces programmes de rénovation.

Depuis le début des années 1970, des architectes comme Robert Venturi, Robert Stern et **Philip Johnson** ont développé le **postmodernisme**, mouvement qui prône un retour à l'ornementation. Des éléments profondément traditionnels, par exemple le fronton classique, sont repris et souvent exagérés, non sans un certain humour, pour couronner un bâtiment. La baie palladienne est simplifiée jusqu'à la caricature, ou bien la colonne classique est réduite à un simple fût surmonté par une sphère au lieu de l'habituel chapiteau. Ce style se signale aussi par des combinaisons inattendues de couleurs qui dynamisent les façades. Ces dernières années, les campus universitaires et un grand nombre de gratte-ciel de la Nouvelle-Angleterre, en particulier ceux de Boston *(222 Berkeley St. et 500 Boylston St.)*, de Providence et de Hartford, sont devenus les vitrines nationales de ce style attaché surtout à reconsidérer l'échelle d'une construction, la compatibilité de ses matériaux et sa relation aux bâtiments anciens alentour. Les réalisations architecturales les plus récentes sont particulièrement réussies à l'exemple de l'**Institute of Contemporary Art** de Boston (agence Diller Scofidio + Renfro, 2006) ou du **Stata Center**, au MIT de Cambridge (Frank Gehry, 2004).

Le mobilier

De l'époque coloniale à la fin du 19e s., les meubles américains ont subi l'influence des styles européens, en particulier anglais.

LE STYLE PILGRIM

Marqué par les styles Tudor et jacobéen, le mobilier daté de 1620 à 1690 – coffres, tables, fauteuils et coffrets à Bible – présente donc une inspiration encore médiévale. Il est généralement réalisé en chêne. Les coffres Hadley, Guilford et Sunflower fabriqués au Connecticut et décorés de motifs floraux ou géométriques sculptés et peints, caractérisent cette époque.

WILLIAM AND MARY

Ce style fut en vogue de 1689 à 1702 sous le règne de Guillaume III (d'Orange Nassau) et de Marie II Stuart son épouse. L'influence du baroque flamand et les échanges avec l'Extrême-Orient introduisirent de nouvelles techniques comme le tournage (pièces de bois travaillées au tour) et le laquage (motifs floraux ou paysages sur des surfaces laquées). Les commodes laquées, les coffres de bois ouvragés et les chaises cannées ou à dossier garni de cuir étaient très populaires.

QUEEN ANNE

Les années comprises entre 1720 et 1750 voient apparaître les lignes courbes, comme le gracieux pied-de-biche. Le noyer, l'érable et le merisier remplacent le chêne et la décoration a tendance à se réduire. La chaise Queen Anne se reconnaît

William and Mary.

Queen Anne.

Windsor.

Chippendale.

Hepplewhite.

R. Corbel/MICHELIN

à ses pieds galbés et à son dossier en forme de balustre plat.

La **chaise Windsor** se distingue du style Queen Anne. Elle fut importée d'Angleterre au début du 18e s. et est restée populaire jusqu'à aujourd'hui au point d'être devenue typiquement américaine.

CHIPPENDALE

L'ébéniste londonien Thomas Chippendale emprunta des éléments des styles rocaille et orientaux pour créer ses recueils de modèles de meubles. Les meubles Chippendale (de 1750 à 1785) pour la plupart en acajou, reposent sur des pieds courbes se terminant par une griffe enserrant une boule, et présentent des dossiers finement chantournés. Les familles **Goddard** et **Townsend**, à Newport, furent parmi les ébénistes les plus célèbres à diffuser ce style.

LE STYLE FÉDÉRAL

L'architecte anglais **Robert Adam** et les ébénistes anglais **George Hepplewhite** et **Thomas Sheraton** ont inspiré ce style très populaire de 1785 à 1815. Il se définit par des lignes droites et légères et une décoration délicate faite de placages et de marqueteries de bois contrastés, d'incrustations. Le pied est généralement de section carrée, effilé et cannelé. Les dossiers des chaises Hepplewhite se signalent par leur forme de boucliers ajourés, tandis que les dossiers Sheraton sont droits. John et Thomas Seymour, ainsi que John et Simeon Skillin, de Boston, font partie des ébénistes qui propagèrent le style fédéral.

LE STYLE EMPIRE

Importé d'Europe, ce style au décor chargé qui connut son heure de gloire de 1815 à 1840 est inspiré de l'Antiquité grecque et égyptienne. Dorures et bronzes, satins, cariatides et animaux ailés, pieds léonins, têtes de sphinx et aigles caractérisent ce style.

LE STYLE VICTORIEN

Le mobilier de la période qui s'étend de 1840 à la fin du 19e s. s'inspire de tous les styles : gothique, élisabéthain, Renaissance, rocaille… Le mobilier victorien est lourd et surchargé. Fauteuils et canapés sont abondamment capitonnés et garnis de velours ; la décoration comprend des tourelles, des formes de violons, des pendeloques… Et les tables à plateau de marbre avaient la faveur du public.

LE MOBILIER SHAKER

Fabriquées à partir de 1800 jusqu'au milieu du 19e s., les chaises, tables et commodes shakers étaient simples et fonctionnelles. Ce mobilier aux lignes pures était en général remarquablement réalisé. La chaise shaker se caractérise par un dossier en barreaux d'échelle et un siège en vannerie.

Arts décoratifs et beaux-arts

LA PEINTURE

De l'aube de la période coloniale à la fin du 17e s., la peinture se développa sous sa forme la plus utilitaire : des enseignes et des portraits.

Développement de la peinture au 18e s.

En 1729, le peintre écossais **John Smibert** (1688-1751) ouvrit l'ère des peintres professionnels. Une toile comme celle de l'évêque Berkeley (Yale University Art Gallery, New Haven) servit de modèle à plusieurs de ses disciples américains, dont **John Singleton Copley** (1738-1815), premier grand portraitiste américain. Copley fit le portrait des célébrités de son époque (*Paul Revere*, Museum of Fine Arts à Boston); son souci du détail a donné une peinture ressemblante.

Gilbert Stuart (1755-1828) fut le peintre le plus populaire de son temps, surtout connu pour ses portraits de George Washington.

À la fin du 18e s., certains peintres rejoignirent à Londres l'atelier de leur compatriote **Benjamin West** (1738-1820) natif de Springfield (Massachusetts), l'un des maîtres du néoclassicisme : **Samuel F.B. Morse** (1791-1872), portraitiste de talent, **Ralph Earl** (1751-1801), célèbre pour la fraîcheur de son style populaire, **John Trumbull** (1756-1843), peintre d'histoire.

Le 19e s.

Après l'Indépendance, les États-Unis connurent une période d'expansion commerciale et territoriale : la conscience de l'immensité et de la beauté de la nation se traduisit par l'introduction du paysage dans l'art américain. Dans les années 1820, les peintres de l'**École de l'Hudson** suivirent l'exemple de **Thomas Cole** et **Albert Bierstadt** en s'adonnant à la peinture d'extérieur. En Nouvelle-Angleterre, leurs sujets de prédilection furent les White Mountains et la vallée du Connecticut. L'Océan aussi inspira un grand nombre d'artistes. **Fitz Hugh Lane** (1804-1865), qui habitait Gloucester, devint l'illustrateur fidèle de la vie mouvementée des ports et de la belle sérénité des îles proches de la côte. Peintre de New Bedford, **William Bradford** (1823-1892) était fasciné par la mer et la lumière du septentrion; il a réalisé des tableaux crépusculaires et des toiles représentant des baleiniers (New Bedford Whaling Museum).

À partir des années 1860, certains artistes américains s'installèrent à l'étranger. Parmi eux, **John Singer Sargent** (1856-1925), voyageur impénitent né à Florence, connut la célébrité comme portraitiste de la haute société. **Winslow Homer** (1836-1910), aquarelliste autodidacte et maître du mouvement naturaliste, démarra sa carrière comme illustrateur pour le *Harper's Weekly* pendant la guerre de Sécession. Ses grandes marines et ses scènes champêtres réalisées à Prout's Neck (Maine) lui assurèrent une renommée considérable.

Le 20e s.

Au cours de ce siècle, plusieurs peintres de style très différent ont incarné la peinture de la Nouvelle-Angleterre. Les tableaux naïfs de **Grandma Moses** (1860-1961), qui illustra les scènes rurales de son enfance, sont de merveilleuses évocations de la campagne locale. **Norman Rockwell** (1894-1978) fut pendant des années illustrateur au *Saturday Evening Post*, pour lequel il réalisa une chronique de la vie américaine. Il vécut à Stockbridge où un musée lui est consacré.

Andrew Wyeth (1917-2009), a passé plusieurs étés dans le Maine, où il a produit des tableaux d'un réalisme très minutieux. Le Farnsworth Art Museum de Rockland permet de se faire une excellente idée de sa production.

LA SCULPTURE

Jusqu'au 19e s., la sculpture se résuma à un artisanat produisant des enseignes de boutiques, des girouettes ou des figures de proue. Puis, les sculpteurs américains partirent étudier en Italie et à l'École des beaux-arts de Paris, où ils furent confrontés à la grandeur et la magnificence de la sculpture classique. Deux de ces artistes formés en Europe, **Daniel Chester French** (1850-1931) et **Augustus Saint-Gaudens** (1848-1907), influencèrent fortement la sculpture américaine au lendemain de la guerre de Sécession et jusqu'au début du 20e s. French connut une célébrité rapide avec sa statue *Minute Man* (Concord), mais le monumental *Lincoln* du Lincoln Memorial de Washington passe pour être son chef-d'œuvre.

Saint-Gaudens réalisa d'admirables portraits en bas-relief et des sculptures monumentales comme le Shaw Memorial à Boston, son œuvre la plus connue.

La deuxième moitié du 20e s. a été marquée par l'artiste d'origine ukrainienne **Louise Nevelson**, (1899-1988), qui grandit à Rockland. Au milieu des années 1950, elle conçut des assemblages de boîtes monochromes qui la rendirent célèbre. Le Farnsworth Art Museum de Rockland abrite plusieurs de ses œuvres. Les amateurs de sculpture contemporaine trouveront leur bonheur au DeCordova Sculpture Park à Lincoln et au jardin des sculptures de l'Aldrich Museum of Contemporary Art, à Ridgefield, ainsi que sur les campus de Yale et du Massachusetts Institute of Technology.

LES ARTS POPULAIRES

Isolée de sa terre d'origine, la société rurale de la Nouvelle-Angleterre a développé des formes d'artisanat répondant aux conditions et aux exigences de la vie quotidienne. Chaque paysan devait réaliser lui-même ou faire confectionner par un artisan les ustensiles domestiques. Outils, tissus, girouettes, enseignes ou pierres tombales étaient naturellement imprégnés de la naïveté et du charme du travail effectué par ces premiers colons.

Les quilts

Quilt est le nom donné à ces couvertures piquées formées de deux pièces de tissu cousues ensemble et renfermant plusieurs couches de coton ou de bourre de laine. Ces courtepointes en **patchwork** bien chaudes étaient indispensables dans ce pays aux hivers rudes. Agrémentés de motifs floraux ou géométriques, les *quilts*, qui servaient aussi de décoration, eurent un rôle social important dans les villages, notamment à l'occasion du *quilting bee*, réunion au cours de laquelle les femmes se groupaient pour réaliser un *wedding quilt* (courtepointe de mariage) pour une fiancée, ou un *freedom quilt* (courtepointe de liberté) pour fêter la majorité d'un jeune homme.

Les peintures au pochoir

Ce procédé de décoration appelé « stencil » s'est répandu dès l'époque coloniale. Le système du pochoir permet de reproduire un motif sur n'importe quel matériau : mobilier, tissus, planchers, murs. Au 19e s., cette technique représentait une solution bon marché pour remplacer les papiers peints d'importation trop coûteux, et égayer de nombreux intérieurs.

Les girouettes

En bois ou en métal, la girouette orne la plupart des bâtiments un tant soit peu élevés. Celles qui coiffaient les flèches des églises pouvaient avoir la forme d'un coq ou d'un poisson, car ce sont des symboles chrétiens. Dans les régions rurales, elles prenaient volontiers la forme d'une vache, d'un cheval ou d'un mouton. Le long des côtes, elles représentaient des baleines, des sirènes ou des clippers. Depuis le 18e s., la fameuse girouette en forme de sauterelle perchée sur le dôme de Faneuil Hall est l'emblème du port de Boston.

Enseignes et figures de proue

À l'époque de la navigation à voile, les artisans sculptaient des figures de proue ou des plaques de poupe pour orner les nouveaux bateaux (voyez les collections des musées maritimes de Mystic, New Bedford, Nantucket, Salem et Shelburne).

Ces artisans fabriquaient aussi des enseignes pour les magasins. On peut encore en voir le long des rues de l'Old Port Exchange à Portland.

La verrerie

Jusqu'au milieu du 19e s., la verrerie façonnée à la main était un luxe. Néanmoins, Deming James et ses ouvriers à **Sandwich** réalisaient de beaux objets en verre à des prix abordables. La fabrique de Sandwich fut bientôt réputée pour son verre moulé dont les motifs évoquaient la dentelle. Malgré la production industrielle, l'art des souffleurs de verre continua à prospérer. La production était très diversifiée, autant utilitaire que décorative : le Glass Museum (Sandwich) et le Bennington Museum exposent des pièces de très belle facture.

Le scrimshaw

Il s'agit d'objets en ivoire sculptés ou gravés. Perfectionné au 19e s. par les marins de la Nouvelle-Angleterre, cet art est souvent considéré comme la seule expression artistique authentiquement américaine. Les dents ou mâchoires de cachalot et les défenses de morse étaient mises à sécher, puis leur surface polie à l'aide d'une peau de requin. Ensuite, on incisait le motif dans l'ivoire à l'aide d'un couteau de poche ou d'une aiguille à toile. Pour la couleur, on employait de l'encre, de la suie ou du jus de tabac. Les musées de New Bedford, Nantucket et Sharon renferment d'exceptionnelles collections.

Les leurres

Depuis l'époque coloniale, les chasseurs ont utilisé des leurres en bois, sculptés et peints, pour imiter les oies, les canards, les échassiers et les oiseaux des marais et attirer ce gibier à portée de fusil. Au 19e s., leur fabrication est devenue un artisanat reconnu, le réalisme devenant de plus en plus fidèle et perfectionné. Le long de la côte, de Cape Cod jusqu'au Maine, de véritables artistes sculpteurs d'oiseaux, les *birdcarvers*, se consacrent encore à la fabrication de ces leurres. Le Shelburne Museum possède une collection de plus de 1 000 pièces.

Les pierres tombales

Les puritains ont laissé des rangées de pierres tombales dans les vieux cimetières, des stèles témoignant du remarquable talent des premiers carriers. Au 17e s., les sujets sont sobres et symboliques : sabliers, soleils, faux, crânes ailés, cœurs et chérubins, symbolisant la vie, la mort et la résurrection. Au 18e s., les portraits devinrent réalistes, et l'on représentait les traits du défunt. Au 19e s., le mouvement romantique se manifesta dans la sculpture funéraire : saule pleureur et urne en sont des symboles typiques. Les anciens cimetières de Boston, Lexington, Newburyport, Salem et Newport, renferment de magnifiques pierres tombales.

La littérature et le théâtre

Les premiers écrivains des colonies (17e et 18e s.) furent surtout des puritains cultivés qui rédigeaient récits et écrits religieux, comme le fit **William Bradford**, gouverneur de Plimoth Plantation de 1621 à 1657, dont l'*History of Plimoth Plantation* est une œuvre majeure de l'époque.

LA MATURITÉ

Le 19e s. vit l'éclosion d'une littérature américaine, et plus particulièrement en Nouvelle-Angleterre. Le transcendantalisme réunit de jeunes écrivains sous la conduite de **Ralph Waldo Emerson** (1803-1882). L'un de ses disciples, **Henry David Thoreau** (1817-1862), qui vécut en solitaire dans les bois pendant deux années, rapporta son expérience dans *Walden* (1854). **Louisa May Alcott** (1832-1888) devint célèbre pour *Les Quatre Filles du docteur March*.

Se distinguèrent aussi **Nathaniel Hawthorne** (1806-1864), auteur de *La Lettre écarlate* (1850) et de *La Maison aux sept pignons*, et **Herman Melville** (1819-1891) qui écrivit son chef-d'œuvre *Moby Dick* alors qu'il résidait dans les Berkshires. Maître de la nouvelle littérature régionale, **Mark Twain** (1835-1910) était originaire du sud, mais vécut longtemps à Hartford où il écrivit *The Adventures of Tom Sawyer* (1876) et *The Adventures of Huckleberry Finn* (1885), récits décrivant la vie sur le Mississippi. En 1828, un natif de New Haven, **Noah Webster** (1758-1843), publia le premier *Dictionnaire américain de la langue anglaise*. De nombreux écrivains apportèrent leur soutien au mouvement abolitionniste. Pendant plus de trente ans, **William Lloyd Garrison** (1805-1879) publia le journal antiesclavagiste *The Liberator*, jusqu'à l'adoption du 13e amendement de la Constitution. **Harriet Beecher Stowe** (1811-1896) connut un succès foudroyant dès la parution de *La Case de l'oncle Tom*, qui dénonçait l'esclavage.

20e S.

Le théâtre américain connut un succès international grâce aux pièces de l'auteur dramatique **Eugene O'Neill** (1888-1953). Plusieurs se déroulent en Nouvelle-Angleterre, dont *Désir sous les ormes, Le deuil sied à Électre* et *Derrière l'horizon*, qui fut couronné du prix Pulitzer. Parmi les auteurs nés en Nouvelle-Angleterre se trouvent John P. Marquand, Kenneth Roberts, William Dean Howells et **Jack Kerouac**, figure de la *Beat Generation*. D'autres ont adopté la région, comme Edith Wharton, Pearl Buck, Norman Mailer et Alexandre Soljenitsyne.

Diplômé d'Harvard, **John Updike** (1932-2009), mondialement connu pour sa tétralogie *Cœur de lièvre, Rabbit rattrapé, Rabbit est riche* (1981, lauréat du prix Pulitzer) et *Rabbit en paix*, donna comme cadre à plusieurs de ses romans tardifs, dont *Les Sorcières d'Eastwick* (1984), les paysages de la Nouvelle-Angleterre. Depuis les années 1960 l'auteur était installé à Ipswich.

Maître absolu de l'horreur, **Stephen King**, dont chaque œuvre est un best-seller, est né à Portland (1947). La Nouvelle-Angleterre, a servi d'arrière-plan à plusieurs de ses ouvrages, parmi lesquels *Salem*.

Avec son fameux *A Walk in the Woods* (1998), plein d'humour, **Bill Bryson** (né en 1951), ancien résident du New Hampshire, a popularisé l'Appalachian Trail.

LA POÉSIE

Henry Wadsworth Longfellow (1807-1882), né à Portland, était un des poètes les plus lus de son époque. **John Greenleaf Whittier** (1807-1892) écrivit des poèmes dépeignant la vie rurale de la Nouvelle-Angleterre. **Emily Dickinson** (1830-1886) vécut en recluse à Amherst ; on ne découvrit ses vers empreints de lyrisme et de sensibilité qu'après sa mort. **Robert Frost** (1874-1963), poète de la nature, s'était retiré dans une petite ferme du New Hampshire de 1901 à 1909 avant de passer ses étés dans le Vermont. **E.E. Cummings** (1894-1962), né à Cambridge, fut l'auteur de poèmes qui se distinguent par l'utilisation insolite de la typographie et de la ponctuation. **Robert Lowell** (1917-1977) fut un chantre de la Nouvelle-Angleterre et influença la poésie moderne.

Museum of Fine Arts, Boston.
Courtesy of the Museum of Fine Arts, Boston

MVSEVM OF FINE ARTS

ORGANISER SON VOYAGE

Vue aérienne d'une montgolfière flottant au-dessus de la campagne du Vermont.
coleong/iStock

Types de séjour

SÉJOUR CULTUREL : HISTOIRE ET PATRIMOINE	
Les musées	Parmi les grands musées de la région, ne manquez pas le **Museum of Fine Arts** *(p. 59)* et l'**Isabella Stewart Gardner Museum** *(p. 62)*, à Boston ; **Harvard Art Museums** *(p. 87)*, à Cambridge, et **Yale University Art Gallery** *(p. 234)*, à New Heaven.
Les maisons historiques et les musées d'histoire vivante	La Nouvelle-Angleterre possède un grand nombre de maisons historiques et un ensemble de musées vivants avec des animateurs costumés. Ne manquez pas les maisons de **Deerfield** *(p. 155)* et **Portsmouth** *(p. 296)*, ainsi que les fastueux *mansions* de **Newport** *(p. 187)* et, pour les musées, **Plimoth Plantation** *(p. 119)* et **Old Sturbridge Village** *(p. 154)* au Massachusetts, **Mystic Seaport** au Connecticut *(p. 226)*, **Strawbery Banke** au New Hampshire *(p. 295)*.
Les ponts couverts	Les ponts couverts sont une attraction majeure de la Nouvelle-Angleterre. Si vous passez dans le New Hampshire, ne manquez pas le **Cornish-Windsor Bridge** *(p. 330)*, le plus long des États-Unis (62 m). Il en existe également une centaine dans le Vermont ; vous pouvez les localiser en consultant le site www.coveredbridgemap.com/vt/.
La gastronomie locale	Ne quittez pas la Nouvelle-Angleterre sans goûter à ses poissons et crustacés, notamment le **homard** *(p. 347)* et les **clams** *(p. 392)*, qui se dégustent sous différentes formes. Le Vermont est le premier producteur de **sirop d'érable** *(p. 289)* des États-Unis et on y produit également du **cheddar** *(p. 262)*.
SÉJOUR NATURE : ENTRE MONTAGNES ET OCÉAN	
L'été indien (Fall Foliage)	La Nouvelle-Angleterre est réputée pour son superbe été indien, lorsque les feuilles des arbres de la région (hêtres, chênes, peupliers, érables, frênes, bouleaux) offrent une belle palette de couleurs. Le **Fall Foliage** *(p. 271)*, ou feuillage d'automne, commence début septembre le long de la frontière canadienne et dans les zones d'altitude, puis se déplace progressivement vers le sud jusqu'à la fin du mois d'octobre. On peut en profiter dans les petits villages du sud du Vermont, le long des routes panoramiques, sur le lac Champlain, ou en haut des monts. Le site www.yankeefoliage.com propose une carte interactive pour suivre son avancée.
Les randonnées	La Nouvelle-Angleterre est sillonnée de nombreux sentiers bien aménagés, parmi lesquels le **Long Trail** (440 km), dans le Vermont *(p. 261)*, qui court du nord au sud le long des Green Mountains, de la frontière du Canada à celle du Massachusetts, et l'**Appalachian Trail** *(p. 245)*, le sentier de randonnée le plus renommé de l'Est américain, qui traverse la Nouvelle-Angleterre du Mount Katahdin, dans le Maine, jusqu'à la frontière entre le Connecticut et l'État de New York. L'**Acadia National Park** *(p. 360)* offre aussi des sentiers de randonnée d'accès relativement facile sur 14 000 ha. Les sentiers du **Baxter State Park** (81 000 ha) et de la **White Mountain National Forest** (313 000 ha) demandent un effort plus soutenu.

SÉJOUR AU BORD DE L'EAU	
Les stations balnéaires	Pour un séjour balnéaire, privilégiez les **plages** de Cape Ann *(p. 109)*, celles de Cape Cod *(p. 121)* ou encore la côte du New Hampshire *(p. 300)*.
Excursions en mer et observation des baleines	Grâce à l'abondance de plancton, les **baleines** côtoient en nombre le littoral de Nouvelle-Angleterre, du printemps au milieu du mois d'octobre, lorsqu'elles migrent de l'Atlantique nord vers les mers chaudes des Caraïbes. Vous pouvez notamment les observer à partir des stations de Cape Ann *(p. 110)* et Cape Cod *(p. 133)*, Boston *(p. 81)* et Newburyport *(p. 113)*.
Les lacs	Vous aurez l'embarras du choix ! Pourquoi ne pas opter pour un coin sauvage comme le nord du New Hampshire *(p. 327)*, ou pour les plus traditionnels Winnipesaukee Lake *(p. 311)* ou Rangeley Lakes *(p. 376)*.

Observation des baleines.
samchad/iStock

Aller en Nouvelle-Angleterre

En avion

Toutes les grandes compagnies desservent la destination, certaines sans escale, mais les prix varient de l'une à l'autre et suivant les périodes. Les vols Paris-Boston, au départ de Roissy-Charles-de-Gaulle, sans escale dure entre 7h30 et 8h30.

LIGNES RÉGULIÈRES

Air Canada – ✆ 0 825 880 881 (0,15 €/mn) - www.aircanada.com.
Air France – ✆ 36 54 (0,35 €/mn) - www.airfrance.fr. 14 vols directs par semaine entre Paris et Boston.
British Airways – ✆ 0 825 825 400 (0,18 €/mn) - www.britishairways.com.
Delta Airlines – ✆ 0 892 702 609 (0,34 €/mn) - www.delta.com.
United – ✆ 01 71 23 03 35 - www.continental.com.
KLM – ✆ 0 969 368 605 (0,80 €/mn) - www.klm.com.
Lufthansa – ✆ 0 892 231 690 (0,35 €/mn) - www.lufthansa.fr.
US Airways – ✆ 0 821 980 999 (0,15 €/mn) - www.usairways.com.
Icelandair – ✆ 01 44 51 60 51 - www.icelandair.fr. Vols Paris-Boston *via* Reykjavik.

AÉROPORTS

La plupart des vols entre l'Europe et la Nouvelle-Angleterre font escale à New York (aéroports Newark Liberty ou John F. Kennedy) ou à Boston (Logan International Airport), puis des correspondances desservent les principaux aéroports de la région.

Logan International Airport (BOS) – À 5 km au nord-est du centre-ville de Boston (MA) - ✆ 800 235 6426 - www.massport.com/logan-airport.
Bangor International Airport (BGR) – À 3 km au nord de Bangor (ME) - ✆ 207 992 4600 - www.flybangor.com.
Bradley International Airport (BDL) – À 19 km au nord de Hartford (CT) - ✆ 860 292 2000 - www.bradleyairport.com.
Burlington International Airport (BTV) – À 5 km à l'est de Burlington (VT) - ✆ 802 863 1889 - www.btv.aero.
Manchester Airport (MHT) – À 6,5 km au sud de Manchester (NH) - ✆ 603 624 6556 - www.flymanchester.com.
Portland International Jetport (PWM) – À 5 km au sud de Portland (ME) - ✆ 207 874 8877 - www.portlandjetport.org.
T.F. Green Airport (PVD) – Warwick (RI), à 16 km au sud de Providence - ✆ 401 691 2471 - www.pvdairport.com.

CENTRALES DE RÉSERVATION

Vous obtiendrez les meilleurs prix en passant par les centrales de réservation en ligne qui proposent des tarifs intéressants, des occasions de dernière minute ou des packages avion + hôtels. C'est le cas de **www.voyagermoinscher.com**
Ebookers – www.ebookers.fr.
Expedia – www.expedia.fr
Go Voyages – www.govoyages.com
Kayak – www.kayak.fr

Lastminute – www.lastminute.com
Opodo – www.opodo.fr.
Voyages-sncf.com – www.voyages-sncf.com
Vols uniquement :
Airportail – www.airportail.com
Bourse des vols – www.bourse-des-vols.com

VOYAGISTES

S'il peut être plus avantageux de négocier directement un vol sec, pour les circuits et les séjours (surtout à thème), les voyagistes proposent des offres souvent intéressantes.

Spécialistes des États-Unis

Terre d'Escales – 35 blvd Saint-Martin -75010 Paris - ✆ 01 42 36 13 91 - www.terre-escales.com. Des programmes complets imaginés par des spécialistes de la destination. Une référence.

Back Roads – 14 pl. Denfert-Rochereau - 75014 Paris - ✆ 01 43 22 65 65 - www.backroads.fr. L'un des meilleurs spécialistes des États-Unis : voyages organisés, circuits en voiture, 4x4 ou camping-car, séjours sportifs, etc.

Comptoir des voyages – 2-18 r. St-Victor - 75005 Paris - ✆ 01 53 10 30 15 - www.comptoir.fr. Circuits presque à la carte, combinant vol et location de voiture, de camping-car ou de moto.

La Maison des États-Unis – 3 r. Cassette - 75006 Paris - ✆ 01 53 63 13 43 - www.maisondesetatsunis.com. Voyages organisés ou sur-mesure, tourisme d'affaires, vols secs à tarifs avantageux.

Jet Set Voyages – 41-45 r. Galilée - 75016 Paris - ✆ 01 53 67 13 00 - www.jetset-voyages.fr. Le continent américain sous toutes les formes : séjours accompagnés, sur-mesure, à la carte, en voiture, croisières, séjours golf, équitation…

Voyageurs du Monde – 55 r. Ste-Anne - 75002 Paris - ✆ 01 42 86 16 00 - www.voyageursdumonde.fr. Voyages et circuits culturels soigneusement organisés.
13 agences en région, une à Bruxelles, à Genève et à Montréal.

Terres d'Aventure – 30 r. St-Augustin - 75002 Paris - ✆ 01 70 82 90 00 - www.terdav.com. En province, dans les mêmes agences que Voyageurs du Monde. Le professionnel du voyage à pied

Généralistes

Directours – ✆ 01 45 62 62 62 - www.directours.com.

Look Voyages – ✆ 01 45 15 15 15 - www.look-voyages.fr.

TUI/Nouvelles Frontières – ✆ 0 825 000 825 (0,20 €/mn) - www.tui.fr

Thomas Cook – ✆ 0 826 826 777 (0,15 €/mn) - www.thomascook.fr. Édite une brochure spéciale USA.

Avant de partir

FICHE D'IDENTITÉ

Nom : Nouvelle-Angleterre (New England)
États : Connecticut (CT), Maine (ME), Massachusetts (MA), New Hampshire (NH), Rhode Island (RI), Vermont (VT)
Villes principales : Boston (MA), Providence (RI), Hartford (CT), New Haven (CT).
Superficie : 172 139 km^2
Population : 14 444 865 habitants
Monnaie : dollar ($)
Langue : anglais
Voir « Les États de Nouvelle-Angleterre », p. 383.

Météo

PRÉVISIONS

Outre les informations dispensées à la télévision par la chaîne météo, vous trouverez des prévisions à dix jours sur le site **www.weather.com**.

CARACTÉRISTIQUES CLIMATIQUES

L'**hiver** est très froid, principalement au nord, où les températures varient de - 23 °C à - 12 °C. Des tempêtes de neige peuvent même paralyser la circulation, notamment en février. La grande majorité des sites culturels, sauf à Boston, sont fermés. En revanche, les paysages enneigés sont magnifiques et l'on peut pratiquer le ski.
Le **printemps**, aux températures très variables, ne dure guère plus de quelques semaines. La floraison des arbres est magnifique.
L'**été** est humide et chaud et l'on appréciera les plages, les îles et les séjours au bord des lacs.
L'**automne**, aux journées ensoleillées et aux nuits froides, est la saison qui attire un grand nombre de touristes venus admirer la splendide parure des arbres pendant le fameux **été indien**. Mais il faut savoir qu'il pleut aussi beaucoup à cette période.

VÊTEMENTS ET ACCESSOIRES

Selon la saison, emportez des vêtements légers ou bien chauds, mais sachez que le temps change rapidement d'un jour à l'autre. Pensez aussi à prendre un vêtement de pluie et de bonnes chaussures. En été, la chaleur peut être étouffante et le soleil écrasant : une bonne crème solaire, des lunettes de soleil et un chapeau sont alors indispensables.
Attention, dès qu'il fait chaud et humide, moustiques et taons prolifèrent à proximité des zones marécageuses et des plages : pensez à vous munir d'un répulsif. Dans tous les cas, vous trouverez sur place tout le nécessaire.

Adresses utiles

OFFICES DE TOURISME

Il n'existe pas de bureau d'office du tourisme des États-Unis, mais vous pouvez vous renseigner auprès du **Visit USA Committee**, qui dépend de l'ambassade américaine – ✆ 0 899 70 24 70 (3 €/appel, pas de surtaxe depuis un mobile) - lun.-vend. 9h30-13h, 14h-17h30 - www.office-tourisme-usa.com.
Pour les offices de tourisme en Nouvelle-Angleterre, voir p. 446.

REPRÉSENTATIONS DIPLOMATIQUES AMÉRICAINES

France – Ambassade - 2 av. Gabriel - 75008 Paris - ✆ 01 43 12 22 22 - fr.usembassy.gov. Il existe des consulats à Bordeaux, Lyon, Marseille, Rennes, Strasbourg et Toulouse, mais ils ne sont pas autorisés à fournir des visas (ils ne fournissent qu'une assistance aux citoyens américains).

Belgique – Ambassade : 27 bd du Régent - 1000 Bruxelles - ✆ 02 811 40 00 - unitedstates.diplomatie.belgium.be.

Suisse – Ambassade : Sulgeneckstrasse 19 - 3007 Berne - ✆ 031 357 70 11 - ch.usembassy.gov.

Canada – Ambassade : 490 Sussex Drive - Ottawa, Ontario K1N 1G8 - ✆ 613 688 5335 - ca.usembassy.gov. Consulats à Montreal et Québec.

Représentations diplomatiques en Nouvelle-Angleterre, voir p. 447.

LIBRAIRIES SPÉCIALISÉES

France – **W.H. Smith** - 248 r. de Rivoli - 75001 Paris - ✆ 01 44 77 88 99 - whsmith.fr.

Bibliothèque américaine :

The American Library in Paris - 10 r. du Gén.-Camou - 75007 Paris - ✆ 01 53 59 12 60 - www.americanlibraryinparis.org.

Belgique – **Sterling Books** - Wolvengracht/r. du Fossé-aux-Loups 23 - 1000 Bruxelles - ✆ 02 223 62 23 - www.sterlingbooks.be.

INTERNET

Cartes et plans

www.viamichelin.fr et **www.mapquest.fr** : cartographie et calcul d'itinéraires mondiaux.

Sites généralistes

www.diplomatie.gouv.fr/fr/conseils-aux-voyageurs : fiches pays, formalités, santé, sécurité.

www.office-tourisme-usa.com : site officiel de l'office de tourisme américain (en français).

www.visitusa.org : site institutionnel (en anglais).

www.citysearch.com : recense les propositions d'hébergement, restauration et loisirs des principales villes des États-Unis (en anglais).

www.yellowpages.com : pages jaunes (en anglais).

Sites spécialisés

www.massvacation.com : fournit des informations utiles sur le Massachusetts (organisées par régions), des bons plans et des suggestions d'itinéraires (en français).

www.bostonusa.com : le site du Greater Boston Convention and Visitors Bureau offre tous types d'informations sur Boston : hébergements, restaurants, loisirs, événements, etc. (en anglais).

www.yankeemagazine.com : de nombreuses thématiques et divers dossiers sur la Nouvelle-Angleterre.

www.boston.com : musique, théâtre, danse, expositions mais aussi chroniques gastronomiques, météo locale et état du trafic.

www.bostonmagazine.com : actualités, chroniques, tendances et, chaque année, la publication du *Best of Boston*, une sélection des meilleures adresses de la ville (restaurants, bars, clubs, boutiques, salons de coiffure…).

www.maathiildee.com : ce blog d'une Française à Boston existe depuis 2012 et fournit des idées de voyages à Boston et dans la région

www.downeast.com : version web du *Magazine of Maine*, pour connaître les bonnes adresses du « Pine Tree State », et son calendrier culturel.

Formalités

PIÈCES D'IDENTITÉ ET VISA

Vérifiez vos pièces d'identité **AVANT de réserver votre voyage** : si elles ne sont pas conformes ou vous imposent l'obtention d'un visa, il vous faudra prévoir de très longs délais, incluant un rendez-vous en personne aux services de l'ambassade des États-Unis à Paris.

Passeport

Pour entrer aux États-Unis sans visa, il faut, y compris pour les enfants, posséder un passeport **biométrique** ou **électronique** en cours de validité. À défaut, l'obtention d'un visa ou d'un nouveau passeport sera obligatoire.

Sur les passeports biométriques (délivrés depuis 2009) ou électroniques (délivrés depuis 2006), la photo d'identité numérisée est reproduite deux fois sur la même page et un symbole (cercle dans un rectangle) figure sur la couverture. En cas de doute, renseignez-vous auprès de votre préfecture ou sur le site de l'ambassade des États-Unis (fr.usembassy.gov).

Les **enfants**, quel que soit leur âge, doivent être munis d'un **passeport individuel**, car les autorités américaines ne reconnaissent pas l'inscription des enfants sur le passeport des parents.

Visa

Il n'est pas exigé pour les voyages touristiques inférieurs à 90 jours. Il l'est pour les étudiants et les séjours professionnels (les démarches peuvent prendre de 2 à 6 mois). En outre, tous les voyageurs, avec visa ou non, sont soumis à la prise de leurs empreintes digitales et à la numérisation de leur photographie, en application du **programme US-Visit**.

Depuis janvier 2009, il est obligatoire, pour les voyageurs sans visa, de remplir, au moins 72h avant le départ, une **demande d'autorisation électronique de voyage** payante (ESTA : 14 $, valable deux ans), à imprimer avant de partir car elle peut être demandée à l'aéroport. Vous trouverez ce questionnaire sur le site https://esta.cbp.dhs.gov (LE seul site officiel, évitez les autres proposés par votre moteur de recherche). Depuis décembre 2016, il a été ajouté une rubrique, pour l'instant optionnelle, concernant les réseaux sociaux (les identifiants sont demandés).

Les Canadiens n'ont pas besoin de visa, sauf s'ils sont fiancés à un ressortissant américain. Ils ne sont pas soumis aux mesures d'enregistrement de données d'identification.

Permis de conduire

Sachez que, sur place, le permis de conduire peut être demandé en plus du passeport lors des vérifications d'identité.

BAGAGES

Renseignez-vous auprès de votre compagnie aérienne, car les **surcharges** sont facturées parfois très cher. Attention, si vous faites une **première escale** sur le territoire américain pour prendre une correspondance, vous devrez passer à la douane, les retirer, passer au contrôle et les faire réenregistrer pour le vol intérieur. Au retour, en revanche, vous pourrez les enregistrer pour tout le trajet.

DOUANES

Après le 11 septembre 2001, les mesures de sécurité pour les vols au départ ou en direction des États-Unis ont été renforcées. Dans l'avion, on vous distribue un formulaire par famille à remplir pour la douane.

Produits alimentaires et plantes sont interdits d'entrée, de même que les armes et les munitions. Certains médicaments (notamment les narcotiques) sont interdits au passage de la douane, donc si vous suivez un traitement, munissez-vous de l'ordonnance à votre nom, traduite en anglais, avant le départ.

Depuis novembre 2006, tous **liquides**, aérosols, gels et substances pâteuses (crèmes, mascaras, dentifrices...) sont interdits en cabine. Mettez-les dans vos bagages de soute, sauf ceux qui vous seront indispensables pendant le vol (médicaments liquides, comme insuline et sirops). Les médicaments solides, en comprimés et en gélules, et les aliments pour bébé sont autorisés en cabine. Parfums et alcools achetés à la boutique hors taxes doivent vous être livrés dans des sacs scellés.

La législation autorise l'**importation** de 1 l d'alcool par personne de plus de 21 ans, 200 cigarettes ou 50 cigares, ainsi que tout cadeau ne dépassant pas une valeur de 100 $. Pour connaître en détail cette réglementation, interrogez votre transporteur aérien et **Infos Douane Service** – ✆ 0 811 20 44 44 (0,06 €/mn + coût d'un appel local) - www.douane.gouv.fr.

Bon à savoir – Le premier contact avec le pays s'effectue lors du passage à l'immigration : vos empreintes et un cliché de votre visage seront pris et vous devrez répondre aux (nombreuses) questions d'un fonctionnaire plus ou moins accueillant. Faites-le sérieusement, même si certaines questions peuvent paraître saugrenues, comme celles concernant la profession des parents, par exemple.

ASSURANCES

Ne faites surtout pas l'économie d'une véritable **assurance santé**, car les frais montent très vite, surtout si vous avez besoin de radios ou d'une hospitalisation. Les tour-opérateurs proposent en général une police d'assurance très complète couvrant le remboursement en cas d'annulation, les frais de soin et de rapatriement, ainsi qu'un remboursement forfaitaire en cas de vol ou de détérioration de vos bagages. Renseignez-vous également auprès de votre banque, car certaines cartes bancaires, dont la **Visa Premier** ou la **Gold MasterCard**, donnent droit à une couverture à l'étranger. Les grosses compagnies mutuelles disposent aussi de ce service.

Analysez les conditions de garantie : **vous ne devez pas avoir à faire l'avance des frais** et devrez demander une couverture d'au moins 150 000 €.

Sinon, vous pouvez vous adresser à titre individuel aux grandes compagnies spécialisées :

AVA – www.ava.fr

AVI International – www.avi-international.com

Axa Assistance – www.axa-assistance.fr

Europ Assistance – www.europ-assistance.fr

Mondial Assistance – 54 r. de Londres - 75008 Paris - ✆ 01 53 05 86 00 - www.mondial-assistance.fr.

Pour les services médicaux en Nouvelle-Angleterre, voir « Santé » p. 448.

Téléphoner en Nouvelle-Angleterre

Pour appeler vers la Nouvelle-Angleterre depuis l'étranger, composez le 00 + 1 + numéro à 10 chiffres de votre correspondant.

Pour les appels nationaux ou de Nouvelle-Angleterre vers l'étranger, voir « Téléphone », p. 451.

Budget à prévoir

Les États-Unis sont une destination chère, où les coûts dépendent du cours du dollar. Les prix variant énormément d'un endroit à l'autre et en fonction de votre moyen de transport, il est difficile de fixer des budgets types. Ceux qui suivent sont établis **en pleine saison**.
En semaine et hors saison, il est possible d'obtenir des réductions sur les chambres d'hôtel. Ces budgets, donnés à titre indicatif, incluent les taxes locales, une boisson de temps à autre et des visites (musées, parcs naturels). Pour un séjour en motel bon marché, des repas modestes et la location d'une voiture, comptez de **100 à 150 $** par jour et par personne. Pour un motel de caractère ou un B & B de charme, des restaurants plus raffinés et une voiture de location, comptez un minimum de **200 $** par jour et par personne.

Se loger

Les variations de prix au sein d'un même établissement sont parfois très importantes. Les prix figurant dans ce guide correspondent à une fourchette allant de la chambre standard à la suite, en **haute saison**. Ils tiennent compte des offres promotionnelles et incluent les taxes *(voir tableau ci-dessous)*.

Retrouvez notre sélection d'hébergements dans « Nos adresses », à la fin du descriptif de chaque ville ou site de la partie « Découvrir ».

LES TYPES D'HÉBERGEMENT

Motels et hôtels

Le **motel**, construit pour le voyageur motorisé, se situe en général en périphérie des villes ou le long des grands axes. Il s'organise sur un ou deux étages autour du parking. Les chambres donnent sur l'extérieur et vous pouvez garer votre véhicule juste devant. L'aspect extérieur du motel est très simple, mais les chambres, très grandes (on peut souvent y loger à quatre), sont généralement confortables. Même la première catégorie dispose du confort de base : une bonne literie, salle de bains ou douche, air conditionné, télévision, téléphone, réfrigérateur. Il est fréquent d'avoir en plus un four à micro-ondes, un sèche-cheveux, une table pour prendre ses repas et même un fer à repasser !
L'**hôtel** est plutôt situé en centre-ville, dans des immeubles plus importants et plus hauts.
Réservez suffisamment à l'avance, par téléphone, Internet ou fax, surtout si vous voyagez entre mai et septembre. Il vous faudra toujours donner votre numéro de carte bancaire pour sécuriser la réservation, mais

NOS CATÉGORIES DE PRIX

	Hébergement	Restauration
Premier prix	jusqu'à 100 $	jusqu'à 20 $
Budget moyen	de 100 $ à 200 $	de 20 $ à 35 $
Pour se faire plaisir	de 200 $ à 300 $	de 35 $ à 50 $
Une folie	plus de 300 $	plus de 50 $

le montant ne sera prélevé qu'à votre arrivée.

Bon à savoir – Si vous devez annuler votre séjour, prévenez impérativement avant 18h, voire la veille, sinon la nuit vous sera débitée.

Grandes chaînes

Beaucoup de motels et d'hôtels affiliés à de grandes chaînes n'ont guère de caractère et s'alignent en bordure des routes, mais ils assurent un confort et un service standard. Réservation centralisée par téléphone (numéro gratuit) ou par Internet. Le web permet d'ailleurs de bénéficier de rabais et d'offres spéciales, notamment dans les catégories supérieures.

Liste des principales chaînes par ordre de prix croissant :

Motel 6 – ✆ 1 800 899 9841 - www.motel6.com.

Red Roof – ✆ 1 800 733 7663 - www.redroof.com. Petit-déjeuner inclus.

Econo Lodge – ✆ 1 800 267 3837 (en français) - www.econolodge.com. Petit-déjeuner inclus.

Super 8 – ✆ 1 800 454 3213 - www.super8.com. Petit-déjeuner inclus.

Travelodge – ✆ 1 800 525 4055 - www.travelodge.com.

Comfort Inn – ✆ 1 800 267 3837 (en français) - www.comfortinn.com. Petit-déjeuner inclus.

Quality Inn – ✆ 1 800 267 3837 (en français) - www.qualityinn.com. Petit-déjeuner inclus.

La Quinta – ✆ 1 800 753 3757 - www.lq.com. Petit-déjeuner inclus.

Ramada – ✆ 800 854 9517 - www.ramada.com.

Best Western – ✆ 1 800 780 7234 - www.bestwestern.com. N° Vert depuis la France : ✆ 0 800 904 490.

Holiday Inn – ✆ 888 465 4329 - www.holidayinn.com. Petit-déjeuner inclus. N° Vert depuis la France : ✆ 0 811 980 002.

Bed & Breakfast et auberges de caractère

Plus raffinés, les B & B et les auberges de caractère *(inns)* se distinguent par leur taille modeste, le charme de leur accueil et de leur décoration. Ils pratiquent en général des prix élevés, mais on y est traité comme des invités : plantureux petit-déjeuner ou souvent, en fin de journée, un verre de vin et un plateau de fromage, occasion de faire connaissance avec vos hôtes et les autres résidents. Les B & B n'ont cependant pas toujours le caractère convivial de ceux d'Irlande ou de Grande-Bretagne, car ils sont souvent tenus par une gouvernante *(innkeeper)* et les propriétaires n'y résident pas ou ne se mélangent pas aux hôtes. Ils peuvent compter plus de 20 chambres et ressembler à de petits hôtels de luxe.

Plusieurs sites généralistes répertorient ces établissements : www.selectregistry.com ; www.bedandbreakfast.com ; www.bbonline.com.

Et des sites spécialisés : www.maineinns.com ; www.boston-bnbagency.com ; www.bedandbreakfastnh.com ; www.vermontinns.com.

Auberges de jeunesse

Elles proposent aux visiteurs tout un réseau d'étapes bon marché (comptez de 35 à 50 $ par nuit et par personne). L'hébergement est simple : les chambres de style dortoir (couverture et oreiller fournis), s'assortissent de douches, machines à laver, cuisine en accès libre. La carte de membre est recommandée.

Hostelling International USA – ✆ 240 650 2100 - www.hiusa.org.

Camping

Parcs nationaux et parcs d'État, forêts nationales et domaines privés proposent une gamme étendue de campings. Les tarifs varient selon

les services proposés (tables de pique-nique, bornes eau/électricité, douches, restaurants, machines à laver, équipements de loisirs, épiceries, etc.). Il est recommandé de réserver entre mi-mai et mi-oct.
La plus répandue des chaînes de campings est **KOA** (Kampgrounds of America) – ✆ (1) 888 562 0000 - www.koa.com).
Autres listes de campings sur : www.gocampingamerica.com et www.reserveamerica.com
Il est parfois aussi possible de faire du **camping sauvage**.

Séjours à la ferme

Certaines fermes invitent leurs hôtes payants à participer aux activités quotidiennes d'une exploitation agricole. Les prix varient de 135 à 250 $ la nuit.
Parmi les sites Internet qui répertorient ces établissements (avec une carte interactive très pratique) : www.farmstayus.com ; www.mass.gov/agr/massgrown/agritourism_farms.htm.

LES PRIX DE L'HÉBERGEMENT

C'est sans conteste ce qui vous coûtera le plus cher. Il est cependant très difficile de citer des prix précis, car les tarifs changent quasiment tous les jours, en fonction du remplissage, de la saison, du jour de la semaine, du type de chambre. En règle générale, ceux qui sont indiqués sur le tableau ou les brochures sont les tarifs de base *(rack rate)*, pratiqués lors des réservations. En réservant par téléphone, vous ne pourrez pas obtenir de réelle baisse, mais demandez le **special rate** ou les **special offers**. Attention, le prix des chambres est systématiquement majoré d'une **taxe**, variable selon les endroits (de 10 à 17 %).
Dans un motel bas de gamme (équivalent 1 étoile), il faut compter de 50 à 90 $ pour deux personnes. Pour la gamme intermédiaire (2 étoiles), comptez entre 80 et 100 $ pour deux. Les B & B démarrent à 120 $ pour deux et peuvent dépasser les 200 $. Les hôtels des grandes chaînes (3 étoiles) tournent entre 175 et 250 $, alors que le grand luxe (4 étoiles) se monnaye à plus de 250 $.
Bon à savoir – Le prix d'une chambre diffère de 10 à 15 $ selon la taille du lit (ce qui peut représenter une économie certaine) et, dans certains établissements, selon le fait qu'elle soit fumeur *(smoking)* ou non.

Réductions

En réservant par Internet sur des **sites de discount**, vous pouvez économiser de 20 à 70 % du prix, notamment dans les grandes villes. Plusieurs sites sont spécialisés : www.hotels.com ; www.discounthotels.com.
Sur place, en arrivant dans les aéroports, offices de tourisme et certains supermarchés, fast-foods et stations-service, demandez les livrets de **coupons** *(coupons guides)* qui offrent des réductions sur les nuits de certains hôtels (valables surtout en semaine et hors saison).

Se restaurer

Retrouvez notre sélection de restaurants dans « Nos adresses », à la fin du descriptif de chaque ville ou site de la partie « Découvrir ».
Les prix figurant dans ce guide *(voir tableau p. 436)* correspondent au prix moyen d'un dîner « à l'américaine », constitué le plus souvent d'un seul plat copieux ou d'une salade-repas, et accompagné d'une boisson (hors vin).

LES TYPES D'ÉTABLISSEMENT

L'appellation « restaurant » désigne des établissements très différents, du simple **snack-bar** (type fast-food) ou de la banale **cafétéria**, aux restaurants de **grandes chaînes** ou aux tables plus raffinées. Certains ne servent que le petit-déjeuner et le déjeuner, d'autres se limitent au dîner, certains proposent les trois.

Les **bars** et **coffee shops** (sortes de salons de thé) servent en général des plats simples, mais copieux et bon marché.

Enfin, vous trouverez partout des **fast-foods** classiques (type McDonald's, très bon marché aux États-Unis), chinois ou mexicains.

À de rares exceptions près, les pizzerias et les restaurants italiens ne sont pas les moins chers.

Établissement incontournable des États-Unis, le **diner** est né à Providence (Rhode Island), où le premier « *night lunch wagon* » fut ouvert en 1858 pour les employés d'un journal. Ces séduisants wagons-restaurants parsèment encore la région et servent petits-déjeuners, burgers, fruits de mer, salades et plats traditionnels.

De New Haven à Portland en passant par Boston, les grandes villes de la Nouvelle-Angleterre font se côtoyer toutes sortes d'établissements proposant cuisine traditionnelle, ethnique ou fusion. Essayez-les, mais ne vous en contentez pas, car c'est souvent dans les **auberges de campagne** *(country inns)* que se cachent les meilleures tables : plats savoureux, desserts créatifs et cartes des vins primées.

Bon à savoir – Où que vous alliez, gardez à l'esprit que l'on se couche tôt en Nouvelle-Angleterre : en dehors des villes principales, on ne vous servira plus après 21h.

LES REPAS

Le petit-déjeuner

Souvent servi dès 7h du matin et jusqu'à 11h-11h30 (voire toute la journée dans certains établissements), le **breakfast** est très copieux et offre un bon rapport qualité-prix (comptez de 5 à 15 $ selon le nombre d'ingrédients).

Il comprend le plus souvent des **œufs** au plat *(sunny side up)*, en omelette ou brouillés *(scrambled eggs)*, accompagnés de toasts, de **bacon grillé** ou de **saucisses** *(sausages)* et de **pommes de terre** cuites en galettes à la poêle *(hash browns)*. On peut aussi manger sucré : **crêpes** *(pancakes)*, **gaufres** *(waffles)*, **pain perdu** *(french toast)*, **muffins** (gâteaux aux myrtilles, aux pépites de chocolat, au citron…), **doughnuts** (beignets très sucrés), **bagels** (petits pains en forme d'anneau), servis avec du *cream cheese*. On accompagne le tout avec du thé ou du café, en général très léger, et du jus d'orange.

Le samedi et le dimanche matin, beaucoup de restaurants proposent un menu spécial : le **brunch**.

Le déjeuner

Le **lunch** est le repas le plus léger de la journée, servi facilement jusqu'après 15h. Comptez de 4 à 9 $ pour un **sandwich**, chaud ou froid, souvent servi avec des frites, une salade ou de la soupe.

Autre solution : la **salade** toute préparée, souvent gargantuesque, ou celle à composer soi-même dans les *salad bars* (entre 6 et 12 $).

Les **food trucks** constituent une bonne option pour manger sur le pouce : ces camionnettes proposent des menus thématiques très abordables (bio, tacos, salades, poulet, etc.).

La plupart des restaurants et bars proposent un **lunch menu** avec des plats uniques, similaires à ceux du dîner, un peu moins copieux, mais surtout beaucoup moins chers (entre 6 et 12 $).

Autres solutions bon marché, les restaurants chinois et mexicains (ceux qui ont la meilleure réputation sont In & Out, pour la qualité de sa viande, et Fat Burger, qui utiliserait des produits bio) ou les **all-you-can-eat-buffets** (buffets à volonté), autour de 10 $ le week-end, moins cher à midi, mais de qualité variable.

Et si vous rêvez de manger un bon *chili con carne* à petit prix : jetez un œil sur la carte, il est souvent inscrit avec les soupes. On le mange à la cuillère, nappé d'oignons émincés, de fromage râpé et accompagné d'un robuste quignon de pain pour environ 5 $!

Le dîner

Il se prend tôt, vers 17h-19h, même dans les grandes villes. C'est traditionnellement le repas le plus copieux de la journée. On retrouve les mêmes plats qu'au déjeuner (sandwichs, salades, buffets à volonté), mais ceux-ci sont plus copieux et facturés plus cher. Pour les gastronomes, c'est le moment de choisir des restaurants plus raffinés. La carte se divise en trois grandes sections : appelées *appetizers*, les entrées sont parfois assez copieuses pour constituer un plat (de 7 à 15 $) ; les plats principaux se nomment *entrees* et sont toujours servis avec une salade ou une soupe et un ou deux accompagnements au choix (de 15 à 30 $) ; les desserts sont énormes et très sucrés (de 6 à 10 $).

LES BOISSONS

Beaucoup de restaurants familiaux ou populaires ne servent pas d'alcool, car les restaurants doivent pour cela avoir une **licence** spéciale (*wine license* pour les vins, *full license* pour tous les alcools). Les établissements de qualité proposent souvent une **carte des vins** intéressante où vous retrouverez les principaux vins de Californie, mais aussi du Chili et de France. Ils sont chers, mais on peut souvent les commander au verre.

D'une manière générale, à peine arrivé, on vous sert un immense verre d'eau du robinet, glacée, que l'on renouvelle tout au long du repas. L'eau minérale est rare et chère, car souvent importée. La plupart des Américains commandent des sodas, servis dans des verres immenses, ou bien de l'*iced tea*, un thé glacé, sucré ou non *(sweetened* ou *unsweetened)*. Au cours du repas, on vous proposera un *refill* : acceptez, le second verre est compris dans le prix.

Dans les bars, vous pourrez choisir parmi les nombreuses **bières** américaines (Coors, Sam Adams…) ou mexicaines (Corona, Dos Equis…). Pour avoir une bière pression, demandez une *draft beer* ou une *beer on tap*.

skodonnell / iStock

PRENEZ LE TEMPS DE (RE) DÉCOUVRIR LE MONDE

© shapecharge / iStock

itsskin / iStock

© kupicoo / iStock

RETROUVEZ LA CARTE DE VOTRE PROCHAINE DESTINATION ***CHEZ VOTRE LIBRAIRE !***

MICHELIN

Sur place de A à Z

ACHATS

Les États-Unis sont un paradis pour les amateurs de shopping qui y feront réellement de bonnes affaires. Jeans, sportswear, équipement sportif sont bien moins chers qu'en Europe, de même que les marques de cosmétiques américaines, la maroquinerie, l'optique, l'électronique et les articles pour la maison.

Assurez-vous toutefois que le matériel électronique soit compatible avec votre équipement (tension et fréquence sont différentes), et que les DVD pourront être lus de retour chez vous (les États-Unis sont en zone 1, l'Europe en zone 2).

Retrouvez notre sélection de boutiques dans « Nos adresses », à la fin du descriptif de chaque ville ou site de la partie « Découvrir ».

Antiquités

La Nouvelle-Angleterre est connue pour ses antiquités, présentées dans les élégantes boutiques de Boston, dans les villages touristiques ou, sur les bords des routes. Repérez les panneaux *Antiques* ou *Yard Sales* (vide-greniers).

Marchés fermiers

En Nouvelle-Angleterre, à la période des récoltes (de mi-mai à début octobre), de nombreux fermiers vendent pour un prix modique les produits frais de leurs exploitations. Ils disposent alors des étals le long des routes. Les visiteurs peuvent aussi cueillir fruits et légumes dans des fermes ouvertes au public.

Sirop d'érable

Sa récolte a lieu au printemps et les visiteurs sont bienvenus dans les nombreuses cabanes à sucre du Vermont ou du New Hampshire. C'est l'occasion de faire sa provision de *mapple syrup*.

Où faire de bonnes affaires

Discount stores – Ces immenses solderies vendent à prix cassé des produits de marque d'anciennes collections ou présentant de petits défauts.

Factory outlets – Il s'agit de véritables villages, rassemblant les magasins d'usine des grandes marques. Les prix y sont en principe

CONVERSION DES TAILLES DANS L'HABILLEMENT									
FEMMES				HOMMES					
Tailles		Chaussures		Costumes		Chaussures		Chemises	
USA	FR	USA	FR	USA	FR	USA	FR	USA	FR
2	36	4	35	36	46	71/2	40	14	37
4	38	5	36	38	48	81/2	41	15	38
6	40	6	37	40	50	91/2	42	151/2	39/40
8	42	7	38	42	52	101/2	43	16	41
10	44	8	39	44	54	111/2	44	161/2	42
12	46	9	40	46	56	121/2	45		

inférieurs d'au moins 30 % par rapport aux boutiques classiques. Le site www.expressfactoryoutlet permet de les localiser.

Horaires d'ouverture

Les magasins ouvrent du lundi au samedi de 10h à 18h, ainsi que le dimanche avec des horaires réduits ; les centres commerciaux *(outlets malls)* du lundi au samedi de 10h à 21h, et le dimanche de 12h à 18h.

Pointures et tailles

Les vêtements taillent plus grand : si vous avez l'habitude d'acheter des tee-shirts Medium (M) en Europe, vous devrez sans doute prendre la taille Small (S) aux États-Unis.

Tableau ci-contre.

Pour le linge de maison, sachez que les dimensions des lits et des oreillers ne sont pas les mêmes.

ALCOOL

Il faut avoir 21 ans pour acheter ou consommer de l'alcool et votre identité peut vous être demandée. On en trouve dans les boutiques spécialisées *(liquor stores)* ou dans les rayons séparés des grandes surfaces et des épiceries. D'une manière générale, ne transportez pas de bouteilles entamées dans l'habitacle de votre voiture et ne buvez pas sur la voie publique.

ARGENT

Monnaie

L'unité monétaire américaine est le **dollar** ($), divisé en 100 cents.
Il existe des billets de 1, 5, 10, 20, 50 et 100 $, ainsi que des pièces de 1 *(penny)*, 5 *(nickel)*, 10 *(dime)*, 25 *(quarter)* et 50 cents *(half dollar)*, voire de 1 $. Toutes les pièces sont de couleur argent, sauf celles de 1 cent (cuivre) et celles de 1 $ (doré).

Bon à savoir – Tous les billets sont verts et de la même taille et la pièce de 10 cts est plus petite que celle de 5.

Cartes de crédit

Elles sont presque toujours acceptées et sont indispensables pour retenir une chambre d'hôtel ou louer une voiture. Le taux de change appliqué est celui du jour de la transaction et une commission est facturée.
Lorsque vous utilisez votre carte de paiement dans un magasin, on vous demandera : *debit or credit ?* Les cartes étrangères, même si elles ne sont pas à proprement parler des cartes de crédit, sont considérées comme telles. Il vous faudra alors signer le reçu et non pas composer votre code secret.

Banques

D'innombrables **distributeurs (ATM)** sont disponibles absolument partout, y compris dans certains magasins, restaurants et *deli*.
Les banques sont ouvertes du lundi au vendredi de 9h à 16h/17h, le samedi de 9h à 12h.
Vérifiez bien avant de partir le plafond des retraits autorisés par semaine pour ne pas rester bloqués sur place. En cas d'urgence, vous pouvez envoyer ou recevoir de l'argent immédiatement auprès de : **Western Union** – ☏ 0 800 900 191 (depuis la France) ou 1 800 325 6000 (depuis les États-Unis) - www.westernunion.com.

Change

Au moment ou nous imprimons ce guide 1 € = 1,18 $. La plupart des succursales des banques nationales proposent un service de change, moyennant un pourcentage modéré.

Travelex – www.travelex.com. Guichet à l'aéroport de Boston et 745 Boylston St.

Thomas Cook – www.thomascook.com. Guichets dans la plupart des grandes villes de la région.

American Express – www.americanexpress.com. Guichets dans la plupart des grandes villes de la région.

Chèques de voyage

Ils sont remboursés en cas de perte ou de vol. Se procurer des chèques de 20 $ minimum. Mêmes taux de change et commission que pour les cartes.

DATE ET HEURE

Aux États-Unis, la **date** s'écrit en mentionnant d'abord le mois, suivi du jour, puis de l'année. Le 6 avril 2019 par exemple s'écrit donc 04/06/19.

L'**heure** n'est signalée que de 1 à 12, suivi ou non de AM *(ante meridiem)* pour le matin, mais toujours suivi de PM *(post meridiem)* l'après-midi : 8 : 00 ou 8 am, c'est avant midi ; 8 pm, c'est le soir ; en revanche, 12 : 00 ou 12 pm correspondent à midi et 12 am à minuit.

DÉCALAGE HORAIRE

La Nouvelle-Angleterre se situe dans la zone **EST (**Eastern Standard Time). La majeure partie de l'année, il y a **6 heures** de décalage avec la France : quand il est 12h à Boston, il est 18h à Paris, Bruxelles ou Genève.

Ce décalage varie, bien sûr, selon les différents horaires d'été et d'hiver. Les États-Unis adoptent l'**heure d'été** (+ 1h) du premier dimanche d'avril au dernier dimanche d'octobre.

DROGUE

La possession de drogues dures ou de stupéfiants est très sévèrement punie (longues peines de prison). Si vous suivez un traitement médical à base de tranquillisants ou de narcotiques, gardez votre ordonnance sur vous (si possible avec la traduction).

ÉLECTRICITÉ

Aux États-Unis, le courant est en **110 volts** et les prises sont différentes. Certains appareils de voyage peuvent basculer du 220 V au 110 V (vérifiez avant de partir). Les appareils européens nécessitent un **adaptateur** à fiches plates (disponibles dans les aéroports et les magasins d'électronique).

FEUILLAGES D'AUTOMNE

La coloration des feuillages commence début septembre le long de la frontière canadienne et dans les zones d'altitude, puis se déplace progressivement vers le sud jusqu'à la fin du mois d'octobre. Pour les hôtels, circuits guidés, transports, les réservations sont vivement recommandées.

Pour plus d'informations, consultez le site www.yankeefoliage.com.

HANDICAPÉS

La loi américaine impose que tous les services accueillant le public disposent de modes d'accès compatibles avec les principaux handicaps. Musées, hôtels, restaurants sont tous, au moins partiellement, accessibles en fauteuil roulant. Les bus sont parfaitement équipés et le chauffeur vous aidera à la simple vue du fauteuil.

Les personnes à mobilité réduite trouveront des informations utiles sur les sites suivants : www.miusa.org ; www.disabledtravelers.com.

HORAIRES D'OUVERTURE

Administrations, banques et **bureaux de poste** ouvrent généralement du lundi au vendredi de 9h à 17h, parfois le samedi matin (hors administrations publiques).

Les **commerces** ferment plus tard : vers 18h en moyenne, sauf les grands centres commerciaux, qui restent ouverts jusqu'à 20h-21h, et les petites épiceries (23h ou plus). La plupart des commerces restent ouverts le dimanche.

Beaucoup de **restaurants** populaires ou familiaux ouvrent dès 7h. Ils servent sans interruption jusqu'à la fermeture, proposant trois cartes différentes selon l'heure : le petit-déjeuner (jusqu'à 11h-11h30), le *lunch* (12h-16h), et le dîner (17h-21h/22h). Les Américains dînant tôt, il est parfois impossible de dîner après 20h-20h30 dans les petites villes. L'appellation *early bird* ou *pre-theater* désigne le dîner servi entre 17h et 18h30-19h. Dans les grandes villes ou le long des autoroutes, des snacks restent ouverts tard dans la nuit, voire jusqu'au petit matin.

INTERNET

Aucun problème si vous voyagez avec votre ordinateur portable, car de nombreux établissements (hôtels, restaurants, cafés) offrent l'**accès Wifi** à leurs clients. Il n'est pas rare de pouvoir se connecter dans les musées et dans certains parcs ou lieux publics.
Les cybercafés sont en revanche de moins en moins nombreux, mais les **bibliothèques municipales** *(library)* fournissent un accès souvent gratuit contre une pièce d'identité. Seule restriction : l'accès est limité entre 15mn et 1h, vous ne pouvez pas aller sur certains sites, ni faire d'achats.

MÉDIAS

Journaux

Avec quelque 435 000 exemplaires vendus chaque jour, le *Boston Globe*, racheté en 1993 par le *New York Times*, est de loin le quotidien le plus lu en Nouvelle-Angleterre. Suivent le *Boston Herald*, le *Hartford Courant* et le *Providence Journal*. La région compte d'innombrables publications, quotidiennes ou hebdomadaires, payantes ou gratuites ! Le plus lu des journaux populaires américains est **USA Today**. Au niveau national, les quotidiens les plus appréciés sont le **Washington Post** et le **New York Times**. Les plus célèbres hebdomadaires sont **Time** et **Newsweek**.

JOURS FÉRIÉS		
New Year's Day (Jour de l'an)	Nouvelle-Angleterre	1er janvier
Martin Luther King's Birthday	Nouvelle-Angleterre	3e lundi de janvier
President's Day	Nouvelle-Angleterre	3e lundi de février
Town Meeting Day	Vermont	1er mardi de mars
Patriots'Day	Maine, Massachusetts	3e lundi d'avril
Memorial Day (Fête du Souvenir)	Nouvelle-Angleterre	Dernier lundi de mai ou 30 mai
Independance Day (Fête nationale)	Nouvelle-Angleterre	4 juillet
Victory Day	Rhode Island	2e lundi d'août
Bennington Battle Day	Vermont	16 août
Labor Day (Fête du Travail)	Nouvelle-Angleterre	1er lundi de septembre
Columbus Day	Nouvelle-Angleterre	2e lundi d'octobre
Veterans Day (Anciens combattants)	Nouvelle-Angleterre	11 novembre
Thanksgiving Day (Action de Grâces)	Nouvelle-Angleterre	4e jeudi de novembre
Christmas Day (Noël)	Nouvelle-Angleterre	25 décembre

Les journaux français *(Le Monde, Le Figaro)* et internationaux sont distribués dans les grandes villes et les stations touristiques.

Télévision

Plusieurs dizaines de chaînes de télévision régionales, des programmes sur Internet, et de nombreuses radios alimentent en informations la Nouvelle-Angleterre. Certaines sont affiliées à des antennes nationales (Fox, CNN, etc.). Avec Boston, le Massachusetts compte à lui seul 16 chaînes de télévision.

MUSÉES ET MONUMENTS

Dans les grandes villes, les **musées** sont généralement ouverts de 10h à 17h et proposent une nocturne dans la semaine (en général le jeudi). Vérifiez toujours l'heure de la dernière entrée, qui dépend du temps nécessaire à la visite.

Leur accès n'est pas bon marché (comptez de 5 à 25 $), mais il n'est pas rare qu'ils offrent une plage horaire gratuite ou à tarif réduit.

Les **enfants** bénéficient de réductions pour la plupart des sites touristiques et musées. Des réductions sont également consenties aux **étudiants**, s'ils présentent une attestation, et gratuité dans certains cas pour les **seniors** de plus de 62 ans. Certaines villes, comme Boston, proposent des pass qui donnent accès à différents sites et monuments. Renseignez-vous auprès des offices de tourisme des villes que vous visitez.

Maisons historiques de Nouvelle-Angleterre

Contactez les organisations suivantes, qui entretiennent et proposent des visites de leurs bâtiments classés.

Society for the Preservation of New England Antiquities – 141 Cambridge St. - Boston (MA) - ✆ 617 227 3956 - www.historicnewengland.org.

Antiquarian and Landmarks Society – 255 Main St. - Hartford (CT) - ✆ 860 247 8996 - www.ctlandmarks.org.

National Trust for Historic Preservation – 1785 Massachusetts Ave. - NW, Washington DC - ✆ 202 588 6000 - savingplaces.org.

Musées d'histoire vivante

La Nouvelle-Angleterre est synonyme d'Histoire et la région, possède un ensemble de musées vivants avec des animateurs en habits d'époque, des animaux dans certains villages historiques et des démonstrations.

Si le Rhode Island ne possède pas de village historique vivant, ses somptueux *mansions* (manoirs), aux décors inchangés, offrent aux jeunes un véritable voyage dans le passé.

Voir tableau « Types de séjour » p. 428.

OFFICES DE TOURISME

Dans ce guide, les offices de tourisme sont indiqués, sur les cartes, par le symbole ℹ.

Connecticut Office of Tourism – 1 Constitution Plaza (2e étage) - Hartford (CT) - ✆ 888 288 4748 - www.ctvisit.com.

Maine Office of Tourism – 59 State House Station - Augusta (ME) - ✆ 888 624 6345 - www.visitmaine.com.

Massachusetts Office of Travel & Tourism – 10 Park Plaza (Suite 4510) - Boston (MA) - ✆ 617 973 8500 - www.mass-vacation.com.

New Hampshire Office of Travel & Tourism Development – 172 Pembroke Rd - Concord (NH) - ✆ 603 271 2665 - www.visitnh.gov.

Rhode Island State Tourism Division – 315 Iron Horse Way (Suite 101) - Providence

(RI) - ✆ 800 556 2484 - www.visitrhodeisland.com.
Vermont Department of Tourism & Marketing – 1 National Life Dr. (6th Floor) - Montpelier (VT) - ✆ 800 837 6668 - www.vermontvacation.com.

PARCS D'ÉTAT

Pour en savoir plus sur les parcs d'État *(State Parks)* où l'on peut camper, randonner et pêcher, voici la liste des organismes qui peuvent vous renseigner :
Connecticut, State Parks Division – 79 Elm St. - Hartford - ✆ 860 424 3000 - www.ct.gov.
Maine, Bureau of Parks and Land – 22 State House Station - Augusta - ✆ 207 287 3821 - www.state.me.us/doc/parks.
Massachusetts, Division of Forests and Parks – 251 Causeway St. (Suite 900) - Boston - ✆ 617 626 1250 - www.mass.gov/dcr.
New Hampshire, Division of Parks & Recreation – 172 Pembroke Rd - ✆ 603 271 3556 - www.nhparks.state.nh.us.
Rhode Island, Department of Parks and Recreation – 1100 Tower Hill Rd - North Kingstown - ✆ 401 667 6200 - www.riparks.com.
Vermont, Department of Forests, Parks & Recreation – 1 National Life Dr., Davis 2 - Montpelier - ✆ 888 409 7579 - www.vtstateparks.com.

POSTE

Le courrier met de 6 à 15 jours pour parvenir en Europe, en fonction de la ville d'envoi. Les **timbres** sont vendus dans les bureaux de poste, certains supermarchés, parfois dans les drugstores et les supérettes. Comptez 0,98 $ pour une carte postale.
Il est également possible d'envoyer des lettres et des colis en express par la poste, mais le service demeure assez lent. Renseignez-vous dans un bureau de poste ou sur le site Internet de l'US Postal Service : www.usps.com
Les bureaux des **transporteurs rapides**, comme DHL (www.dhl.com) ou FedEx (www.fedex.com), sont très répandus.

POURBOIRE

Dans les restaurants, il est d'usage de laisser au serveur un pourboire *(tip)* de 20 % du total de la note, car le service n'est pratiquement jamais compris dans l'addition (en cas de paiement par carte de crédit, n'oubliez pas d'inscrire le montant du pourboire sur le ticket et de calculer le montant total en l'incluant).
Il arrive que le pourboire soit déjà inclus dans l'addition, après le total et sous la dénomination *gratuity* accompagnée d'un pourcentage. Rien ne vous empêche de rajouter quelque chose, mais lisez bien les notes que l'on vous présente !
Pour les chauffeurs de taxi, comptez en général 15 % du prix de la course, pour les grooms 1 $ par bagage, et pour les femmes de chambre 1 $ par jour. Pour les coiffeurs, c'est généralement au gré du client.

REPRÉSENTATIONS DIPLOMATIQUES

Toutes les ambassades nationales sont regroupées à Washington DC, mais vous trouverez à Boston les consulats suivants :
Consulat de France – Park Square Building - 31 Saint James Ave. (Suite 750) - ✆ 617 832 4400 - www.consulfrance-boston.org.
Consulat de Belgique – 18 Washington Square West - Salem - ✆ 978 825 4300 - diplomatie.belgium.be.
Consulat de Suisse – 420 Broadway - Cambridge - ✆ 617 876 3076 - www.swissnexboston.org.

Consulat du Canada – 3 Copley Place (Suite 400) - ✆ 617 247 5100 - www.Canada.ca/CanadaABoston.

SANTÉ

Bien qu'il n'y ait pas de problème sanitaire particulier aux États-Unis, il est impératif de prendre une assurance avant de partir.
Voir « Formalités », p. 434.

Services médicaux

Faites-vous préciser par votre assurance santé complémentaire quelle est la **marche à suivre** en cas de maladie ou d'accident, et quels sont les formulaires à remplir. Envisagez toutes les éventualités (radios, dentiste, hospitalisation).

En cas de besoin, appelez les urgences ou rendez-vous à l'hôpital le plus proche, mais sachez que les services d'urgences constituent une solution très onéreuse. S'il n'y a pas d'urgence vitale, allez dans un **walk-ins welcome** (cabinet médical acceptant les patients sans rendez-vous), dans une **walk-in clinic** ou une **medical clinic** : il vous en coûtera au minimum 150 $ sans le traitement.

Urgences

Police, Pompiers, santé – ✆ 911.

Pharmacies

Les médicaments sont vendus dans les **drugstores** et **pharmacies**.

La plupart des magasins d'alimentation et des supermarchés ont un rayon petite pharmacie.

SAVOIR-VIVRE

Les Américains font la **queue** dans le calme et l'ordre : il est impensable d'essayer de doubler.

Les emplacements de **parking** réservés aux personnes à mobilité réduite sont exclusivement destinés à cet usage. Ne vous y garez pas, ne serait-ce que le temps d'un bref arrêt : c'est très mal vu et vous risquez une forte amende.

Les **piétons** sont rois : laissez-les passer systématiquement si vous en croisez, même s'il n'y a pas de feux de signalisation.

Dans la plupart des **restaurants**, il ne faut pas vous présenter à une table, mais attendre qu'une hôtesse vous installe. *Wait to be seated* indique généralement un panneau à l'entrée de la salle.

Le **patriotisme** étant très répandu dans la société, évitez de toucher à leur réputation de liberté, de justice et de bonté, et ne contestez pas la politique étrangère du pays.

Ne vous aventurez pas sur le thème de l'**avortement**, de la **peine de mort** ou du **port d'armes**, très sensibles, sauf si vous êtes sûrs de partager les mêmes opinions que vos interlocuteurs.

La **religion** est un autre sujet très important. L'adhésion à une secte ou à une autre est parfaitement acceptée et il est malvenu de critiquer la religiosité ambiante ou tout simplement la notion de foi.

En revanche, ne soyez pas surpris si l'on vous pose des questions sur votre métier et si l'on tente de mesurer votre **niveau de vie** : le travail est une valeur fondamentale des Américains, de même que la réussite sociale.

SPORTS ET LOISIRS

Baignade

Les plages de Nouvelle-Angleterre sont propres et sablonneuses.

La température de l'eau est variable, de 18 °C à 24 °C. Renseignez-vous pour les inversions de marée et les puissants courants sous-marins *(undertow)* qui peuvent être dangereux. La prudence s'impose pour la baignade sur les plages non surveillées (à éviter avec des enfants).

Chasse et pêche

L'abondance de gibier (daims, élans) et de poisson (truites) fait de la Nouvelle-Angleterre un paradis pour les amateurs de chasse et de pêche. Les six États exigent un **permis de pêche** pour pratiquer ces activités. Les magasins de matériel de pêche proposent des permis à la journée pour les non-résidents. Les **permis de chasse** pour les non-résidents sont souvent beaucoup plus chers que ceux des résidents. Fusils et carabines doivent être déchargés et placés dans un étui sûr pour le transport (pas de permis obligatoire). Pour plus d'informations contactez les agences suivantes :

Connecticut Department of Environmental Protection – ✆ 860 424 3000 - www.ct.gov.

Maine Department of Inland Fisheries and Wildlife – ✆ 207 287 8000 - www.maine.gov/ifw.

Massachusetts Division of Fisheries and Wildlife – ✆ 617 626 1500 - www.mass.gov.

New Hampshire Fish & Game Department – ✆ 603 271 3421 - www.wildlife.state.nh.us.

Rhode Island Division of Fish & Wildlife – ✆ 401 222 6800 - www.dem.ri.gov/programs/fish-wildlife.

Vermont Department of Fish and Wildlife – www.vtfishandwildlife.com.

Découverte des baleines et des macareux

Grâce à l'abondance de plancton, les **baleines** côtoient en nombre le littoral de Nouvelle-Angleterre, du printemps au milieu du mois d'octobre, lorsqu'elles migrent de l'Atlantique nord vers les mers chaudes des Caraïbes.

Entre juin et début août (période idéale : juillet), on peut voir les **macareux** lorsqu'ils se regroupent dans le golfe du Maine sur Eastern Egg Rock, Matinicus Rock et Mathias Seal Island. Il n'est possible de descendre à terre que sur Mathias Seal Island (se munir de jumelles). Renseignez-vous sur place auprès des organismes qui élaborent toutes sortes de circuits.

Randonnées pédestres

Les **parcs d'État**, les forêts et les bases de loisirs *(recreation areas)* sont sillonnés de nombreux sentiers bien aménagés. Certains sont même goudronnés et accessibles aux handicapés. Les circuits sont cartographiés ; pensez à demander les **fiches de randonnée** et les consignes particulières à l'entrée ou au *Visitor Center*. D'autres ne sont ouverts que si vous avez retiré un **permis** *(voir pages pratiques correspondantes)*.

Le long des routes touristiques, vous verrez de petits panneaux marron avec le logo du randonneur et le nom du sentier *(trail)*. Suivez toujours les chemins balisés et évitez de prendre des raccourcis, ces derniers pouvant non seulement s'avérer dangereux, mais causer une érosion du terrain. Les randonneurs solitaires prendront, avant de partir, la précaution d'avertir quelqu'un de leurs projets.

En Nouvelle-Angleterre de nombreux sentiers de randonnée sillonnent la région :
- Le **Long Trail** (440 km), dans le Vermont, court du nord au sud le long des Green Mountains, de la frontière du Canada à celle du Massachusetts. - L'**Appalachian Trail** traverse la Nouvelle-Angleterre du Mount Katahdin, dans le Maine, jusqu'à la frontière entre le Connecticut et l'État de New York. - L'**Acadia National Park** offre des sentiers de randonnée d'accès relativement facile sur 14 000 ha. - Les sentiers du **Baxter State Park** (81 000 ha) et de la **White Mountain National Forest** (313 000 ha) demandent un effort plus soutenu.

À cela, il faut ajouter les 734 km d'anciennes voies ferrées qui ont été reconverties en chemins de terre ou en pistes goudronnées accessibles aux randonneurs et aux cyclistes.

Pour plus de détails sur les sentiers :

Rails-to-Trails Conservancy – ☎ 202 331 9696 - www.railstotrails.org.

Cyclotourisme

Les vélos sont interdits sur la plupart des chemins de terre. Les cyclistes sont tenus d'emprunter pistes et routes goudronnées, de rouler à droite et l'un derrière l'autre. Casques et autres équipements de protection sont vivement conseillés, autant pour des questions de sécurité que de prise en charge par l'assurance en cas d'accident.

Équipez-vous de cartes détaillées et tenez compte des prévisions météorologiques, en particulier dans les zones d'altitude.

Pour obtenir des informations sur les sentiers et connaître la réglementation locale concernant les VTT, contactez les offices de tourisme des localités. On trouve des cartes dans les magasins de sport.

Pour plus de détails sur les circuits :

Appalachian Mountain Club – www.outdoors.org

Back Country Excursions – www.bikebackcountry.com

Backroads – www.backroads.com

Discovery Bicycle Tours – discoverybicycletours.com

New England Hiking Holidays – ☎ 800 869 0949 ou 603 356 9696 - www.thewayfarers.com.

US Forest Service – www.fs.fed.us/r9/gmfl

Vermont Bicycle Touring – www.vbt.com

Vermont State Parks – www.vtstateparks.com

SPORTS D'HIVER

Les montagnes de la Nouvelle-Angleterre ont beau ne pas culminer à des hauteurs très impressionnantes, il neige beaucoup dans la région en hiver, de décembre à avril.

Ski de piste

Les stations de ski les plus importantes se trouvent dans les Green Mountains du Vermont, et les White Mountains du New Hampshire.

On trouve également d'excellentes stations dans le nord-ouest du Maine, l'ouest du Connecticut et les Berkshires (Massachusetts).

Il y a souvent possibilité de prendre des forfaits pour 3 jours ou plus, incluant location de matériel, transport au bas des pistes, remontées mécaniques et repas.

Comme en Europe, il existe quatre niveaux de **pistes**, mais ils n'ont pas la même dénomination : de la plus simple à la plus compliquée, on trouve les *green circles*, les *blue squares*, les *black diamonds* et les *double black diamonds*.

Les stations de radio de toute la région du Nord-Est émettent des bulletins sur l'enneigement et les conditions de ski. Plus de détails : www.snocountry.com.

Infos sur les stations : www.skinh.com (New Hampshire) ; www.skimaine.com (Maine) ; www.skivermont.com (Vermont).

Ski de fond et raquettes

De nombreuses pistes de ski de fond *(cross-country)* et de **raquettes** *(snow shoes)* sillonnent la région, mais, dans l'arrière-pays, la plupart ne sont pas damées. Certaines, en revanche, sont équipées de cahutes pour se réchauffer *(warming huts)*, d'autres proposent des refuges avec couchages.

Bon à savoir – Demandez l'accord du propriétaire avant de traverser un domaine privé.

Motoneige

Les amateurs apprécieront les kilomètres de pistes traversant domaines publics et privés :

Connecticut Office of State Parks & Recreation – www.ct.gov
Snowmobile Association of Massachusetts – www.sledmass.com
Maine Snowmobile Association – www.mesnow.com
The New Hampshire Snowmobile Association – www.nhsa.com
Vermont Association of Snow Travelers – www.vtvast.org
Snowmobile Vermont – www.snowmobilevermont.com
New Hampshire Bureau of Trails – www.nhstateparks.org/about-us/Trails/

Traîneaux à chiens

C'est une façon unique de découvrir la beauté des régions sauvages du Maine en hiver.
Mahoosuc Guide Service – 1513 Bear River Rd - Newry (ME) - ✆ 207 824 2073 - www.mahoosuc.com. Cet organisme propose des excursions de 1 ou 2 jours dans le Maine et le New Hampshire.
Pour plus d'informations, consultez le site dédié à cette activité : www.newenglanddogsledding.com.

TABAC

La législation concernant le tabac est très stricte. Il est ainsi **strictement interdit de fumer** dans les transports et les lieux publics, dans la plupart des restaurants, bars, clubs, etc.
De surcroît, les cigarettes sont assez chères (les prix varient considérablement d'un État à l'autre et selon les magasins).

TAXES

À l'exception des aliments non préparés, la plupart des biens ou services sont soumis à des taxes. Les prix sont toujours indiqués hors taxes (y compris dans ce guide).
À une première taxe d'État (6 %) s'ajoutent les taxes locales, variables selon les comtés (voire les villes), et/ou une taxe de tourisme dont le montant varie aussi selon les lieux. La taxe hôtelière (2-6 %) et la taxe prélevée sur les voitures de location sont également variables. Tenez-en compte en faisant vos achats et vos réservations, et n'hésitez pas à vous faire préciser le prix *including tax*.
Hors hôtels et restaurants, le New Hampshire est exempté de taxes.

TÉLÉPHONE

Renseignements

Pour une aide téléphonique, faites le 0 de n'importe quelle cabine et vous aurez un opérateur qui vous passera le numéro souhaité. Vous pouvez aussi consulter le ✆ 411.

Appels locaux et nationaux

Les numéros américains sont composés d'un indicatif régional à 3 chiffres, suivi du numéro de votre correspondant à 7 chiffres.
Pour les appels locaux (même indicatif régional), ne composez que les 7 chiffres si vous appelez d'une ligne fixe, mais ajoutez l'indicatif si vous utilisez un portable.
Pour appeler une autre région (indicatif régional différent), composez le 1 + l'indicatif régional + le numéro du correspondant.

Appels internationaux

Appels depuis les états-Unis :
– vers la France : 011 + 33 + le n° du correspondant (sans le 0 initial) ;
– vers la Belgique : 011 + 32 + n° de la zone sans le 0 + n° du correspondant ;
– vers la Suisse : 011 + 41 + n° de la zone sans le 0 + n° du correspondant ;
– vers le Canada : 011 + 1 + n° de la province + n° du correspondant.

Numéros gratuits et spéciaux

Les numéros commençant par 800, 877, 888, 866… sont gratuits (*toll free,* toujours indiqué), et souvent utilisés par les compagnies aériennes, les hôtels, B & B et loueurs de voitures. Ils fonctionnent depuis la France mais sont alors payants. Si vous devez appeler un numéro de ce type faites-le précéder du 1 si vous appelez d'une ligne fixe (mais pas si vous utilisez un portable). Ils se présentent souvent avec des noms ou des mots (exemple : 1-800 5 FRANCE) pour une mémorisation plus facile ; il suffit de repérer sur les touches du téléphone à quels numéros correspondent les lettres.

Comment appeler

Hôtel – Pour téléphoner à l'étranger de votre chambre, composez le 9 suivi du 011 + l'indicatif du pays + le numéro de l'abonné (sans le 0 initial en France). Le coût de l'appel sera comptabilisé sur votre facture. Si vous laissez sonner plus de cinq fois, la communication vous sera facturée même si personne ne répond.

Cabines téléphoniques – Elles fonctionnent avec des pièces de 5, 10 et 25 cents qui défilent très vite et sont très peu commodes pour les appels internationaux. Elles ne rendent ni la monnaie ni les pièces non utilisées.

Cartes téléphoniques prépayées *(prepaid phonecards)* – Elles s'achètent dans les épiceries, les gares routières, les stations-service et les bureaux de poste. Comptez de 5 à 20 $ pour l'international. Composez le Numéro Vert (1-800), le code à 16 chiffres fourni avec la carte, puis le numéro de votre correspondant. On vous indiquera alors de combien de minutes vous pouvez bénéficier.

Téléphone portable français – Sur place, votre portable captera automatiquement un réseau partenaire de votre opérateur (ou celui de votre choix) : informez-vous auparavant des tarifs auprès de votre opérateur. La communication vers la France est chère : en moyenne 2,30 €/mn et 1,50 € pour la réception d'un appel. Mieux vaut garder le contact par texto (env. 0,30 €).

Téléphone portable prépayé *(prepaid cell phone)* – Pratique pour les séjours prolongés. Tous les magasins de téléphonie en proposent (Verizon, AT & T, T-Mobile). Vous achetez une carte sim et un temps de communication (premier prix env. 30 $), que vous alimentez ensuite par des cartes à code achetées dans les mêmes lieux que les cartes téléphoniques *(voir ci-avant)*. Attention : appels sortants comme entrants sont facturés.

TEMPÉRATURES

La température est donnée en degrés Fahrenheit, système très différent de celui des degrés centigrades (ou Celsius).

Pour convertir facilement les degrés Fahrenheit en degrés Celsius et s'approcher au maximum de la réalité, on divise par 2 et on soustrait 15.

Voir tableau ci-dessous.

TRANSPORTS EN COMMUN

Bus

Greyhound – ✆ 800 231 2222 - www.greyhound.com. Principale compagnie d'autocars des États-Unis, elle dessert la plupart des villes de Nouvelle-Angleterre. Les plus grandes agglomérations

TABLEAU DE CONVERSION DES TEMPÉRATURES										
Fahrenheit	14°	23°	32°	41°	50°	59°	68°	77°	86°	95°
Celsius	-10°	-5°	0°	5°	10°	15°	20°	25°	30°	35°

UNITÉS DE MESURE		
	USA	**FR**
Poids	1 ounce (oz)	28 g 1 g : 0,035 oz
	1 pound (lb) = 16 ounces	450 g 1 kg : 2,20 lb
Volumes	1 pint (pt) = 16 ounces (fl. oz)	0,4731 l
	1 quart (qt) = 2 pints 1 gallon US = 4 quarts (qt) : 3,8 l	env. 1 l 1 l : 0,26 gallon US
Longueur	1 inch	2,5 cm
	0,39 inch	1 cm
	1 foot (ft) = 12 inches	0,30 m
	39 inch	1 m
	1 yard (yd) = 3 feet	0,91 m
	1,09 yd	1 m
	1 mile	1,6 km
	0,62 mile	1 km
Superficies	1 acre (a)	0,4 ha
	2,47 acres	1 ha

urbaines possèdent pratiquement toutes une gare routière, tandis que dans les petites communautés, l'arrêt se fait souvent dans une station-service, voire un bureau de poste. Les cars sont confortables et ponctuels.

Train

Le réseau ferroviaire **Amtrak** dessert plus de 50 communes en Nouvelle-Angleterre, offrant une alternative intéressante au bus, qui reste le moyen de transport favori des Américains.
Si le ticket est plus onéreux, certaines lignes rapides permettent de gagner du temps et de profiter d'un niveau de confort supérieur : comptez 3h30 pour rallier Boston depuis New York, contre 4h30 en car. Le train longe en partie la côte et le trajet est sublime (mais comptez de 3 à 4 fois le montant du même trajet en bus).
Il est fortement conseillé de réserver suffisamment à l'avance.
Couchettes et première classe sont disponibles. Gares et compartiments sont non fumeurs. Billets en vente sur Internet, dans les gares ou, avant le départ, auprès de votre agence de voyages.
Pour tout renseignement : **Amtrak** – ✆ 800 872 7245 - www.amtrak.com (version française).

UNITÉS DE MESURE

Le système décimal n'a pas cours aux États-Unis, où les unités de mesure sont très différentes.
Voir tableau ci-dessus.

VOITURE

Permis de conduire

Le permis national (de plus de un an) est suffisant pour un séjour inférieur à 3 mois, mais mieux vaut vous munir d'un **permis international**, qui s'obtient en France dans les préfectures.

Ayez toujours l'un ou l'autre sur vous, même si vous ne conduisez pas. Idem pour le permis moto.

Location de voiture

Il faut avoir au moins 21 ans pour louer un véhicule.

Assurez-vous que votre location de véhicule est bien **inter-États**. Vous prendrez en principe votre véhicule avec le plein et devrez le rendre dans le même état. Assurez-vous que le manuel de la voiture est dans la boîte à gants et demandez que l'on vous explique comment **bloquer la vitesse** *(cruise control)*, très utile pour les longs trajets sur autoroutes. Vérifiez toujours l'état des **pneus** et, si vous roulez beaucoup, contrôlez régulièrement leur **pression** afin d'éviter qu'ils n'éclatent.

Bon à savoir – Dans les régions enneigées, la plupart des loueurs interdisent le port de chaînes sur leurs véhicules. En montagne, certaines voitures sont toutefois louées avec des pneus neige.

Les principales compagnies sont présentes dans la plupart des grandes villes et aéroports de la région. Il vous sera demandé un supplément si vous rendez le véhicule dans une autre agence que celle où vous l'avez loué.

Alamo – ✆ 888 233 8749 - www.alamo.com.

Avis – ✆ 800 633 3469 - www.avis.com.

Budget – ✆ 800 218 7992 - www.budget.com.

Dollar – ✆ 800 800 4000 - www.dollar.com.

Enterprise – ✆ 800 261 7331 - www.enterprise.com.

National – ✆ 877 222 9058 - www.nationalcar.com.

Thrifty – ✆ 888 400 8877 - www.thrifty.com.

Conduite

Les voitures sont toutes équipées d'une **boîte de vitesses automatique** : D *(drive)* pour avancer, R *(reverse)* pour la marche arrière, P pour parking, N *(neutral)* pour point mort, L *(low gear)* pour les vitesses basses (1re ou 2e) en montagne.

Code de la route

Il est permis de **tourner à droite** lorsque le feu est rouge, à condition de faire attention aux voitures arrivant de la gauche et qu'aucun panneau n'indique le contraire *(No turn on right)*. En ville, un couloir est souvent dessiné au centre de la chaussée : il est réservé aux voitures qui désirent quitter le trafic pour tourner à gauche.

Respectez les **limitations de vitesse**, qui varient selon le type de route et les endroits. Ne doublez pas si le panneau « Stop » du bus scolaire est abaissé.

Avec de jeunes enfants renseignez-vous pour les sièges auto qui sont obligatoires et que l'on peut se procurer dans la plupart des locations de voiture.

Le panneau *carpool* (présent surtout sur les autoroutes) indique que le couloir est réservé aux voitures transportant plus d'un passager.

En cas d'accident

Dans le cas où il y a des dommages corporels ou matériels, il faut alerter la police locale et ne pas quitter les lieux avant d'y avoir été autorisé par les agents chargés de l'enquête.

Essence

Moins chère qu'en France, elle est vendue par **gallon** (3,8 l). Les prix varient beaucoup d'un État à l'autre, et entre les villes et la campagne. Excepté pour les grosses voitures, le **regular unleaded** suffit. Beaucoup de stations fonctionnent avec la carte de crédit et des automates 24h/24.

Avantages club

Les membres de l'Automobile club de France, de la Fédération française des automobiles clubs, du camping club de France ou de la Fédération française de sport automobile ont droit aux services de l'**American Automobile Association** (www.aaa.com) en montrant leur carte française : dépannage d'urgence, itinéraires personnalisés sous forme de livrets (à commander à l'avance) et importantes réductions dans les hôtels.

Se diriger

Les distances sont données en miles (1 mile = 1,6 km). Pour repérer votre destination, ne vous contentez pas du nom de la ville, mais faites attention au **numéro de la route** et à la **direction** *(north, south, east, west)*, le plus souvent abrégée par la première lettre du mot.

Les grandes **intersections** sont appelées *Junctions* et sont en général signalées à l'avance : on vous annonce la jonction avec la route que vous traversez (Jct-70 annonce que vous croisez la Route 70).

Les routes précédées de la lettre I (I-95), pour *interstate highways*, sont de grandes **autoroutes fédérales**. Les impaires sont orientées globalement du nord au sud ; les paires vont d'est en ouest.

Les autres routes : code US (US-50) pour les **routes fédérales**, code de l'État suivi de chiffres pour les **routes d'État**. Les petites **routes secondaires** sont des *country roads* (entretenues par le comté) ou *township roads* (entretenues par une municipalité).

Automne dans le New Hampshire.
P. Unger/Getty Images

En famille

Dans ce guide, le symbole 👪 signale les sites, attractions ou activités qui présentent un intérêt particulier pour les enfants.
Dans les hôtels, vous aurez souvent des *packages* familiaux avantageux (incluant chambre, repas, activités).

Dans la plupart des restaurants, à l'exception des plus huppés, on vous fournit une chaise bébé et il existe souvent un menu pour les enfants (*Kids'Menu* ou *Children's Menu*).

SITES OU ACTIVITÉS À FAIRE EN FAMILLE			
Chapitre du guide	**Nature**	**Musée**	**Loisirs**
Acadia National Park	Programmes dédiés aux enfants		Balades à vélo
Les Berkshires		Hancock Shaker Village ; MASS MoCA	
Block Island	Abrams Farm		Crescent Beach
Boston	New England Aquarium	Children's Museum ; Tea Party Ship and Museum ; USS Constitution ; Boston Museum of Science	Duck Tours ; bateaux-cygnes du Public Garden
Burlington	Shelburne Farms	Shelburne Museum ; Ben & Jerry's Ice Cream Factory	
Cambridge		Harvard Museum of Natural History	
Cape Ann		Hammond Castle Museum	Plages
Cape Cod	Salt Pond Visitor Center à Eastham ; Province Lands Visitor Center à Provincetown	Heritage Museums & Gardens à Sandwich ; Cape Cod Museum of Natural History à Brewster	Observation des baleines ; The Adventure Park à Sandwich
Concord et Lexington		Concord Museum	Battle Road ; Walden Pond State Reservation
Côte du Maine		Seashore Trolley Museum ; Maine Maritime Museum	Old Orchard Beach ; observation des baleines ou des macareux
Côte du New Hampshire	Odiorne Point State Park	Seacoast Science Center	

SITES OU ACTIVITÉS À FAIRE EN FAMILLE			
Chapitre du guide	**Nature**	**Musée**	**Loisirs**
Deerfield		Basketball Hall of Fame à Springfield ; The Amazing World of Dr Seuss	Six Flags New England au sud de Springfield
Hanover			Mount Sunapee State Park
Hartford		Mark Twain House and Museum ; Dinosaur State Park à Rocky Hill ; New England Air Museum à Windsor Locks	
Litchfield Hills			*Tubing* sur la Housatonic
Lowell		Butterfly Place	
Manchester (VT)			Bromley Mountain
Martha's Vineyard			Flying Horses Carousel
Middlebury	UVM Morgan Horse Farm	Lake Champlain Maritime Museum ; Fort Ticonderoga	
Montpelier	North Branch Nature Center		
Mystic Seaport		Children's Museum	Mystic Aquarium
New Bedford		New Bedford Whaling Museum ; Battleship Cove à Fall River	
New Haven	Tower Path du Sleeping Giant State Park	Peabody Museum of Natural History ; Shore Line Trolley Museum à East Haven	
Newburyport	Plum Island		Crane Beach
Newport	Green Animals Topiary Gardens		Flying Horse Carousel à Watch Hill
The North Woods			activités de plein autour du lac Moosehead
Norwalk		Barnum Museum à Bridgeport	Maritime Aquarium

Chapitre du guide	Nature	Musée	Loisirs
Portland		Children's Museum	Train à vapeur d'Eastern Promenade
Providence	Roger Williams Park Zoo		
Provincetown			Herring Cove Beach
Région du lac Winnipesaukee			Weirs Beach ; Gunstock Mountain Resort
Région des Rangeley Lakes			activités de plein air ; Moose Alley
Région du mont Monadnock	Friendly Farm		Kimball Farm Restaurant ; Silver Ranch
Rutland			Killington Mountain
Salem		Salem Maritime National Historic Site ; Peabody Essex Museum	
St Johnsbury		Fairbanks Museum ; Maple Grove Farms of Vermont ; Bread and Puppet Museum à Glover	
Stowe			Stowe Mountain Resort Adventure Center
Vallée du Connecticut			Essex Steam Train
Les White Mountains	Polar Caves Park ; Lost River		Le train à crémaillère du mont Washington ; Story Land ; Santa's Village ; Clark's Trading Post
Woodstock		Billings Farm and Museum ; Monshire Museum of Science à Norwich	
Worcester		Old Sturbridge Village	

GUIDE VERT MICHELIN
WEEK&GO
VOUS ALLEZ REVENIR AVEC L'ENVIE DE REPARTIR !
PLAN DÉTACHABLE
MICHELIN
CAP-VERT
PLAN DÉTACHABLE
MICHELIN
MONTÉNÉGRO
PLAN DÉTACHABLE
MICHELIN
SAN FRANCISCO
Découvrez nos sites étoilés, testez nos meilleures adresses et parcourez la ville avec le plan détachable.
© RossHelen/iStock
MICHELIN

Mémo

Agenda

Les dates de certaines manifestations peuvent changer d'une année à l'autre. Pour plus de renseignements, contactez les offices de tourisme locaux.

JANVIER

Stowe Winter Carnival – Stowe (VT) - www.stowewintercarnival.com.

Chinese New Year Parade – Boston (MA) - www.bostonusa.com - fin janv.-début fév.

FÉVRIER

Dartmouth Winter Carnival – Hanover (NH) - www.dartmouth.edu.

Newport Winter Festival – Newport (RI) - www.newportwinterfestival.com.

Mount Washington Ice Festival – North Conway (NH) - www.mwv-icefest.com.

MARS

Boston Flower & Garden Show – Boston (MA) - www.masshort.org.

AVRIL

Boston Marathon – Boston (MA) - www.bostonmarathon.com.

Daffodil Days – Bristol (RI) - www.blithewold.org - 1er avr.-début mai.

Waterfire – Providence (RI) - www.waterfire.org - jusqu'en oct.

Fishermen's Festival – Boothbay Harbor (ME) - www.boothbayharbor.com.

Vermont Antiquarian Spring Book Fair – Burlington (VT) - www.vermontisbookcountry.com.

Daffodil Festival – Nantucket (MA) - daffodilfestival.com/.

MAI

Paddlefest Weekend – Wickford (RI) - www.kayakcentre.com.

New Hampshire Annual Lilac Festival – Portsmouth (NH) - www.visitnh.gov.

Moose Mainea – Moosehead Lake Region (ME) - www.mooseheadlake.org.

JUIN

Yale-Harvard Regatta – New London (CT) - www.yale.edu.

Old Port Festival – Portland (ME) - www.portlandmaine.com.

Jacob's Pillow Dance Festival – Becket (MA) - www.jacobspillow.org - jusqu'à fin août.

Market Square Days Celebration – Portsmouth (NH) - www.seacoastnh.com.

International Festival of Arts and Ideas – New Haven (CT) - www.artidea.org.

Williamstown Theater Festival – Williamstown (MA) - www.wtfestival.org - jusqu'en août.

Block Island Race Week – Block Island (RI) - www.blockislandraceweek.com.

Berkshire Theatre Festival – Stockbridge (MA) - www.berkshiretheatregroup.org - jusqu'à fin août.

Windjammer Days – Boothbay Harbor (ME) - www.boothbayharbor.com.

Vermont Quilt Festival – Essex Junction (VT) - www.vqf.org.

JUILLET

Harborfest – Boston (MA) - www.bostonharborfest.com.

Bow Street Fair – Portsmouth (NH) - www.seacoastrep.org.

Wickford Art Festival – Wickford (RI) - www.wickfordart.org.

Bristol Fourth of July Parade – Bristol (RI) - www.onlinebristol.com - 4 juillet.

Newport Music Festival – Newport (RI) - www.newport music.org.

Lowell Folk Festival – Lowell (MA) - www.lowellfolkfestival.org.

Greater Hartford Jazz Festival – Hartford (CT) - www.hartfordjazz.org.

Yankee Homecoming Days – Newburyport (MA) - yankeehomecoming.com - de fin juil. à début août.

AOÛT

Lobster Festival – Rockland (ME) - www.mainelobsterfestival.com.

Southern Vermont Art and Craft Festival – Manchester (VT) - www.craftproducers.com.

Newport Jazz Festival – Newport (RI) - www.newportjazz.org - 2e w.-end du mois.

Restaurant Week Boston – Boston (MA) - www.restaurantweekboston.com.

Portland Chamber Music Festival – Portland (ME) - www.pcmf.org.

Mt. Washington Hillclimb (bicycle race) – Gorham (NH) - mtwashingtonautoroad.com/.

Champlain Valley Fair – Essex Junction (VT) - www.champlainvalleyfair.org - de fin août à début sept.

SEPTEMBRE

Vermont State Fair – Rutland (VT) - www.vermontstatefair.net.

Norwalk Oyster Festival – Norwalk (CT) - www. seaport.org.

« The Big E » Eastern States Exposition – West Springfield (MA) - www.thebige.com.

Highland Games at Loon Mountain – Lincoln (NH) - www.loonmtn.com/events/nh-highland-games.

Northeast Kingdom Fall Foliage Festival – Northeast Kingdom (VT) - www.nekchamber.com.

Vermont Sheep and Wool Festival – Essex Junction (VT) - vtsheepandwoolfest.com.

League of New Hampshire Craftsmen's Fair – Concord (NH) - www.nhcrafts.org.

OCTOBRE

Fall Foliage Festival – North Adams (MA) - explorenorthadams.com.

Pumpkin Festival – Keene (NH) - www.pumpkinfestival.org.

Haunted Happenings – Salem (MA) - www.hauntedhappenings.org.

NOVEMBRE

Plimoth Plantation : Thanksgiving Celebration – Plymouth (MA) - www.plimoth.org - Thanksgiving Day.

Nantucket Noel – Nantucket (MA) - www.nantucketchamber.org - de fin nov. à fin déc.

Berkshire Museum Festival of Trees – www.berkshiremuseum.org.

DÉCEMBRE

Woodstock Wassail Celebration – Woodstock (VT) - www.woodstockvt.com.

Festival of Trees & Traditions – Hartford (CT) - thewadsworth.org/festivaloftrees/.

First Night Boston – Boston (MA) - www.firstnight.org - 31 déc.

Bibliographie

DIVERS

L'Art de vivre en Nouvelle-Angleterre, Elaine Louie, Solvi Dos Santos, 2002.
La Nouvelle-Angleterre, Daniel Royot, 1991.
L'Histoire de la Nouvelle-Angleterre (BD), Dino Battaglia, 2009.

ROMANS

Les Bostoniennes, Henry James, 1886.
Capitaines courageux, Rudyard Kipling, 1897.
La Lettre écarlate, Nathaniel Hawthorne, 1850.
La Maison aux sept pignons, Nathaniel Hawthorne, 1851.
Moby Dick, Herman Melville, 1851.
Le Dernier Puritain, George Santayana, 1935.
En pleine tempête, Sebastian Junger, 1998.
L'Œuvre de Dieu, la part du Diable, (1985) et *À moi seul bien des personnages* (2012) de John Irving.

En Anglais

Two Years Before the Mast, Richard Henry Dana, 1840.
The Country of the Pointed Firs, Sara Orne Jewett, 1896.
The Late George Apley, John P. Marquand, 1937.
The Outermost House, Henry Beston, 1928.

Filmographie

Manchester by the Sea, Kenneth Lonergan, 2016. Une histoire familiale bouleversante, centrée autour de Lee Chandler, homme brisé, dans les paysages glacés du Massachusets.

Gone Baby Gone, Ben Affleck, 2007. Un polar qui montre la face sombre de Boston.

Mystic River, Clint Eastwood, 2003. Avec Sean Penn. Histoire d'un meurtre mystérieux, tournée à Boston.

Will Hunting, Gus Van Sant, 1997. Avec Matt Damon et Ben Affleck, Histoire d'un génie de la physique travaillant comme concierge au MIT. Parmi les lieux filmés sur place figure la L Street Tavern.

Mystic Pizza, Donald Petrie, 1988. Avec Julia Roberts. Histoire de trois serveuses en quête d'amour. Tourné à Mystic et Stonington (CT).

Les Dents de la mer (Jaws), Steven Spielberg, 1975. Un grand requin blanc attaque des baigneurs. Tourné à Martha's Vineyard (MA).

Carousel, Richard Rogers et Oscar Hammerstein, 1956. Boothbay Harbor et Newcastle (Maine) apparaissent dans cette célèbre comédie musicale de Broadway.

À noter aussi les séries *Boston Legal* (2004-2008), *Ally McBeal* (1997-2002), *Fringe* (2008-2013) qui se déroulent à Boston.

Le guide MICHELIN

A dévorer d'urgence

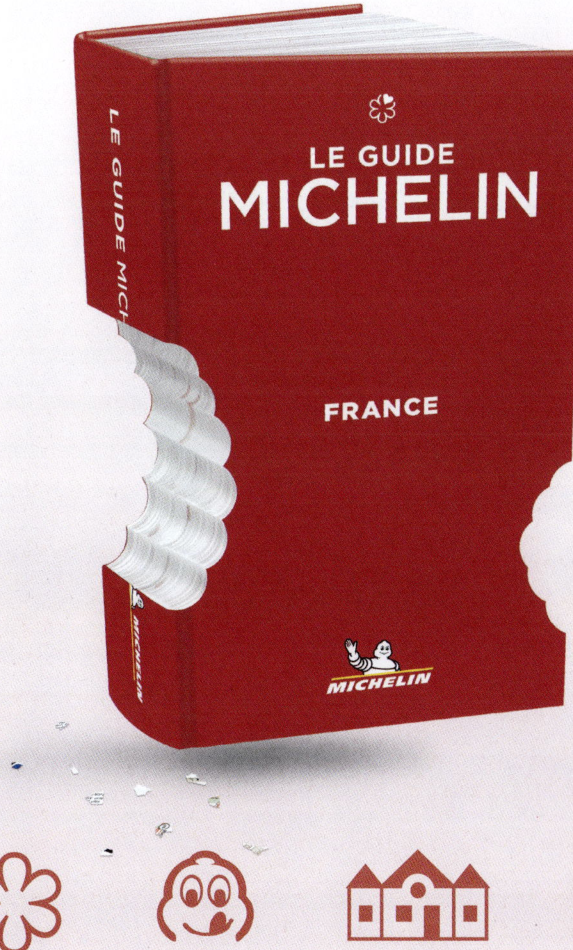

Plus de 5800 adresses dans toute la France.
Disponible dans toutes les bonnes librairies.

MICHELIN

Notes

Notes

Notes

Notes

Boston : villes, curiosités et régions touristiques.
Revere, Paul : noms historiques ou termes faisant l'objet d'une explication.
Les sites isolés (State Parks, lacs, grotte...) sont répertoriés à leur propre nom.
Les noms des **États** sont abrégés de façon suivante :
Connecticut : CT, **Maine** : ME, **Massachusetts** : MA, **New Hampshire** : NH, **Rhode Island** : RI, **Vermont** : VT.

INDEX

A

B

N

U

V

W

Y

CARTES ET PLANS

CARTE GÉNÉRALE

CARTES DES CIRCUITS

CARTES DES RÉGIONS

CARTE THÉMATIQUE

PLANS DE VILLE

CARTES DES ITINÉRAIRES

LÉGENDE DES CARTES ET PLANS

Curiosités et repères

- Itinéraire décrit, départ de la visite
- Église
- Mosquée
- Synagogue
- Temple
- Temple : bouddhique - hindou
- Bâtiment
- Monastère - Phare
- Fontaine
- Point de vue
- Château - Ruine ou site archéologique
- Barrage - Grotte
- Monument mégalithique
- Tour génoise - Moulin
- Temple - Vestiges gréco-romains
- Autre lieu d'intérêt, sommet
- Distillerie
- Palais, villa, habitation
- Cimetière : chrétien - musulman - israélite
- Oliveraie - Orangeraie
- Mangrove
- Auberge de jeunesse
- Gravure rupestre
- Pierre runique
- Église en bois
- Église en bois debout
- Parc ou réserve national
- Bastide

Sports et loisirs

- Piscine : de plein air - couverte
- Plage - Stade
- Port de plaisance - Voile
- Plongée - Surf
- Refuge - Promenade à pied
- Randonnée équestre
- Golf - Base de loisirs
- Parc d'attractions
- Parc animalier, zoo
- Parc floral, arboretum
- Parc ornithologique réserve d'oiseaux
- Planche à voile, kitesurf
- Pêche en mer ou sportive
- Canyoning, rafting
- Aire de camping - Auberge
- Arènes
- Base de loisirs, base nautique ou canoë-kayak
- Canoë-kayak
- Promenade en bateau

Informations pratiques

- Information touristique
- Parking - Parking - relais
- Gare : ferroviaire - routière
- Voie ferrée
- Ligne de tramway
- Départ de fiacre
- Métro - RER - Tramway
- Station de métro (Calgary, ...) (Montréal)
- Téléphérique, télécabine
- Funiculaire, voie à crémaillère
- Chemin de fer touristique
- Transport de voitures et passagers
- Transport de passagers
- File d'attente
- Observatoire
- Station-service - Magasin
- Poste - Téléphone
- Internet
- H Hôtel de ville
- B Banque, bureau de change
- J POL. Palais de justice - Police
- GNR Gendarmerie
- T M Théâtre - Musée
- U Université
- Musée de plein air
- Hôpital
- Marché couvert
- Aéroport
- Parador, Pousada (Établissement hôtelier géré par l'État)
- A Chambre d'agriculture
- D Conseil provincial
- G Gouvernement du district, Délégation du Gouvernement Police cantonale
- L Gouvernement provincial (Landhaus)
- P Chef-lieu de province
- Station thermale
- Source thermale

Axes routiers, voirie

- Autoroute ou assimilée
- Échangeur : complet - partiel
- Route
- Rue piétonne
- Escalier - Sentier, piste

Topographie, limites

- Volcan actif - Récif corallien
- Marais - Désert
- Frontière - Parc naturel

LES ÉTOILES

★★★ **Vaut le voyage** ★★ **Mérite un détour** ★ **Intéressant**

HÔTELS ET RESTAURANTS

9 ch.	Nombre de chambres		Wi-Fi
7,5 €	Prix du petit-déjeuner en sus		Piscine
50 €	Prix de la chambre double, petit-déjeuner compris	CC	Paiement par cartes de crédit
bc	Menu boisson comprise		Carte de crédit non acceptée
	Air conditionné dans les chambres	P	Parking réservé à la clientèle
	Restaurant dans l'hôtel	Tram	Station de tramway la plus proche
	Établissement servant de l'alcool (à l'étranger)	M	Station de métro la plus proche

SYMBOLES DANS LE TEXTE

	À faire en famille		Organisme de tourisme
	Pour approfondir		Astuce, conseil
	Promenade à pied		Adresse coup de cœur
	Randonnée à vélo	**A2 B**	Repère sur le plan
	Facilité d'accès pour les handicapés		

NOTE AU LECTEUR

Michelin a apporté le plus grand soin à la rédaction de ce guide et à sa vérification. Toutefois, les informations pratiques (formalités administratives, prix, adresses, numéros de téléphone, adresses Internet, etc.) doivent être considérées comme des indications du fait de l'évolution constante de ces données.

Il n'est pas totalement exclu que certaines d'entre elles ne soient plus, à la date de parution du guide, tout à fait exactes ou exhaustives. N'hésitez pas à nous signaler toute omission ou inexactitude que vous pourriez constater, ainsi qu'à nous faire part de vos avis et suggestions sur les adresses contenues dans ce guide.

Avant d'entamer toute démarche, formalités administratives ou douanières notamment, vous êtes invité à vous renseigner auprès des organismes officiels. Ces informations ne sauraient, de ce fait, engager notre responsabilité.

Collection sous la direction de Philippe Orain

Responsable d'édition et rédacteur en chef du guide : Luc Decoudin

Secrétaire d'édition : L'Adé (L'Atelier d'édition)

Rédaction : Mathilde Piton, Luc Decoudin, Catherine Zerdoun, Nicolas Peyroles, Catherine Cohen

Remerciements : Laura Guarneri (Express Conseil), Tim Walsh, Andrea McHugh, Shannon Overholser

Ont contribué à ce guide : Claire Chaudat, Thierry Lemasson, Peter Wrenn, Iulia-Elena Costache, Cristian Constantin, Costina-Ionela Tarcea, Cristina Ungureanu, Denis Rasse (**Cartographie**), Véronique Aissani, Carole Diascorn (**Couverture**), Maria Gaspar, Marie Simonet, Sophie Roques, Emilie Reaux (**Iconographie**), Bénédicte Lathes, Isabelle Foucault, Marion Desvignes-Canonne (**Données objectives**), Bogdan Gheorghiu, Cristian Catona, Leonard Pandrea, Hervé Dubois, Pascal Grougon (**Prépresse**), Dominique Auclair (**Pilotage**)

Conception graphique
Christelle Le Déan, Sandro Borel (maquette intérieure)
Laurent Muller (couverture)

Régie publicitaire et partenariats
business-solutions@tp.michelin.com
Le contenu des pages de publicité insérées dans ce guide n'engage que la responsabilité des annonceurs.

Contacts
Michelin
Guides Touristiques
27 cours de l'Ile Seguin, 92100 Boulogne Billancourt
Service consommateurs : tourisme@tp.michelin.com

Parution 2019

VOTRE AVIS EST ESSENTIEL
POUR AMÉLIORER NOS PRODUITS

Aidez-nous en répondant à notre questionnaire sur le site :
satisfaction.michelin.com

Michelin Travel Partner
Société par actions simplifiée au capital de 15 044 940 EUR
27 Cours de l'Ile Seguin - 92100 Boulogne Billancourt (France)
R.C.S. Nanterre 433 677 721

Toute reproduction, même partielle et quel qu'en soit le support, est interdite sans autorisation préalable de l'éditeur.

© 2019 Michelin Travel Partner – tous droits réservés
Dépôt légal : 01 2019 – ISSN 0293-9436
Compograveur : Michelin Travel Partner, Voluntari (Roumanie)
Imprimeur : Chirat, St-Just-la-Pendue - N° 201812.0173
Imprimé en France : 12-2018
Sur du papier issu de forêts bien gérées